Treasures for Scholars Worldwide

龙向洋 编

哈佛燕京图书馆书目丛刊第19种

美国哈佛大学哈佛燕京图书馆藏中国新方志目录

Catalogue of the New Chinese Local Gazetteers
in the Harvard-Yenching Library,
Harvard University, U.S.A.

[书名笔画索引]

·6·

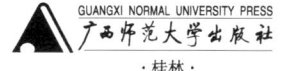
广西师范大学出版社
·桂林·

书名笔画索引

一画

一

009016972 一〇一团志/3229
008841184 一〇二团志/3228
008543117 一〇二团志/3228
009700539 一〇七团志/3195
010293881 一〇八团志 1958-2003/3195
009348302 一〇三团志 1949-2001/3228
009414699 一〇六团志/3193
009313378 一〇四团志/3165
009414705 一一〇团志/3195
009157273 ———团志 1962-2001/3193
008378544 一二二团场志/3218
008994541 一二七团志/3216
008543136 一二八团志/3215
008598564 一二九团志/3172
008598566 一二三团志/3216
008841164 一二三团志送审稿/3216
008846026 一二五团志/3216
008543168 一二六团志送审稿/3216

009106504 一二四团志/3216
009254036 一七〇团志/3217
008432705 一八二团志/3222
009342958 一八三团志/3222
009342961 一八五团志/3223
008668175 一八四团志/3220
008838540 一九〇团志/3194
009799605 一九〇团志 1958-2000/3194
008835409 一三〇团志/3173
009414708 一三一团志/3208
009342932 一三二团场志 1958-1997/3218
009854397 一三七团志/3172
009342938 一三三团场志/3218
009414710 一三五团场志/3218
009400046 一三六团场志/3172
009042851 一三四团场志 1957-1997/3218
009411523 一马路街道志/1651
008772238 一五〇团场志/3224
009025007 一五二团志/3224

008543157 一六一团志/3219	008994548 一四九团场志 1958-1997/3193
008543160 一六二团志/3215	009342955 一四四团场志/3218
008994573 一六七团志/3217	010251357 一机床厂志 1950-1985/670
008492780 一六八团志/3217	013630660 一机修厂志 1910-1985/529
009254034 一六九团志/3217	012100566 一团志 新疆生产建设兵团农一师 1953-1995/3181
008375232 一六三团志/3215	
008841188 一六三团志评审稿/3215	010118647 一冶志/1833
008375236 一六五团志/3217	008382643 一冶教育志/1839
008543162 一六六团志评审稿/3217	009992222 一拖厂志 1953-1984/1692
009254038 一六四团志/3215	008350391 一砂厂志 1940-1984/492
013865513 一六街乡志 1904-1991/2749	009744770 一炼钢厂志 1982-2003/1833
010252601 一平浪林场志/2842	012613047 一炼钢厂志 2004-2008/1833
008994542 一四一团场志/3218	010275921 一铁厂志 1911-1985/529
007537298 一四二团场志/3218	013628133 一铁志 1942-1985/1143
008994545 一四七团志/3193	013628136 一铁志 1986-1995/1143

二画

二

011809354 二二一团志/3175	/3270
011500772 二二二团志/3192	009411729 二十四团志/3202
009411722 二二三团志/3201	013726964 二七区人口和计划生育志 2002-2010/1651
008378545 二十一团志/3202	
008543146 二十七团志/3203	010777136 二七区土地志/1651
008543147 二十八团志/3199	010008569 二七区文化馆简志/1652
009411738 二十九团志/3199	012724173 二七区文物志/1652
008543144 二十三团志/3202	011311863 二七区计划生育志 1986-2002/1651
013141204 二十三冶金建设公司第二工程公司志 1991-2003/1996	
	012810029 二七区教育文化体育志/1652
008994511 二十五团志/3202	009992235 二九〇农场志 1955-1985/682
011496807 二十世纪中华人物志/3270	011995603 二九〇农场志 1986-2000/683
011291293 二十世纪中华国乐人物志	012049245 二九一农场志 1986-2000/685
	009833430 二水乡志/3247

009398366 二连浩特市志/445
009799155 二连浩特市志送审稿/445
012636906 二连浩特检验检疫志 1955-2008/446
011564531 二连海关志 1956-2005/446
009027068 二林镇志/3247
008841179 二建志送审修改稿/3208
009768312 二砂厂志 1953-1985/1630
010143391 二铁厂志 1956-1985/529
010468939 二道江发电厂志 1939-1985/618
009880356 二道河子区志送审稿/591

十

008668369 十一团志/3227
008994842 十八团渠管理处志/3199
008988276 十八里河镇志/1652
010278423 十八站林业局志/721
011292238 十五治志第1卷 1953-1983/1829
008994489 十四团志/3227
009890543 十团大事记 1957-2004/3227
009335633 十里秦淮志/817
013660297 十里铺街道志/2947
013362648 十堰工会志/1856
011329678 十堰文物志/1865
013706322 十堰电力工业志 1954-2008/1864
013629876 十堰电信志 1895-2008/1864
013067196 十堰市人民医院院志/1866
013756076 十堰市人民医院院志 1982-2012/1866
013959378 十堰市土壤志/1866
008823330 十堰市大事记要/1864
012613917 十堰市水利志/1864
012140280 十堰市民政志 1969-1989/1856

013143622 十堰市老龄工作志 1985-2009/1856
013225849 十堰市交通志/1865
013936372 十堰市农牧志/1857
008842835 十堰市志/1856
011327676 十堰市志军事卷 初稿/1856
013660299 十堰市医药卫生学校校志 1958-2008/1865
011570305 十堰市邮电志 1840-1985/1865
013936373 十堰市质量技术监督志 1933-2008/1857
008990506 十堰市金融志/1865
012613912 十堰市畜牧兽医志 1866-2008/1857
009685704 十堰市烟草志/1865
013822708 十堰市教育志/1865
008380666 十堰市情/1856
012174907 十堰市福利汽车零部件厂志/1864
009382558 十堰市蔬菜品种志/1866
013756074 十堰法院志 1866-2009/1856
013225845 十堰经济开发区志/1856

丁

012132656 丁哥庄村志/1444
009889530 丁蜀镇志/839

七

009386207 七一水库志/1379
008543148 七十一团志/3211
009082531 七十六团志/3212
009232175 七十四团志/3212
013629330 七台河市工会志 1958-2008/703
008094681 七台河市志/703
012877081 七台河市宏伟镇镇志/703

012684560 七台河市城市信用社志 1987-2004/703

009744040 七台河市烟草志/703

011188281 七台河民间故事集成/703

010140734 七台河戏曲志/703

008195135 七里乡志/937

012542774 七里岗乡志/1369

012987090 七股乡志/3250

012814087 七宝镇志/756

008453733 七星岩志/2214

011441221 七星河国家级自然保护区动物志/686

011310898 七星泡农场工会志 1956-1986/710

013375408 七星泡农场志 1986-2000/675

009414202 七星渠志跃进渠志/3134

012208113 七星镇志/1036

012072357 七美乡志/3254

009105506 七都镇志/890

011955271 七塔寺人物志/1006

008426154 七街乡志/2839

009386202 七溪岭林场志/1352

卜

010686821 卜弋乡志/872

八

008482754 八一毛纺织厂志/3225

007534668 八一制糖厂志/3225

009247432 八一铁合金总厂志 1987-1996/2333

012249627 八一铁合金集团公司志 1997-2006/2333

011292472 八一锰矿志 1959-1986/2333

011320268 八一煤矿志/1473

009342978 八十二团志 1959-1999/3197

009117625 八十七团志/3198

010001268 八十八团志/3198

008378549 八十九团志 1963-1997/3196

008598586 八十三团志/3197

009342989 八十五团志/3196

008614847 八十六团志/3196

009342979 八十四团志/3196

013751437 八义村志/287

008379242 八五二农场志/686

010778498 八五二农场志 1985-2000/686

013859306 八五九农场志 1985-2005/686

009147373 八五三农场志 1956-1985/686

010778499 八五三农场志 1986-2000/686

012889182 八五六农场志 1983-2000/681

011496820 八公山区志 1949-1998/1140

011578769 八公山志简编本/1140

009266333 八六一厂志 1890-1985/2099

013955616 八方村志/1665

013859332 八仙庄村志/64

013308888 八达岭特区志 1981-2011/72

009154033 八步镇志/2325

012072332 八里乡志/3237

012889177 八里河镇志/1171

013680550 八里营村志/1727

012096321 八里湖农场志 1986-2006/1934

011321109 八卦营村志/3060

012995154 八面通林业局志/708

009312733 八钢志/3166

008486182 八家子林业局志/635

012540818 八盘峡水电厂志 1969-2004/3035

013702854 八宿县志/2915

012586996 八景镇志/1359

013726757 八街镇志 1990-2009 /2748
012950337 八路镇志 /856

人

013924953 人口与计划生育志 1955-2010 /928
009799929 人民大垸农场志 1957-1987 /1922
012208136 人民法庭志 1987-2005 /1419
013225650 人物志 杨镇一中 /64

九

013093095 九一二大队志 1965-2010 /1325
008994537 九十一团志 1959-1997 /3197
008543155 九十团志 1960-1998 /3196
008377743 九三农垦志 1949-1985 /712
013000274 九三学社泉州市委员会志 1986-2008 /1244
013793078 九日山历代名人志 /1247
001719076 九日山志 /1252
010280161 九日山志修订本 /1247
013897680 九龙山国家级自然保护区志 /1104
012968128 九龙县民族志 /2604
007672334 九龙县志 第1卷 /2603
011497934 九龙县志 第2卷 续篇 1986-2000 /2604
009689046 九龙坡区税务志 1937-1988 /2374
013183719 九龙城区风物志 /3259
007508994 九龙海关志 1887-1990 /2170
011996823 九龙海关志 1991.1-1997.6 /2170
010735968 九台市水利志 /592
013684429 九台市志 1988-2000 /592
013531122 九台市教育志 1987-1997 /592

011497940 九台市粮食志 /592
009385058 九台县文物志 /592
008720717 九台县志 /592
013793079 九台县教育志 /592
008994487 九团志 /3226
009245031 九团简史 /3227
008811653 九华山志修订本 /1186
012139423 九合垸原种场志 1957.10-1996.12 /1952
013820517 九江一中校志 110周年校庆丛书 1902-2012 /1314
008300240 九江人物志稿 /1314
008300243 九江化学纤维厂志 /1312
008429269 九江火力发电厂志 1953-1986 /1312
013129779 九江市人大志 1994-2011 /1310
013531119 九江市人民代表大会志 1925.7-1994.5 /1311
012680311 九江市人民政府志 /1311
009386136 九江市乡镇企业志 /1312
009392318 九江市公安交通管理志 /1311
009386133 九江市公安志 /1311
009413697 九江市风俗志 /1314
013335442 九江市文化志 /1313
013508499 九江市计划志 /1311
011312499 九江市老龄志 /1311
008300148 九江市交通志 /1313
013704392 九江市安全生产监督管理局局志 2002-2012 /1314
011584374 九江市军事志 /1311
009189855 九江市志 /1310
010577048 九江市财政志 1840-2000 /1313
013774283 九江市财政志 2001-2010 /1313
013774285 九江市林业志 /1312

011566169 九江市物资志/1312

013531118 九江市供销合作社志/1313

011566167 九江市审计志/1312

010242581 九江市政协志/1311

013508527 九江市政协志1994-2006/1311

009386135 九江市科学技术志/1313

008486706 九江市教育志/1313

013508498 九江民政志/1311

013793077 九江百货纺织品商业志/1313

009411592 九江师范高等专科学校志/1314

009386127 九江师范高等专科学校志1958-1997/1314

010777323 九江县民政志/1316

012899012 九江县志1986-2005/1316

009386139 九江县邮电志/1316

009348848 九江邮电志/1313

009386124 九江金融志1840-1990/1313

013861861 九江法院志/1311

008300161 九江烟草志/1312

009386142 九江第一棉纺织厂志/1312

012719130 九江锁江楼发电厂志1953-1999/1312

013730140 九里区志/851

013958698 九星村志/756

008486709 九亭志/774

013373524 九亭镇志/774

013093096 九原电力志1972-2002/394

009332408 九峰广志/1090

009901581 九峰志/777

009961650 九疑山志/2091

009561662 九寨沟民俗文化村志/2596

011310839 九寨沟志/2597

012982253 九寨沟县志1986-2005/2596

012251336 九寨沟县社会风土志/2597

013861864 九寨沟县政协志1949-2010/2596

刁

009699827 刁镇志1840-1995/1422

乃

010201421 乃东县文物志/2915

009554081 乃东县志/2915

三画

三

009411734 三十一团志/3201

009342966 三十二团志/3200

008382868 三十三团志/3201

008382878 三十六团志/3201

008994513 三十四团志/3201

008482755 三十团志/3199

012955913 三八里村志/508

008450275 三门县电力工业志/1095

011320172 三门县交通志/1095

007254533 三门县志/1095

013659781 三门峡水利枢纽简志/1759

009382263 三门峡市土地志/1758

012722203 三门峡市工会志/1758

013899378 三门峡市工商行政管理志/1758

009240633 三门峡市水利志/1758
011763300 三门峡市文化志/1759
007685480 三门峡市曲艺志/1760
008424773 三门峡市交通志/1759
013863616 三门峡市农村合作金融志/1759
013731163 三门峡市戏曲志/1759
008819800 三门峡市志/1758
012266228 三门峡市志 1991-2000/1758
008848215 三门峡市邮电志/1759
009251593 三门峡市财政志/1759
012954962 [三门峡]库区图志/2944
013899383 三门峡市教育志/1759
013320932 三门峡市黄金志 1964-2007/1758
010476492 三门峡市黄河河务移民管理局志/1758
008492552 三门峡市湖滨区水利志/1760
008819801 三门峡市湖滨区志/1760
012684647 三门峡市湖滨区志 1999-2000/1760
012614095 三门峡财政志 1991-2000/1759
012174843 三门峡图书馆事业志/1759
009678970 三门湾志/1095
012653362 三义乡志/3244
011892440 三元朱村志/1510
012661797 三屯文化图志/275
008361689 三水大事记 1526-1993/2193
011763321 三水公安志 1996-2004/2193
010776960 三水县工会志/2193
009864064 三水县工商行政管理志/2193
008453685 三水县水利志/2194
010777227 三水县文化志/2194
008453680 三水县电力志/2193

008453686 三水县华侨志/2193
008990724 三水县军事志/2193
008453678 三水县妇女志/2193
007290062 三水县志/2193
007672274 三水县体育志/2194
011310908 三水县城乡建设志/2193
009864073 三水县教育志/2194
009864078 三水县商业志/2194
008453676 三水县税务志/2194
007803676 三水县税务志续编 1988-1992/2194
013096303 三水财政志 1988-1995/2194
008397457 三水金融志/2194
008453684 三水建置志/2194
010108397 三水教育志续篇/2194
012315619 三平寺志/1261
013096307 三台师范校志 1945-1988/2486
009995318 三台县人民医院志/2486
008430270 三台县水利电力志/2485
007845514 三台县公安志/2485
013342454 三台县石油公司志/2485
008421970 三台县电力公司志 1986-1993/2485
008671834 三台县永安电厂志/2485
009414520 三台县民政志/2485
007905706 三台县志/2484
013723651 三台县志 1988-2005/2484
008671832 三台县法院志/2485
013933338 三台县建设区供销合作志/2485
013461921 三台县政协志 1950-1990/2484
013342495 三台县政协志 1991-2007/2484
013461925 三台县总工会志 1927-1985/2484

013933339 三台县教育志/2485
013509257 三台县检察志 1937-1985/2485
013755967 三台信合志/2485
010778524 三亚市人民代表大会志/2351
012836177 三亚市卫生防病志 1953-2007/2351
008865188 三亚市志/2350
013629501 三亚市财政志/2351
012252391 三亚市政协志/2351
012542821 三亚市税务志 1912-1990/2351
012218639 三芝乡志/3239
008994729 三团志/3184
013863611 三合村志/59
010476102 三合店村志/1463
009348731 三江口镇志 1821-1995/562
009379949 三江侗族自治县民族志/2294
013659780 三江侗族自治县民族志/2294
007057293 三江侗族自治县志/2293
013461920 三江侗族自治县邮电志/2293
009379944 三江侗族自治县供销合作志初稿/2293
013225734 三防镇志/2293
009995000 三坝灌区志/320
012140247 三坊七巷志/1210
009413398 三角乡志/2671
009480434 三灶镇志/765
009313368 三坪农场志/3165
012099788 三林镇志 1985-2003/765
012877145 三明工会志/1236
013509255 三明电力工业志/1237
012174846 三明市人民代表大会志/1236
011293540 三明市人民防空志/1237
012208162 三明市广播电视志/1237
008663613 三明市地名录/1237

011998144 三明市交通志/1237
009003122 三明市志/1236
012174847 三明市政协志/1237
012252385 三明市政府志/1237
013067059 三明财政志/1237
009389564 三明林业志/1237
008451134 三明赋税志/1237
008838887 三河市土地志/232
008828342 三河市志/232
010195488 [三河发电有限责任公司志] 公司志 1994-2004/232
012614100 三河尖煤矿志 初稿/232
008533905 三河县地名资料汇编/232
009381060 三河县交通志/232
007288719 三河县志/232
013684590 三河政协志/232
009685477 三官庙街道志 1956-1997/1648
010021820 三星堆图志/2471
010576615 三峡卷烟厂志/1873
013899388 三峡卷烟厂志资料长编/1873
008990516 三峡试验坝 陆水蒲圻水利枢纽志/1938
001737283 三峡游览志/1875
009833399 三峡镇志/3238
012766464 三钢志 1998-2007/1237
011827567 三重市志/3236
011515118 三重市志正续编/3236
013958955 三洄河村志/1581
013933342 三洋村志/508
012877147 三盈村志/987
005559158 三都水族自治县志/2710
009312579 三晋煤炭英模志/264
012722207 三桥村志/2945
013755964 三桥街道志 1994-2005/2945

009338007 三桥镇志/2945
013629503 三原县民政志/2979
008612704 三原县志/2979
008913698 三原县志送审稿/2979
008672851 三原县邮电志/2979
013377041 三原县财政志 1989-2009/2979
012639016 三原县教育志/2979
011500561 三岭志/327
012051822 三家店车务段志 1927-2000/57
008424642 三清山志/1377
011763315 三棉厂志 1930-1985/1411
012099781 三街村志/2778
010577384 三湖农场志 1960-1985/1924
012099795 三湘体育人物志/1973
013373578 三勤村志/873
012264219 三路居村志/52
009480431 三墩镇志/765
013096304 三穗县民族志/2696
007589113 三穗县志/2696

干

006362188 干巷乡志/770
010144687 干海乡土志/2613

于

012141508 于山志/1210
009890581 于田县志/3190
009854301 于洪区乡镇街志/494
010278929 于洪区水利志/494
013776043 于洪区纪检监察志 1979-2010/494
006362222 于洪区志/493
007693126 于洪区志 1986-1990/493
011329669 于洪区志 1991-2000/493
010278823 于洪区教育志 1905-1990/494

009994092 于都县人大志/1340
009386335 于都县人民法院志/1340
007974685 于都县人物志/1341
013865575 于都县卫生志/1341
013861830 于都县卫生志 1999-2009/1341
013686527 于都县水利志/1341
009994087 于都县电业志/1340
009386332 于都县交通志/1340
011329328 于都县交通志/1340
007479095 于都县志/1338
009880376 于都县志 1986-2000/1338
009994083 于都县财政志/1340
009994089 于都县林业志/1340
012662797 于都县国土资源志/1340
012662783 于都县房地产志/1340
010280135 于都县政协志/1340
013236284 于都县政协志 2007.3－2011.6/1340
010731756 于都县钟氏志/1341
009840156 于都县教育志 1986-2003/1341
009560881 于都县税务志/1341
008844680 于都邮电志/1340

士

012987093 士林区志/3256

工

008994475 工一师二团志/3181
008994581 工一师七团志/3226
012049342 工布江达县志/2920
009887227 工农乡志/1693
011757874 工农村志/987
009389529 工商行政管理志/1249
010293877 工程技术研究院志 2000－2004/556

013314467 工源水泥厂志 1940-1985/531

土

013863862 土城子村志/508

010576823 土城煤矿志 1966-2005/2646

001921238 土家语简志/1971

002284002 土家族风俗志/1974

010778589 土家族药物志/1975

013959448 土堆村志/2746

002603160 土族语简志/1971

009995560 土墩子农场志 1955-2000/3192

013936436 土默特右旗二人台志/395

012722937 土默特右旗交通志/395

007818012 土默特右旗志/395

012543034 土默特右旗志 1991-2008/395

011500716 土默特右旗邮电志/395

012662346 土默特右旗政协志 1981-2008/395

007995751 土默特志/387

009398473 土默特志下卷 征询意见稿/387

009398429 土默特志上卷 征求意见稿/387

下

012252778 下丁村志/330

013859482 下三家村村志/2875

014052344 下吉中学校志 1823-2013/2984

008672136 下西乡志/2491

013226541 下亦村志 618-2010/1494

009472587 下关区志/818

009105525 下关发电厂志/818

013133823 下关县血防史志 1953-1979/818

012970544 下关教育志/818

013145646 下花园区志/201

011292532 下花园发电总厂志 1937-1988/201

009839626 下村志/291

014052435 下辛店镇志/1911

009393599 下沙镇志/766

013899712 下陆区志 1994-2005/1853

008813518 下院村志/347

013660414 下峪口煤矿志 1970-1988/2985

012899915 下峪村志/302

012814418 下葛场村志/1440

008991985 下渡乡志/2525

012140709 下源村志/1000

丈

013961350 丈八乡志/2972

大

010253914 大厂区志/825

008838875 大厂回族自治县土地志/236

008533911 大厂回族自治县地名资料汇编/236

009381000 大厂回族自治县交通志/236

007505472 大厂回族自治县志/236

012658307 大厂回族自治县志 1986-2004/236

013987607 大口林场志 1957-2008/1900

009561891 大义镇志/892

012713981 大丰市人民医院志/929

013751602 大丰市土地志/929

009115868 大丰市大事记/928

013790298 大丰市卫生志/929

012609520 大丰市水利志/929

009338299 大丰市农业志/929

010476488 大丰市志/928

012249776 大丰市法院志 1941-1999/928

008661979 大丰县水利志/929

007908346 大丰县志/928

013179383 大丰县邮电志/929
008672223 大丰盐政志/929
006356640 大屯煤电公司志/859
013955619 大屯煤电公司职工中心医院志 1972-1987/860
007772029 大屯煤电志 1970-1987/843
009115863 大中镇志/928
008532023 大中镇街道志/928
013528814 大长山岛镇志/510
009379673 大化水力发电总厂志/2332
009414232 大化志/502
013771716 大化瑶族自治县土地志/2332
013626218 大方县工会志/2670
007885985 大方县志/2670
005985656 大巴山西段早古生代地层志/2934
012048811 大本曲简志/2868
013179393 大石头林业局志/631
010730445 大石桥市志 1840-2000/544
008829869 大东区地名志/490
008537959 大东区志 1896-1995/490
011472912 大东城管志 1948-2006/490
012237280 大甲镇志/3246
009010092 大田县电力志/1241
008914176 大田县地名录/1241
008028165 大田县志/1241
009378162 大田县政协志/1241
008527985 大田县烟草志/1241
003324871 大宁县志/354
013090949 大宁德风物志/1274
012191726 大台山农场志/567
008640004 大寺镇志/93
012872216 大吉山钨矿志/1336
012872215 大吉山钨矿志 1918-1989/1337

012173744 大场镇志/758
012713975 大场镇志/758
008665228 大亚湾鱼类及生物学图志/2219
009839169 大成志续编 1994-1998/13
009676911 大团镇志/763
010476422 大同干线公路志/270
014028620 大同卫生志/271
012218559 大同乡志民族篇/3240
012218574 大同乡志经济篇/3240
008690175 大同方言志/271
009407496 大同史话/271
011804221 大同市民政志/269
008906355 大同市地名志/271
009312520 大同市交通志/270
012503851 大同市军事志前300-2005/269
009962182 大同市农业机械化志/269
008913682 大同市志/269
009676070 大同市矿区志/272
010143843 大同市城区志/271
008841115 大同市南郊区志/272
010252215 大同市科学技术志/270
012636831 大同市教育志/271
012503855 大同市新荣区政协志/272
007519836 大同发电总厂志/269
009015839 大同机车厂志 1986-2000/270
007682639 大同机车工厂志 1954-1985/270
009889841 大同县志/275
009154412 大同矿务局志/270
008377969 大同供电志 1918-1995/270
012636828 大同革命老区志/271
008377933 大同第一热电厂志 1939-1994/269
008534995 大同第二发电厂志 1975-1997/269

009676041 大同煤矿人物志/271

009511318 大同煤炭工业学校校志 1950-2000/271

013646944 大吕庄村志/1716

009414504 大竹中学志 1918-1998/2564

011995464 大竹中学志 1998-2008/2564

011757612 大竹县军事志 1911-2005/2564

008810215 大竹县志/2564

010576572 大竹县志 1986-2002/2564

009867123 大竹县国土志/2564

013221076 大竹县政协志 1957-2006/2564

013324573 大华山镇志/70

010476185 大伙房水库志/526

013726890 大伊山志/919

013859500 大名师范志/166

013726886 大名县人民代表大会志 1949.10-2012.1/166

012191720 大名县土地志/166

013334555 大名县水利志/166

008533776 大名县地名资料汇编/166

010138583 大名县回族志 1245-1990/166

013647282 大名县交通志/166

005696920 大名县志/165

013179388 大名县政协志 1956.2-2010.12/166

012758761 大庆日报社社志 1960.4-2000.1/690

013647283 大庆石化总厂化工一厂厂志/688

010061613 大庆石化总厂民间文学集成/690

008384847 大庆石油化工总厂厂志/688

012545811 大庆石油化工总厂纪检监察志 1961-1997/687

013626252 大庆石油化工总厂教育处志/690

011431311 大庆石油学校志 1953-2003/691

013506636 大庆石油管理局供水公司志/687

008661874 [大庆石油管理局]总机厂志 1986-1990/687

008379737 大庆石油管理局总机厂志 1991-1995/688

010732025 大庆石油管理局钻探集团钻技公司志 1982-2005/688

013402976 大庆石油管理局特车总厂志 汽车修理厂 1984.1-1992.4 第二机械厂 1992.4-2001.10 特车制造总厂 2001.10-2003.12/688

013334557 大庆石油管理局第九采油厂志/688

014026688 大庆市人民代表大会志 1980-2010/687

006356633 大庆市工会志 1960-1985/687

012609541 大庆市龙凤区志 1960-2005/691

012609549 大庆市让胡路区志 1980-2005/692

002210610 大庆市志/687

013045487 大庆市财贸志/690

008445225 大庆市牧工商联合公司志/687

009790826 大庆市建一公司志 1971-1990/688

012809956 大庆市萨尔图区志 1986-2005/691

008385452 大庆市粮食志/690

011188585 大庆民间故事集成/690

008445223 大庆妇女志/687

008661876 大庆运输公司志 1960-1994/690

008445220 大庆邮电志 1918-1985 /690
010730397 大庆物探公司志 1991-2002 /688
012264095 大庆油田志 1959-2008 /689
013090952 大庆油田物资集团志 1986-2005 /688
011584880 [大庆油田建设]设计院志 1960-1985 /691
013011195 [大庆油田建设]设计院志 1996-2009 /691
013987613 大庆油田路桥公司志 1981-2011 /688
009147366 大庆实验中学校志 1985-1994 /690
010195537 大庆铁路志 1897-1984 /689
009743760 大庆烟草志 /688
013687151 大刘庄志 /1574
009413395 大关区志 /2805
007490844 大关县志 /2805
008426302 大关县志 /2805
012658314 大关县志 1978-2005 /2805
012264074 大关县教育志 /2805
013680667 大江镇志 /2201
013819243 大兴区统计志 2001-2010 /68
008991982 大兴中心小学校志 1950-2000 /2527
008531644 大兴公路志 /68
008830094 大兴安岭土地志 /719
008830106 大兴安岭广播电视志 1954-1998 /720
008377408 大兴安岭支队志 /719
009335574 大兴安岭公安志 /719
008830104 大兴安岭电业局志 1965-1992 /720
011145050 大兴安岭民间文学集成 /720

008794007 大兴安岭民政志 /719
010576560 大兴安岭地区邮电通信志 /720
009411537 大兴安岭地区财政志 /720
009814586 大兴安岭地区金融志 /720
009743762 大兴安岭地区烟草志 /719
010576558 大兴安岭地区森林防火志 /721
009335586 大兴安岭农场管理局志 /418
012758762 大兴安岭农场管理局续志 /719
008983523 大兴安岭纪律检查志 1949-1999 /719
008385504 大兴安岭林业志 /719
010576562 大兴安岭林管局农工商联合公司志 /719
008794010 大兴安岭检察志 /719
008830099 大兴安岭粮食志 1889-1999 /720
009959486 大兴县水利志 /68
009188790 大兴县志 /67
009557488 大兴县志人物 征求意见稿 /67
010252979 大兴县统计志 /68
013681522 大兴县税务志 /68
008383783 大兴县普通教育志 /68
010777113 大兴县普通教育志 征求意见稿 /68
008804540 大安区志 /2456
012173740 大安市志 1986-2000 /629
009334914 大安县文物志 /629
007902366 大安县志 /629
012609510 大安镇志 /2382
012898295 大麦岛村志 /1438
009818417 大运高速公路建设志 /251
013314279 大坝村志 /2745

013702938 大杨树煤矿志 /430
013343630 大连开发区热电厂厂志 1990-2002 /502
008380076 大连水产志 /505
009472639 大连公安交通管理志 1945-1994 /501
013528821 大连石油化工公司科技志 /504
012995340 大连电业局志 1890-1985 /502
012951939 大连市儿童医院医院志 /505
009159991 大连市工会志 1923-1990 /501
013987610 大连市工会志 1991-2010 /501
008661468 大连市工商行政管理志 1840-1990 /502
011496970 大连市卫生防疫站志 1952-1985 /505
013626228 大连市卫生教育馆志 1959-1990 /504
012100988 大连市中山区志 1986-2005 /506
009480537 大连市水利志 /503
013894486 大连市文化艺术志 /504
011943216 大连市甘井子区中共地方组织志 /507
013771722 大连市地方税务志 /503
009798925 大连市农村金融志 1945-1990 /503
007903902 大连市戏曲志 /504
007503375 大连市志 /496
010110784 大连市志 大事记 送审稿 /496
009348898 大连市志 公安志 /496
010110793 大连市志 行政建置志 送审稿 /497
010243955 大连市志 保险志 送审稿 /496
009621953 大连市志 教育志 送审稿 /496
010242584 大连市志 税务志 评审稿 上 /497

010143384 大连市志 港口志 送审稿 /496
009413788 大连市志 第1卷 民政志 军事志 /497
009413978 大连市志 第2卷 自然环境志 水利志 /497
009472653 大连市志 第3卷 卫生志 1840-1990 /497
012135406 大连市志 第4卷 检察志 /497
009472660 大连市志 第5卷 工会志 /497
009147586 大连市志 第6卷 人民代表大会志 /497
009413783 大连市志 第7卷 广播电视志 /497
012135361 大连市志 第8卷 轻工业志 /497
009413986 大连市志 第9卷 邮电志 /497
008661463 大连市志 第10卷 报业志 /497
009046361 大连市志 第11卷 环境保护志 /497
009015880 大连市志 第12卷 大事记 行政建置志 /498
009015885 大连市志 第13卷 民族志 宗教志 /498
009310645 大连市志 第14卷 统计志 /498
009310640 大连市志 第15卷 教育志 /498
009312411 大连市志 第16卷 人事志 机构编制志 /498
009310624 大连市志 第17卷 财政志 /498
009310635 大连市志 第18卷 工商联志 /498
009310636 大连市志 第19卷 共青团志 /498
009154302 大连市志 第20卷 文化志 /498
009312415 大连市志 第21卷 人物志 /498
009553919 大连市志 第22卷 外经外贸志 /498
009334754 大连市志 第23卷 司法行政志 /498

010110789 大连市志第24卷 旅游志/498
009442006 大连市志第25卷 妇联志/499
009414239 大连市志第26卷 水产志/499
009561023 大连市志第27卷 港口志/499
009312407 大连市志第28卷 口岸查验志/499
009961708 大连市志第29卷 人民政协志/499
009348893 大连市志第30卷 城市建设志/499
009675701 大连市志第31卷 档案志/499
009994129 大连市志第32卷 劳动志/499
009472670 大连市志第33卷 金融志 保险志/499
009472677 大连市志第34卷 物价志/499
009472664 大连市志第35卷 工商行政管理志/499
009413981 大连市志第36卷 税务志/499
009675704 大连市志第37卷 化学工业志/499
009675717 大连市志第38卷 民俗志/500
009675719 大连市志第39卷 人民防空志/500
009334767 大连市志第40卷 纺织工业志/500
009413983 大连市志第41卷 土地志/500
009159998 大连市志第42卷 技术监督志/500
009413792 大连市志第43卷 审判志/500
009675699 大连市志第44卷 统一战线志/500
009334776 大连市志第45卷 中共地方组织志/500
009334759 大连市志第46卷 机械工业志/500

009334771 大连市志第47卷 体育志/500
009511272 大连市志第49卷 粮油作物志 蔬菜志 水果志 畜牧业志 农机志/500
009675713 大连市志第51卷 冶金工业志 电子工业志 盐业志 医药志/500
009472658 大连市志第52卷 电力工业志/500
009472679 大连市志第53卷 乡镇企业志/501
009675709 大连市志第54卷 交通志/501
010110801 大连市志第55卷 科学技术志/501
013790301 大连市住房公积金管理中心志 1992-2012/502
012096517 大连市环境科学设计研究院三十年院志/506
009854061 大连市城市供水志 1879-2004/502
009125958 大连市政协志/501
013090942 大连市保险志/504
009472650 大连市爱国卫生运动志 1988-1998/505
008864769 大连市旅顺口区土地志/508
007902365 大连市情/501
009413754 大连市税务志/503
012831352 大连发电总厂志 1986-2000/502
009413725 大连纪检监察志/501
013090947 大连医科大学附属第一医院院志 1988-2009/505
011431309 大连医科大学校志 1997-2006/504
009154308 大连周水子国际机场志 1973-2003/505
013626225 大连建行志/503

011579666 大连经济技术开发区公安志/501

010008930 大连经济技术开发区志 1984-2004/501

009798920 大连轻工业学院志 1958-1998/505

011431306 大连钢厂志/502

013790300 大连保税区志 1992-2007/501

013528818 大连起重机器厂志 1948-1985/502

011564496 大连柴油机厂志 1951-1991/502

009472684 大连造船新厂志 1990-1995/503

009699732 大连海关志/503

012872221 大连海关志续志/503

007984363 大连海监志/505

012249787 大连理工大学土木水利学院院志 1949-2009/504

011496964 大连理工大学科学技术志/504

012872219 大连港医院志 1951-2001/505

012653336 大园乡志/3240

012653339 大园乡志续篇/3240

012653340 大园乡志续篇 1993-2009/3240

013141089 大围埔村志/2884

014028629 大足二中志 1947-2002/2377

011496971 大足县工业志/2377

013626253 大足县卫生志/2378

007995586 大足县乡镇企业志/2377

011066645 大足县农村合作金融志 1938-2003.6/2377

008486293 大足县志/2376

009867406 大足县政协志/2377

009336841 大足县政协志续修 1986.1-2003.2/2377

007995587 大足县检察志部门志/2377

013791093 大足教育志 1911-1985/2377

013791097 大足教育志 1986-2000/2377

013726896 大邑县人民代表大会志 1950.1-2005.12/2448

010251787 大邑县水利志/2448

013924049 大邑县安仁镇学校校志 1912-2012/2448

004436203 大邑县志/2448

008390686 大邑县志续编/2448

013924950 大邑县国土志/2448

013726897 大邑县政协志/2448

009677098 大邑县烟草志/2448

008669959 大邑县情概览 1993-1997/2448

012635706 大别山药物志略/1625

009962573 大别山植物志/1117

009879199 大岗刘乡志/1648

012540900 大岗镇志/1369

008353269 大伾山志/1720

012995321 大伯集村志/1542

009341148 大佛寺志/1058

012968219 大佛镇志 1950-2005/2587

011566106 大余县二轻工业志/1333

007903904 大余县志/1333

013751615 大冶一中校志 1912-2012/1854

010008658 大冶市人民代表大会志/1853

010109657 大冶市畜牧兽医志 1952-2003/1855

010109663 大冶市烟草志/1854

013369757 大冶有色金属公司志 1953-1992/1854

013956879 大冶县土壤志/1854

010109662 大冶县文化志/1854

013860374 大冶县交通志/1854

013369756 大冶县交通志/1854
007378012 大冶县志/1853
008453130 大冶县劳动人事志/1853
009382417 大冶县教育志 1840-1982/1854
008453153 大冶城乡建设志/1853
008990403 大冶钢厂志/1854
012111052 大冶铁矿志 1986-1995/1854
012355263 大冶铁矿志 1996-2000/1854
008823335 大冶镇志/1665
011533897 大冶镇志/1665
009378331 大沙区志/2202
009767829 大沙镇志/2152
013334563 大张庄镇志/95
013956880 大张新张村志/1483
009854344 大武口区军事志/3131
007791003 大武口区志/3131
013751612 大武口区政协志 1990-2010/3131
010778543 大英人口计生志/2507
011890528 大英人事志/2507
009995279 大英卫生志/2509
011431320 大英水利志/2508
011579683 大英气象志/2509
009995190 大英公安志/2508
011328432 大英风物志/2509
010476511 大英民政志/2508
010151027 大英交通志/2508
011294802 大英安全生产志/2509
010151029 大英农业志/2508
011294807 大英农机管理志/2509
010779409 大英劳动和社会保障志/2508
011431323 大英县人民代表大会志/2507
011579699 大英县发展计划志/2508
013128827 大英县志/2507

010476512 大英县政协志/2507
011579705 大英县政府机关志/2507
009995185 大英财政志/2508
010476144 大英规划·建设·城管·环保志/2509
010238278 大英林业志/2508
010778531 大英供销合作社志/2508
011294803 大英科协志/2509
012096535 大英信合志 四川信合/2509
011294804 大英旅游志/2509
011066610 大英教育志/2509
010244172 大英检察志 1906-2003/2508
011294808 大英税务志/2509
010778545 大英粮食志/2508
008664366 大茅山志/1376
013726885 大林禅寺志/875
013141085 大板桥村志/2742
013141099 大枣园村志/1441
009686847 大明寺志/935
009378322 大岭冶炼厂志 1970-1985/2161
012967456 大京村志/294
009854395 大沽化工厂志 1939-1987/82
011995455 大波那村志/2873
010239065 大学路街道志 1958-1985/1650
009865097 大孤山乡土志/614
013894474 大封煤矿志 1958-1985/1541
011757546 大封煤矿志 1986-1991/1541
013987605 大城地名志/235
008838826 大城县土地志/234
013646941 大城县文化艺术志/235
008533914 大城县地名资料汇编/235
010108684 大城县交通志 1986-1999/234
007486952 大城县志/234
013090935 大城县志 1989-2006/234

009107204 大城县政协志 1949-2002/234
013090938 大荆镇志 /1025
012809951 大荔县军事志前 2020-2005/2987
007482381 大荔县志 /2987
013924048 大荔县志 1990-2005/2987
011327732 大荔改水志 /2987
012831356 大南庄村志 /339
008383099 大栅栏街道志 /45
013726883 大砭窑煤矿志 /3004
011757609 大省村志 /1600
012831265 大钢志续志 1986-2002/502
011478684 大泉乡志 /853
011757602 大泉州风物志 /1247
009745093 大禹陵志 /1051
012847059 大禹渡志 /336
011472917 大弯中学志 1957-2006/2426
013402995 大洼县科学技术志 /557
011579676 大洼县畜禽疫病志 1949-1989 /557
009348723 大洼镇志 1806-1995/562
012898319 大姚一中校志 1940-2010/2839
011188651 大姚县民族民间歌曲舞蹈集成 /2839
008715650 大姚县志 /2839
012609556 大姚县志 1978-2005/2839
010243033 大姚县林业志 /2839
010243919 大姚县盐业志 /2839
011066641 大姚铜矿志 1986-2004/2839
009688446 大盈志 /778
012237459 大埔乡志 /3250
009378329 大埔县交通志 /2226
007908389 大埔县志 /2226
007475766 大埔县志附社团学校简介人物事略 /3255

012679190 大埔县志 1979-2000/2226
008378586 大桥镇志 /937
012831337 大栗子矿志 1986-2005/623
009310063 大柴旦镇志 /3110
012898290 大崂村志 /1438
013726888 大唐华银电力股份有限公司金竹山火力发电分公司志 1983-2010 /1870
012714072 大唐南京发电厂志 2003-2010 /806
008383935 大海林林业局志 /708
012609524 大浪文物图志 /2174
006802895 大悟志略 /1910
008453120 大悟县志 /1910
013955618 大悟县志 1988-2008/1910
013221074 大悟县金融志 1916-1985/1911
013179399 大悟县政协志 /1910
010008654 大悟县烟草志 /1910
013221072 大悟县教育志 1930-1990/1911
013894488 大祥区军事志 1977-2005 内部版 /2032
008846499 大通卫生志 /3100
013369754 大通回族土族自治县人大志 /3100
012951944 大通回族土族自治县人大志征求意见稿 /3100
008668149 大通回族土族自治县地名志 /3100
012898310 大通回族土族自治县志 1986-2000/3100
007914604 大通县志 /3100
009387140 大通林业志 /3100
011431315 大通种牛场志 /3100
009383645 大通湖农场志 /2071

011294339　大通湖渔场志/2071
008637825　大理中药资源志/2869
012264084　大理白族自治州人民代表大会志/2865
013316314　大理白族自治州人民医院志 1992-2001/2869
012831333　大理白族自治州土木建筑学会志 1979-2009/2869
013402918　大理白族自治州土地志/2866
012713987　大理白族自治州工会志/2865
012831332　大理白族自治州工商行政管理志/2866
009337988　大理白族自治州广播电视志/2868
008426836　大理白族自治州卫生志/2869
008420928　大理白族自治州水利志/2870
011804204　大理白族自治州气象志/2869
013506635　大理白族自治州公安志/2866
013402913　大理白族自治州公路志/2867
008418598　大理白族自治州电力工业志/2866
013859474　大理白族自治州电影志/2869
012679184　大理白族自治州民政志/2866
012609534　大理白族自治州民族宗教志/2865
012831330　大理白族自治州发展计划志 1949-2005/2866
009388431　大理白族自治州交通志/2867
004970840　大理白族自治州志/2865
008637820　大理白族自治州劳动志/2866
013128821　大理白族自治州邮电志/2867
013506634　大理白族自治州财政志/2867
009388437　大理白族自治州体育志/2868
008597929　大理白族自治州林业志/2866

013334554　大理白族自治州国税志 1978-2007/2867
010473955　大理白族自治州图书馆志/2868
013681518　大理白族自治州金融志/2868
013090941　大理白族自治州法院志/2866
008426258　大理白族自治州政协志 1957-1992/2865
013626221　［大理白族自治州］标准计量志/2868
013314282　大理白族自治州档案志/2868
012636822　大理白族自治州旅游志/2867
010201466　大理白族自治州畜禽疫病志 1949-1989/2869
009245154　大理白族自治州教育志/2868
008597931　大理白族自治州检察志/2866
013528815　大理白族自治州商业志/2867
013751608　大理白族自治州粮油志/2867
012758758　大理市人大志/2870
012714008　大理市土地志/2871
013859487　大理市工会志/2870
012872217　大理市工商行政管理志/2871
013894476　大理市卫生志/2872
013221071　大理市乡镇企业志/2871
008597923　大理市文化志/2872
008416417　大理市志/2870
013859492　大理市劳动志/2871
012713993　大理市财政志/2872
012714004　大理市林业志/2871
013402935　大理市林业志 1978-2005/2871
013696388　大理市国税志 1978-2007/2867
012713995　大理市供排水志/2871
012714016　大理市政协志/2871
011067720　大理市食品志初审稿/2871

013702936 大理市统计志/2870
013402940 大理市统战志/2870
008539806 大理市烟草志/2871
008846474 大理市教育志/2872
012540905 大理市检查志/2871
013859495 大理市粮油志/2872
013128826 大理州工商税务志/2868
010265752 大理州地方畜禽品种志/2869
012831334 大理州纪检监察志/2865
013646942 大理州财贸学校校志 1979-1999/2868
009744958 大理州烟草志/2867
013128823 大理农校校志 1956.3-2006.3/2868
011312414 大理卷烟厂志 1950-2005/2867
011589817 大理烟草志/2867
013369750 大埠东村志/1438
012173749 大黄山煤矿志/843
014028625 大营村志/340
012967466 大营街志/2771
011328746 [大庸市永定区]环境保护志/2064
007585921 大庸县志/2063
013314285 大望京村志/49
008298368 大蒋庄村志/93
007479240 大雁矿务局志/430
011311895 大雁煤业公司志 1989-2004/430
013506632 大集镇志修订本/1844
012048814 大街乡志/2817
008593578 大港区土地管理志 第7卷/99
007477983 大港区志/99
008533241 大港区志蓝本/99
010292611 [大港石油管理局石油地质勘探开发研究院]地质研究院志 1964.1-1994.1/100
011804197 大港石油管理局职工总医院志 1964-1993/100
009398802 大港油田志 1964-1993/100
007773559 大港镇志/942
012503825 大湖村志/1762
009335833 大塘街志 1840-2000/2143
013751610 大塘街志 1884-2005/2143
009234366 大路镇志/947
012951948 大像山志/3052
013955655 大新土司志/2339
013334562 大新县土地志/2339
004102707 大新县志/2339
012898315 大新县政协志 1980.12-2004.5/2339
009234485 大新镇志/2339
008844102 大慈恩寺志/2937
012048829 大溪村志/1046
007757594 大溪镇志/1091
011472918 大溪镇志/1091
010292700 大溪镇志 文教篇 人物篇（附录）/3238
010292678 大溪镇志 地理篇 历史篇 政治篇/3238
009833370 大溪镇志 经济篇 社会篇/3238
011431326 大寨风物志/317
009046475 大寨村志/316
013790306 大潘家村志/507

万

007479152 万山特区志/2678
012956067 万山特区志 1991-2005/2678
009684302 万山特区财政志/2678
009380849 万山特区税务志/2678

009989222 万山特区粮食志/2678
009818490 万丰文化志/2171
008974579 万丰村志/2173
012252723 万宁土地志/2352
007488622 万宁县志/2352
013630138 万宁财政志/2352
010469334 万发乡志/614
013756864 万年县交通志/1383
008831341 万年县志/1383
010200265 万年县邮电志/1383
009046575 万年县法院志/1383
012836464 万年县政协志1959-2008/1383
009397070 万全县土地志/205
010776978 万全县水利志/205
008533860 万全县地名资料汇编/206
004102833 万全县志/205
013145615 万全县志1989-2005/205
013994005 万安人物志/32
013660369 万安县交通志/1351
007588007 万安县志/1351
010008928 万安县志1991-2000/1351
009386245 万安县金融志1939-1990/1351
008430217 万县市工商行政管理志/2370
013863865 万县市城乡建设志1993-1997/2370
014052314 万县市城市建设志1911-1992/2370
008421928 万县市粮食志/2370
008733899 万县地区文化艺术志/2370
008421861 万县地区交通志/2370
013010678 万县地区物价志/2370
008844931 万县地区金融志/2370
009553091 万县地区城乡建设志1911-1992/2370

013756867 万县地区蚕桑丝绸志/2371
008667878 万县地区教育志/2370
008059731 万县志/2369
009575436 万里乡志/3239
012506276 万秀村志/2282
011325286 万荣方言志/329
013630144 万荣县人民代表大会志/329
012766972 万荣县电力工业志/329
009387259 万荣县交通志/329
014052313 万荣县纪检监察志/329
008001441 万荣县志/329
011909021 万荣县财政志/329
013145617 万荣县政协志/329
012100039 万荣县荣河镇北杨村志/329
013959456 万荣县皇甫乡高家庄村志/329
012073462 万峦乡志/3252
004477314 万载县文物志/1362
009441979 万载县文物志征求意见稿/1362
003146908 万载县志/1362
012877265 万载县志1986-2005/1362
009687184 万载县邮电志/1362
009386247 万载县政协志/1362
012927701 万载县教育志/1362
009392916 万祥镇志/766
010730429 万绿湖美丽志/2231
013010682 万源市工商行政管理志1987-2007/2561
011443960 万源市军事志1911-2005/2561
012174987 万源市志1986-2005/2560
008421922 万源县工业志/2561
008421927 万源县广播电视志1935-1987/2561
008421856 万源县文教示范幼儿园志/2561

008838374 万源县石窝乡志/2561
007791190 万源县志/2560
009232065 万源县财政志/2561
013936440 万源县教育志 1902-1985/2561
012662365 万源保卫战战史烈馆志 1986-2009/2561
011325468 万福钢铁厂志 1940-1985/2558

弋

006536676 弋阳苏区志/1380
007482417 弋阳县志江西省/1380
009994079 弋阳县志 1986-2000/1380
010200267 弋阳县邮电志/1380
010252206 弋阳县邮电志送审稿/1380
012769440 弋阳县财政志 210-2000/1380
011585237 弋阳县教育志/1380
011585241 弋阳县教育志 1992-2000/1380

上

013936348 上马坊村志/2753
012955986 上马村志/2743
013377128 上马街道志/1442
012956120 上马墩街道志/833
012638883 上孔村志/303
008191651 上甘岭区志 1953-1985/696
013377117 上兰村志/255
012661870 上兰村志/265
009387245 上伏村志/307
012955982 上关村志/2870
010777037 上坊乡志/822
009126432 上园村志/1026
013462002 上犹江电厂志 1957-1987/1333
007478004 上犹县志/1333
009511270 上犹县志 1986-2000/1333
008844346 上犹邮电志/1334

012969573 上库力农场志 1956-2010/418
008640009 上辛口乡志/93
011066703 上社村志/282
014050246 上林村志/887
012638870 上林县土地志/2284
012877167 上林县水利电力志/2284
007910023 上林县志/2284
013795386 上林覃氏宗族志/2285
012831538 上杭丰顺揭西贺县五华高氏族志/2251
008664007 上杭县地名录/1271
005331692 上杭县志/1271
008122766 上杭县畬族志/1271
010201684 上杭县政协志/1271
012099896 上思县土地志/2312
008596791 上思县志/2312
009420749 上饶人物/1375
009687464 上饶市二轻工业志/1376
013731328 上饶市交通 1986-2005/1375
009994073 上饶市农业志/1376
009687467 上饶市志 1986-2000/1375
013602026 上饶市金融志/1376
008487113 上饶地区工商行政管理志/1374
011584855 上饶地区卫生志/1375
013377130 上饶地区交通志/1375
009116626 上饶地区志/1374
010243547 上饶地区邮电志/1375
009386228 上饶地区财政志/1375
008430504 上饶地区金融志/1375
011566144 上饶地区法院志/1374
013509369 上饶地区审计志/1374
010251736 上饶地区商业志/1375
008428898 上饶地区税务志/1375

011441964　上饶地区粮食志/1375
007482465　上饶县志/1377
009768830　上饶县志 1987-2000/1377
010577216　上饶县邮电志/1378
013342512　上饶县金融志/1378
009386233　上饶县政协志/1377
010143338　上饶供电局志 1987-2000/1374
009800059　上桂花村志/291
009744828　上栗县志/1310
010201229　上党风景名胜志/285
013320957　上党镇志/947
013660259　上高县文物志/1363
007482345　上高县志/1363
011441949　上高县邮电志/1363
007824180　上海二轻工业志/729
013795383　上海人民电器厂厂志 1914-1992/731
008534814　上海人民代表大会志/724
008534838　上海人民政协志/725
012051906　上海人民政协志/725
011500589　上海人民政协志 1993.2-2003.2/725
013145345　上海人事志/724
007838015　上海工运志/724
007679415　上海工商行政管理志/727
008917148　上海工商社团志/727
009414966　上海大学志 1994-2004/739
008436136　上海广播电视七十年 1923.1-1993.1/738
008328308　上海广播电视志/738
008534790　上海卫生志/746
009688458　上海天原化工厂志/732
008250908　上海艺术史图志/742
011320466　上海木材流通志/727

008543067　上海日用工业品商业志/736
011295665　上海中华职业教育社志/741
009228141　上海中医药大学志献给上海中医药大学建校四十周年 1956-1996/746
008254882　上海内河航运志/735
008712986　上海水利志/732
007679409　上海毛麻纺织工业志/731
007838092　上海气象志/745
007976487　上海长江航运志/735
013731316　上海长征医院人物志(第二军医大学第二附属医院) 1955-2008/744
007678881　上海化学工业志/730
012208182　上海化轻物资流通志/736
008534797　上海公用事业志/728
007824192　上海公安志/724
007824191　上海公路运输志/734
001691274　上海风物志/745
008842781　上海文化艺术志/738
011763400　上海文化娱乐场所志/738
007678829　上海文物博物馆志/738
014020219　上海文学志稿/741
013629552　上海方塔园志/745
009160242　上海计划志/726
013660262　上海世博会中国石油参与志/732
012107765　上海石化地区基础教育志/773
007679366　上海石油化工总厂志/732
008842790　上海旧政权建置志/725
007479130　上海电力工业志/729
008442966　上海电力建设局电力建设志/729
008534819　上海电子仪表工业志/734
013731318　上海电业职工医院志 1951-1989/746

012099888 上海电视栏目志 1958-2008 /738
013377114 上海电信技术研究院志 1994-2004 /736
008252884 上海电影志 /744
009995129 上海印钞厂志 /733
009995134 上海印钞厂志 1991-2000 /733
008254870 上海外事志 /725
010243027 上海外国语大学志 /740
009198566 上海外服公司志 /728
012969572 上海外高桥发电有限责任公司志 1990-2007 /768
012051905 上海市工艺品进出口有限公司志 1956-2000 /737
012814192 上海市工业综合开发区志 /734
007995495 上海市上海县志 /755
003796164 上海市川沙县志 /763
003032390 上海市区方言志 /741
013775201 上海市长宁区中心医院院志 1952-1990 /751
012766493 上海市长宁区文化志 /751
012814190 上海市长宁区计划生育志 /751
012679070 上海市长宁区志 1993-2005 /751
008382894 上海市卢湾区地名志 /749
013002471 上海市电力工业志 1991-2002 /732
011441961 上海市电话号簿公司志 1984-2002 /736
008917153 上海市地名录 /745
009688456 上海市地震监测志 /745
010010066 上海市农业机械流通志 /736
013731322 上海市杨浦区四平街道医院院志 /755

011570258 上海市闵行区地名志 /757
012969570 上海市奉贤区军事志 751-2006 /785
008096651 上海市奉贤县乡镇工业志 /785
007381000 上海市青浦县志 /778
007379013 上海市松江县志 /773
007378998 上海市金山县志 /770
008380795 上海市金山县教育志 /773
011327114 上海市闸北区地名志 /754
011763410 上海市闸北区政协志 /753
008096738 上海市宝山区地名志 /759
012263944 上海市宝山区志 1988-2005 /757
003034862 上海市宝山县志 /757
008712982 上海市政工程志 /748
008713218 上海市南汇县志 /763
009769145 上海市南汇县教育志续 1991-2001 /769
012174875 上海市虹口区地名志 /754
013185729 上海市虹口区志 1994-2007 /754
013462000 上海市徐汇区地名志 2010 /750
013145350 上海市徐汇区志 1991-2005 /750
011908739 上海市胸科医院上海交通大学附属胸科医院 50 年院志 1957-2007 /746
009106089 上海市畜产进出口公司志 /737
008487010 上海市浦东新区地名志 /769
005308887 上海市黄浦区地名志 /749
011805891 上海市黄浦区金陵东路街道简志 /749
009480440 上海市黄浦区商业志 /749
008713090 上海市崇明县志 /786
010243596 上海市第一医药商店店志 /736

013131216 上海市装饰装修行业志 2002-2006/732

012899404 上海市普陀区住宅建设志/752

010730235 上海市静安区卫生志/752

007986702 上海市嘉定区嘉定镇志/760

012661857 上海市嘉定县工会志 1912-1993/761

007379030 上海市嘉定县志/759

008486648 上海市嘉定县续志/760

011998200 上海立信会计学院 80 周年校志/740

009398884 上海司法行政志/726

008569848 上海民用航空志/735

008842797 上海民防志/726

008569835 上海民政志/725

007976486 上海民族志/744

011805880 上海出版印刷高等专科学校志 1953-2006/747

008781428 上海出版志/738

008982682 上海对外经济贸易志/737

007984037 上海丝绸志/732

007538780 上海地方志物产资料汇辑/744

005654110 上海地名小志/745

008170091 上海地名志/745

008534800 上海地质矿产志/729

012662264 上海扬剧志 上海甬剧志 上海锡剧志/743

007838035 上海机电工业志/731

013731320 上海机电工业研究院所志/730

013991407 上海协昌缝纫机厂分厂厂志 1945-1988/732

008534709 上海有色金属工业志/733

012174869 上海成人高等教育志 1863-1990/741

011321116 上海成人教育志/741

013185733 上海竹种图志/747

008382909 上海价格志/736

011441954 上海名园志/745

009817959 上海名建筑志/747

009348245 上海名街志/723

009266247 上海名镇志/723

011998195 上海交通大学电气工程系志 1908-2008/740

007676352 上海交通大学志 1896-1996/740

008712477 上海军事志/726

007975029 上海农业志/728

007678892 上海农业科研志/728

009554023 上海农垦志/728

008523842 上海妇女志/724

008534865 上海远洋运输志/735

011500587 上海技术师范学院院志 1978-1994/741

008063812 上海劳动志/727

010778935 上海杨树浦发电厂志 1911-1990/733

012661862 上海杨树浦发电厂志 1991-2005/733

013145361 上海医疗器械高等专科学校志 1960-2006/747

013936347 上海医疗器械高等专科学校志 1960-2010/747

007677639 上海医药志/733

009881499 上海医科大学志 1927-2000/746

012099894 上海医科大学图志 1927-2000/746

012836304 上海县工业志/756
007707090 上海县水利志/757
007772942 上海县文化志/757
008379689 上海县交通志/756
013684629 上海县供销合作商业志/756
008432940 上海园林志/747
008520599 上海邮电志/736
013775234 上海邮电志稿 1991-1995/736
014050245 上海邮电志稿 1996-1998/736
007677686 上海财政税务志/737
012661844 上海财政税务志 1991-2005/737
008534876 上海财政税务志资料长编/737
007677677 上海体育志/741
008358638 上海住宅建设志/728
012836299 上海佘山国家旅游度假区志/735
008534786 上海汽车工业志/731
012899401 上海沪剧志/743
008982675 上海社会科学志/723
011998188 上海改革开放30年图志/724
008358648 上海纺织工业志/729
013629554 上海奉贤工业总公司志 1984-2011/785
011955397 上海奉贤海湾旅游区志 1979.9-2006.12/781
007679372 上海环境卫生志/748
008382912 上海环境保护志/748
008839737 上海武警志/726
008982921 上海青年志/724
008081014 上海昆剧志/743
007679396 上海图书馆事业志/738
008380672 上海制皂厂厂志 1923-1990/734
009348250 上海物资流通志/727

008842762 上海侨务志/725
013863631 上海货币发行十年志 1996-2005/744
009312681 上海质量技术监督志/727
010010062 上海金属材料流通志/727
009253204 上海金融志/737
008839729 上海郊县工业志/734
012252443 上海郊县邮电志/736
013731325 上海闸北发电厂志/753
008534861 上海沿海运输志/735
008789327 上海宗教志/723
008712598 上海审计志/727
009149422 上海审判志/726
008712375 上海房地产志/728
009331244 上海话剧志/743
007679405 上海建筑材料工业志/731
007707118 上海建筑施工志/731
008275010 上海城市规划志/747
007824176 上海南市区商业志/749
012880330 上海南汇滨海旅游度假区志/769
007677683 上海轻工业志/731
011763390 上海轻工国际集团有限公司志/731
008982911 上海钢铁工业志/730
013756042 上海钢球厂志/730
007679360 上海科学技术志/739
009190251 上海科学技术志 1991-1999/739
010010068 上海音乐志/742
009649054 上海美术志/742
013660266 上海送变电工程公司志/732
008842816 上海炼油厂志/731
008534805 上海测绘志/745
007791099 上海统计志/723

008534808 上海档案志/739
009343439 上海监狱志/726
009387396 上海铁道医学院志/746
012766501 上海铁路分局工会志 1949-1990/724
009106104 上海铁路分局志 1950-1995/734
008534699 上海铁路志/734
009319911 上海铁路局志/734
012766512 上海铁路局集体经济志/734
010293698 上海铁路检察志/726
008863916 上海造币厂志/733
012252473 上海造币厂志 1991-2000/733
007840146 上海造纸志/733
008842823 上海租界志/744
008712409 上海航天志/748
007679393 上海航空工业志/730
007679378 上海高侨石化志/730
012661847 上海高等教育志/740
012266307 上海旅游高等专科学校志 1999-2008/740
013145354 上海畜牧志/728
008534851 上海烟草志/733
010293013 上海烟草志送审稿/732
012684682 上海烟草志 1993-2003/733
008534871 上海浦东供电志/768
007843455 上海海关志/737
013633491 上海海洋大学百年志 1912-2011/740
007976435 上海海洋地质调查志/730
009744932 上海通志/723
012266303 上海理工大学志 1906-2006/740
009769142 上海职业技术教育志/741
008534824 上海勘察设计志/731
012208190 上海梅山矿业有限公司志 1991-2001/731
008534778 上海检察志/726
008534783 上海救捞志/748
008170142 上海副食品商业志/730
012722309 上海雪米村民俗志/781
013185727 上海第二医科大学志/746
012836239 上海船舶研究设计院院志 1964-2003/729
008170128 上海商检志/737
012505553 上海淮剧志/743
008534817 上海渔业志/728
008539974 上海越剧志/743
012661851 上海普陀市容环卫志/753
008842804 上海港志/735
012814188 上海港澳台侨胞联络志/725
012661848 上海滑稽戏志/743
008569843 上海新闻志/738
007677663 上海粮食志/736
013684614 上海滚动轴承厂志/730
011294595 上海群众文化志/738
008362852 上海缝纫机一厂厂志/730
009962224 上海舞蹈舞剧志/742
006395195 上海蔬菜品种志/747
007840121 上海蔬菜商业志/737
008842792 上海橡胶工业志/732
011296025 上梅林村志/2168
012877169 上盘石村志/280
013822679 上窑村志/1047
012814194 上街区教育志/1656
009840493 上塘志/971
011908743 上虞土壤志/1055
009105939 上虞市土地志/1054
008446511 上虞市水利志/1054
013629556 上虞市政协志 1982.10-2012.2/1054

008450603 上虞县地名志/1054
007378982 上虞县志/1054
013067169 上虞教育志/1054
010731611 上遥村志/291
010779009 上遥镇志/291
011908726 上蔡民政志/1807
008422483 上蔡县卫生志/1808
009382288 上蔡县曲艺志/1807
007850907 上蔡县志/1807
009888913 上蔡县志初稿/1807
013689604 上蔡县志 1986-2000/1807
013706219 上薛村志/1216

小

013145719 小五台山植物志/200
011320291 小屯水泥厂志 1937-1985/550
013072723 小石桥志/2777
012662689 小东夼村志 1652-2007/1492
011909156 小市街道志/803
009561939 小西天志/354
012208379 小苏村志/345
008426126 小李庄村志/1651
013145685 小里村志/346
009799950 小宋佛姓氏志村志分册/1730
012208369 小陇山林业志/3049
013379115 小昆山镇志/774
007807118 小金县志/2598
013939485 小金县志 1986-2005/2598
009867293 小金县粮食局志/2598
013775987 小店区地震志/264
008535779 小店村志/264
008828242 小河坝村志/898
012316956 小南村志/508
009553685 小洲村史/2147

010577325 小站镇志/95
010735835 小海乡志/928
009340753 小菅镇志/1594
013145728 小雪区志/1524
009399203 小街镇志/2855
008423441 小港镇志/1357
013660422 小榄镇东区社区志 1152-2009/2242
010686836 小新桥乡志/874

山

012955924 山川机床铸造厂山川铁合金厂志 1965-1995/3098
013131127 山丹方言志/3060
009389599 山丹军马场志/3060
013755975 山丹农场志 1958-2005/3060
007482404 山丹县志/3060
010576698 山丹县教育志/3060
011748879 山东人事史志资料/1398
011570232 山东土种志/1406
009783955 山东工艺美术学院志 1973-2003/1415
012969529 山东工业大学志 1949-1998/1417
009866858 山东工业大学校志/1417
008844053 山东大学齐鲁医院志 1890-2000/1416
013684595 山东大学齐鲁医院志 2000-2010/1416
013660089 山东大学材料科学与工程学院志 1952-2012/1414
013991384 山东大学(青岛)人物志/1435
013096324 山东大学药学院院志 1920-2011/1414

009783948　山东大学威海分校志 1984-2004 /1546

011329336　山东大学第二医院志 1978-2007 /1416

012766475　山东万泰创业投资有限公司一棉分公司志 1966-2006/1466

013131176　山东万泰创业投资有限公司二棉分公司志 1981-2011/1466

010476417　山东千年古县志/1385

009817833　山东广播电视大学教育志/1415

013067208　山东卫生系统援川抗震救灾来鲁伤员救治 对口支援北川志/1398

013933347　[山东丰汇集团]五年志 2002.6-2007.6/1423

011570209　山东木材流通志/1400

010009444　山东中医学院院志 1958-1988/1417

008665128　山东中医药志/1405

013002447　山东水利志稿/1407

013959339　山东化工职业学院志 2008-2012/1456

001690808　山东风物志/1404

012099819　山东石横发电厂厂志 1962-2000/1541

010010299　山东平阴风物志/1425

009869607　山东电力工程咨询院志 1958-1998/1418

012140254　山东电力工程咨询院志 1958-2008/1418

011564517　[山东电力设备厂]厂志 1958-1997/1409

011328186　[山东电力建设第一工程公司]史志 1956-1995/1409

013629506　[山东电力建设第二工程公司]志 1952.7-1997.9/1409

009783958　山东电力建设第二工程公司志 1952.7-2002.6/1411

013629509　山东电力建设第二工程公司志 1952.7-2012.7/1411

008664538　[山东电力建设第三工程公司]史志 1985-1994/1433

013991386　山东电力高等专科学校山东省电力学校志 1958-1995/1414

013067079　山东电力超高压公司志 2000-2010/1411

012252404　山东电力燃料管理志 1949-2003/1400

013145331　山东白杨河发电厂志/1453

013506538　山东白杨河发电厂志 1969-1999/1460

011293544　山东外贸服装志/1401

011311364　山东兰陵美酒厂志/1561

009783947　山东司法行政志 1840-1995/1399

010010329　山东司法行政志 1996-2000/1399

012542829　山东司法行政志 2001-2005/1399

012877151　山东民间艺术志/1402

008452091　山东民航志/1401

010275909　山东地震台志/1415

009866871　山东机床附件厂志 1949-1989/1518

011805847　山东百脉泉酒业有限公司志 1948-2008/1423

014050132　山东先河悦新机电股份有限公司志 1986-2011/1454

009010514 山东名镇名村志/1397
011441939 山东齐银水泥公司志/1454
012661826 山东羊口盐场志/1511
012252415 山东农药工业股份有限公司志/1453
013991393 山东寿光建设集团志 1953-2013/1511
010113074 山东花卉志/1406
011570202 山东劳动职业技术学院建校50周年史志 1956-2006/1415
009333606 山东医科大学史志/1416
008664561 山东医科大学附属医院志 1890-1990/1416
009869572 山东邮电志评议稿/1401
012661816 山东辛店发电厂志/1454
013320943 山东冶金地质公司志 1953-1985/1412
013629524 山东冶金机械厂志 1953-1985/1454
011892485 山东冶炼加工厂志 1970-1985/1400
011908715 山东沂蒙冶炼厂志 1966-1985/1561
010577075 山东武警志支队志 1949-2000/1399
010475978 山东武警志聊城支队志 1949-2000/1587
008041147 山东苔藓植物志/1405
009881176 山东林木病害志/1406
010278805 山东果树志/1406
013731168 山东明水经济开发区志/1423
009962148 山东明水铝土矿志 1957-1985/1423
011805851 山东金岭铁矿志 1986-2000/1453

013131161 山东肥城精制盐厂志 1991-2011/1541
013002453 山东周村烧饼公司志 1958-2009/1462
010113083 山东鱼类志/1405
013959338 山东河口经济开发区志/1482
012814178 山东河西黄金集团有限公司志/1500
011320464 山东建筑工程学院院志 1956-1996/1418
010732066 山东建筑大学校志 1956-2006/1418
011763336 山东南定热电厂志/1453
009854357 山东树木志/1406
012266249 山东临沂丝绸厂志/1561
010278337 山东省二轻工业志稿/1400
013145333 山东省三环制锁集团公司志 1993-2000/1488
011911593 山东省工商行政管理志 1991-2005/1399
008664556 山东省千佛山医院志 1960-1999/1417
012638973 山东省千佛山医院志 2000-2009/1417
013461957 山东省广饶县第一中学志 1951-2011/1487
010475302 山东省卫生防疫站山东省环境卫生监测站站志/1405
007620758 山东省卫生志/1406
012684675 山东省卫生志 1986-2005/1406
009881223 山东省卫生志医学教育篇资料长编征求意见稿/1406
011763353 山东省艺术馆建馆五十周年馆志辉煌 1957-2007/1414

011293503 山东省五金矿产进出口贸易志/1401

008831986 山东省五莲县地名志/1553

009817836 山东省区域地质志/1405

009688204 山东省日用机械工业志 1915-1985/1400

013660099 山东省中医药研究院院志 1958-2008/1417

013755978 山东省水产志资料长编/1399

009869351 山东省水利志边界水利问题资料长编送审稿/1407

009869344 山东省水利志资料长编青岛部分/1436

009869348 山东省水利志部分篇章资料长编征求意见稿/1407

010279758 山东省水利科学研究院院志 1991-2000/1411

014050127 山东省长途电信传输局志 1988-2002/1413

009783965 山东省文登整骨医院志 1958-2003/1548

010280137 山东省计算中心志 1976-2006/1418

009881212 山东省平阴县药志初稿/1425

013731170 山东省平度经济开发区志 1992-2012/1448

009881201 山东省东营市城乡建设志/1475

011763340 山东省北镇中学志/1595

008298341 山东省电力工业志/1400

012099804 山东省电力学校志 1958-2008/1537

008928848 山东省宁阳县地名志/1542

013461959 山东省皮肤病防治所所志 1955-1998/1416

012051828 山东省地方铁路志 1958-2005/1401

008452092 山东省地名志/1404

010009725 山东省地质矿产志/1405

011998156 山东省地质矿产科学技术志/1405

011805854 山东省地震监测志/1405

011570212 山东省机电设备公司史志 1962-1990/1400

012766468 山东省压煤搬迁与采动损害补偿志 1949-2000/1398

009881227 山东省血液中心志 1963-2003/1416

009962151 山东省交通医院志 1986-1999/1416

013794854 山东省军事志 1986-2005/1399

012955928 山东省农业机械科学研究所志 1959-2008/1417

010009448 山东省农机志 1940-1985/1406

009043162 山东省阳谷县地名志/1592

008831997 山东省牟平县地名志/1496

013002439 山东省牟平第四中学校志 1978-2000/1495

013660096 山东省寿光市第一中学校志 1957-2007/1511

011066701 山东省寿光市第一中学校志 1957-2002/1511

010200543 山东省志工人团体志 评审稿/1386

009869314 山东省志工业综合管理志 评议稿/1386

010292970 山东省志工商行政管理志 评议稿/1386

009869468 山东省志 大事记/1385
009552854 山东省志 卫生志 送审稿/1388
009869549 山东省志 乡镇企业志 评议稿/1389
009552848 山东省志 水利志 征求意见稿/1388
009552844 山东省志 水利志 送审稿/1388
009552839 山东省志 气象志 送审稿/1387
010292328 山东省志 公安志 征求意见稿/1386
009552862 山东省志 文化志 送审稿/1388
009552858 山东省志 文化志 第二次评议稿/1388
009552866 山东省志 文物志 送审稿/1388
009552814 山东省志 计划志 评议稿/1386
009869495 山东省志 石油工业志 初稿/1387
009869492 山东省志 石油工业志 送审稿/1387
009869512 山东省志 电力工业志 送审稿/1385
009869552 山东省志 电子工业志 送审稿/1386
010238853 山东省志 外事志 送审稿/1388
010291720 山东省志 司法志 检察篇 送审稿/1388
010242594 山东省志 司法志 检察篇 送审稿 2/1388
009688207 山东省志 丝绸志 送审稿/1388
009817840 山东省志 地震志 送审稿/1385
009552812 山东省志 机械工业志 评审稿/1386
009552817 山东省志 军事志 送审稿/1387
009552836 山东省志 农业志 农业科学研究篇 初稿/1387

009869555 山东省志 农业志 送审稿/1387
009552830 山东省志 农机志 送审稿/1387
009881237 山东省志 财政志 评议稿/1385
009881240 山东省志 纺织工业志 修订稿/1386
009174455 山东省志 武警志/1388
010064522 山东省志 林业志 送审稿/1387
009869483 山东省志 物价志 评议稿/1389
009552799 山东省志 供销合作社志 送审稿/1386
010474128 山东省志 测绘志 初稿/1385
009552797 山东省志 测绘志 送审稿/1385
009962162 山东省志 党派志 民主党派工商联篇 送审稿/1385
009552869 山东省志 烟草志 送审稿/1389
009869486 山东省志 教育志 评议稿/1387
009552802 山东省志 黄河志 送审稿/1386
009869504 山东省志 商业志 百货业资料长编 送审稿/1387
009552824 山东省志 粮食志 送审稿/1387
011805864 山东省志第1卷 工商行政管理志 1991-2005/1389
009392870 山东省志第1卷 序例目录/1389
008794414 山东省志第2卷 大事记/1389
012051888 山东省志第2卷 铁路志 1986-2005/1389
008696123 山东省志第3卷 建置志/1389
012051883 山东省志第3卷 税务志 1986-2005/1389
008696174 山东省志第4卷 自然地理志/1389
012614067 山东省志第4卷 质量技术监督志 1990-2005/1389
008664457 山东省志第5卷 生物志/1389

012814180 山东省志第5卷 烟草志1991—2005/1389

007290007 山东省志第6卷 地质矿产志/1390

012722212 山东省志第6卷 财政志1986—2005/1390

006795927 山东省志第7卷 气象志/1390

012955931 山东省志第7卷 共产党志1921—2005/1390

008696092 山东省志第8卷 地震志/1390

012722231 山东省志第8卷 林业志1988—2005/1390

013320938 山东省志第9卷 民政志1988—2005/1390

007289996 山东省志第9卷 海洋志/1390

008696084 山东省志第10卷 民主党派工商联志/1390

013320936 山东省志第10卷 海事志1861—2005/1390

009266209 山东省志第11卷 工人团体志/1390

009105605 山东省志第11卷 共青团志/1391

008103486 山东省志第11卷 农民团体志/1390

009392835 山东省志第11卷 妇女团体志/1391

013629522 山东省志第11卷 黄河志1986—2005/1390

007620824 山东省志第12卷 政权志/1391

010962689 山东省志第13卷 外事志/1391

005536260 山东省志第14卷 民政志/1391

007589070 山东省志第15卷 公安志/1391

008664466 山东省志第16卷 司法志/1391

008696136 山东省志第17卷 军事志/1391

008492542 山东省志第18卷 农业志/1391

008696140 山东省志第19卷 林业志/1391

007290005 山东省志第20卷 水利志/1391

007290014 山东省志第21卷 黄河志/1391

007290008 山东省志第22卷 水产志/1391

007290065 山东省志第23卷 轻工业志/1392

008452075 山东省志第24卷 二轻工业志/1392

008696102 山东省志第25卷 纺织工业志/1392

005591369 山东省志第26卷 丝绸志/1392

007289997 山东省志第27卷 烟草志/1392

007665485 山东省志第28卷 陶瓷工业志/1392

008528753 山东省志第29卷 乡镇企业志/1392

008696115 山东省志第30卷 机械工业志/1392

009552808 山东省志第30卷 黄金工业志 初稿/1392

008696098 山东省志第31卷 电子工业志/1392

008452080 山东省志第32卷 冶金工业志/1392

007289998 山东省志第33卷 黄金工业志/1392

007290015 山东省志第34卷 化学工业志/1392

008103482 山东省志第35卷 医药志/1393

008452060 山东省志第36卷 石油工业志/1393

005591330 山东省志第37卷 电力工业志/1393

008452062 山东省志第38卷 煤炭工业

志/1393

007289999 山东省志第39卷 农机志/1393

008103485 山东省志第40卷 交通志/1393

007290001 山东省志第41卷 铁路志/1393

008664473 山东省志第42卷 邮电志/1393

008664504 山东省志第43卷 城乡建设志/1393

008452054 山东省志第44卷 建筑志/1393

008452085 山东省志第45卷 环境保护志/1393

005591367 山东省志第46卷 建材工业志/1393

005591362 山东省志第47卷 测绘志/1393

008696154 山东省志第48卷 商业志/1394

007620825 山东省志第49卷 供销合作社志/1394

007290006 山东省志第50卷 粮食志/1394

009312500 山东省志第51卷 对外经济贸易志/1394

008452056 山东省志第52卷 海关志/1394

007290002 山东省志第53卷 财政志/1394

008696132 山东省志第54卷 金融志/1394

008103488 山东省志第55卷 计划志/1394

008664476 山东省志第56卷 工业综合管理志/1394

008103487 山东省志第57卷 统计志/1394

008452052 山东省志第58卷 审计志/1394

007665484 山东省志第59卷 物资志/1394

009313150 山东省志第60卷 物价志/1394

005591371 山东省志第61卷 标准计量志/1395

008664482 山东省志第62卷 工商行政管理志/1395

008974045 山东省志第63卷 进出口商品检验志/1395

008103502 山东省志第64卷 科学技术志/1395

009333599 山东省志第65卷 社会科学志/1395

007290004 山东省志第66卷 体育志/1395

007620826 山东省志第67卷 卫生志/1395

008696129 山东省志第68卷 教育志/1395

007848950 山东省志第69卷 文化志/1395

008452057 山东省志第70卷 文物志/1395

005591370 山东省志第71卷 孔子故里志/1395

007290003 山东省志第72卷 泰山志/1395

007290032 山东省志第73卷 广播电视志/1395

005591368 山东省志第74卷 报业志/1396

007290000 山东省志第75卷 出版志/1396

006795910 山东省志第76卷 人口志/1396

007289994 山东省志第77卷 劳动志/1396

008664492 山东省志第78卷 少数民族志 宗教志/1396

008452058 山东省志第79卷 侨务志/1396

008103499 山东省志第80卷 民俗志/1396

007657551 山东省志第81卷 方言志/1396

008696143 山东省志第82卷 旅游志/1396

008452087 山东省志第83卷 档案志/1396

009392864 山东省志第84卷 人物志/1396

008986807 山东省志第86卷 诸子名家志 辛弃疾 李清照/1397

009105608 山东省志第86卷 诸子名家志 诸葛亮/1396

008664496 山东省志第86卷 诸子名家志 颜真卿/1396

008831558 山东省志山东文物事业大事记1840

-1999/1387

009869523 山东省志化学工业志 1840-1988 送审稿/1386

009552853 山东省志铁路志 1899-1985 送审稿/1388

011570220 山东省志书大全图志部/1397

013509262 山东省劳动志稿/1399

013320935 山东省劳改劳教志 1840-1985 /1398

009854356 山东省劳教志资料长编/1399

010010017 山东省医学科学院志/1416

013342497 山东省邮电科学研究所志/1413

008832095 山东省沂水县地名志/1568

008832086 山东省沂南县地名志/1565

008838766 山东省沂源县地名志/1464

009744862 山东省即墨一中志 1904-2004 /1446

008832005 山东省即墨县地名志/1447

012661811 山东省环境保护科学研究设计院院志 1978-2008/1418

008928838 山东省武城县地名志/1586

008382887 山东省青州市地名志/1508

011321390 山东省拍卖行业协会志/1401

008928779 山东省招远县地名志/1501

012836217 山东省枣庄汽车运输有限公司志 1949-2005/1467

011811073 山东省国民经济计划志资料长编/1399

009675990 山东省图书馆志/1401

011998158 山东省乳山市地名志/1549

010293278 山东省肥城县地名志/1542

008665145 山东省鱼台县地名志/1531

008379333 山东省兖州县地名志/1524

008832104 山东省沾化县地名志/1599

008832042 山东省郓城县地名志/1605

010113079 山东省建行志 1951-1985/1414

011320345 山东省建筑科学研究院史志 1958-1993/1418

012099810 山东省建筑科学研究院史志 1994-2008.06/1418

011750644 山东省政区地名录/1404

011749144 山东省政权大事记 1840-1985 /1397

008928831 山东省莒县地名志/1555

008928825 山东省莒南县地名志/1571

011296153 山东省荣成市地名志/1549

013131170 山东省荣军医院史志 1946-1996 /1416

009869562 山东省标准计量志 1930-1989 初稿/1407

010291574 山东省威海市地名志/1546

013629514 山东省临沂卫生学校志/1562

008832058 山东省临沂市地名志/1562

008832051 山东省临沭县地名志/1573

009866876 山东省科学技术协会志/1401

007685845 山东省科学技术志/1405

010010335 山东省科学院志 1978-1993 /1414

012051833 山东省科学院能源研究所志 1998-2008/1418

011750646 山东省修志立法资料汇编/1402

013067091 山东省济宁卫生学校志 山东省济宁卫生技工学校志 1978-2008/1519

007682677 山东省济南市地名志第1-7部分 征求意见稿/1415

011570214 山东省济南市劳教所志 1958-

1998/1408

014050119 山东省垦利第一中学志 1958-2008/1484

008452313 山东省费县地名志/1570

010475777 山东省泰安市中心医院志 1948-1998/1537

009869567 山东省盐业大事记前 26 世纪-1985/1400

009408923 山东省盐业志/1400

010239235 山东省盐业志征求意见稿/1400

008832110 山东省莱阳市地名志/1497

010009673 山东省监狱志 1955-1985/1398

010293862 山东省监狱志 1986-2004/1398

010009675 山东省监狱志 1991-1995/1399

008832000 山东省崂山县地名志/1441

012140261 山东省特种设备检验研究院志 1978-2008/1417

008832015 山东省胶县地名志/1444

010244044 山东省高速公路交通安全管理简志/1398

011329785 山东省畜禽品种志/1406

009962155 山东省畜禽疫病志/1406

009881232 山东省益都卫生学校志 1885-2005/1508

012836200 山东省益都卫生学校志 1885-2010/1508

012252428 山东省烟台市芝罘区地名志/1493

013096330 山东省烟台粮食学校志 1975-2000/1491

009392842 山东省海阳第一中学校志 1952-2002/1502

009799284 山东省海岛志/1405

013629517 山东省职业卫生与职业病防治研究院志 1959.10-2009.10/1416

012174850 山东省聊城市民政志/1586

013067094 山东省聊城地区二轻工业志第一稿/1588

010239248 山东省检察志讨论稿/1398

010290962 山东省检察志大事记征求意见稿/1398

008452316 山东省章丘鼓风机厂志/1423

008452369 山东省梁山县地名志/1534

008280888 山东省淄川县志/1459

010732067 山东省淄博人民警察学校志 1981-2006/1451

013225782 山东省淄博市周村区民政志 1840-1985/1462

008928799 山东省淄博市桓台县地名志/1463

013509263 山东省淄博市燃料公司志 1950-1987/1454

008403452 山东省寄蝇志/1405

013991389 山东省博兴第一中学校志 1952-2002/1599

008665153 山东省微山县地名志/1530

014050124 山东省新泰市财政志/1539

011327142 山东省塑料工业志 1930-1985/1400

010275892 山东省蔬菜副食品行业志 1949-1985 初稿/1400

009962002 山东省德州地区燃料公司志 1948-1984/1575

010278495 山东省燃料公司志 1950-1992/1411

010290303 山东律师志 1901-1995/1398

009228120 山东律师志 1996-2000/1398

013461954 山东美陵集团志/1453

010113089　山东送变电工程公司志 1958-1998/1411

011998163　山东送变电工程公司志 1998.1-2008.6/1411

012836224　山东泰山生力源集团股份有限公司志 1994-2008/1537

012639003　山东高级医药卫生人物志（市县及企业部分）/1404

011570239　山东畜牧兽医职业学院校志 1955-2005/1505

009881276　山东烟台造锁总厂志 1930-1992/1489

011325422　山东酒精总厂志 1920-1985 征求意见稿/1411

013629511　山东海宇清律师事务所所志 1995-2007/1502

013045698　山东聊建金柱建设集团有限公司 山东聊建集团有限公司志 2001-2010/1588

009962147　山东聊建集团总公司志 续编 1991-2000/1588

009783975　山东黄台火力电厂志 1958-2000/1411

009866868　山东黄河水文志/1405

013002431　山东黄河志/1404

009881196　山东铝厂志/1453

010200534　山东铝业公司志 1986-2003/1453

012614090　山东商业志 饮食服务行业志/1401

010576950　山东商业职业技术学院校志 1936-2006/1415

011570222　山东淄博矿务局洪山煤矿志 1904-1985 送审稿/1454

009319884　山东联通志/1401

009333602　山东强镇名村志/1397

010278490　山东新华制药厂志 1943-1990/1454

013755977　山东滨州交运集团有限责任公司志 1952-2012/1595

011892457　山东镁矿志 1958-1985/1498

013755980　山东潍坊二中校志 1883-1993/1505

008452049　山仔水利枢纽工程志/1221

008835512　山耳东村志/307

009387223　山西二轻（手）工业志/250

002165792　山西大事记 1840-1985/249

012661827　山西万荣东卫二村志/329

010232731　山西小麦品种志/254

010280307　山西小麦品种志/254

009387235　山西山河志/254

013131197　山西艺术职业学院志 1951-2011/261

010144636　山西中条山木材志/334

011324939　山西中药志/254

008224096　山西水土保持志/254

009869617　山西气象志/254

010279808　山西长线局志 1960-2003/251

012899373　山西公安司法志（法院部分）/249

010201226　山西公证志 世纪版/249

012814183　山西公路志/251

001737521　山西风物志/254

009333400　山西文化艺术志/252

009154378　山西玉米品种志/254

012638953　山西石壁玄中寺志/363

008377925　山西电力设备厂志 1959-1995/258

013991396 山西电力科学研究院志 1992-2007/258

009688398 山西电视台人物志/261

012638957 山西电建一公司志/270

013377047 山西电建二公司志 2000-2011/308

013377053 山西电建四公司志/258

009387243 山西外贸志 初稿/252

007289991 山西市县简志/243

012899286 山西司法行政志/249

011570249 山西出版志/252

012099820 山西机电职业技术学院志 1958-2008/285

011584828 山西同风集团公司志/270

012174858 山西交通志 1978-2008/251

009312577 山西交通征稽志 1987-2002/251

010231712 山西农业志/250

012662511 山西阳城下孔村志/303

012899395 山西孝义相王村志/358

013145335 山西杏花村汾酒工会志/360

010279032 山西医科大学第二医院志 1919-1998/263

013959350 山西县市报志/252

008379326 山西邮电志/251

012879023 山西汾阳中寨村志/360

008974056 山西沁新公司志/296

012636795 山西忻州芝郡杨氏家族谱志 附 芝郡史话/337

012899379 山西社会科学志/249

013096343 山西纺织印染厂志/258

009561595 山西林业志/250

013755982 山西物资储备志 1951-2008/256

009962197 山西金融志 初稿/252

008403353 山西经济植物真菌病害志/254

012658549 山西垣曲古城村志/333

013342502 山西垣曲沇岭村志/333

008195133 山西树木图志/255

009962199 山西轻工业志/250

011066624 山西省人民医院志 1955-2005/262

008487067 山西省人民医院志 1955.7-1995.7/262

013461963 山西省儿童医院 山西省妇幼保健院志 1947-2005/262

011763370 山西省三门峡库区志/324

013461989 山西省工业基本建设志 初稿/250

009253157 山西省工会志/249

008664894 山西省广灵县地名录/273

008535786 山西省屯留县地名录/289

012766479 山西省中西医结合医院 山西中医学院中西医结合医院 太原铁路中心医院院志/262

013684598 山西省中阳县暖泉镇沙塘村志/366

013097947 山西省中医药研究院 山西省医院院志 1957-2007/262

012208555 [山西省中医药研究院]院志 1957-1997/262

008535800 山西省文水县地名录/362

013067160 山西省文化志戏曲史料集 征求意见稿/253

008664863 山西省平定县地名志/281

008298336 山西省电力工业志 第3卷/250

013775193 山西省电力工业志 1991-2002/250

008378018　山西省电力试验研究所志/258

008844754　山西省电力建设二公司志/308

009198483　山西省电建三公司志 1978-1998/258

012722239　山西省地质勘查局二一三地质队队志 1960-2009/345

010576953　山西省地震监测志/254

011998173　山西省吕梁市人民医院志 1971.6-2007.12/357

012614060　山西省交通建设开发投资总公司志/259

013731196　山西省农业机械化科学研究所所志 1958-1990/257

010232008　山西省农业科学院农业资源综合考察研究所所志 1979-1999/263

013185693　山西省农业科学院高寒区作物研究所志/263

012208169　山西省农业科学院畜牧兽医研究所所志 1958-2008/263

012723370　山西省阳泉市地名志/277

012051897　山西省运城市盐湖区民政志/324

013681537　山西省孝义市东小景村志/358

013128867　山西省孝义市东小景村志/358

011955361　山西省志第1卷 人物志/243

012614056　山西省志第2卷 交通志/243

012614050　山西省志第3卷 军事志/243

013377064　山西省志第4卷 人事志/243

013377057　山西省志第5卷 供销合作志/243

013602003　山西省志第6卷 医药志/243

013602002　山西省志第7卷 社会科学志/243

013601997　山西省志第8卷 农业机械化志/243

012542841　山西省志 商务志 供销合作社篇 1978-2008/251

008923688　山西省芮城县地名录/336

013731193　山西省村村通水泥(油)路工程建设志/251

012505548　山西省应县地名志/310

013320946　山西省汾西县人民医院志 1950-2010/356

011955351　山西省汾阳医院志/361

008906363　山西省盂县地名志/283

013795140　山西省肿瘤医院院志 1952-2012/262

008664875　山西省河曲县地名录/342

010730300　山西省药检所50年所志 1953-2003/263

013342498　山西省临汾地区农业合作史人物志/344

011998174　山西省闻喜县民政志/330

008534997　山西省送变电工程公司志 1958-1996/259

013145334　山西省晋中市榆次区修文镇郭村村志/312

008906334　山西省晋城县地名录/299

011763366　山西省晋剧院院志 1952-1992/261

010232488　山西省离石县城乡建设志/357

008535803　山西省陵川县地名录/306

013934387　山西省第一建筑工程公司志 1952-2007/258

012955932　山西省第二建筑设计院成立四十周年院志 1970-2010/286

012899382 山西省商业供销职工医院院志 1952-2006/262

009154407 山西省寄蝇志/254

013104451 山西省道路运输管理志/251

008384012 山西省榆次市土地志/312

008535790 山西省榆社县地名录/314

012899375 山西科协志/261

009397214 山西科技名人志/253

005331255 山西科学技术志/252

012638944 山西重点工程大事志 2009/249

013185695 山西重点工程大事志 2010/249

013775199 山西重点工程大事志 2011/249

012969567 山西禹门口黄河提水工程志/327

012638961 山西蚕业志/250

009511309 山西烟草志/251

008392083 山西通志第1卷 总述/244

008172573 山西通志第2卷 地理志/244

008476208 山西通志第3卷 气象志/244

008476211 山西通志第4卷 地质矿产志/244

007342644 山西通志第5卷 地震志/244

008476212 山西通志第6卷 人口志/244

008583068 山西通志第7卷 土地志/244

008103460 山西通志第8卷 农业志/244

008190088 山西通志第9卷 林业志/244

008476215 山西通志第10卷 水利志/244

008476217 山西通志第11卷 乡镇企业志/244

008190139 山西通志第12卷 煤炭工业志/244

008377418 山西通志第13卷 电力工业志/244

008535478 山西通志第14卷 冶金工业志/245

008377422 山西通志第15卷 化学工业志/245

008392218 山西通志第16卷 机械电子工业志/245

008476219 山西通志第17卷 建筑材料工业志/245

008476222 山西通志第18卷 军事工业志/245

008377419 山西通志第19卷 轻工业志/245

008377447 山西通志第20卷 纺织工业志/245

008392215 山西通志第21卷 交通志 公路水运篇/245

009840223 山西通志第21卷 交通志 民用航空篇/245

008377434 山西通志第22卷 铁路志/245

008172572 山西通志第23卷 邮电志/245

008476226 山西通志第24卷 测绘志/245

008835456 山西通志第25卷 城乡建设环境保护志 环保篇/246

008476228 山西通志第25卷 城乡建设环境保护志 城乡建设篇 建筑业篇/245

008377444 山西通志第26卷 商业志 供销合作社篇/246

008476230 山西通志第26卷 商业志 商业贸易篇/246

008377437 山西通志第27卷 粮食志/246

008377459 山西通志第28卷 对外贸易志/246

008487071 山西通志第29卷 财政志/246

008190198 山西通志第30卷 金融志/246

008476245 山西通志第31卷 经济管理志 工商行政管理篇/246

008476240 山西通志第31卷 经济管理志 计

划 统计 物价篇/246

009114582 山西通志第31卷 经济管理志 技术监督篇/247

009114589 山西通志第31卷 经济管理志 劳动篇/246

009114585 山西通志第31卷 经济管理志 物资设备成套篇/246

008847452 山西通志第31卷 经济管理志 审计篇/246

008476246 山西通志第32卷 党派群团志/247

008476247 山西通志第33卷 政务志 人民代表大会篇/247

008476248 山西通志第33卷 政务志 政府篇/247

008585913 山西通志第33卷 政务志 政治协商会议篇/247

008377462 山西通志第34卷 政法志 司法行政篇/247

008377502 山西通志第34卷 政法志 审判篇/247

008377452 山西通志第34卷 政法志 检察篇/247

008487075 山西通志第34卷 政法志 警察篇/247

008172571 山西通志第35卷 民政志/247

008377440 山西通志第36卷 军事志/247

008476252 山西通志第37卷 教育志/247

008190354 山西通志第38卷 科学技术志/247

008191626 山西通志第39卷 社会科学志/248

008172570 山西通志第40卷 文化艺术志/248

008377415 山西通志第41卷 卫生医药志 卫生篇/248

008377493 山西通志第41卷 卫生医药志 医药篇/248

008191619 山西通志第42卷 体育志/248

008476255 山西通志第43卷 新闻出版志 广播电视篇/248

009840225 山西通志第43卷 新闻出版志 出版篇/248

008476253 山西通志第43卷 新闻出版志 报业篇/248

008476260 山西通志第44卷 文物志/248

008476262 山西通志第45卷 旅游志/248

008377426 山西通志第46卷 民族宗教志/248

008191693 山西通志第47卷 民俗方言志/248

008476263 山西通志第48卷 人物志/248

008476265 山西通志第50卷 附录/249

009045858 山西黄河小北干流志/255

009198557 山西铝厂志 1971-2001/250

013629531 山西超(特)高压输变电分公司志 2001-2011/258

003911674 山西植物志/254

011998166 山西黑茶山林区植物志/366

013002460 山西焦煤西山化工厂志 1959-2009/258

013775195 山西输电协会志/251

009149246 山西新华书店志/252

009561591 山西粮官志/252

013732380 山西黎城西井村志/291

013899407 山后村志/987

007678804 山阳志/771

008993627 山阳县水利志/3017

012140266 山阳县军事志/3017

007856404 山阳县志/3017

013002465 山阴县人大志/309

008358760 山阴县志/309

013934391 山阴县供销社志/309

009960254 山河屯林业局志/664

010140742 山河屯林业局志稿/664

009387213 山城子村志/619

009332582 山城区志 1961-1985/1719

012051894 山南地区志/2915

012542831 山亭区文化志/1471

008812458 山亭区志/1470

010008952 山亭区志 1983-2002/1471

010293865 山亭区志 1983-2002 送审稿/1470

008382682 山亭文明志/1471

013629529 山美水库志/1248

013731188 山海天旅游度假区志/1549

013131179 山海关一中校志 1921-2006/155

009243705 山海关长城志/155

011066589 山海关图志/155

011320046 山家林煤矿志/1466

012638965 山家林煤矿志/1466

009962164 山推厂志 1917-1987/1518

013822672 山脚树煤矿志 1966-2004/2647

千

009312392 千山区志 1986-2000/519

013066952 千山志/519

013066954 千山志 1986-2002/519

013184584 千年益阳胜迹图志 历史渊源卷 山水仰止卷 地标景行卷 风物揽胜卷/2069

007900117 千阳县志/2971

008993631 千阳县财政志/2971

013601955 千阳县教育志/2971

012969429 千金药业志 1966-2003/1996

011805832 千秋煤矿志 1956-2006/1761

川

013128815 川大附中校志 1908-2008/2426

013373425 川口村志 1949-2011/1762

011430449 川口镇志/3102

009232042 川中矿区志/2501

013751595 川化中学校志 1960-1990/2435

011312464 川北油气田志/2407

008423884 川压厂志 1966-1985/2585

009149294 川沙县水利志/768

008094776 川沙县文化志/769

008379696 川沙县财政志/769

009414974 川沙县供销合作商业志/769

003032430 川沙县建设志/768

009867090 川沙县续志 1986-1992/763

012096513 川沙镇志/763

012264068 川底下村志/57

008914096 川陕苏区人物志/2934

011579656 川剧志/2410

011995405 川剧表演艺术志/2410

009411685 川维厂志/2380

个

010243554 个旧市工会志/2845

011328104 个旧市工商业联合会会志/2845

010195473 个旧市文化志/2846

012504002 个旧市民盟志 1957-2007/2845

008414647 个旧市志/2845

011995646 个旧市财政志 1991-2005/2846

013989058 个旧市城乡建设志/2845

012898397 个旧市残疾人事业志/2845

013925263 个旧市统计志 1949-2008/2845	013222037 广水市邮电志/1942
012250947 个旧市税务志/2846	009853120 广水市烟草志/1942
012250944 个旧检察志/2845	010576593 广水卷烟厂志/1942
012049336 个旧锡业志/2846	011293355 广化区志/871

久

009889711 久治县志/3107

凡

009378356 凡口铅锌矿志/2161
010139927 凡村村志/1765

广

008429213 广丰县人民代表大会志/1378	008533365 广平县地名资料汇编/170
002604041 广丰县志/1378	009380954 广平县交通志/170
009744832 广丰县志/1378	007512931 广平县志/169
008664381 广丰县邮电志/1378	009145471 广东土种志/2129
008429478 广丰县政协志/1378	009378474 广东大型真菌志/2129
011995672 广元文化志/2492	009335636 广东五金交电商业志/2126
013728693 广元市元坝区纪检监察志 1987.1-2007.12/2493	001738149 广东风物志/2128
	011066736 广东火电工程总公司志 1956-2000/2136
009881528 广元市地税志/2492	008283642 广东历史名人传略/2140
013989068 广元市交通志/2492	010279884 广东外语外贸大学校志 1995-2004/2139
009312683 广元市军事志 1912-2000/2491	
013728689 广元市林业志/2491	005650682 广东地志/2128
009817992 广元市金融志 1950-2004/2492	013335268 广东有色金属工业志至 2005/2125
010476402 广元市烟草志/2491	
009890314 广元市教育志/2492	012636991 广东汕尾凤山祖庙志/2229
010113990 广元市粮油志 1985-2000/2492	008990630 广东军事人物志/2128
008430448 广元县工会志/2491	009335659 广东防痨史志/2129
008429594 广元县乡镇企业志/2491	009378479 广东纪检监察志 1950-1995/2125
007908408 广元县志/2491	
008670066 广元县城乡建设环保志/2493	012173811 广东扶贫志 1984-2005/2125
008430443 广元县商业志/2492	009145483 广东医药工业志 1949-1985/2125
013129059 广元税务志/2492	009863783 广东迎宾馆志/2138
008382937 广内街志/46	013955841 广东苔藓志/2129
	011431511 广东学府志高等中专教育卷/2126
	008665204 广东学府志基础教育卷/2126
	009335630 广东荔枝志/2129
	009863766 广东省二轻工业志征求意见稿/2125

013183450 广东省广宁县税务志/2215
002643998 广东省区域地质志区域地质/2129
004157029 广东省中山市地名志/2244
013369911 广东省水文志/2128
008384879 广东省水利志工程志概述选编/2131
009335643 广东省化工商业志/2126
008486416 广东省公路志/2126
007473267 广东省龙川县志附续编增补资料/2231
007412378 广东省平远县税务志/2228
003032704 广东省东莞市地名志/2241
011890741 广东省电力工业志1991-2002/2125
011311348 广东省电力工业局试验研究所志/2142
009378489 广东省电力学校志1958-2000/2139
011564619 广东省电力第一工程局志/2136
010253026 广东省电信有限公司科学技术研究院研究院志1958-2003/2138
013704040 广东省立中山图书馆志/2126
009673623 广东省地震监测志/2128
009335776 广东省汕尾电力工业志/2229
011563540 广东省兴宁市第一中学志1906-2006/2226
010253029 广东省农村金融志/2126
008586532 广东省志/2117
010229397 广东省志少数民族志 送审稿/2117
007060953 广东省志第1卷 农垦志/2117
007060952 广东省志第2卷 地质矿产志/2117

007362192 广东省志第3卷 教育志/2117
007482032 广东省志第4卷 二轻(手)工业志/2117
007482038 广东省志第5卷 民政志/2117
007505463 广东省志第6卷 医药志/2117
007590129 广东省志第7卷 气象志/2118
007728259 广东省志第8卷 机械工业志/2118
007728292 广东省志第9卷 军事工业志/2118
007728293 广东省志第10卷 华侨志/2118
007728276 广东省志第11卷 人口志/2118
007728294 广东省志第12卷 公路交通志/2118
007728296 广东省志第13卷 测绘志/2118
007728295 广东省志第14卷 铁路志/2118
007728258 广东省志第15卷 冶金工业志/2118
008054957 广东省志第16卷 水利志/2118
009008691 广东省志第16卷 水利续志/2118
008054994 广东省志第17卷 税务志/2119
008453604 广东省志第18卷 物资志/2119
008453605 广东省志第19卷 邮电志/2119
008453595 广东省志第20卷 财政志/2119
008453598 广东省志第21卷 林业志/2119
008453599 广东省志第22卷 军事志/2119
008453594 广东省志第23卷 旅游志/2119
008453601 广东省志第24卷 审判志/2119
008453600 广东省志第25卷 供销合作社志/2119
008453606 广东省志第26卷 经济特区志/2119
008593224 广东省志第27卷 新闻志/2119
008593219 广东省志第28卷 海洋与海岛

志/2120
008593222 广东省志第29卷 物价志/2120
008593212 广东省志第30卷 船舶工业志/2120
008664993 广东省志第31卷 对外经济贸易志/2120
008263862 广东省志第32卷 金融志/2120
008466773 广东省志第33卷 烟草志/2120
008466503 广东省志第34卷 广播电视志/2120
008493171 广东省志第35卷 出版志/2120
008328204 广东省志第36卷 少数民族志/2120
008333586 广东省志第37卷 地名志/2120
008471322 广东省志第38卷 工商行政管理志/2120
008601070 广东省志第39卷 电力工业志/2121
008834589 广东省志第40卷 文化艺术志/2121
008466774 广东省志第41卷 地理志/2121
008681095 广东省志第42卷 海关志/2121
009158010 广东省志第43卷 生物志/2121
009158028 广东省志第44卷 商业志/2121
009158033 广东省志第45卷 宗教志/2121
009043199 广东省志第46卷 风俗志/2121
009158013 广东省志第47卷 环境保护志/2121
009000475 广东省志第48卷 公安志/2121
009000479 广东省志第49卷 煤炭工业志/2121
008834583 广东省志第50卷 石油化工志/2121
009158032 广东省志第51卷 人物志/2122
009158006 广东省志第52卷 卫生志/2122
009158026 广东省志第53卷 商检志/2122
009158017 广东省志第54卷 审计志/2122
009016143 广东省志第55卷 自然灾害志/2122
009310888 广东省志第56卷 农业志/2122
009008701 广东省志第57卷 政权志/2122
009158000 广东省志第58卷 总述/2122
009043195 广东省志第59卷 地震志/2122
009158030 广东省志第60卷 纺织工业志/2122
009000486 广东省志第61卷 司法行政志/2122
009441647 广东省志第62卷 粤港澳关系志/2123
009391012 广东省志第63卷 建材工业志/2123
009399379 广东省志第64卷 方言志/2123
009189051 广东省志第65卷 民航志/2123
009412613 广东省志第66卷 劳动志/2123
009413320 广东省志第67卷 丝绸志/2123
009413330 广东省志第68卷 政治纪要/2123
009413314 广东省志第69卷 国土志/2123
009332439 广东省志第70卷 体育志/2123
009413317 广东省志第71卷 民主党派志/2123
009157995 广东省志第72卷 经济综述/2123
009391016 广东省志第73卷 社会科学志/2124
009043198 广东省志第74卷 档案志/2124
010195256 广东省志第75卷 一轻工业志/2124
009389829 广东省志第76卷 检察志/2124
009391022 广东省志第77卷 孙中山志/2124

009553689 广东省志第78卷 统计志/2124

009335606 广东省志第79卷 中共组织志/2124

009391019 广东省志第80卷 水产志/2124

009391025 广东省志第81卷 乡镇企业志/2124

010195258 广东省志第82卷 水运志/2124

010730458 广东省志第83卷 盐业志/2124

011295523 广东省志第84卷 文物志/2125

010730455 广东省志第85卷 城乡建设志/2125

011312202 广东省志第86卷 妇女工作志/2125

010778996 广东省志第87卷 工会志/2125

011312478 广东省志第88卷 青年工作志/2125

003035396 广东省佛山市地名志/2186

013860619 广东省林业调查规划院院志 1952.10-2012.10/2142

009145459 广东省南雄卷烟厂志/2164

002616256 广东省珠海市地名志/2175

011294220 广东省栽培药用植物真菌病害志/2129

009413334 广东省高州市税务志/2210

012250976 广东省高明县地名志/2199

009335619 广东省流溪河水电厂志/2159

009335628 广东省家畜家禽品种志/2130

007457582 广东省梅州市地名志/2224

007311028 广东省梅州税务志/2223

011473070 广东省揭阳县榕城镇志/2249

002166752 广东省惠阳地区地名志/2220

009863777 广东省惠阳地区有色金属工业志 1910-1985/2220

012811304 广东省普宁县地名志/2251

010777978 广东省输变电公司志 1958-2000/2136

008567840 广东省廉江县交通志/2207

010778382 广东省韶关发电厂志 1958-2000/2161

013528922 广东省潮阳市地名志/2180

009250653 广东食品外贸志/2126

012718848 广东海关志 1979-2008/2126

012264284 广东移动通信志 1987-2005/2126

009000482 广东商业志/2126

008453609 广东淡水鱼类志/2130

009158072 广东植物志/2129

008453608 广东集邮志 1834-1994/2127

013314478 广东集邮志 1995-2009/2127

011890749 广东摄影艺术志 1843-2006/2127

008067596 广东满族志/2128

008846485 广东韶关卷烟厂志/2161

010293888 广北农场志/1476

012173813 广汉市军事志/2471

003324937 广汉县志/2471

013222036 广汉县商业志 1910-1980/2471

008361003 广宁史话/2215

008067710 广宁竹志/2215

009863786 广宁县地方国营工业志/2215

007132521 广宁县志/2215

013723512 广宁县志 1979-2000/2215

008453692 广宁县教育志/2215

008360958 广宁县概况/2215

008453693 广宁县粮食志/2215

009863790 广宁邮电志/2215

011497730 广宁体育志/2215

010687034 广宁建设志 1830-1992/2215

008594813 广西土种志/2275

009989133 广西工商银行志/2272

009118213 广西大学校志/2280

011995669 广西大学校志 1997-2008/2280

009399069 广西少数民族人物志/2274

013091086 广西水产研究所志 1960-2010/2277

011066596 广西水利电力职业技术学院志/2280

008594816 广西长途电信线务志/2272

001690740 广西风物志/2275

002758340 广西文化志资料汇编/2273

007929732 广西文化志资料集/2273

010195324 广西玉林贵港市甘氏宗亲志/2317

012191851 广西石油志/2272

012096753 广西北部湾经济区简志/2271

009118400 广西电力工业勘察设计研究院志/2277

011954062 广西地方铁路公安志/2271

002395817 广西地震志/2275

010138284 广西名优品牌志/2271

010195333 广西壮族自治区大新县人民医院志/2339

008665387 广西壮族自治区大新县水利电力志/2339

008596000 广西壮族自治区大新县化工厂志/2339

008595998 广西壮族自治区大新县金融志/2339

009553701 广西壮族自治区卫生防疫站志 1954-1988/2281

008539193 广西壮族自治区天峨县地名集/2330

011804395 广西壮族自治区天等县人民医院志 1951-2001/2340

006037870 广西壮族自治区区域地质志/2275

012256539 [广西壮族自治区区域地质调查研究院]院志 1958-2008/2281

009189333 广西壮族自治区水电工程局志/2278

012250991 广西壮族自治区水电工程局志 1992-2006/2278

012096756 广西壮族自治区公路桥梁工程总公司通志/2278

008539188 广西壮族自治区凤山县地名集/2330

008539035 广西壮族自治区玉林市地名志/2317

008539064 广西壮族自治区龙州县地名集/2339

009379746 广西壮族自治区龙泉山医院志 1974-1993/2289

008539227 广西壮族自治区龙胜各族自治县地名录/2304

008539166 广西壮族自治区东兰县地名志/2330

008539050 广西壮族自治区北海市地名志/2309

012811316 广西壮族自治区电力工业志/2272

009379730 广西壮族自治区电力工业志/2272

008539001 广西壮族自治区田林县地名志/2324

008539032 广西壮族自治区宁明县地名集/2338

012505121 广西壮族自治区地球物理勘察院院志 1958-1998 /2289

009989183 广西壮族自治区地震监测志 /2275

008538920 广西壮族自治区百色市地名志 /2321

013091093 广西壮族自治区百色地区人民医院志 1928-1989 /2321

010306700 广西壮族自治区全州县地名资料汇编 /2300

008924739 广西壮族自治区合浦县地名志 /2311

008665395 广西壮族自治区合浦县检察志 /2310

008539008 广西壮族自治区兴安县地名录 /2301

008538979 广西壮族自治区阳朔县地名志 /2299

009379736 广西壮族自治区妇幼保健院志初稿 /2281

008538974 广西壮族自治区苍梧县地名集 /2307

008596080 广西壮族自治区来宾县人民医院志 1951-1998 /2334

008924756 广西壮族自治区来宾县地名志 /2334

008538928 广西壮族自治区忻城县地名志 /2335

008539106 广西壮族自治区罗城仫佬族自治县地名集 /2331

008596009 广西壮族自治区河池市土地志 /2327

008539080 广西壮族自治区河池市地名志 /2328

008539101 广西壮族自治区宜山县地名集 /2329

008539026 广西壮族自治区荔浦县地名志 /2303

008538937 广西壮族自治区南丹县地名集 /2329

008539058 广西壮族自治区南宁市地名录 /2280

008538906 广西壮族自治区柳州市地名志 /2289

008539024 广西壮族自治区柳州地区乡镇地名志 /2289

008924783 广西壮族自治区柳城县地名集 /2291

008539134 广西壮族自治区钟山县地名录 /2326

008539083 广西壮族自治区贺县地名志 /2325

008539229 广西壮族自治区恭城县地名录 /2304

008539031 广西壮族自治区桂平县地名志 /2315

013957112 广西壮族自治区桂林市龙胜各族自治县龙胜中学志 1942-2010 /2304

011890754 广西壮族自治区铁路护路联防志 1993-2001 /2277

008539223 广西壮族自治区海域地名录 /2275

011294623 广西壮族自治区宾阳人民医院志 1941.12-2001.12 /2285

008538942 广西壮族自治区象州县地名集 /2336

008665402 广西壮族自治区象州县检察志 /2335

008538938 广西壮族自治区鹿寨县地名志/2292

009784362 广西壮族自治区寄生虫病防治研究所志 1958-1988/2281

008539061 广西壮族自治区隆安县地名集/2284

008539005 广西壮族自治区靖西县地名志/2323

008538983 广西壮族自治区融安县地名集/2292

010195442 广西壮族自治区藤县人民医院志/2307

008538939 广西壮族自治区藤县地名志/2307

009227098 广西农业志 水产资料长编/2272

008594809 广西农业志 1986-1995/2272

011431546 广西防城各族自治县农村金融志/2312

012638792 广西医科大学口腔医学院 广西医科大学附属口腔医院志 1978-2008/2281

011954075 广西医科大学公共卫生学院志 1976-2006/2280

013183456 广西医科大学志/2281

009159237 广西医科大学校志/2281

011431568 广西医科大学基础医学院院志 1934-2003/2281

009864330 广西国有七坡林场场志 送审稿/2277

009379710 广西国营明阳农场志/2277

011431553 广西物价志/2272

009234483 广西金融志/2273

013091090 广西饲用植物志/2275

010291862 广西审判志讨论稿/2271

011804380 广西话剧志/2274

003158900 广西荔枝志/2276

010138285 广西南宁民族师范学校校志 附校庆 1905-1988 专辑/2280

014029007 广西树木志/2276

009557579 广西重点镇志/2271

011431535 广西保险志/2273

011757890 广西送变电建设公司志 1958-2003/2277

013143769 广西桂棉志 1958-1988/2272

011564625 广西航运志/2272

014030708 广西烟草行业志 广西烟草志/2272

014030752 广西烟草行业志 玉林烟草志/2316

014030703 广西烟草行业志 北海烟草志/2308

014030699 广西烟草行业志 百色烟草志/2320

014030707 广西烟草行业志 防城港烟草志/2311

014030724 广西烟草行业志 河池烟草志/2327

014030743 广西烟草行业志 南宁卷烟厂志/2277

014030745 广西烟草行业志 南宁烟草志/2278

014030738 广西烟草行业志 柳州卷烟厂志/2286

014030741 广西烟草行业志 柳州烟草志/2287

014030712 广西烟草行业志 贵港烟草志/2314

014030746 广西烟草行业志 钦州烟草志/2313

014030727 广西烟草行业志 贺州烟草志/2325

014030721 广西烟草行业志 桂林烟草志/2295

014030750 广西烟草行业志 梧州烟草志/2305

009250946 广西海域地名志/2275

008990907 广西家畜家禽品种志/2276

009441654 广西通志 乡镇企业志 初稿/2263

011066953 广西通志 水利志 征求意见稿/2263

009864307 广西通志 出入境检验检疫志 评审稿/2263

009239589 广西通志 共青团志/2263

013143774 广西通志 农业志 1978-2008/2263

009959581 广西通志 附录/2263

010138287 广西通志 城乡建设志 评审稿/2263

011067170 广西通志 科学技术协会志 初稿/2263

009310906 广西通志 旅游志 评议稿/2263

009238902 广西通志 第1卷 土地志 评审稿/2264

007294761 广西通志 第1卷 自然地理志/2264

007294762 广西通志 第2卷 宗教志/2264

007359847 广西通志 第3卷 粮食志/2264

007359833 广西通志 第4卷 教育志/2264

007359846 广西通志 第5卷 邮电志/2264

007359832 广西通志 第6卷 农业志/2264

007428190 广西通志 第7卷 气象志/2264

007428191 广西通志 第8卷 劳动志/2264

007509010 广西通志 第9卷 侨务志/2264

007511784 广西通志 第10卷 工商行政管理志/2264

007511791 广西通志 第11卷 财政志/2264

007511798 广西通志 第12卷 物价志/2264

007511806 广西通志 第13卷 工会志/2265

007509009 广西通志 第14卷 统计志/2265

007509566 广西通志 第15卷 民政志/2265

007590146 广西通志 第16卷 检察志/2265

007590145 广西通志 第17卷 供销合作社志/2265

007657587 广西通志 第18卷 冶金工业志/2265

007896862 广西通志 第19卷 海关志/2265

007902602 广西通志 第20卷 科学技术志/2265

007903488 广西通志 第21卷 铁路志/2265

007903544 广西通志 第22卷 交通志/2265

007932025 广西通志 第23卷 人口志/2265

007932037 广西通志 第24卷 商检志/2265

007932038 广西通志 第25卷 中共广西地方组织志/2265

007993400 广西通志 第26卷 外经贸志/2266

003324817 广西通志 第27卷 电力工业志/2266

003801189 广西通志 第28卷 体育志/2266

007908342 广西通志 第29卷 民俗志/2266

007908343 广西通志 第30卷 地质矿产志/2266

008421786 广西通志 第31卷 外事志/2266

008421783 广西通志 第32卷 人事志/2266

008421790 广西通志 第33卷 煤炭工业志/2266

008421794 广西通志 第34卷 经济总志/2266

008421777 广西通志 第35卷 测绘志/2266

008421784 广西通志 第36卷 政府志/2266

008421782 广西通志第37卷 糖业志/2266
008599833 广西通志第38卷 地震志/2266
008539590 广西通志第39卷 金融志/2267
008539589 广西通志第40卷 大事记/2267
008539594 广西通志第41卷 政协志/2267
008594802 广西通志第42卷 审判志/2267
008539606 广西通志第43卷 广播电视志/2267
008539627 广西通志第44卷 社会科学志/2267
008539613 广西通志第45卷 建筑材料工业志/2267
008539654 广西通志第46卷 石油化学工业志/2267
008539619 广西通志第47卷 生物志/2267
008594805 广西通志第48卷 少数民族语言志/2267
008539658 广西通志第49卷 医疗卫生志/2267
008539660 广西通志第50卷 岩溶志/2267
008841042 广西通志第51卷 行政区划志/2267
008683175 广西通志第52卷 审计志/2268
008665452 广西通志第53卷 纺织工业/2268
008594823 广西通志第54卷 文化志/2268
008683154 广西通志第55卷 出版志/2268
008683165 广西通志第56卷 农垦志/2268
008683211 广西通志第57卷 有色金属工业志/2268
008834980 广西通志第58卷 妇联志/2268
008683158 广西通志第59卷 军事志/2268
008683170 广西通志第60卷 人民代表大会志/2268
009159208 广西通志第61卷 商业志/2268

009158091 广西通志第62卷 林业志/2268
009159194 广西通志第63卷 土地志/2268
009118283 广西通志第64卷 汉语方言志/2268
009158130 广西通志第65卷 乡镇企业志/2269
009061842 广西通志第66卷 公安志/2269
009159203 广西通志第67卷 二轻工业志/2269
009118235 广西通志第68卷 共青团志/2269
009673754 广西通志第69卷 民主党派 工商联志/2269
009346508 广西通志第70卷 司法行政志/2269
009413340 广西通志第71卷 文学艺术志/2269
009346526 广西通志第72卷 旅游志/2269
008683201 广西通志第73卷 水利志/2269
010244068 广西通志第74卷 邮电志1991-2002/2269
010238230 广西通志第75卷 环境保护志/2269
009552773 广西通志第76卷 电子工业志/2269
009839204 广西通志第77卷 一轻工业志/2269
011473102 广西通志第78卷 出入境检验检疫志1917-2003/2270
011473083 广西通志第79卷 报业志/2270
011954069 广西通志第80卷 物资志/2270
012264294 广西通志第81卷 机械工业志/2270
012264291 广西通志第82卷 民族志/2270
012504022 广西通志第83卷 烟草志1522-

2003/2270

012264312 广西通志第84卷 质量技术监督志 前 217-2003/2270

012264301 广西通志第85卷 人物志/2270

012638786 广西通志第86卷 公安志 1993-2008/2270

012679366 广西通志第87卷 总述/2270

012718864 广西通志第88卷 医药志/2270

012811311 广西通志第89卷 城乡建设志/2270

012832034 广西通志第90卷 计划生育志 1956-2003/2271

013507814 广西通志第91卷 人民生活志 古代-2000/2271

013528928 广西通志第92卷 电力工业志 1986-2002/2271

013688677 广西通志第93卷 水利志 1991-2005/2271

013728688 广西通志第94卷 检察志 1994-2008/2271

009106107 广西教育改革志/2273

009189229 广西教研志/2279

012952041 广西检察志资料 1906-1990/2271

009379684 广西第一机床厂志 1966-1988/2295

012872357 广西兽医防疫检疫站志 1980-2007/2282

011954066 广西兽医研究所志/2281

008990909 广西淡水鱼类志/2276

009379720 广西植物志/2275

009118443 广西税务志/2272

012679347 广西瑞通集团志 1952-2007/2287

008594821 广西微波通信局志/2277

010195441 广西僮族自治区农作物优良品种志/2275

008992008 广华公司志 1984-1997/2471

007989869 广州人口志/2134

005499059 广州之最/2140

007587864 广州历史地理/2140

012967578 广州中医药大学第一附属医院院志 1964-2004/2142

012900211 广州中医药大学深圳附属医院深圳市中医院院志/2171

009863793 广州六榕寺志/2134

008800841 广州文物志/2140

010279679 广州石化志第3卷/2137

012609872 广州石化志第4卷/2137

008665202 广州石油化工总厂志 1974-1987/2137

010730401 广州业余大学志 1962-2005/2139

009332446 广州电力工业志 1888-2000/2136

009234469 广州电影志/2139

009863850 广州市人民代表大会志/2134

013129066 广州市人民政府打击走私综合治理办公室志/2134

009863853 广州市人民政府参事室志 1991-2000.6/2134

011497734 广州市工艺美术志/2139

012173817 广州市工会志/2134

007692404 广州市天河区文物志/2150

008381161 广州市天河区石牌街志/2150

012758850 广州市天河区军事志 1840-2005/2150

008042315 广州市天河区志/2148

012051971 广州市天河区志 1991－2000 /2148

009887105 广州市天河区检察志 1985-2005 /2150

008990627 广州市水利志/2137

012609496 广州市从化市志 1979－2004 /2158

010252908 广州市公安局东山公安志 1991-2000/2145

012679390 广州市公安局白云区公安志 1949-2000/2151

009863854 广州市文史研究馆志 1953.9-2003.6/2134

002357789 广州市文物志/2140

009767860 广州市东山区人防志/2145

009767853 广州市东山区工会志 1840-2000 /2144

010108385 广州市东山区工商行政管理志 1840-1990/2145

009332447 广州市东山区工商联志 1952.10-1992.10/2146

013792157 广州市东山区大东街志 1840-1991/2144

010108392 广州市东山区文化志 1840-2000 /2146

009796915 广州市东山区民政志/2145

009378526 广州市东山区地名录/2146

009378538 广州市东山区共青团志 1916-1999/2144

009335682 广州市东山区妇女志 1840-2000 /2144

008162886 广州市东山区志/2143

011579869 广州市东山区志 1991－2005 /2143

010108389 广州市东山区劳动和社会保障志/2146

009335686 广州市东山区侨务志/2145

009145488 广州市东山区政协志 1950-1992 /2145

009145518 广州市东山区教育志/2146

009767960 广州市东山区梅花村街志 /2144

013129062 广州市东山区检察志 1991-2003 /2145

009863799 广州市白云区人民代表大会志/2151

009863798 广州市白云区人和镇志/2150

012967575 广州市白云区水利志/2152

012872359 广州市白云区水利志 1991-2000 /2152

007506834 广州市白云区文化志/2152

013143778 广州市白云区龙归镇志/2150

009959564 广州市白云区司法行政志 /2151

011188592 广州市白云区民间故事集成 /2152

009863845 广州市白云区竹料镇志/2150

013689499 广州市白云区军事志 1840-2005 /2151

008906058 广州市白云区志/2150

009959574 广州市白云区政协志/2151

009959571 广州市白云区统计志/2151

009959547 广州市白云区蚌湖志/2152

009959558 广州市白云区萝岗镇志/2150

009959550 广州市白云区粮食志/2151

007274748 广州市民乐茶场简志/2159

002616169 广州市地名志/2141

012998977 广州市交通防火安全委员会

交通防火安全志 1949[1972]-2001/2143
013689508 广州市军事志 1840-2005/2135
013507820 广州市红十字会医院(暨南大学医学院第四附属医院)院志 1904-2004/2142
001644923 广州市志/2131
007511835 广州市志/2131
008815578 广州市志 共产党志 1921-1990/2131
011564635 广州市志 蔬菜志/2131
008636519 广州市志第1卷/2131
013143806 广州市志第1卷 1991-2000/2131
008453616 广州市志第1卷 大事记/2131
008466554 广州市志第2卷/2131
012541569 广州市志第2卷 1991-2000/2131
008466558 广州市志第3卷/2131
012638812 广州市志第3卷 1991-2000/2132
008716112 广州市志第4卷/2132
012811335 广州市志第4卷 1991-2000/2132
008714420 广州市志第5卷/2132
008714446 广州市志第5卷/2132
012609888 广州市志第5卷 1991-2000/2132
008466569 广州市志第6卷/2132
012638803 广州市志第6卷 1991-2000/2132
008636521 广州市志第7卷/2132
013143812 广州市志第7卷 1991-2000/2132
008466571 广州市志第8卷/2132
012264318 广州市志第8卷 1991-2000/2132
008714510 广州市志第9卷/2133
008714527 广州市志第9卷/2133
013143791 广州市志第9卷 1991-2000/2132
008636532 广州市志第10卷/2133
013688682 广州市志第10卷 索引 1991-2000/2133

008636531 广州市志第11卷/2133
008466582 广州市志第12卷/2133
008466587 广州市志第13卷/2133
008466591 广州市志第14卷/2133
008466595 广州市志第15卷/2133
008466601 广州市志第17卷/2133
008466605 广州市志第18卷/2133
008466607 广州市志第19卷/2133
008636535 广州市志第20卷/2133
013689504 广州市花都区军事志 1283-2005/2156
010138281 广州市花都区新华镇横潭村志/2155
012139252 广州市花都市志 1993-2000/2155
012898432 广州市芳村区东漖镇志/2157
008360553 广州市芳村区地名录/2157
007882134 广州市芳村区志/2157
012609715 广州市芳村区志 1991-2005/2157
010278464 广州市冶金工业志/2137
007743761 广州市沿革史略/2134
009250823 广州市建筑材料工业志/2137
007507930 广州市建筑总公司志/2137
010138276 广州市经济技术开发区志送审稿/2135
013689511 广州市荔湾区军事志 1840-2005/2147
008042307 广州市荔湾区志/2147
013335274 广州市荔湾区志 1991-2005/2147
011497738 广州市荔湾区教育志 1840-1990/2147
009378520 广州市爱国卫生运动志/2141

012679407 广州市海珠区军事志 1840-2005 /2148

008664985 广州市海珠区志 /2147

013626448 广州市海珠区志 1991-2000 /2147

009378545 广州市海珠区教育志 1840-1990 /2148

012952046 广州市流溪河林场志 /2159

008815632 广州市黄埔区长洲镇志 /2152

013689507 广州市黄埔区军事志 1840-2005 /2153

008453629 广州市黄埔区志 /2152

009378556 广州市黄埔区教育志 /2153

009145511 广州市第一人民医院院志 1899-1999 /2141

009145506 广州市第二人民医院院志 1899-1999 /2141

009335694 广州市越秀区人民代表大会志 1949-1993 /2145

010292620 广州市越秀区大南街志 /2144

009378564 广州市越秀区地名录 /2147

013689514 广州市越秀区军事志 1840-2005 /2145

008453625 广州市越秀区志 /2143

012541560 广州市越秀区志 1991-2005 /2143

007480641 广州市越秀区诗书街志 /2144

013689501 广州市番禺区军事志 1840-2005 /2154

011311444 广州市精神病医院院志 1898-1998 /2141

013507821 广州司法行政志 /2135

009378595 [广州有色金属工业学校]校志 /2139

009863873 广州有色金属研究院志 1971-1990 /2142

009145491 广州合金钢厂厂志 1966-1990 /2136

007057345 广州交通邮电志 /2138

010279886 广州军区机关门诊部志（原广州军区直属第二门诊部）1955.12-2004.10 /2141

009378515 广州花园酒店志 /2139

009863864 广州医学院第一附属医院院志 1903-2003 /2141

009378584 广州医药志 /2137

007664315 广州邮政志 1834-1990 /2138

009335667 广州邮政志 1991-1995 /2138

009145550 广州体育志 /2139

008466722 广州近代经济史 /2135

009310235 广州近现代大事典 /2140

009413885 广州现代经济史 /2135

012998971 广州昊天化学（集团）有限公司生产技术志 1956-1999 /2136

013957133 广州岭南教育集团志 1993-2011 /2139

009378499 广州供电志 /2136

008664961 广州侨务与侨界人物 /2140

012967588 广州宗教志 /2134

007633032 广州房地产志 /2135

006915569 广州经济技术开发区志 /2135

009863847 广州经济技术开发区志 1991-2000 /2135

008997476 广州保税区志 /2135

009145557 广州铁路局工会志 1949-1992 /2134

013626460 广州铁路局印刷厂志 1946-1988 /2137

009145539 广州铁路局局志 战备人防武装篇 /2138

008453624 广州海关志 /2139

007654335 广州检察志 /2135

005736102 广州著名老字号 /2140

007722000 广州著名老字号 /2140

013314482 广州粤剧团团志 /2139

011431578 广州新海医院院志 1981-2006 /2142

009378570 广州蔬菜品种志 1993 /2142

009333345 广安门外街道志 /46

008444081 广安门站志 1906-1990 /46

009742338 广安门站志 1906-2004 /46

012998968 广安区工商行政管理志 1949-2006 /2554

012967571 广安区城乡建设志 1986-2005 /2554

013728661 广安中学志 1912-2012 /2554

013626443 广安市人民代表大会志 1993-2008 /2553

013772625 广安市司法行政志 1993-2005 /2554

013369903 广安市民政志 1993-2005 /2554

013989062 广安市交通志 1993-2005 /2554

013752321 广安市志 1993-2005 /2553

012049403 广安市政协志 /2553

010962490 广安市烟草志 /2554

008036547 广安县志 /2554

010008959 广灵县人民代表大会志 /273

006697079 广灵县志 /273

009149238 广灵县金融志 /273

013792151 广陈镇志 /1038

009145579 广纸厂志 /2136

010200256 广昌公路段志 /1374

010110406 广昌白莲志 /1374

013683461 广昌县农村信用合作社志 /1374

007676153 广昌县志 /1373

012811296 广昌县志 1991-2000 /1373

012832033 广昌县政协志 1958-2008 /1374

008645280 广河县志 /3080

009332541 广宗县电力志 /178

008533997 广宗县地名志 /178

008486421 广宗县志 /178

008837054 广南古今 /2860

013860624 广南县人民医院志 1941-2012 /2860

013183448 广南县水利电力志 /2859

010473850 广南县交通志 /2859

009000493 广南县志 /2859

012049404 广南县粮食志 /2859

011579865 广南第一中学校志 1933-2003 /2860

009145485 广钢志 /2136

009313183 广胜寺镇志 /351

011473073 广饶县人大志 /1486

010010278 广饶县人民医院志 1944-2000 /1487

012096749 广饶县交通志 1996-2006 /1486

013772626 广饶县军事志 前523-2005 /1486

008053798 广饶县志 /1485

011295478 广饶县志 1986-2002 /1485

012758848 广饶县残疾人联合会志 1990-2007 /1486

008532156 广饶县盐业志 /1486

010468943 广饶县教育志 1840-1985 /1486

013728683 广饶县粮食志 /1486

013507811 广饶房地产志 /1486

012139138　广饶政协简志 1980-1999/1486

011294761　广饶宣传志/1485

012609871　广饶统战志/1486

003394938　广济方言志/1929

013647476　广济县工业志/1929

005331717　广济县志/1929

009335482　广济县金融志 1840-1985/1929

007583821　广济县简志/1929

009024972　广铁集团志 1896-2000/2138

013167526　广益街道志/833

006362111　广陵区志/937

013143739　广通车务段志 1970-2000/2823

009863763　广船志/2136

013129050　广鹿乡志/510

013167525　广瑞路街道志/833

013404373　广德寺志/2504

010113987　广德寺志 618-1988/2504

007806583　广德县志/1188

013897147　广德县志 1978-2005/1188

013704039　广德县财政志 1912-2007/1188

013728673　广德县政协志 1981.2-2011.10 /1188

门

011328175　门头沟区卫生志/58

008444082　门头沟区水利志/57

008486819　门头沟区普通教育志/58

009250248　门头沟公路志/57

011066959　门头沟文化志/58

008982608　门头沟文物志/58

007914638　门源县志/3104

013375312　门源县政协志 1950.3-2011.1 /3104

义

009887044　义门区志/1182

013961197　义马市水利志/1761

007900133　义马市志/1760

009852751　义马市志 1987-2000/1760

013824265　义马市政协志 1984-2007/1761

007684116　义马民俗志/1761

007359835　义马村志/1761

012814481　义马煤矿志/1761

009678994　义乌人大志/1067

009678986　义乌工商行政管理志 1992-2002 /1067

009996523　义乌市人民检察志 1951-2000 /1067

012256507　义乌市土地志/1067

013757257　义乌市工商行政管理志/1067

013190009　义乌市中心医院院志 1941-2011 /1068

011377647　义乌市文化遗产图志/1068

011294798　义乌市市场开发服务中心志 /1068

011479492　义乌市交通志/1067

013757961　义乌市农业志/1067

012613036　义乌市志/1066

013939697　义乌市林业志/1067

012613041　义乌市城乡建设志/1067

009679001　义乌市政协志/1067

010280313　义乌市政协志/1067

008822295　义乌县志/1066

011295468　义乌教育志/1068

013133905　义东沟村志/279

008813545　义安村志/360

007477980　义县志/541

011955854 义络煤业公司志 /1698

009799855 义桥镇志 /988

013190004 义海公司志 2003-2010 /260

013961193 [义煤集团总医院]院志 1958-2008 /1068

己

008866683 己巳雁北地震志 /271

卫

008819961 卫东区志 /1702

011321186 卫东区志 1989-2000 /1702

013342644 卫生防病史志 1953.8 - 2010.10 /870

012684789 卫国林业局志 /2813

012722946 卫辉市电业志 1920-2008 /1728

007132508 卫辉市志 /1728

012052028 卫辉市志 1989-2000 /1728

子

008453890 子午岭木本植物志 /3071

012175610 子长县军事志 前627-2005 /2994

006928409 子长县志 /2994

013630472 子北采油厂志 /2993

013134388 子洲中学校志 1954-2004 /3008

012003258 子洲县军事志 前210-2005 /3008

007900152 子洲县志 /3008

010201234 子洲政协志 1984-2004 /3008

女

008450312 女埠镇志 /1065

飞

008845861 飞云江志 /970

013771880 飞龙镇志 1949-2006 /2456

习

008928949 习水县地名录 /2660

013939459 习水县军事志 1109-2007 /2659

006697077 习水县志 /2659

013899705 习水县志 1991-2010 /2659

马

010138634 马厂镇志 /224

012661603 马山志 /1447

013774638 马山县土地志 /2284

007969449 马山县志 /2284

008596069 马山供电志 /2284

012680471 马井村志 /1731

013821943 马龙县人大志 /2764

008427049 马龙县志 /2764

012873298 马龙县志 1978-2005 /2764

011805628 马龙县供销合作社志 1952-1990 /2765

013659623 马龙县政协志 1950-2006 /2764

012614099 马龙县烟草志 /2764

008992025 马尔康县水利电力志 /2593

008992030 马尔康县农机志 /2593

008486813 马尔康县志 /2593

013066344 马市镇志 590-2007 /1350

010962603 马兰矿志 /266

011997412 马兰矿选煤厂志 /266

009378211 马头山林场志 /1373

009818523 马头发电厂厂志 1958-2000 /159

013337477 马边政协志 /2535

008430329 马边彝族自治县志 /2535

013821940 马边彝族自治县志 1994-2006 /2535

009554118 马关县工商行政管理志 /2858

010293539 马关县水利水电志 /2858

010293536 马关县公安志 /2858

010293024 马关县计划生育志 /2858

012097812 马关县壮族志/2859	011319931 马钢第三轧钢厂志 1958-1984/1142
010151391 马关县农业志/2858	010252164 马官镇志/2228
007850877 马关县志/2857	012721851 马陵山志/855
009769272 马关县志(简本)/2858	007655190 马塘镇志/911
010293533 马关县财政志/2858	011534037 马楼村志/853
012251457 马关县金城林场志/2858	013958866 马寨镇志 1991-2009/1650
009411848 马关县政协志/2858	008528208 马鞍山历史大事记/1141
008426364 马关县第一中学校志/2859	010475894 马鞍山风物志/1144
010293697 马关县粮食志/2858	009683249 马鞍山市公路志/1143
009554115 马关县彝族志/2859	010193975 马鞍山市文化志/1143
011892157 马投涧乡志/1711	013958864 马鞍山市交通志 1986-2005/1143
008666141 马村区志/1739	004344813 马鞍山市志/1141
013793271 马连沟村志/1499	012614085 马鞍山市志 1988-2005/1141
013093123 马峦镇志/1084	008528227 马鞍山市志评论文集/1141
009378216 马尾土地志/1214	008528242 马鞍山市志资料/1141
009157919 马尾区志/1213	012661601 马鞍山市花山区志/1144
009379926 马尾松毛虫天敌图志/3290	012662820 马鞍山市雨山区志/1144
008986174 马尾物价志/1214	012680469 马鞍山市金家庄区志至 2005/1144
007764600 马陆志/760	012174190 马鞍山市检察志 1954-2002/1141
012265367 马陆戬浜合志 1990-2007/760	010730138 马鞍山市集邮志/1144
012721846 马拐村志/1747	008528206 马鞍山名胜古迹志/1144
011292167 马杭乡志/873	012680467 马鞍山农行志/1143
012721842 马店村志/1917	013337589 马鞍山供电志/1142
011319939 马钢一轧钢厂志 1961-1983/1142	012265355 马鞍山供电志 1978-2003/1142
012174195 马钢二机制志 1986-2005/1142	010193979 马鞍山政协志/1141
012174204 马钢工会志/1141	010265820 马鞍山钢铁公司志 1911-1985/1141
011313058 马钢江东志 1989-1998/1142	013461659 马鞍山钢铁股份有限公司车轮轮箍厂志 1984-1993/1142
009471998 马钢志 1911-2000/1142	013689035 马鞍山烟草志/1142
011570035 马钢利民志 1979-2003/1142	
013753591 马钢矿山志 1911-1986/1142	
013000461 马钢南山铁矿志 1916-1985/1142	
012174211 马钢重机志 1958-2007/1143	

013933200 马镇志/837

乡

007477961 乡宁县志/353

013133828 乡宁县教育志/353

012877313 乡宁检察志 1955.4-2005.12/353

009994985 乡饮乡志/1542

008390694 乡城县志/2607

012613277 乡城县志 1991-2005/2608

四画

丰

009790070 丰宁木本植物志/214

008377403 丰宁水利志/213

009244743 丰宁文物志/214

009380978 丰宁县交通志初稿/214

011579747 丰宁满族自治县土地志/213

011293095 丰宁满族自治县卫生志 1840-1990/214

008034097 丰宁满族自治县志/213

010244092 丰宁满族自治县志 1991-2000/213

011327639 丰宁满族自治县财政志 1645-1990/214

012096669 丰宁满族自治县教育志 1988-2002/214

013045507 丰台区广播电视志/54

009959495 丰台区水利志/53

012658416 丰台区文化文物志/54

013091019 丰台区卢沟桥乡小屯村志/51

012955164 丰台区卢沟桥乡小瓦窑村志/51

013091017 丰台区卢沟桥乡太平桥村志/51

013091005 丰台区卢沟桥乡六里桥村志/51

013091003 丰台区卢沟桥乡东管头村志/51

012955145 丰台区卢沟桥乡卢沟桥村志/51

013091025 丰台区卢沟桥乡张仪村志/51

013091023 丰台区卢沟桥乡岳各庄村志/51

012955149 丰台区卢沟桥乡郑常庄村志/51

008593296 丰台区劳动志/53

008660611 丰台区科技志/54

011320458 丰台区综合经济管理志/53

008982600 丰台车辆段志 1902-2002/53

010153147 丰台电务段志 1944-2004/53

008378055 丰台机务段志 1897-1997/54

008949784 丰台机械保温车辆段志 1956-2001/54

008444058 丰台西电力机务段志 1983-1997/54

010153150 丰台西电务段志 1956-2001/54

008982605 丰台供电段志 1979-2001/53

008382916 丰台站站志 1895-1988/54

011294250 丰州志/1251

011328195 丰县工会志/858

010778585 丰县水利志/858

009560861 丰县公路志/859
011757717 丰县风物志/859
010143068 丰县交通志/859
010778583 丰县农业志/858
007478001 丰县志/858
011472956 丰县国土资源志/858
013791182 丰县政协志 1950-1990/858
013506660 丰县政协志 1990-2003/858
009174348 丰县简志/858
007380958 丰利镇志/911
012191767 丰泽区姓氏志/1248
011995609 丰城市志 1989-2006/1356
012758802 丰城市邮电志/1358
008426131 丰城县卫生志/1358
009335402 丰城县水利志/1358
009385346 丰城县民政志/1357
008299959 丰城县农业志/1357
008300062 丰城县财税志/1358
008299966 丰城县供销商业志/1358
008300057 丰城县金融志/1358
008300059 丰城县食品厂志/1358
008300056 丰城县荷湖乡乡志/1356
011564535 丰城矿务局志 1996-2006/1357
013143600 丰南中医院院志/146
008533721 丰南县地名资料汇编/146
007288717 丰南县志/146
009319759 丰南县续志 1986-1993/146
009618628 丰南县续志 1986-1993 审定稿/146
007817952 丰顺县志/2226
013323762 丰顺县志 1979-2005/2226
012503920 丰顺县体育志/2227
009863731 丰顺县金融志 1738-1987/2227
009863737 丰顺县商业志/2227

009783287 丰都中学校志 1893-1998/2392
013626296 丰都县卫生志/2392
009387522 丰都县水利电力志/2391
009552901 丰都县民政志/2391
009818002 [丰都县]农业局志/2391
007342647 丰都县志/2391
009996531 丰都县志总纂初稿/2391
009817998 丰都县林业局志 1911-1985/2391
009387536 丰都县图书发行志 1890-1990/2391
009962554 丰都县政协志/2391
010200255 丰都县总工会志 1930-1985/2391
009817994 丰都县教育局志/2392
012237260 丰原市志/3245
013987649 丰润县土壤志/147
008533809 丰润县地名资料汇编/147
007479131 丰润县志/147
009622000 丰润县志初稿/147
009381016 丰润县教育志 1898-1987/147
009560852 丰满区志 1992-2001/607
009242432 丰满发电厂志 1937-1985/607
010112023 丰镇市志/437
009799168 丰镇市志送审稿/437
013647461 丰镇市革命老区志/437
011497010 丰镇政协志/437

王

012175688 王士禛志/1403
010280140 王士禛志/1403
006384426 王仙区志/2001
013756868 王瓜店镇志/1540
013756873 王台煤矿志/299

012543054 王西村志/1540
008379596 王因镇志/1521
009154213 王庄镇志/894
008533137 王庆坨镇志/98
011909028 王村铝土矿志 1962-1985/1454
013630147 王快水电厂厂志 1973-1993/196
012543042 王金庄村志/167
013342634 王店镇志/1036
011998471 王南泗公家志/261
008386600 王屋山志/1812
009744888 王莽岭志/306
012543038 王家大院志/322
013756871 王家村社区志 2012/1442
009881331 王陶村志/296
013096531 王梁村志 1949-2009/3005
007657582 王稳庄乡志/93
008724493 王羲之志/1403
012175692 王羲之志附王献之志/1403

井

009334585 井下作业公司志 1975-1999/558
013965127 井冈山市志 1991-2010/1346
008664360 井冈山市邮电志/1346
007508939 井冈山地区军事志/1346
013446286 井冈山军事志/1346
012554776 井冈山红军人物志/1347
007974889 井冈山志/1346
011329674 井冈山革命博物馆志/1347
009386102 井冈山垦殖场志/1346
009387094 井冈山教育志/1347
012174077 井冈山蝶类志/1347
012613283 井冈巾帼英雄志/1347
011188413 井陉民间文学集成/135
013508485 井陉县人大志/134

012097651 井陉县水利志/135
013897672 井陉县公路工程志 1949-2011/135
010307164 井陉县地名资料汇编/135
011805446 井陉县交通志/135
003801445 井陉县志/133
009992170 井陉县财政志/135
012613286 井陉县财政志 2004-2008/135
008593752 井陉县建设志/134
010577214 井陉县建设志讨论稿/134
008593685 井陉县政协志 1983-1999/134
010008500 井陉县教育志/135
013792584 井陉县教育志 1991-2010/135
012639163 井陉矿区财政志/129
012639170 井陉矿区城建志/130
012174081 井陉矿区政协志 1984-2002/129
008469007 井陉矿务局志/134
012541961 井陉矿务局志 1989-2007/134
012639173 井陉矿务局第三矿志/134
013792607 井研县军事志/2530
007377994 井研县志/2530
009554061 井研县志 1986-2000/2530
013861859 井研县统计志/2530
013861855 井研县教育志/2530
010238914 井研县税务志/2530
011439873 井研县粮食志/2530
012719127 井亭村志/755
011566159 井亭煤矿志/1466

开

013730147 开化水利志/1081
009995853 开化交通志/1081
011320812 开化县广播电视志/1081
013730150 开化县公安志/1080

013144489 开化县文化志 1986-2009/1081
013184275 开化县交通志 1986-2006/1081
008053718 开化县志/1080
012680335 开化县志 1986-2005/1080
011327141 开化县城乡志/1080
011329778 开化县教育志/1081
013861869 开化县教育志 1987-2012/1081
009388703 开化林业志/1080
008534435 开平区志/146
012132425 开平区志附书/146
007677631 开平县水利志/2202
005906994 开平县文物志/2202
007464477 开平县交通志/2202
013774426 开平县农村金融志/2202
008997517 开平县志/2202
013531127 开平县粮食志 1638-1988/2202
010146960 开江中学志 建校70周年纪念 1920-1990/2563
013861871 开江中学志 1999-2000/2563
012832274 开江中学志 2001-2010/2563
011762415 开江县军事志 1911-2005/2563
007342613 开江县志/2563
010779089 开江县志 1986-2005/2563
013774428 开阳县土地志/2640
013958703 开阳县水利电力志/2640
009319350 开阳县双流镇志/2640
008540031 开阳县地名录/2640
013446293 开阳县林业志/2640
008598425 开阳磷矿志 1958-1987/2640
011996832 开阳磷矿志 1988-2007/2640
011996837 开远文化艺术志 1528-2005/2847
011805458 开远文物志/2847
008596812 开远市志/2846

013144493 开远市残疾人事业志/2847
013129784 开远市教育志/2847
010243045 开远铁路分局志 1903-1990/2847
012202974 开县人大志 1987-2006/2394
007905705 开县志/2394
012661400 开县志 1986-2005/2394
013897689 开县教育志/2394
008422530 开县粮食局志/2394
013183731 开封工务段志 1905-1986/1673
012719147 开封大学校志/1675
012762153 开封日报社志/1674
011584396 开封毛纺织总厂志 1955-1985/1671
013932198 开封石油商业志/1671
013628018 开封电线厂志 1956-1985/1671
008425919 开封市人口志/1669
009252008 开封市土地志/1670
013776111 开封市土地志 第9卷 杞县卷/1678
013990887 开封市土地志 第9卷 通许卷/1679
009407955 开封市工会志/1670
013224499 开封市工商行政管理志 1965-1994/1670
009413715 开封市卫生防疫站志 征求意见稿/1676
012613298 开封市卫生防疫站志 1952-2002/1676
008421871 开封市卫生志/1677
011310793 开封市日用杂品公司志 1956-1985/1673
011566294 开封市公路志/1673
011566427 开封市文物志 征求意见稿/1675

011566279 开封市电石厂厂志/1670
012265178 开封市地名志/1675
011566308 开封市回族医院院志/1676
011497955 开封市自来水厂志/1670
013704403 开封市交通志/1672
012097675 开封市农林科学研究所志 1958-2007/1671
007817979 开封市志/1669
009992180 开封市志/1669
012811643 开封市志 卫生医药卷/1669
008666846 开封市志 第1卷 人防志 初稿/1669
009675266 开封市志 第1卷 教育卷 1986-2003/1669
011312092 开封市志 第2卷 财税金融卷/1669
011312094 开封市志 第3卷 城市建设卷/1669
013659406 开封市志 第4卷 综合卷 1986-2004/1669
007534738 开封市劳动志/1670
010250749 开封市医药志 1960-1983 初稿/1672
009001375 开封市邮电志/1673
011566432 开封市针织内衣厂志 1951-1982 征求意见稿/1672
011566325 开封市图书馆馆志 征求意见稿/1674
013774424 开封市物资局志 1958-1985/1670
008424353 开封市供销合作社志/1673
012832271 开封市金明区财政志 1989-2009/1678
011566313 开封市郊区志/1678

013793084 开封市郊区志 1989.1-2005.9/1678
009045830 开封市郊区黄河志/1678
013628022 开封市油脂化工厂志/1672
009334803 开封市房地产志/1670
011566312 开封市建设银行志 1954-1985/1674
013932232 开封市建设银行志 1986-1993/1674
011566242 开封市城建志/1670
008819895 开封市南关区志/1678
007654342 开封市科学技术志/1675
009415078 开封市顺河回族区志/1677
011566322 开封市顺河回族区教育志/1678
011497953 开封市食品志/1672
011497950 开封市结核病防治所志 1979-1984/1676
013224508 开封市监狱志 1983-2001/1670
007523422 开封市教育志 1840-1985/1675
012049676 开封市教育志 1978-2000/1675
013093098 开封市教育学院院志 1979-2002/1675
009413712 开封市黄河志/1677
011566258 开封市第一人民医院志/1676
013184272 开封市第一人民医院志 1983-1998/1676
011566275 开封市第一印刷厂厂志 1950-1984/1672
011566255 开封市第一建筑工程公司志 1952.6-1992.6/1671
011566267 开封市第一商业局志 1948-1985/1674
013064802 开封市第二人民医院志/1676

011566247 开封市第二人民医院志 续修 1983-2001／1677

013064805 开封市第二人民医院志 2002-2011（续编）／1676

009413048 开封市第二商业局志 讨论稿／1673

013144485 开封市商务志／1674

011329712 开封市棉麻公司志 1950-1985／1672

009381442 开封市税务志／1674

011320032 开封市鼓楼区教育志 初稿／1677

011566430 开封市新闻志 初稿／1674

011566315 开封市粮食志／1673

011310742 开封市煤炭公司志 1949-1985／1672

011566317 开封市蔬菜行业志／1674

008987756 开封民族宗教志／1669

008424339 开封地区农机志／1677

011566180 开封百货文化行业志／1673

013183736 开封农林科研所志 1958-1996／1671

009768501 开封医专校志／1676

011325012 开封县卫生防疫站志／1680

012661388 开封县卫生志 1983-2005／1680

010139930 开封县戏曲志／1680

007900125 开封县志／1680

009887471 开封县志 征求意见稿／1680

013093099 开封县学校志／1680

011566441 开封针织厂志 1956-1982／1672

013659417 开封制药厂志 1949-1982／1677

010473854 开封物价志／1673

010008564 开封卷烟厂志 1950-1982／1671

011566183 开封法院志 1840-1983 第一稿／1670

013628024 开封油脂化工厂厂志 1984.7-1999.6／1672

011566184 开封房地产志／1670

010108857 开封钢丝绳厂志 1956-1984 征求意见稿／1671

013184273 开封造纸网厂志 1955-1982／1672

011566234 开封菊花志／1676

007659656 开封商业志／1673

013317837 开封搪瓷厂志 1916-1982／1672

008392578 开封简志／1669

011566227 开封缝纫机总厂厂志 1959-1987／1671

010108870 开封橡胶厂厂志／1672

009413720 开封糖业烟酒志／1673

014047470 开原市志 1986-2005／561

008829830 开原县地名录／561

010275864 开原造纸厂科技志 1936-1986／561

012265184 开鲁县志 1998-2007／411

008869283 开滦煤矿志 1878-1988／143

013628028 开滦煤矿志 1989-2008／143

亓

011763250 亓家官庄志／1426

天

013756280 天山天池志／3192

007705609 天山区志／3170

012956043 天山电影制片厂志 1959-1989／3169

011805969 天门卫生志／1956

008453147 天门水利志／1955

013603202 天门市人口与计划生育志 1949

-2004/1955

012638738 天门市卫生志 1984-2003/1956

012836430 天门市皂市小学校志 1909-2009/1956

012814271 天门市实验小学校志 1908-2008/1956

010576617 天门市烟草志/1955

012684770 天门市教育志 1986-2003/1956

011764801 天门市第一人民医院院志 1950.6-2004.6/1956

007481896 天门县志/1955

009338160 天门金融志 1800-1985/1956

013226354 天门教育志/1956

008781408 天马山志/774

012766961 天马村志/2865

011805962 天马学校志/1056

013731736 天马镇志/1079

012899482 天井村志/2870

013899632 天元区军事志 1959-2005/2000

013822785 天水车站志 1991-2001/3050

012208275 天水车辆段志 1952-2002/3050

013959440 天水电力工业志 1986-2007/3049

011585021 天水市广播电视志/3050

010475778 天水市文物志/3050

012174952 天水市计划生育志/3049

011764818 天水市北道区卫生志/3051

012877259 天水市民政志/3049

009472084 天水市志/3048

011320354 天水市医药卫生志/3050

007661141 天水市财政志/3050

013991574 天水市图书馆志 初稿/3050

011955658 天水市城镇集体经济志/3049

013863844 天水市政协志/3049

008846105 天水市政府志/3049

009510519 天水市科学技术志/3050

013603205 天水市统计志/3049

011764805 天水机务段志 1945-1995/3050

008385890 天水城市建设志/3050

005536238 天长县志/1165

013706521 天长体育志/1166

009683255 天长教育志/1166

013936421 天心区军事志 1840-2005 内部版/1988

013185851 天平镇志/941

012559335 天目山植物志/1002

009380845 天生桥水力发电总厂志/2686

012051983 天生桥水力发电总厂志 1998-2007/2686

013185857 天生港发电厂志/905

012506245 天乐志 1974-2009/1057

009043283 天宁区志/871

013959438 天宁寺志/1094

014052287 天台小学 100 周年校庆校志 1912-2012/1097

010009036 天台志苑/1097

008450465 天台县土地志/1096

008450251 天台县水利电力志/1096

008532143 天台县公安志/1096

009688853 天台县电力工业志/1096

012722562 天台县电力工业志 1993-2005/1096

010118503 天台县交通志/1097

008822399 天台县志/1096

011534060 天台县志 1989-2000/1096

013756292 天台县实验小学 100 年志 1912-2012/1097

009388737 天台县教育志/1097

011805982 天台县简志/1096

010577004 天台宗观宗讲寺志 1912-1949 /1096

008672072 天全县志/2572

012662339 天全县志 1986-2005/2573

013342607 天全县政协志/2573

014052285 天全县教育志 1911-2005/2573

009106509 天坛公园志/34

009818516 天府矿务局志 1933-1985/2423

008453667 天河人物志/2150

008117011 天河区工商行政管理志/2150

008831498 天宝乡志/1364

012174941 天城志/3060

001717806 天柱山志/1156

013795586 天柱县人民医院院志 1935-1995 /2697

007621142 天柱县志/2697

009310280 天柱县林业志/2697

013630110 天阁村志/2977

008350479 天津大学人物志/86

008827890 天津口岸统计志 1949-1999/84

009890505 天津水利志/88

013072540 天津水利志于桥水库志/89

008828176 天津水利志第1卷 蓟县水利志/103

009890514 天津水利志第2卷 宝坻县水利志/98

008828197 天津水利志第3卷 武清县水利志/98

008533111 天津水利志第4卷 宁河县水利志/101

009890519 天津水利志第5卷 静海县水利志/102

008533130 天津水利志第6卷 塘沽区水利志/101

008828203 天津水利志第7卷 汉沽区水利志/101

008828215 天津水利志第8卷 大港区水利志/101

008828209 天津水利志第9卷 东丽区水利志/92

008533132 天津水利志第10卷 津南区水利志/95

008828205 天津水利志第11卷 西青区水利志/94

008828218 天津水利志第12卷 北辰区水利志/97

013822774 天津化工厂志 1938-1985/82

013822777 天津化工厂志 1995-2000/82

001737964 天津风物志/86

010239141 天津文化简志稿/84

006105440 天津石化通志 1962-1988/83

014052275 天津电力设计院志 1954-2006/88

013002631 天津电力建设公司志 1964-1994/82

012506239 天津电力建设公司志 1999-2008/82

011442090 天津电话设备厂厂志 1932-2002/82

011328554 天津外国语学院四十周年校志 1964-2004/85

013145477 天津外国语学院志/85

012831385 [天津市]儿童医院志 1873-1992/87

013510614 天津市土地管理志蓝本/81

014052277 天津市口腔医院志 1947-2007/87

009818052 天津市区域地质志/86

013936416 天津市北辰区北仓镇志/96

008599905 天津市电力工业志/83

013822782 天津市电力工业志 1991-2002/83

012613852 天津市电力公司供电设备修造厂志 1994-2003/83

012877258 天津市电力科学研究院院志 1995-2000/83

013936419 天津市市政工程设计研究院简志 1949-2004/88

008700875 天津市地名志/86

008828153 天津市地名志第1卷 和平区/90

008298426 天津市地名志第2卷 河东区/90

008828137 天津市地名志第3卷 河西区/89

008828146 天津市地名志第4卷 南开区/90

012252706 天津市地名志第5卷 河北区/91

008298507 天津市地名志第6卷 红桥区/92

008298510 天津市地名志第7卷 塘沽区/100

009018451 天津市地名志第8卷 汉沽区/100

008828162 天津市地名志第9卷 大港区/100

008298511 天津市地名志第10卷 东丽区/92

008298513 天津市地名志第11卷 西青区/94

008298517 天津市地名志第12卷 津南区/95

008298520 天津市地名志第13卷 北辰区/97

008828145 天津市地名志第14卷 宁河县/101

008298524 天津市地名志第15卷 武清县/98

008298548 天津市地名志第16卷 静海县/102

009700484 天津市地震监测志/86

009123735 天津市机构编制志/81

008828224 天津市传字营村志 1999/94

012208265 天津市农业机械化志/81

009769150 天津市农林志/81

013321025 天津市红桥医院院志 1965.12-2010.12/92

013822783 天津市志外事志/81

008533238 天津市志档案志 送审稿/80

008298363 天津市图书馆志/84

009445127 天津市肿瘤医院志 1861-2003/88

011500691 天津市河北区人事志/91

009157207 天津市河北区地名志/91

011311467 天津市河北区城市建设志/91

010138590 天津市河北区教育志/91

009408114 天津市河西区教育志/89

008385259 天津市城市规划志/88

013660353 天津市南开区志分志南开区商业志/90

011837635 天津市南开区教育志/90

011320753 天津市药品检验所所志/87

013510611 天津市科学技术协会志/84

013226337 天津市食品药品监管分局志/87

012722557 天津市食品药品监管志/87

012837521 天津市胸科医院院志/87

013510605 天津市勘察院志 天津市勘察院建院三十周年纪念 1979-2009/88

012836422 天津市第一中心医院院志 1949

-1994/87

009799582 [天津市]第一医院志 1930-1990/87

008533077 天津动植物检疫志/87

011442087 天津当代曲艺人物志/86

011500695 天津医科大学总医院院志 1946-2006/88

007990294 天津邮政志/84

008533230 天津物价志 蓝本/84

013510598 天津泌尿外科史志/88

008598634 天津房地产志/81

009688695 天津经济技术开发区志/81

009962442 天津经济技术开发区简志/81

008533084 天津城市建设志略/81

012613857 天津城西供电志 1995.8-2005.7/82

008533239 天津城建志试写稿选编/81

008533222 天津政府志 1404-1990 蓝本/81

013096523 天津科技大学校志 1958-2008/85

013822779 天津科器史志/83

011583559 天津津辰史迹/97

009799574 [天津铁路中心天津市第四中心医院]院志/87

012662336 天津铁路分局志 1881-1990/83

012814264 天津海关志/84

012814267 天津海事志/84

008598209 天津通志/75

008827849 天津通志公安志 人民公安卷 蓝本/75

008827842 天津通志公安志 旧警察卷 蓝本/75

010280099 天津通志民俗志/75

008696617 天津通志蓝本/75

007478011 天津通志第1卷 商业志 粮食卷/75

008533142 天津通志第1卷 港口志 蓝本/75

007478022 天津通志第2卷 大事记/75

008533153 天津通志第2卷 邮电志 电信卷 评审稿/76

008533155 天津通志第2卷 邮电志 邮政卷 评审稿/76

008533152 天津通志第3卷 防空志 蓝本/76

007488684 天津通志第3卷 体育志/76

008844077 天津通志第4卷 民政志 蓝本/76

007493525 天津通志第4卷 金融志/76

007657589 天津通志第5卷 附志 租界/76

007806545 天津通志第6卷 地震志/76

007837988 天津通志第7卷 城乡建设志/76

007927713 天津通志第8卷 政权志 人民代表大会卷/76

007837762 天津通志第8卷 政权志 政府卷/76

007927716 天津通志第9卷 人民防空志/76

009678537 天津通志第10卷 财税志/77

008487272 天津通志第11卷 卫生志/77

008487269 天津通志第12卷 档案志/77

008487278 天津通志第13卷 照片志/77

008593564 天津通志第15卷 政协 民主党派志/77

008601097 天津通志第16卷 科学技术志/77

008601101 天津通志第17卷 信访志/77

008298355 天津通志第18卷 物价志/77

008533066 天津通志第19卷 港口志/77

008640043 天津通志第20卷 保险志/77

008640044 天津通志第21卷 审判志/77

008646005 天津通志第22卷 基础教育志/77

008640039 天津通志第23卷 审计志/78

008646006 天津通志第24卷 民政志/78

008827850 天津通志第25卷 公安志/78

008827853 天津通志第26卷 人事志/78

008873861 天津通志第27卷 出版志/78

009008683 天津通志第28卷 邮电志/78

009007129 天津通志第29卷 商检志/78

008873863 天津通志第30卷 外贸志/78

009769229 天津通志第31卷 劳改劳教志/78

008873858 天津通志第32卷 军事志/78

009769154 天津通志第33卷 气象志/78

009769221 天津通志第34卷 二商志/78

009840287 天津通志第35卷 鸟类志/79

009190538 天津通志第36卷 水利志/79

009408108 天津通志第37卷 土地管理志/79

009700503 天津通志第38卷 标准 计量志/79

009769207 天津通志第39卷 铁路志/79

009769217 天津通志第40卷 工商行政管理志/79

009840286 天津通志第41卷 计划志/79

011312135 天津通志第42卷 公路运输志/79

009840292 天津通志第43卷 文化艺术志/79

011478652 天津通志第44卷 中国共产党天津志/79

009769211 天津通志第45卷 武警志/79

011837678 天津通志第46卷 检察志/79

009769213 天津通志第47卷 农业志/80

012051978 天津通志第48卷 监察志/80

012099977 天津通志第49卷 海事志/80

012174944 天津通志第50卷 烟草志/80

012140359 天津通志第51卷 大事记 1979-2008/80

009769215 天津通志第52卷 司法行政志/80

012542999 天津通志第53卷 规划志/80

012543007 天津通志第54卷 统计志/80

009769175 天津通志第55卷 成人教育志/80

013630133 天津职业大学志 1978.7-2001.12/85

012174948 天津职业大学志 2002.1-2008.9/85

008067433 天津黄崖关长城志/103

009348292 天津植物志/87

012051974 天津渤天化工有限责任公司志 2001-2005/82

004344709 天津简志/80

011965423 天津静海旧话/102

012899471 天津静海实验中学校志 2002-2007/102

008380801 天津碱厂志 1917-1992/82

009025835 天津碱厂志 1993-2002/82

007657566 天祝县志/3056

013072544 天祝藏族自治县人民代表大会志 1949-2008/3057

013660357 天祝藏族自治县广播电影电视志/3057

013462657 天祝藏族自治县地震志/3057

011955665 天祝藏族自治县祁连林场志/3057

011329407 天祝藏族自治县志 1989-2005/3056

013863849 天祝藏族自治县教育志/3057

006795900 天桥区志/1419

008596798 天峨县水利电力志/2329

007482429 天峨县志/2329

009227072 天峨县教育志/2329

007342717 天峻县志/3111

012638742 天等县土地志/2340

003807940 天等县志/2340

011955662 天缆厂志 1969-1999/3049

008664882 天镇县地名录/273
008470870 天镇县志/272
012613846 天镇县志 1991-2008/272
009744883 天镇县村镇简志/272
013756295 天镇县财政志/273
012099986 天穆村志/96
010475801 天穆镇志/96
014052281 天穆镇志/96

元

013866244 元氏方言志/141
008533800 元氏县地名资料汇编/141
009381098 元氏县交通志/141
007590154 元氏县志/141
012175219 元氏县邮电志/141
012612993 元氏县财政志/141
014053016 元氏县教育志 41-2002/141
010146575 元江电力工业志/2791
012956632 元江哈尼族彝族傣族自治县人民代表大会志/2791
013735508 元江哈尼族彝族傣族自治县广播电视志/2791
009388588 元江哈尼族彝族傣族自治县民族志/2792
012317118 元江哈尼族彝族傣族自治县因远镇中心小学校志/2791
008488284 元江哈尼族彝族傣族自治县交通志/2791
008488277 元江哈尼族彝族傣族自治县农牧志/2791
007254526 元江哈尼族彝族傣族自治县志/2790
008488280 元江哈尼族彝族傣族自治县国营工业志/2791

011910093 元江哈尼族彝族傣族自治县烟草志/2791
008488286 元江哈尼族彝族傣族自治县教育志/2791
012256534 元江哈尼族彝族傣族自治县检查志/2791
008488273 元江哈尼族彝族傣族自治县粮油志/2791
013343516 元阳县卫生志/2851
005591274 元阳县志/1731
013707171 元阳县志军事志 1382-2011/1731
012256536 元阳县志 1978-2005/2850
011319967 元阳县党群志/2850
013604604 元阳县教育志/2851
011809714 元岗村志/2149
008384903 元宝山区邮电志/401
008382619 元宝山区概况/401
008377776 元宝山区粮食志/401
009867375 元谋风物志/2840
012208545 元谋县人民代表大会志/2840
009337930 元谋县卫生志/2841
010577297 元谋县水利志/2840
012900209 元谋县老干部志/2840
007366609 元谋县志/2840
011809725 元谋县志 1978-2005/2840
009867377 元谋县林业志/2840

无

009689136 无为大堤志/1126
008914443 无为县工商行政管理志/1133
005701635 无为县志/1133
008533275 无极县地名资料汇编/140
007342716 无极县志/140

009743449 无极县邮政志/140
011585079 无极县财政志/140
013959478 无极县国家税务局税务志/140
009391075 无极县教育志/140
010778950 无棣县人民法院志/1598
013510635 无棣县土壤志/1598
014052363 无棣县工商行政管理志/1598
007731448 无棣县志/1598
012722959 无棣县志 1990-2007/1598
012662405 无棣县图书发行志/1598
009552878 无棣县盐业志/1598
013732351 无锡人口和计划生育志/829
001795230 无锡风物志/832
010280356 无锡电力工业志/830
009266095 无锡市土地志/830
009993432 无锡市工会志 1990-2003/829
010476204 无锡市水利志/832
011955693 无锡市水利志 2001-2005/832
013462788 无锡市公安志 1949-1987/829
011792982 无锡市民政志/829
012662408 无锡市民政志 1986-2005/829
009414216 无锡市丝绸工业志/830
012545397 无锡市地方税务志 1994-2007/831
011500730 无锡市交通志/830
011998519 无锡市交通志 1986-2005/831
008817590 无锡市志/829
011792980 无锡市财政志 1840-1985/831
010280383 无锡市物价志/831
013863906 无锡市供销合作社社志/831
007819134 无锡市金融志/831
010474131 无锡市郊区志/835
012613305 无锡市审计志/830

010280355 无锡市旅游志/831
010110338 无锡市教育志/831
011328470 无锡市第一人民医院院志/832
010730170 无锡市第二人民医院志续 1987-1997/832
013822933 无锡市第五人民医院 南京医科大学附属无锡第五医院 无锡市胸科医院院志/832
012766988 无锡市商业局志 1980-2008/831
012208314 无锡市税务志/831
010474129 无锡动力机厂志 1929-1978/830
011998529 无锡运河志/833
009865200 无锡村志/829
009675574 无锡县土地志/834
009348845 无锡县工业志/834
009252836 无锡县卫生志/834
010686856 无锡县血防志/834
011792986 无锡县交通志/834
009174342 无锡县农业志/834
007486961 无锡县志/833
006283398 无锡县物资志/834
013795661 无锡园林志/832
010280343 无锡纺织工业志 1895-1985/830
009687093 无锡服装志 1778-2000/830
013994018 无锡房地产/830
009408172 无锡帮会志/830
009797401 无锡轻工大学志 续篇 1986-2000/832
009391924 无锡轻工业学院院志 1958-1985/832
013863904 无锡律师志 1911-2009/830
013510637 无锡宣传志 1949-2009/829
012545396 无锡检察志/830

009385263　无锡粮食志/831

云

013735523　云山小学志/1066
007753893　云门山志/1508
009413593　云龙区志/851
012100861　云龙风物志/2879
008718726　云龙县民族志/2879
007913510　云龙县志/2878
008424696　云龙县林业志/2879
013866264　云龙县国税志 1950-2007/2879
012878889　云龙县政协志 1984-2009/2879
008822339　云台区志/914
013236300　云安县志/2261
009799863　云阳县工商行政管理志 1912-1985/2394
008734725　云阳县志/2394
012003066　云阳县志 1993-2005/2394
013940770　云阳镇志 前538-2006/948
008418649　云县一中校志/2828
008426201　云县土地志/2828
012903478　云县工会志/2827
012636690　云县工商业联合会(商会)志 1909-2008/2828
008418689　云县乡镇概况 糯洒彝族傣族乡分册/2827
008418685　云县乡镇概况 大石乡分册/2827
008418658　云县乡镇概况 大寨乡分册/2827
008418669　云县乡镇概况 头道水乡分册/2827
008418678　云县乡镇概况 幸福彝族拉祜族傣族乡分册/2827
008418623　云县乡镇概况 茂兰彝族布朗族乡分册/2827

008665531　云县乡镇概况 晓街乡分册/2826
008418630　云县文化志/2828
008420610　云县民政志/2827
008427899　云县民族志/2828
007366623　云县志 第1卷/2826
010008983　云县志 第2卷 1991-2000/2826
010146832　云县志 1991-2000 送审稿/2826
013072857　云县政协志 1950-2004/2827
009561879　云县教育志/2828
013901149　云县粮油志/2828
003035578　云林县志稿/3249
012317133　云轮厂志 1966-1986/2730
009335189　云和县人大志 1949-2000/1105
009996635　云和县水利志/1105
009996630　云和县交通志/1105
007591304　云和县志/1105
009881660　云和县金融志 1912-1987/1105
012689946　云和县政协志/1105
009386354　云居山新志/1318
013776338　云城区人口和计划生育志/2256
012723425　云城区民政志 1990-2005/2257
012769531　云城区农业志 2009/2257
013707164　云城区国土资源志/2257
012141528　云城区检察志/2257
013236303　云城公安志/2257
012900220　云南工业技师学院志 1960-2010/2761
009388519　云南工学院志 2006-2011/2734
011585347　云南大学志/2734
006067030　云南山茶花图志/2726
008539752　云南卫生通志/2725
013464275　云南天然气化工厂志 1987-1997.3/2808

007734385 云南少数民族生产习俗志/2724

009388532 云南少数民族生葬志/2724

001642448 云南少数民族婚俗志/2724

001738115 云南风物志/2724

008664867 云南风物志/2724

008426822 云南方志民族民俗资料琐编/2724

013097964 云南玉溪高新技术产业开发区志 1992-2007/2772

011571243 云南石油化工集团有限公司志 2000.8-2005.8/2732

010577212 云南电力线路器材厂厂志 1988.1-1998.12/2730

012837769 云南电力线路器材厂厂志 1999.1-2008.12/2730

012837774 云南电网公司红河供电局志/2843

008539756 云南鸟类志/2725

011292808 云南民政志/2720

011910127 云南民族药志 第1卷/2725

012612981 云南民族药志 第2卷/2725

007428129 云南地方志佛教资料琐编/2719

008104836 云南地方志道教和民族民间宗教资料琐编/2719

012638834 云南曲靖师宗县丹凤完全小学校志 1573-2008 修订本/2766

012837784 云南曲靖师宗县丹凤镇第一中学校志 1985-2008/2766

013343526 云南曲靖师宗县教师进修学校校志 1978-2006/2767

013686591 云南曲靖陆良文化小学教育志 第2辑 1542-2008/2761

010730733 云南曲靖陆良文化小学教育志 1542-2006/2766

013776360 云南曲靖罗平九龙一中校志 建校-2010/2767

012719339 云南曲靖罗平县教育志 1978-2005/2767

012956804 云南曲靖富源县十八连山镇教育志 1908-2009/2768

013190039 云南华联锌铟股份有限公司志/2858

011327706 云南会泽铅锌矿志/2770

011328471 云南会泽铅锌矿矿志 1991-2000/2770

013866267 云南交通技师学院志 2008-2013/2750

009799633 云南农业大学志/2737

011809742 云南红河竹类图志/2844

008386591 云南两栖类志/2725

009688758 云南冶金集团志 1983-2003/2732

011585352 云南纺织厂工会志 1949.12.9-1987.10/2727

011319978 云南纺织厂卫生专业志 1936-1985/2736

012317148 云南昆船电子设备有限公司人物志 1969-2005/2735

012837777 云南金星化工有限公司志 1967-2007/2846

010777230 云南审判志 1900-1994/2720

009388523 云南建行志/2721

010275911 云南经济木材志/2726

008539753 云南政协通志/2720

013735515 云南茶树品种志/2726

012636700 云南省工人疗养院志/2736

008423623 云南省大关县地名志/2806
008417955 云南省大姚县地名志/2839
013096512 云南省大理白族自治州农业科学研究所志/2866
013630699 云南省大理白族自治州建筑安装公司志/2869
013128885 云南省大理白族自治州洱源县血防志 1953-1979/2880
008427776 云南省大理市地名志/2872
008427825 云南省个旧市地名志/2846
008426780 云南省广南县地名志/2860
009700581 云南省卫生防疫站志 1993-2001/2736
008424630 云南省马龙县地名志/2765
008420749 云南省马关县地名志/2859
008427217 云南省开远市地名志/2847
013606097 云南省开远市第一中学校志 1917-1992/2847
008416432 云南省元江哈尼族彝族傣族自治县地名志/2792
012903475 云南省元江监狱志 1954-2004/2791
008426728 云南省元阳县地名志/2851
007183995 云南省元谋县地名志/2840
008423065 云南省云龙县地名志/2879
008427823 云南省云县地名志/2828
010243016 云南省巨甸林业局志/2809
011809769 云南省中医医院院志 1947-2006/2736
008427779 云南省中甸县地名志/2904
012900226 云南省水文志/2724
012256543 云南省水利水电勘测设计研究院院志 1964-2004/2731
013776366 云南省水利志 1978-2005/2726

011320737 云南省仁兴饲养场场志 建场50周年纪念/2833
013776362 云南省化工研究所志 1957-1985/2731
013866278 云南省化学工业志补充资料集/2721
012175222 云南省化学工业建设公司志/2731
012052553 云南省公路规划勘察设计院院志 1956-2006/2738
009677995 云南省凤庆县地名志/2826
010577232 云南省文山壮族苗族自治州水利电力志/2855
010201638 云南省文山壮族苗族自治州医药志/2854
011067728 云南省文艺学校校志 1956-1991/2734
011585355 云南省火电建设公司志/2731
008416434 云南省双江拉祜族佤族布朗族傣族自治县地名志/2830
008416445 云南省双柏县地名志/2837
008418172 云南省玉溪市地名志/2775
010278006 云南省玉溪地区城乡集体企业志/2772
008427222 云南省巧家县地名志/2805
008427204 云南省石屏县地名志/2850
008426072 云南省龙陵县地名志/2800
008420761 云南省东川市地名志/2759
008442964 云南省电力工业志/2720
013758019 云南省电力工业志/2720
012506624 云南省电力工业志 1991-2002/2721
011480447 云南省电力工业局物资处(公司)志 1908-1993/2731

008426067 云南省兰坪白族普米族自治县地名志/2899

013343529 云南省宁蒗民族中学志 1981-2011/2813

008418052 云南省永仁县地名志/2840

008426060 云南省永平县地名志/2878

008423085 云南省永胜县地名志/2811

008427785 云南省永善县地名志/2806

008418222 云南省永德县地名志/2829

011188334 云南省民间文学集成玉溪地区回族卷/2775

011188327 云南省民间文学集成路南谚语/2756

013190053 云南省地方病防治所所志 2001-2010/2872

009678854 云南省地震监测志/2724

008426807 云南省西畴县地名志/2856

008426721 云南省西盟佤族自治县地名志/2822

012506627 云南省有色地质三〇八队志/2846

008423603 云南省师宗县地名志/2767

013659775 云南省曲靖市人大志 1950-1997/2760

008427190 云南省曲靖市地名志/2762

010474394 云南省曲靖地区畜禽疫病志/2762

010201635 云南省曲靖地区第一人民医院院志/2762

013133997 云南省血吸虫病防治史志/2725

010243632 云南省血吸虫病防治史志续集/2726

008423057 云南省会泽县地名志/2770

012956807 云南省交通高级技工学校 云南省交通职业技术培训学院志 1953-2008/2734

008416439 云南省江川县地名志/2779

008427209 云南省江城哈尼族彝族自治县地名志/2821

008417964 云南省安宁县地名志/2750

010962591 云南省农业科学院志 1950-2004/2737

009799635 云南省农业科学院科技情报研究所志 1985-2004/2737

011809760 云南省农业科学院植物保护研究所所志/2737

011809752 云南省农业科学院粮食作物研究所志 1979-2005/2737

008426826 云南省农村金融志/2721

013072851 云南省农垦总局第一职工医院志 1971.10-2004.12/2863

013735518 云南省农垦总局第二职工医院志 1972-2010/2887

010474455 云南省设计院院志 1952-1993/2738

009995669 云南省寻甸回族彝族自治县地名志/2759

012878896 云南省防空志 1937-2000/2723

008423089 云南省牟定县地名志/2837

008416442 云南省红河县地名志/2851

010577403 云南省红河哈尼族彝族自治州民族志/2844

011500820 云南省扶贫开发志 1984-2005/2720

008418177 云南省贡山独龙族怒族自治县地名志/2896

006395015 云南省志/2711

009414983 云南省志末卷/2719

010278721 云南省志政务志 人民政府篇 征求意见稿/2711

009312772 云南省志首卷/2711

008702838 云南省志第1卷 地理志/2711

009852541 云南省志第2卷 天文气候志/2711

008702841 云南省志第3卷 地震志/2711

010577218 云南省志第3卷 地震志 送审稿/2711

009852566 云南省志第4卷 地质矿产志/2712

006402998 云南省志第6卷 动物志/2712

008702848 云南省志第7卷 科学技术志/2712

009245150 云南省志第8卷 经济综合志/2712

008488290 云南省志第9卷 工商行政管理志/2712

009852596 云南省志第10卷 技术监督志/2712

008975336 云南省志第11卷 乡镇企业志/2712

009409110 云南省志第12卷 财政志/2712

009409177 云南省志第13卷 金融志/2712

006395441 云南省志第14卷 商业志/2712

006395433 云南省志第15卷 粮油志/2712

008702846 云南省志第16卷 对外经济贸易志/2713

006402939 云南省志第17卷 供销合作社志/2713

009852713 云南省志第18卷 轻工业志/2713

006395420 云南省志第19卷 盐业志/2713

013708187 云南省志第20卷 烟草志/2713

009852730 云南省志第21卷 纺织工业志/2713

008702852 云南省志第22卷 农业志/2713

008702900 云南省志第23卷 畜牧业志/2713

009852753 云南省志第24卷 煤炭工业志/2713

008702897 云南省志第25卷 温泉志/2713

009852774 云南省志第26卷 冶金工业志/2714

009852794 云南省志第27卷 机械工业志/2714

009852815 云南省志第28卷 化学工业志/2714

006395414 云南省志第29卷 电子工业志/2714

013708183 云南省志第30卷 物价志/2714

009852860 云南省志第31卷 城乡建设志/2714

009852894 云南省志第32卷 海关志/2714

009114617 云南省志第33卷 交通志/2714

008887898 云南省志第34卷 铁道志/2714

009852920 云南省志第35卷 邮电志/2714

009160316 云南省志第36卷 林业志/2714

006395442 云南省志第37卷 电力工业志/2715

008702884 云南省志第38卷 水利志/2715

010118455 云南省志第39卷 农垦志/2715

008702832 云南省志第40卷 测绘志/2715

009852939 云南省志第41卷 建筑材料工业志/2715

011837346 云南省志第42卷 建筑志/2715

013708190 云南省志第43卷 中共云南省委志/2715

009115251 云南省志第44卷 党派志/2715

009126164 云南省志第45卷 群众团体志/2715

009043457 云南省志第46卷 人民代表大会志/2715

008992587 云南省志第47卷 政府志/2716

008721015 云南省志第48卷 政协志/2716

009852991 云南省志第49卷 军事志/2716

006395443 云南省志第50卷 劳动志/2716

009853011 云南省志第51卷 人事志/2716

009853025 云南省志第52卷 民政志/2716

009853045 云南省志第53卷 外事志/2716

009853083 云南省志第54卷 检察志/2716

008702881 云南省志第55卷 审判志/2716

009853102 云南省志第56卷 公安志/2716

008992593 云南省志第57卷 司法志/2717

003324859 云南省志第58卷 汉语方言志/2717

008702861 云南省志第59卷 少数民族语言文字志/2717

009853123 云南省志第60卷 教育志/2717

009852368 云南省志第61卷 民族志/2717

009341123 云南省志第62卷 文物志/2717

009853141 云南省志第63卷 地名志/2717

009266302 云南省志第64卷 土地志/2717

006395419 云南省志第65卷 侨务志/2717

009853503 云南省志第66卷 宗教志/2717

009853511 云南省志第67卷 环境保护志/2718

009853517 云南省志第68卷 旅游志/2718

009002219 云南省志第69卷 卫生志/2718

009409171 云南省志第70卷 医药志/2718

008702856 云南省志第71卷 人口志/2718

009409168 云南省志第72卷 体育志/2718

009198600 云南省志第73卷 文化艺术志/2718

009409100 云南省志第74卷 文学志/2718

009853597 云南省志第75卷 社会科学志/2718

013708197 云南省志第76卷 出版志/2718

009853611 云南省志第77卷 报业志/2719

009853622 云南省志第78卷 广播电视志/2719

008702836 云南省志第79卷 档案志/2719

009020510 云南省志第80卷 人物志/2719

009266301 云南省志大事记资料选编/2719

011294245 云南省志报业志征求意见稿/2719

008426165 云南省志编撰文集/2719

010475803 云南省医学信息研究所所志1979-1999/2735

008423648 云南省呈贡县地名志/2740

012769537 云南省邮电工会志1926-1990/2720

008423619 云南省邱北县地名志/2859

008426742 云南省沧源佤族自治县地名志/2832

008424640 云南省陆良县地名志/2766

008423379 云南省武定县地名志/2841

008597825 云南省林木种苗站志/2729

008836412 云南省林业科学院志/2737

010252186 云南省林业调查规划设计院志/2737

010475734 云南省林业勘察设计院志/2729

008427872 云南省昆明市五华区地名志/2741

008416413 云南省昆明市地名志/2735

008416427 云南省昆明市官渡区地名

志/2745

008427867 云南省昆明市盘龙区地名志/2742

009678544 云南省罗平县地名志/2768

008427198 云南省金平苗族瑶族傣族自治县地名志/2852

013464269 云南省疟疾防治研究所志/2737

011590217 云南省卷烟销售公司志 1982-2006/2733

009677990 云南省河口瑶族自治县地名志/2853

008426046 云南省泸水县地名志/2894

012208561 云南省泸西县地名志/2850

011328473 云南省泸西县交通志/2850

010577022 云南省泸西县城乡建设志/2850

008427182 云南省宜良县地名志/2753

008423654 云南省建水县地名志/2849

011445634 云南省建水第一中学校志/2849

010289625 云南省弥勒县地名志/2848

012723436 云南省弥渡县人民代表大会志/2876

008426739 云南省弥渡县地名志/2877

012956809 云南省弥渡县第一中学校志 1926-1991/2877

008424625 云南省孟连傣族拉祜族佤族自治县地名志/2821

010242597 云南省茶叶进出口公司志 1938-1990/2733

008426724 云南省南华县地名志/2838

008418008 云南省南涧彝族自治县地名志/2884

008427821 云南省威信县地名志/2808

008427230 云南省砚山县地名志/2856

009995664 云南省临沧地区农垦志 1955-1990/2823

011445643 云南省临沧地区勐撒农场志/2823

008427802 云南省临沧县地名志/2825

008427793 云南省昭通市地名志/2802

008597823 云南省思茅地区土种志/2815

008427246 云南省思茅县地名志/2815

008426062 云南省保山市地名志/2795

010243927 云南省保山市实验小学志/2794

013866275 云南省保山市实验小学志/2794

008426734 云南省剑川县地名志/2881

013133994 云南省剑川县血吸虫防治工作史志/2881

009769263 云南省施甸县地名志/2798

010577077 云南省送变电工程公司志/2731

008423079 云南省洱源县地名志/2880

011910135 云南省测绘志 资料版/2724

008423831 云南省宣威县地名志/2764

009678775 云南省屏边苗族自治县地名志/2852

008427879 云南省姚安县地名志/2838

012003061 云南省怒江傈僳族自治州人民医院志 1995-2006/2894

009995674 云南省盈江县地名志/2890

008427860 云南省盐津县地名志/2805

008423545 云南省耿马傣族佤族自治县地名志/2831

009677983 云南省峨山彝族自治县地名

志/2788

013606508 云南省烟草农业研究院志/2776

011590222 云南省烟草进出口公司志 1985-2006/2733

010251889 云南省烟草志/2721

009867383 云南省烟草科学研究所志/2776

013236347 云南省烟草科学研究所志 1955-2007/2776

013129804 云南省烟草烟叶公司志 1982-2007/2731

011311809 云南省流行病防治研究所所志 1951-2001/2735

010239097 云南省家畜家禽品种志/2726

008427193 云南省宾川县地名志/2876

008423588 云南省祥云县地名志/2874

008427249 云南省勐海县地名志/2864

008427792 云南省勐腊县地名志/2864

008427239 云南省通海县地名志/2781

008423345 云南省绥江县地名志/2806

009388541 云南省检察志 1910-1985/2720

010243562 云南省第一人民医院院志/2737

013148797 云南省第二劳动教养管理所志 1951-2011/2842

012317161 云南省第三劳动教养管理所志 1990-2003/2789

014053026 云南省第六建筑工程公司志/2731

008426770 云南省麻栗坡县地名志/2857

008427837 云南省梁河县地名志/2890

008427782 云南省维西傈僳族自治县地名志/2905

011321098 云南省综合简志/2719

010201633 云南省绿水河电厂志 1972-2000/2846

008426737 云南省绿春县地名志/2851

012816164 云南省森林公安志 1980-2009/2720

008427787 云南省景东彝族自治县地名志/2818

008423514 云南省景谷傣族彝族自治县地名志/2819

008423528 云南省景洪县地名志/2863

011571219 云南省黑白水林业局志/2809

011294351 云南省税务志 1949-1993/2721

008427214 云南省鲁甸县地名志/2804

010239107 云南省普洱哈尼族彝族自治县地名志/2816

010962590 云南省道路交通管理志/2721

008423863 云南省富宁县地名志/2860

008423594 云南省富民县地名志/2752

009677998 云南省富源县地名志/2769

011910139 云南省富源县第一中学校志 1941.3-2007.3/2769

008427175 云南省禄丰县地名志/2842

008390675 云南省禄劝彝族苗族自治县地名志/2758

008423642 云南省瑞丽县地名志/2889

008423846 云南省蒙自县地名志/2845

008423389 云南省楚雄市地名志/2836

013961323 云南省楚雄农村金融学校校志/2836

013236339 云南省楚雄彝族自治州人民医院志 1938-1990/2835

011479461 云南省楚雄彝族自治州姚安县广播电视志/2838

008427857 云南省路南彝族自治县地名志/2757

008427799 云南省畹町市地名志/2889

008427805 云南省嵩明县地名志/2754

008423348 云南省腾冲县地名志/2799

008539887 云南省腾冲县商业志/2799

008427810 云南省新平彝族傣族自治县地名志/2790

012317166 云南省漠沙亚热带园艺场劳改劳教志 1956-1989/2789

013072845 云南省滇西电业局志 1971.8-1987.12/2871

009995651 云南省碧江县地名志/2895

012003058 云南省精神病医院志 1955-2005/2737

008427243 云南省漾濞彝族自治县地名志/2883

008427830 云南省墨江哈尼族自治县地名志/2817

008423838 云南省镇沅县地名志/2820

008416423 云南省镇康县地名志/2829

008423662 云南省镇雄县地名志/2807

008423334 云南省德钦县地名志/2904

008423482 云南省澜沧拉祜族自治县地名志/2822

008416436 云南省澄江县地名志/2780

008416426 云南省鹤庆县地名志/2882

008416415 云南省彝良县地名志/2807

008423610 云南省巍山彝族回族自治县地名志/2885

011809502 云南宣威格宜镇教育志 1812-2006/2763

010243640 云南蚕类志/2725

012545701 云南蚊类志/2725

012970771 云南峨山文明清真寺志/2784

011590236 云南烟草志/2721

008597818 云南烟草品种志/2726

011590224 云南烟草科学研究院志 1998-2008/2773

009415081 云南教育改革志/2722

006006086 云南植物志/2735

012636693 云南植物志中名拉丁名和经济植物总索引/2735

012052562 云南新旅游风物志/2724

012317141 云南滇中化工厂志 1971-1986/2842

010474148 云南稻谷品种志 1981-1990/2726

008539755 云南瓢虫志/2725

011793424 云南穆斯林人物志/2720

013148793 云南磷化集团有限公司海口磷矿分公司志/2731

010201631 云南磷肥厂志第1卷 1962-1986/2731

013866272 云南磷肥厂志第2卷 1987-1996/2731

011445613 云南磷肥厂志第3卷 1997-2001/2731

008817281 云亭镇志/837

010778345 云浮中学志 1914-2004/2257

008421172 云浮文物志/2256

009379632 云浮方言志/2256

013776340 云浮电力工业志 1915-2000/2254

012970758 云浮市人大志/2253

013776347 云浮市人口与计划生育志/2252

013686531 云浮市人民医院志 1935-2011/2256

013776350 云浮市人事志/2253

013604747 云浮市工业志/2254

011809736 云浮市工会志/2253

009337612 云浮市工商行政管理志/2253

013776344 云浮市工商行政管理志/2253

013012608 云浮市卫生志/2256

013236326 云浮市云城区军事志 1576-2005 /2261

013689485 云浮市云城区志 1979-2000 /2256

012506621 云浮市中共组织志/2252

013686536 云浮市水务志/2256

012545696 云浮市地名志/2256

013012593 云浮市交通志/2254

013723713 云浮市志/2252

013012596 云浮市劳动和社会保障志/2254

012100855 云浮市财政志/2255

013604743 云浮市财政志 1994-2010/2255

013604750 云浮市体育志/2255

009234457 云浮市环境保护志/2256

013012592 云浮市国土资源志/2253

013686587 云浮市物价志/2255

013776346 云浮市金融志/2255

013236324 云浮市审计志/2253

013707165 云浮市城乡建设志/2254

012545698 云浮市政协志/2253

012769534 云浮市政府志/2253

013190035 云浮市科学技术志/2255

012878887 云浮市旅游志/2254

013236313 云浮市教育志/2255

013012603 云浮市商业志/2255

013707168 云浮市税务志/2255

013604749 云浮市粮食志/2255

010195250 云浮发电厂志 1984-2000/2254

013323140 云浮同乡总会志/2252

008425710 云浮县历史大事记/2252

009439377 云浮县水利志/2256

008437254 云浮县交通志/2254

007060951 云浮县志/2252

009683915 云浮县劳动志/2253

008437251 云浮县建设志/2254

012837763 云浮县经委工业志/2254

009332459 云浮林业志/2257

009839198 云浮金融志/2255

013661593 云浮硫铁矿企业集团公司志 /2254

013236332 云梦县人大志 1950-2009/1911

012723429 云梦县人民医院院志 1940.10- 2003.12/1912

012612985 云梦县工会志 1950-2007/1911

011325497 云梦县军事志 初稿/1911

008094640 云梦县志/1911

008844948 云梦县志 送审稿/1911

013236330 云梦县金融志 1839-1985/1912

013758002 云梦县城关镇志/1911

013236336 云梦县政协志/1911

010008718 云梦县烟草志/1912

013901148 云梦县教育志 1588-2008/1912

013757993 云梦法院志 1950-2010/1911

011571247 云铜股份志 1958-2006/2732

012545705 云翔寺志/761

013343569 云锡老厂锡矿志 1940-2009 /2846

009115254 云锡志/2846

012878897 云锡物资储运公司志 1997-2008 /2845

008914328 云霄县地名录/1259

008599913 云霄县志/1259

扎

007913549 扎兰屯市志/426
013012622 扎兰屯市志 1991-2006/426
009348174 扎兰屯民族宗教志/426
007913606 扎赉特旗志/442
011793439 扎赉特旗志 1986-2002/442
012663819 扎赉特旗教育志/442
012903490 扎赉诺尔区志/423
009817802 扎赉诺尔煤业有限责任公司续志 1988-2000/423
012970773 扎鲁特旗工商行政管理志/413
009002233 扎鲁特旗志/413
013824299 扎鲁特旗财政志/413
012723474 扎鲁特旗政协志/413
010201435 扎囊县文物志/2916

廿

012265404 廿八都镇志/1078

木

008670992 木兰乡志/2539
009310493 木兰县人民代表大会志/667
008445237 木兰县土地志/667
009310495 木兰县工会志 1946-2000/667
002987989 木兰县志/666
012680513 木兰县志 1986-2005/667
009310484 木兰县邮电志 1986-2000/667
009397505 木兰县教育志/667
009117825 木兰陂水利志/1232
011892186 木民村志/2337
012766279 木里藏族自治县军事志/2619
008486865 木里藏族自治县志/2619
013000521 木里藏族自治县志 1991-2006/2619

008430258 木里藏族自治县林业志/2619
009105226 木垒哈萨克自治县志/3195
008842905 木渎镇志/887

五

009334849 五一一三厂志 1968-1985/1706
008846392 五一二三厂志 1969-1986/1775
009190556 五一农场志/3165
013630247 五一村志/2945
008426913 五二三厂志 1967-1995/2966
009414718 五十二团志/3228
011955698 五九(集团)公司志 1957-2006/425
009472377 五大连池市志 1986-2000/712
010146978 五女山志/533
013226410 五龙村志/1440
012899879 五四一电厂志 1988-2000/333
009266228 五台山志/339
010252466 五台县当代人物志/339
008487351 五台县志/339
009889862 五台县志初稿/339
010730217 五团志/3182
013795664 五华区人民代表大会志 1953.10-2011.12/2740
009388603 五华区公安志/2740
012252744 五华区公安志续 1 1994-2000/2740
011313061 五华区公安志续 1 终审稿/2740
010243533 五华区文物志/2741
010476527 五华区曲艺志/2740
008636624 五华区志/2740
010243660 五华区法院志 1956-1996/2740
011500739 五华区政协志 1993.2-2004.2/2740

012970513 五华区检察志 1992-2002/2740
011792989 五华县文化艺术志/2227
005220802 五华县志/2227
013689473 五华县志 1979-2000/2227
008379956 五阳村志/288
011998540 五里头村志/1495
013775935 五里店街道志 1993-2005/2372
013775932 五里堡街道志/1650
013145624 五里堡街道志 1995-2002/1651
009069058 五角场镇志/755
009232088 五冶志 1948-1985/2423
012140459 五间镇志/2383
013959576 五环集团志 1987-2007/2941
012218585 五股志/3239
011909095 五泄山志/1056
007490373 五河县志/1137
010110753 五星垦殖场志/1294
008865179 五祖寺志/1935
013662342 五莲文物志/1552
013462795 五莲县人大志 1949-2011/1552
013072583 五莲县人民医院志 1950-2010/1553
013994022 五莲县工会志/1552
013756979 五莲县中医医院志 1989-2010/1553
013865169 五莲县电力志 1957-2007/1552
012175048 五莲县交通志/1552
014052375 五莲县军事志 1840-2005/1552
006497365 五莲县志/1552
012766993 五莲县志 1989-2005/1552
009817918 五莲县志初稿/1552
012662422 五莲县法院志/1552
013795666 五莲县税务志/1552
009994978 五莲邮电志/1552

013899683 五原县人大志 1950-2010/434
008378656 五原县志/434
013756975 五峰土家族自治县地方病防治志/1884
009880076 五峰土家族自治县烟草志/1884
006092390 五峰县志/1884
013010698 五通桥区农村信用合作社志 1938-2004/2522
008636627 五通桥区志/2522
008846561 五营区(林业局)志/695
008645408 五常公安志/664
013732364 五常市牛家满族镇志/664
012877287 五常市志 1986-2005/664
007902338 五常县志/664
012877284 五常林业志/665
008661870 五常粮食志/665
008867727 五常镇志/664
009686567 五雷山志/2065
013379053 五粮液志/2547
013899688 五寨县人民代表大会志/341
005701620 五寨县志/341

支

013012682 支乡志/1270
010474442 支塘镇志/895

太

012266372 太子山林场管理局志/1901
008594343 太仆寺旗公路交通志/447
008645370 太仆寺旗志/447
011312064 太仆寺旗政协志 1981-2006/447
013822731 太仓水利志 1034-1988/904
012051956 太仓市人民代表大会志/903
012099952 太仓市土地管理志/903

008532028 太仓市卫生志/904
009338416 太仓市电力工业志 1906-1997/903
009115879 太仓市财政志/903
009241641 太仓市政协/903
013959424 太仓市教育志 1988-2005/904
003796233 太仓县志/903
010245069 太仓县粮食志/903
013321011 太平乡志/1481
010089258 太平市志/3245
012542959 太平村志/760
012542960 太平镇志/887
013321015 太平镇志/1526
013379048 太平镇志/2797
009057255 太旧高速公路建设志/251
012051952 太白县军事志 1953-2005/2972
008542855 太白县志/2972
008667324 太华路街志 1955-1998/2946
009105517 太华镇志/840
011998434 太行山大峡谷志/293
012542967 太行山树木志/118
013686271 太极顶志/2877
012877209 太里村志/296
009840229 太谷人物志/318
011068481 太谷方言志/318
008535007 太谷县电力工业志 1922-1998/318
006356665 太谷县志/317
008841095 太谷教育志/318
011148876 太谷谚语集成/318
009244266 太和区志/539
009107241 太和医院院志 1965.11-2000.11/1866
008914412 太和县工商行政管理志/1170

007490951 太和县志/1170
012140302 太和院志/1866
008835118 太和镇志/2077
010468966 太保庄乡志/1514
013863841 太原人民防空志/256
009387247 太原工业学校校志 1954-1988/261
013321020 太原卫生志 1840-1998/263
012766887 太原公路志/260
009312584 太原风景名胜志/261
010730413 太原电力学校志 1955-2001/261
008377943 太原电力高等专科学校志/263
011442079 太原市小店区卫生防疫站站志 1976-2006/264
012266363 太原市小店区志/264
012814245 太原市古城营村志/255
011442064 太原市北郊区地名志/266
011442072 太原市北郊区交通志/265
011312050 太原市北郊区志/265
013756143 太原市北郊区教育志 征求意见稿/266
008906394 太原市北城区地名志/264
012266357 太原市北城区地名志 增订本/264
008974346 太原市北城区志/264
008864277 太原市电信志/260
013959431 太原市市政工程设计研究院志/263
013342596 太原市尖草坪区军事志 前572-2005/265
008844907 太原市自来水公司志/257
013342600 太原市自来水公司志 2000-2009/257

009312556 太原市交通志/260
012956029 太原市军事志 1997-2006/256
008342603 太原市志/255
013134731 太原市志精编版/255
013462605 太原市迎泽区教育志/265
012766895 太原市国营林场志/257
011067751 太原市河西区地名志/266
009881349 太原市河西区志/265
009618621 太原市河西区志送审稿/266
013731728 太原市建筑设计研究院建院五十年志 1958-2008/259
009387253 太原市经委志/256
013822733 太原市政志/256
008380814 太原市南郊区志/264
009962203 太原市南郊区教育志 1840-1990/264
010293517 太原市南城区地名志/264
010245115 太原市南城商业志/265
008864273 太原市清徐县地名志/267
010009739 太原市粮食志/260
008535764 太原机车车辆厂志 1898-1990/259
009025822 太原机务段志 1934-2000/260
008983183 太原军事志/256
007662444 太原农牧志/257
009160145 太原邮电志/260
012684745 太原林业志/257
008383979 太原供电志/259
010113545 太原审计志/256
008844719 太原房地产志/256
012638759 太原房地产志 2000-2009/256
011955639 太原线路大修段段志/260
009688350 太原科学技术志/261
012814248 太原统计志/256

010113549 太原铁路中心卫生防疫站站志 1951-2001/262
008486290 太原铁路分局志 1896-1985/260
008864275 太原教育志 1840-1990/261
010009762 太原教育志 1840-1990/261
013936408 [太原第一机床厂]厂志 1986-2006/257
013731722 太原第一热电厂志/259
013185835 太原第二热电厂志 1954-1987/259
012722541 太原第二热电厂志 1958-2002/259
006319756 太原植物志/261
012140328 太原植物志/262
007534772 太康县水利志/1804
007900138 太康县志/1804
009413840 太康县志概述 大事记 地理 征求意见稿/1804
011534051 太康县志 1986-2000/1804
009813782 太康县学校志/1804
013660336 太康县教育志/1804
012969730 太湖县工商行政管理志/1156
007294756 太湖县志/1156
011321182 太湖县志 1978-2001/1156
014052265 太湖县教育志 1905-1987/1156
009988736 太湖鱼类志/1156
011764780 太湖港农场志/1912
011478572 太蓬山志/2541

历

007488644 历下区志/1419
013897923 历下区教育志/1419
011313056 历城区教育志/1421
012661441 历城电力志 1964-2007/1421

004893050 历城县志/1420
010279169 历城政协志 1984-2002/1421

友

008383904 友好区(林业局)志/694
008816420 友爱村志/2282
009334600 友爱村志附录 族谱/2276
012052521 友新六村志/881

尤

009683630 尤溪名产志/1241
008663648 尤溪县地名录/1242
007412391 尤溪县志/1241
012723413 尤溪县志 1986—2000/1241
012814526 尤溪姓氏志/1242

车

013680639 车田镇志/2231
009399368 车陂村志/2148
012237581 车城乡志/3252
013140985 车墩镇志/773

巨

013793081 巨浪牧场志 1960—2000/693
013752709 巨野县军事志 1840—2005/1604
008812489 巨野县志/1604
011566176 巨野县图志/1604
010577453 巨野县城乡建设志/1605
009561519 巨野镇村简志/1604
009992171 巨鹿县水利志/177
008533963 巨鹿县地名资料汇编/177
008818681 巨鹿县志/177

牙

011955794 牙克石市人民代表大会志/424
008535815 牙克石市卫生防疫站志/426
007806609 牙克石市志/424
012956994 牙克石市志 1990—2005/424
012662664 牙克石市国家税务局志/425
008594405 牙克石市物价工商行政管理志/425
011955798 牙克石市政协志/424
008383028 牙克石市第一小学校志/425
013321319 牙克石农场志/425

屯

011955677 屯兰矿志/267
013131192 屯里镇志/343
011312538 屯昌县志/2353
011478699 屯昌县财政税务志/2353
011806020 屯留人物志/289
012899490 屯留方言志/289
012899495 屯留县人民代表大会志/289
012100030 屯留县军事志前1793—2005/289
008637701 屯留县志/288
014052311 屯留县法院志 1938—2008/289
012100033 屯留县政协志 1984—2008/289
009106483 屯留县教育志/289
004892979 屯溪市志/1160
012662355 屯溪政协志 1955—2006/1160

互

011762256 互助土族自治县人民医院志/3102
006497466 互助土族自治县志/3102
013627750 互助土族自治县政协志/3102
010010027 互助平安县文物志/3101

瓦

009190843 瓦马彝族白族乡志/2796
012662359 瓦北村志 1999/403
008864763 瓦房店市土地志/509

013145610 瓦房店市工会志 1949-1986 /509
012899795 瓦房店市中心医院志 1949-2009 /509
007903596 瓦房店市志 /509
009675760 瓦房店市邮电志 /509
012814280 瓦屋山水电站建设志 /2545
009480454 瓦屑镇志 /766
008453902 瓦斜乡志稿 /3072
009190803 瓦窑白族彝族乡志 /2796
009190812 瓦渡乡志 /2796

少

003713416 少林武僧志 /1666

日

009840203 日本两次侵占青岛图志 /1435
013706079 日喀则地区电信志 /2917
013131116 日喀则地区志 /2917
008384026 日照口岸志 /1550
011892419 日照日报社志 1958-2008 /1551
013689602 日照电业局志 1969-1999 /1550
011892428 日照市人民医院志 1949-1999 /1551
013706098 日照市人民医院志 1949-2009 /1551
012814176 日照市人事志 1949-2009 /1550
011892423 日照市工商行政管理志 /1550
011499614 日照市计划生育志 初稿 /1549
008812514 日照市志 /1549
012814172 日照市供销合作社志 /1550
013225725 日照市政协志 1981-2011 /1550
013991383 日照医药志 /1551
008844059 日照邮电志 /1550
013706082 日照财政税务志 1984-1985 /1550
013899362 日照供电公司志 2000-2010 /1550
009881167 日照城乡建设志 /1550
013753917 日照档案志 1949-2009 /1551
013753919 日照商业志 /1550
008378585 日照港志 /1550

中

013776419 中山大学肿瘤防治中心志 1964-2008 /2142
009009924 中山区志 2002 /506
010278447 中山区政协志 1950-1991 /506
009331972 中山公园志 /44
013759369 中山市人大志 2002-2011 /2243
007884728 中山市人事志 1911-1990 /2243
013797382 中山市人物志 /2244
013661789 中山市小榄镇志 /2243
003035273 中山市乡镇企业志 /2243
011480729 中山市五桂山镇志 /2243
003055724 中山市水利志 /2245
011501608 中山市水利志 1988-2005 /2245
008192180 中山市文化志 /2244
003033947 中山市对外贸易志 /2244
007884845 中山市交通志 /2243
008192178 中山市农业志 /2243
003035285 中山市农机志 /2244
007818020 中山市志 /2242
013758009 中山市志 1979-2005 /2242
003035284 中山市财政志 /2244
008192179 中山市体育志 /2244
012141594 中山市体育志 1994-2000 /2244
008453672 中山市环境保护志 /2245
012507318 中山市物价志 /2244
007969482 中山市金融志 /2244

008815249 中山市城乡建设志/2243
013012716 中山市海洋与水产志/2243
008192177 中山市教育志/2244
012636511 中山市检察志/2243
005635178 中山地形志 初稿/2244
013736501 中山华侨志/2243
010777964 中山医科大学孙逸仙纪念医院院志 1835-2000/2141
009379660 中山医科大学附属第三医院院志 1971-2001/2141
011475240 中山医院志 1937-2007/746
013940886 中山陵志/814
013379678 中山街道志/775
008101442 中川史志/1270
012903630 中卫县土地管理志/3141
012956949 中卫县工会志/3141
009414238 中卫县卫生志/3142
013940887 中卫县水利志/3141
009392489 中卫县地震志/3141
008034109 中卫县志/3141
009399594 中卫县教育志/3141
010779124 中卫社区志/2776
009387131 中卫宣传志/3141
012663909 中马村矿志 1955-2005/1736
012175558 中方县军事志 前205-2007/2096
008593576 中北斜乡志/93
009561952 中央苏区人物志/1290
012208651 中央储备粮邳州直属库志/857
009399631 中宁县卫生志/3142
008143642 中宁县志/3142
008838482 中宁县邮电志/3142
012879018 中宁县政协志/3142
008542919 中宁枸杞志/3142

013661792 中讯邮电咨询设计院人物志（原信息产业部邮电设计院）1952-2002/1643
013323166 中共大理州委党校校志 1951-2011/2865
013012690 中共大理州委党校校志 1951-2001 修定版/2865
012636573 中共上海市委党校上海行政学院志大事记 1949-2009/724
009387400 中共上海市委党校志/724
008842828 中共上海党志/723
009145709 中共广东省委党校志 1950-1990/2134
013735945 中共开化县委党校校志 1952-2012/1080
013776438 中共云县县委党校校志 1962-2012/2827
012663827 中共互助县委组织部志/3102
013759090 中共中山市委党校志 1959-2008/2243
012003110 中共长沙市委党校五十周年校志/1978
013866310 中共长沙市委理论教育讲师团志 1985-2011/1978
013661607 中共双牌县委组织部志 1989-2010/2089
013606592 中共未央区委党校志 1958-2009/2945
012970790 中共甘州区委党校志/3059
011571321 中共本溪市委党校校志 1949-1999/528
012769615 中共石林县委志/2755
012970958 中共石棉县委志 1950-2000/2571

010293701 中共龙潭区委政法委志 1986-2002/606

013961379 中共东营市委政法委志/1475

013323173 中共东营市委党校志 1985-2010/1474

009346059 中共北道区党史大事记 1949-1999/3051

013901276 中共四平市委党校志 1949-2009/611

011910327 中共仪陇县委志 1985-2002/2541

011311030 中共吉林化学工业公司委员会党校志 1958-1988/574

013797324 中共吉林市委组织部简志 1948.4-2008.12/599

013940822 中共吉林市委党校校志 1952-2002/598

012956923 中共吉林省纪(监)委志/575

012208588 中共成都市委党校志/2419

009683319 中共合肥市委志 1926.9-1995.5/1118

012769669 中共名山县委志 1950-2005/2568

009783262 中共江北县委党校志 1959-1990/2378

012208592 中共江苏省委党校史志 1926-2008/803

013012699 中共兴安县委党校简志 1962-1997/2300

009346577 中共安顺市西秀区委组织志/2664

009313222 中共安康地区纪检志/3009

009244982 中共安康地委统战志/3009

010138098 中共安徽省委党校校志 1951-2001/1118

012003121 中共寿光市委党校志 1948-2008/1510

009334523 中共抚顺市委志/523

013957671 [中共孝感市委]机关工委简志 1950.9-2007.12/1903

010144770 中共丽江市委党校志/2808

010111960 中共沈阳市委志对军工企业的领导 送审稿/472

009244578 中共沈阳市委党校校志 1949-1989/472

012317260 中共沈阳市委党校校志 1949-2009/472

013134041 中共沈河区委政法志 1958-2011/489

013776430 中共阿坝州委宣传部部志 1992.1-2011.7/2590

012545758 中共阿坝州委党校志/2590

012690080 中共阿拉善盟委党校志 1980-2010/449

008993344 中共陇县纪律检查志/2967

008993367 中共陇县县委农村工作志/2969

008993336 中共陇县县委志/2967

009106199 中共陇县县委组织志/2967

008992922 中共陇县县委统战志/2967

008992943 中共陇县县委党校志/2967

011140387 中共邵阳县委工作纪事/2034

013824338 中共茂名市委办公室简志 1958-2008/2209

012903550 中共杭州市委党校简志/971

012100930 中共昌宁县委党校志/2800

008040266 中共呼盟委党校志/417

008986814 中共乳山党史大事记 1949-1992/1549

012100936 中共建德市纪检志 1949.5-1997.12/996

009378455 中共封开县委宣传志/2216

009379655 中共封开县组织志/2216

012903559 中共荆门市委党校志 1959-2009/1896

009689060 中共南川市委宣传部志/2385

007682732 中共南阳县委志/1767

013776436 中共咸阳市委中心工作志 1984-2008/2973

013512022 中共临沂市委党校志 1942-2002/1560

013012693 中共虹口区委统战部 区民主党派 工商联 侨联 社院史志/754

012769614 中共香格里拉县委志 1978-2005/2903

013940829 中共重庆市委党校函授志 1985-2010/2359

013961383 中共重庆市渝北区委党校(行政学校)志 1991-2009/2378

012878965 中共闻喜县委党校志 1958-2010/330

011294791 中共洛阳市委党校志/1682

012903552 中共济宁市委党校志 1951.10-2001.10/1517

009405823 中共贺州市(县级)党史大事记 1949.11-2002.10/2325

012690105 中共泰安市委党校志 1950-2010/1535

009348835 中共盐城地方史大事记 1949-1999/924

012636579 中共莱州市委党校志 1939-2009/1497

013940828 中共唐山市委办公厅志 1987-2005/142

012256640 中共烟台市委党校志/1487

011311465 中共浦北党史人物志/2314

013098037 中共宾川县委统战志 1950-2009/2875

013134047 中共通辽市委党校志 1948-2010/407

010278940 中共聊城市委党校志 1948.11-1998.6/1586

012636576 中共萍乡市委志 1921-1992/1307

013901274 中共深圳市宝安区委党校 深圳宝安广播电视大学 深圳市宝安区行政学校志 1958-2004/2173

009336825 中共绵阳市志/2474

012175563 中共绵阳市委宣传工作志/2475

013940824 中共彭水苗族土家族自治县委老干部局志 1983-2011/2397

013797318 中共葫芦岛市委党校校志/567

009310621 中共朝阳地方史 新民主主义革命时期/563

012956921 中共惠州市委党校校志 1956-1996/2219

007293405 中共黑龙江省委党校校志 1948-1988/652

011480549 中共焦作市委党校志 1957-2007/1734

011910322 中共湖南省委直属机关党校校志/1978

012256634 中共湘西土家族苗族自治州委党校志 1952-2002 增订本/2108

013689490 中共滨州市委党校志 1951-2011/1594

013708138 中共福山区委党校志 1947-1997 /1494
008536019 中共鞍山市委组织志/513
009244551 中共鞍山市委党校志/513
013512020 中共鞍钢党校志/512
013797316 中共德州市委政策研究室志/1574
009016170 中共澄江县党史大事记/2779
011910315 中共衡阳党史图志/2021
008801641 中华人民共和国内蒙古自治区地名录/376
009115910 中华人民共和国化学工业部南京化工厂志/810
012636528 中华人民共和国甘肃出入境检验检疫局志/3039
005051370 中华人民共和国地名录/3274
009554119 中华人民共和国昆明动植物检疫局志 1965-1998/2736
010475739 中华人民共和国昆明海关志/2733
004411353 中华人民共和国职官志/3263
009675790 中华人民共和国满洲里边防检查站志/423
013955620 中华人民共和国福建省仙游县大济镇志/1235
013606620 中华人民共和国福建省仙游县劳动保障志/1235
011447190 中华艺术家志/3272
009554283 中华太极人物志/3272
008194075 中华文化通志第1典 历代文化沿革/3268
008192111 中华文化通志第2典 地域文化/3268
008192112 中华文化通志第3典 民族文化/3269
008192113 中华文化通志第4典 制度文化/3269
008192114 中华文化通志第5典 教化与礼仪/3269
008192115 中华文化通志第6典 学术/3269
008192116 中华文化通志第7典 科学技术/3269
008192117 中华文化通志第8典 艺文/3269
008192118 中华文化通志第9典 宗教与民俗/3269
008192119 中华文化通志第10典 中外文化交流/3269
008192164 中华文化通志总目提要/3269
009015772 中华尹氏通志/3270
007555551 "中华民国"工商人物志/3234
007602051 "中华民国"大学志/3233
007567197 "中华民国""内政"志/3232
004814643 "中华民国"史"内政"志初稿/3232
007658498 "中华民国"史公职志初稿/3232
008245761 "中华民国"史文化志初稿/3233
008525592 "中华民国"史民族志初稿/3234
007658504 "中华民国"史地理志初稿/3235
008525586 "中华民国"史交通志初稿/3232
008036654 "中华民国"史社会志初稿/3233
007490013 "中华民国"史法律志初稿/3232

007503395 "中华民国"史学术志 初稿/3232

007658499 "中华民国"史教育志 初稿/3233

007597572 "中华民国"台湾省立高级中学校志/3256

004757402 "中华民国"科学志/3236

005878735 "中华民国"科学志 续编/3236

007585655 "中华民国"教育志/3233

009015696 中华民族传统体育志/3267

005591322 [中华地理志]内蒙古自治区经济地理/373

007538853 [中华地理志]东北地区经济地理 辽宁 吉林 黑龙江/460

009561946 中华会计函授学校校志/30

013606624 中华医学会江苏江阴市分会会志/839

012349256 中华佛缘人物志/3263

010732117 中华国学人物志/3273

008985465 中华学府志 第1卷 浙江卷/966

009162049 中华学府志 第2卷 电大卷/3267

009414684 中华学府志 第3卷 天津卷/84

011586354 中华学府志 第4卷 四川卷/2409

012175584 中华学府志 第5卷 山西卷/252

011066349 中华学府志 第6卷 江西卷/1287

010201794 中华胡氏人物志/3270

010156241 中华铁冶志/3292

009700957 中华造船厂志 1926-1990/734

013148966 中华龚氏通志/3270

002869945 中华谚语志/3267

010274753 中华彭姓通志/3270

008250916 中华舞蹈志 第1卷 浙江卷/966

013996181 中华舞蹈志 第1卷 浙江卷/967

009059051 中华舞蹈志 第2卷 安徽卷/1116

013996045 中华舞蹈志 第2卷 安徽卷/1116

009059040 中华舞蹈志 第3卷 上海卷/742

013996095 中华舞蹈志 第3卷 上海卷/742

009059048 中华舞蹈志 第4卷 江西卷/1288

013996072 中华舞蹈志 第4卷 江西卷/1288

009397059 中华舞蹈志 第5卷 河北卷/115

013996054 中华舞蹈志 第5卷 河北卷/115

009707099 中华舞蹈志 第6卷 广西卷/2274

013996052 中华舞蹈志 第6卷 广西卷/2274

011751789 中华舞蹈志 第7卷 云南卷/2722

013996180 中华舞蹈志 第7卷 云南卷/2722

011957473 中华舞蹈志 第8卷 新疆卷/3160

011957465 中华舞蹈志 第9卷 四川卷/2409

011586348 中华舞蹈志 第10卷 广东卷/2127

013996051 中华舞蹈志 第10卷 广东卷/2127

010088924 中华舞蹈志 第11卷 内蒙古卷/375

011586335 中华舞蹈志 第12卷 福建卷/1202

013996049 中华舞蹈志 第12卷 福建卷/1202

012175578 中华舞蹈志 第13卷 山西卷/253

011751777 中华舞蹈志 第14卷 江苏卷/800

013996071 中华舞蹈志 第14卷 江苏卷/800

012522900 中华舞蹈志 宁夏卷/3118

013996078 中华舞蹈志 第15卷 宁夏卷/3118

013996094 中华舞蹈志 第16卷 陕西卷/2933

014056715 中庄村志/292

009414035 中州古树志/1626

010279097 中州铝厂志 1978-1998/1742

012208642 中江县工商行政管理局志/2474

008672224 中江县工商行政管理局志续集 1986-1995/2474

009190516 中江县军事志 1986-2000/2473

009232112 中江县农机志 1949-1999/2474

006210465 中江县志/2473

013776447 中江县志 1986-2006/2473

011501605 中江法院志/2473

012252450 中兴镇志/787

012003722 中安镇教育志 1514-2007/2769

007875776 中阳县方言志/366

007819153 中阳县志/366

012903636 中阳县林业志/366

011501613 中阳教育志/366

011311320 中牟土地志/1668

010251070 中牟县卫生志/1668

013661776 中牟县交通志/1668

008819816 中牟县志/1668

011066380 中牟县志 1991-2000/1668

010140685 中牟县志 1991-2000 送审稿/1668

012175587 中牟教育志/1668

009414033 中牟黄河志/1668

011445749 中甸一中志 1956-1995/2904

009393155 中甸公路管理总段志/2903

008421049 中甸县志/2902

012839286 中甸县政协志/2903

008426368 中甸县畜牧志/2903

011501611 中条山有色金属公司志 1956-1996/333

012846111 中英街志/2174

011319946 中板厂志 1970-1984/1143

013686620 中国二十二冶志 1978.2-1998.2/144

009700939 中国二十冶志/759

008982514 中国二冶志/391

008380799 中国人民公安大学校志/12

005544052 中国人民志愿军人物志/3272

008348406 中国人民志愿军人物志修订合卷本/3272

013901307 中国人民财产保险股份有限公司通辽市分公司志/409

009190505 中国人民武装警察部队工程学院志/2937

008672109 中国人民武装警察部队成都指挥学校志/2420

011586267 中国人民建设银行甘肃省分行行志/3027

008384886 中国人民建设银行石家庄中心支行志/124

011320017 中国人民建设银行吉林市分行行志 1953-1985/602

009687110 中国人民建设银行江苏省分行志/799

010577299 中国人民建设银行安徽省分行志 1952-1990/1115

013074870 中国人民建设银行金昌市支行志/3044

011447127 中国人民建设银行凉山彝族自治州中心支行行志初稿/2611

011586270 中国人民政治协商会议山西省委员会人物志 1950-2007/253

013379671 中国人民政治协商会议成都市锦江区委员会志 1991-2011/2431

013630786 中国人民政治协商会议青岛市黄岛区委员会志/1437

013901309 中国人民政治协商会议河北省委员会志送审稿/112

013606602 中国人民政治协商会议黑龙江省齐齐哈尔市委员会志 1950-1987 /669

013074864 中国人民保险公司大连市分公司司志/504

009244837 中国人民银行文登市支行志/1547

009010645 中国人民银行印制科学技术研究所志 1991-2000/46

010138102 中国人民银行安徽省分行志 1949-1990/1115

010200426 [中国人民银行胶县支行]金融志/1443

008913931 中国人民银行唐山分行志/144

008671641 中国人民银行彭水苗族土家族自治县支行志/2397

013512088 中国人民银行潍坊市分行行志/1505

012256664 中国人民解放军小汤山医院志/37

013824980 中国人民解放军广州军区广州总医院院志 1949.10-2012.2/2142

011794309 中国人民解放军广州军区武汉总医院志 1946-1994/2141

011301743 中国人民解放军历史图志/3264

013236405 中国人民解放军西藏军区总医院院志 1949.11-2003.12/2913

011501601 中国人民解放军沈阳军区总医院志 1948-1990/487

002871587 中国人民解放军荣获一级红星功勋荣誉章人物志/3271

010238864 中国人民解放军第一五三医院院志/1645

009254210 中国人民解放军第一六一中心医院志 1944-1994/1838

009783019 中国人民解放军第二〇二医院志 1942.4-1992.4/487

012903612 中国人民解放军第二一〇医院志 1945-1988/505

013735988 中国人民解放军第七二九工厂厂志 1949-1989/3037

011794303 中国人民解放军第八一医院志 1947.1-1989.12/815

013866330 中国人民解放军第九〇四五工厂志/1907

013134051 中国人民解放军第三〇九医院志 1999-2010/37

009331544 中国人民解放军第三〇九医院院志 1958.11-1998.12/37

013236402 中国人民解放军第五医院院志/3125

012636553 中国人民解放军第四五七医院志 1950-2005/1838

006006708 中国土农药志/3288

008401042 中国土种志/3288

012612888 中国土壤拟步甲志 鳖甲类/3286

012507298 中国土壤拟步甲志/3286

008442971 中国工农红军第一方面军人物志/3271

012956928 中国工商银行乐山市分行志/2521

009683333 中国工商银行合肥市支行志/1123

008993409 中国工商银行陇县支行志/2971

011793501 中国工商银行呼伦贝尔分行志/420

009266290 中国工商银行泸州市分行志 1984-2000/2466

012663845 中国工商银行湖北省分行行志 1985-2005/1820

012256643 中国工商银行温州市分行行志 1984-2004/1021

012903571 中国工商银行新疆维吾尔自治区分行行志 1985-1995/3159

012970959 中国工程机械行业志 1949-2005/3265

006378361 中国小麦品种志/3288

001679593 中国小麦品种志/3288

009996590 中国广厦集团志/973

002921810 中国马驴品种志/3291

012256676 中国云南曲靖市教育志/2761

011809513 中国云南曲靖宣威田坝镇教育志/2763

011447181 中国云南曲靖宣威市第七中学校校志/2764

008401039 中国木材志/3290

011805718 中国木虱志昆虫纲 半翅目/3286

005539711 中国区域志/3274

008373274 中国历代书院志/3267

009679240 中国历代名匠志/3272

004129155 中国少数民族历史人物志/3270

009221792 中国少数民族风俗志/3274

009174706 中国中医机构志/3287

008531685 中国中医研究院人物志/32

012100980 中国中医研究院人物志 1955-2005/33

006109929 中国中药资源志要/3287

008195146 中国内蒙古土种志/377

013708149 中国内蒙古森工集团内蒙古大兴安岭林管局志 2000-2011/425

008195176 中国水文志/3275

013736497 中国水电十二局志/977

011954519 中国水电顾问集团昆明勘测设计研究院志续编(1)1996-2005/2738

013012702 中国水电顾问集团贵阳勘测设计研究院志 2003-2007/2635

012317327 中国水电基础局有限公司志 1959-2009/83

013323254 中国水产科学研究院长江水产研究所所志 1958-2008/14

009818510 中国水产科学研究院志 1978-1997/39

012317323 中国水产科学研究院志 1998-2007/39

013961394 中国水产科学研究院南海水产研究所志 2008-2012/2142

010778026 中国水产科学研究院南海水产研究所所志 1953-2003/2135

013961393 中国水产科学研究院黄海水产研究所志/1433

013866417 中国水利水电建设集团公司志中国水利水电闽江工程局卷 1955-2006/1207

013940883 中国水利水电建设集团公司志中国水利水电第一工程局卷 1958-2006/587

011910424 中国水利水电建设集团公司志中国水利水电第二工程局卷 1958-2006/20

013190176 中国水利水电建设集团公司志中国水利水电第十一工程局卷 1955-2006/20

013134065 中国水利水电建设集团公司

志中国水利水电第十二工程局卷 1956-2006/20

013630801 中国水利水电建设集团公司志中国水利水电第十三工程局卷 1962-2006/83

013630798 中国水利水电建设集团公司志中国水利水电第十工程局卷 1981-2006/2423

013961398 中国水利水电建设集团公司志中国水电建设集团十五工程局有限公司卷 1952-2006/2940

013512115 中国水利水电建设集团公司志中国水利水电第十四工程局卷 1954-2006/20

013190156 中国水利水电建设集团公司志中国水利水电第七工程局卷 1965-2006/20

013190140 中国水利水电建设集团公司志中国水利水电第八工程局卷 1952-2006/20

013866356 中国水利水电建设集团公司志中国水利水电第九工程局卷 1958-2006/2635

013689496 中国水利水电建设集团公司志中国水利水电第三工程局卷 1958-2006/2940

013961401 中国水利水电建设集团公司志中国水利水电第五工程局卷 1954-2006/2424

012545818 中国水利水电建设集团公司志中国水利水电第六工程局卷 1958-2006/20

012317336 中国水利水电建设集团公司志中国水利水电第四工程局卷 1958-2006/20

013512108 中国水利水电建设集团公司志夹江水工机械厂卷 1966-2006/2531

012003182 中国水利水电第四工程局志 1958-2008/3098

010469002 中国水泥厂志 1921-1985/810

011571525 中国水泥厂志 1921-2001/810

011294617 中国水稻研究所志 1981-1999/983

002925642 中国牛品种志/3291

009839654 中国长白山观赏植物彩色图志/579

007995564 中国长白山药用植物彩色图志/578

013236386 中国长白山食用植物彩色图志/578

012317294 中国长白山植物资源志/578

011445775 中国长白山蝶类彩色图志/578

012256652 中国化石植物志第1卷 中国煤核植物/3276

012690126 中国化石植物志第2卷 中国化石蕨类植物/3277

009348432 中国介壳虫寄生蜂志/3286

007597273 中国风物志/3274

008838573 中国文化科技志 1978-1998/3266

008424605 中国文化馆志/26

009745143 中国计量学院志/983

009149856 中国甘蔗品种志/2276

011585432 中国甘薯品种志/850

007936593 中国古生物志山东莱阳恐龙化石/1497

001947440 中国古生物志广东南雄古新世贫齿目化石/2165

005783977 中国古生物志广东南雄古新世哺乳动物群/2165

005783978 中国古生物志广东雷琼地区上新

世介形类动物群/2207

012655917 中国古生物志广西西部下三叠纪菊石/2275

005929313 中国古生物志广西宜山地区晚石炭世马平组的䗴类/2329

008473179 中国古生物志云南富源晚二叠世—早三叠世孢子花粉组合/2725

013098041 中国古生物志云贵晚三叠世孢粉植物群/2724

007936722 中国古生物志中国龟鳖类化石/3275

001820946 中国古生物志中国的三趾马化石/3275

007938334 中国古生物志中国的假鳄类/3276

006037618 中国古生物志中国树形笔石/3275

003719229 中国古生物志四川盆地侏罗纪恐龙化石/2411

006003030 中国古生物志西南地区下奥陶统的笔石/2411

005981520 中国古生物志华中及西南奥陶纪三叶虫动物群/1823

007938414 中国古生物志华北月沟群植物化石/36

001891485 中国古生物志华南晚二叠世头足类/2129

007936438 中国古生物志陕北中生代延长层植物群/2935

006484074 中国古生物志陕西蓝田公王岭更新世哺乳动物群/2949

007936603 中国古生物志南京附近五通系泥盆纪鱼化石/814

012663855 中国古生物志贵州西部晚石炭世和早二叠世的䗴类/2629

002921613 中国古生物志湖南中部晚泥盆世及早石炭世苔藓动物/1974

005929340 中国古生物志湘西南早侏罗世早期植物化石/1974

011480581 中国古生物志新疆三塘湖盆地三叠纪孢粉组合/3161

002982984 中国古生物志黔南桂中中泥盆世北流期腕足动物/2629

007796228 中国古代民族志/3269

013759304 中国古代西部开发人物志/3270

003537400 中国古代监察人物志/3273

013239960 中国古城名胜图志 山东卷/1404

008378692 中国石化广州石油化工总厂志/2138

009145720 中国石化广州石油化工总厂图志/2138

009783029 中国石化长城高级润滑油公司志 1958-1996/19

009145217 中国石化北京设计院志 1953-1992/40

013630789 中国石化北京燕山石油化工股份有限公司化工一厂志 1996-2002/19

013866331 中国石化北京燕化石油化工股份有限公司合成橡胶厂志 1991-2000/19

009340767 中国石化齐鲁股份有限公司烯烃厂志/1454

008994569 中国石化齐鲁股份有限公司塑料厂志/1454

012769674 中国石化金陵石化公司化工二厂企业发展简志/810

010475786 中国石化洛阳石油化工工程公司志 1986-1995/1686

012970970 中国石化润滑油公司志/19

013901320 中国石化润滑油公司志/19

008534490 中国石化销售公司华北公司志/19

011328657 中国石化集团洛阳石油化工工程公司志 1996-2005/1686

009349875 中国石化(新星石油公司)西北石油局钻井志 1955-2000/3168

009393635 中国石油一建公司志 1954-2003/1686

013736495 中国石油大庆油田电力集团志 1998-2006/689

012663878 中国石油山东销售公司志 2000-2009/1479

011910406 中国石油天然气股份有限公司华东销售分公司志/25

009334610 中国石油天然气总公司辽河设计院志/555

012816241 中国石油天然气集团公司中心医院 中国石油天然气管道局总医院院志 1996-2001/231

013630792 中国石油化工股份有限公司北京燕山分公司物资装备中心志 2007-2011/19

014056686 中国石油化工股份有限公司齐鲁分公司研究院志 1997-2010/1454

013512099 中国石油化工股份有限公司齐鲁分公司塑料厂志 2002-2011/1454

013901324 中国石油化工总公司兰州石油化工设计院院志 1958-1981/3040

012636539 中国石油吉林石化公司研究院志/604

013190133 中国石油吉林石化公司炼油厂志 1989-2010/601

008385873 中国石油地质志第2卷 大庆 吉林油田/689

008190707 中国石油地质志第3卷 辽河油田/555

007981691 中国石油地质志第4卷 大港油田/100

008190674 中国石油地质志第5卷 华北油田/221

008190709 中国石油地质志第6卷 胜利油田/1479

008190706 中国石油地质志第7卷 中原南阳油田/1745

008190702 中国石油地质志第8卷 苏浙皖闽油气区/798

008385860 中国石油地质志第9卷 江汉油田/1954

008385857 中国石油地质志第10卷 四川油气区/2408

008190696 中国石油地质志第11卷 滇黔桂油气区/2721

008190701 中国石油地质志第12卷 长庆油田/2940

008385849 中国石油地质志第13卷 玉门油田/3066

008190692 中国石油地质志第14卷 青藏油气区/3092

008190737 中国石油地质志第15卷 新疆油气区/3158

009442811 中国石油西北销售公司志 1946-2000/3037

006389759 中国石油志/3264

008096759 中国石油志三编/3265

012690153 中国石油集团长城钻探工程有限公司苏里格气田项目部志 2005-2009/20

012256671 中国石棉制品工业山东烟台石棉制品总厂厂志 1950-1993/1492

008589014 中国石窟图文志/3067

012690143 中国平煤神马报社志/1701

013512067 [中国东风汽车公司] 刃量具厂分卷 1984-1999/1863

013323188 [中国东风汽车公司] 车身厂分卷 1984-1998/1862

013379651 [中国东风汽车公司] 车架厂分卷 1984-1998/1861

013323219 [中国东风汽车公司] 化油器公司分卷 1984-1998/1862

013512052 [中国东风汽车公司] 东风活塞轴瓦有限公司分卷 1984-1998/1862

013647311 [中国东风汽车公司] 东风康明斯发动机有限公司志 2000-2008/1862

013323193 [中国东风汽车公司] 动力设备厂分卷 1984-1998/1862

013512048 [中国东风汽车公司] 传动轴厂分卷 1984-1997/1862

013323228 [中国东风汽车公司] 制泵厂分卷 1984-1998/1863

013708142 [中国东风汽车公司] 总装配厂分卷 1984-1998/1863

013512047 [中国东风汽车公司] 柴油发动机厂分卷 1985-1999/1861

013824967 [中国东风汽车公司] 通用铸锻厂分卷 1984-1998/1863

013343627 [中国东风汽车公司] 教育培训部分卷 1984-1998/1863

013661740 [中国东风汽车公司] 基建材料处分卷 1984-1998/1862

013661736 [中国东风汽车公司] 商用车总装配厂志 1999-2008/1863

013940873 [中国东风汽车公司] 铸造一厂分卷 1984-1999.6/1863

013824966 [中国东风汽车公司] 煤气厂分卷 1983-1999/1863

013323211 [中国东风汽车公司] 锻造厂分卷 1983-1998/1862

013323224 [中国东风汽车公司] 精密铸造厂分卷 1984-1998/1863

012903564 中国东北小蜂及青蜂志/466

011500860 中国东北野生食药用真菌图志/466

009994122 中国北车集团大连机车研究所志/503

012769623 中国北车集团齐齐哈尔铁路车辆(集团)公司修车厂志 第2卷 1993-2003/671

012663835 中国北车集团齐齐哈尔铁路车辆(集团)有限责任公司志 第1卷 1995-2004/671

013994313 中国北车集团牡丹江机车车辆厂志 1991-2009/705

012545760 中国北车集团沈阳机车车辆有限责任公司志/480

009867440 中国北方航空公司志/482

010243752 中国北方航空公司朝阳飞行大队志/563

005018873 中国电力人物志/3272

009331057 中国电力工业志/3264

010118651 中国电力科学研究院志/40

011312062 中国电力科学研究院志 2001-2005 初稿/40

010147434 中国电大教育志 1979-1988 /3267

012208605 中国电机工程学会会志 1934-2008/40

013011225 中国电信股份有限公司广州研究院志 2003-2008/2138

007430792 中国电影图志/3268

008982511 中国禾草属志计算机自动分类 检索与描述/3277

008442904 中国印刷工业人物志/3273

013343442 ［中国乐凯胶片集团公司研究院］研究所志 1960-1999/185

009480497 中国乐器志气鸣卷/3268

009281407 中国乐器志体鸣卷/3267

004913146 中国乐器图志/3267

011066852 中国外运上海公司志/735

009251966 中国外运河南公司志 1962-1990 /1636

008838472 中国鸟类志/3279

010254106 中国包装进出口河北公司志 1973-1993/121

013511997 ［中国市政工程西北设计研究院］院志 1959-1994/3040

009414671 中国市政工程西南设计研究院院志 1956.9-1996.9/2430

008442906 中国市政工程设计通志/3293

013981305 中国民用航空志 中南地区卷/3266

011501591 中国民用航空志 东北地区卷/482

013323239 中国民用航空志 西南地区卷/2446

012663864 中国民用航空志 华北地区卷/24

012612896 中国民用航空志 新疆卷/3158

013824978 中国民用航空总局空中交通管理局志/24

013901297 中国民主同盟石家庄市志/120

009388404 中国民主同盟岳池组织志 1946-1995/2555

010475995 中国民主建国会合肥市地方组织志 1952.11-2002.11/1119

013708146 中国民主建国会合肥市地方组织志 2002.1-2011.12/1119

009387084 中国民主建国会江西省地方组织志/1281

013958952 中国民主建国会泉州市地方组织志 1956-2006/1244

011294831 中国民主建国会晋江市地方组织志/1250

011479298 中国民主建国会厦门市地方组织志/1225

010252472 中国民主建国会福建省地方组织志/1200

013995964 中国民主促进会九江市委员会志 1989-2009/1311

013512084 中国民主促进会河北省会志/112

008359599 中国民主党派上海市地方组织志/725

013866325 中国民主党派上海市松江区地方组织志/776

009198431 中国民主党派江西省地方组织志/1281

010252871 中国民主党派江西省地方组织志送审稿/1281

011146669 中国民间文学三套集成上林县歌谣卷/2285

011148018 中国民间文学三套集成山西分卷 安泽民间文学三套集成/352

011146463 中国民间文学三套集成广西分卷 平乐县民间歌谣/2303

011146466 中国民间文学三套集成广西卷 玉林市歌谣集/2317

011146464 中国民间文学三套集成广西卷 田阳县歌谣集/2322

011146497 中国民间文学三套集成马山县歌谣卷/2284

011146455 中国民间文学三套集成巴马瑶族自治县歌谣集/2331

011146686 中国民间文学三套集成田林歌谣集/2324

010061300 中国民间文学三套集成辽宁卷 沈阳 大东资料本/490

010061299 中国民间文学三套集成辽宁卷 沈阳 沈河资料本/489

011148907 中国民间文学三套集成江苏省 常州市卷 武进县 寨桥乡资料集/869

011146460 中国民间文学三套集成防城县歌谣集/2312

011793632 中国民间文学三套集成扶绥县歌谣集/2338

011146501 中国民间文学三套集成凭祥市歌谣卷/2337

011146467 中国民间文学三套集成宜山县歌谣集/2328

011148025 中国民间文学三套集成贵州省 黔东南苗族侗族自治州岑巩县卷/2696

011148035 中国民间文学三套集成贵县歌谣集/2315

011147121 中国民间文学三套集成黄骅县资料卷/222

011146477 中国民间文学三套集成隆安县歌谣集/2284

011146480 中国民间文学三套集成隆林歌谣续编/2324

011146470 中国民间文学三套集成靖西县歌谣集/2323

011917969 中国民间文学集成上海卷 闸北区分卷/753

010061025 中国民间文学集成上海卷 闸北区歌谣 谚语分卷/753

010061309 中国民间文学集成上海卷 徐汇区故事分卷/750

010061024 中国民间文学集成上海卷 徐汇区歌谣谚语分卷/750

011147212 中国民间文学集成上海卷 静安区歌谣谚语分卷/751

011810705 中国民间文学集成山西分卷 天镇县民间文学集成/273

010061052 中国民间文学集成山西卷 乡宁县民间文学三套集成/354

011188541 中国民间文学集成广西壮族自治区 南宁市谚语集/2280

010061320 中国民间文学集成马边彝族自治县资料卷/2535

011148042 中国民间文学集成天津卷 和平分册/90

011148788 中国民间文学集成中卫谚语集/3141

010022579 中国民间文学集成石家庄地区谚语卷/126

010061029 中国民间文学集成四川卷 成都市东城区卷 文献本/2427

011147141 中国民间文学集成四川卷 成都市西城区卷/2432

010061034 中国民间文学集成四川卷 成都市青白江区卷/2436

010061039 中国民间文学集成四川卷 成都市金牛区卷 文献本/2434

011146448 中国民间文学集成四川卷 成都市灌县卷/2427

010061289 中国民间文学集成四川省 荥经县资料集/2569

011146415 中国民间文学集成辽宁分卷 本溪市溪湖区资料本/532

011793646 中国民间文学集成辽宁分卷 辽阳县资料本/552

011146423 中国民间文学集成辽宁分卷 盘锦市双台子区资料本/557

011571446 中国民间文学集成辽宁分卷 锦县资料本/540

011571452 中国民间文学集成辽宁卷 本溪市平山区资料本/532

011145678 中国民间文学集成辽宁卷 本溪市补遗资料本/531

011146438 中国民间文学集成辽宁卷 本溪县资料本/532

011145673 中国民间文学集成辽宁卷 北票资料本/564

011794290 中国民间文学集成辽宁卷 沈阳皇姑资料本/491

011146443 中国民间文学集成辽宁卷 沈阳铁西资料本/492

011147123 中国民间文学集成辽宁卷 朝阳市卷/564

011147200 中国民间文学集成芜湖分卷/1130

011810694 中国民间文学集成灵丘卷/273

011146452 中国民间文学集成张家口地区谚语卷/199

011147207 中国民间文学集成武安民间故事卷/163

011147161 中国民间文学集成青海省海西蒙古族藏族自治州 民间谚语/3109

011146895 中国民间文学集成金坛县资料本/879

011146896 中国民间文学集成单县民间故事卷/1604

011146872 中国民间文学集成陕西卷 华县歌谣集成/2987

011145711 中国民间文学集成陕西卷 佛坪县故事集成/3001

010061293 中国民间文学集成贵州彝族回族白族故事选/2627

010061287 中国民间文学集成盐城市歌谣谚语卷/925

011147205 中国民间文学集成峨眉县资料集/2524

011445811 中国民间文学集成凉山卷 谚语卷/2611

010061662 中国民间文学集成浙江省杭州市江干区卷/981

010061318 中国民间文学集成浙江省杭州市淳安县卷/1005

011591376 中国民间文学集成浙江省金华市东阳县故事卷/1069

011591607 中国民间文学集成浙江省金华市武义县故事卷/1072

011146883 中国民间文学集成浙江省金华市金华县故事歌谣谚语卷/1064

010061285 中国民间文学集成浙江省绍兴市绍兴县谚语卷/1053

010061284 中国民间文学集成浙江省绍兴市

绍兴县歌谣卷/1053

011314125 中国民间文学集成浙江省温州市洞头县故事卷/1027

011147148 中国民间文学集成浙江省嘉兴市桐乡县故事歌谣谚语卷/1040

011147146 中国民间文学集成浙江省嘉兴市海宁市故事歌谣谚语卷/1038

011188914 中国民间文学集成诸城资料本/1509

011146711 中国民间文学集成梁山民间歌谣谚语卷/1534

011146703 中国民间文学集成黑龙江卷 安达民间故事集成/715

010061306 中国民间文学集成靖江县资料本（江苏 扬州）/955

011147210 中国民间文学集成衡水市故事歌谣卷/238

009769314 中国民间组织年志/3263

011147910 中国民间故事集成山西分卷 榆社民间故事集成/314

011188817 中国民间故事集成山西卷 尧都故事/345

011147914 中国民间故事集成山西卷 寿阳民间故事集成/317

011147922 中国民间故事集成广东卷 广州市海珠区资料选本/2148

011188992 中国民间故事集成广东卷 广州市越秀区资料本/2146

011147926 中国民间故事集成广东卷 花县资料本/2156

011147980 中国民间故事集成广东省广州市清远县分册/2234

011147871 中国民间故事集成宁夏卷 青铜峡民间故事/3135

011145660 中国民间故事集成江西分卷 宜春市卷/1355

011147986 中国民间故事集成江西分卷 新余市渝水区卷/1323

011147917 中国民间故事集成岑溪民间故事/2307

010061013 中国民间故事集成河南三门峡卷 民间故事集/1759

010061020 中国民间故事集成河南三门峡卷 民间歌谣集/1759

011586264 中国民间故事集成河南社旗县卷/1779

011148014 中国民间故事集成贵州省贵阳市卷/2636

011148007 中国民间故事集成重庆市北碚区卷/2375

011148009 中国民间故事集成重庆市卷/2366

010061007 中国民间故事集成珙县苗族民间故事集/2551

011147994 中国民间故事集成湖北卷 丹江口市民间故事集/1867

012003163 中国民间故事集成湖北卷 郧阳地区民间故事集/1865

011148003 中国民间故事集成湖南卷 长沙市分卷/1985

011148904 中国民间故事集成湖南卷 岳阳市分卷/2040

011147990 中国民间故事集成湖南卷 岳阳市北区资料本/2040

008075911 中国民间故事集成湖南卷 通道县资料本/2104

010061002 中国民间故事集成湖南卷 常宁县资料本/2027

011147992 中国民间故事集成湖南卷 常德地区分卷/2055

011148001 中国民间故事集成湖南卷 湘西土家族苗族自治州分卷/2111

011147824 中国民间故事集成湖南卷 衡山县资料本/2029

003560833 中国民间故事集成新疆卷 博湖县分卷/3203

011480608 中国民间故事集成新疆卷 新疆生产建设兵团农六师分卷/3229

011793614 中国民间故事集成福建卷 同安县分卷/1231

004014316 中国民间故事集成福建卷 安溪县分卷/1254

011148004 中国民间故事集成福建卷 松溪县分卷/1266

010060962 中国民间故事集成 中国民间歌谣集成 中国民间谚语集成贵州省六盘水市 盘县特区卷/2648

010060960 中国民间故事歌谣谚语集成湖南卷 株洲市南区资料本/1999

004796839 中国民间美术艺人志/3271

010061369 中国民间谚语集成山西卷 新绛民间谚语/332

010060955 中国民间谚语集成湖南卷 南岳资料本/2025

008704824 中国民间歌曲集成/3268

010061338 中国民间歌曲集成江西卷 九江分卷 瑞昌民歌集/1316

011586259 中国民间歌曲集成江西卷 抚州地区分卷/1368

010061331 中国民间歌曲集成许昌地区卷/1751

010061348 中国民间歌曲集成黑龙江卷 嫩江地区分卷/673

011793600 中国民间歌曲集成湖北卷 宜昌县分卷/1877

010061333 中国民间歌曲集成湖北省枝城市分卷/1877

011148710 中国民间歌曲集成湖北省黄冈地区分卷/1927

007366683 中国民间歌曲集成第1卷 江西卷/1287

007475883 中国民间歌曲集成第2卷 湖北卷/1821

007476003 中国民间歌曲集成第3卷 甘肃卷/3027

007562222 中国民间歌曲集成第4卷 辽宁卷/463

007562223 中国民间歌曲集成第5卷 河北卷/115

008706103 中国民间歌曲集成第6卷 北京卷/30

007852101 中国民间歌曲集成第7卷 广西卷/2273

007908844 中国民间歌曲集成第8卷 吉林卷/576

008707622 中国民间歌曲集成第9卷 河南卷/1622

008707621 中国民间歌曲集成第10卷 上海卷/742

008409967 中国民间歌曲集成第11卷 黑龙江卷/648

008409971 中国民间歌曲集成第12卷 江苏卷/799

008707623 中国民间歌曲集成第13卷 四川卷/2409

002871420 中国民间歌曲集成第14卷 山西

卷／252

003600020 中国民间歌曲集成第15卷 宁夏卷／3118

004341403 中国民间歌曲集成第16卷 内蒙古卷／375

005794245 中国民间歌曲集成第17卷 浙江卷／966

006131006 中国民间歌曲集成第18卷 湖南卷／1972

008706589 中国民间歌曲集成第19卷 福建卷／1201

008706607 中国民间歌曲集成第20卷 贵州卷／2628

008706629 中国民间歌曲集成第21卷 陕西卷／2932

008706650 中国民间歌曲集成第22卷 新疆卷／3160

009620066 中国民间歌曲集成第23卷 青海卷／3093

009620078 中国民间歌曲集成第24卷 山东卷／1402

010284326 中国民间歌曲集成第25卷 海南卷／2346

011762213 中国民间歌曲集成第26卷 安徽卷／1116

011762218 中国民间歌曲集成第27卷 广东卷／2127

011762222 中国民间歌曲集成第28卷 天津卷／85

011148054 中国民间歌谣谚语集成广东卷 阳西县民歌谚语集／2234

011148726 中国民间歌谣谚语集成广东卷 阳春县资料集／2233

011148753 中国民间歌谣集成广东卷 汕头市资料本／2178

011148745 中国民间歌谣集成宁夏卷 中宁歌谣／3142

011148747 中国民间歌谣集成宁夏卷 同心歌谣／3137

011145654 中国民间歌谣集成江西分卷 宜春市卷／1355

011147827 中国民间歌谣集成湖南卷 南岳资料本／2025

011148756 中国民间歌谣集成中国民间谚语集成 河南省许昌市长葛县卷／1753

010263425 中国民俗文化志第1卷 北京 门头沟区卷／58

010263430 中国民俗文化志第1卷 北京 宣武区卷／47

007692999 中国民俗志浙江篇／968

009750798 中国民俗通志第1卷 禁忌志／3273

009750797 中国民俗通志第2卷 婚嫁志／3273

010006966 中国民俗通志第3卷 演艺志／3273

010006955 中国民俗通志第4卷 江湖志／3273

010006926 中国民俗通志第5卷 生养志／3273

009856068 中国民俗通志第6卷 丧葬志／3273

009996167 中国民俗通志第7卷 医药志／3274

009962637 中国民俗通志第8卷 信仰志／3274

010006934 中国民俗通志第9卷 民间文学志／3274

009689126 中国民俗通志第10卷 民间语言志/3274

009962576 中国民俗通志交通志/3273

013190105 中国民航飞行学院志1956-2000/2471

010778577 中国民航华东空管志/735

012317851 中国民族民间文艺集成志书概览/3269

008708275 中国民族民间舞蹈集成/3268

010060936 中国民族民间舞蹈集成四川卷 内江市资料卷/2514

010060930 中国民族民间舞蹈集成四川卷 阿坝藏族羌族自治州资料卷/2599

011445825 中国民族民间舞蹈集成四川卷 攀枝花市资料卷/2461

011147861 中国民族民间舞蹈集成江西省 南昌市资料卷/1299

011445822 中国民族民间舞蹈集成江西 赣南卷/1329

011147860 中国民族民间舞蹈集成安徽卷 滁县地区分卷/1165

011147853 中国民族民间舞蹈集成建始县卷/1947

010060944 中国民族民间舞蹈集成绍兴市卷/1050

012627492 中国民族民间舞蹈集成湖南卷/1972

006366698 中国民族民间舞蹈集成第1卷 四川卷/2410

006384483 中国民族民间舞蹈集成第2卷 内蒙古卷/375

007366685 中国民族民间舞蹈集成第3卷 安徽卷/1116

007366686 中国民族民间舞蹈集成第4卷 湖北卷/1822

007366679 中国民族民间舞蹈集成第5卷 陕西卷/2933

007562229 中国民族民间舞蹈集成第6卷 黑龙江卷/648

007562228 中国民族民间舞蹈集成第7卷 甘肃卷/3027

007562227 中国民族民间舞蹈集成第8卷 宁夏卷/3119

007927607 中国民族民间舞蹈集成第9卷 吉林卷/577

008011232 中国民族民间舞蹈集成第10卷 上海卷/743

008409975 中国民族民间舞蹈集成第11卷 辽宁卷/464

008410271 中国民族民间舞蹈集成第12卷 山东卷/1402

008410267 中国民族民间舞蹈集成第13卷 新疆卷/3160

002497328 中国民族民间舞蹈集成第14卷 河北卷/116

004457420 中国民族民间舞蹈集成第15卷 北京卷/31

002497444 中国民族民间舞蹈集成第16卷 天津卷/86

006080075 中国民族民间舞蹈集成第17卷 河南卷/1622

006088076 中国民族民间舞蹈集成第18卷 山西卷/253

002701004 中国民族民间舞蹈集成第19卷 湖南卷/1972

004457457 中国民族民间舞蹈集成第20卷 江西卷/1288

002496869 中国民族民间舞蹈集成第21卷

江苏卷/800

002497456 中国民族民间舞蹈集成第22卷 浙江卷/967

004457487 中国民族民间舞蹈集成第23卷 广西卷/2274

008708451 中国民族民间舞蹈集成第24卷 福建卷/1202

008708521 中国民族民间舞蹈集成第25卷 广东卷/2128

008708527 中国民族民间舞蹈集成第26卷 海南卷/2346

008708566 中国民族民间舞蹈集成第27卷 云南卷/2723

009649282 中国民族民间舞蹈集成第28卷 西藏卷/2911

009649307 中国民族民间舞蹈集成第29卷 青海卷/3094

009649318 中国民族民间舞蹈集成第30卷 贵州卷/2628

011147856 中国民族民间舞蹈集成第31卷 上海卷/743

008707145 中国民族民间器乐曲集成/3268

010060913 中国民族民间器乐曲集成宁夏卷 同心县宗教音乐 资料本/3137

011910360 中国民族民间器乐曲集成安徽卷 滁县地区分卷/1165

010060924 中国民族民间器乐曲集成抚顺分卷 鼓吹乐/525

007369231 中国民族民间器乐曲集成第1卷 宁夏卷/3118

007476007 中国民族民间器乐曲集成第2卷 上海卷/742

007908850 中国民族民间器乐曲集成第3卷 河北卷/115

007908851 中国民族民间器乐曲集成第4卷 甘肃卷/3027

008707678 中国民族民间器乐曲集成第5卷 河南卷/1622

004341349 中国民族民间器乐曲集成第6卷 陕西卷/2933

008707167 中国民族民间器乐曲集成第7卷 湖北卷/1821

008707183 中国民族民间器乐曲集成第8卷 湖南卷/1972

008707188 中国民族民间器乐曲集成第9卷 江苏卷/799

008707193 中国民族民间器乐曲集成第10卷 辽宁卷/464

008707197 中国民族民间器乐曲集成第11卷 山东卷/1402

008707204 中国民族民间器乐曲集成第12卷 四川卷/2409

008707212 中国民族民间器乐曲集成第13卷 新疆卷/3160

008707220 中国民族民间器乐曲集成第14卷 浙江卷/966

009649056 中国民族民间器乐曲集成第15卷 福建卷/1201

009649194 中国民族民间器乐曲集成第16卷 吉林卷/577

009649218 中国民族民间器乐曲集成第17卷 山西卷/253

009649237 中国民族民间器乐曲集成第18卷 北京卷/31

010002462 中国民族民间器乐曲集成第19卷 内蒙卷/375

010060911 中国民族民间器乐曲集成第20

卷 内江市卷/2514

011762388 中国民族民间器乐曲集成 第21卷 青海卷/3093

012584330 中国民族民间器乐曲集成 第22卷 安徽卷/1116

012584337 中国民族民间器乐曲集成 第23卷 广东卷/2127

012584340 中国民族民间器乐曲集成 第24卷 贵州卷/2628

012584362 中国民族民间器乐曲集成 第25卷 广西卷/2274

012584371 中国民族民间器乐曲集成 第26卷 海南卷/2346

013178401 中国民族民间器乐曲集成 第27卷 江西卷/1287

013178398 中国民族民间器乐曲集成 第28卷 天津卷/85

011801403 中国民族志/3270

004028108 中国民族药志/3287

011534082 中国民族药志/3287

009843142 中国民族药志要/3287

009840634 中国出入境检验检疫志/3266

011794298 中国皮革工业研究所所志 1959-1999/41

013940879 中国皮革和制鞋工业研究院院志 1959-2009/41

014056696 中国刑事警察学院校志 1948-2012/491

011586305 中国刑事警察学院院志 1949-1995/491

008399859 中国动物志 粘体动物门 粘孢子纲/3285

008442832 中国动物志 软体动物门 双壳纲 原鳃亚纲 异韧带亚纲/3284

008399831 中国动物志 软体动物门 腹足纲 中腹足目 宝贝总科/3284

009357094 中国动物志 软体动物门 腹足纲 肺螺亚纲 柄眼目 烟管螺科/3283

009059702 中国动物志 无脊椎动物 第29卷 软体动物门 腹足纲 原始腹足目 马蹄螺总科/3284

012209813 中国动物志 无脊椎动物 第41卷 甲壳动物亚门 端足目 钓虾亚目/3284

012209841 中国动物志 无脊椎动物 第42卷 甲壳动物亚门 蔓足下纲 围胸总目/3284

011810652 中国动物志 无脊椎动物 第47卷 蛛形纲 蜱螨亚纲 植绥螨科/3284

013512072 中国动物志 无脊椎动物 第48卷 软体动物门 双壳纲 满月蛤总科 心蛤总科 厚壳蛤总科 鸟蛤总科/3284

008399891 中国动物志 节肢动物 甲壳动物亚门 软甲纲 十足目 束蟹科 溪蟹科/3279

007655192 中国动物志 节肢动物门 甲壳纲 淡水枝角类/3280

006037708 中国动物志 节肢动物门 甲壳纲 淡水桡足类/3280

008442830 中国动物志 节肢动物门 原尾纲/3280

011810616 中国动物志 鸟纲 雀形目 鹟科 莺亚科 鹟亚科/3283

009840630 中国动物志 两栖纲/3283

008399834 中国动物志 环节动物门 多毛纲 叶须虫目/3279

007903134 中国动物志 环节动物门 蛭纲/3279

012245995 中国动物志 昆虫纲 蚤目/3283

008399829 中国动物志 昆虫纲 第6卷 双翅目 丽蝇科/3283

008399830 中国动物志昆虫纲 第7卷 鳞翅目 祝蛾科/3283

008399828 中国动物志昆虫纲 第8-9卷 双翅目 蚊科/3283

008399858 中国动物志昆虫纲 第10卷 直翅目 蝗总科 斑翅蝗科 网翅蝗科/3280

008399833 中国动物志昆虫纲 第11卷 鳞翅目 天蛾科/3280

008399920 中国动物志昆虫纲 第12卷 直翅目 蚱总科/3280

008399924 中国动物志昆虫纲 第13卷 半翅目 异翅亚目 姬蝽科/3280

008399972 中国动物志昆虫纲 第14卷 同翅目/3280

008400912 中国动物志昆虫纲 第15卷 鳞翅目 尺蛾科 花尺蛾亚科/3280

008442838 中国动物志昆虫纲 第16卷 鳞翅目 夜蛾科/3281

009059205 中国动物志昆虫纲 第17卷 等翅目/3281

009059216 中国动物志昆虫纲 第19卷 鳞翅目 灯蛾科/3281

009059558 中国动物志昆虫纲 第23卷 双翅目 寄蝇科 1/3281

009059565 中国动物志昆虫纲 第24卷 半翅目 毛唇花蝽科 细角花蝽科 花蝽科/3281

009059592 中国动物志昆虫纲 第27卷 鳞翅目 卷蛾科/3281

009059654 中国动物志昆虫纲 第28卷 同翅目 角蝉总科 犁胸蝉科 角蝉科/3281

009059658 中国动物志昆虫纲 第29卷 膜翅目 螯蜂科/3281

012209601 中国动物志昆虫纲 第30卷 鳞翅目 毒蛾科/3281

012209599 中国动物志昆虫纲 第31卷 鳞翅目 舟蛾科/3281

012245998 中国动物志昆虫纲 第32卷 直翅目 蝗总科 槌角蝗科 剑角蝗科/3282

010009101 中国动物志昆虫纲 第43卷 直翅目 蝗总科 斑腿蝗科/3282

008825664 中国动物志昆虫纲 第44卷 膜翅目 切叶蜂科/3282

010009093 中国动物志昆虫纲 第45卷 同翅目 飞虱科/3282

009962631 中国动物志昆虫纲 第46卷 膜翅目 茧蜂科 窄径茧蜂亚科/3282

011810606 中国动物志昆虫纲 第49卷 双翅目 蝇科(1)/3282

013379655 中国动物志昆虫纲 第50卷 双翅目 食蚜蝇科/3282

012636567 中国动物志昆虫纲 第51卷 广翅目/3282

012724088 中国动物志昆虫纲 第52卷 鳞翅目 粉蝶科/3282

012879009 中国动物志昆虫纲 第53卷 双翅目 长足虻科/3282

012878999 中国动物志昆虫纲 第54卷 鳞翅目 尺蛾科 尺蛾亚科/3283

008400915 中国动物志爬行纲/3283

008400930 中国动物志原生动物门 肉足虫纲 等辐骨虫目 泡沫虫目/3285

009059878 中国动物志圆口纲 软骨鱼纲/3285

008398588 中国动物志棘皮动物门 海参纲/3279

012663843 中国动物志硬骨鱼纲 鳗鲡目 背棘鱼目/3285

008442817 中国动物志硬骨鱼纲 鲇形

目/3285

009357225 中国动物志 硬骨鱼纲 鲉形目/3285

010256644 中国动物志硬骨鱼纲 鲱形目 海鲢目 鲟形目 鼠鱚目/3285

011810655 中国动物志硬骨鱼纲 鲈形目 第5卷 虾虎鱼亚目/3285

009059719 中国动物志 硬骨鱼纲 灯笼鱼目 鲸口鱼目 骨舌鱼目/3284

011810683 中国动物志 硬骨鱼纲 银汉鱼目 鳉形目 颌针鱼目 蛇鳚目 鳕形目/3285

008399844 中国动物志 硬骨鱼纲 鲤形目/3285

008399860 中国动物志 蛛形纲 蜘蛛目 园蛛科/3286

008399857 中国动物志 蛛形纲 蜘蛛目 球蛛科/3286

008399832 中国动物志 蛛形纲 蜘蛛目 蟹蛛科 逍遥蛛科/3286

008398631 中国动物志 腔肠动物门 海葵目 角海葵目 群体海葵目/3283

009357170 中国动物志 无脊椎动物 第28卷 节肢动物门 甲壳动物亚门 端足目亚目/3284

009409475 中国动物疫病志/3292

011500873 中国吉林市长白山葡萄酒厂厂志 1936-1985/601

003055665 中国地方志民俗资料汇编 中南卷/1822

002986313 中国地方志民俗资料汇编 东北卷/464

002986543 中国地方志民俗资料汇编 西北卷/2934

002878209 中国地方志民俗资料汇编 西南卷/2411

007719969 中国地方志民俗资料汇编 华东卷/745

008327257 中国地方志经济资料汇编/3264

007024918 中国地方志茶叶历史资料选辑/3289

012634984 中国地方志基督教史料辑要/3263

013379598 中国地衣志 地卷目/3276

009010626 中国地质文学志/3267

008660549 中国地震台志/3275

010732101 中国地震局分析预报中心地震监测志/35

009769300 中国地震局地壳应力研究所地震监测志/35

013797327 中国地震局地壳应力研究所志 1966-2010/35

010230911 中国地震局地质研究所地震监测志/35

009700491 中国地震局地球物理研究所地震监测志/35

009769308 中国地震局地球物理勘探中心地震监测志/35

013148936 中国地震局地球物理勘探中心志 1955-2005/36

012769631 中国地震局地震研究所志/35

009689145 中国地震局第一监测中心地震监测志/35

012100939 中国地震局综合观测中心地震监测志/35

009408153 中国共产党十三团组织史资料/3226

009442836 中国共产党八十年湖南图志/1968

009408142 中国共产党九团组织史资料/3226

013735972 中国共产党三门峡市组织工作志1924-1990/1758

009346105 中国共产党上高县历史大事记1919-2002/1363

010308028 中国共产党山阳县历史大事记/3017

009852629 中国共产党广西历史图志中国共产党广西历史图志行业篇/2271

011793512 中国共产党广饶县委党校志1945.5-2005.5/1486

013866318 中国共产党天水市委员会志1985-2011/3049

008694311 中国共产党历史图志/3263

009393128 中国共产党乌恰县简史/3205

009408184 中国共产党平湖历史大事记1949-1999/1038

009015815 中国共产党北京市大兴县大事记1948-1990/68

008982616 中国共产党北京房山区历史大事记1928-2000/59

010201406 中国共产党四川省梓潼县纪检志1950-1992/2487

009254051 中国共产党永平县地方党史大事记1949.12-2000.12/2878

011311315 中国共产党辽宁省政法志1945-1985/460

012663846 中国共产党西安市委员会志1925.10-2002.7/2937

010137192 中国共产党在上海85年图志/724

011910330 中国共产党成都历史图志1923-1949/2419

012967570 中国共产党成都地方组织历史图志/2419

009840149 中国共产党江西省地方组织志/1279

011293348 中国共产党安宁县纪律检查志/2749

007886134 中国共产党佛山市组织志/2182

008380636 中国共产党沅陵县纪检志/2097

009790430 中国共产党沈阳地方组织志/472

010112016 中国共产党沈阳地方组织志送审稿/472

008924656 中国共产党张家港市历史大事记1949.4-1998.12/898

009310520 中国共产党武汉历史图志/1827

009147338 中国共产党武安市纪律检查志/162

008668115 中国共产党青海地方组织志/3091

008924804 中国共产党奇台县历史大事记1949.10-1989.12/3194

012545786 中国共产党昆明市组织志1926.2-2008.12/2727

009227294 中国共产党河北省井陉县组织史资料1925-1987/134

008417656 [中国共产党宝鸡市]中心工作志/2955

013379660 中国共产党宝鸡市委员会宣传志1997-2010/2955

013995961 中国共产党定西人物志党政篇/3073

011586222 中国共产党宜春地区纪检志 1950-1990/1353

009852620 中国共产党南海市地方组织志/2188

009010213 中国共产党咸阳市组织志 1925-1990/2973

008426844 中国共产党临沧地区委员会志/2822

013866370 中国共产党钟祥市委员会党校志 1959.8-2008.12/1899

012636559 中国共产党保定市组织志 1922-1988/181

009310446 中国共产党宣化县地方史 1937-1949/201

011445782 中国共产党徐州党务志 1914-1949/841

010118619 中国共产党浙江省富阳县纪检志 1950-1992/998

012903578 中国共产党宾川县教育史志 1929-2009/2876

007475937 中国共产党通志/3263

010293051 中国共产党绥化地区委员会党校志 1959.3-1999.7/713

008786609 中国共产党彭阳县历史大事记/3140

009413710 中国共产党景德镇历史图志/1304

012003136 中国共产党黑龙江省委员会党校志 1948-2008/652

011571430 中国共产党黑龙江省委员会党校志 1948.2-1998.5/652

012903600 中国共产党湖北历史图志/1816

011571437 中国共产党湖北志/1816

013824969 中国共产党湘潭历史图志 1921-2001/2011

011586221 中国共产党湘潭县历史图志 1919-2005/2019

008532509 中国共产党福州地方组织志/1204

008924813 中国共产党福海县历史大事记 1949.10-1998.12/3222

009312426 中国共产党鞍山地方党史大事记 1991.1-1995.12/512

010277979 中国共产党镇江史/942

002825896 中国芝麻品种志/3289

009553285 中国西北地区风沙志/2934

012903613 中国西部蚱总科志/3286

010201790 中国有机肥料养分志/3288

009312801 中国有色五建志 1984-1985/1852

013996041 中国有色金属工业总公司铜陵有色金属公司建筑安装公司志初稿 1952-1985/1149

013236407 中国有色金属工业总公司第三建设公司志 1953-1980/1982

010110050 中国有色金属工业总公司衡阳有色冶金机械总厂工会志 1935-1990/2023

013996044 中国有色金属总公司铜陵有色金属公司卫生志/1149

012208600 中国当代文博专家志/3271

012175570 中国当代武林名人志 第1卷/3271

012354328 中国当代武林名人志 第2卷/3271

011329457 中国当代武林名人志 第3卷 海外卷/3271

011328387 中国当代美学名人志/3271
008704359 中国曲艺志/3268
011310818 中国曲艺志方城县卷/1775
011501597 中国曲艺志甘肃卷 平凉地区分卷 泾川县卷/3062
009382389 中国曲艺志河南卷 平舆县卷/1808
009414284 中国曲艺志河南卷 初审稿/1622
011310821 中国曲艺志河南省内乡县卷/1777
011310825 中国曲艺志遂平县卷/1810
011794301 中国曲艺志湖南卷 益阳分卷 初稿/2069
011067242 中国曲艺志德阳市卷 资料卷/2470
004660964 中国曲艺志第1卷 湖南卷/1973
008241848 中国曲艺志第2卷 河南卷/1622
008704376 中国曲艺志第3卷 北京卷/31
008704377 中国曲艺志第4卷 江苏卷/800
009649603 中国曲艺志第5卷 辽宁卷/464
009649606 中国曲艺志第6卷 山东卷/1402
009649610 中国曲艺志第7卷 湖北卷/1822
009649612 中国曲艺志第8卷 内蒙古卷/375
009649617 中国曲艺志第9卷 河北卷/116
011511494 中国曲艺志第10卷 四川卷/2410
011762369 中国曲艺志第11卷 吉林卷/577
012197170 中国曲艺志第12卷 福建卷/1202
012197174 中国曲艺志第13卷 贵州卷/2628
012584247 中国曲艺志第14卷 甘肃卷/3028

012584251 中国曲艺志第15卷 西藏卷/2911
012584255 中国曲艺志第16卷 新疆卷/3160
012584259 中国曲艺志第17卷 上海卷/743
012584264 中国曲艺志第18卷 宁夏卷/3119
012507291 中国曲艺志第19卷 安徽卷/1116
012507294 中国曲艺志第20卷 黑龙江卷/648
012798980 中国曲艺志第21卷 陕西卷/2933
014155507 中国曲艺志第22卷 广东卷/2128
008707316 中国曲艺音乐集成/3268
009844796 中国曲艺音乐集成江苏卷 苏州分卷(上) 弹词卷/883
009844802 中国曲艺音乐集成江苏卷 徐州分卷(中)/849
011188314 中国曲艺音乐集成益阳县分册/2069
007853261 中国曲艺音乐集成第1卷 陕西卷/2933
007909807 中国曲艺音乐集成第2卷 上海卷/743
007909811 中国曲艺音乐集成第3卷 内蒙古卷/375
005471687 中国曲艺音乐集成第4卷 湖北卷/1821
005584690 中国曲艺音乐集成第5卷 江苏卷/800
005584689 中国曲艺音乐集成第6卷 天津卷/85

005584691 中国曲艺音乐集成第7卷 四川卷/2409

008707347 中国曲艺音乐集成第8卷 北京卷/31

008707350 中国曲艺音乐集成第9卷 甘肃卷/3027

008707355 中国曲艺音乐集成第10卷 河南卷/1622

008707359 中国曲艺音乐集成第11卷 宁夏卷/3118

008707369 中国曲艺音乐集成第12卷 青海卷/3093

008707375 中国曲艺音乐集成第13卷 山东卷/1402

011511574 中国曲艺音乐集成第14卷 新疆卷/3160

011762004 中国曲艺音乐集成第15卷 吉林卷/577

011762017 中国曲艺音乐集成第16卷 贵州卷/2628

011762020 中国曲艺音乐集成第17卷 黑龙江卷/648

011762022 中国曲艺音乐集成第18卷 江西卷/1288

011762026 中国曲艺音乐集成第19卷 广西卷/2273

011762041 中国曲艺音乐集成第20卷 福建卷/1202

011762045 中国曲艺音乐集成第21卷 河北卷/115

011762054 中国曲艺音乐集成第22卷 湖南卷/1972

011762062 中国曲艺音乐集成第23卷 辽宁卷/463

011762066 中国曲艺音乐集成第24卷 山西卷/253

012584274 中国曲艺音乐集成第25卷 广东卷/2127

012584282 中国曲艺音乐集成第26卷 西藏卷/2911

013144405 中国华电集团公司湖北华电黄石发电股份有限公司黄电公司志 1991-2004/1851

012881185 中国伊斯兰教简志/3263

009015706 中国会馆志/3266

009331554 中国企业家人物志/3271

011480645 中国企业集团财务公司志 1987-2006/3266

005619029 中国名茶志/3289

008713387 中国名茶志/3289

006249506 中国名酒志/3266

009145748 中国壮药志/2275

012249969 中国交通建设监理二十年志 1987-2007/42

009415110 中国羊品种志/3291

013661745 中国江苏常熟服装城志/896

012839340 中国农工民工(主)党江西省地方组织志 1930-2000/1280

012256657 中国农工民主党石家庄史志 1981.10-2004.10/120

011328577 中国农工民主党昆明市委员会志 1989-2003/2728

012832208 中国农工民主党晋江市地方组织志 1949-2009/1250

010577523 中国农业土壤志初稿/3288

012636557 中国农业发展银行开封市分行志 1996-2004/1674

010244050 中国农业发展银行河南省分

行志 1995-2002/1638

013797378 中国农业发展银行贵州省分行志 1995-2004/2627

013190127 中国农业发展银行湖南省分行志/1983

011445843 中国农业科学院土壤肥料研究所所志 1957-1996/38

012970968 中国农业科学院水利部农田灌溉研究所所志 1959-2009/1727

012003169 中国农业科学院北京畜牧兽医研究所所志 1957-2007/39

011957422 中国农业科学院兰州畜牧与兽药研究所所志/3039

011445830 中国农业科学院兰州兽医研究所所志续 11997.1-2006.12/3039

012769673 中国农业科学院祁阳红壤试验站站志 1960-2010/2088

012175574 中国农业科学院农业自然资源和农业区划研究所所志 1979-1999/14

012208631 中国农业科学院农业经济与发展研究所所志 1958-2008/13

009157508 中国农业科学院志 1957-1997/38

011480633 中国农业科学院作物育种栽培研究所所志 1957-2002/38

012816224 中国农业科学院郑州果树研究所志 1960-1999/1645

012839333 中国农业科学院郑州果树研究所志 1960-2010/1646

013759306 中国农业科学院油料作物研究所志 1960-2009/1838

012317317 中国农业科学院研究生院志 1979-2009/38

010254108 中国农业科学院哈尔滨兽医研究所所志 1948-1998/659

012663871 中国农业科学院哈尔滨兽医研究所所志 1999-2008/659

009331043 中国农业科学院畜牧研究所志 1957-1997/14

010010112 中国农业科学院烟草研究所中国烟草总公司青州烟草研究所山东省烟草研究所所志 1958-1998/1508

010252693 中国农业科学院麻类研究所志 1959-1997/39

012003178 中国农业科学院麻类研究所所志 1998-2007/38

010475761 中国农业科学院植物保护研究所建所四十周年志略 1957-1997/38

013726970 中国农业科学院蜜蜂研究所所志/39

009799989 中国农业科学院蔬菜花卉研究所志 1958-1997/39

012839345 中国农业资源与区划志/3264

012816232 中国农业银行开封市分行行志 1955-2004/1674

013996270 中国农业银行云南省分行志 1991-2008/2721

011329534 中国农业银行内蒙古自治区分行志/374

012968100 [中国农业银行石家庄市东方支行]金融志 1991-2001/124

013686622 中国农业银行四川省分行志 1986-2005/2408

008670361 中国农业银行成都市金牛区办事处农村金融志/2433

012208635 中国农业银行曲靖市分行志 1919-2007/2761

012545807 中国农业银行河南省分行行

志 1979-2002/1638

010293532 中国农业银行唐山分行志 1989-1998/144

010730283 中国农业银行凉山彝族自治州分行志/2611

013735984 中国农业银行简阳县支行志 1911-1985/2585

008830452 中国农村改革源头志/3264

003035389 中国戏曲志上海卷 传记 未定稿/744

003035388 中国戏曲志上海卷 志略 未定稿/744

003035390 中国戏曲志上海卷 增补本 未定稿/744

011586293 中国戏曲志广西卷 平南县戏曲资料汇编/2316

010117853 中国戏曲志天津卷 资料汇编/86

009388411 中国戏曲志四川卷 涪陵地区戏曲志/2372

007542191 中国戏曲志河南卷/1622

010577442 中国戏曲志河南卷 传记 送审稿/1622

011890470 中国戏曲志湖南卷 长沙花鼓戏志（提纲）/1985

003606251 中国戏曲志福建卷初稿讨论集/1202

009234409 中国戏曲志福建卷编纂提纲 暂定稿/1202

007369230 中国戏曲志第1卷 四川卷/2410

007369222 中国戏曲志第2卷 广西卷/2274

007369229 中国戏曲志第3卷 甘肃卷/3028

007461165 中国戏曲志第4卷 陕西卷/2934

007474410 中国戏曲志第5卷 湖南卷/1973

007563730 中国戏曲志第6卷 新疆卷/3161

007542190 中国戏曲志第8卷 湖北卷/1822

008410290 中国戏曲志第9卷 江西卷/1288

008410295 中国戏曲志第10卷 浙江卷/967

008410304 中国戏曲志第11卷 青海卷/3094

004864464 中国戏曲志第12卷 安徽卷/1116

008703918 中国戏曲志第13卷 广东卷/2128

004864459 中国戏曲志第14卷 河北卷/116

007836315 中国戏曲志第15卷 江苏卷/800

004864466 中国戏曲志第16卷 吉林卷/577

002780062 中国戏曲志第17卷 山西卷/253

002779781 中国戏曲志第18卷 天津卷/86

008703984 中国戏曲志第19卷 西藏卷/2911

006319917 中国戏曲志第20卷 云南卷/2723

008704017 中国戏曲志第21卷 福建卷/1202

008704024 中国戏曲志第22卷 贵州卷/2628

008704031 中国戏曲志第23卷 海南卷/2346

008704036 中国戏曲志第24卷 黑龙江卷/648

008704041 中国戏曲志第25卷 内蒙古卷/375

008704049 中国戏曲志第26卷 宁夏卷/3119

008704076 中国戏曲志第28卷 北京卷/31

008704096 中国戏曲志第29卷 上海卷/744

007836316 中国戏曲志第30卷 辽宁卷/464

008707477 中国戏曲音乐集成/3268

010022789　中国戏曲音乐集成天津卷　唱腔资料选编　评剧／85

010022760　中国戏曲音乐集成云南卷　大词戏音乐／2902

011534089　中国戏曲音乐集成甘肃卷／3027

010022767　中国戏曲音乐集成吉林卷　人物介绍　人物简介／577

010022795　中国戏曲音乐集成江苏卷　连云港分卷／913

011794319　中国戏曲音乐集成河北卷　老调分卷／184

008853358　中国戏曲音乐集成河南卷　征求意见稿／1622

010022793　中国戏曲音乐集成攀枝花市灯戏音乐卷／2461

006537055　中国戏曲音乐集成第1卷　湖南卷／1972

007908837　中国戏曲音乐集成第2卷　山西卷／253

008438322　中国戏曲音乐集成第3卷　湖北卷／1821

008410323　中国戏曲音乐集成第4卷　四川卷／2409

007562230　中国戏曲音乐集成第5卷　山东卷／1402

008592634　中国戏曲音乐集成第6卷　北京卷／31

006130944　中国戏曲音乐集成第7卷　天津卷／85

004341360　中国戏曲音乐集成第8卷　江苏卷／799

008592635　中国戏曲音乐集成第9卷　河南卷／1622

008707888　中国戏曲音乐集成第10卷　安徽卷／1116

008707901　中国戏曲音乐集成第11卷　广东卷／2127

008707915　中国戏曲音乐集成第12卷　河北卷／115

008707925　中国戏曲音乐集成第13卷　黑龙江卷／648

008707906　中国戏曲音乐集成第14卷　吉林卷／577

008707927　中国戏曲音乐集成第15卷　内蒙古卷／375

008707935　中国戏曲音乐集成第16卷　宁夏卷／3118

008707939　中国戏曲音乐集成第17卷　新疆卷／3160

009619331　中国戏曲音乐集成第18卷　贵州卷／2628

009619502　中国戏曲音乐集成第19卷　西藏卷／2911

009619531　中国戏曲音乐集成第20卷　福建卷／1201

009619561　中国戏曲音乐集成第21卷　浙江卷／966

009619582　中国戏曲音乐集成第22卷　江西卷／1287

009619588　中国戏曲音乐集成第23卷　辽宁卷／463

009619601　中国戏曲音乐集成第24卷　青海卷／3093

009619611　中国戏曲音乐集成第25卷　上海卷／742

009619621　中国戏曲音乐集成第26卷　广西卷／2273

011762119 中国戏曲音乐集成第27卷 海南卷/2346

011762126 中国戏曲音乐集成第28卷 陕西卷/2933

011762131 中国戏曲音乐集成第29卷 云南卷/2722

007509404 中国抗日战争图志/3269

009389865 中国花生品种志/3288

008848306 中国杜康酒志/1636

009125778 中国医学人名志/3272

011320844 中国医学科学院中国协和医科大学皮肤病医院(研究所)院所志 1994-2003/37

009856096 中国医药机构志/3287

010118679 中国医药名人志/3273

013134075 中国医科大学校史图志 1931-2011/486

011586311 中国医籍志/3287

008190732 中国牡丹品种图志/3290

009996172 中国牡丹品种图志西北 西南 江南卷/2935

012724027 中国兵器装备集团公司中原特钢股份有限公司炼钢厂志 1970-2008/1811

011799208 中国体育百年图志/3267

007672859 中国近代海军史事日志 1860-1911/3264

008081724 中国近现代佛教人物志/3263

013940875 中国近海油气田开发志/3292

009330344 中国谷子品种志/255

001593719 中国沙漠植物志/3039

012724114 中国社会科学院社会学研究所所志 1980-2010/26

010254042 中国社会科学院哲学研究所所志 1996-2005/26

012141572 中国改革志吉林卷/575

012769667 中国改革志西藏卷/2910

012663844 中国改革志汕头卷/2177

011445766 中国阿尔泰稀有元素矿床矿物志/3161

007474377 中国武当山道教音乐/1822

009853824 中国武当中草药志/1866

009154332 中国武警志山东总队志 1949-2000/1399

011066730 中国武警志云南省总队医院志/2720

010201785 中国武警志水电第二总队志/1322

010252957 中国武警志内蒙古自治区森林总队志 1952-2000/373

009232103 中国武警志四川省总队志/2406

013323256 中国武警志辽宁省总队医院志 1948-2005/487

011447150 中国武警志白山市森林支队志 1950-2000/622

010243968 中国武警志河南省总队志 1951.1-1999.12/1617

011447155 中国武警志呼伦贝尔市森林支队志 1952-2000/418

012816254 中国武警志贵州总队志/2626

011447165 中国武警志通辽市森林支队志 1981-2000/407

010475972 中国武警志浙江省总队 衢州市支队志 1986-1999/1075

009330486 中国武警志黄金第六支队志 1979-2000/1758

008298348 中国现代水利人物志/3272

004393168 中国现代海洋科学人物

志/3272

008825587 中国苗族服饰图志/2629

011809868 中国苔纲和角苔纲植物属志/486

007166632 中国苔藓志 第1卷 泥炭藓目/3277

013012708 中国苔藓志 第5卷 变齿藓目/3277

011793535 中国林木病原腐朽菌图志/3291

013098053 中国林业科学研究院林产化学工业研究所所志 1960-1989/806

008384133 中国矿业大学志 1909-1990/851

012545794 中国矿业大学志 1909-2009/851

006310644 中国矿产志/3275

010256598 中国果树志 龙眼枇杷卷/3290

010256595 中国果树志 杏卷/3290

010256261 中国果树志 李卷/3290

010256607 中国果树志 苹果卷/3290

009745140 中国果树志 草莓卷/3289

010256588 中国果树志 荔枝卷/3290

012956932 中国果树志 柑橘卷/3289

009480483 中国果树志 桃卷/3290

009348114 中国果树志 核桃卷/3289

010474457 中国国民党及其他党团昆明地方组织志/2728

010476411 中国国民党江西省地方组织志/1280

009330582 [中国国际广播电台史志] 中国国际广播回忆录/25

008982420 中国国际广播电台志/26

008982422 中国国际广播电台部门志/26

011500866 中国国际航空股份有限公司志/24

013797366 中国国际航空股份有限公司志 西南分公司卷 1987-2002/2425

012970963 中国国学专家人物志/3271

011586223 中国国境口岸医学动物与病媒昆虫图志/3287

011447183 中国制浆造纸工业研究所所志 1956-1996/50

012663908 中国制浆造纸研究院院志 1956-2006/50

012506661 中国金币总公司志 1987-2007/25

007662288 中国金矿物志/3275

009018080 中国金融学院院志/29

004761537 中国河川志/3274

013344056 中国油气田开发志/3292

013074874 中国油气田开发志 华北中国石化油气区油气田卷/119

013190331 中国油气田开发志 江汉油气区油气田卷/1955

012839349 中国油气田开发志 江苏油气区油气田卷/802

013718209 中国油气田开发志 延长油气田卷/2993

013074875 中国油气田开发志 南方(中国石化)油气区油气田卷/2130

013732463 中国油气田开发志 综合卷/3292

012663895 中国油气田开发志 渤海油气区油气田卷/467

013190306 中国油气田开发志 第1卷 大庆油气区卷/691

014061157 中国油气田开发志 第1卷 大庆油气区油气田卷/691

013630093 中国油气田开发志 第2卷/3292

013190337　中国油气田开发志第3卷 辽河油气区卷/556

013667058　中国油气田开发志第3卷 辽河油气区油气田卷/556

013190299　中国油气田开发志第4卷 大港油气区卷/100

014061177　中国油气田开发志第4卷 大港油气区油气卷/101

013190325　中国油气田开发志第5卷 冀东油气区卷/119

013630119　中国油气田开发志第5卷 冀东油气区油气田卷/119

013668153　中国油气田开发志第6卷 华北中国石油油气区卷/119

013630124　中国油气田开发志第6卷 华北中国石油油气区油气田卷/119

013190397　中国油气田开发志第7卷 新疆油气区卷/3163

013630132　中国油气田开发志第7卷 新疆油气区油气田卷/3163

013667114　中国油气田开发志第8卷 青海油气区卷/3096

013667151　中国油气田开发志第8卷 青海油气区油气田卷/3096

013190354　中国油气田开发志第9卷 塔里木油气区卷/3200

013630156　中国油气田开发志第9卷 塔里木油气区油气田卷/3200

013667021　中国油气田开发志第10卷 吐哈油气区卷/3163

013630164　中国油气田开发志第10卷 吐哈油气区油气田卷/3163

013190404　中国油气田开发志第11卷 玉门油气区卷/3066

014061174　中国油气田开发志第11卷 玉门油气区油气田卷/3067

013630168　中国油气田开发志第12卷 长庆油气区卷/2943

013705591　中国油气田开发志第13卷 西南中国石油油气区卷/2413

013667091　中国油气田开发志第13卷 西南中国石油油气区油气田卷/2413

013667045　中国油气田开发志第14卷 南方（中国石油）油气区卷/2130

012663902　中国油气田开发志第15卷 胜利油气区卷/1480

013667174　中国油气田开发志第16卷 中原油气区卷/1626

013667177　中国油气田开发志第16卷 中原油气区油气田卷/1626

013667180　中国油气田开发志第17卷 河南油气区卷/1626

013667004　中国油气田开发志第18卷 江汉油气区卷/1955

013667185　中国油气田开发志第19卷 江苏油气区卷/802

013630188　中国油气田开发志第20卷/3292

013190388　中国油气田开发志第21卷 西南（中国石化）油气区卷/2413

013630200　中国油气田开发志第21卷 西南（中国石化）油气区油气田卷/2413

013667137　中国油气田开发志第22卷 南方（中国石化）油气区卷/2130

013667161　中国油气田开发志第22卷 南方（中国石化）油气区油气田卷/2130

013666974　中国油气田开发志第23卷 西北油气区卷/2936

013667080 中国油气田开发志第23卷 西北油气区油气田卷/2936

013965374 中国油气田开发志第24卷 东北油气区卷/467

013630205 中国油气田开发志第24卷 东北油气区油气田卷/467

013666994 中国油气田开发志第25卷 华北(中国石化)油气区卷/119

013190343 中国油气田开发志第27卷 南海东部油气区卷/2130

013683449 中国油气田开发志第27卷 南海东部油气区油气田卷/2130

013190344 中国油气田开发志第28卷 南海西部油气区卷/2130

013630208 中国油气田开发志第28卷 南海西部油气区油气田卷/2130

013190315 中国油气田开发志第29卷 东海油气区卷/1407

013190401 中国油气田开发志第30卷 延长油气区卷/2993

013630215 中国油气田开发志第30卷 延长油气区油气田卷/2993

013190357 中国油气田开发志第31卷 台湾油气区卷/3292

006101827 中国油桐品种图志/3291

008825605 中国油菜品种志/3289

010293030 中国沼泽志/3276

012839292 中国宝安集团志/2173

012146448 中国实业志山西省金融/252

009797411 中国房屋建设开发公司常州公司志 1981-1986/867

009472643 中国建设银行大连市分行志 1994-2000/503

009145714 中国建设银行广州市分行专业志 1954-1993/2139

011586226 中国建设银行云南省分行志 1986-2004/2721

013236394 中国建设银行西藏自治区分行志 1954-2004/2910

013236389 中国建设银行成都市分行(省分行营业部)志 1991-2001/2425

010242629 中国建设银行合肥市分行行志 1954-1990/1123

009105954 中国建设银行杭州市分行志 1954-1998/979

013824972 中国建设银行股份有限公司大连市分行志 2001-2008/504

013379666 中国建设银行徐州市分行志 1954-2000/847

009441918 中国建设银行湘潭市分行志 1954-1994/2013

013098049 中国建设银行新乡分行志 1983-1995/1725

010147438 中国建筑工程总公司志 1982-1995/19

011586248 中国建筑工程(澳门)有限公司志 1980-1995/3265

011586241 中国建筑东北设计研究院院志 1952-1995/488

008672868 中国建筑西北设计研究院志 1952-1996/2944

013797371 中国建筑西北设计研究院志 1997.1-2012.3/2944

010292976 中国建筑西南设计研究院志 1950-1995/2430

008873771 中国建筑物资公司志 1977-1995/19

007825657 中国建筑第一工程局志 1953-

1993/19
009002290 中国建筑第二工程局志/19
010243915 中国建筑第七工程局志 1955-1995/1636
010577224 中国建筑第八工程局志 1966-1995/734
009408262 中国建筑第三工程局志 1965-1995/1833
013190098 中国建筑第五工程局志 1965-1995/1982
013343633 中国建筑第六工程局志 1980-1995/83
010293569 中国建筑第四工程局志 1962-1995/2137
011910335 中国建筑装饰百年图志 1900-2006/3293
011295876 中国陕西鸟类图志/2935
008442976 中国细颚姬蜂属志 膜翅目 姬蜂科 瘦姬蜂亚科/3286
009800067 中国经济叩甲图志/3286
008403321 中国经济动物志 鸟类/3279
002984234 中国经济动物志 陆生软体动物/3279
006037893 中国经济动物志 环节(多毛纲) 棘皮 原索动物/3279
006031250 中国经济动物志 海产软体动物/3278
009869648 中国经济动物志 海产鱼类/3278
006037851 中国经济动物志 兽类/3279
006037927 中国经济动物志 淡水软体动物/3278
006067311 中国经济动物志 淡水鱼类/3278
006037572 中国经济动物志 淡水鱼类/3278
006037912 中国经济动物志 寄生蠕虫/3278

009480490 中国经济林名优产品图志/3290
008401028 中国经济昆虫志/3286
002924984 中国经济特区简志/2125
013323231 中国经济植物志/3277
008949664 中国茶树品种志/3289
011957407 中国南车集团石家庄车辆厂志 1905-2004/122
013661750 中国南车集团株洲电力机车研究所志 1996-2005/1996
014056673 中国南方电网志 2002-2012/2138
012956937 中国南方电网超高压输电公司天生桥局志 1999-2009/2687
012506675 中国南方航空志/3266
013940877 中国南海经贸文化志/3266
013797325 中国南康赤土人物志/1330
009408273 中国药厂志/3265
009996179 中国药用石斛图志/3287
003719211 中国药用动物志/3292
006017078 中国药用植物志/3289
008660419 中国柞蚕品种志/467
001630937 中国树木志/3290
012724022 中国泵业志 1988-2008/480
003905534 中国省市区志/3274
013512076 中国贵州茅台酒厂有限责任公司志/2655
012927955 中国贵阳经济技术开发区志 1993-2008/2638
013236398 中国钧窑志/1752
012724108 中国科学院上海生物化学研究所志 1950.5-2000.5/745
009411677 中国科学院上海技术物理研究所志 1958-1998/739

009415113 中国科学院长春光学精密机械与物理研究所所志 1952-2002/589

010686953 中国科学院长春应用化学研究所所志 1948-1986/588

013735979 中国科学院西北高原生物研究所志/3098

012809947 中国科学院抗震救灾英模志/12

010200291 中国科学院沈阳分院志/483

012003146 中国科学院植物研究所志/36

011571323 中国保险史志 1805-1949/3266

012638616 中国信合西山区农村信用社志 1954-2007/2747

007881653 中国盾蚧志/3286

012317319 中国食用豆类品种志/3288

008403280 中国食用菌志/747

009331543 中国骆驼资源图志/3279

008982407 中国盐湖志/3276

011810754 中国真菌志薑孢属及其相关属/3278

012116217 中国真菌志黏菌卷 1 鹅绒菌目 刺轴菌目 无丝菌目 团毛菌目/3277

012099811 中国真菌志黏菌卷 2 绒泡菌目 发网菌目/3278

013074882 中国真菌志地星科鸟巢菌科/3278

013012713 中国真菌志腥黑粉菌目条黑粉菌目及相关真菌/3278

011793526 中国桂花品种图志/3290

011447178 中国铀矿物志/3275

008189778 中国铁矿志/3275

008667796 中国铁道建筑总公司川东水泥厂志/2565

009783037 中国铁道建筑总公司志 1948-1995/23

013708152 中国铁道建筑总公司昆明机械厂志 1954-1995/2732

010146987 中国铁道建筑总公司物资局志 1948-1995/13

009232381 中国铁路工程总公司志 1950-2000/24

010146990 中国铁路工程总公司志 1950-2000 送审稿/23

013373684 中国铁路安全志 1876-2011/3293

007550426 中国铁路志/3269

009414674 中国铁路建筑总公司养马河桥梁厂志 1970-1995/2585

010280065 中国铁路通信信号集团公司研究设计院院志 1953-2003/24

011571535 中国造纸植物原料志/3293

011500870 中国航空图志/3293

013190193 中国畜禽遗传资源志马驴驼志/3291

013190277 中国畜禽遗传资源志牛志/3291

013190280 中国畜禽遗传资源志羊志/3291

013190185 中国畜禽遗传资源志家禽志/3291

013190283 中国畜禽遗传资源志猪志/3291

013190270 中国畜禽遗传资源志蜜蜂志/3291

011794326 中国烟草品种志/3289

010118661 中国烟草通志/3265

010118664 中国烟草通志二审稿/3265

009856079 中国烟草通志征求意见稿/3265

012839320 中国海外集团有限公司志 1997-2007/3265

011809850 中国海产双壳类图志/3278

013723731 中国海岛志 山东卷/1404

013662462 中国海岛志 广东卷/2128

013662467 中国海岛志 辽宁卷/465

013662468 中国海岛志 江苏 上海卷/801

012951956 中国海南东方县志/2352

009149876 [中国海洋石油南海东部公司]公司志 1983-1998/2136

008298345 中国海洋石油南海西部公司志 1988-1995/2205

008528089 中国海洋石油总公司志/18

009867446 中国海洋志/3275

008450503 中国海域地名志/3274

004757575 中国海港志/3274

008190704 中国海湾志/3293

008385232 中国海藻志 第2卷 红藻门/3277

012218487 中国海藻志 第6卷 甲藻门 第1册 甲藻纲 角藻科/3277

011480588 中国海疆炮台图志/3264

001920559 中国家蚕品种志/3292

013343635 中国通用技术集团齐齐哈尔二机床(集团)有限责任公司志 1986-2009/671

007540884 中国通邮地方物产志/3264

013961391 中国能建湖南省火电建设公司志 1985-2012.6/1996

010778374 中国黄金第一矿夹皮沟金矿史志/608

001725661 中国黄麻红麻品种志/2129

012816223 中国梅花品种图志/3277

009393618 中国检验检疫志修志参考/3287

013464403 中国救捞志/3293

013630739 中国常州绣品手帕总厂志 1953-1985/867

011957401 中国铝业河南分公司志 2002-2006/1636

010243953 [中国铝业河南分公司]热力志 1998.1-2002.6/1636

008378573 中国铬矿志/3265

010293784 中国银行公主岭支行志/612

009389854 中国银行宁波分行志 1914-1987/1008

012816257 中国银行河北省分行志 1976-2005/114

009311344 中国银行河南省分行行志 1975.10-1995.10/1620

013736500 中国银行嵊州支行行志 1984-2004/1057

011329671 中国银杏志/3277

011325500 [中国第一汽车制造厂]医疗卫生志 1953-1985/589

009865083 [中国第一汽车制造厂]热处理厂志 1954-1986/586

009808398 [中国第二汽车制造厂]二汽车箱厂志 1966-1983/1859

013824864 [中国第二汽车制造厂]二修志/1859

013824868 [中国第二汽车制造厂]工会志 1973-1984/1859

013824874 [中国第二汽车制造厂]工具处志/1859

013824860 [中国第二汽车制造厂]车身厂志 1969-1983/1858

013512043 [中国第二汽车制造厂]车轮厂志 1969-1983/1858

013824859 [中国第二汽车制造厂]车架厂志 1965-1983/1858

013323183 [中国第二汽车制造厂]车桥厂志/1858

014053140 [中国第二汽车制造厂]中心实验室志 1965-1983/1861

013940868 [中国第二汽车制造厂]中心实验室志 1965-1983/1861

013824892 [中国第二汽车制造厂]水箱厂志 1965-1983/1860

013464369 [中国第二汽车制造厂]化油器厂志 1966-1983/1859

013630756 [中国第二汽车制造厂]电力处志/1858

013824889 [中国第二汽车制造厂]生产调度处志 1965-1984/1860

011068473 [中国第二汽车制造厂]仪表厂志 1965-1983/1861

009839678 [中国第二汽车制造厂]发动机厂志 1966-1984/1859

013866313 [中国第二汽车制造厂]动力厂志 1966-1983/1859

013824879 [中国第二汽车制造厂]机动处志/1860

013379643 [中国第二汽车制造厂]传动轴厂志 1965-1983/1858

013961384 [中国第二汽车制造厂]后勤服务志/1859

013824883 [中国第二汽车制造厂]全质管理志 1978-1984/1860

013824861 [中国第二汽车制造厂]冲模厂志/1858

013824341 [中国第二汽车制造厂]安技环保处志 1966-1983/1857

013630774 [中国第二汽车制造厂]设备制造厂志/1860

013824888 [中国第二汽车制造厂]设备修造厂志 1966-1983/1860

013464383 [中国第二汽车制造厂]运输处志/1861

013630773 [中国第二汽车制造厂]劳资处志 1966-1983/1860

013824959 [中国第二汽车制造厂]医疗卫生志 1966-1984/1866

013824345 [中国第二汽车制造厂]财务会计处志/1858

013824877 [中国第二汽车制造厂]供应处志 1966-1982/1859

013630754 [中国第二汽车制造厂]标准件厂志 1966-1983/1858

013630776 [中国第二汽车制造厂]总装配厂志 1966-1983/1861

013824895 [中国第二汽车制造厂]铁路运输处志 1970-1983/1865

013824865 [中国第二汽车制造厂]粉末冶金厂志/1859

013824953 [中国第二汽车制造厂]通用铸锻厂志 1966-1983/1860

013824881 [中国第二汽车制造厂]教育处志/1860

013134096 [中国第二汽车制造厂]铸造一厂志 1965-1983/1861

013824955 [中国第二汽车制造厂]销售处志 1972-1983/1861

014053139 [中国第二汽车制造厂]精密铸造厂厂志 1969-1983/1860

012545777 中国第五冶金建设有限公司中冶成工建设有限公司志/2423

001957252 中国猪品种志/3292
007670514 中国淡水轮虫志/3278
010238438 中国淡水藻志第11卷 黄藻门/3276
008703161 中国谚语集成/3267
008441385 中国谚语集成广东卷 花县资料本/2156
011148783 中国谚语集成广东卷 韶关分卷 韶关谚语集成/2162
011148873 中国谚语集成广西分卷 金秀瑶族自治县谚语集/2336
011794339 中国谚语集成贵州省 贵阳市卷/2636
010061390 中国谚语集成贵州省 遵义地区卷/2653
011188210 中国谚语集成重庆市卷/2366
012003194 中国谚语集成湖北卷 丹江口市谚语集/1868
012003201 中国谚语集成湖北卷 松滋分卷 松滋谚语/1920
011148875 中国谚语集成湖南卷 双峰县资料本/2107
010061376 中国谚语集成湖南卷 常宁县资料本/2027
010061385 中国谚语集成湖南卷 衡东资料本/2030
011810725 中国谚语集成新疆卷 新疆生产建设兵团农五师分卷/3197
011480693 中国谚语集成新疆卷 新疆生产建设兵团农六师分卷/3229
007927711 中国谚语集成第1卷 广东卷/2127
008410348 中国谚语集成第2卷 贵州卷/2628

004449207 中国谚语集成第3卷 河北卷/115
006310997 中国谚语集成第4卷 湖北卷/1821
007367920 中国谚语集成第5卷 湖南卷/1972
011188208 中国谚语集成第5卷 湖南卷 岳阳市北区资料本/2042
011148902 中国谚语集成第5卷 湖南卷 株洲市分卷/1999
008703262 中国谚语集成第6卷 江苏卷/799
002825669 中国谚语集成第7卷 宁夏卷/3118
008703279 中国谚语集成第8卷 上海卷/742
007927665 中国谚语集成第9卷 山西卷/252
007367919 中国谚语集成第10卷 浙江卷/966
008850611 中国谚语集成第11卷 陕西卷/2932
009648651 中国谚语集成第12卷 福建卷/1201
009648662 中国谚语集成第13卷 海南卷/2346
009648673 中国谚语集成第14卷 云南卷/2722
009648701 中国谚语集成第15卷 江西卷/1287
009648711 中国谚语集成第16卷 西藏卷/2911
009884390 中国谚语集成第17卷 吉林卷/576

011762347 中国谚语集成第 18 卷 四川卷/2409

012197233 中国谚语集成第 19 卷 安徽卷/1115

012197241 中国谚语集成第 20 卷 黑龙江卷/648

012197243 中国谚语集成第 21 卷 河南卷/1621

012197244 中国谚语集成第 22 卷 青海卷/3093

012215008 中国谚语集成第 23 卷 内蒙古卷/375

012584301 中国谚语集成第 24 卷 辽宁卷/463

012584304 中国谚语集成第 25 卷 天津卷/85

011148879 中国谚语集成第 26 卷 广西分卷 上思县谚语集/2313

012796721 中国谚语集成第 27 卷 新疆卷/3160

013348668 中国谚语集成第 28 卷 北京卷/30

007482442 中国博物馆志/3267

012724037 中国博物馆志/3267

011501589 中国联通宁夏分公司志 1997-2007/3123

009393663 中国葡萄志/3290

009840636 中国植物志中名和拉丁名总索引/3276

012208611 中国棉花品种志/3288

012003153 中国棉花品种志 1978-2007/3288

012816217 中国储木和建筑木材腐朽菌图志/3291

012663831 中国湛江经济技术开发区志 1984-2005/2204

012839326 中国湖北武警志襄樊市支队志/1885

008660531 中国湖泊志/3275

013736489 中国湿地高等植物图志/3276

009856041 中国禅宗三祖寺志/1156

012970971 中国嵩山少林寺武术学校志 1980-2000/1667

009157455 中国锰矿志/3275

009408269 中国新药志 1985-2000/3287

012903603 中国粮油人物志/3272

011793550 中国煤矿工人泰山疗养院志/1537

009415099 中国煤炭史志资料钩沉/3265

008422914 中国煤炭志/3265

009480501 中国煤炭志编纂记/3265

009397021 中国煤炭基本建设人物志/3273

012317301 中国煤炭博物馆志 1989-2009/260

005733064 中国滩羊区植物志/3136

008982501 中国福利会志/725

007840130 中国群众艺术馆志/26

007548028 中国瑶族风土志/2274

008702703 中国歌谣集成/3267

010231881 中国歌谣集成山西分卷 祁县歌谣集成/319

008078206 中国歌谣集成广东卷 花县资料本/2156

011147841 中国歌谣集成广西分卷 三江侗族自治县资料本/2293

011147610 中国歌谣集成广西分卷 上思县歌谣集/2313

011147677 中国歌谣集成广西分卷 象州歌谣/2335

011147843 中国歌谣集成广西分卷 灌阳歌谣/2302

011147684 中国歌谣集成广西卷 金秀瑶族自治县 民间叙事歌/2336

011147836 中国歌谣集成宁夏卷 平罗歌谣/3133

010022866 中国歌谣集成河南内黄县卷/1718

010022870 中国歌谣集成河南南阳市卷/1772

010022863 中国歌谣集成河南南阳地区卷/1772

012003128 中国歌谣集成湖北卷 丹江口市歌谣分册/1867

010022698 中国歌谣集成湖南卷 耒阳市资料本/2026

011148764 中国歌谣集成湖南卷 岳阳市分卷/2040

011147821 中国歌谣集成湖南卷 常德市资料本/2055

011147707 中国歌谣集成湖南卷 常德地区分卷/2054

011147817 中国歌谣集成湖南卷 湘潭市分卷/2014

010022845 中国歌谣集成新疆卷 哈密市分卷/3178

011147849 中国歌谣集成福建卷 长汀县分卷/1270

011480569 中国歌谣集成福建卷 龙岩市分卷/1268

011480563 中国歌谣集成福建卷 福州鼓楼区分卷/1212

007420582 中国歌谣集成第1卷 广西卷/2273

010023169 中国歌谣集成第1卷 湖南卷 株洲市分卷/1999

010023164 中国歌谣集成第1卷 新疆卷 新疆生产建设兵团 农六师分卷/3229

007927733 中国歌谣集成第2卷 海南卷/2346

008702786 中国歌谣集成第3卷 湖南卷/1972

008410340 中国歌谣集成第4卷 江苏卷/799

008702815 中国歌谣集成第5卷 宁夏卷/3118

007562215 中国歌谣集成第6卷 西藏卷/2911

007562231 中国歌谣集成第7卷 浙江卷/966

009648791 中国歌谣集成第8卷 甘肃卷/3027

009648812 中国歌谣集成第9卷 上海卷/741

009649041 中国歌谣集成第10卷 河南卷/1621

011761790 中国歌谣集成第11卷 吉林卷/576

011761779 中国歌谣集成第12卷 江西卷/1287

011761782 中国歌谣集成第13卷 四川卷/2409

011761784 中国歌谣集成第14卷 云南卷/2722

011761787 中国歌谣集成第15卷 河北卷/115

012197180 中国歌谣集成 第16卷 福建卷/1201

012197185 中国歌谣集成 第17卷 黑龙江卷/648

012197191 中国歌谣集成 第18卷 辽宁卷/463

012197195 中国歌谣集成 第19卷 内蒙古卷/374

012197205 中国歌谣集成 第20卷 青海卷/3093

012584156 中国歌谣集成 第21卷 山东卷/1401

012584221 中国歌谣集成 第22卷 贵州卷/2627

012584226 中国歌谣集成 第23卷 安徽卷/1115

012584232 中国歌谣集成 第24卷 广东卷/2127

012796732 中国歌谣集成 第25卷 湖北卷/1821

010023159 中国歌谣集成 第26卷 重庆市卷/2366

010022847 中国歌谣集成 中国谚语集成 河南濮阳市卷/1746

011147833 中国歌谣集成 中国谚语集成 贵州省毕节地区 威宁县卷/2674

006018128 中国蕨类植物志属/3277

009015776 中国蔬菜品种志/3289

012546752 中国影像志 电视剧卷 1949-2009/3268

005884584 中国蝶类志/3279

006047186 中国鲤科鱼类志/3279

012545813 中国瓢虫亚科图志/3286

004939473 中国藓类植物属志/3277

008380061 中国警察服装志/3263

010146982 中国罐头十年志 1995-2004/3265

009574829 中和市志/3237

013902029 中建五局土木工程有限公司志 1979-2009/1970

013940884 中建安装工程有限公司志 1983-2012/810

011480718 中建设备材料公司志 1953-1995/83

013957107 [中建海峡建设发展有限公司]公司六十年志/1207

012690069 中城村志/288

013321152 中南大学湘雅二医院五十年人物志/1986

009433690 中南五省(区)军事志修志诗词选/2135

013353486 中南地区人民防空志 1949-2000/1828

013661782 中南冶勘公司研究所所志 1965-1984/1874

009389874 中南冶勘六〇九队志/1837

009254205 中南冶勘志 1952-1985/1833

011292111 中南矿冶学院志 1952-1982/1987

011329732 中南建筑设计院四十年志 1952-1992/1839

010010010 中南院志 1949-1994/1987

006006442 中药志/38

012141562 中钞实业有限公司志 1996-2000/18

013925289 中科大洋二十年志 1989-2009/13

011810573 中信重型机械公司志 1986-2005/1686

007507764 中美合作所志/3232

012612882 中盐长芦沧盐志/217

014056712 中盐吉兰泰盐化集团有限公司志 2001-2012/450

009879569 中原乡志征求意见稿/1648

011911512 中原区教育志 1948-2000/1649

012690182 中原石油化工总厂志 1986-1999/1746

014056714 中原石油化工总厂志 2000-2011/1746

009979777 中原在台人物志/3234

012052662 中原村志/1495

008421912 中原油田志 1975-1982/1746

013866361 中原油田建设银行志 1981-1992/1746

013736507 中原油田钻井三公司志 1982-2011/1746

009382690 中原解放区江汉行政区财政志/1886

013098066 中原解放区陕南行政区财政志/1865

009382702 中原解放区桐柏行政区财政志/1886

013902033 中峪村志/296

012636509 中铁一局集团有限公司志 1996-2009/2941

013379700 中铁二局工会志 1950-2000/2419

011911478 中铁二局路桥工程公司志 1951-2000/2425

013961419 中铁二局隧道志/2431

012970973 中铁大桥局五公司史志/1297

013961422 中铁西北科学研究院有限公司院志 1988-2005/3040

013866359 中铁西南科学研究院志 1988-2008/2425

012816249 中铁株桥志 1988-2008/1996

013902031 中铁通信信号勘测设计(北京)有限公司志 1983-2012/21

013736505 中铁隧道股份有限公司志 2006-2010/1637

012956942 中铁隧道集团二处有限公司志 1984-2002/1687

011911481 中铁隧道集团四处有限公司志 1999-2005/2278

011911500 中铁隧道集团职工大学志 1979-2007/1690

012546757 中站区朱村中心学校校志 1908-2008/1739

008821856 中站区志/1738

013606626 中站区政协志 1984.5-1998.3/1738

009800057 中海物探公司志 1965-1997/100

010108796 中捷友谊农场水利志/222

008533640 中捷农场地名资料汇编/222

001920272 中港慈裕宫志/3245

011480721 中楼镇志/1554

009254214 中粮志/21

011501607 中煤沈阳设计研究院院志 1991-2001/480

013630805 中滩村志/65

内

012237571 内门乡志/3251

013000611 内乡民俗志/1777

010291678 内乡县二轻工业志/1777

009413770 内乡县卫生志 1483-1984/1777

012505384 内乡县卫生志 1984-2004/1777

013933245 内乡县电业志 1986-2000/1777
007482384 内乡县志/1776
011892262 内乡县志 1978-2003/1777
013144611 内乡县教育志/1777
008426907 内乡县税务志 1473-1990/1777
011570127 内江市卫生志/2515
013319762 内江市公共交通有限责任公司志 1958-2008/2512
012505372 内江市东兴区志 1990－2003/2515
008671073 内江市东兴区财政志 1990-1996/2516
012969377 内江市东兴区国土志 1840-1997/2515
013000533 内江市市中区财政志 1983-2007/2515
012955226 内江市地方税务志 1994－2006/2513
002923188 内江市志/2510
013601821 内江市环境保护志/2515
011570117 内江市国土志 1840-1997/2511
011570115 内江市城市建设局局志/2511
008421810 内江市洪灾志/2514
010576648 内江市烟草志/2512
011570122 内江市教育志/2514
008421717 内江市商业局志/2513
008421785 内江地区"81·7"洪灾志/2514
007697832 内江地区二轻工业志/2511
006877074 内江地区人口志/2510
006074816 内江地区人事志/2510
010117807 内江地区工运志/2510
008421824 内江地区工商行政管理志/2511

011570079 内江地区卫生志/2515
011570093 内江地区乡镇企业志/2511
008421796 内江地区水利电力志/2511
011570053 内江地区气象志终审稿/2514
008421816 内江地区公安志/2510
013958892 内江地区文化志/2513
013863112 内江地区外事侨务旅游志/2512
008424341 内江地区交通志/2512
008421850 内江地区军事志/2510
011570050 内江地区农业经济志/2511
011570090 内江地区戏曲志/2514
009266254 内江地区劳动志/2511
011570107 内江地区邮电志/2512
008991718 内江地区财政志 1912－1985/2513
010009750 内江地区体育志/2514
011570099 内江地区冶金建材工业志/2512
011570083 内江地区物资志/2511
013793364 内江地区供销合作志/2513
008671061 内江地区金融志/2513
008421838 内江地区审判志/2510
008671070 内江地区经济总志/2511
008416662 内江地区城乡建设志/2511
011570040 内江地区标准计量志/2515
009442649 内江地区保险志/2513
008671054 内江地区党派群团志/2510
010777221 内江地区烟草志/2512
011570047 内江地区教育志/2514
011570066 内江地区商业志/2513
013898519 内江地区税务志/2513
007662469 内江地区粮食志/2512
013705194 内江农行志/2513

008421712　内江县军事志/2515
008054991　内江县志/2515
008422551　内江县洪灾志/2516
008421801　内江县教育志/2516
008421765　内江县检察志/2515
008793384　内邱县水利志/175
010139888　内邱县文物志/175
008533922　内邱县地名资料汇编/176
008195178　内邱县志/175
010293910　内邱县志夏-2000/175
010576678　内黄县人民代表大会志1940-
　　2004/1717
012099672　内黄县土地志/1717
010282896　内黄县乡镇村志二安乡卷/1717
008836302　内黄县乡镇村志中召乡卷/1717
012766285　内黄县乡镇村志东庄镇卷/1716
008836311　内黄县乡镇村志后河镇卷/1717
008836309　内黄县乡镇村志宋村乡卷/1717
008836306　内黄县乡镇村志窦公乡卷/1717
008999353　内黄县公安志/1717
009553723　内黄县电业志/1717
008836293　内黄县当代人物志/1718
011310803　内黄县曲艺志/1718
008486965　内黄县志/1716
009116177　内黄县志/1716
011312215　内黄县志1988-2000/1716
013958891　内黄县财政志/1717
012661664　内黄县林业志/1717
012661661　内黄县建设志/1717
013730291　内黄县政协志1940-2011/1717
007531990　内黄县教育志/1718
012832611　内黄县教育志1987-2006/1718
013705196　内蒙古一机医院志(内蒙古医
　　学院第四附属医院志)1958-2008/392

009561067　内蒙古十通内蒙古民俗风情通志
　　/367
008983600　内蒙古十通内蒙古国土资源通志
　　/367
009398293　内蒙古十通内蒙古知识青年通志
　　/367
008983605　内蒙古十通内蒙古旅游资源通志
　　/372
009398291　内蒙古十通呼和浩特通志/378
010269448　内蒙古十通绥远通志/367
012766286　内蒙古大兴安岭林区共青团
　　志/424
010473856　内蒙古大兴安岭林业电业局
　　志/427
009397900　内蒙古大兴安岭林业管理局
　　志/425
013822115　内蒙古大兴安岭图里河森工
　　公司(林业局)志1982-2012/425
013991244　内蒙古大兴安岭森林公安志
　　/424
012127754　内蒙古广播电视志/374
013991256　内蒙古扎兰屯农牧学校志1952
　　-2012/426
012051715　内蒙古中西部垦务志/373
009349655　内蒙古风物志/376
013730286　内蒙古乌梁素海鸟类志/435
009699793　内蒙古"文化大革命"通志/373
008983731　内蒙古电力工业大事记1903-
　　1996/373
013066898　内蒙古电力中心医院志1951-
　　2000/383
012505375　内蒙古电力科学研究院志1958
　　-2002/380
010200323　内蒙古电力勘测设计院

志/380

010112026 内蒙古电子学校志 1981-2001/383

011584699 内蒙古四子王旗地名录/440

012639720 内蒙古白粉菌志/376

008979751 内蒙古汉语方言志/374

011499432 内蒙古民盟志/373

012317849 内蒙古动物志/376

011892191 内蒙古达拉特旗地名志/415

013000562 内蒙古师大附中志/382

008594194 内蒙古师大附中志 1954-1994/382

011476964 内蒙古师范大学汉语言文学系志 征求意见稿/382

009244799 内蒙古师范大学志 1952-1992/382

011584697 内蒙古师范大学志 1993-2004/382

013659656 内蒙古师范大学志 2005-2012/383

013730296 内蒙古师范大学体育学院志 1952-2012/382

013863116 内蒙古师范大学物理与电子信息学院志 1952-2012 征求意见稿/382

013131017 内蒙古当代医学人物志/376

013319770 内蒙古自治区人大常委会阿拉善盟工作委员会志 2005-2010/449

008594130 内蒙古自治区人民政府驻北京办事处志/372

013863125 内蒙古自治区五一种畜场志/448

009817797 内蒙古自治区区域地质志/376

010200338 内蒙古自治区乌兰察布盟气候志/437

009160008 内蒙古自治区电力工业志/373

013863120 内蒙古自治区地方税务局税收事业发展图文志 2001-2009/381

008687640 内蒙古自治区地名志/376

008535869 内蒙古自治区地名志 第1卷 呼和浩特市分册/383

008535854 内蒙古自治区地名志 第2卷 阿拉善盟分册/450

008535877 内蒙古自治区地名志 第3卷 乌海市分册/396

008535860 内蒙古自治区地名志 第4卷 巴彦淖尔盟分册/433

008535882 内蒙古自治区地名志 第5卷 伊克昭盟分册/415

008535853 内蒙古自治区地名志 第6卷 哲里木盟分册/410

008535858 内蒙古自治区地名志 第7卷 锡林郭勒盟分册/445

008535875 内蒙古自治区地名志 第8卷 包头市分册/392

008535867 内蒙古自治区地名志 第9卷 兴安盟分册/440

008535872 内蒙古自治区地名志 第10卷 赤峰市分册/400

008535849 内蒙古自治区地名志 第11卷 呼伦贝尔盟分册/421

008535851 内蒙古自治区地名志 第12卷 乌兰察布盟分册/437

009687839 内蒙古自治区地震监测志/376

008594291 内蒙古自治区伊克昭盟林业志/414

011805731 内蒙古自治区农业机械化科学技术志/373

008829053 内蒙古自治区农业技术推广志/377

009190279 内蒙古自治区农业政策金融志/374

013131026 内蒙古自治区农业科学院志 1950-1990/384

008594251 内蒙古自治区农作物种子志/377

011499434 内蒙古自治区农作物种子志 1991-2002/377

012639718 内蒙古自治区农牧业机械化研究所志 1956-2006/384

011478735 内蒙古自治区赤峰市翁牛特旗地名志/405

008197462 内蒙古自治区志/367

009799178 内蒙古自治区志 大事记 送审稿/367

009854330 内蒙古自治区志 气象志/368

011296165 内蒙古自治区志 公安志/367

010779129 内蒙古自治区志 供销合作社志/368

009561087 内蒙古自治区志 审计志/368

009618597 内蒙古自治区志 政府志 送审稿/368

009043658 内蒙古自治区志 第1卷 科学技术志/368

009044035 内蒙古自治区志 第2卷 粮食志/368

009043948 内蒙古自治区志 第3卷 测绘志/368

009043976 内蒙古自治区志 第4卷 物资志/368

009043672 内蒙古自治区志 第5卷 铁路志/368

009043669 内蒙古自治区志 第6卷 商业志/368

009043959 内蒙古自治区志 第7卷 电力工业志/369

008594146 内蒙古自治区志 第8卷 地质矿产志/369

008660242 内蒙古自治区志 第9卷 邮电志/369

008660244 内蒙古自治区志 第10卷 农业志/369

011476971 内蒙古自治区志 第11卷 财政志/369

008594136 内蒙古自治区志 第11卷 财政志/369

008693742 内蒙古自治区志 第12卷 民用航空志/369

008693766 内蒙古自治区志 第13卷 畜牧志/369

008693739 内蒙古自治区志 第14卷 煤炭工业志/369

008693699 内蒙古自治区志 第15卷 大事记/369

008594147 内蒙古自治区志 第16卷 共产党志/369

008829067 内蒙古自治区志 第17卷 政府志/370

008828700 内蒙古自治区志 第18卷 公路 水运交通志/370

009244783 内蒙古自治区志 第19卷 武警志/370

009190265 内蒙古自治区志 第20卷 广播电视志/370

008950216 内蒙古自治区志第21卷 统计志/370

008983749 内蒙古自治区志第22卷 军事志/370

009414895 内蒙古自治区志第23卷 技术监督志/370

008983776 内蒙古自治区志第24卷 工会志/370

010008939 内蒙古自治区志第25卷 档案志/370

010576818 内蒙古自治区志第26卷 税务志/371

011295502 内蒙古自治区志第27卷 烟草志/371

011499453 内蒙古自治区志第28卷 卫生志/371

011499449 内蒙古自治区志第29卷 司法行政志/371

011955210 内蒙古自治区志第30卷 工商行政管理志/371

011955216 内蒙古自治区志第31卷 检察志/371

011997455 内蒙古自治区志第32卷 妇联志/371

012051723 内蒙古自治区志第33卷 政协志/371

012208078 内蒙古自治区志第34卷 乡镇企业志/371

012051719 内蒙古自治区志第35卷 民政志/371

011955220 内蒙古自治区志第36卷 审判志/371

011892207 内蒙古自治区志第37卷 出入境检验检疫志/372

012814034 内蒙古自治区志第38卷 外事志/372

011892257 内蒙古自治区志第39卷 土地志/372

012721878 内蒙古自治区志第40卷 环境保护志/372

009472711 内蒙古自治区志第41卷 旅游志/372

012051721 内蒙古自治区志第42卷 行政区域建制志/372

013066902 内蒙古自治区志第43卷 劳动志/372

013224703 内蒙古自治区志第44卷 人民代表大会志/372

013793371 内蒙古自治区志第45卷 社会科学志/372

009349664 内蒙古自治区医院志 1947-1997/384

009349660 内蒙古自治区医院附属卫生学校志 1959-1999/383

012639712 内蒙古自治区医院附属卫校志 1959-2009/383

009147601 内蒙古自治区轻纺工业科学技术志/373

009313083 内蒙古自治区科学技术协会志 1951-1997/374

011955187 内蒙古自治区科学技术协会志 1997-2007/374

012836041 内蒙古自治区食品药品学会志 2003-2009/377

007801594 内蒙古自治区家畜家禽品种志/377

011584715 内蒙古自治区家畜寄生虫概志/377

011763088 内蒙古自治区第一建筑工程公司志 1950-1984/380

008950223 内蒙古自治区新华书店志 1947-1995/374

013730299 内蒙古自治区新华书店志呼和浩特市分卷 1952-1995/381

012614166 内蒙古自治区新华书店志鄂尔多斯市分卷 1951-2007/414

008594206 内蒙古自治区群众艺术馆文化馆志/381

012051710 内蒙古农业学校志 1924-2008/382

008594189 内蒙古农田杂草志/377

009313085 内蒙古农作物品种志/377

011476921 内蒙古赤峰市郊区地名志/402

008594243 内蒙古医学院附属医院志 1958-1998/383

008661402 内蒙古林学院志/382

011476955 内蒙古奈曼旗第三中学校志 1980.9-2001.9/413

012099751 内蒙古昆虫志/376

009313073 内蒙古呼伦贝尔风物志/421

009398298 内蒙古呼和浩特市郊区地名志/385

011499426 内蒙古金融志/374

012265374 内蒙古河套灌区永济灌域水利志/432

012832618 内蒙古河套灌区总干渠水利志/433

012832614 内蒙古河套灌区解放闸灌域水利志/433

013337658 内蒙古建设银行志/374

010576945 内蒙古建筑职业技术学院志 1956-2006/384

008983733 内蒙古轻纺工业志/373

008660663 内蒙古送变电工程公司志/380

013684557 内蒙古测绘志/376

008594198 内蒙古珠算协会志/376

007892349 内蒙古家畜家禽品种志/377

012541547 内蒙古通辽市科尔沁区关工委志/410

011321265 内蒙古通志/367

008660862 内蒙古教育史志资料/374

007685930 内蒙古第一电力建设工程公司志 1954-1989/380

009349652 内蒙古第二毛纺织厂厂志/379

007664479 内蒙古第二电力建设工程公司志 1975-1990/379

010143726 内蒙古绰尔林业局中学校志 1962-2002/425

013822113 内蒙古绰源森工公司 内蒙古绰源林业局志 1982-2012/425

009398358 内蒙古植物药志/377

008594195 内蒙古棉纺织厂志 1969-1988/380

009348916 内蒙古税务志/374

011476926 内蒙古集通铁路有限责任公司志/380

008959318 内蒙古锡林郭勒风物志/445

013342301 内蒙古新华书店志呼伦贝尔盟分卷 1947-1995/420

008594163 内蒙古精神卫生中心志 1958-1996/383

008594232 内蒙古蔬菜品种志/377

013958901 内蒙古磴口县人民法院志 1950

-2010/434

水

011955473 水口山志水口山铅锌志续卷1996-2005/2027

013603035 水口山矿务局志水口山铅锌志续卷1981-1995/2027

011477207 水口山科学技术志/2027

010146971 水口山铅锌志1896-1980/2028

009790080 水电十一局志1955-1995/1632

013067224 水仙花志/1258

012955989 水师营村志/508

013731636 水师营街道志/508

013462584 水村村志/304

012237384 水里乡志/3249

009117641 水利二处志/3209

012099929 水利水电工程处志/3181

011998301 水利电力部鲁布革工程管理局志/2738

013959386 水利部中国农业科学院农田灌溉研究所建所四十周年志略1959-1999/1727

010118636 [水利部东北勘测设计研究院]院志/590

009996162 水矿志/2647

013706359 水矿集团总医院志1965-2005/2647

008784279 水城县(特区)志/2647

009162034 水南村志/1096

013731635 水泉乡志/1471

005665255 水语简志/2710

012814222 水集二村志/1449

011584974 水富方言志/2808

008423542 水富县地名志/2808

008421045 水富县志/2808

009190789 水寨乡志/2796

013379021 水磨湾村志/3059

冈

012882688 冈上镇志/1301

午

013133797 午山村志/1440

牛

013093202 牛头镇村志/1510

012722003 牛庄村志/1762

009472026 牛店乡志征求意见稿/1661

012174798 牛街镇志/2807

013328720 牛塘镇志/873

013863131 牛薛沟村志/3008

毛

010686868 毛尖山水电站志/1158

012251463 毛泽东号志1946-2008/18

002497003 毛南族风俗志/2331

012814002 毛郢孜煤矿志/1174

013933204 毛俊村志/2091

001921072 毛难语简志/2331

013628640 毛集实验区志/1138

长

009797061 长山热电厂志1997-2000/627

009105677 长广煤矿志/1043

013758769 长子人物志/294

013646906 长子县卫生志/294

008844883 长子县志/294

011067179 长子县教育志/294

007905739 长丰县志/1127

012587045 长丰县志1986-2005/1127

008379329 长水河农场志1960-1992/711

011430407 长电段志 1988-1991/284
009385033 长白山西南坡野生经济动物志/618
009385039 长白山西南坡野生经济植物志/618
009853046 长白山伞菌图志/578
002210899 长白山志/578
001631597 长白山植物药志/578
012951873 长白朝鲜族自治县土壤志/624
008923452 长白朝鲜族自治县地名志/624
012967370 长白朝鲜族自治县交通志 1908-2008/624
007491021 长白朝鲜族自治县志/624
012132521 长白朝鲜族自治县志 1986-2005/624
011890462 长白朝鲜族自治县林业志/624
012540874 长乐市土地志/1218
013824311 长乐市工会志/1218
012831150 长乐市志/1217
009107177 长乐市建设志/1218
012503714 长乐村志/1218
010730258 长乐李姓谱志/1218
008663659 长乐县地名录/1218
007507921 长乐县邮电志/1218
012889256 长乐罗联乡志/1218
013961343 长乐教育志/1218
013037916 长乐第一中学校志 1890-2008/1218
008822771 长乐镇志/1056
008914342 长汀县地名录/1270
012967382 长汀县交通志/1270

005701641 长汀县志 第1卷/1269
010007684 长汀县志 第2卷 1988-2003/1270
002616351 长宁区地名志/751
008170101 长宁区志/751
007595066 长宁县志/2550
012048777 长宁县志/2550
009867116 长宁县国土志/2550
013140953 长宁县职高志 1979-2008/2550
012871856 长永公司志 1993-1998/1983
012503704 长吉高速公路建设志/587
009378285 长庆油田志 1970-1985/2938
009480392 长江三角洲及邻近地区孢子植物志/746
010201706 长江中下游地层志 寒武-第四系/814
011067716 长江水利测绘志/1836
013866289 长江毛纺志 讨论稿/1312
012249719 长江文艺志 1949.6-2009.6/1834
010160698 长江志/1840
009157371 长江志通讯 总第1-8期 1984-1986 合订本/1836
013090914 长江职业学院志 1984-2008/1835
009411411 长江镇志/2166
012048778 长兴乡志 1986-2004/786
008848187 长兴公安志/1046
008985650 长兴县土地志/1046
008450218 长兴县水利志/1046
008450581 长兴县地名志/1046
008822779 长兴县志/1046
010735957 长兴县金融志/1046
013369239 长兴县政协志/1046
012249698 长安区人民法院志 1958.4-1994.6/128

010278913 长安区人民检察院志 1958-1997 /128

009442073 长安区军事志 /2949

011376211 长安地志 /2942

012635663 长安村志 /1214

013402895 长安县水利志 /2949

008612650 长安县志 /2948

009687219 长安县邮电志 1890-1997 /2949

012503694 长安教育志 /2949

013316271 长安营乡志 /2037

008450268 长安镇志 /1036

013726808 长安镇志 /2237

012132538 长阳人口志 /1883

013090918 长阳土家族自治县人大志 /1883

012713921 长阳土家族自治县志 1979-2000 /1883

009879613 长阳土家族自治县烟草志 /1883

013758766 长阳土家族自治县教育志 /1883

013037931 长阳水利电力志 1979-2000 /1884

012758753 长阳文化体育志 /1883

008380742 长阳县地名志 /1883

005331590 长阳县志 /1883

011757389 长阳移民志 /1883

013758764 长寿县卫生志 1986-2001 /2380

011295470 长寿县志 1986-2001 /2380

009688478 长寿县教育志 /2380

013866292 长寿政协志 1950-2009 /2380

010138579 长芦大清河盐场志 /143

008298367 长芦汉沽盐场志 /99

006356503 长芦盐志 /82

010280290 长芦镇志 /825

011319990 长岛县水产志 /1503

008928857 长岛县地名志 /1503

013797240 长岛县军事志 1840-2005 /1503

007342641 长岛县志 /1502

012612854 长岛县政协志 /1503

013940795 长辛店镇太子峪村志 /51

010197224 长沙五金商业志 1840-1989 /1983

010197134 长沙电力志 1897-1987 /1979

010197130 长沙电机厂志 1956-1985 /1979

013926331 长沙市二轻工业志 /1980

009814622 长沙市工会志 /1978

013797248 长沙市工商行政管理志 /1979

012263999 长沙市天心区志 1988-2003 /1988

013702905 长沙市化学工业志 /1980

010197192 长沙市公安志 送审稿 /1978

009382848 长沙市东区地方志 /1987

010293851 长沙市北区志 /1988

010197189 长沙市电信局史志 /1983

009814624 长沙市西区志 /1988

008531829 长沙市交通志 /1982

010197196 长沙市交通志 1991-2001 /1982

010142807 长沙市江南纸箱厂厂志 /1989

010577025 长沙市农村信用社志 1978-2002 /1983

010577406 长沙市志 公安志稿 /1976

010197214 长沙市志 电力专志 送审稿 /1976

010197221 长沙市志 劳动编 验收稿 /1976

010197216 长沙市志 建筑志 /1976

010197218 长沙市志 建筑志 初稿 /1976

011309431 长沙市志 第1卷 /1977

009434703 长沙市志 第2卷 /1977

009435053 长沙市志第3卷/1977

009437610 长沙市志第4卷/1977

009434722 长沙市志第5卷/1977

009437615 长沙市志第6卷/1977

009435149 长沙市志第8卷/1977

009437622 长沙市志第10卷/1977

009434899 长沙市志第11卷/1977

009434925 长沙市志第12卷 教育 科技 卫生 体育/1977

009435008 长沙市志第13卷 文化事业 文学 艺术 文物名胜 新闻报刊 广播电视/1977

009437627 长沙市志第15卷/1978

009435167 长沙市志第16卷 人物传 人物录/1978

011309490 长沙市志第17卷/1978

011995314 长沙市芙蓉区志 1988-2003/1988

010197199 长沙市劳动志/1979

013824323 长沙市邮政志/1983

009382850 长沙市纺织品行业志/1980

011471285 长沙市雨花区志/1988

012713915 长沙市雨花区志 1988-2002/1989

013776372 长沙市雨花区简志/1988

011310736 长沙市物资局轻化公司志 1960-1985/1979

012679095 长沙市岳麓区志 1988-2002/1988

013994272 长沙市质量技术监督志/1979

010197198 长沙市金融志 1840-1987/1983

009358226 长沙市郊区志/1988

012096425 长沙市盲聋哑学校建校100周年校志 1908-2008/1985

010142808 长沙市铁路志/1982

013797243 长沙市第一运输公司志 1951-1986/1983

014053062 长沙市第一医院院志 1920-1985 初稿/1986

012503746 长沙市第二粮食仓库志 1950-1986/1986

013824317 长沙市第三医院院志 1951-1985/1985

013824321 长沙市第三医院院志 1986-2012/1985

013901237 长沙市麻田磷矿矿志 1974-1985/1980

010252192 长沙市联运总公司志/1982

010197212 长沙市蔬菜志 1840-1988/1979

010109995 长沙民政志/1978

009685954 长沙机务段志 1911-2004/1982

010197231 长沙有色金属加工厂厂志/1980

013797250 长沙县交通志/1993

013901238 长沙县军事志 1840-2005/1993

007724488 长沙县志/1993

010779078 长沙县志 1988-2002/1993

008594786 长沙县志修改稿/1993

012249733 长沙县邮电志/1993

010197226 长沙县供销合作社志 1920-1988/1993

010293853 长沙县审计志 1984-2004/1993

013797252 长沙县商业志/1993

013702907 长沙县税务志/1994

009382856 长沙邮政志/1983

010469350 长沙冷冻加工厂志 1958-1988/1980

011292063 [长沙冶金机械修造厂]厂志/1979

010197238 [长沙冶金机械修造厂]厂志 1955-1980/1979
009797331 长沙纺织厂厂志 1943-1981/1980
012503729 长沙环境保护职业技术学院三十年志 1979-2009/1984
010599818 长沙矿山研究院志/1987
010197181 长沙矿冶研究院志/1987
010142804 长沙审判志 1840-1990/1978
011757383 长沙建筑段志 1961-2006/1982
013726810 长沙经济技术开发区志 1992-2011/1979
011578920 长沙钢厂志/1980
010577087 长沙铁道学院土木建筑学院院志 1953-1999/1984
010777061 长沙铁道学院外语系系志 1972-1992/1984
010197230 长沙烟草志/1980
013037920 长沙烟草志/1980
010197228 长沙消防志 1904-2004/1978
009992711 长沙海关志/1983
010197178 长沙教育志 1840-1990/1984
013334369 长沙锅炉厂志 1956-1986/1987
013037935 长诏水库志初稿/1060
012132534 长武县军事志/2981
008844017 长武县志/2981
013758762 长岭村志/1438
013901232 长岭县人大志/626
009335486 长岭县文物志/626
007480675 长岭县志/625
010778993 长岭镇志/1553
007984457 长征乡志/752
013961416 长命水村志/2242
013818241 长店村志/48

011310777 长河镇志/1013
009865168 长泾镇志/836
012658237 长治人物志/285
012889266 长治土种志/286
012889269 长治卫生学校校志 2000-2010/285
012653346 长治乡志/283
005769090 长治方言志/285
012967387 长治北工务段志 1987-2004/284
012658248 长治市人民代表大会志/283
011471292 长治市广播电视志 1950-2006/284
009128383 长治市卫生志 1840-1985/286
007528462 长治市化工志 1936-1989/284
007982842 长治市民政志 第2卷/284
012587065 长治市地名志/285
009312513 长治市交通志/284
013961348 长治市防空志/285
007512808 长治市志/283
009107332 长治市体育志/285
009768979 长治市供水总公司志 1941-2003/284
013179331 长治市郊区教育志/287
013625903 长治市城区市容环卫志 1946.7-2009.12/286
008814322 长治市城区志/286
012540880 长治市政协志 1949-2009/283
011943174 长治市科学技术志 1986-2005/285
013090919 长治市教育志/285
013179335 长治市教育志初稿/285
014053091 长治民政志/284
008192065 长治民俗志初稿/285
011312018 长治医学院附属和平医院志

1946-2006/286
012871860 长治县人民代表大会志/287
009160061 长治县志/287
012951877 长治县财政志/288
012635667 长治县环境保护志/288
013128807 长治县政协志/288
009106476 长治县教育志/288
007350157 长治邮电志/284
009160067 长治郊区志/286
011533887 长治郊区政协志1984-2004/286
013179330 长治审计志/284
008383094 长治概览/283
008720723 长春市二道河子区志/591
009889526 长春市人民代表大会志1989-2002/585
010475990 长春市中心医院志1948-2000/589
009992766 长春市公安交通管理志/585
009334905 长春市文物志/588
014053061 长春市市政工程设计研究院六十周年院庆院志1953-2013/589
008923412 长春市地名录/588
007657494 长春市志/579
009865092 长春市志人民代表大会志 送审稿/580
010143042 长春市志人事志 送审稿/580
013221018 长春市志分水村志/579
008661339 长春市志第1卷 总志/580
009048569 长春市志第2卷 审判志/580
009048594 长春市志第3卷 电影志/580
009048610 长春市志第4卷 金融志/580
009048653 长春市志第5卷 体育志/580
009048657 长春市志第6卷 邮电志/580
009048672 长春市志第7卷 城市供水志/580

009048682 长春市志第8卷 煤炭工业志/580
009048733 长春市志第9卷 农业机械化志/580
009048739 长春市志第10卷 农业志/580
009048748 长春市志第11卷 粮食志/580
009048761 长春市志第12卷 卫生志/581
009048768 长春市志第13卷 教育志/581
009048778 长春市志第14卷 城市煤气志/581
009048788 长春市志第15卷 工会志/581
009048812 长春市志第16卷 公路交通志/581
009048818 长春市志第17卷 商业志/581
009048822 长春市志第18卷 自然地理志/581
009048827 长春市志第19卷 文物志/581
008720571 长春市志第20卷 公安志/581
009048834 长春市志第21卷 畜牧业志/581
009048842 长春市志第22卷 检察志/581
009049081 长春市志第23卷 蔬菜志/581
009049093 长春市志第24卷 民俗方言志/581
009049113 长春市志第25卷 对外经济贸易志/582
009049128 长春市志第26卷 军事志/582
009049148 长春市志第27卷 人大志/582
009049161 长春市志第28卷 人口志/582
009049173 长春市志第29卷 计划志/582
009049183 长春市志第30卷 物价志/582
009049207 长春市志第31卷 土地志/582
009049228 长春市志第32卷 环境保护志/582
009049361 长春市志第33卷 少数民族志 宗教志/582

009049378 长春市志第34卷 财政志/582
008720569 长春市志第35卷 人事志/582
008720541 长春市志第36卷 电子工业志/582
008720520 长春市志第37卷 一轻工业志/582
008720518 长春市志第38卷 二轻和纺织工业志/583
008720619 长春市志第39卷 民政志/583
008720584 长春市志第40卷 文化艺术志/583
008720613 长春市志第41卷 物资志/583
008720611 长春市志第42卷 机械工业志/583
008720679 长春市志第43卷 冶金工业志/583
008720678 长春市志第44卷 建材工业志/583
008720529 长春市志第45卷 石油化学和医药工业志/583
008720604 长春市志第46卷 工商行政管理志/583
008720686 长春市志第47卷 审计志/583
008720671 长春市志第48卷 司法行政志/583
008720564 长春市志第49卷 民用航空志/583
008720683 长春市志第50卷 乡镇企业志/583
008720668 长春市志第51卷 共青团志/584
008720617 长春市志第52卷 妇联志/584
008720576 长春市志第53卷 政府志/584
008720583 长春市志第54卷 高等教育志/584
008720522 长春市志第55卷 水利志/584
008720526 长春市志第56卷 林业志/584
008720681 长春市志第57卷 水产志/584
008720550 长春市志第58卷 建筑业志/584
008829188 长春市志第59卷 劳动志/584
008720539 长春市志第60卷 供销合作社志/584
008720615 长春市志第61卷 标准计量志 地震志/584
008720588 长春市志第62卷 城市公共交通志/584
008720628 长春市志第63卷 政协志/584
008720673 长春市志第64卷 税务志/585
008720557 长春市志第65卷 房产志/585
008720610 长春市志第66卷 广播电视志/585
008720582 长春市志第67卷 电力工业志/585
012540868 长春市志第68卷 人民防空志/585
012540865 长春市志第69卷 规划志 城市消防志/585
013776370 长春市国土志 1991-2010/586
010735955 长春市郊区水利志/591
009329305 长春市郊区志/591
012263971 长春市郊区志 1989-1995/591
012809905 长春市城乡规划设计研究院三十周年院庆院志 1980-2010/589
011325499 长春市南关区地名志/590
012587037 长春市贸促会（会展办）志 1990-2008/588
008923380 长春市宽城区地名志/590
007969471 长春市宽城区志/590
009839764 长春市宽城区志初稿/590

012995293 长春市宽城区志 1989-2000/590

012249717 长春市第一五〇中学校志 1958-2008/588

008923445 长春市朝阳区地名志/591

008720710 长春市朝阳区志/591

013221015 长春市朝阳区志 1989-2000/591

010469101 长春发电厂志 1908-1985/586

010469104 长春发电设备修造厂厂志 1950-1985/586

013797225 长春机车厂志 1991-2004/586

013797228 长春机车工厂志 1954-1990/586

009814657 长春军事志 1989-2000/585

010469042 长春邮电学院史志 1947.3-1987.7/588

013797236 长春汽车材料研究所 中国第一汽车集团公司工艺研究所 中国第一汽车集团公司工艺处所志 1954-2001/587

010150992 长春汽车经济贸易开发区志/587

009992760 长春汽车研究所志 1950-1985/587

013221000 长春国家高新技术产业开发区志 1988-2005/585

011067759 长春物资志/586

009768639 长春净月潭志/588

009768633 长春净月潭旅游经济开发区志/587

011890464 长春经济技术开发区志 1992-2004/586

011890468 长春经济技术开发区志 2005-2007/586

009853962 长春客车厂志 1954-1990/586

010730160 长春热电二厂志 1984-1996/587

009241182 长春铁路分局工会志 1949-1997/585

012048773 长春消防器材总厂志 1959-2000/590

008829184 长春海关志/587

010278982 长垣文化志/1733

011757403 长垣方言志语音篇/1733

004516184 长垣县志/1733

009332571 长垣县志人物志/1733

013687134 长垣县志 1986-2003/1733

013758767 长垣邮电志/1733

010686849 长城钢厂四分厂志 1965-1985/2483

011496838 长城钢厂运输部志 1965-1985/2483

010252907 长城续志 1997-2001/17

011328678 长钢志 1947-2007/284

011995317 长顺县农业志 1950-2005/2709

008640135 长顺县志/2709

013402897 长顺县科学技术志/2709

014053063 长胜镇志/406

008923591 长泰县地名录/1260

013309038 长泰县交通志/1260

009767818 长泰县志/1260

013961346 长泰政协志 1980-1992/1260

009348103 长桥镇志/886

012635666 长畛村志/273

007356237 长海县志/510

009866662 长海县志/510

010278330 长海县金融志/511

012713909 长海县教育志 1945-2003/511

009247436 长控厂厂志 1991-1995/3049

013940785 长康镇志/2047

009881018 长清一中百年校志 1904-2004/1422

011496843 长清县土壤志/1422
010278491 长清县水利志/1421
007362119 长清县志/1421
009411528 长渠志/1891
009672496 长浥村志/2148
009414489 长葫水库志/2517
009839596 长葛电业志 1953-2002/1753
012587051 长葛市太平店村志/1753
012658231 长葛市志 1986-2000/1752
010108843 长葛市志 1986-2000 评审稿/1752
009381307 长葛县曲艺志/1753
007900120 长葛县志/1753
007508985 长葛侨务志 1980-1991/1753
012809906 长街镇志/1016
009960259 长港农场志/1895

仁

010252911 仁化县共青团志/2166
007908323 仁化县志/2165
012542814 仁化县志 1979-2000/2166
013731154 仁化县政协志/2166
013901298 仁寿农行志 1986-2002/2544
013096243 仁寿县人民医院志 1941-1985/2544
013629494 仁寿县卫生志/2544
013863602 仁寿县中医院志/2544
006074621 仁寿县志/2543
013863601 仁寿县林业志/2543
013991379 仁寿县供销合作社志/2544
013991381 仁寿县供销合作社联合社志 1985-2002/2543
014049959 仁寿县教育志 1986-2002/2544
012969501 仁寿县教育志清末-1985/2544

013320922 仁怀一中校志 1938-1998/2655
013899361 仁怀市志 1978-2005/2654
013509247 仁怀市教育志 1978-2005/2655
006795848 仁怀县志/2655
009989212 仁怀教育志/2655
012653304 仁武乡志/3251
008671812 仁和区少数民族志/2463
008216920 仁和区文化教育志/2462
009231846 仁和区志/2462
012722178 仁和区志 1991-2005/2462
012237349 仁爱乡志/3249
012237551 仁德乡志/3250

什

009867284 什邡工业供销总公司志 1978-1991/2472
012613900 什邡市志 1984-2000/2471
013185779 什邡市政协志八届卷/2472
010475794 什邡运输集团公司志/2472
007905683 什邡县志/2471
009388319 什邡县图书发行志 1888-1990/2472
011319914 什邡县商业志/2472
011312461 什邡卷烟厂志/2472
013342541 什邡城乡建设志/2472
009512095 什刹海志/47

化

007883873 化州县志/2210
010278451 化纤地毯厂志 1970-1990/17
010577335 化念水库志/2788
006419449 化学农药志/3288
013374020 化隆县文物志/3102
006497461 化隆县志/3102
010280088 化德县志/438

010293858　化德县志评审稿/438

仇

011328100　仇山磁土矿志 1954-1994/974

介

012832158　介休工会志/313
013129763　介休市人民代表大会志/313
008841106　介休市电力工业志 1938-1999/313
013064781　介休市地名志/314
013958688　介休市军事志前789-2005/313
007992173　介休市志/313
012999240　介休当代人物志/314
013684416　介休县教育志/313
012541912　介休政协志/313
013317821　介休检查志 1979-2000/313

从

009016150　从化文物志/2160
008063813　从化市地名志/2160
013686648　从化市军事志 1840-2005/2159
013045484　从化市邮电志/2159
007443249　从化县人大志/2158
007443177　从化县工业志/2159
007914648　从化县工会志/2158
007655874　从化县工商志/2159
012898280　从化县广播电视志/2160
007837740　从化县水利志/2160
007677625　从化县公安志/2158
013751599　从化县文化志/2159
007443144　从化县民政志/2158
007443248　从化县交通志/2159
007488678　从化县志/2158
008381165　从化县邮电志/2159
006536807　从化县林业志/2159

007464571　从化县委党校志/2158
007443181　从化县政协志/2158
007829293　从化县标准计量志/2160
007443129　从化县信访简志/2158
007443178　从化县税务志/2159
008453669　从化县概况/2158
008435069　从化温泉风景区志/2160
011995412　从江风物志/2700
008666021　从江县志/2700
012679163　从江县志 1991-2008/2700

分

013045505　分水志/2369
012264214　分水岭村志 1369-2008/1422
009383650　分水岭煤矿志/2065
011328408　分水镇志/1908
010250810　分宜卫生志/1324
007342670　分宜县志/1324
011321184　分宜县志/1324
009560887　分宜县政协志/1324

公

013752320　公义镇志/2544
008453674　公平镇志/2229
011995655　公主岭市公安志/612
010290973　公主岭市玉米志/612
008923465　公主岭市地名志/613
012264274　公主岭市志 1985-2004/612
013860546　公安交通志/1921
009125493　公安县公路志/1921
013335265　公安县机构编制志/1920
007378027　公安县志/1920
012898412　公安县志 1980-2000/1920
012718816　公安县财政志/1921
011995653　公安县财政志 1991-2005/1921

009879618 公安县烟草志/1920
009123728 公安县教育志/1921
013860558 公安部管理干部学院山西分院 山西省人民警察学校校志/256
010110153 公道镇志/936

仓

012132476 仓山区人民代表大会志 1951-2005/1213
012967359 仓山区交通志/1213
012831143 仓山区政协志/1213
011804118 仓头村志第7卷/1744
008395425 仓洛门巴语简志/2920
012540858 仓埠街志/1848

月

011957282 月浦镇志/758
011444259 月湖区志/1326
008453185 月湖桥志/1841

风

011292494 风云器材厂志 1955-1988/1722

丹

009337922 丹凤交通志/3016
009244987 丹凤县中医医院志/3017
008866654 丹凤县水利志/3016
007060945 丹凤县志/3016
011995472 丹凤县医院志/3017
009266244 丹凤县建设志/3016
009118637 丹凤县教育志/3016
013819245 丹凤县商镇中心小学校志 1908-2009/3016
008471108 丹巴县志/2603
012609573 丹巴县志 1989-2005/2603
008378790 丹东电业局志 1906-1985/533
013402999 丹东市人民代表大会志 1946-1990/533
007672542 丹东市区地名志/535
013791103 丹东市农村金融志/534
011496974 丹东市戏曲志/534
009338455 丹东市财政志/534
008378784 丹东市金融志/534
013791101 丹东市房地产志/533
008378622 丹东市科学技术志/534
008378625 丹东市保险志 1908-1985/534
009310649 丹东市煤气热力公司大事记 1912-1987/533
010252193 丹东邮电志 1896-1995/533
010278332 丹东铁路分局志 1904-1985/533
008829875 丹东朝鲜族志/534
012264118 丹东蒙古族志/534
008594594 丹东锡伯族志/534
008594597 丹东满族志/534
012264109 丹东满族续志/534
013956881 丹江口电力志 1956-2007/1867
006548205 丹江口市志/1867
014028632 丹江口市财政志/1867
010962447 丹江口市烟草志/1867
012967470 丹江口市第一医院志 1951-2011/1868
009992398 丹江口市税务志/1867
012264123 丹阳人民公安志 1949-2002/948
009174337 丹阳水利志/949
009768745 丹阳市人民医院志/949
009252841 丹阳市土地志/949
010143097 丹阳市工会志/948
009338303 丹阳市卫生志/950
010687040 丹阳市乡镇工业志/949
012679208 丹阳市电力工业志 1988-2002/949

012636874 丹阳市吕城镇志/948
008569829 丹阳市自来水志/948
012503869 丹阳市军事志前538-2005/948
010730448 丹阳市农林志/949
013723787 丹阳市志1986-2005/948
010251863 丹阳市供销社志/949
008845119 丹阳市建设志/950
009003135 丹阳市教育志/949
010687036 丹阳市税务志/949
013957432 丹阳志1983-2012/948
005405552 丹阳县志/948
012679210 丹阳邮电志/949
013528824 丹徒县人民公安志/947
008446244 丹徒县土地志/947
009105478 丹徒县卫生志/947
009560857 丹徒县水利志/947
012636868 丹徒县电力工业志/947
007905719 丹徒县志/947
012995344 丹徒县金融志1911-1985/947
008865323 丹棱县工商行政管理志1903-1995/2546
008470984 丹棱县志/2546
012898329 丹棱县志1993-2006/2546
008835457 丹棱县供销合作社志/2546
008835463 丹棱县粮食志/2546
008640142 丹寨县志/2702

乌

008487330 乌马河区(林业局)志/695
009836212 乌日乡志历史篇/3246
009836205 乌日乡志文化篇/3246
012073481 乌日乡志经济篇/3246
012316879 乌日图高勒乡志/416
009319920 乌什县志/3184
012506287 乌石乡志至2006/1160
012662402 乌石中心医院志/2020
011294228 乌石化志1975-1993/3166
012638627 乌龙泉矿志1991-1997/1830
007428158 乌尔旗汉林业局志/425
012545395 乌兰木伦煤矿志/417
009082205 乌兰县志/3110
013939404 乌兰浩特市人民代表大会志1949-2011/441
007291093 乌兰浩特市志/440
012684896 乌兰浩特市志1991-2008/441
009313088 乌兰察布电业志/437
009244792 乌兰察布军事志/437
012175043 乌兰察布政协志/436
012638634 乌兰察布盟公安志/436
009687845 乌兰察布盟志/436
010112033 乌兰察布盟志评审稿/436
008660865 乌兰察布盟邮电志/437
010244549 乌兰察布盟法院志/437
012899821 乌达区人民代表大会志/397
011534063 乌达区志/397
008864741 乌达区志送审稿/397
013959475 乌当区政协志/2637
008487335 乌伊岭区(林业局)志1963-1985/696
013994012 乌江公司志1992-2012/2635
013630242 乌江镇志/819
012051944 乌苏四棵树煤炭志/3216
013133789 乌苏市人口与计划生育志/3215
012208306 乌苏县粮食志/3216
012073456 乌来乡志/3239
002522588 乌孜别克语简志/3160
007664480 乌拉山发电厂志/435

013145622 乌拉特中旗人大志 1950-2009 /435

012956079 乌拉特中旗公安志/435

011585074 乌拉特中旗史志/435

007883843 乌拉特中旗志/435

007913613 乌拉特后旗志/435

009840172 乌拉特后旗志 1988-2004 征求意见稿/435

011294770 乌拉特后旗志 1989-2004/435

009349631 乌拉特前旗土地志/434

007425691 乌拉特前旗志/434

009060994 乌拉盖综合开发区志/444

008661879 乌拉嘎金矿局志 1936-1985/697

013096544 乌金场志/1844

008974681 乌审旗志/417

008994778 乌恰县土地志/3205

008034148 乌恰县志/3205

013732349 乌海人口和计划生育志/396

010577231 乌海公路交通志/396

008623259 乌海市志/396

013706865 乌海市税务志 1958-1993/396

008594281 乌海邮电志/396

011909078 乌海财政志 1958-1992/396

009349839 乌梁素海渔场志/435

009411812 乌鲁木齐公安志/3165

013795637 乌鲁木齐电影志(长编)庆贺乌鲁木齐市电影发行放映公司成立三十周年/3169

012252738 乌鲁木齐市人民代表大会志 1981.9-2007.12/3164

011955687 乌鲁木齐市卫生防疫站志 1952-2001/3169

008994845 乌鲁木齐市天山区大事记 1949.10-1994.12/3171

009867314 乌鲁木齐市水磨沟区志/3171

013994014 乌鲁木齐市公安局车辆管理所十周年志 1984-1994/3165

009046157 乌鲁木齐市头屯河区志/3171

012613310 乌鲁木齐市民政志 1986-2005 /3165

007731452 乌鲁木齐市志/3164

008708396 乌鲁木齐市志第5卷政治/3164

008708408 乌鲁木齐市志第6卷文化/3164

013133786 乌鲁木齐市劳动和社会保障志/3166

010253954 乌鲁木齐市邮政志/3168

009677924 乌鲁木齐市沙依巴克区志/3171

012052041 乌鲁木齐市环境保护志/3170

013660388 乌鲁木齐市法院志 1935-1991 /3165

012100054 乌鲁木齐市南山矿区志/3171

012208300 [乌鲁木齐市畜牧兽医检疫草原工作总站]站志 1988-1998/3169

010577021 乌鲁木齐市检察志 1986-2002 /3165

009414999 乌鲁木齐市商业志/3168

009393050 乌鲁木齐市新市区志/3171

012956080 乌鲁木齐市粮食志/3168

009393040 乌鲁木齐县地名图志/3172

008598552 乌鲁木齐县志/3172

014052361 乌鲁木齐邮区中心局志 1947-2000/3168

012956114 乌鲁木齐住房委员会办公室志 1988-2008/3166

012814406 乌鲁木齐国家高新区志/3164

011909082 乌鲁木齐金融志/3168

012316877 乌鲁木齐经济技术开发区志

2002-2008/3165

013096555　乌鲁木齐统战志/3164

008440072　乌鲁木齐铁路分局志 1960-1990/3168

008873803　乌鲁木齐铁路分局续志 1991-2000/3168

010117858　乌鲁木齐铁路局志 1971-2000/3168

008061120　乌鲁木齐税务志 1911-1987/3168

009061171　乌溪江水利发电厂志/1076

008913661　乌镇志/1040

凤

010089251　凤山市志/3256

013771885　凤山县土地志/2330

012096675　凤山县志/2330

013860472　凤冈县民政志/2658

006697078　凤冈县志/2658

012967551　凤冈县志 1978-2007/2658

008715656　凤仪志/2872

008450986　凤台县志/1140

012658428　凤庆县广播电视志/2826

013860478　凤庆县习谦水泥厂志 1972.8-2002.12/2825

010201476　凤庆县民族志/2826

013751669　凤庆县交通志/2825

010201473　凤庆县军事志/2825

013128904　凤庆县农业志/2825

005591359　凤庆县志/2825

008418708　凤庆县茶叶志/2826

009995621　凤庆县教育志/2826

012541539　凤池村志/1263

013690599　凤阳山志/1168

008527552　凤阳县志/1167

010229287　凤阳县体育志/1167

013771888　凤县水利志/2972

012139112　凤县军事志 前1914-2005/2972

008421030　凤县志/2972

008993445　凤县林业志/2972

010730450　凤和志/300

009334623　凤城市文物志/535

008417028　凤城市志/535

011431394　凤城市金融志/535

011324956　凤城矿物志/536

011499185　凤城烟叶复烤厂厂志/535

008829797　凤城满族自治县地名志/535

013860474　凤凰山畲族志/2246

012636914　凤凰山煤矿志/299

012872279　凤凰村志/1025

010197243　凤凰县民族志/2113

009686263　凤凰县农业志/2113

007378018　凤凰县志/2113

010577240　凤凰县林业志/2113

009125566　凤凰县建设志/2113

010474451　凤凰县职业中专学校十年志 1984-1994/2113

010730013　凤凰雪茄烟厂志/2113

011757727　凤凰镇志/1461

013045510　凤翔中学校志/2965

011471182　凤翔县司法审判志/2965

013771892　凤翔县军事志/2965

004102853　凤翔县志/2964

008993437　凤翔县供销合作社志/2965

009472769　凤翔县教育志/2965

008993433　凤翔县商业志/2965

008993435　凤翔县税务志 1851-1985/2965

013860482　凤溪镇志/778

六

009383729 六二七厂志 1958-1985/2012

008772244 六十三团志/3210

004922167 六十年来海外潮州人物志/2246

013862839 六甲村志/2742

013793242 六合人口和计划生育志/825

012139479 六合区人民医院志 1949-2009/826

011440997 六合县土地管理志/826

012265314 六合县工会志/826

009338376 六合县水利志/826

011997365 六合县电力工业志 1988-2002/826

011499309 六合县饮食服务业志/826

013898375 六合县供销合作社志 1949-1985/826

009442777 六合垸农场志/1923

013753500 六合集团志 1912-2011/2536

013791139 六合街道志/1481

012968283 六安电力工业志 1986-2005/1177

013144537 六安市人民医院院志 1999-2009/1178

012832491 六安市工商行政管理志/1177

013688979 六安市卫生志/1178

012505338 六安市中医院院志 1978-2003/1178

007013511 六安市志/1176

012813955 六安市志 2010/1176

010229370 六安地区人民医院院志 1949-1999/1177

008663551 六安地区水利志/1177

008830275 六安地区文化志/1177

013508665 六安地区电力工业志/1177

008565549 六安地区志/1176

012899116 六安地区林业志/1177

008663539 六安县水利志/1177

009378105 六安县文化志/1177

007480688 六安县志/1176

010778355 六运湖农场志 1965-2002/3192

012542636 六村堡乡志/2945

012265324 六里镇志/765

008539906 六库公路管理志/2893

009160203 六灶镇志/765

013898377 六枝矿务局地宗选煤厂志 1982-1992/2646

012766121 六枝矿志/2648

009010564 六枝特区志/2648

002870945 六枝煤矿志/2648

008446237 六和交通志/826

008531366 六家庄风土志/3254

009745098 六家志/1079

004634633 六堆客家乡土志/3252

008598198 六盘水市志/2643

012051675 六盘水市志发展计划志/2643

012251426 六盘水市志报业志/2643

012813956 六盘水市志国土资源志/2643

006573053 六盘水市志第 1 卷 水利志/2643

006573054 六盘水市志第 2 卷 环境保护志/2643

006573082 六盘水市志第 3 卷 科学技术志/2643

007505373 六盘水市志第 4 卷 大事记 1276-1991/2643

008486762 六盘水市志第 5 卷 粮油志/2643

008665773 六盘水市志第 6 卷 烟草志/2643

008541900 六盘水市志第7卷 卫生医药志/2643

009265534 六盘水市志第8卷 冶金工业志/2643

009336305 六盘水市志第9卷 劳动和社会保障志/2644

009879133 六盘水市志第10卷 广播电视志/2644

008783190 六盘水市志第11卷 煤炭工业志/2644

009405866 六盘水市志第12卷 外贸志/2644

008783187 六盘水市志第13卷 教育志/2644

008783226 六盘水市志第14卷 统计志/2644

008783184 六盘水市志第15卷 人民代表大会志/2644

009511172 六盘水市志第16卷 体育志/2644

008783208 六盘水市志第17卷 检察志/2644

009412648 六盘水市志第18卷 交通志/2644

009683971 六盘水市志第19卷 政府志/2644

009511120 六盘水市志第20卷 公安志/2644

009332489 六盘水市志第21卷 武警志/2644

008783194 六盘水市志第22卷 乡镇企业志/2645

008783204 六盘水市志第23卷 邮电志/2645

009864391 六盘水市志第24卷 军事志/2645

010195478 六盘水市志第25卷 财政志/2645

008783218 六盘水市志第26卷 民族志/2645

008783173 六盘水市志第27卷 金融志/2645

008783201 六盘水市志第28卷 税务志/2645

008783169 六盘水市志第29卷 农业志 畜牧志/2645

008783206 六盘水市志第30卷 民政志/2645

008783180 六盘水市志第31卷 地理志/2645

008783176 六盘水市志第32卷 政协志/2645

008783214 六盘水市志第33卷 审计志/2645

008783167 六盘水市志第34卷 蔬菜水产志/2645

010962499 六盘水市志第35卷 党派群团志/2646

011295611 六盘水市志第36卷 文化志/2646

011475313 六盘水市志第37卷 工会志/2646

011997370 六盘水市志第38卷 文学艺术志/2646

008783224 六盘水市志第39卷 人事志/2646

009399109 六盘水市志第40卷 审判志/2646

012051681 六盘水市志第41卷 人物志/2646

012139484 六盘水市志城乡规划志/2646

013774592 六盘水市钟山区志政协志1988-2010/2647

013753503 六盘水市第一实验中学志(原水矿集团公司第一中学)1970-2010/2647

010777268 六盘水供电志/2646

012955073 六街乡志1257-2007/2751

007791115 六横志/1084

文

011570922 文山壮族苗族自治州气象志/2855

009700557 文山壮族苗族自治州文化艺术志/2854

011066707 文山壮族苗族自治州文化艺术志送审稿/2854

009995642 文山壮族苗族自治州民族志/2855

009021839 文山壮族苗族自治州志/2853

011570926 文山壮族苗族自治州政府志/2853

011998497 文山壮族苗族自治州党群志1927.3-1996.3/2853

010201612 文山壮族苗族自治州畜牧志/2854

012638648 文山壮族苗族自治州检察志/2853

011806025 文山州广播电视志/2854

011585065 文山州文化艺术志/2854

013133785 文山州地方畜禽品种志/2855

013994008 文山州扶贫开发志1986-2010/2854

009511355 文山州体育志/2855

009388479 文山州林业志/2854

011066893 文山州金融志/2854

009411844 文山州战备支前志/2853

010239071 文山州科技志初稿/2855

011328163 文山州统战志/2853

013603328 文山州档案志/2854

009399181 文山县人民代表大会志1950-2000/2855

008427816 文山县地名志/2855

008487343 文山县志/2855

009399177 文山县财政志/2855

011590010 文山烟草志1984-2005/2854

008532335 文艺志资料/1401

013899666 文水中学校志/362

009561598 文水县农业志/362

008190722 文水县志/361

011998511 文水县志1986-2002/361

009889856 文水县志送审本/361

013959464 文水县体育志/362

009881337 文水县政府志/362

013994010 文水县教育志/362

009881335 文水县商业志/362

011998503 文水解放60年志略1943-2008/362

008411244 文化艺术志/1888

008532359 文化艺术志资料汇编/1401

009105941 文成人民代表大会志/1033

009046562 文成华侨志/1033

008450498 文成县地名志/1033

007585935 文成县志/1033

008379681 文成县教育志/1033

009157319 文成县教育续志1991-2002/1033

008838790 文安县土地志/235
008534584 文安县水利志/235
008913914 文安县地名资料汇编/235
009380855 文安县交通志/235
008053800 文安县志/235
013660383 文安县供销合作志/235
008594666 文县志/3076
012052037 文张村志/1440
013342678 文昌县文物志/2352
008665478 文昌县志/2352
008844895 文峪河志/356
010140308 文峰区志送审稿/1711
009397168 文集村志/165
010010341 文登一中志 1952-2001/1548
012613313 文登水利志/1548
012814405 文登电业志/1547
011909075 文登电业志 1926-1997/1547
008452371 [文登史志丛书]文登学人/1548
013321147 文登市人民代表大会志/1547
011792968 文登市农机志 1814-2005/1548
007473430 文登市志/1547
011954061 文登市国土资源志/1547
011312055 文登市国土资源志讨论稿/1547
012506283 文登市盐业志 1730-1990/1547
013689608 文登民政志/1547
008664535 文登师范志 1930-2000/1548
012662390 文登交通志/1547
012252735 文登县城乡建设志 556-1985/1547
010275844 文登县商业志 1912-1983/1547
013012696 文登党校志 1950-2010/1547
014052347 文登教育志 1991-2010/1548

方

009480336 方山乡志/1101
013221117 方山县人民法院志/366
004715720 方山县志/366
003409043 方正县志/665
011995605 方正县建设环境保护志 1947-2007/665
013373455 方松街道志/774
007684048 方城民俗志/1775
013626287 方城县土地志/1775
007900137 方城县志/1775
009381407 方城县函授志 1987-1996/1775
010735965 方城县经贸志/1775
007506812 方城县教育志/1775
012679305 方城县教育志 1978-2005/1775
008486325 方城县粮食志/1775
008170876 方泰乡志/760
013626292 方圆集团志 1970-2011/1489
013404077 方强农场志 1986-2011/925

火

008668394 火箭农场志/3178

斗

008990634 斗门县水利志/2176
009000415 斗门县志/2176
013647344 斗门县志 1991-2000/2176

户

013222244 户县人民代表大会志 1949-2010/2950
013415273 户县水利志送审稿/2951
009688434 户县文物志/2950
009244995 户县军事志/2950
013897574 户县审判志/2950
013143950 户县第一中学志 1941-1991/2950

尹

012256510 尹山庄村志/1543

013133978 尹方村志/320

012723408 尹庄镇志 1949-2008/1762

引

010278945 引沁灌区志/1737

巴

009840853 巴马瑶族自治县土地志/2331

007685887 巴马瑶族自治县水利电力志/2331

008538970 巴马瑶族自治县地名集/2332

009346515 巴马瑶族自治县志/2331

014318079 巴中市巴州区志 1994-2005/2576

012995237 巴中市巴州区国税志 1986-2003/2577

012995242 巴中市巴州区教育志 1912-2003/2577

010201403 巴中市电力公司志/2574

013859310 巴中市电业志 1951-2008.6/2575

012753128 巴中市地方税务志 1912-2001.8/2575

013922811 巴中市灾后恢复重建志/2574

014026329 巴中市社会保险志 1986-2003/2575

013140874 巴中市环境保护志 1979-2006/2576

012967338 巴中市林业志 1910-2005/2574

009867104 巴中市国土志/2576

012967344 巴中市审计志/2574

012950341 巴中市旅游志 1979-2006/2575

013702855 巴中市畜牧食品志 1912-2003/2574

010201249 巴中市烟草志/2575

011570332 巴中市烟草志/2575

013625849 巴中地区人民银行志 1950-2000/2575

010201246 巴中地区广播电视志 1936-2000/2576

012967331 巴中地区交通志 1911-2000/2575

011756374 巴中地区志 公安志 1902-2000/2574

012967327 巴中地区财政志/2575

010201400 巴中师范附属实验小学志 1932-1999/2576

010201255 巴中县工业局志/2575

010201262 巴中县文化志/2576

010201251 巴中县(市)林业志 1986-2000/2576

008669329 巴中县民政志/2574

007490456 巴中县志/2574

009002451 巴中县志 1986-1993/2574

010201256 巴中县金融志/2575

010201263 巴中县组工志/2574

010201259 巴中县总工会志/2574

010201258 巴中县盐业志/2575

008377904 巴公发电厂志 1968-1995/307

010231677 巴公镇志/306

012173662 巴东县电力工业志 1933-2005/1947

013751438 巴东县民族志/1948

007477998 巴东县志/1947

012742145 巴东县金融志 1935-1985/1947

010201239 巴东县城乡建设志/1947

010142785 巴东县烟草志/1947

011890436 巴东县移民志 1971-2005/1947

012995246 巴州区发展计划志 1910-2002/2576

013922814 巴州区农村合作金融志 1935-2002/2577

013646819 巴州政协志/3198

008143615 巴县志/2379

007478028 巴里坤哈萨克自治县志/3178

012658101 巴林左旗公路交通志/404

011584711 巴林左旗地名志/404

009174450 巴林左旗志/404

009783195 巴林左旗志/404

009398421 巴林左旗志送审稿/404

013817963 巴林左旗政协志/404

008594508 巴林左旗教育志/404

009687513 巴林右旗人民代表大会志 1950-2004/405

002758209 巴林右旗志/404

012809881 巴林右旗志 1987-2006/404

013140870 巴林右旗邮电志/405

013140867 巴林右旗供销合作社志/405

009398328 巴林右旗畜牧志/405

008051782 巴城镇志/899

012249640 巴音沟牧场志/3216

013402774 巴音郭楞职业技术学院志 2002-2011/3199

007482392 巴音郭楞蒙古自治州志/3198

013090702 巴音郭楞蒙古自治州金融志/3198

010473843 巴彦县文艺志/666

003807922 巴彦县志/666

012995177 巴彦鄂温克民族乡志/431

009244738 巴彦淖尔电业志 1950-1996/432

012249634 巴彦淖尔市水利志/432

012809884 巴彦淖尔市民政志/431

012132432 巴彦淖尔市军事志 前300-2005/431

012995228 巴彦淖尔市财政志 1986-2006/433

013126149 巴彦淖尔统计志至2005/431

009398334 巴彦淖尔盟土地志/432

008383012 巴彦淖尔盟公路交通志/432

008197469 巴彦淖尔盟志/431

008950203 巴彦淖尔盟志评审稿/431

008660851 巴彦淖尔盟邮电志/432

008983817 巴彦淖尔盟邮电志续编/432

009840164 巴彦淖尔盟国家税务志评审稿/432

011496824 巴彦淖尔盟政协志 1955.4-2004.7/431

008594373 巴彦淖尔盟税务志/432

008866699 巴彦淖尔盟疆域志征求意见稿/433

011311821 巴渝文化(艺术)馆志/2369

007905734 巴塘县志/2607

009002440 巴塘县志续编/2607

008637238 巴楚县志/3187

009677926 巴楚邮电志/3187

012107881 巴蜀文化志修订本/2410

孔

012175681 孔子志/1397

012175676 孔尚任志/1402

010143814 孔尚任志/1403

邓

013528829 邓川奶粉厂志 1959-1989/2879

013128839 邓曲村志/349

013819248 邓州市电业志 1995-2000/1774

008821966 邓州市志/1774
009839599 邓州市志 1990-2000/1774

双

013333766 双口镇志/96
008487170 双丰林业局志/697
013630048 双王庄村志/307
013822713 双凤镇志/903
012252564 双石屋村志/1440
009254107 双龙风景名胜区志/1063
013510570 双龙镇志/395
011311793 双辽市文化体育志/613
010199810 双辽发电厂志 1988-2001/613
010776975 双辽县水利志/613
008661349 双辽县志/613
013225863 双台子区志 1985-1996/557
011067239 双江拉祜族佤族布朗族傣族自治县水利志/2830
013660318 双江拉祜族佤族布朗族傣族自治县民族志/2830
008386603 双江拉祜族佤族布朗族傣族自治县志/2830
012051937 双江拉祜族佤族布朗族傣族自治县教育志/2830
009245178 双江政协志 1963-2003/2830
010776961 双阳县水利志/592
009385079 双阳县文物志/592
008444995 双阳县地名志/592
007657482 双阳县志/591
013959383 双阳县教育志/592
013959385 双阳县教育志 1986-1995/592
008446414 双沟镇志/861
013706338 双沟镇志/938
012099927 双环公司志/1906

013067210 双河乡志 1911-1992/2751
009411561 双城市土地志/663
011188566 双城民间文学集成/663
010469283 双城县文艺志/663
007902354 双城县志/663
009411557 双城县粮食志 1814-1985/663
009840417 双柏县水利志/2837
007818003 双柏县志/2837
010474219 双柏县林业志/2837
006362069 双鸭山市志/684
009744051 双鸭山市烟草志/684
008445188 双鸭山发电厂志 1984-1994/684
009814601 双鸭山农场志 1947-1987/684
012174913 双鸭山农场志 1988-2000/684
008385309 双鸭山林业局志/684
008385298 双鸭山矿务局志 1914-1985/684
009348754 双鸭山矿务局志 1986-1992/684
012266323 双峰人物志/2107
009335397 双峰乡志/1364
013899457 双峰县军事志 1840-2005 内部版/2107
009335620 双峰县志/2107
008671973 双流中学志/2447
013002524 双流中学志 1995-2009/2447
012542917 双流县人口和计划生育志 2005年本/2444
013510556 双流县人事志 2005年本/2445
012252547 双流县万安镇志 2005年本/2444
013131245 双流县中和镇志 2005年本/2444
010250954 双流县水利电力志/2445
012722427 双流县公安志 2005年本/2445
013936379 双流县公安局交通警察志 1987

-1996/2445

013510566 双流县文化志/2446

011955461 双流县计经工业志 2005 年本/2446

012542907 双流县东升镇志 2005 年本/2444

013510553 双流县民政志/2445

013067222 双流县共青团志 2005 年本/2444

012542913 双流县合江镇志 2005 年本/2444

013991530 双流县交通志 2005 年本/2443

013991531 双流县农机志 2005 年本/2447

012662285 双流县农村金融志 1911-1985/2446

012252542 双流县妇女工作志 2005 样本/2445

007905704 双流县志/2443

013660321 双流县志 1986-2005/2444

012662280 双流县劳动和社会保障志 2005 年本/2445

012722420 双流县财政志 2005 年本/2446

013936381 双流县国土志/2447

013510551 [双流县]供销社志/2446

012662278 双流县金融志 2005 年本/2446

011998294 双流县房管志 2005 年本/2445

014050271 双流县建设志 2005 年本/2445

011998298 双流县科技志 2005 年本/2446

009677871 双流县烟草志/2445

013706357 双流县教育志/2446

013936383 双流县教育志 2005 年本/2446

011955454 双流县黄甲镇志 2005 年本/2444

012051939 双流县第二人民医院志 1984-2007/2447

013510559 双流县税务志/2446

012814221 双流县煎茶镇志 2005 年本/2444

010107794 双堆区志/1148

013342581 双盛镇志/2472

013936385 双清区军事志 1840-2005 内部版/2032

013002528 双塔游览志/261

011805920 双牌县志/2089

009348088 双牌灌区志/2089

009554079 双街镇志/96

008848335 双湖村志/2019

008894205 双溪乡志/3239

008992001 双溪中心小学校志 1950-2000/2528

书

012638815 书院村志/1439

013320984 书院街志/1905

009799344 书院镇志/765

五画

玉

009687499 玉山县水利志/1379

008848182 玉山县交通志/1379

012175217 玉山县交通警察志/1379

008818328 玉山县志/1378

009744824 玉山县志 1979-2000/1378

007351333 玉山县政协志/1378

009386348 玉山县教育志/1379

008817630 玉山镇志/900

007905715 玉门市志/3066

013323132 玉门市志 1988-2004/3066

011793402 玉门油田志 1939-1986/3066

013824276 玉龙纳西族自治县政协志/2812

008533271 玉田县地名资料汇编 玉田县地名志/151

007809555 玉田县志/151

009380902 玉田县金融志/151

013133981 玉兰村志/360

012317104 玉祁镇志/829

010118546 玉环坎门镇志/1095

008662195 玉环县土地志/1095

009688855 玉环县电力工业志/1095

008446592 玉环县民政志/1095

008450508 玉环县地名志/1095

007479128 玉环县志/1094

012689896 玉环县邮电志/1095

012175212 玉环县政协志/1095

008021675 玉环楚门镇志/1094

008595970 玉林市土地志/2316

008665404 玉林市水利电力志/2317

011957269 玉林市农业志/2316

007488634 玉林市志/2316

013236295 玉林市邮电志/2317

008539712 玉林市教育志/2317

013939724 玉林市教育教学研究志 1956-2008/2317

011311361 玉林高中校志 1908-1998/2317

012900207 玉岩村志/1104

013323126 玉河镇志/2482

012662835 玉树"4·14"抗震救灾影像志/3108

009688168 玉树州志/3108

009673746 玉树村志/2149

008838417 玉树藏族自治州金融志/3108

008195137 玉泉区志/384

009016805 玉泉观志/3048

008672215 玉津镇志 1911-1999/2525

013379490 玉屏侗族自治县人民代表大会志/2681

008086955 玉屏侗族自治县水利电力志 贵州省/2681

008488266 玉屏侗族自治县志/2681

013072810 玉屏侗族自治县志 1991-2005/2681

012100768 玉屏侗族自治县志 1991-2005 讨论稿/2681

009688736 玉屏侗族自治县粮食志/2681

011500814 玉柴厂志 1951-1991/2317

008838954 玉渊潭公园志/57

008488270 玉溪方志提要/2776

009818121 玉溪方言志/2774

011294947 玉溪电力工业志/2773

012723420 玉溪市人口志/2772

009106161 玉溪市人民代表大会志/2772

012814533 玉溪市人民代表大会志/2772

011294704 玉溪市人民医院志/2775

009818303 玉溪市土地志/2777

013706863 玉溪市卫生志/2775

013707159 玉溪市卫生志 1989-2005 送审稿/2775

010293937 玉溪市乡镇简志/2771

013661570 玉溪市水利志/2776
009818316 玉溪市文工团志/2774
013901147 玉溪市文化艺术志 1978-2005 /2774
013353526 玉溪市计划生育志/2771
012956618 玉溪市对外经济贸易志/2774
012317110 玉溪市老年人体育志 1984-2006 /2774
012612997 玉溪市地震志/2775
009818346 玉溪市自来水公司志/2772
009818343 玉溪市州城志/2771
009818260 玉溪市军事志/2772
013133985 玉溪市农经志 1952-2005/2773
012900203 玉溪市妇联志/2772
007913524 玉溪市志/2771
013464258 玉溪市体育志/2774
009818259 玉溪市金融志/2774
013604584 玉溪市城乡建设环境保护志/2776
013706967 玉溪市研和区志/2776
009818264 玉溪市粮食志 1989-2005/2773
012956621 玉溪司法志/2772
008597833 玉溪地区卫生志/2775
009700569 玉溪地区水利志/2775
012900185 玉溪地区民政志/2772
009818273 玉溪地区民族志/2775
009388644 玉溪地区曲艺志/2775
012900231 玉溪地区交通志/2773
008416666 玉溪地区农业志/2773
008488269 玉溪地区志/2771
009399285 玉溪地区林业志/2772
009688739 玉溪地区金融志/2774
008597836 玉溪地区科技志/2774
010242591 玉溪地区旅游志/2773

008423047 玉溪地区烟草志/2773
012878882 玉溪地区教育志/2774
013604583 玉溪地区商业志/2773
013901142 玉溪地区税务志/2774
012837759 玉溪地区粮油志/2773
007511840 玉溪县志资料选刊/2771
013686530 玉溪财贸学校志/2774
012878885 玉溪统战志/2772
011590018 玉溪烟草志/2773

未

013603424 [未央区]民政志/2937
009411661 未央区志/2945
009010240 未央区志送审稿/2945

邗

009338336 邗江县土地志/937
008817774 邗江县水利志/937
007425700 邗江县志/936
012541621 邗江县志 1988-2000/936
010252455 邗江县教育志 1547-1987/937

打

008421436 打鼓乡志/2467

巧

013772824 巧报镇志/385
008667604 巧家县工业志/2804
008219500 巧家县志/2804
013066958 巧家县教育志 1978-2005/2805
009995639 巧家县粮油志/2804

正

011564467 正仪镇志/900
012837842 正宁县志/3072
012506646 正宁县国土资源志/3072
012878955 正安县人大志/2658

009411484 正安县卫生志/2658	009242636 甘井子区政协志 1950-1955 1984-1994/507
008539964 正安县地名志/2658	012503972 甘井子区政协志 1995-2007/507
008471205 正安县志/2658	012872304 甘州农村信合志 1952-2006/3059
013190075 正安县志 1978-2007/2658	008453872 甘谷县志/3052
013961357 正安县财政志/2658	013989038 甘谷政协志 1949.10-2009.9/3052
012636613 正安县林业志/2658	012952015 甘谷教育志/3052
013512012 正安县政协志/2658	012872301 甘沟中学校志/3065
011321164 正阳人物志/1808	012998938 甘孜州人大志 1950-2010/2600
009348018 正阳县地名志/1808	013860526 甘孜州人口志/2600
009382367 正阳县曲艺志/1808	007975014 甘孜州志/2600
007807152 正阳县志/1808	012811273 甘孜州志 1991-2005/2600
010101644 正阳县志初稿/1808	010201299 甘孜州邮电志/2601
012837880 正阳县志 1986-2000/1808	013314435 甘孜州佛教协会志/2600
012545721 正定广播电视志/136	010686752 甘孜州烟草志/2601
012970786 正定农村金融志/136	010201296 甘孜州康定电力公司志/2603
012769581 正定县人民法院院志 1938-1997/136	008670029 甘孜县志/2605
009412686 正定县土地志/136	009016164 甘孜县志续编/2605
008533795 正定县地名资料汇编/136	012758811 甘孜藏族自治州工商行政管理志 1950-1993/2601
003183765 正定县志/135	012758815 甘孜藏族自治州工商行政管理志 1994-2005/2601
012612903 正定县志 1986-2005/135	013772613 甘孜藏族自治州文化艺术志 1991-2005/2602
009397203 正定教育志/136	008429604 甘孜藏族自治州民族志/2602
013961360 正蓝旗人民代表大会志 1946-2007/448	012658502 甘孜藏族自治州地方税务志 1994-2005/2601
009561084 正镶白旗志/448	013222030 甘孜藏族自治州劳动保障志 1949-2010/2601
010010297 正镶白旗志验收稿/448	009387548 甘孜藏族自治州医药卫生志/2602

邛

012969481 邛崃市志 1986-2005/2441
009677865 邛崃市烟草志/2442
009867280 邛崃县水利电力志/2442
007378052 邛崃县志/2441

甘

007884879 甘井子区志/506

009840276 甘孜藏族自治州林业志/2601

013306871 甘孜藏族自治州物价志 1949-2005/2601

013860523 甘孜藏族自治州法院志 1911-2005/2600

009082543 甘孜藏族自治州政协志/2600

013925248 甘孜藏族自治州政府法制志 1984-2011/2601

011431436 甘孜藏族自治州畜牧志/2601

011497718 甘孜藏族自治州教育志/2602

012049321 甘孜藏族自治州教育志 1991-2005/2602

013506760 甘孜藏族自治州新闻志 1991-2005/2602

012810609 甘孜藏族自治州藏戏志/2602

012541939 甘肃60年图志/3025

011579831 甘肃人民广播电台志/3038

008338462 甘肃人民出版社志/3038

012952024 甘肃土种志/3029

011320036 甘肃小麦品种志 1950-1987/3029

009348554 甘肃中草药资源志/3029

001737959 甘肃风物志/3028

011329334 甘肃方志通览/3028

008959313 甘肃甘南风物志/3082

013329737 甘肃石窟志/3067

012658463 甘肃电力抗震救灾志/3026

012658477 甘肃电信精神文明建设志 1979-2002/3026

012680398 甘肃兰州西固区志 1991-2005/3041

013860518 甘肃兆远集团志/3036

012264268 甘肃祁连山国家级自然保护区志/3059

007662815 甘肃农村金融志 1949-1988/3027

012998931 甘肃劳改工作志 1949-1989/3026

013703924 甘肃林木病虫图志/3029

009959540 甘肃果树志/3029

009336890 甘肃河西走廊风物志/3028

011497044 甘肃省人民代表大会志 初审稿/3026

009336806 甘肃省小陇山高等植物志/3050

011497699 甘肃省天水市土壤志/3050

012679324 甘肃省木材总公司志 1954-2008/3035

011497701 甘肃省中医院院志 1953-1999/3039

012658489 甘肃省水力发电工程学会会志/3040

011497700 甘肃省玉门市土壤志 初稿/3066

011954009 甘肃省叶甲科昆虫志/3028

013626431 甘肃省电力工业志 1991-2002/3026

013956994 甘肃省白银市靖远兴堡川电灌工程志 1976.7-1994.12/3047

011497041 甘肃省宁县土壤志/3072

011325418 甘肃省民兵英模人物志/3028

013703926 甘肃省地方税务志 1994-2010/3026

011943626 甘肃省地震监测志/3028

011579852 甘肃省西和县尖崖沟铅锌矿志/3077

013091056 甘肃省伊斯兰教教志 初审稿/3025

013925194 甘肃省庆阳市净石沟煤矿志/3069

012191830 甘肃省妇幼保健院志 1942-2002 /3039
006088028 甘肃省志/3019
010777088 甘肃省志 标准质量志 初稿/3019
008599817 甘肃省志第1卷 概述/3019
008599814 甘肃省志第2卷 大事记/3020
011804350 甘肃省志第3卷 共产党志/3020
009683649 甘肃省志第4卷 政权志 人大/3020
009042986 甘肃省志第5卷 公安志/3020
008680719 甘肃省志第6卷 检察志/3020
008512793 甘肃省志第7卷 审判志/3020
012541541 甘肃省志第8卷 司法行政志/3020
008680831 甘肃省志第9卷 民政志/3020
008994296 甘肃省志第10卷 军事志/3020
008680863 甘肃省志第10卷 军事志 人民防空/3020
009042960 甘肃省志第12卷 地震志/3020
009336611 甘肃省志第13卷 气象志/3020
008680422 甘肃省志第14卷 测绘志/3021
008842712 甘肃省志第15卷 经济计划志 计划/3021
009173842 甘肃省志第16卷 统计志/3021
009441460 甘肃省志第17卷 审计志/3021
009043169 甘肃省志第18卷 农业志/3021
009336649 甘肃省志第19卷 农垦志/3021
008680827 甘肃省志第20卷 林业志/3021
008599830 甘肃省志第21卷 畜牧志/3021
009336662 甘肃省志第22卷 渔业志/3021
008680885 甘肃省志第23卷 水利志/3021
009336671 甘肃省志第24卷 农业机械化志/3021
008680710 甘肃省志第25卷 机械工业志/3022
008680690 甘肃省志第26卷 电力工业志/3022
009043152 甘肃省志第27卷 石油化工志/3022
012609837 甘肃省志第28卷 妇女志/3022
011473025 甘肃省志第29卷 政协志/3022
011473018 甘肃省志第30卷 旅游志/3022
009336782 甘肃省志第31卷 煤炭工业志/3022
008842706 甘肃省志第32卷 建设志/3022
011328752 甘肃省志第33卷 环境保护志/3022
009336812 甘肃省志第34卷 建材工业志/3022
008680847 甘肃省志第35卷 轻纺工业志 二轻/3022
011954022 甘肃省志第36卷 乡镇企业志/3023
009336833 甘肃省志第37卷 财税志/3023
009336853 甘肃省志第39卷 航运志/3023
008994293 甘肃省志第40卷 铁路志/3023
009082406 甘肃省志第41卷 民航志/3023
009336916 甘肃省志第42卷 邮电志/3023
008599819 甘肃省志第43卷 军事工业志/3023
008680770 甘肃省志第44卷 金融志/3023
008680419 甘肃省志第45卷 标准化与质量志/3023
009336998 甘肃省志第46卷 计量志/3023
008599825 甘肃省志第47卷 物资志/3023
009061911 甘肃省志第48卷 储备物资志/3024
008599822 甘肃省志第49卷 商业志/3024

008512792 甘肃省志第50卷 供销合作社志/3024

009337009 甘肃省志第51卷 工商行政管理志/3024

009742393 甘肃省志第53卷 外经贸志/3024

008994302 甘肃省志第54卷 民主党派工商联志/3024

009115588 甘肃省志第55卷 群众团体志 工会/3024

010280104 甘肃省志第56卷 外事志/3024

009337033 甘肃省志第57卷 人事志/3024

011954019 甘肃省志第58卷 劳动志/3024

009337078 甘肃省志第60卷 科学技术志/3024

010779399 甘肃省志第61卷 社会科学志 古代-1990/3025

009337093 甘肃省志第63卷 新闻出版志 出版/3025

011564567 甘肃省志第64卷 广播电影电视志/3025

013369838 甘肃省志第66卷 烟草志/3025

008842710 甘肃省志第67卷 医药卫生志 卫生/3025

008680895 甘肃省志第68卷 体育志/3025

008994052 甘肃省志第69卷 人口志/3025

009234432 甘肃省志第70卷 民族志/3025

009742395 甘肃省志第71卷 宗教志/3025

012718811 甘肃省志人事志 1989-2007/3019

010779389 甘肃省志社会科学志 1991-2000/3019

012831463 甘肃省志林业志 1986-2005/3019

013528904 甘肃省志监察志 1950-2007/3019

011757863 甘肃省志教育志 1987-2005 征求意见稿/3019

013143687 甘肃省医药卫生简志 216-1985/3028

012998934 甘肃省体育工作第一大队史志/3038

009265465 甘肃省冶金科学技术志/3027

011497035 甘肃省陇西县土壤志 初稿/3074

010732085 甘肃省陇南冬小麦农家品种志/3076

008453868 甘肃省武威县地名资料汇编/3054

013989041 甘肃省卓尼县军事志 至2006/3083

011497037 甘肃省岷县土壤志/3075

011292461 甘肃省金属材料公司志 1963-1985/3035

011579838 甘肃省建材化轻公司志 1963-1985/3035

012658483 甘肃省建筑工程总公司海外志 1978-2008/3035

009378300 甘肃省建筑总公司志 1949-1989/3035

013956998 甘肃省肃北蒙古族自治县人民代表大会志 1949-2010/3068

013897123 甘肃省肃南裕固族自治县土壤志/3061

009399125 甘肃省经济植物病害志/3029

013647466 甘肃省轻工业物资公司志 1984-1991/3035

012831452 甘肃省科协所属学会志/3028

011294283 甘肃省皇城绵羊育种试验场志/3061

013957002 甘肃省宣传思想志 1949.10-1983.12/3026

008453811 甘肃省畜禽疫病志/3029

013819379 甘肃省烟草行业志 兰州烟草志 2001-2010/3035

013703936 甘肃省烟草行业志 庆阳烟草志 2001-2010/3069

013866400 甘肃省烟草行业志 金昌烟草志 2001-2010/3044

009189028 甘肃省烟草行业志 定西烟草志/3073

013866405 甘肃省烟草行业志 定西烟草志 2001-2010/3073

009988792 甘肃省烟草行业志 首卷 甘肃省烟草志/3026

013925218 甘肃省烟草行业志 酒泉 嘉峪关烟草志 2001-2010/3065

009107138 甘肃省烟草行业志 第1卷 兰州卷烟厂志/3035

009234444 甘肃省烟草行业志 第2卷 天水卷烟厂志/3049

009107133 甘肃省烟草行业志 第3卷 合水雪茄卷烟厂志/3072

009198072 甘肃省烟草行业志 第4卷 庆阳烟草志/3070

009145238 甘肃省烟草行业志 第5卷 平凉烟草志/3062

009234440 甘肃省烟草行业志 第6卷 白银烟草志/3046

009189037 甘肃省烟草行业志 第7卷 兰州烟草志/3036

009227060 甘肃省烟草行业志 第8卷 陇南烟草志/3076

009145248 甘肃省烟草行业志 第9卷 张掖烟草志/3058

009198075 甘肃省烟草行业志 第11卷 酒泉 嘉峪关烟草志/3044

009250599 甘肃省烟草行业志 第12卷 武威烟草志/3054

009250651 甘肃省烟草行业志 第14卷 金昌烟草志/3044

009399585 甘肃省烟草行业志 第15卷 临夏烟草志/3079

009399086 甘肃省烟草行业志 第16卷 敦煌烟草志/3067

013091054 甘肃省梨树志/3029

012139123 甘肃省康复中心医院志 1991-2008/3039

008994323 甘肃省景泰川电力提灌第二期工程古浪灌区志/3056

012049313 甘肃省景泰县地名志/3048

011497031 甘肃省敦煌县土壤志 初稿/3067

013528901 甘肃省煤炭工业志 1949-1959/3026

013091050 甘肃省静宁县农牧志/3064

013925192 甘肃科技志 大事记/3027

013925246 甘肃送变电工程公司志 1958-2010/3036

008453808 甘肃脊椎动物志/3028

012967553 甘肃探矿机械厂志 1957-2007/3026

009878644 甘肃植物志/3028

011497028 甘肃蜜源植物志/3029

009411406 甘南人大志/3081

011188596 甘南民间故事集成/677

007902476 甘南县志/677

012952019 甘南县志 1986-2005/677

012810605 甘南县信访志/677

009198296 甘南政协志/3081

007661142	甘南树木图志/3082
010061684	甘南歌谣谚语集成/677
011579825	甘南藏族自治州土地志/3082
008835772	甘南藏族自治州卫生志/3082
008601015	甘南藏族自治州公路交通史/3082
008618491	甘南藏族自治州志/3081
009378295	甘南藏族自治州林业志/3082
008848331	甘南藏族自治州金融志/3082
008453878	甘南藏族自治州畜牧志/3082
008453879	甘南藏族自治州藏医志/3082
012191827	甘泉县军事志前358-2005/2995
008036517	甘泉县志/2995
009216938	甘泉宫志/2995
012096713	甘洛县公安志1986-2006/2618
008430220	甘洛县志/2617
008949794	甘家口街道志/56
010687008	甘棠镇志/1275
010475768	甘旗卡一中志1958-1997/412
009157141	甘德县志/3107

古

013507790	古丈县土壤志/2114
009686265	古丈县民政志/2114
012636983	古丈县民族志/2114
003807916	古丈县志/2114
013091078	古夫镇志1949-2003/1881
008486407	古今涿州志要/186
012139128	古书院矿志1958-2007/298
013045530	古田会议人物志/1277
012139129	古田县土地志/1277
008914172	古田县地名录/1277
008051690	古田县志/1277
012952036	古田临水宫志/1277
013507789	古田溪水力发电厂志/1277
012049379	古尔图牧场(镇)志/3215
008841141	古交市交通志/267
008015400	古交志/266
008379697	古交矿区建设志/266
013507787	古交矿区总医院志1991-2011/267
010293885	古交供电志1958-2005/266
013129041	古交教育志/267
011564596	古邳志/861
008813609	古县志/351
011473044	古县财政志/352
012191839	古县牡丹志/352
013129047	古县现代人物志/352
013362664	古县常德百年图志/2053
012504011	古里镇志/892
009959820	古城镇志/350
011480421	古桃园村志/347
008453884	古浪县水利电力志/3056
008453882	古浪县志/3056
012967564	古浪县志1991-2007/3056
008596054	古砦乡志/2291
012541546	古砦仫佬族乡志1999-2009/2290
007660504	古常山郡新志/1080
009298074	古傩史料湖北方志卷/1822
013704029	古路口乡志/1525
008670044	古蔺县志/2468
012049386	古蔺县志1986-2002/2469

本

013037889	本钢一建公司志1976-2010/529
009147485	本钢志/529
013308908	本钢歪头山铁矿志/529

008594656 本钢钢铁研究所志/529

010009683 本钢修建公司志 1959-1986/529

011563676 本钢胸科医院院志 1954-1994/531

013506555 本钢职工工学院志 1956-1992/529

010009423 本钢焦化厂志 1936-1985/529

012831136 本溪广播电视大学校志 1979-2009/530

013923841 本溪广播电视志/530

010277945 本溪卫生志 1826-1985 续篇 1986-1989/531

013699111 '95本溪水灾志/531

011563729 本溪化工学校校志 1980-2000/530

011320519 本溪文化志/530

011311844 本溪电业局志 1908-1985/529

012096394 本溪市人事局志/528

011067175 本溪市工会志/528

011068422 本溪市天主教志初稿/528

011563741 本溪市中心医院志 1954-2004/531

010009745 本溪市中心医院院志 1954-1993/531

010279112 本溪市民政志/528

011563734 本溪市地震志送审稿/531

011068424 本溪市伊斯兰教志初稿/528

007902372 本溪市志/528

009242339 本溪市劳动志/529

009242342 本溪市南芬区村镇建设志/532

010275878 本溪市科学技术志/530

012540850 本溪市科学技术志 1986-2000/530

011068420 本溪市基督教志初稿/528

011068417 本溪市朝鲜族志初稿/531

011563736 本溪市粮食业志/530

011563742 本溪戏曲志/531

009242348 [本溪县]卫生志/532

012096389 本溪林业志/529

013090758 本溪国税志 2004-2008/530

013955603 本溪图书发行志 1915-1988/530

010140783 本溪金融志/530

010200273 本溪政协志 1950.9-2000.12/528

009312399 本溪保险志/530

010200271 本溪检察志 1924-1985/528

011578846 本溪税务志 1851-2003/530

011563732 本溪集邮志 1910-1997/530

011430374 本溪盟志 1952.8-2006.9/528

011804106 本溪满族自治县风物志/532

011452958 本溪满族自治县志/532

丙

009190846 丙麻乡志/2795

左

008471158 左云县志/274

009744895 左云县志 1991-2003/274

012507373 左氏家族志/2326

010195470 左右江革命根据地人物志/2274

012903648 左权方言志/315

010778630 左权县人民代表大会志/314

012663922 左权县人民医院志/315

008844904 左权县人物志/315

009442106 左权县文化志/315

013940925 左权县文化志 2003-2011/315

009995024 左权县电力工业志 1929-2004/315

012971006	左权县交通运输志/315
013759482	左权县政协志/314

厉

013793121	厉家庄子村村志/1551

石

012836315	石㠉村志/1189
006310070	石门水库建设志/3241
011480430	石门村志/348
011570313	石门县广播电视志 1978–2005/2062
009383752	石门县卫生志/2063
009829176	[石门县]水利志/2062
010199461	石门县地方志供销合作社志/2062
009685809	[石门县]军事志/2062
013936376	石门县军事志 1985–2005/2062
011955433	石门县志 1978–2002/2061
012952144	石门县财政志 1840–2006/2062
013965122	石门县国土资源志/2062
012051932	石门县罗坪乡寨垭村志/2061
009675374	[石门县]粮食志/2062
011570319	石门县粮食志 1978–2003/2062
013379018	石门盐业志/2062
009996577	石门街镇志/1382
009025814	石门镇志/3015
009620060	石仓村志/1103
012051924	石龙村志/1046
008216921	石市乡志/1364
013795539	石头口门水库志 1958–1992/593
009840235	石头河水库志/2961
007830795	石阡水利志/2680
012662271	石阡交通志 1990–2005/2679
011584970	石阡县文物志/2679
007913629	石阡县志/2679
009684008	石阡县劳动人事志 1941–1985/2679
009989217	石阡县金融志/2679
011908820	石阡县税务志/2679
009684010	石阡县粮食志/2679
009684005	石阡物价志/2679
011908813	石阡建设志/2679
007001962	石台县志/1185
009878459	石台煤矿志/1148
011998271	石圪当村志/1712
012107771	石老人村志/1439
008116868	石竹山志/1217
010242631	石村矿志/2334
009337620	石角塔村志/3004
011329701	石拐区志/394
008992692	石林文物志/2756
012662270	石林农村信用社志 1954–2007/2756
009554122	石林志/1713
013959380	石林彝族自治县人民代表大会志 1950.1–2011.3/2755
011294608	石林彝族自治县土地志/2756
012638819	石林彝族自治县卫生志/2757
009867357	石林彝族自治县公安志 1991–2000/2755
008974107	石林彝族自治县交通志/2756
011066384	石林彝族自治县志 1989–2000/2755
009392988	石河子市城市建设志 1950–2000/3224
009415002	石河子邮电志 1991–1998/3225
013795526	石河子国税志 1949–2011/3226
013756081	石河子经济技术开发区志 1992

-2010/3224
008668374 石河子总场志/3224
008543225 石河子热电厂志 1984-1997/3225
012969580 石河子绿洲医院院志/3226
009854124 石油二厂志 1939-1992/1770
008426281 石油二机厂志 1969-1994/1770
013336290 石油化工总厂志 1999-2009/554
009415069 石油物探局志 1961-1997/187
009411877 石油物探局第二地质调查处志 1973-2002/3180
013096379 石宝山小志/2881
013096380 石宝铁矿志 1988-2008/391
013899419 石城县卫生志/1344
007903895 石城县志/1343
012613896 石城县志 1986-2000/1344
008844396 石城邮电志/1344
012051935 石南底村志/293
011875755 石柱土家族自治县志 1986-2002/2396
007482406 石柱县志/2396
011998245 石泵厂志 1954-1989/122
011998287 石炭井区志/3131
008101491 石泉县地方志评介文集/3011
004102804 石泉县志/3011
011998282 石狮电力工业志 1924-2002/1250
013731371 石狮市人民代表大会志/1249
013991431 石狮市华侨志/1249
008451136 石狮市志/1249
013991514 石首市志 1986-2005/1917
009880071 石首市烟草志/1917
012722365 石首市教育志 1986-2005/1918
012969618 石首机构编制志/1917

011327205 石首交通志/1917
007342623 石首县志/1917
013145416 石首教育志 1866-1985/1918
008844095 石室校志/2426
009388571 石屏县土地志/2850
011320490 石屏县文物志/2850
007913485 石屏县志/2849
009678836 石屏县志 1986-2000/2849
012252529 石桥乡志/3215
011961210 石桥镇志/819
013936374 石峰区军事志 1960-2005/2001
008378047 石家庄工商银行志/124
010279138 石家庄工程技术学校校志 1952-2000/126
010252360 石家庄车辆段段志/122
013131235 石家庄风物志/126
013706326 石家庄电力工业学校志/126
008863914 石家庄印钞厂志/122
011763495 石家庄印钞厂志 1991-2000/122
012099918 石家庄市人民防空志 1947-2007/121
009310422 石家庄市土地志/121
008377988 石家庄市工商行政管理志/121
008378044 石家庄市卫生志/127
012613892 石家庄市井陉矿区人大志/129
011295627 石家庄市井陉矿区志/129
008006144 石家庄市长安区志/128
012638824 石家庄市长安区志 1991-2005/128
010577295 石家庄市长安区志征求意见稿/128
010278909 石家庄市公安局长安分局志

1956-1996/128

008378027 石家庄市公路交通志/123

011320051 石家庄市公路运输工会志/120

009380888 石家庄市文化志/124

010278313 石家庄市文化志征求意见稿/124

008378034 石家庄市电信志1906-1990/123

013629889 石家庄市司法行政志送审稿/121

009380893 石家庄市民政志/120

008533981 石家庄市地名志/127

008382873 [石家庄市]防空志/121

007588014 石家庄市志/120

009412717 石家庄市志简本/120

008377945 石家庄市邮政志/123

010577203 石家庄市财经学校校志1963-1999/123

008377950 石家庄市财政志/124

012722358 石家庄市财政志1991-2007/124

008378001 石家庄市纺织工业志1921-1990/122

008377939 石家庄市环境保护志/128

007792964 石家庄市郊区志/130

011066965 石家庄市郊区财政志1948-1995/130

013185784 石家庄市郊区教育志1941-1989/130

010139905 石家庄市城乡建设局志/121

010778635 石家庄市政协志1952-2007/120

008378053 石家庄市科学技术志/127

011763488 石家庄市统计志1947-1990/120

011584965 石家庄市档案志/124

013629884 [石家庄市桥东区]检察志/128

010252716 石家庄市桥西区国家税务局志/129

009310418 石家庄市桥西区教育志/129

013462581 石家庄市特殊教育学校志1957-2007/126

007561128 石家庄市教育志1902-1988/125

012099916 石家庄市第一中学校志1947-2007/125

012208213 石家庄市第一商业学校校志1970-1999/126

012877175 石家庄市第二中学志1998-2008/125

008378008 石家庄市税务志/124

013706335 石家庄市裕华区塔冢志/130

008974102 石家庄市新华区教育志/129

011890969 [石家庄市新华区]检察志/129

008377956 石家庄市粮食志/123

010251362 石家庄地区卫生志/127

009174316 石家庄地区五十年大事记/120

009310410 石家庄地区水利志/122

008487150 石家庄地区公路志/123

009240409 石家庄地区方言志/126

011763481 石家庄地区地名录/126

007585877 石家庄地区志/120

013145413 石家庄地区体育志/126

009959815 石家庄地区科学技术志/127

008288908 石家庄地区集镇志/120

010252168 石家庄农村金融志/124

010577238 石家庄邮政高等专科学校志1956-1993/123

013342570 石家庄拖拉机厂厂志/122

012722352 石家庄科技工程职业学院志

1924-2010/125

008534639 石家庄热电厂志 1954-1988/122

010292621 石家庄铁道学院志 1950-1996/128

010577350 石家庄铁道学院院志 1950-1991 初稿/125

008487157 石家庄铁路分局志 1897-1990/123

007801693 石家庄铝厂史志 1970-1990/121

013131241 石梅小学志/896

008614831 石渠县志/2606

009388336 石渠政协 1950-1998/2606

012969592 石棉县人民代表大会志 1986-2002/2571

012969596 石棉县人民政府志 1952-2000/2571

013775244 石棉县卫生志 1985-2000/2572

012969582 石棉县丰乐乡志 1952-2000/2570

011068517 石棉县文化志/2572

012969585 石棉县计划生育志 1986-2000/2571

013775243 石棉县民政志 1986-2005/2571

012969598 石棉县先锋藏族乡志 1952-2000/2570

011068515 石棉县安顺彝族乡志/2570

012969590 石棉县农业志 1952-2000/2572

014050266 石棉县农村信用合作社联合社社志 1954-2000/2572

008470863 石棉县志/2570

011068520 石棉县志 建置政区/2570

012684722 石棉县志 1986-2000/2570

013002503 石棉县财政志/2572

009411679 石棉县林业志/2571

008671856 石棉县国土志/2571

008421982 石棉县金融志/2572

013002507 石棉县草科藏族乡志 1952-2000/2570

013002511 石棉县畜牧志 1986-2000/2571

013002515 石棉县宰羊乡志 1950-2006/2571

012969587 石棉县教育志/2572

008671861 石棉县税务志/2572

012506184 石棉县税务志 续 1986-2000/2572

012969614 石棉县新民藏族彝族乡志 1952-2000/2571

012969606 石棉县蟹螺藏族乡志 1952-2000/2570

011998276 石景山区水利志/55

013795537 石景山区文物小志/55

011067797 石景山发电总厂志/55

009335859 石牌村志/2149

008874849 石牌镇志/900

013660314 石湖荡镇志/774

009688442 石湾镇志/3005

009700927 石鼓镇志/2019

009045517 石楼车辆段志 1969-2000/59

012766856 石楼县军事志 前665-2006/365

008190748 石楼县志/365

009833391 石碗乡志/3239

008991980 石溪镇志 1949-2000/2524

008671885 石滓乡志/2556

012766860 石漫滩林场志/1703

008450978 石横镇志/1540

009854346 石嘴山区志/3132

013096382 石嘴山市公安志/3130

009414214 石嘴山市老干部局简志/3130

009399632 石嘴山市交通志/3130
012877181 石嘴山市妇幼保健院志/3131
008994350 石嘴山市志/3129
008866466 石嘴山市邮电志/3130
013899426 石嘴山市环境保护志/3131
013225855 石嘴山市审计志/3130
013959381 石嘴山市审计志 2005-2012 /3130
012208219 石嘴山市统计志/3129
013899430 石嘴山市教育工会志/3129
013630039 石嘴山市教育志/3131
013462583 石嘴山市第一人民医院志 1959-2009/3131
013775245 石嘴山市第三中学校志 1972-2012/3131
013603028 石嘴山发电厂志/3130
009553966 石嘴山军事志/3130
012252533 石嘴山供电局志 1987-1997 /3130
008542916 石嘴山煤矿志/3130
008994351 石嘴山煤矿志续/3130

右

012100764 右玉文化图志/310
009561630 右玉县土地志/310
008864271 右玉县地名录/310
013707156 右玉县政协志 1984-2011/310
011500810 右玉县绿化志/310
009441851 右江日报志/2321
012100759 右江民族医学院校志 1958-2008 /2321

布

009008827 布尔津县志/3221
012950472 布达拉宫胜迹志/2913
008471116 布拖县志/2615
012263956 布拖县志 1986-2006/2615
010292046 布拖县志送审稿/2615
011430389 布拖县林业志送审稿/2615
005018376 布依语简志/2627
001937113 布依族风俗志/2629
012950482 布依族民俗志/2706
009380858 布依族苗族风土志稿/2706
005028087 布朗语简志/2830

龙

009340747 龙口外向型经济开发区志 /1496
012724234 龙口市人大志/1496
008452137 龙口市工商物价志/1496
012955077 龙口市卫生防疫站志 1957-2007 /1496
008452142 龙口市计划生育志/1496
008452143 龙口市志/1496
009414300 龙口市邮电志/1496
009790386 龙山一中校志/2115
011805557 龙山工商联志 1911-2006/2115
013793245 龙山小学百年志 1910-2010 /1314
013821894 龙山村志/1422
012639750 龙山县人文志/2115
012968298 龙山县电力志 1950-2000/2115
013821898 龙山县志/2115
009378645 龙山国恩寺志/2260
013793243 龙山卷烟厂志/2115
011499312 龙川县文物志/2232
007488670 龙川县志/2231
013684179 龙川县志 1979-2004/2231
009378639 龙川县政协志/2232

013774594 龙川县商业志/2232
012680433 龙川细坳镇志/2232
009881753 龙门村志/326
013184345 龙门县文化志/2221
011188647 龙门县民间故事民间歌谣民间谚语集成/2221
008815979 龙门县志/2221
013319711 龙门县志 1979-2000/2221
011954623 龙门县政协志/2221
009887477 龙门镇志征求意见稿/1693
008386602 龙马负图寺志河图之源/1695
013508670 龙王塘街道志/507
012237267 龙井乡志/3246
011584556 龙井发电厂志 1938-1985/635
008445002 龙井县地名志/635
007902343 龙井县志/635
011068398 龙井物资志/635
012719228 龙冈镇志/927
008661889 龙凤热电厂志/692
009009963 龙亢志/1137
009799905 龙孔镇志 1911-2000/2524
013821901 龙头山镇中心小学校志/2804
012955088 龙头村志/507
012766130 龙华山志/2882
013932491 龙华史志/2349
007977418 龙华镇志/2553
012265329 龙羊峡水电厂志/3097
008668145 龙羊峡志/3106
012174173 龙州县土地志/2339
007493560 龙州县志/2338
010238240 龙州县政协志 1980.12-2005.12/2339
006092435 龙江县工会志/676
008661882 龙江县农村金融志/676

004715714 龙江县志/676
013821878 龙江社区志/2836
013000425 龙江紫云阁重修志/676
013508667 龙里县民族志/2709
008486776 龙里县志/2709
013129959 龙角山志/353
009864661 龙沙区志/674
013224655 龙林山志/268
011499320 龙虎山志/1325
010243949 龙岩人民保险志 1949-2002/1268
013508673 龙岩电厂志/1268
010778933 龙岩电力工业志 1990-2002/1268
013659613 龙岩市人民代表大会志/1267
010194025 龙岩市地方税务志/1268
008914312 龙岩市地名录/1269
012680442 龙岩市交通志 1988-2006/1268
005705515 龙岩市志/1267
010730555 龙岩市志 1988-2002/1267
008532534 龙岩市城乡建设志/1267
012924882 龙岩市烟草志 1993-2009/1268
011441036 龙岩市新罗区政协志 1956-2006/1269
009839174 龙岩财政志/1268
012968307 龙岩金融志 1988-2002/1268
012680439 龙岩法院志/1267
008527459 龙岩教育志 990-1996/1268
011475361 龙岩新罗区志 1988-2002/1269
011892125 龙店区志/1905
012174152 龙居镇志/1480
007807095 龙南县志/1336
013065014 龙南县志 1986-2009/1336
009687173 龙南邮电志/1336

009687447 龙南籍人物志/1336
012719238 龙泉市水利志/1101
013753531 龙泉市交通志 1989-2010/1100
012873278 龙泉市农业志/1100
012174156 龙泉市林业志/1100
012813957 龙泉村志/2800
008450238 龙泉县交通志/1101
007585895 龙泉县志/1100
012174170 龙泉邮电志/1101
010147011 龙泉法院志 1911-1993/1100
008670624 龙泉驿区民政志/2434
009677847 龙泉驿区烟草志/2435
010779011 龙泉瓷厂厂志/1100
007682665 龙胜各族自治县水利电力志/2304
012766139 龙胜各族自治县财政志/2304
004102852 龙胜县志/2303
013898388 龙胜县教育志/2304
008822241 龙亭区志/1677
012951987 龙浔镇志/1255
010200057 龙海市政协志 1949-1999/1258
009335557 龙海交通志/1258
008612595 龙海县志/1258
008451140 龙海县标准地名录/1258
013821884 龙陵县人大志/2800
013144578 龙陵县土地志/2800
011066991 龙陵县水利志/2800
009245175 龙陵县交通志/2800
008592587 龙陵县志/2799
011441013 龙陵县科技志/2800
013898383 龙陵县烟草志/2800
011805550 龙陵政协志/2800
009742418 龙眼洞村志/2148
013065011 龙街乡志/2817

008380643 龙港镇志/1031
009190870 龙港镇志/1031
012505342 龙湖区纪检监察志 1983-2007/2179
012832495 龙湖区法院院志 1949-2005/2179
012819803 龙湾农业志/1022
012139488 龙游县农业志/1081
003034982 龙游县志/1081
008450241 龙游县金融志/1081
011997374 龙游县教育志 1983-2005/1082
013601795 龙游县粮食志/1081
010779006 龙游政协志/1081
013461617 龙媒集团鸡西分子公司志 1986-2010/680
013184344 龙感湖农场志 1956-1985/1935
013375234 龙潭区大口钦满族镇卫生院志 1986-2002/606
013375244 龙潭区口腔医院院志 1986-2002/606
009243475 龙潭区地理志/606
013375241 龙潭区江北医院院志 1986-2002/606
011805568 龙潭区志 1986-2003/605
013375239 龙潭区缸窑中心卫生院院志 1986-2002/606
013375242 龙潭区结核病防治所所志 1986-2002/606
013375246 龙潭区铁东医院院志 1986-2002/606
009250880 龙潭水库志/2230
013508668 龙潭庵村志/873
013375231 龙潭街道卫生所所志 1986-2002/606

戊

008453092 戊寅公安抗洪志/3293

平

010252645 平山县人民法院志 1950-1997/140

008533289 平山县地名资料汇编/140

008195155 平山县志/140

010291913 平山县科学技术志/140

009412689 平山县教育志/140

013863150 平川区人大志/3047

008533916 平乡县地名资料汇编/178

008470847 平乡县志/178

009852672 平乡县志评审稿/178

009852668 平乡县财政志/178

012542760 平乡县第一中学校志/178

013793501 平乐民政志 1910-1990/2303

013794778 平乐县工商行政管理志 1912-1987/2303

007850897 平乐县志/2302

013730366 平乐县国家税务志 1927-2010/2303

013684566 平乐县教育志 1902-1989/2303

009379930 平乐县商业志/2303

012836068 平乐镇志 1911-2007/2442

008535818 平庄矿务局志/398

010135032 平江区志/885

009814629 平江县工业志/2048

012266010 平江县文化志/2048

011955251 平江县志 1978-2003/2048

008531732 平江县志送审稿/2048

013753744 平江县财政志 1986-2003/2048

013775107 平江县房地产志/2048

013775111 平江县建设志 1985-2003/2049

013629311 平安场乡志 1934-1992/557

007493563 平安县志/3101

011477097 平安续志 1985-2003/783

012836093 平阳二中校志 1956-2006/1030

013375874 平阳叶氏志/1031

012766327 平阳农工党志/1029

009388721 平阳苍南县粮食志/1032

008983205 平阳县水利志/1030

009678942 平阳县民政志/1029

007482410 平阳县志/1029

012099711 平阳县李氏志/1031

008450398 平阳县邮电志/1030

012684557 平阳县财政税务志/1030

012814077 平阳县陈氏通志/1030

013684568 平阳县政协志/1029

009232300 平阳县教育志/1030

012722045 平阳县黄氏志/1030

010118487 平阳县渔业志/1030

010200453 平阳林氏志/1030

013319943 平阳法院志/1030

012174811 平阳商业志/1030

012722033 平阳蔡氏志/1030

013730376 平阴一中校志 1954-2004/1424

012614282 平阴县电业志 1956-2006/1424

012955831 平阴县自来水公司志 1979-2009/1424

013775119 平阴县军事志 1840-2005/1424

007289992 平阴县志/1424

010113065 平阴县志 1988-2003/1424

012542762 平阴县教育志 1987-2003/1424

012174815 平阴玫瑰志/1425

010200474 平阴政协志 1981-2005/1424

008086936 平远县二轻志 内部发行/2227

012639084 平远县地名志/2228

004883578 平远县志/2227
013225553 平远县志 1979-2000/2227
007474437 平远县志续编资料/2227
007412379 平远县金融志/2228
007412375 平远县政府志/2228
008086933 平远县粮食志 内部发行/2227
012955815 平坝县农村信用社志/2664
009864411 平坝县志/2664
011805819 平邑县人大志/1570
009408055 平邑县人口与计划生育志/1570
011477119 平邑县中医院志/1570
007849005 平邑县志/1570
013342433 平邑县财政税务志/1570
011477117 平邑县国土资源志/1570
013689600 平邑县城乡建设志/1570
011892372 平邑县政协志/1570
008598474 平利县志/3012
009340817 平利县财政志/3012
013342431 平谷人大志/70
008531647 平谷公路志/70
009605538 平谷文物志/70
011441179 平谷县水利志/70
008827797 平谷县志/69
009741628 平谷县志文化编 初稿/70
009887064 平谷县志社会编人物编 初稿/70
009699286 平谷县志经济编 初稿/70
009887066 平谷县志政治编 军事编 初稿/70
009699282 平谷县志概述 大事记 地理篇 初稿/69
012614289 平谷政协志/70
011763232 平谷桃志/70
012174808 平陆人大志/335
013002368 平陆农业志 1949-1993/335

013753747 平陆村志/360
012766323 平陆县电力工业志/335
008906475 平陆县地名录/335
011763243 平陆县交通志/335
006440816 平陆县志/335
012982261 平陆县志 1991-2005/335
013863152 平陆县烤烟志 1984-2000/335
012899313 平陆县教育志/335
014047861 平陆国税志/335
009397242 平陆政协志 1981-2001/335
013730372 平武县人民代表大会志/2488
012722024 平武县自然地理志/2489
013958925 平武县交通志/2488
007994515 平武县志/2488
013753749 平武县劳动志/2488
013958927 平武县政协志/2488
013002375 平武县教育志 586-1990/2489
008424866 平顶山历史人物志/1702
012099703 平顶山日报社志/1701
009159350 平顶山电厂志 1955-2001/1700
013991282 平顶山市土地志/1700
008427107 平顶山市土地志 叶县卷/1705
008427097 平顶山市土地志 鲁山卷/1706
013629315 平顶山市工业品商业志/1701
009768516 平顶山市工商行政管理志/1699
013131065 平顶山市卫东区科技志/1702
011499506 平顶山市卫生防疫站志 1986-2005/1702
012208105 平顶山市石龙区人民代表大会志/1703
013601944 平顶山市石龙区政协志/1703
008820269 平顶山市西区志/1702
008421466 平顶山市曲艺志/1702

010779044 平顶山市交通志/1701
011810854 平顶山市戏曲志/1702
007480651 平顶山市志/1699
010251370 平顶山市志 医药 初稿/1699
007534764 平顶山市邮电志 1956-1990/1701
009685459 平顶山市物资志 1960-1986/1700
008846391 平顶山市金融志/1701
008421290 平顶山市郊区志/1703
009888884 平顶山市郊区志稿/1703
008421294 平顶山市房地产志/1700
007505428 平顶山市城市建设志/1700
009813727 平顶山市啤酒总厂志 1975.1-1997.8/1700
013093217 平顶山市湛河区志/1703
010779099 平顶山市煤炭志/1700
009879535 平顶山市舞钢区志稿/1703
011477104 平顶山轨枕厂志 1970-1989/1700
009405906 平顶山矿务局志/1700
012252291 平顶山学院志 1977-2005/1701
008989753 平顶山高压开关厂厂志 1970-1985/1700
009021807 平顶山烟草志/1700
012661703 平顶山煤业集团教育志/1701
013898925 平果县土地志/2322
007883874 平果县志/2322
009414507 平昌中学志/2582
014047857 平昌县人大志 1950-2005/2581
013002355 平昌县人口和计划生育志 1728-2005/2581
013002358 平昌县人事志 1946-2005/2581
013002345 平昌县工会志 1933-2008/2581

013933280 平昌县水利电力志/2582
012969417 平昌县水利志 1986-2005/2582
013863146 平昌县公安志/2581
013002364 平昌县司法行政志/2581
013225526 平昌县老科协志 1987-2010/2582
009867220 平昌县交通志/2582
013002348 平昌县纪检监察志 1951-2005/2581
006696946 平昌县志/2580
013898921 平昌县志 1986-2005/2580
011763225 平昌县劳动和社会保障志/2581
013822146 平昌县财政志/2582
008671772 平昌县国土志/2581
013002340 平昌县法院志/2581
013933290 平昌县政协志 1981-2003/2581
011066586 平昌县信用合作志/2582
010201395 平昌县教育志/2582
013933271 平昌县教育志 1986-2005/2582
013933269 平昌县第二中学志 1982-2003/2582
009392494 平罗县水利志/3132
012051770 平罗县水利志/3132
009442046 平罗县文化志/3133
009442044 平罗县民兵志/3132
009010258 平罗县军事志/3132
013689057 平罗县农牧场志/3132
007425713 平罗县志/3132
009414195 平罗县财政志/3133
012899316 平罗县审计志 1983-2005/3132
011295613 平罗县教育志/3133
012614284 平罗国税志/3133
007479115 平和县志/1261

011320723 平和县政协志 1980-2000/1261
013991285 平定一中校志/281
011584773 平定师范校志/281
009411648 平定县人民代表大会志/281
012505442 平定县人民医院志 1946-2006/281
009554011 平定县广播电视志/281
013753735 平定县乡村简志/279
008844739 平定县化肥厂志/281
009414287 平定县东锁簧村志/280
013958921 平定县电力工业志 1918-2006/281
006933740 平定县志/279
011477108 平定县信用合作社志/281
009160136 平定县娘子关提水工程志/282
013342429 平定县煤气公司志 2000-2010/281
008378110 平房区志/661
013819463 平房区志 1991-2005/661
009061882 平南县土地志/2316
010138291 平南县中学志/2316
009061880 平南县公安志/2316
010280341 平南县戏曲志/2316
007983975 平南县志/2315
013794780 平南县志 1988-2005/2316
008377992 平顺县电力工业志/290
008535736 平顺县志/289
012955825 平顺县政协志/290
008841133 平顺县烟草志/290
012208108 平顺县教育志 1529-1984/290
010577209 平泉县土地志/212
012661710 平泉县民政志/212
008533872 平泉县地名资料汇编/212

013144636 平泉县妇女志 1941-2009/212
008470874 平泉县志/212
013225534 平泉县志 1993-2005/212
012722008 平度工业志/1448
008594524 平度方言志/1449
012174803 平度市人民代表大会志 1949-2008/1448
009962137 平度市广播电视志 1950-2004/1449
008528767 平度市公路志/1448
010279879 平度市公路志 2000-2005/1448
009511281 平度市李园街道志/1448
013689054 平度民俗志/1449
004436212 平度县志/1447
009160120 平度简志/1447
012505445 平度粮食志/1449
009154037 平桂矿务局志 1907-1993/2326
008452435 平原县水利志/1584
012140147 平原县纪检监察志 1950-2008 征求意见稿/1584
006497425 平原县志/1584
012661718 平原县志 1986-2008/1584
010244224 平原县医药志/1584
011763245 平原县政协志 1959.10-2006.12/1584
012877079 平凉电力志/3062
008453904 平凉市公路交通志/3062
007819162 平凉市志/3061
012722018 平凉市崆峒区军事志/3062
013991289 平凉市第二人民医院志/3062
013730367 平凉地区水利志/3062
013659732 平凉地区志/3061
010731761 平凉西寺志/3062
012816594 平凉崆峒区人物志/3062

010143854 平朔矿志 1982-1991 /308
013955951 平望镇志 /890
010730387 平堡乡志 /3047
012266014 平鲁人物志 /309
012174804 平鲁文化图志 /309
011310841 平鲁方言志 /309
006362213 平鲁县志 /309
011763236 平鲁县财税志 /309
013689056 平鲁旅游志 /309
012836069 平鲁煤炭志 /309
008662804 平湖市土地志 /1039
011477113 平湖市广播电视志 /1039
013753742 平湖市外经贸志 /1039
013753741 平湖市民政志 /1038
009996023 平湖市交通志 /1039
013461828 平湖市交通志 1991-2005 /1039
013793499 平湖市志 1990-2005 /1038
013461873 平湖市金融志 1999-2005 /1039
013461825 平湖市检察志 /1038
013753738 平湖市粮食志 1990-2005 /1039
008450559 平湖县地名志 /1039
012877070 平湖县财政税务志 /1039
009881619 平湖县金融志 /1039
004018806 平塘县志 /2708
008541724 平塘县教育志 /2708
009336273 平塘县情 /2708
008983352 平遥古城志 /320
012099713 平遥县卫生志 /320
013659734 平遥县中医院志 /320
009994994 平遥县电力工业志 1924-2004 /319
008864270 平遥县地名录 /320
012766330 平遥县地震志 /320
008637687 平遥县志 /319

013601947 平遥政协志 /319
008663619 平潭县地名录 /1224
013508835 平潭县交通志 1995 /1224
008830615 平潭县志 /1224

东

012096643 东于村志 /267
012679227 东山王村志 /1516
009145522 东山区体育志 /2146
013334621 东山区教育志 征求意见稿 /2146
009378349 东山区检察志 1955-1990 /2145
008665419 东山水电站志 /2319
012872233 东山关帝庙志 /1260
006697065 东山县志 /1260
012998911 东山县教育志续志 中小学概况 /1260
009863610 东山环卫志 1909-1990 /2147
013328705 东山街道志 /821
010778014 东山镇志 /821
010776980 东山镇志 /887
012173752 东川市水利志 /2758
010473959 东川市文物志 /2759
008992620 东川市农村金融志 /2759
010469354 东川市农牧志 /2758
008038949 东川市志 /2758
013528833 东川市供销合作社志 /2759
008423938 东川铜矿志 /2748
011890543 东马圈镇志 /97
012636903 东乡县水利志 /1373
006440591 东乡县志 /1373
012951975 东乡县志 1986-2005 /1373
013751653 东乡县畜牧志 /1373
002603519 东乡语简志 /3081
002284524 东乡族风俗志 /3081

008837056 东乡族自治县志/3081
007938467 东丰县志/616
013819285 东丰县志 1986-2002/616
012503905 东王舍村志/129
010577044 东区风物志 集体记忆社区情 /3259
012132661 东屯渡农场志/1979
013860462 东升乡志/56
011804231 东升志 1996-2006/281
011995503 东风农场志续篇 1988-2007 /2863
011068357 东风农场志稿 1958-1987/2863
013987623 东风志 1984-2007/1864
013506645 [东风汽车公司]工业工程公司志 1984-2005/1857
011295474 [东风汽车公司]技术中心志 1983-2003/1857
013404050 [东风汽车公司]重型汽车厂分卷 1999.10.28-2011.5.5/1857
013403991 [东风汽车公司]热电厂分卷 1999-2008/1857
013647314 东风汽车有限公司零部件事业部东风汽车传动轴有限公司志 1998-2008/1864
013647319 东风汽车有限公司零部件事业部东风汽车紧固件有限公司志 1999-2008/1864
013506642 东风汽车房地产有限公司志 1984-2003/1857
013128860 东风轮胎厂志 1968-1983/1864
009118626 东风朝阳柴油机公司志/563
012636898 东乌珠穆沁旗政协志/447
008067528 东方人物志/2353
013791130 东方地球物理公司研究院志 1999-2008/187
009149847 东方红农场志/2204
012967484 东方红农场志 1967-2009/429
012073476 东引乡志/3258
011312128 东平县人大志/1543
008986823 东平县工业志/1544
008986828 东平县卫生志/1544
013687419 东平县卫生志/1544
008986825 东平县水利志/1543
011995509 东平县民政志/1543
008986830 东平县交通志/1544
002988627 东平县志/1543
009962091 东平县志 1986-2003/1543
008986818 东平县财税志/1544
008986836 东平县供销志 1949-1982/1544
009414269 东平县政协志 1984-2004/1543
008986831 东平县商业志 1910-1982/1544
010112101 东平湖志/1544
013687420 东平鑫海建工志/1543
009994144 东北大学校志 东北工学院卷/484
013369775 东北大学校志 1923.4-1949.2 /484
006071364 东北木本植物图志/466
008298331 东北电力工业志/461
013819276 东北电力工业志 1991-2002/461
010376718 东北电业志资料选编/461
013141160 东北电业管理局第一工程公司志 1951-1991/559
008537963 东北电业管理局第三工程公司志 1949-1999/537
012503896 东北电网有限公司锦州超高压局局志 2000-2007/537
012898355 东北农林蚜虫志 昆虫纲 半翅目 蚜虫类/466

009009846 东北财经大学 50 年史志 1952-2002/503
012609609 东北育才学校志 1949-2009/483
012249849 东北空管志/489
006018122 东北经济木材志/466
008869569 东北航空护林志/713
011500611 东北第六制药厂志 1948-1990/475
006007476 东北第四纪哺乳动物化石志/465
011472927 东北煤田地质局科技志 1986-2000/486
011579720 东北蝗虫志/466
009242426 东电一公司志/559
011496990 东电送变电工程公司志 讨论稿/475
009126050 东四义村志/306
013925159 东白仓村志/1745
008835072 东兰县民政志/2330
007488662 东兰县志/2330
011188304 东宁县民间文学集成/709
007902331 东宁县志/709
013687416 东宁县志 1986-2005/709
009797379 东辽县文物志/616
008731122 东辽县志 1902-1986/616
009992969 东台市土地志/928
007482413 东台市志/927
009865174 东台市城乡建设志/927
013090962 东台镇志/927
013179452 东寺头乡志/289
013090972 东西湖土壤志/1843
010008660 东西湖区专志人物志/1843
011496995 东西湖区专志艺文志/1843
012758785 东西湖区志/1843

008382663 东西湖区教育志/1844
013956891 东西湖区简志/1843
009557441 东至县土地志/1185
011890588 东至县水利志/1185
007905697 东至县志/1184
011804274 东至县志 1988-2005/1185
011497002 东至县林业志/1185
009227206 东光县水利志/225
008533647 东光县地名资料汇编/225
010290971 东光县交通志/225
008593877 东光县志/224
013723481 东光县志 1991-2010/225
013141176 东曲煤矿志/266
009767835 东华西街志 1840-1995/2144
012982252 东华村志/872
012540988 东关村志/279
009397238 东关村志/290
013894514 东关村志/326
009881040 东关村志/1510
008453652 东江-深圳供水工程志/2169
009389884 东江纵队志/2174
009392049 东汉村志/953
008671075 东兴区地方税务志/2515
013925180 东兴信合志 1955-2008/2516
007885961 东安县志/2088
010238568 东安县志 送评稿/2088
012048876 东安县志 1989-2004/2089
013369762 东安县财政志 1840-2005/2089
010244258 东安县物资志/2089
010244285 东安县粮食志 1568-1987/2089
009889487 东安铁合金厂志 1984-1987/2089
011591382 东阳风俗志/1070
011591384 东阳市二轻工业志/1069

009840430 东阳市卫生志/1070
011431370 东阳市水利志/1070
013334626 东阳市文化志/1069
012541007 东阳市电力工业志 1935-2005
　/1069
013860468 东阳市交通志 1987/1069
011327121 东阳市农业志/1069
007272133 东阳市志/1068
009881598 东阳市金融志/1069
011591386 东阳市教育志/1069
011320820 东阳名村志/1069
011884229 东阳关镇志/290
013956851 东阳吴氏文化志/1070
009380863 东红场志 1958-1985/2351
012540940 东坝民俗文化志/50
013334617 东村志/294
008533101 东丽区土地管理志/92
009393529 东丽区计划生育志/92
008257570 东丽区志/92
008298397 东丽区房地产志/92
006210430 东里志/2247
008451086 东岐村志/1214
008662040 东辛农场志/912
008452151 东辛店乡志/1582
010118637 东沟村志/306
007587995 东沟县志/535
012758772 东快十年志/1208
013771863 东良村志/1499
007501654 东张乡志/892
008486317 东阿县志/1593
012540938 东阿县志 1986-2005/1593
013925158 东阿县实验小学校志 1953-2013
　/1593
012237271 东势镇志/3246

008487252 东矿区志/146
013702959 东昌农场志 1952-2012/2350
012679221 东昌府水利志/1590
013179435 东昌府区纪检监察志 1950-2009
　/1590
013771856 东昌府区志 1986-2005/1589
012191752 东昌府区法院志/1590
011564507 东昌府区政协志 1956-2006
　/1590
008846146 东昌府区政府志/1590
013128853 东昌府区检察志/1590
013702961 东明卫生志/1607
011431350 东明县人大志/1607
011564522 东明县人大志征求意见稿/1606
010265849 东明县水利志/1607
010278917 东明县水利志 1288-1995/1607
010577408 东明县民政志/1607
008452159 东明县地名志/1607
008486320 东明县志/1606
012714095 东明县志 1986-2005/1606
010577470 东明县财政志 1940.3-1983.12
　/1607
013687414 东明县国土资源志/1607
010577510 东明县城乡建设志/1607
011757617 东明县政协志/1607
010577377 东明县科技志/1607
009332464 东罗煤矿志/2338
011749055 东岳志稿泰安地区史志资料
　/1536
012503910 东岳庙志/355
013404059 东阜村村志/234
011564520 东河区志/393
008863905 东河印制公司五零一厂志
　/393

008863904 东河印制公司五零二厂志/393

008863908 东河印制公司五零三厂志/393

012249934 东河印制公司五零五厂志/2494

012249936 东河印制公司志/393

009840181 东泊子村志/1492

010197241 东波有色金属矿志 1950-1980/2074

012714088 东宝区政协志 1987-2007/1899

012264193 东宝电力工业志 1934-2007/1899

009060264 东城区人民防空志/43

010573191 东城区地方志 文化卷/43

010107929 东城区志 文化卷 初稿/43

010107932 东城区志 文物篇/43

009796856 东城区环境卫生志/44

009045524 东城区环境保护志/45

009018258 东城区规划志/45

008383762 东城区普通教育志/44

010252064 东城区普通教育志 征求意见稿/44

013647299 东城街道志/1480

008402809 东荆河堤防志/1955

013141168 东南厂志/974

009338461 东药厂志/475

013925168 东峡社区志 1950-2012/3063

008191681 东胜市志/415

013987629 东胜市城乡建设志/415

009319786 东亭镇志/834

008662800 东冠村志/986

010293883 东莞日报志/2241

008408820 东莞市二轻工业志/2240

011804247 东莞市人口与计划生育志/2239

013090964 东莞市人民代表大会志/2240

012541003 东莞市人事志/2240

008408792 东莞市工商行政管理志/2240

012609624 东莞市工商行政管理志/2240

010007722 东莞市工商联志/2240

013221108 东莞市大岭山镇志/2237

012809976 东莞市大朗镇志/2237

012679240 东莞市万江区志/2239

011890579 东莞市口岸志/2241

010730765 东莞市卫生志/2242

013860384 东莞市中堂镇志/2239

012810016 东莞市中堂镇潢涌村志/2239

010576582 东莞市气象志/2242

012132676 东莞市长安镇志/2237

012132686 东莞市公路志/2241

012679228 东莞市凤岗镇凤德岭村志 1652-2005/2237

012264196 东莞市凤岗镇志/2238

011890569 东莞市凤岗镇官井头村志/2238

012679231 东莞市凤岗镇塘沥村志 1588-2004/2237

009683684 东莞市石龙镇志/2238

013090970 东莞市石排镇志/2239

013090967 东莞市石碣镇志/2238

011804243 东莞市东坑镇志/2237

013819288 东莞市司法行政志/2240

013626260 东莞市民族宗教志/2239

012048895 东莞市交通志/2240

008593225 东莞市志/2237

013987625 东莞市志 1979-2000/2237

012636891 东莞市劳动志/2240

010280084 东莞市体育志/2241
012173760 东莞市沙田镇志/2238
012048888 东莞市社会保险志/2241
012658341 东莞市虎门镇志/2238
009145259 东莞市供销合作联社志/2241
011312020 东莞市供销合作联社志 1988-2004/2241
012951970 东莞市茶山镇志/2237
012249941 东莞市厚街医院(方树泉医院)院志 1957-2007/2242
011890576 东莞市洪梅镇志/2238
012714097 东莞市统计志/2239
010231130 东莞市桥头镇志/2238
012173755 东莞市检察志/2240
012540998 东莞市常平镇志/2237
012872235 东莞市常平镇桥梓村志/2237
011954693 东莞市麻涌镇志/2238
012684612 东莞市清溪镇志/2238
011804251 东莞市塘厦镇志/2239
011496993 东莞市横沥镇志/2238
012096627 东莞市樟木头镇志/2239
012809995 东莞市寮步镇志/2238
013334623 东莞市篮球志/2241
009145255 东莞对外贸易志/2241
009145265 东莞政协志 1956-1998/2240
007995596 东莞烟花炮竹志/2240
009411410 东莞教育志 1979-2000/2241
012679244 东莞雁田志/2239
008067619 东莞粮食志/2241
013626266 东莞镇志/1553
011579741 东莹志/1072
013723483 东桥镇志/880
001795201 东部裕固语简志/3061
011328395 东浦镇志/1050

013771859 东海区海洋站海洋水文气候志/770
013647328 东海民俗志/918
008446378 东海县工会志/917
009241598 东海县水利志/918
007010553 东海县志/917
013179443 东海县邮电志/918
013647332 东海县法院志 1912-2005/917
013334619 东海县建设志/918
010278727 东海县粮食志/918
009480398 东海镇志/763
013647334 东陵区水利志/493
007902349 东陵区志/492
007943748 东陵区志 1986-1990/492
009334574 东陵区志 1991-1995/493
009348159 东陵区志 1996-2000/493
013702985 东营区人大志/1480
013702982 东营区工商行政管理志/1481
012872239 东营区民政志/1481
008636578 东营区志/1480
012096641 东营区志 1998-2005/1480
009082342 东营区财政志/1481
013045501 东营区政协志/1481
011804255 东营日报社志/1479
011472931 东营电力志/1476
013791146 东营市人口和计划生育志/1474
009408043 东营市人事志/1474
009349677 东营市工会志/1474
011911559 东营市工商行政管理志/1475
009472726 东营市中级人民法院志/1475
009082338 东营市水利志/1480
012898366 东营市水利志 2006-2010/1480
009411624 东营市公安志/1475

013726911　东营市东营区人民法院志/1481

013894515　东营市东营区军事志1840-2005/1481

012714101　东营市外经贸志/1479

011496999　东营市民政志/1475

011472950　东营市地方税务志/1479

009442057　东营市农业志/1476

009107313　东营市农村信用社志/1479

011804263　东营市妇联志/1474

008645274　东营市志/1474

011757638　东营市国税志/1479

009442052　东营市河口区民政志/1482

013751657　东营市河口区军事志1830-2005/1482

009442059　东营市审计志/1475

009675814　东营市建设志/1475

013141188　东营市城乡规划志/1480

012609661　东营市残联志/1475

009994953　东营市科协志/1479

010278938　东营市统计志/1474

014028734　东营市畜牧志/1476

009561517　东营市海洋与渔业志/1476

009962093　东营市教育志/1479

009147631　东营市黄河志/1482

009688174　东营市检察志/1475

012096635　东营市粮食志/1479

014028684　东营市殡仪馆志1972-2011/555

009082295　东营共青团志/1474

009334597　东营交通志/1479

013702870　东营村志/49

008665049　东营油区志/1474

010778573　东渚镇志/886

013859368　东窑村志/49

011757626　东尉村志/1600

012758781　东落菇堰村志/279

012714089　东韩窑村志/335

009414509　东锅厂志1966.3-1994.12/2452

013925165　东焦村志/133

010474449　东湖街志1840-1990/2144

007882087　东雷抽黄志/2984

014028679　东滕中学校志1969-1999/1093

009387142　东塑集团公司志/217

013791148　东源县志1988-2004/2232

012872243　东源县政协志1980-2010/2232

012096620　东滩煤矿志/1527

009335822　东糖志1991-1995/2240

卡

011837439　卡房镇志/2845

北

013104367　北七家庄村志/65

013726770　北大医院麻醉科科志1951-2011初定本/37

012520467　北川"5·12"大地震抗震救灾纪实/2490

008865281　北川县二轻工业志/2490

008865315　北川县公安志/2490

009442619　北川县民政志1912-2000/2490

008669343　北川县志/2489

008865273　北川县志卫生医药志1911-1985/2489

008865287　北川县志多经志/2489

008865276　北川县志交通志1912-1985/2489

010141170　北川县志初稿/2489

008865264　北川县志林业志/2489

008865288　北川县志物价志1912-1985/2489

008865285　北川县志粮油志1912-1985/2489

008865265 北川县国土志/2490
008865267 北川县教育志清末-1988/2490
008865270 北川县商业志1912-1985/2490
008865295 北川县擂鼓煤矿志1958-1987/2490
011296176 北王村志/349
008660569 北开志/17
013726773 北天目山灵峰寺志/1047
008994813 北屯中学志/3221
009855931 北仑发电厂志1980-2003/1010
013333839 北仑政协志/1010
008838979 北方交通大学志/27
009332048 北方交通大学志征求意见稿/27
012237309 北斗镇志/3246
012249673 北龙口村志/1438
009881009 北仪仙村志/1540
013333761 北白象镇志/1025
012871834 北冯村志/195
009334633 北宁市文物志/540
011757331 北宁市高级中学校志1919-1996/540
009312245 北厍镇志/889
013369114 北华大学北校区医院院志1986-2002/603
012758727 北关村志/358
013771510 北江大堤志/2186
011804101 北兴农场志1955-2000/703
012679014 北宅街道志/1438
008835151 北安公司志1954-1991/15
010469096 北安电业局志1911-1985/711
012831065 北安市志1983-2005/711
012173676 北安市财政局志2001-2005/711
012096332 北安市建设志1903-2007/711
011145038 北安民间文学集成/711

011496834 北安农垦志1947-1985/711
012758720 北安农垦志1986-2000/711
007479133 北安县志/711
013923834 北安河村志/55
012191479 北坞村志/345
013506548 北辰区人大志/96
008533096 北辰区土地管理志第3卷/96
013369110 北辰区文化志/97
011430301 北辰区文联志/97
010253038 北辰区农业志/96
008593570 北辰区志/95
010117850 北辰区供销合作社志/97
012658114 北辰区科技志/97
012096337 北辰区档案志/97
013883874 北旬东村志/48
013090749 北沙坡村志/2946
013883876 北沟乡志/854
012048743 北岳恒山志/274
009673076 北京人文大学志1984-2004/28
009397026 北京人民广播电台志1949-1993/25
009397027 北京人民广播电台志补1994-2001/26
009796832 北京人民警察学院校志1949-1999/12
009783214 北京工业大学志1960-1998/28
012678983 北京工业大学建筑工程学院院志1960-2010/28
007662380 北京工业志电力志/21
010731591 北京工业志煤炭流通志/21
007662409 北京工业志燕山石化志/21
008838290 北京工业志第1卷 电子志/21
008838358 北京工业志第2卷 化工志/21
008838367 北京工业志第3卷 汽车志/21

008838305 北京工业志第4卷 印刷志/21
008527684 北京工业志第5卷 煤炭志/21
008444071 北京工业志第6卷 建材志/22
008444035 北京工业志第7卷 北内志/22
009189009 北京工业志第8卷 综合志/22
009346442 北京工业志第9卷 仪器仪表志/22
009060084 北京工业志第10卷 二七车辆志/22
009060241 北京工业志第11卷 机械志/22
009045514 北京工务段志 1897-2000/22
010138124 北京工会志二审稿/11
011943051 北京门头沟村落文化志/58
009332056 北京卫生志/38
011313030 北京天主教志讨论稿/11
012085337 北京元代史迹图志/34
008527598 北京无线通信局志 1976-1998/24
008527640 北京无线通信局图志 1976-1998/24
013333770 北京车务段志 1896-2008/22
009348453 北京车辆段志 1938-1988/22
009124402 北京日用工业品商业志稿/24
008949693 北京中铁建筑工程公司志 1979-2000/17
012965188 北京内城寺庙碑刻志/33
009173829 北京水利志稿/42
001969223 北京气候志/35
008838939 北京化工学院志 北京化工大学 1958-1992/41
009412531 北京化工研究院志 1958-1996/40
009250278 北京公路志/24
001736930 北京风物志/34

009804278 [北京风物图志]王府/33
009804286 [北京风物图志]王府井/34
009804274 [北京风物图志]天桥/33
009804281 [北京风物图志]什刹海/33
013002501 [北京风物图志]什刹海图志/47
011430338 [北京风物图志]老字号/33
011430317 [北京风物图志]会馆/33
009804445 [北京风物图志]庙会/33
011430343 [北京风物图志]前门/33
010148437 [北京风物图志]琉璃厂/33
011430328 [北京风物图志]祭坛/33
012678985 北京世纪坛医院志 1915-2009/38
012831082 [北京古镇图志]不老屯/71
012831084 [北京古镇图志]古北口/71
012831103 [北京古镇图志]永宁/72
012831099 [北京古镇图志]沙河/64
012950399 [北京古镇图志]良乡/58
012950415 [北京古镇图志]张家湾/60
012831092 [北京古镇图志]南口/64
012831113 [北京古镇图志]斋堂/57
012831087 [北京古镇图志]海淀/55
012950408 [北京古镇图志]琉璃河/59
011995256 北京石油化工学院志 1978-2007/40
008660619 北京东方化工厂十年志 1978-1988/15
013227493 北京北辰实业集团公司志 1986-1997/14
008827806 北京电力设备总厂志/15
009783216 北京电话图志 1899-1999/24
010138108 北京电铁通信信号勘测设计院志 1983-1998 送审稿/42

008827800 北京电影学院志 1950-1995 /31
012831066 北京电影学院志 1996-2008 /31
011471201 北京史志文化备要 /32
012096378 北京仪器仪表工业志 1999-2005 /17
008863912 北京印钞厂志 /17
011757320 北京印钞厂志 1991-2000 /17
011320493 北京乐器行业志 1949-1999 /15
010238147 北京外国语大学志 /29
013771523 北京外国语大学志 2001-2010 /29
012758741 北京外国语大学保卫志 1941-2001 /27
011430366 北京外国语大学总务志 1941-2001 /27
005080440 北京鸟类志 /36
012758736 北京市十三陵林场志 /14
011329770 北京市工商行政管理局密云分局志 1992-2001 /71
009331984 北京市大成房地产开发总公司志 /13
013140890 北京市大兴区军事志 /68
007724527 北京市大兴县地名志 /69
009144701 北京市大兴县地名录 /68
009144699 北京市大兴县地名录 /69
013179285 北京市门头沟区人民代表大会志 1948.12-2011.1 /57
007724523 北京市门头沟区地名志 /58
012758732 北京市门头沟区军事志 /57
010007661 北京市门头沟区志 /57
009405805 北京市门头沟区志终审稿 /57
008382960 北京市门头沟区普通教育志 /58
010238561 北京市丰台区人民法院院志 1952-1992 /53
010474396 北京市丰台区工商行政管理志 /53
007724518 北京市丰台区地名志 /54
009144711 北京市丰台区地名录 /54
013751463 北京市丰台区军事志 /53
008825680 北京市丰台区志 /51
010293016 北京市丰台区志征求意见稿 /50
013333822 北京市丰台区花乡乡志 /51
010474187 北京市丰台区财政志 1949-1990 /54
008660613 北京市丰台区商业志 1948-1990 /54
008380178 北京市丰台区街乡概况 /54
013090726 北京市丰盛中医骨伤专科医院院志 1960-2010 /37
009804459 北京市区域地质志 /36
012758730 北京市双河劳教所(农场)志 1956-2005 /14
007724669 北京市石景山区地名志 /55
009144732 北京市石景山区地名录 /55
009851118 北京市石景山区志 /55
010252891 北京市石景山区志送审稿 /55
013140896 北京市平谷区军事志 /70
007724525 北京市平谷县地名志 /70
009310630 北京市东城区人民代表大会志 1950-1998 /43
013646888 北京市东城区卫生志 /44
011563632 北京市东城区文化文物志 /44
010107861 北京市东城区地方志文物篇 /43
007724480 北京市东城区地名志 /44
009042907 北京市东城区地名录 /44
009988750 北京市东城区志 /43

009015785 北京市东城区志初稿/43

011995711 北京市东城区和平里街道志/43

009441438 北京市东城区建设工程质量监督站站志 1985-1995/43

009042898 北京市电力工业志/15

012678986 北京市电影公司十年志 1994-2003/31

008527672 北京市市政工程设计研究总院志 1955-1995/41

009683351 北京市市政工程总公司志/13

010107848 北京市市政工程总公司志终审稿/41

013625867 北京市动物疫病志 1990-2003/39

009397038 北京市地名志/34

010107833 北京市地震监测志/35

012048741 北京市西城区工商行政管理志/46

007724520 北京市西城区地名志/47

012575429 北京市西城区地名录/44

014026363 北京市西城区军事志/46

008442982 北京市西城区志/45

011296476 北京市西城区志初稿/45

010278870 北京市西城区志送审稿/45

008593305 北京市西城区财政志/46

010293581 北京市西城区审计志 1984-2003/46

008444075 北京市西城环卫史志/47

010476139 北京市西城环卫志/47

007724479 北京市延庆县地名志/73

014026370 北京市延庆县军事志/72

011757316 北京市行政区划图志/34

012658186 北京市农业机械研究所志 1958-1999/38

013179289 北京市农村合作经济经营管理志/14

007825517 北京市农村建设总公司志 1981-1991/16

009683347 北京市农村信用合作社志/25

012096355 北京市园林学校志/27

009348463 北京市住宅建设总公司志 1983-1992/16

013625894 北京市怀柔区军事志/69

007724522 北京市怀柔县地名志/69

009333127 北京市怀柔县林业志/69

013037881 北京市纺织纤维检验所志 1964-2009/16

008195160 北京市昌平县地名志/67

013090735 北京市郊区家畜家禽疫病志/39

012635579 北京市房山区卫生志/60

007724517 北京市房山区地名志/60

013625871 北京市房山区军事志/59

008442981 北京市房山区志/58

008444038 北京市房地产开发经营总公司志/13

013680570 北京市建筑工人医院院志简编 1953-1993/37

009106163 北京市建筑工程总公司志 1953-1992/16

012678989 北京市建筑材料工业学校志 1954.6-1999.7/30

009405808 北京市城市建设工程总公司志 1964-1990/15

008949791 北京市科学技术协会志/26

012132439 北京市顺义区人民代表大会志 1949-1989/62

007724526 北京市顺义县地名志/64

009735373 北京市宣武区广安门外街道志/45

008593376 北京市宣武区中医医院院志1968-1996/48

007724521 北京市宣武区地名志/47

009144739 北京市宣武区地名录/47

011804097 北京市宣武区成人教育志/47

014026367 北京市宣武区军事志/46

009735386 北京市宣武区志/45

009959450 北京市宣武区志初稿/45

009959454 北京市宣武区志送审稿/45

010730495 北京市宣武区园林绿化志/48

008660615 北京市宣武环卫志/48

010138126 北京市畜禽疫病志1949-1989/39

008949756 北京市海淀区卫生志/57

013129984 北京市海淀区四季青镇门头村志/55

007724519 北京市海淀区地名志/56

008385911 北京市海淀区地名录/56

009144714 北京市海淀区地名录/56

009441442 北京市海淀区志/55

009851117 北京市海淀区志初审稿/55

012635634 北京市通州区军事志/61

007724529 北京市通县地名志/61

009839154 北京市教育工会志/11

007724528 北京市崇文区地名志/44

009346473 北京市崇文区成人教育志/44

013625865 北京市崇文区军事志/43

009411404 北京市崇文区志/42

008531693 北京市崇文区饮食业资料汇编志/44

009796839 北京市第一清洁车辆场环境卫生志1949-1990/36

007724524 北京市密云县地名志/71

014026362 北京市密云县军事志/71

009959446 北京市朝阳区人民防空志1949-1995/49

007724516 北京市朝阳区地名志/50

009144690 北京市朝阳区地名录/50

009144684 北京市朝阳区地名录/50

013402893 北京市朝阳区军事志/49

010576460 北京市朝阳区志/48

010252846 北京市朝阳区志初审稿/48

009144683 北京市朝阳区档案志1949-1996/50

013528632 北京市朝阳区崔各庄乡崔各庄村志/48

009348495 北京市朝阳区普通教育志学校志 人物志/50

009310641 北京司法行政志/12

011804094 北京民族志/31

009310056 北京辽金史迹图志/34

013375735 北京考古志延庆卷/73

013381806 北京考古志房山卷/60

011310493 北京地区植物志单子叶植物/36

009153927 北京有色金属研究总院志1952-1992/40

010193999 北京有色金属研究总院志续1993-2002/17

013220940 北京成人教育史志资料选辑/30

010107815 北京师范大学百年图志1902-2002/30

012678156 北京师范大学名人志大师篇/32

012657597 北京师范大学名人志学子篇/32

012678157 北京师范大学名人志 校长篇 /32

008026728 北京名校录/27

009385526 北京安徽会馆志稿/47

009988744 北京军区总医院院志 1949-2003 送审稿/37

009959481 北京志人民团体卷 工会志 终审稿/2

009437279 北京志工业卷 电力工业志 1888-1998/1

010252926 北京志广播电视志 1927-2001 征求意见稿 初审稿/1

010252924 北京志广播电视志 送审稿/1

010229384 北京志公共交通志 北京地铁篇 1965.7-1994.4/11

010252893 北京志外事志 讨论稿/2

010107883 北京志对外经贸卷 对外经贸志 送审稿/1

013506552 北京志共产党志 共产党卷/1

010107916 北京志农业卷 水产业志 送审稿/1

009553602 北京志农业卷 种植业志 送审稿/2

009441437 北京志财政志 送审稿/1

009557470 北京志青年组织志 征求意见稿/2

009557473 北京志物价志 送审稿/2

010138219 北京志政府志 初审稿/2

008752691 北京志政法卷 监狱管理 劳教志/2

010138217 北京志海关志 评审稿/1

010778336 北京志综合卷 人民生活志/2

010252896 北京志新闻出版广播电视卷 出版志 送审稿/2

008385649 北京志第1卷 畜牧志/2

008752247 北京志第2卷 综合卷 建置志 地名志 区县概要/2

008752250 北京志第3卷 综合卷 人口志/2

008752251 北京志第4卷 综合卷 人民生活志/3

008752253 北京志第6卷 地质矿产 水利 气象卷 地质矿产志/3

008665732 北京志第7卷 地质矿产 水利 气象卷 水利志/3

008442984 北京志第8卷 地质矿产 水利 气象卷 气象志/3

013625897 北京志第10卷 中央机构卷 中央机构志/3

008752260 北京志第11卷 政权政协卷 人民代表大会志/3

008752265 北京志第14卷 政务卷 民政志/3

008752266 北京志第15卷 政务卷 人事志/3

012713884 北京志第16卷 政务卷 监察志/3

013789833 北京志第19-21卷 党派 工商联卷 民革志 民盟志 民建志 民进志 农工党志 致公党志 九三学社志 台盟志 工商联志/3

009673087 北京志第22卷 人民团体卷 工人组织志/3

008752683 北京志第23卷 人民团体卷 青年组织志/3

008752685 北京志第24卷 人民团体卷 妇女组织志/4

009145093 北京志第25卷 政法卷 公安志/4

011563637 北京志第26卷 政法卷 检察志/4

011943100 北京志第27卷 政法卷 审判志/4

008752690 北京志第28卷 政法卷 司法行政志/4

008752693 北京志第30卷 军事卷 军事志/4

008752695 北京志第31卷 军事卷 人民武装警察志/4

008752696 北京志第32卷 军事卷 人民防空志/4

008593415 北京志第33卷 综合经济管理卷 计划志/4

008442985 北京志第34卷 综合经济管理卷 劳动志/4

008752700 北京志第35卷 综合经济管理卷 统计志/4

008660592 北京志第36卷 综合经济管理卷 财政志/4

008752704 北京志第37卷 综合经济管理卷 税务志/5

012679008 北京志第38卷 综合经济管理卷 审计志/5

008752709 北京志第39卷 综合经济管理卷 金融志/5

009692215 北京志第40卷 综合经济管理卷 物价志/5

008752711 北京志第41卷 综合经济管理卷 物资志/5

008752714 北京志第42卷 综合经济管理卷 工商行政管理志/5

009692228 北京志第43卷 综合经济管理卷 技术监督志/5

008752733 北京志第45卷 城乡规划卷 测绘志/5

011578817 北京志第47卷 城乡规划卷 市政工程设计志/5

011321061 北京志第47卷 城乡规划卷 建筑工程设计志/5

008752746 北京志第48卷 建筑卷 建筑志/5

008593421 北京志第49卷 市政卷 房地产志/6

008752751 北京志第50卷 市政卷 供水志 供热志 燃气志/6

008752754 北京志第51卷 市政卷 道桥志 排水志/6

008593410 北京志第52卷 市政卷 园林绿化志/6

008752759 北京志第53卷 市政卷 环境卫生志/6

008752761 北京志第54卷 市政卷 环境保护志/6

008752765 北京志第55卷 市政卷 公共交通志/6

008593426 北京志第56卷 市政卷 道路交通管理志/6

008531713 北京志第57卷 市政卷 公路运输志/6

010152717 北京志第58卷 市政卷 铁路运输志/6

008593420 北京志第59卷 市政卷 民用航空志/6

009250182 北京志第60卷 市政卷 邮政志/6

008752771 北京志第61卷 市政卷 电信志/6

009346449 北京志第62卷 工业卷 黑色冶金工业志 有色金属工业志/7

008752861 北京志第64卷 工业卷 电力工业志 建材工业志/7

008752863 北京志第65卷 工业卷 化学工业志 石油化学工业志/7

013507638 北京志第65卷 北京奥运会志/7

009851063 北京志第66卷 工业卷 机械工业志 农机工业志/7

008752872 北京志第67卷 工业卷 汽车工业志 机车车辆工业志/7

008752874 北京志第68卷 工业卷 电子工业志 仪器仪表工业志/7

009315148 北京志第69卷 工业卷 一轻工业志 二轻工业志/7

008752879 北京志第70卷 工业卷 纺织工业志 工艺美术志/7

012678994 北京志第71卷 工业卷 医药工业志 印刷工业志/7

008752888 北京志第72卷 农业卷 农村经济综合志/7

008752891 北京志第73卷 农业卷 种植业志/8

009188779 北京志第74卷 农业卷 林业志/8

011312183 北京志第75卷 农业卷 畜牧志/8

008752900 北京志第76卷 农业卷 水产业志/8

008442986 北京志第77卷 农业卷 国营农场志/8

008752903 北京志第78卷 农业卷 乡镇企业志/8

009145081 北京志第79卷 商业志 副食品商业志/8

009839167 北京志第79卷 商业卷 日用工业品商业志/8

009145083 北京志第79卷 商业卷 供销合作社商业志/8

011578838 北京志第80卷 商业卷 石油商业志/8

011890448 北京志第80卷 商业卷 饮食服务志/8

009510344 北京志第80卷 商业卷 粮油商业志/8

009735408 北京志第81卷 对外经贸卷 对外经贸志/8

011295497 北京志第82卷 对外经贸卷 检验检疫志/9

011943076 北京志第83卷 开发区卷 中关村科技园区志/9

009959626 北京志第84卷 旅游卷 旅游志/9

008753013 北京志第87卷 教育卷 成人教育志/9

009735401 北京志第88卷 科学卷 科学技术志/9

010280069 北京志第90卷 文化艺术卷 文学创作志/9

011943093 北京志第90卷 文化艺术卷 美术志 摄影志 书法篆刻志/9

008531708 北京志第91卷 文化艺术卷 戏剧志 曲艺志 电影志/9

008753037 北京志第92卷 文化艺术卷 音乐志 舞蹈志 杂技志/9

008753042 北京志第93卷 文化艺术卷 群众文化志 图书馆志 文化艺术管理志/9

009153951 北京志第94卷 档案卷 档案志/9

012679000 北京志第95卷 著述卷 著述志/9

009863330 北京志第96卷 文物卷 文物志/10

010007664 北京志第96卷 文物卷 博物馆志/10

011943086 北京志第97卷 世界文化遗产卷 长城志/10

009348522 北京志第97卷 世界文化遗产卷 周口店遗址志/10

009878607 北京志第97卷 世界文化遗产卷 故宫志/10

009510355 北京志第98卷 世界文化遗产卷 天坛志/10

009510472 北京志第98卷 世界文化遗产卷 颐和园志/10

010280074 北京志第100卷 新闻出版广播电视卷 期刊志/10

008753186 北京志第101卷 新闻出版广播电视卷 出版志/10

010007671 北京志第102卷 新闻出版广播电视卷 广播电视志/10
009145087 北京志第103卷 卫生卷 卫生志/10
008753199 北京志第104卷 体育卷 体育志/11
009959633 北京志第105卷 民族 宗教卷 民族志/11
008753206 北京志第105卷 民族 宗教卷 宗教志/11
012540847 北京志第110卷 商业卷 烟草商业志/11
011328368 北京医科大学人物志/32
009839163 北京园林绿化志征求意见稿/41
008444069 北京财政志/25
009412524 北京财政志征求意见稿/25
012696235 北京私家园林志/41
011296174 北京体育大学出版社社史与社志1985.5.23-1996.12.31/26
009153931 北京体育学院志/30
006871550 北京近代教育记事/27
009157905 北京林业志/14
009332176 北京松下彩色显象管有限公司社志1987.9-2000.12/13
008378091 北京矿冶研究总院院志1956-1996/21
010731618 北京矿冶研究总院院志续一1996-2006/21
008982580 北京果树志/39
009045511 北京国营农场志精简本/13
012678991 北京物资学院志/29
010730253 北京物资储备职工中等专业学校校志1978-2000/30
008443894 北京供电志1888-1988/15

012678984 北京侨联志/12
010778529 北京金融志讨论稿/25
013090746 北京肿瘤医院科室志/37
001770555 北京鱼类志/40
013788273 北京京顺医院院志2006-2010/64
008949737 北京郊区古树名木志/34
011313032 北京宗教志回族章讨论稿/11
013333776 北京建工集团志1993-2010/15
012950419 北京建筑志设计资料汇编/41
012995268 北京城市开发集团有限责任公司志1996-2005/14
012889208 北京城市规划图志1949-2005/41
008827799 北京城市建设开发集团总公司志1977-1995/41
012132434 北京城建设计研究总院院志简编1958-2008/41
010731621 北京胡同志/34
009081798 北京南站志1897-1997/22
009385531 北京钢琴厂志1949-1992/15
010292607 北京钢琴厂志1949-1992 送审稿/15
010252903 北京种植业志简本/14
012540841 北京科技园建设(集团)股份有限公司志1999-2009/13
009060042 北京科学技术志/26
010229378 北京科学技术志科技资源与管理/26
013771516 北京科学技术资料长编1994-2000/26
011943057 北京送变电公司志/16
010777992 北京盐业志/16
011294738 北京热力集团志/13

009988754 北京铁路分局工会志 1921.1-1999.12/11
009959459 北京铁路局工会志稿/12
012758740 北京铁路局石家庄物资供应段志 1939-2007/123
007590147 北京铁路局志 1881-1987/23
010229523 北京铁路局志 1988-2004/23
010253344 北京铁路局志送审稿/23
009988763 北京铁路建设集团有限公司志 1953-2003/22
010293064 北京航空航天大学校志 1952-1992/42
012889211 北京航空航天大学航空科学与工程学院人物志/32
009348476 北京高等教育志/27
010577213 北京高等教育志人物篇 征求意见稿/28
010252629 北京高等教育志大事记篇 征求意见稿/28
010138116 北京高等教育志事业篇 征求意见稿/28
010252631 北京高等教育志学校篇 征求意见稿/28
010252637 北京高等教育志重大历史事件篇 征求意见稿/28
009385677 北京站志 1901-2000/23
007535968 北京烟草志/16
009018283 北京海关志 1929-1999/25
008444073 北京理工大学志/28
009878470 北京理工大学房山分校志 1985-2005/60
013818237 北京理工大学管理与经济学院院志 1980-2009/28
011943048 北京教育学院志 1953-2008/30

008838250 北京教育学院院志 1956-1996/30
008660609 北京黄金工业志/15
011293393 北京铜厂厂志概述 1956-1990/16
009060271 北京第二外国语学院志/27
009863303 北京第二外国语学院志 1994-2003/27
012809897 北京第二外国语学院图志 1964-2009/27
011430348 北京商学院志 1950-1998/29
009332054 北京兽类志/36
009333337 北京联合大学校志征求意见稿/28
006439839 北京植物志/36
009106167 北京植物园志/36
009315134 北京街巷图志/34
009878613 北京街巷胡同分类图志/47
009310011 北京普通中等专业教育志稿/30
009000381 北京普通教育志稿/27
011313028 北京道教志讨论稿/11
009412503 北京煤矿机械厂志/15
009015782 北京舞蹈学院志 1954-1992/31
010251092 北京蔬菜病情志/38
010291861 北京橡胶二厂志未定稿/16
008982589 北京潮人人物志续1/2179
009988776 北京燕山石油化工公司炼油厂志 1967-1990/16
011293391 北京燕山石油化工公司合成橡胶厂志 1970-1990/16
010278924 北京燕山石油化工公司化工一厂志 1973-1995/16
011563627 北城志/2776

011312015	北南沟村志 /316	008665268	北海法院志 /2308
012072313	北竿乡志 /3258	008595553	北海科技志 /2309
009382737	北洲子农场志 /2066	011578791	北海海关志 /2309
013333767	北陡镇志 /2201	008869574	北海景山公园志 /47
009900260	北埔乡志 /3241	011471207	北流人物志 /2318
011321249	北桥镇志第10卷 /880	008595580	北流市土地志 /2318
013723440	北崂村志 /1438	008595576	北流市邮电志 /2318
013794853	北航建校初期师资人物志 /32	012871836	北流市供电志 /2318
012831126	北席村志 /131	007910040	北流县志 /2317
007535952	北站区志 /1727	009854051	北陵乡志 /494
008421954	北站农机志 /1728	009769126	北营村志 /319
009335569	北部引嫩工程志 续卷 /691	012263950	北票人物志 /564
009147360	北部引嫩工程志 1970-2000 /691	013369154	北票市交通志续编 /564
008665263	北海口岸外贸志 /2309	009312397	北票市志 /564
008595570	北海中国银行志 1915.10-1990.12 /2309	009242337	北票市村镇建设志 /564
012950394	北海文化志 /2309	013751465	北宿煤矿志 1976-1987 /1527
011890439	北海市人民医院志 1886-2005 /2310	011943105	北宿煤矿志 1988-2005 /1527
		009784682	北塔山牧场志 1952-2003 /3194
008595559	北海市土地志 /2308	013883883	北塔区军事志 1840-2005 内部版 /2032
008595517	北海市工业志 /2309		
008595564	北海市卫生志 1867-1993 /2310	009124390	北焦厂志 1958-1988 /14
008990920	北海市志 /2308	013751462	北街村志 /314
012587007	北海市志 1991-2005 /2308	009198279	北道区志 /3051
008595507	北海市邮电志 /2309	013923837	北湖区军事志 1840-2005 /2076
008595556	北海市统计志 /2308	011578800	北湖区国土资源志 /2076
013788268	北海市铁山港区志 /2310	009472581	北塘区志 /833
008595513	北海市爱国卫生运动志 /2309	011067709	北碚区人大志 /2375
009699347	北海市海城区志 /2310	013955831	北碚车务段志 1975-2005 /2375
012048731	北海市银海区志 /2310	011471191	北蔡镇志 1991-2000 /763
008595547	北海交通志 /2309	012758725	北膏腴村志 /349
008665265	北海劳动志 /2308	009442065	北镇志 /1594
008595562	北海林业志 /2308	008829806	北镇县地名录 /540
008665246	北海金融志 /2309	007902350	北镇县志 /540
		007488656	北戴河志 /155

011943030 北戴河志 1988-2003/155
012096344 北疆铁路公司志 1985-1999/3168
009887151 北露天煤矿志/1761

卢

008414951 卢氏民俗志/1767
009332606 卢氏县人民代表大会志/1766
013684548 卢氏县土地志/1766
009125484 卢氏县水利志/1767
008424734 卢氏县民政志/1766
008819952 卢氏县志/1766
010730558 卢氏县志 1988-2000/1766
010730407 卢氏县志 1988-2000 送审稿/1766
012097787 卢氏县政协志/1766
008420946 卢氏县教育志/1767
008533286 卢龙县地名资料汇编/157
007482428 卢龙县志/156
009397061 卢龙县政协志 1981-2003/157
013507420 卢沟桥乡志/52
008713357 卢湾区志/748
011534029 卢湾区志 1994-2003/749
008842837 卢湾公安志/749

旧

013820522 旧城村志 前202-2011/221
007197934 旧堡区志/519

且

007693082 且末县志/3201

叶

011909988 叶尔羌河流域水利志/3157
010238986 叶县卫生志/1706
007488757 叶县志/1705
011909995 叶县志 1986-2002/1705

009959890 叶县志送审稿/1705
012256485 叶县金融志/1706
008414601 叶县烟草志/1706
012878864 叶店村志/1846
012723377 叶城县地名图志/3186
008623383 叶城县志/3186
009269069 叶榭志/775
013379378 叶榭镇志/775

甲

012237563 甲仙乡志/3251

申

013320961 申扎县志/2918
013706286 申家坪村志/289

电

011328420 电子科技大学志 1956-1994 征求意见稿/2426
010293040 电化局建筑工程处志 1974-1998 征求意见稿/23
010278950 电化局建筑工程处志 房建工程部分 1974-1998/23
009378335 电白方言志/2211
008665737 电白县志/2210

田

009887116 田东县土地志/2322
009768248 田东县地名志/2322
008471210 田东县志/2322
013462659 田东县邮电志/2322
010473923 田东县教育志初稿/2322
008471268 田阳县志/2321
010476518 田阳县教育志初稿/2321
013706525 田陈煤矿志/1466
013775719 田林县土地志/2324
007987753 田林县志/2324

010007654 田家庵区志 1953-1990 /1140
012638731 田家庵区志至 1953 /1140
011478659 田横镇志 /1445
012237576 田寮乡志 /3251

只

013190090 只楚镇志 1368-2000 /1493

史

013735506 史志资料合订本 /2775
012814218 史家庄村志 /283

四

009082533 四十七团志 /3189
008994754 四十三团场志 /3186
012266324 四十里铺镇志 /3006
012899431 四川人民广播电台台志 /2426
008669057 四川土种志 /2412
008668948 四川工商行政管理志 /2406
013686235 四川工商行政管理志 1986-2005 /2407
012099940 四川大学华西第二医院建院二十周年人物志 /2428
013706361 四川广旺能源发展(集团)有限责任公司志 1962-1990 /2491
013706366 四川广旺能源发展(集团)有限责任公司志 1991-2012 /2492
009232002 四川飞虹轴瓦股份有限公司志 1966-1996 /2502
013131251 四川马边河电业股份有限公司债务重组 2000-2008 /2535
012956000 四川专用汽车制造厂厂志 1951-1988 /2423
006006672 四川中药志 /2412
001737779 四川风物志 /2411
009891770 四川文物志 /2410

009232035 四川石油财经学校志 /2445
008991703 四川石油管理局川东开发公司志 /2362
009232010 四川石油管理局川东钻探公司志 1900-1990 /2422
008991486 四川石油管理局川西北矿区志 /2483
012969655 四川石油管理局川西南矿区志 /2450
008991596 四川石油管理局川南矿区志 /2465
012766863 四川石油管理局井下作业处志 1964-1990 /2518
008672075 四川石油管理局天然气研究所志 /2429
008670003 四川石油管理局地质调查处志 /2428
008835644 四川石油管理局地质勘探开发研究院志 /2422
008991691 四川石油管理局供应处志 /2422
009232033 四川石油管理局油气田建设工程公司志 1958-1990 /2512
008991481 四川石油管理局南充机械厂志 /2536
008430348 四川石油管理局南充炼油厂志 1958-1990 /2537
008991698 四川石油管理局威远天然气化工厂志 /2517
008669938 四川石油管理局测井公司志 1953-1990 /2362
009232045 四川石油管理局钻采工艺研究所志 /2471
008991695 四川石油管理局资中机械厂

志 1967-1990/2518

010252859 四川石油管理局资阳钢管厂志/2583

008670403 四川石油管理局勘察设计研究院志 1958-1990/2422

008671958 四川石油管理局输气管理处志/2445

013379024 四川电力科学研究院志 1952-2012/2422

012877189 四川永安水利电力股份有限公司志 1994-2000/2485

008844071 四川西昌电力股份有限公司志 1940-1997/2612

010201404 四川西康地质志/2412

009799369 四川竹类植物志/2412

013145424 四川华蓥山广能(集团)有限责任公司志 1986-2005/2555

009388339 四川农村金融志/2408

012969631 四川邻水启明星电力有限公司志 1984.1-2005.12/2556

013686240 四川宏源燃气股份有限公司志/2506

008423893 四川拖拉机厂志 1965-1985/2512

012319010 四川苗族志/2410

007969480 四川林业志/2407

008668954 四川国民党史志/2406

006674443 四川物价志 近代四川物价史料/2408

009387518 四川金顶集团股份有限公司峨眉水泥厂志 1965-1994/2523

009348255 四川审判志/2406

009817989 四川建设发展股份有限公司志 1985-2004/2470

008846464 四川建设银行志/2408

013775256 四川建筑职业技术学院校志/2426

007538801 四川经济志/2406

009556389 四川政法志 审判篇/2406

008414457 四川省三台县地名录/2486

008428236 四川省大竹县地名录/2564

008425306 四川省大足县地名录/2377

008427302 四川省大邑县地名录/2448

013096419 四川省大堰劳教所志 1961-2007/2583

008414201 四川省万县市地名录/2371

008427312 四川省万县地名录/2371

008428153 四川省万源县地名录/2562

013731643 四川省川北监狱志 1952-1998/2406

008420645 四川省广元书店志 1910-1985/2492

008430435 四川省广元县东坝乡志/2491

008428251 四川省广元县地名录/2492

008425839 四川省广汉县地名录/2471

008414187 四川省广安县地名录/2554

009336367 四川省广播电视发射传输中心志/2426

008425354 四川省马边彝族自治县地名录/2535

008430324 四川省乡镇企业志/2407

008395110 四川省丰都县地名录/2392

008424046 四川省井研县地名录/2530

008428324 四川省开江县地名录/2563

008427270 四川省开县地名录/2394

008425222 四川省天全县地名录/2573

008427285 四川省云阳县地名录/2394

010242585 四川省五通桥盐厂厂志 1955-

1990/2523
009881532 四川省区域地质志/2412
008424132 四川省中江县地名录/2474
013342588 四川省中药学校校志 1958-1988 /2427
013067249 四川省内江市第二中学(沱江中学)校志 1925-1995/2514
008428717 四川省内江地区内江市地名录/2514
008421805 四川省内江县卫生志/2516
008425886 四川省内江县地名录/2516
009854386 四川省水利志/2407
008395119 四川省长宁县地名录/2550
008428820 四川省长寿县地名录/2380
008414451 四川省仁寿县地名录/2544
008427170 四川省什邡县地名录/2472
008424327 四川省公路志/2408
008414219 四川省丹棱县地名录/2546
009388361 四川省文物志征求意见稿/2410
009414585 四川省巴中中学志 1868-1998/2576
010201261 四川省巴中县书店志 1885-1985/2576
008428326 四川省巴中县地名录/2576
008414168 四川省巴县地名录/2379
008414207 四川省双流县地名录/2447
008424058 四川省邛崃县地名录/2442
008425397 四川省甘孜藏族自治州九龙县地名录/2604
008425382 四川省甘孜藏族自治州乡城县地名录/2608
008428123 四川省甘孜藏族自治州丹巴县地名录/2603
008428699 四川省甘孜藏族自治州巴塘县地名录/2607
008428131 四川省甘孜藏族自治州甘孜县地名录/2605
008428101 四川省甘孜藏族自治州石渠县地名录/2606
008428711 四川省甘孜藏族自治州白玉县地名录/2606
008428116 四川省甘孜藏族自治州色达县地名录/2607
008428330 四川省甘孜藏族自治州炉霍县地名录/2605
008425422 四川省甘孜藏族自治州泸定县地名录/2603
008425373 四川省甘孜藏族自治州理塘县地名录/2607
008428702 四川省甘孜藏族自治州得荣县地名录/2608
008425390 四川省甘孜藏族自治州康定县地名录/2603
013379027 四川省甘孜藏族自治州康定县军事志/2602
008425378 四川省甘孜藏族自治州雅江县地名录/2604
008428113 四川省甘孜藏族自治州道孚县地名录/2604
008428106 四川省甘孜藏族自治州新龙县地名录/2605
008425345 四川省甘孜藏族自治州稻城县地名录/2608
008428120 四川省甘孜藏族自治州德格县地名录/2606
008421486 四川省古蔺县地名录/2469
008414240 四川省石柱县地名录/2396
008425257 四川省石棉县地名录/2572

012969648 四川省石棉县政协志 1984-2006 /2571

009414598 四川省石棉矿志 /2572

008414171 四川省平武县地名录 /2489

013936390 四川省平武县南坝中学校志 1958-2009 /2489

008428209 四川省平昌县地名录 /2582

008395128 四川省北川县地名录 /2490

007486944 四川省电力工业志 /2407

012969635 四川省电力工业志 1991-2002 /2407

008424110 四川省仪陇县地名录 /2542

008428837 四川省白沙工农区地名录 /2562

013863671 四川省乐山市市中区政协志 /2522

008428730 四川省乐山地区乐山市地名录 /2521

012814228 四川省乐至县地方税务志 1994-2005 /2589

008428273 四川省乐至县地名录 /2590

011998311 四川省乐至县放生乡志 1950-2005 /2588

008425275 四川省汉源县地名录 /2590

008428146 四川省永川县地名录 /2385

012174916 四川省地方税务志 1994-2003 /2408

011955506 四川省地质矿产局四〇三地质队志 1954-1986 /2524

012542924 四川省地质矿产勘查开发局区域地质调查队志 1959-2009 /2428

009561798 四川省地震监测志 /2411

008669038 四川省机械研究设计院院志 1957-1985 /2430

012638773 四川省机械研究设计院院志 1997-2006 /2430

008414188 四川省西充县地名录 /2542

011067683 四川省西昌市文化艺术志 1911-1990 /2612

009388352 四川省百货纺织商业志 首稿 /2408

010244268 四川省达县中医学校志 1967-1985 /2560

008414229 四川省达县地区达县市地名录 /2559

008428468 四川省达县地名录 /2560

013096412 四川省达县粮食学校志 1978.10-1989.9 /2560

008424169 四川省成都市地名录 青白江区部分 /2436

008450919 四川省成都市地名录 第1卷 东城区 西城区 黄田坝办事处分册 /2428

008395125 四川省成都市地名录 第2卷 金牛区部分 /2434

008414233 四川省成都市地名录 第3卷 龙泉驿区 /2435

013991538 四川省成都市园林志 /2430

008428380 四川省夹江县地名录 /2532

008414191 四川省华云工农区地名录 /2555

008427173 四川省自贡市地名录 /2455

010146606 四川省会东县民政志 1912-1990 /2614

013002606 四川省合江县中学校校志 1910-2009 /2468

008427300 四川省合江县地名录 /2468

012969640 四川省名山县水利电力志 /2568

008425216 四川省名山县地名录/2569
008427318 四川省米易县地名录/2464
008423955 四川省江北县地名录/2379
013067246 四川省江安中学校志 1914-1994/2550
008428265 四川省江安县地名录/2550
008414448 四川省江油县地名录/2484
008428480 四川省江津县地名录/2381
008414053 四川省兴文县地名录/2553
008395133 四川省安县地名录/2487
013756088 四川省安岳师范学校校志 1945-1995/2587
008428462 四川省安岳县地名录/2587
012836328 四川省农业机械研究设计院院志 1960-2010/2429
009414596 四川省农业机械研究所所志 1960-1986/2429
012051940 四川省农业科学院志 1986-2005/2429
011066839 四川省农业科学院蚕业研究所所志/2429
010253901 四川省农村扶贫志/2407
012506226 四川省红十字会"5·12"抗震救灾图志/2594
013731645 四川省纪检监察志 1949-2007/2405
008579450 四川省志/2399
009553071 四川省志水利志 送审稿/2400
008670057 四川省志民俗志丛稿 广汉民俗/2471
009552955 四川省志军事志 讨论稿/2400
009552951 四川省志军事志 送审稿/2400
008844315 四川省志报业志 征求意见稿/2399
008844316 四川省志报业志 修改稿/2399
009552937 四川省志财政志 送审稿/2399
008700906 四川省志附录/2399
007590137 四川省志纺织工业志/2399
009552959 四川省志林业志 送审稿/2400
013067257 四川省志审判志 1986-2005 初审稿/2400
009552944 四川省志建材工业志 送审稿/2399
009552948 四川省志建筑志 送审稿/2399
009552942 四川省志政法分志 检察篇/2400
012506191 四川省志轻工业志 送审稿/2400
009552962 四川省志轻工业志 送审稿 修改稿/2400
009149378 四川省志首卷/2400
007724502 四川省志粮食志/2400
006543107 四川省志第1卷 冶金工业志/2400
007294696 四川省志第2卷 电子工业志/2400
007294695 四川省志第3卷 轻工业志/2400
007294764 四川省志第4卷 机械工业志/2401
007488685 四川省志第5卷 邮政电信志/2401
007620827 四川省志第6卷 交通志/2401
007724501 四川省志第7卷 水利志/2401
007807107 四川省志第8卷 化学工业志/2401
007881953 四川省志第9卷 气象志/2401
008052683 四川省志第10卷 纺织工业志/2401
008036569 四川省志第11卷 电力工业志/2401

008036570 四川省志第12卷 盐业志/2401
008390681 四川省志第13卷 民政志/2401
008390685 四川省志第14卷 财政志/2401
008390691 四川省志第15卷 旅游志/2401
008390697 四川省志第16卷 公安 司法志/2401
008413445 四川省志第17卷 丝绸志/2402
008413446 四川省志第18卷 体育志/2402
008413443 四川省志第19卷 轻工业志/2402
008413437 四川省志第20卷 地质志/2402
008413444 四川省志第21卷 商检志/2402
008413436 四川省志第22卷 地震志/2402
008413441 四川省志第23卷 煤炭工业志/2402
008413439 四川省志第24卷 海关志/2402
008413447 四川省志第25卷 哲学社会科学志/2402
008413725 四川省志第26卷 对外经济贸易志/2402
008413448 四川省志第27卷 石油天然气工业志/2402
008413440 四川省志第28卷 科学技术志/2402
008413438 四川省志第29卷 供销合作社志/2402
008418204 四川省志第30卷 宗教志/2403
008487230 四川省志第31卷 金融志/2403
008487208 四川省志第32卷 检察 审判志/2403
008487197 四川省志第33卷 广播电视志/2403
008418207 四川省志第34卷 报业志/2403
013863679 四川省志第34卷 税务志 1986-2005/2403

008581743 四川省志第35卷 人事志/2403
008418182 四川省志第36卷 林业志/2403
008487215 四川省志第37卷 建筑志/2403
008487192 四川省志第38卷 地理志/2403
008418194 四川省志第39卷 建材工业志/2403
008418200 四川省志第40卷 测绘志/2403
008418211 四川省志第41卷 文物志/2403
008636609 四川省志第42卷 档案志 侨务志/2404
008668924 四川省志第43卷 综合管理志/2404
008668909 四川省志第44卷 外事志/2404
008668912 四川省志第45卷 文化艺术志/2404
008668864 四川省志第46卷 民族志/2404
008668860 四川省志第47卷 民俗志/2404
008668858 四川省志第48卷 教育志/2404
008668884 四川省志第49卷 农业志/2404
008668848 四川省志第50卷 大事纪述/2404
008668902 四川省志第51卷 商业志/2404
008668917 四川省志第52卷 政务志/2404
008667369 四川省志第53卷 军事志/2404
008700852 四川省志第56卷 出版志/2404
008861174 四川省志第57卷 统计 工商行政管理 劳动志/2405
008668843 四川省志第58卷 城建环保志/2405
007724490 四川省志第59卷 医药卫生志/2405
009336606 四川省志第60卷 人物志/2405
013795543 四川省志第76卷 扶贫开发志 1986-2005/2405
008427259 四川省苍溪县地名录/2500

008428089 四川省芦山县地名录/2573

008414217 四川省巫山县地名录/2395

008414164 四川省巫溪县地名录/2395

008395112 四川省西阳土家族苗族自治县地名录/2396

008669051 四川省医药卫生志/2412

008414175 四川省秀山县地名录/2396

008428651 四川省邻水县地名录/2557

008414212 四川省沐川县地名录/2534

008992070 四川省阿坝工业学校校志/2594

011908898 四川省阿坝州石油公司志/2591

009388345 四川省阿坝财贸学校校志 1975-1992/2592

008395100 四川省阿坝藏族自治州小金县地名录/2598

008425411 四川省阿坝藏族自治州马尔康县地名录/2593

008414480 四川省阿坝藏族自治州红原县地名录/2600

008414476 四川省阿坝藏族自治州汶川县地名录/2594

008414088 四川省阿坝藏族自治州阿坝县地名录/2599

008414482 四川省阿坝藏族自治州若尔盖县地名录/2599

008414063 四川省阿坝藏族自治州茂汶羌族自治县地名录/2595

008423967 四川省阿坝藏族自治州松潘县地名录/2596

008414458 四川省阿坝藏族自治州金川县地名录/2597

008423974 四川省阿坝藏族自治州南坪县地名录/2597

008414073 四川省阿坝藏族自治州理县地名录/2595

008395131 四川省阿坝藏族自治州黑水县地名录/2598

008414466 四川省阿坝藏族自治州壤塘县地名录/2598

008668936 四川省纺织工业大事记 1891-1995/2407

008427263 四川省奉节县地名录/2395

008395105 四川省武胜县地名录/2556

006013574 四川省武隆县火炉区药用植物图志/2393

008414182 四川省武隆县地名录/2392

011998319 四川省青川中学校校志 1943-2003/2498

008395134 四川省青川县地名录/2499

008423992 四川省青神县地名录/2546

013660326 四川省林业学校校志 1953-1982/2439

009995323 四川省旺苍县地名录/2494

009319917 四川省国土志/2411

008424085 四川省忠县地名录/2394

008259076 四川省图书馆事业志/2409

008421983 四川省物资志/2407

008414223 四川省岳池县地名录/2555

010010056 四川省侨务志/2406

008414090 四川省金口河工农区地名录/2523

008414208 四川省金堂县地名录/2443

008425832 四川省泸州市地名录/2466

008395097 四川省泸县地名录/2467

011067249 四川省沼气志/2412

008425301 四川省宜宾地区宜宾市地名

录/2549

009414664 四川省宜宾师范校志1939-1999/2548

008428655 四川省宜宾县地名录/2549

008421988 四川省建材机械厂厂志1966-1990/2512

013775267 四川省建筑工程学校校志1996-2001/2430

009388356 四川省建筑设计院院志1953-1989/2430

013775269 四川省建筑职工大学校志1980-2001/2427

008414213 四川省城口县地名录/2391

009769147 四川省垫江县地名录/2392

012638796 四川省革命伤残军人休养院四川省革命伤残军人医院院志/2429

011068404 四川省荣县文化志/2456

008423988 四川省荣县地名录/2456

008425891 四川省荣昌县地名录/2389

008425279 四川省荥经县地名录/2569

008414454 四川省南川县地名录/2385

009414591 四川省南充中心医院志建院六十年纪/2538

008428816 四川省南充地区南充市地名录/2538

008428807 四川省南充县地名录/2538

008428205 四川省南江县地名录/2580

008428197 四川省南部县地名录/2540

008428660 四川省南溪县地名录/2549

009388359 四川省威州师范学校校志/2596

008428746 四川省威远县地名录/2517

008421480 四川省昭觉县交通志/2616

008430548 四川省重庆水泥厂志/2362

008424050 四川省重庆市九龙坡区地名录/2374

008428319 四川省重庆市大渡口区地名录/2372

008428647 四川省重庆市北碚区地名录/2375

008428244 四川省重庆市市中区地名录/2369

008428735 四川省重庆市地名录/2366

008428831 四川省重庆市江北区地名录/2373

008428142 四川省重庆市沙坪坝区地名录/2374

008424119 四川省重庆市南岸区地名录/2375

008428137 四川省重庆市南桐矿区地名录/2376

013775278 四川省重庆市第六中学校(原求精中学)校志/2365

008418494 四川省重庆第六中学校校志原求精中学/2365

009388370 四川省重点保护珍贵树木图志/2412

008427292 四川省叙永县地名录/2468

008414449 四川省剑阁县地名录/2500

008669053 四川省总工会志1949-1990/2405

008414203 四川省洪雅县地名录/2546

008428179 四川省宣汉县地名录/2563

008427326 四川省屏山县地名录/2553

008428728 四川省眉山县地名录/2521

008487187 四川省统计志/2405

008428260 四川省珙县地名录/2551

013002603 四川省珙县罗渡苗族乡志/2551

008427327 四川省盐边县地名录/2464
008395139 四川省盐亭县地名录/2486
013660328 四川省盐亭县交通志/2486
011320057 四川省蚊类志/2412
008428452 四川省峨眉县地名录/2524
008414195 四川省射洪县地名录/2507
008427309 四川省郫县地名录/2448
008428649 四川省高县地名录/2551
008428844 四川省资中县地名录/2518
008428723 四川省资阳县地名录/2583
011571584 四川省资阳县财政志 1912-1985 /2583
008428693 四川省凉山彝族自治州木里藏族自治县地名录/2619
008428667 四川省凉山彝族自治州甘洛县地名录/2618
008428682 四川省凉山彝族自治州布拖县地名录/2615
008428334 四川省凉山彝族自治州宁南县地名录/2614
008428685 四川省凉山彝族自治州西昌县地名录/2613
008428284 四川省凉山彝族自治州会理县地名录/2613
009116520 四川省凉山彝族自治州金阳县地名录/2615
008428296 四川省凉山彝族自治州昭觉县地名录/2616
008423959 四川省凉山彝族自治州美姑县地名录/2618
008428665 四川省凉山彝族自治州盐源县地名录/2613
008428673 四川省凉山彝族自治州冕宁县地名录/2617

008428672 四川省凉山彝族自治州越西县地名录/2617
008428280 四川省凉山彝族自治州喜德县地名录/2616
008428076 四川省凉山彝族自治州普格县地名录/2615
008423984 四川省凉山彝族自治州雷波县地名录/2619
008428292 四川省凉山彝族自治州德昌县地名录/2613
009232004 四川省旅游学校校志 1979-1999 /2425
013225878 四川省畜禽疫病志 1949-1989 /2413
008428446 四川省阆中县地名录/2539
010576662 四川省烟草志/2408
008428248 四川省通江县地名录/2579
008992093 四川省理县卫生志/2595
008992076 四川省理县粮油志/2595
013630064 四川省教育系统汶川特大地震抗震救灾志/2594
008422778 四川省营山县书店志 1948-1985 /2540
008424068 四川省营山县地名录/2541
008395135 四川省梓潼县地名录/2488
008427303 四川省崇庆县地名录/2443
008425285 四川省铜梁县地名录/2389
008428190 四川省渠县地名录/2565
013630053 四川省涪陵地区土坎发电厂志/2371
008414185 四川省涪陵县地名录/2372
008395102 四川省梁平县地名录/2390
013129970 四川省隆昌县书店志 1912-1985 /2518

008428086 四川省隆昌县地名录/2519
008425848 四川省绵竹县地名录/2473
013342586 四川省绵阳外国语学校校志/2479
009231807 四川省绵阳市中心医院志 1939-2000/2480
008424103 四川省绵阳市地名录/2480
013863675 四川省绵阳市第三人民医院院志/2480
011321349 四川省喜德县交通志/2616
013936391 四川省喜德县农业志/2616
008428722 四川省彭山县地名录/2545
013002610 四川省彭山县第二中学校志 1929-2000/2545
008395129 四川省彭水县地名录/2397
008425841 四川省彭县地名录/2441
008425295 四川省雅安地区雅安县地名录/2567
008428094 四川省犍为县地名录/2529
009231562 四川省犍为县教育志 1986-2000/2527
012208233 四川省遂宁中学校志 785-2005/2503
013131266 四川省遂宁市音乐舞蹈志/2504
011500647 四川省遂宁师范学校志 1914-2004/2504
008414443 四川省遂宁县地名录/2504
008865328 四川省温江地区气象志/2438
011442027 四川省温江地区林业志/2437
008424080 四川省温江地区温江县地名录/2437
008427296 四川省富顺县地名录/2457
008414225 四川省蓬安县地名录/2541
008428071 四川省蓬溪县地名录/2505

008424000 四川省蒲江县地名录/2449
008395116 四川省筠连县地名录/2552
008428068 四川省简阳县地名录/2586
013067240 四川省简阳县供销合作社志 1951-1982/2585
008424125 四川省新津县地名录/2450
008425199 四川省新都县地名录/2436
010146608 四川省煤建志/2407
009442668 四川省群众文化志/2409
009387610 四川省綦江县书店志/2376
008424191 四川省綦江县地名录/2376
008634579 四川省德阳县地名录/2470
008425835 四川省潼南县地名录/2388
008414178 四川省黔江县地名录/2380
008425837 四川省璧山县地名录/2390
009336821 四川省彝文学校校志 汉彝合订本 1985-1995/2612
012208241 四川省彝文学校凉山州民族干部学校校志 1990-2006/2611
008425844 四川省灌县地名录/2439
008421725 四川保险志/2408
012955998 四川盆地蕈菌图志/2412
012955996 四川美丰志 1974-2009/2407
009399145 四川桥梁图志/2413
011320058 四川造林志/2407
011500634 四川航运史志文稿/2408
005985768 四川资源动物志/2412
012613889 四川畜禽遗传资源志/2413
013706368 四川家畜家禽品种志/2413
010144762 四川梨志/2412
013936387 四川隆昌一中校志 1903-1988/2518
009414577 四川绵阳粮食机械厂厂志 1958-1987/2478

009312716 四川傩戏志/2410

009840275 四川道地中药材志/2412

011066626 四川蓬莱盐化有限公司志 1987-2003/2502

009019399 四川新华书店志 1949-1995/2426

008667848 四川新华印刷厂志/2423

008669044 四川粮油市场志/2408

011570360 四川橡胶厂志 1970-1985/2599

009854341 四子王旗志/440

010293869 四子王旗志评审稿/439

013145433 四马台村志/59

008452179 四方机车车辆厂志 1900-1993/1436

010469072 四平电业局志 1917-1985/611

012174919 四平市中心人民医院志 1995-2007/612

013660329 四平市水利志/611

008923432 四平市地名录/611

005559206 四平市志/611

010290968 四平机务段志 1926-1986/611

011067204 四平物资志/611

011570366 四团续志 1985-2003/783

013731649 四会市先进人物志/2214

008453774 四会县志/2214

009864121 四会县邮电志 1380-1993/2214

009864115 四会柑桔志/2214

013002612 四合庄村志/52

009125521 四邑公堤志/1938

011500629 四宝山乡志 1840-1985/1458

乍

013464337 乍浦镇志/1038

禾

011762016 禾山镇志/1225

011329325 禾丰镇志/1339

付

012049303 付村煤业有限公司志 1998-2008/1466

代

012545803 代州古城图志 中国历代文化名城/340

010008954 代县文化图志/340

007900237 代县志/339

012048836 代县政协志 1957-2008/339

009688240 代县教育志/340

仙

013226555 仙下乡志/1339

011479303 仙门村志/1022

010474146 仙居广播电视志 1950-1990/1098

008822347 仙居县大事记 1986-1997/1097

009996102 仙居县电力工业志/1098

013732412 仙居县电力工业志 1994-2005/1098

009959529 仙居县民政志/1097

008450563 仙居县地名志/1098

009996125 仙居县交通志/1098

007378981 仙居县志/1097

013797007 仙居县志 1986-2010/1097

009996145 仙居县林业志/1097

009996136 仙居县教育志/1098

011809311 仙桃水利志/1952

012899957 仙桃市志人物志 1986-2010/1951

011809304 仙桃市房地产管理志 1959-2005/1952

010576619 仙桃市烟草志/1952

013899716 仙桃市烟草志资料长编/1952

012814419 仙桃市第一人民医院志1950-2000/1953

012837478 仙桃财政志1986-2005/1952

013096605 仙桃法院志1894-2006/1952

009252753 仙桃教育志1985-1999/1953

008830577 仙游交通志/1236

008830590 仙游农业志/1235

014052844 仙游县人民代表大会志/1235

007482440 仙游县志/1235

008830582 仙游县供销合作社志/1236

012636536 [仙游县]审计志/1235

012351982 仙游县度尾乡志初稿/1235

008451122 仙游县教育志/1236

009106059 仙游邮电志/1236

008830588 仙游林业志/1235

008830580 仙游金融志/1236

009310085 仙游粮食志/1236

008528049 仙游蔗糖志/1236

012613282 仙源镇志至2006/1160

仡

007708233 仡佬语简志/2627

仫

001921351 仫佬语简志/2627

007809443 仫佬族风俗志/2331

仪

008846078 仪阳乡志/1541

011910018 仪陇县人民政府志1985-2002/2541

011910009 仪陇县军事志/2541

007482433 仪陇县志/2541

011500789 仪陇县志/2541

008661969 仪征水利志/940

012317008 仪征市人民医院志/940

012545577 仪征市中医院志/940

013097872 仪征市水利志1988-2006/940

007426151 仪征市志/939

014052921 仪征市志1988-2006/939

011500794 仪征市税务志/939

008532150 仪征金融志/939

白

006362068 白下区志/817

012871818 白山市八道江区志1985-2005/621

012871822 白山市水利志1986-2005/622

011943020 白山市交通志1985-2005/622

013126161 白山市志1986-2005/621

013402785 白山市疾病预防控制中心中心志/622

011311892 白山市教育志1902-2002/622

013787961 白云山白云观道教志/3008

009336265 白云区人大志/2639

013090704 白云区人大志2001-2010/2639

010777313 白云区华侨港澳志/2151

009863439 白云区检察志/2151

008594261 白云鄂博矿区志/394

013332324 白云鄂博矿区志1994-2009/394

011324952 白云鄂博矿物志/394

013126164 白云鄂博铁矿志1957-2006/394

011957288 白云街志1996-2006/2143

012096324 白水县军事志前823-2005/2989

007289932 白水县志/2989

012678975 白水县志1984-2003/2989

010225120 白文村志/364

008669331 白玉县志/2606

012678979 白玉县志 1991-2005/2606
013528623 白石山林业局志/607
013771471 白石山林业局志 1996-2011/608
012173667 白石镇志/1025
009800062 白芨沟煤矿志 1965-1990/3131
009241137 白求恩医科大学名人志/588
012503636 白求恩医科大学第三临床学
　　　　　院志 1949-1989/588
013702858 白龟山水库志/1702
008440349 白沙乡志/3254
012237244 白沙屯志二〇〇三苗栗县白沙屯妈
　　　　　祖信仰圈文史调查报告/3244
009699454 白沙水库志/1752
008822960 白沙志/1659
007932833 白沙村志/1078
013528622 白沙村志/1078
013784467 白沙村志 1520-2010/162
004516543 白沙县志/2354
012809887 白沙洲村文化志/2070
013332313 白沟志/189
008531678 白纸坊街道志/45
013646823 白庙村志/65
013308892 白河县广播电视志/3013
013402780 白河县卫生志/3013
007819193 白河县志/3013
009743692 白河林业局志/631
012237476 白河镇志/3250
011995230 白城人大志 1985-2007/628
010250409 白城市土壤志/628
009385030 白城市文物志/628
010289884 白城市地名志/628
007480653 白城市志/628
008471150 白城市志 1986-1995/628
013126154 白城市洮北区志 1993-2000/629

012967350 白城地区水利志/629
011496826 白城地区文物志简编/628
009865086 白城地区地名录/628
010061687 白城地区戏曲音乐集成/628
004344760 白城地区志/627
011068431 白城物资志/628
008822666 白泉镇志/1084
011471165 白音诺尔铅锌矿志/398
008385623 白洋淀志/195
011320263 白洋墅车站志 1906-1987/276
007677584 白莲河水库志/1927
009000364 白银区志/3047
013506539 白银区志 1996-2008/3047
012889183 白银公司基础教育志/3046
012587000 白银市人大志/3046
008600315 白银市公路交通史第1卷/3046
008793368 白银市平川区志/3047
011756398 白银市平川区财政志/3047
008453814 白银市志/3046
012809889 白银市志 1991-2005/3046
008453816 白银市金融志/3046
012635561 白银市教育志/3046
011804083 白银有色志 1954.9-2004.9/3046
010279172 白银纳鄂伦春族乡志 1953-2001
　　　　　/721
013955613 白银供电公司志 1958-2008/3046
011803420 白鹿洞书院艺文新志/1315
011890438 白族人物简志/2723
007862985 白族音乐志/2868
012950351 白族简志/2723
009994110 白塔区志 1840-1985/551
013506474 白湖农场志/1126
012658102 白湖监狱管理分局志 1985-2002
　　　　　/1128

012658105 白溪水库志/1018

009414484 白鹤志/778

011916633 白鹭洲书院志/1345

瓜

012839569 瓜州县志 1986-2005/3068

丛

008193992 丛台区志/161

印

012003029 印江交通志 1375-1988/2681

009743420 印江粮食志 1381-1985/2681

乐

013932238 乐山工会志/2519

013774471 乐山市人事志 1734-2003/2519

013820585 乐山市广播电视志 1933-2006/2521

014047504 乐山市卫生志 2002/2522

012968218 乐山市中心血站志 1986-2006/2522

013730171 乐山市水利志/2520

008428876 乐山市公安志/2519

012955009 乐山市印刷厂志 1951-1985/2520

009157200 乐山市市中区志/2522

013704420 乐山市市中区志 1996-2008/2522

012968213 乐山市司法行政志 1981-2005/2520

009818009 乐山市民政志/2519

012968200 乐山市地震志 1984-2003/2521

013774468 乐山市交通志/2521

012968208 乐山市军事志 188-2005/2520

012968205 乐山市纪检监察志 1950-2006/2519

008734610 乐山市志/2519

012968203 乐山市志/2519

013508544 乐山市志 1995-2006/2519

010242640 乐山市志税务志/2519

012613324 乐山市劳动和社会保障志 1851-2004/2520

008670461 乐山市财政税务志 上篇 1911-1949/2521

011439927 乐山市体育志/2521

013374581 乐山市沙湾区志 1996-2006/2522

009867168 乐山市国土志/2520

012968198 乐山市城市管理志/2520

010686764 乐山市烟草志/2520

008670455 乐山市检察志/2519

010250773 乐山地区地震志/2521

008430403 乐山报业志/2521

008670436 乐山金融志/2521

011439925 乐平人大志 1930-2000/1306

009061766 乐平市志 1985-2000/1306

003795985 乐平县志/1306

008844383 乐平邮电志/1306

012955004 乐平政协志/1306

008815264 乐东县志/2355

011954541 乐业县土地志/2324

008816400 乐业县志/2323

011997229 乐至县人口和计划生育志 1986-2005/2588

011997231 乐至县人事志 1950-2005/2588

011997267 乐至县中天镇志 1949.10-2005.12/2587

010117796 乐至县水利电力志/2589

011997247 乐至县水利志 1986-2005/2590

011566467 乐至县文化志/2589

011997256 乐至县文化体育志 1985-2005 /2589

012811665 乐至县东山镇志 1949-2005 /2587

011997102 乐至县民政志 1986-2005/2588

012811654 乐至县发展和改革局志 1986-2005/2588

011997046 乐至县回澜镇志 1986-2005 /2587

011997071 乐至县交通志 1949-2005/2589

011997131 乐至县农业机械志 1948-2005 /2589

011997141 乐至县农业志 1986-2005/2589

008486735 乐至县志/2587

013375212 乐至县志 1986-2005/2587

011997081 乐至县良安镇志 1986-2005 /2587

011997031 乐至县国土志/2588

011997259 乐至县物价志 1986-2005/2589

009854376 乐至县宗教志/2588

011997241 乐至县审计志/2588

011566459 乐至县经济志/2588

011566450 乐至县保险志/2589

011997271 乐至县总工会志 1986-2005 /2588

012613327 乐至县统战志 1994-2005/2588

011997017 乐至县高寺镇志 1950-2005 /2587

011997251 乐至县通旅镇志 1986-2005 /2587

011997075 乐至县教育志 1986-2005/2589

011997065 乐至县检察志 1986-2005/2588

011997238 乐至县商务志/2589

011997085 乐至县粮食志 1986-2005/2589

010777996 乐至县燃气志/2589

011997160 乐至县蟠龙镇志/2587

008429460 乐安县政协志/1371

013704426 乐余镇志/897

007908316 乐昌文物志/2164

009250893 乐昌电力志/2164

012639810 乐昌市志 1988-2000/2163

008664978 乐昌县水利志/2164

007850802 乐昌县志/2163

008593244 乐昌财政志/2164

008593246 乐昌金融志/2164

013184296 乐昌植物志/2164

008450301 乐城镇志/1025

008533268 乐亭县地名资料汇编/150

013704422 乐亭县军事志/150

007057484 乐亭县志/150

010251790 乐都县文物志/3101

006497394 乐都县志/3101

013723565 乐都县志 1986-2005/3101

013374577 乐都县医药卫生志/3101

013336255 乐都县统战志 1949-2010/3101

013450285 乐都县粮食志/3101

012893421 乐陵市志 1986-2007/1580

003801382 乐陵县志/1580

010290901 乐陵县医药志/1580

012613318 乐清工会志/1026

011312101 乐清市人民代表大会志/1026

011892010 乐清市中型水库志/1027

013684467 乐清市水利志/1026

012139437 乐清市民营企业志/1026

009688806 乐清市农业志/1026

013861898 乐清民革志/1026

011475261 乐清华侨志/1026

008450232 乐清县二轻工业志/1026

008822303 乐清县水产志/1026
008450228 乐清县公安志/1026
008450615 乐清县地名志/1027
011584466 乐清县交通志/1027
008839630 乐清县志/1025
009415007 乐清县科技志/1027
008450235 乐清县盐业志/1026
009265543 乐清县教育志/1027

句

008446234 句容电力工业志/951
009744798 句容市土地志/951
012541978 句容市卫生志/952
009687007 句容市交通志/951
012613293 句容市军事志 前128-2005/951
012719138 句容市教育志/951
008848027 句容民间故事/951
005591364 句容县志/951
012899015 句容邮电志/951
010008776 句容茅山志/951

册

009397076 册井村志 2002/173
012587023 册亨县军事志 1727-2005/2688
009043294 册亨县志/2688

外

012073492 外埔乡志/3246
009107187 外塘苏氏定居九百年志/1275

冬

012758778 冬雷家堡村志/360

务

008043220 务川仡佬族苗族自治县民族志/2661
012814412 务川仡佬族苗族自治县纪检监察志/2661
008836335 务川仡佬族苗族自治县志/2661
013899702 务川仡佬族苗族自治县志 1978-2007/2661
013660396 务川自治县老年大学校志/2661

包

007664303 包头二轻工业志 1746-1986/390
009817677 包头工运志/387
008983841 包头公安交通管理志/388
008983833 包头公安志/388
009817679 包头公路交通志/391
013333446 包头市人大志/388
013955610 包头市人大志 2000-2010/388
013771480 包头市九原区人民代表大会志/394
013955612 包头市九原区政协志 1984-2010/394
009349624 包头市卫生志/392
008828775 包头市文化志/392
013859320 包头市计划志/388
008486196 包头市市政公用志/392
008796399 包头市志/387
009817684 包头市志国防工业卷/387
009313054 包头市财政志/391
011496831 包头市青山区志/393
014026338 包头市供水总公司志 1991-2006/389
008660828 包头市郊区志/394
009312465 包头市城市供水科学技术志 1939-1995/392
013128793 包头民政志/388

012950361 包头民族宗教志稿/387

008983835 包头军事志/388

008594368 包头邮电志/391

009553959 包头体育志/392

009349621 包头环境保护志/392

008983844 包头矿务局煤炭工业志 1646-1991/390

013646866 包头国家稀土高新技术产业开发区志/392

012713866 包头供电局志 1988-2002/390

013333438 包头供电实业集团公司志 1969-2002/390

007657493 包头法院志/388

011563617 包头城市建设志/388

009854315 包头政协志 1950-1990/388

009854316 包头政协志 1991.1-2003.6/388

008983838 包头科学技术志 史前-1990/392

010251784 包头铁路分局志 1923-1988/391

013090720 包头铁路运输法院志 1980-2010/388

008983850 包头铝厂志 1958-1987/390

008983852 包头铝厂志 续集 1988-1990/391

008983847 包头第一热电厂志 1952-1986/390

010112018 包头第二热电厂志/390

013332340 包头第二热电厂志 1990-2002/390

012995247 包头商业志稿/391

009413992 包头税务志/391

008828737 包钢志 厂矿简志 1953-1990/389

008828749 包钢志 人物志 1927-1990/390

008828765 包钢志 大事记 1953-1990/389

008828745 包钢志 文教卫生志 1953-1990/390

008828756 包钢志 生产志 1959-1990/390

008828740 包钢志 生活福利志 1954-1990/390

008828744 包钢志 民族工作志 1950-1990/389

008828742 包钢志 地理志/389

008828758 包钢志 企业管理志 1954-1990/390

008828764 包钢志 建设志 1953-1990/389

008828747 包钢志 科学技术志 1954-1990/389

008828754 包钢志 勘探志 1927-1990/389

008828766 包钢志 集体企业志 1970-1990/389

008828752 包钢志 编年记事 1984-1990/389

008828770 包钢志 概述附录 1927-1990/389

013332330 包钢钢联无缝钢管厂志 2000-2010/389

市

007969357 市中区志/1418

008428871 市中区税务志 1840-1988/2369

立

008536761 立山区志/518

013990900 立本小学校志 1906-2006/1093

009387384 立信会计高等专科学校志/739

008379154 立新煤矿志/680

冯

012658424 冯佐村志/1762

011995612 冯桥村志/782

010777062 冯家山水库志/2960

009790412 冯家山水库志/2961

013751668 冯家庄村志/330

邝

008488438 邝山区志/1656

011311826 邝山区政协志 1998-2003/1657

010252198 邝山区荣誉志/1658

008421314 邝山区简志修改稿/1656

玄

012970643 玄武山志/2229
009472591 玄武区志/817
010280087 玄武新志/817

兰

009043178 兰山区人大志/1563
012505270 兰山区宋家王庄志/1564
009340743 兰山区政协志/1564
013064824 兰山古树名木图志/1564
009378303 兰化志 1952-1988/3036
010475800 兰化医院志/3039
012661414 兰考县农村金融志 1914-1999/1680
008819877 兰考县志/1680
013129876 兰考县供销合作社志 1951-1985/1680
009189753 兰考黄河志/1680
004436276 兰西县志/717
013374575 兰西县志 1986-2005/717
009840269 兰尖铁矿志/2459
013531173 兰州五金交电化工商业志/3037
013861888 兰州车站志 1952-2005/3037
009796904 兰州石化公司石油化工研究院志 1958-2003/3039
010275874 兰州石油机械研究所志 1960-1985/3036
012873016 兰州电力技术学院志 1956-2009/3038
013958721 兰州电力学校志 1840-2011/3038
010251353 兰州电机厂厂志 1958-1987/3036
011996973 兰州生物药厂厂志/3036
008914502 兰州市七里河区志/3041
010687023 兰州市工会志/3034
013793103 兰州市公安交通管理志 1998-2009/3034
010278953 兰州市电信局志/3037
009016793 兰州市司法行政志/3035
011892006 兰州市机械电子工业志/3037
008845836 兰州市西固区志/3041
012762466 兰州市西固区新安路街道志 1957-1990/3041
012049701 兰州市安宁区吊场乡志/3041
008838460 兰州市安宁区志/3041
008994317 兰州市红古区志/3041
012968192 兰州市红古区国土资源志/3041
008636381 兰州市志 第1卷 建置区划志/3029
009310124 兰州市志 第2卷 自然地理志/3030
008471307 兰州市志 第3卷 自然资源志/3030
008471298 兰州市志 第5卷 土地志/3030
009310131 兰州市志 第6卷 城市规划志/3030
009310133 兰州市志 第7卷 市政建设志/3030
009310136 兰州市志 第8卷 公用事业志/3030
009310216 兰州市志 第9卷 房地产志/3030
008994310 兰州市志 第10卷 园林绿化志/3030
008471303 兰州市志 第11卷 环境保护志/3030

009046149 兰州市志第12卷 城建综合志/3030

013774450 兰州市志第13卷 重工业志/3030

009310150 兰州市志第17卷 建材工业志/3031

009310155 兰州市志第18卷 建筑业志/3031

009310164 兰州市志第20卷 粮食志/3031

013064829 兰州市志第21卷 工会志/3031

009310170 兰州市志第21卷 交通志/3031

009310174 兰州市志第22卷 电信志/3031

009310178 兰州市志第22卷 邮政志/3031

008994312 兰州市志第23卷 农业志/3031

009310181 兰州市志第24卷 畜牧渔业志/3031

009310183 兰州市志第25卷 水利志/3031

009310184 兰州市志第26卷 林业志/3031

009348563 兰州市志第27卷 蔬菜志/3032

009310186 兰州市志第28卷 瓜果志/3032

009348570 兰州市志第29卷 乡镇企业志/3032

009310192 兰州市志第31卷 工商行政管理志/3032

009348573 兰州市志第32卷 统计志/3032

009001403 兰州市志第33卷 对外经济贸易志/3032

009310193 兰州市志第34卷 技术监督志/3032

009310196 兰州市志第35卷 计划生育志/3032

008471289 兰州市志第36卷 财政税务志/3032

009310206 兰州市志第39卷 物价志/3032

009348578 兰州市志第42卷 民族宗教志/3032

009348591 兰州市志第43卷 外事侨务志/3033

010731610 兰州市志第44卷 公安志/3033

009348612 兰州市志第45卷 司法志/3033

013820551 兰州市志第46卷 人物志/3033

008994315 兰州市志第47卷 民政志/3033

008845842 兰州市志第48卷 劳动志/3033

009348593 兰州市志第49卷 人事志/3033

009348595 兰州市志第50卷 文化事业志/3033

009348598 兰州市志第51卷 文物志/3033

009348604 兰州市志第52卷 档案志/3033

009348608 兰州市志第54卷 人民防空志/3034

009336914 兰州市志第54卷 军事志/3033

008838450 兰州市志第55卷 教育志/3034

008471301 兰州市志第56卷 科学技术志/3034

012968196 兰州市志第57卷 地方文献志/3034

009046152 兰州市志第59卷 方言志/3034

008471295 兰州市志第61卷 卫生志/3034

008471309 兰州市志第63卷 广播电视志/3034

013861891 兰州市财政志/3038

011996997 兰州市城关区工会志/3040

010108282 兰州市城关区工商行政管理志/3040

008838464 兰州市城关区志/3040

013793101 兰州市城关区国税志/3041

011584452 兰州市城关区雁滩乡志/3040

013093107 兰州地震志/3038

013093109 兰州地震志/3038

011584457 兰州西站志 1952-2002/3037

012965204 兰州百年图志 1909-2009/3038
011329725 兰州戏曲志/3038
013684463 兰州医学院第一附属医院院志 1948-2004/3039
012202975 兰州医学院第二附属医院院志 1959-1999/3039
008453812 兰州供电局志/3036
007704248 兰州炼油化工总厂志/3036
009025833 兰州铁路分局志 2002/3037
009988820 兰州铁路运输中级法院志/3034
009010534 兰州铁路局志 1956-1995/3037
010293542 兰州铁路检察志/3034
012251351 兰州海关志 1989-2004/3037
011499156 兰州植物通志/3038
013990897 [兰州搪瓷厂]厂志 1950-1990/3035
008066196 兰阳三郡动物志/3236
010469070 兰针厂志 1958-1986/3036
012832342 [兰坪]卫生志/2899
009799612 [兰坪]文化艺术志/2899
013129889 兰坪白族普米族自治县水利电力志/2898
009867339 兰坪白族普米族自治县地方志丛书广播电视志/2896
009149419 兰坪白族普米族自治县志/2896
013144505 兰坪白族普米族自治县志 1978-2005/2896
008426262 兰坪白族普米族自治县林业志/2898
012832310 [兰坪白族普米族自治县]法院志 1912-1990/2897
008715965 兰坪白族普米族自治县党群志 1943-1990/2897
013317850 兰坪白族普米族自治县教育志/2899
009337954 [兰坪]交通志/2899
012832321 兰坪交通志 1995-2008/2898
011438663 [兰坪]江头河村志/2896
013659569 [兰坪]军事志 1912-1990/2897
010577015 兰坪妇联志/2897
013531169 兰坪县财政税务志/2898
013129938 兰坪冶金工业志/2898
013774269 [兰坪]金凤村志/2897
013932236 [兰坪]金融志/2898
013336250 [兰坪]法院志 1912-1990/2897
013336252 兰坪政协志/2897
009867345 [兰坪]盐业志/2898
013730170 兰坪畜牧志 1919-1994/2898
013660360 [兰坪]通甸镇志/2897
013531164 兰坪检察志 1956-1990/2897
008493150 [兰坪]普米族志/2899
013752794 [兰坪]粮油志/2898
013704411 兰炭厂志/3036
012541992 兰铝志/3036
009126262 兰溪工业志/1066
013863650 兰溪五中校志续 1998-2008/1066
013000300 兰溪市人民代表大会志/1065
012661421 兰溪市人事劳动社会保障志/1065
009126263 兰溪市文化志/1066
012719180 兰溪市电力工业志 1915-2005/1066
004892876 兰溪市志/1064
013897912 兰溪市志/1065
011475244 兰溪市旅游志/1066

012762255	兰溪市粮食志/1065
013317853	兰溪老龄十年志/1065
012719171	兰溪农村工作简志/1065
009126269	兰溪医药志/1066
010118483	兰溪财政税务志/1066
009126258	兰溪城关镇志/1065
011439902	兰溪教育志/1066
012265278	兰溪教育体育志/1066
009126274	兰溪游埠镇志/1065
012719186	兰寨村志 1637-2003/1627

半

012713860	半山发电厂志 1958-2006/974
013220913	半拉门乡土志/541

头

012218742	头份镇志/3245
007412383	头城镇志/3240
012237246	头屋乡志/3245
011909003	头桥续志/784

汉

008990387	汉口车站志 1898-1998/1833
009252274	汉口铁路医院志 1897-1997/1837
009312728	汉口租界志/1828
010279682	汉川市人民代表大会志/1908
013683688	汉川市水产志 1442-2005/1909
013897211	汉川市志 1986-2005/1908
012952064	汉川市劳动保障志 1949-2009/1909
013688731	汉川市财政志 1949-2009/1909
013316218	汉川市林业志 1986-2005/1909
012952059	汉川市金融志 1986-1998/1909
010008664	汉川市烟草志/1909
013752416	汉川市教育志 1986-2008/1910
013222109	汉川农牧志/1909
011310836	汉川县卫生志 1727-1985/1910
005591317	汉川县志/1908
010109680	汉川县金融志 1849-1985/1909
010109677	汉川县教育志/1910
013683687	汉川法院志 1873-1985/1909
012541634	汉川政协志 1956.2-1999.2/1908
013183468	汉川税务志/1909
011759044	汉川粮食志/1909
013756029	汉中古渠堰述略/2998
013143823	汉中市人大志 1996.6-2001.4/2998
008928874	汉中市水利志/2998
010144644	汉中市汉台区军事志/2999
011497742	汉中市交通志/2998
009045886	汉中市军事志/2998
008094650	汉中市志/2998
008994061	汉中市税务志/2998
008486474	汉中地区水利志/2999
010144642	汉中地区志修改稿/2997
010101049	汉中地区志送审稿/2997
012898528	汉中农村信用合作志/2999
013404420	汉中邮电志/2998
009337912	汉中财政志/2998
008844087	汉中金融志/2999
009414477	汉中烟草志/2998
008452465	汉正街市场志/1834
012610581	汉正街志/1827
009190818	汉庄镇志/2795
009020532	汉江集团公司志/1867
011473136	汉阳区志/1841
008453090	汉阳区教育志/1841
011327177	汉阳县水利志/1845
008385592	汉阳县地名志/1845

014030798 汉阳县交通志/1845

007378958 汉阳县志/1844

013990658 汉阳县物价志/1845

011328116 汉阳县续辑水利志 1986-1992 /1845

011292121 汉阳县粮食志/1845

012658581 汉阳桥梁小志/1841

008990390 汉阳造纸厂志 1950-1991/1841

007900132 汉阴县志/3011

013792195 汉寿县人口志/2058

013897216 汉寿县军事志 1130-2005/2058

012097402 汉寿志 1990-2004/2058

008193843 汉冶萍公司志/1842

008533105 汉沽区土地管理志第6卷/99

007488671 汉沽区志/99

008533215 汉沽区志蓝本/99

008486471 汉沽区房地产志/99

010731681 汉南区志/1844

008382659 汉南区教育志/1844

008379252 汉南农垦志/1844

008379728 汉剧志/1836

012898477 汉源县农业局志/2569

007480704 汉源县志/2569

009867158 汉源县体育志/2570

013626558 汉源县盐志/2569

宁

012505435 宁乡县人民医院院志第1卷 1939-1987/1994

012505433 宁乡县人民医院院志第2卷 1988-2008/1994

010291869 宁乡县卫生志/1994

008531872 宁乡县交通志/1994

007885943 宁乡县志/1994

011892357 宁乡县志 1986-2002/1994

011997477 宁乡县金融志 1991-2002/1994

011955239 宁乡县粮食志 1986-2003/1994

012721998 宁乡房产志/1994

009687457 宁冈苏区志/1346

007589135 宁冈县志/1346

008664352 宁冈县邮电志/1347

008914305 宁化县地名录/1240

007905783 宁化县志/1240

012542805 宁化县泉上镇志/1240

013131052 宁化林业志/1240

013335038 宁化第一中学校志 1927-2007 /1240

012505413 宁六村志/1051

014047780 宁东林业局志 1958-2007/3011

002177338 宁安县志/708

012836057 宁阳民政志/1542

007982864 宁阳县志/1542

011296186 宁阳县志 1985-2002/1542

012252284 宁阳县第一人民医院志 1948-2007/1543

008531727 宁远县志/2090

011295968 宁远县志 1978-2003/2090

008453915 宁县戏曲志/3072

006958545 宁县志/3072

013958906 宁武石家庄镇志/340

007475889 宁武县志/340

013958912 宁武县志 1987-2009/340

012814048 宁武财政志/340

012542717 宁国市人民法院志/1187

007886151 宁国县志/1187

013066905 宁明县土地志/2338

006497224 宁明县志/2338

011892284 宁明县政协志 1980-2000/2338

012899209 宁明税务志／2338
008593587 宁河县土地管理志／101
003796272 宁河县志／101
011320761 宁河政协志／101
010238283 宁波工商行政管理志／1007
013775011 宁波工程学院志 2004－2012／1009
014047779 宁波工程学院志宁波高等专科学校卷 1983-2004／1009
007710797 宁波艺文什志／1008
013184532 宁波中医药文化志／1009
009890605 宁波水产志／1007
009341142 宁波气象志／1009
011321346 宁波化学工业志 1957－1987／1007
008662699 宁波公安志／1007
009312783 宁波市人民代表大会志 1949-2003／1006
008717316 宁波市土地志／1007
011294777 宁波市工商业联合会（总商会）志／1007
008446547 宁波市乡镇工业志／1007
012251481 宁波市支援四川抗震救灾重建家园图志／1007
009769275 宁波市水利志征求意见稿／1007
011491212 宁波市北仑区卫生志／1010
013898657 宁波市北仑区志／1010
009107023 宁波市电力工业志 1897－1990／1007
009442734 宁波市对外经济贸易志 638-1995／1008
008450549 宁波市地名志市区部分／1009
007837931 宁波市交通志／1008
013184436 宁波市江东区人民代表大会志 1949-2003／1010
007590106 宁波市志／1006
008822411 宁波市志外编／1006
009105693 宁波市邮电志／1008
012680542 宁波市体育志／1009
009149567 宁波市政协志／1006
013131049 宁波市党史胜迹图志／1006
009688829 宁波市海曙区人民代表大会志／1010
013933248 宁波市海曙区教育志／1010
009995995 宁波市教育志／1009
008450882 宁波市镇海区地名志／1011
012721961 宁波市镇海区地名志／1011
013863127 宁波民族志／1009
009840480 宁波出入境检验检疫志／1008
011576015 宁波曲艺志／1009
013659692 宁波农村金融志／1008
010598150 宁波佛教志／1006
009319948 宁波图书馆志 1991-2000／1008
008446542 宁波金融志／1008
009962520 宁波法院志／1007
012542711 宁波帮志历史卷／1008
012542713 宁波帮志文化卷／1008
012542710 宁波帮志科技卷／1008
012542709 宁波帮志教育卷／1008
009840482 宁波科技志／1009
012614304 宁波盐志／1007
008446544 宁波港监志／1009
007657568 宁陕县志／3011
009398406 宁城县书店志／403
007913611 宁城县志／403
009398409 宁城县审计志 1918-2000／403
013224726 宁城高级中学校志续编 1997.8-2007.8／403

009231835 宁南县志/2614
012051754 宁南县志 1986-2005/2614
009232137 宁南县松新镇立新村志/2614
009387600 宁南县税务志/2614
012766318 宁津广播电视志 1958-2008/1582
010577054 宁津方言志原名宁晋方言研究/1582
004436251 宁津县志/1582
014047850 宁津县志 1988-2007/1582
009962135 宁津县医药志/1582
009043157 宁津邮电志/1582
012099682 宁都人物志/1338
008380057 宁都团结水库志/1338
008428888 宁都交通志/1337
007351308 宁都县志/1337
012099684 宁都县政协志/1337
013753724 宁都县教育志 1998-2010/1338
008844694 宁都邮电志/1338
012661691 宁都林业志/1337
008216447 宁都粮食志/1338
008533952 宁晋县地名志/177
008492821 宁晋县志/177
011320870 宁晋县政协史志 1956.12-2006.12/177
012614294 宁夏七星渠志/3142
009125971 宁夏人事劳动志/3116
012505419 宁夏工会志/3114
008694352 宁夏卫生志/3120
008542887 宁夏中药志/3120
009880960 宁夏中药志/3120
009553982 宁夏水文志/3120
007672683 宁夏水利志/3116
009866820 宁夏水利新志/3121

007552934 宁夏气象志/3120
008667344 宁夏长途电信传输志/3117
011955230 宁夏公安志/3114
009387126 宁夏风物志/3119
009399626 宁夏文史馆志/3124
013066907 宁夏平吉堡奶牛场志 1986-2005/3122
004900287 宁夏电力工业志/3116
010112042 宁夏司法行政志/3115
009312480 宁夏民用航空志/3117
011477089 宁夏民革志/3115
009312479 宁夏出入境检验检疫志/3117
009253037 宁夏动物寄生虫病志/3121
013793377 宁夏老干部工作志/3115
008994462 宁夏机械电子工业志/3116
009817809 宁夏回族自治区区域地质志/3120
009016934 宁夏回族自治区中卫县地名志/3141
012836052 宁夏回族自治区中卫供电志 2004-2008/3141
013684565 宁夏回族自治区石嘴山供电志 1991-2002/3130
009016946 宁夏回族自治区平罗县地名志/3133
008053788 宁夏回族自治区电力工业志/3116
013753729 宁夏回族自治区永宁县地名志/3128
009817812 宁夏回族自治区地震监测志/3119
009799254 宁夏回族自治区西吉县地名志/3139
009016942 宁夏回族自治区同心县地名

志/3137

009016931 宁夏回族自治区吴忠市地名志/3134

013461816 宁夏回族自治区固原供电志 1991-2002/3138

009392502 宁夏回族自治区泾源县地名志/3140

012208088 宁夏回族自治区送变电工程公司志 1958-1994/3122

009387127 宁夏回族自治区盐池县地名志/3136

009620069 宁夏回族自治区畜牧志 审议稿/3116

008037815 宁夏回族自治区畜禽疫病志 1949-1989/3120

009387123 宁夏回族自治区海原县地名志/3143

013898663 宁夏回族自治区银川供电志 1986-2007/3123

012721964 宁夏回族自治区银南供电志 1986-2007/3134

009016945 宁夏回族自治区隆德县地名志/3140

012505421 宁夏回族自治区暖泉农场志 1955-1995/3128

012873349 宁夏回族自治区煤田地质局志/3125

012721969 宁夏交通学校志 1960-2010/3124

008994416 宁夏军事志/3115

010279006 宁夏农业志/3116

007881551 宁夏农业昆虫图志/3120

011892304 宁夏农林科学院枸杞研究所（宁夏芦花台园林试验场）志/3125

007825646 宁夏农垦志/3116

010200341 宁夏农垦志 1989-2004/3116

012969393 宁夏纪检监察志 1949-2008/3114

013601940 宁夏劳动教养志 1956-2006/3115

009016902 宁夏医学院校志 1958-1988/3125

013461819 宁夏医学院第二附属医院银川市第一人民医院院志 1957-2007/3125

008694369 宁夏邮电志/3117

008053785 宁夏财政志/3117

008667348 宁夏体育志/3118

011441110 宁夏青铜峡河东灌区渠道志/3136

012955304 宁夏青铜峡灌区渠首志/3136

012661701 宁夏英力特电力集团股份有限公司公司志/3123

008994459 宁夏林业志/3116

008959310 宁夏固原风物志/3138

012249796 宁夏图书馆志/3124

008694354 宁夏物价志/3117

007760694 宁夏供销合作社志/3117

012899309 宁夏质量技术监督志/3116

010731630 宁夏审计志/3115

011892315 宁夏审计志 2005-2007/3115

008487003 宁夏审判志/3115

011066962 宁夏审判志 送审稿/3115

009016894 宁夏驻京办事处志/3114

012099688 宁夏荒漠菌物志/3120

012661696 宁夏药事志 1032-2000/3120

012955307 宁夏轻工中专轻纺技工学校校志 1984-2004/3124

008694349 宁夏科技志/3117

009414103 宁夏科学技术志人物录/3118
009190402 宁夏保险志/3117
010112049 宁夏食品志/3116
008542884 宁夏测绘志/3119
009414096 宁夏贺兰山林业志/3128
010732064 宁夏贺兰山国家级自然保护区志/3129
009799896 宁夏贺兰县京星农牧场志/3128
011312035 宁夏贺兰县第一中学校志/3129
010253385 宁夏统计志/3114
013626616 宁夏监狱志/3115
007520214 宁夏脊椎动物志/3120
010112036 宁夏海原县志初稿/3143
011310786 宁夏通志/3113
010112052 宁夏通志人物卷 送审稿/3113
011892330 宁夏通志第2卷 地理环境卷/3113
012721978 宁夏通志第3卷 行政建置卷/3113
011499468 宁夏通志第4卷 经济管理卷/3113
011441118 宁夏通志第6卷 工业卷/3113
011805806 宁夏通志第8卷 交通邮电卷/3113
012542728 宁夏通志第10卷 财税金融卷/3113
012099694 宁夏通志第11卷 党派社团卷/3113
011892352 宁夏通志第13卷 综合政务卷/3114
009406392 宁夏通志第15卷 军事卷/3114
011892337 宁夏通志第17卷 科学技术卷/3114
011805810 宁夏通志第18卷 社会科学卷/3114
012542739 宁夏通志第19卷 文化卷/3114
011441130 宁夏通志第20卷 卫生体育卷/3114
012680547 宁夏通志第21卷 民族宗教卷/3114
012882699 宁夏通志第23卷 社会卷/3114
013093200 宁夏教育史志资料集/3118
010253033 宁夏黄埔军校同学会志/3115
012873342 宁夏黄埔军校同学会志/3115
012542724 宁夏常见园林植物种子图志/3120
008959306 宁夏银川风物志/3125
007479142 宁夏商业志/3117
011584740 宁夏植物志/3120
009348179 宁夏税务志/3117
008036560 宁夏粮食志/3117
009349830 宁海县人民代表大会志/1017
013461813 宁海县工会志/1017
010252881 宁海县公安志/1017
012680545 宁海县电力工业志 1936-2006/1017
012174795 宁海县民政志 1986-2008/1017
008450520 宁海县地名志/1018
005285325 宁海县志/1016
008845920 宁海县邮电志/1017
012836046 宁海县政协志/1017
013601938 宁海县茶山林场志/1017
012899202 宁海县教育志/1017
009995998 宁海县教育志增订本/1017
009126426 宁海城关镇志/1017
013319862 宁海镇续志/1487

008422402 宁陵县卫生志/1788
009382220 宁陵县曲艺志/1788
007477999 宁陵县志/1788
010201231 宁强县交通志/3000
007425701 宁强县志/3000
013991263 宁强县政协志 1981-2010/3000
012542719 宁蒗彝族自治县人民代表大会志 1950-2007/2812
010777311 宁蒗彝族自治县卫生志/2813
013225480 宁蒗彝族自治县水利志/2813
013659696 宁蒗彝族自治县交通志/2812
007590142 宁蒗彝族自治县志/2812
010231152 宁蒗彝族自治县志 1989-2005/2812
013000655 宁蒗彝族自治县财政志/2812
008423876 宁蒗彝族自治县教育志/2812
009688840 宁新村志/987
010275915 宁镇山脉地质志/802
012051750 宁德电力工业志 1919-2005/1273
013066903 宁德市水利志/1274
012836045 宁德市文化志 1993-2008/1273
007490430 宁德市志/1272
013705219 宁德市粮食志/1273
012614298 宁德市蕉城区计划生育协会志/1274
007508970 宁德地区工商行政管理志/1273
009378230 宁德地区计划志/1273
013342311 宁德地区交通志/1273
008599898 宁德地区志/1272
008923585 宁德县地名录/1274
011328499 宁德茶业志/1273

礼

012251356 礼义村志/305
009115616 礼县志/3078
013862776 礼县政协志/3078
008844282 礼泉县志/2980
013793116 礼嘉镇志/873

永

011809628 永川人大志 1990-2007/2383
011809654 永川市人口与计划生育志 1990-2006/2383
011809657 永川市乡镇企业志 1989-2006/2384
012545619 永川市文化体育广播电视新闻出版志 1989-2006/2384
012769479 永川市文学艺术志 1989-2006/2385
011809644 永川市民政志 1989-2006/2383
011809634 永川市老干部工作志 1981-2006/2383
011809648 永川市农业志 1986-2006/2384
012636767 永川市农村工作志/2384
012837666 永川市志工会志 1950-2007/2382
012900169 永川市志永荣镇志/2382
012636764 永川市志红炉镇志/2382
013097915 永川市志板桥镇志/2382
012769481 永川市志气象志 1986-2006/2382
012256519 永川市劳动保障志 1989-2006/2384
012636765 永川市青峰镇志/2383
011809641 永川市林业志 1986-2006/2384
012814508 永川市国家税务志 1989-2006/2384

011809629 永川市法院志 1990-2006/2383
012814513 永川市南大街街道办事处志 1992.9-2006.12/2383
011809663 永川市烟草志 1621-2006/2384
011809632 永川市检察志 1986-2005/2383
011809639 永川市粮食志 1989-2006/2384
013961205 永川司法行政志 1989－2006/2384
011809625 永川共青团志 1989-2006/2383
013939701 永川纪检监察志 1989－2007/2383
013865556 永川县广播电视志/2385
009818020 永川县民政志 1950-1988/2383
008022614 永川县志/2382
009388402 永川县财政志/2384
013939708 永川县金融志 1911-1988/2384
009414666 永丰乡志/2431
012769488 永丰村志/1012
007482586 永丰县志/1349
012769491 永丰县志 1986-2005/1349
009386321 永丰县邮电志/1349
011585268 永丰县教育志 1054-1990/1349
013604578 永丰林业志/1349
013379389 永丰街道志/775
008718531 永仁县志/2840
013190018 永仁县教育志 1616-1994/2840
008539903 永平县水利志/2878
010576733 永平县民族志/2878
009190771 永平县农业志/2878
008036550 永平县志/2878
008837058 永平县林业志/2878
012837678 永平县国税志/2878
012900171 永平县供销合作社志 1952-1990 /2878

013994239 永平县政协志 1984-2012/2878
008429491 永平铜矿科学技术志/1379
010133967 永乐宫志/336
013732606 永宁乡志 1912-2011/2561
013757985 永宁县人民政府志 1978－2010 /3127
014052934 永宁县司法行政志/3127
009016811 永宁县军事志/3127
013379424 永宁县纪检监察志 1950－2010 /3127
007587982 永宁县志/3127
012613026 永宁县志 1978-2008/3127
009621995 永宁县志送审稿/3127
013686511 永宁县财政志 1949-2009/3128
013686447 永吉县工会志/610
013797193 永吉县土壤志/611
009335503 永吉县文物志/611
010469341 永吉县农村金融志/610
012141506 永吉县志 1986-2005/610
012878875 永吉县财政志 1986-2002/610
012970751 永年太极拳志/168
008533976 永年县地名志/168
009189729 永年县志/168
013901062 永年县政协志 1959.2－2011.3 /168
013646830 永州市中心医院志 1905－2011 /2085
013824275 永州市扶贫开发志/2084
013901075 永州市志宗教志/2084
011809685 永州市冷水滩区志 1984－2003 /2085
013901069 永州市金融志/2085
012506608 永州市零陵区志 1982－2003 /2086

014053003 永州市粮油志 1993-2010/2085
011294787 永州烟草志/2085
013939711 永兴县军事志 1840-2005/2079
008820674 永兴县志/2079
012052516 永兴县志 1989-2002/2079
010199775 永兴县志序 凡例 概述 大事记 地理 人口 经济综述 送评稿/2079
009560836 永兴煤炭志/2080
013510891 永安火电厂志/1238
012141489 永安市二轻工业志 1986-2005/1238
008451138 永安市志/1238
012141490 永安市金融志 1990-2005/1239
012141486 永安市城乡建设志 1990-2005/1238
012175197 永安市政协志 1956-2006/1238
012141496 永安市商业志 1988-2005/1239
012141493 永安市粮食志 1988-2005/1238
012100754 永安寺庙志/1239
011500804 永安名产志/1238
008664046 永安县地名录/1239
007493527 永安县志/1238
009683627 永安姓氏志/1239
012613021 永寿县军事志 前 21 世纪-2005/2981
006414258 永寿县志/2981
013689482 永寿县志 1990-2005/2981
009988827 永昌发电公司志/3045
013236283 永昌县人民代表大会志/3045
013776033 永昌县人民医院志 1943-2011/3045
007486926 永昌县志/3045
012506606 永昌县志 1991-2005/3045
009190798 永昌镇志/2796

013707150 永和乡志/1714
011516184 永和市志/354
008841122 永和县志/354
010252648 永和县邮电志 1366-1998/354
007477911 永和镇志/3239
010199785 永定区志 1988-2002/2064
008914335 永定县地名录/1270
007482412 永定县志/1270
009988784 永定县志 1988-2000/1270
010138263 永定县志 1988-2000 评议稿/1270
008846566 永定县劳动志/1270
012141499 永定客家土楼志/1271
011292489 永春方言志/1255
011585262 永春医药志 初稿/1255
013012586 永春县人民代表大会志/1255
012982266 永春县姓氏志/1255
012837653 永城市志 1986-2007/1786
013961204 永城市政协志 1981-2008/1786
013661567 永城市教育志/1787
007900163 永城县志/1786
013732603 永城县金融志/1787
009105469 永荣矿务局志 1671-1990/2389
012317082 永顺县民族志/2115
013510912 永顺县财政志/2114
006567332 永修县志 第 1 卷/1318
009675627 永修县志 第 2 卷 1985-2000/1318
009386327 永修县邮电志/1318
010143362 永修县金融志/1318
010143365 永修县税务志/1318
008424910 永胜人口志/2811
008594534 永胜方言志/2811
013776042 永胜县水利志/2811
013961224 永胜县司法志/2811

007913480 永胜县志/2811	013723706 永善县志 1978-2005/2617
013901068 永胜县财政志/2811	009388650 永善县金融志/2806
013707154 永胜县国土资源志/2811	008385481 永登县水利电力志/3042
012814520 永胜县政协志 1949-2005/2811	007987749 永登县志/3042
008873942 永济电机厂志 1969-1998/325	013012589 永登县志 1991-2006/3042
013323115 永济市人民代表大会志/325	012107773 永登县城镇建设志/3042
011444221 永济市电力工业志/325	009016791 永登教育志/3042
008906411 永济县地名录/325	010779383 永靖县卫生志/3080
008813927 永济县志/325	007986605 永靖县志/3080
009889868 永济县教育志/325	013313386 永靖县志 1986-2005/3080
009688430 永济信用合作志/325	008416665 永新苏区志/1352
008378003 永济热电厂志 1970-1991/325	013686515 永新县水利志/1352
012689889 永济教育志/325	006543112 永新县志/1352
006822862 永泰县志/1224	012926207 永新县志 1986-2006/1352
012662769 永泰县建设志/1224	009386324 永新县邮电志/1352
010195242 永泰县政协志 1984-1999/1224	013686446 永福县水利电力志/2301
013686513 永泰县粮食志/1224	008539149 永福县地名志/2301
008450484 永康市土地志/1070	007792946 永福县志/2301
012256524 永康市电力工业志 1921-2005/1070	010468399 永福县税务志民国时期-1985 送审稿/2301
013148746 永康市政协志/1070	008672213 永福镇志/2532
013630695 永康县人大志/1070	009411865 永嘉山水图志/1029
008450545 永康县地名志/1071	013328663 永嘉传统风俗志/1029
004102694 永康县志/1070	013190015 永嘉县人民代表大会志/1028
008450316 永康姓氏志/1071	008662200 永嘉县土地志/1028
013757990 永清村志/2961	010730566 永嘉县水利志/1028
008838836 永清县土地志/233	013072781 永嘉县公安志/1028
011325003 永清县土壤志/233	010293987 永嘉县民政志/1028
008533923 永清县地名资料汇编/233	008450513 永嘉县地名志/1029
008593680 永清县志/233	008446601 永嘉县交通志/1029
013507571 永清县志 1989-2007/233	009149802 永嘉县志/1028
013379427 永清县教育志/233	013686471 永嘉县金融志/1029
013630693 永锋集团志 2002-2011/1583	012814518 永嘉县政协志/1028
007509460 永善县志/2806	012956606 永嘉县教育工会志/1028

011809668 永嘉县教育志/1029
013776037 永德工会志/2828
013865561 永德县土地志/2829
013630680 永德县民政志/2829
007425681 永德县志/2828
012769485 永德县财政志/2829
011571194 永德县政协志 1950-2005/2829

司

013991535 司马台村志—个长城脚下山村的历史/71
013464230 司法行政志/3002

尼

009398311 尼尔基第一中学志 1946-1996/429
012899196 尼尔基镇志 1956-2006/428
009341047 尼勒克县志/3213

民

008450391 民丰志 1923-1996/3190
010280441 民丰县志/3190
011584678 民生药业志/976
012553913 民乐史志文稿/3060
007924623 民乐县志/3059
009231814 民主乡志/2472
012139529 民主垸水利志/2067
008666853 民权县人物志/1787
008989728 民权县大事记/1787
008666851 民权县卫生志/1787
012955220 民权县水利志/1788
009382209 民权县曲艺志/1787
010140229 民权县教育志/1787
013689037 民权高中志 1978-2011/1787
013774989 民权第一高中校志 1933-2002/1787

010201732 民有灌区志/161
008101497 民国广东将领志/2140
013753707 民和水利志/3102
007914603 民和县志/3102
012542684 民建吉安市委会志 1956-2006/1344
011066938 民星志 1936-1998/1302
012955216 民勤县卫生志初修续修合辑/3056
008453881 民勤县水利志/3056
011584676 民勤县军事志/3056
007932005 民勤县志/3056
012955214 民勤县教育志/3056
013659637 民盟海南组织史志 1951-2010/2345

辽

007491011 辽中县志 1906-1985/495
012764445 辽化志 1972-2007/549
007651892 辽宁乙丑水灾志/465
011584511 辽宁中医机构志/466
011499207 辽宁中医药大学附属医院院志 1956-2006/487
012832429 辽宁中药志 植物类/466
009561038 辽宁水产志/461
008486751 辽宁水灾志 1995/465
012873058 辽宁长途电信传输志 1884-2000/462
009242766 辽宁公路志/462
010376816 辽宁公路志资料选编/462
009387114 辽宁风物志/464
010376864 辽宁古代自然灾害 237-1840/467
013958749 辽宁石油销售志 1991-2005/461

013458002 辽宁民进志 1952-2002/460

011475283 辽宁民族民间舞蹈集成本溪卷/531

011188939 辽宁民族民间舞蹈集成沈阳卷/485

010061699 辽宁民族民间舞蹈集成营口卷/543

011292475 辽宁发电厂志/524

003998345 辽宁动物志 鸟类/465

011310767 辽宁动物志 兽类/465

011584483 辽宁老干部大学校志 1984-2005/484

009961849 辽宁纪检监察志 1949-2000/459

011499199 辽宁医学人物志/464

012814443 辽宁医学院附属第一医院志 1946-2008/539

011475289 辽宁邮电工会志/459

009243263 辽宁邮电志资料选编/462

010376832 辽宁财政志资料选编/462

009961853 辽宁青年科技人物志/464

010376854 辽宁林业志资料选编/461

011584487 辽宁轮胎厂志 1932-1987/563

009243388 辽宁岫岩金矿志/521

011499195 辽宁图书发行志 1840-1985/463

010376751 辽宁审判志资料选编/460

009994395 辽宁柞蚕丝绸科学研究所所志初稿/535

011320521 辽宁省人民医院志 1979-1997/486

012542609 辽宁省干旱地区造林研究所志/564

009854067 辽宁省土地志/460

011805525 辽宁省土壤肥料总站站志 1987-2007/488

009243301 辽宁省卫生志/466

009243298 辽宁省卫生志(稿)583-1985/466

011444252 [辽宁省马三家劳动教养院]院志 1957-1997/494

013659582 辽宁省水利水电科学研究所所志/475

009243293 辽宁省水利学会史志初稿/467

010238378 辽宁省公安志 1986-2000/460

011584499 辽宁省文史研究馆馆志/472

012661448 辽宁省石油销售志/462

008829832 辽宁省东沟县地名志/535

009043143 辽宁省电力工业志/461

011892056 辽宁省电力工业志 1991-2002/461

010475352 辽宁省民政志 1840-1990/460

011292527 辽宁省民政志征求意见稿/460

011997335 辽宁省民族科普协会会志 1984.5-2004.5/465

009961854 辽宁省地名录/464

013990906 辽宁省地质矿产研究院志 1952-2012/486

009675726 辽宁省地震监测志/465

011584504 辽宁省行政监察志 1950-1959/459

007513884 辽宁省交通志/462

008829794 辽宁省兴城县地名录/567

011584493 辽宁省军事气候志/465

011312032 辽宁省农业科学院院志 1956-2005/487

011312031 辽宁省农业科学院植物保护研究所所志 1956-2005/488

011954575 辽宁省农业科学院稻作研究所所志 1956-2005/488

009243291 辽宁省农村金融志/462
013129943 辽宁省农村实验中学校志 1958.5-2008.9/535
008676706 辽宁省志/453
011499193 辽宁省志农机志 附录重要文献辑存/453
007806619 辽宁省志第1卷 金融志/453
007806617 辽宁省志第2卷 石化工业志/453
007806616 辽宁省志第3卷 地震志/453
007806618 辽宁省志第4卷 电力工业志/453
008486748 辽宁省志第5卷 民政志/453
008535889 辽宁省志第6卷 化学工业志/453
008535894 辽宁省志第7卷 广播电视志/454
008535954 辽宁省志第8卷 军事志/454
008535890 辽宁省志第9卷 测绘志/454
008535903 辽宁省志第10卷 出版志/454
008535962 辽宁省志第11卷 文化志/454
008535897 辽宁省志第12卷 妇女志/454
008535967 辽宁省志第13卷 公安志/454
008535965 辽宁省志第14卷 工会志/454
008535900 辽宁省志第15卷 检察志/454
008535901 辽宁省志第16卷 计划志/454
008687641 辽宁省志第17卷 供销合作社志/454
008535966 辽宁省志第18卷 物资志/455
008535956 辽宁省志第19卷 人大志/455
008535896 辽宁省志第20卷 煤炭工业志/455
008629227 辽宁省志第21卷 工商行政管理志/455
008692808 辽宁省志第22卷 体育志/455
008692800 辽宁省志第23卷 林业志/455
008692812 辽宁省志第24卷 卫生志/455
008692817 辽宁省志第25卷 政协志/455
008839973 辽宁省志第26卷 物价志/455
008839980 辽宁省志第27卷 少数民族志/455
008840016 辽宁省志第28卷 黑色冶金工业志 有色金属工业志 黄金工业志/455
008839994 辽宁省志第29卷 财政志/456
008840008 辽宁省志第30卷 纺织工业志/456
008839987 辽宁省志第31卷 科学技术志/456
008839982 辽宁省志第32卷 商业志/456
008840002 辽宁省志第33卷 社会科学志/456
008839999 辽宁省志第34卷 统计志/456
008972592 辽宁省志第35卷 粮食志/456
008983572 辽宁省志第36卷 气象志/456
008950137 辽宁省志第37卷 民主党派志 工商联志 国民党志/456
008869593 辽宁省志第38卷 铁道志/456
009046374 辽宁省志第39卷 宗教志/456
008972598 辽宁省志第40卷 水利志/457
009081661 辽宁省志第41卷 海关志/457
009241691 辽宁省志第42卷 文物志/457
009266097 辽宁省志第43卷 武警志/457
009189879 辽宁省志第44卷 建设志/457
009242770 辽宁省志第45卷 建材工业志/457
009189877 辽宁省志第46卷 共青团志/457
009105294 辽宁省志第47卷 司法行政志/457
009312420 辽宁省志第48卷 水产志/457
009312461 辽宁省志第49卷 公路水运志/457
009015860 辽宁省志第50卷 邮电志/457

009189883 辽宁省志第51卷 农业志/458

009312419 辽宁省志第52卷 教育志/458

009081732 辽宁省志第53卷 商检志/458

009019513 辽宁省志第54卷 地理志 建置志/458

009675741 辽宁省志第55卷 劳动志/458

009334493 辽宁省志第56卷 医药志/458

009442015 辽宁省志第57卷 机械工业志/458

009348165 辽宁省志第58卷 审判志/458

009338463 辽宁省志第59卷 石油开采工业志/458

009334480 辽宁省志第60卷 电子工业志/458

009334489 辽宁省志第61卷 对外经济贸易志/458

009880809 辽宁省志第62卷 轻工业志/459

009880805 辽宁省志第63卷 人口志/459

009001462 辽宁省志第64卷 人事志/459

009854072 辽宁省志第65卷 政府志/459

008535887 辽宁省志第66卷 地质矿产志/459

009675736 辽宁省志第67卷 档案志/459

009854071 辽宁省志第68卷 大事记 初稿/459

010154973 辽宁省志第69卷 中国共产党地方组织志/459

009243288 辽宁省劳动卫生研究所志/486

009243310 辽宁省县名志附省暨各市地名称简志/465

012051651 辽宁省邮电工程局志 1950-2005/482

011584507 辽宁省邮电学校志 1958-1998 征求意见稿/550

009408029 辽宁省财政志 1840-1985/462

009840159 辽宁省环境保护志/467

009243277 辽宁省国防科技工业志 1881-1985/461

013820626 辽宁省固沙造林研究所志 1952-2011/466

008924831 辽宁省岫岩县地名录/522

008594607 辽宁省阜新蒙古族自治县民族志/548

013958748 辽宁省阜新蒙医药研究所志/546

013820628 辽宁省质量技术监督局志 1985-2005/460

011762867 辽宁省审计志 1983-1996/460

012202990 辽宁省实验中学校志/484

009961924 辽宁省政协提案志 1955-2005/459

009243316 辽宁省药品检验所所志 1950-2000/487

008535970 辽宁省科协志/463

009243211 辽宁省保险志/463

011997329 辽宁省健康教育所志 1957-2007/486

011329471 辽宁省畜牧业志 1151-2000/461

012251410 辽宁省家畜家禽品种资源志/467

009243327 辽宁省职工技术协作活动志 1961-1986/463

009243239 辽宁省淡水水产研究所志 1959-1988/488

011567221 辽宁省森林经营研究所志/488

011892068 辽宁省森林经营研究所志 1986

-2007/535

008829847 辽宁省黑山县地名录/541

011475287 辽宁省蒙医药志/466

010376744 辽宁科技志资料选编/465

012251406 辽宁绒山羊育种志 1980-2008/467

012813940 辽宁特钢志 2003.1-2004.9/503

009675744 辽宁烟草志/461

010110810 辽宁烟草志图鉴/461

008594588 辽宁教育人物志/464

010376736 辽宁检察志资料选编/460

012680407 辽宁蛇岛老铁山国家级自然保护区志 1980-2010/509

012265288 辽宁移动通信志 1989-2005/462

003911661 辽宁植物志/465

009854083 辽宁税务志 1840-1989/462

011311358 辽宁集邮志 1878-1996/463

010376847 辽宁新闻志资料选编/463

011584478 辽宁警官高等专科学校校志 1960-2000/501

009243420 辽阳市工会志/548

009243421 辽阳市工商联志 1949-1999/549

009243427 辽阳市土地志/549

009994400 辽阳市广播电视志资料性文稿/550

010239229 辽阳市弓长岭区志/551

008829825 辽阳市区地名录/551

011584522 辽阳市水利志/549

009243431 辽阳市文化艺术志/550

013461567 辽阳市民政志/549

011188953 辽阳市曲艺音乐集成/550

009397283 辽阳市戏曲志/550

008486754 辽阳市志/548

012542611 辽阳市志林业志 1989-2005/548

009243415 辽阳市财政志/550

009994402 辽阳市金融志/550

010777075 辽阳市法院志/549

009243437 辽阳市宗教志 2001/548

013958750 辽阳市审计志 1983-1996/549

010011532 辽阳市政协志/548

009243424 辽阳市科学技术志/550

011762870 辽阳市畜禽疫病志 1949-1989/551

011499220 辽阳市消防志/549

009994413 辽阳市第一高级中学校志/550

012832434 辽阳市第三人民医院志 1982-2009/551

011499216 辽阳市税务志/550

009348877 辽阳曲艺志/551

009243396 辽阳农电简志/549

011499212 辽阳技术监督志 1950-1995/549

007850838 辽阳县志/552

009994418 辽阳县首山镇第二初级中学校志 1989-1999/552

009310684 辽阳邮电志/550

009790409 辽阳铁合金厂志 1949-1988/549

008661406 辽河石油学校志 1978-1991/556

012251403 辽河石油学校志 1992-2005/556

009334607 [辽河石油勘探局]水电厂志 1967-1988/555

014047520 辽河石油勘探局辽河油田中心医院志 1970-2010/556

009334571 [辽河石油勘探局]机修总厂志 1967-1990/553

013793161 辽河石油勘探局兴隆台公用事业处志 2000-2009/556

012139442 [辽河石油勘探局]供电公司

志 1993-2007/553

013730181 辽河石油勘探局油气工程技术处志 1999-2010/554

013793165 辽河石油勘探局油田建设工程一公司志 1989-2010/554

009334588 辽河石油勘探局科学技术研究院志 1967-1990/554

012141584 [辽河石油勘探局]总机械厂志 1991-2006/557

009334577 辽河石油勘探局热电厂志 1970-1988/554

013659580 辽河石油勘探局通信公司志 1990-2008/553

010143447 辽河石油勘探局筑路工程公司志/557

009334599 辽河石油勘探局筑路工程公司志 1970-1995/557

009853987 辽河志/588

012174124 [辽河油田分公司电力集团公司]热电厂志 1989-2007/554

013730184 辽河油田公司浅海石油开发公司志 1989-2008/554

013774518 辽河油田经济贸易置业总公司志 1994-2009/554

008042312 辽渔志/502

011499225 辽源电业志 1917-1999/615

010110096 辽源市中心医院志 1947.6-1999.8/616

013375223 辽源市中级人民法院院志 1902-2005/615

009992778 辽源市中医院志 1984.2-2003.12/616

009797392 辽源市文物志/616

008444189 辽源市地名录/616

010469274 辽源市戏曲志/615

007491028 辽源市志/615

013688967 辽源市志 1986-2002/615

010577037 辽源市财政志 1986-2000/615

010577073 辽源市金融志 1986-1999/615

010469194 辽源发电厂志 1918-1985/615

010292136 辽源矿区工会志/615

012174131 辽源矿业(集团)有限责任公司职工总医院志 1931.4-2006.5/616

007825642 辽源矿务局志/615

011067789 辽源物资志/615

加

012811566 加查县志/2916

008338444 加格达奇区志/718

012758997 加格达奇区志 1990-2005/718

013926349 加格达奇铁路分局工会志 1970-1994/429

008067753 加格达奇铁路分局志 1958-1994/720

对

013090978 对外经济贸易大学校志/29

009266329 对外经济贸易大学校志 1954-1994/29

013090985 对外经济贸易大学校志 2000-2010/29

台

007426155 台儿庄区志/1470

009387176 台儿庄区档案志 1959-1990 初稿/1470

012836390 台上村志/286

011875797 台上镇志/619

008453639 台山下川岛志/2201

013002625 台山卫生志/2202

006975791 台山古今概览/2201
013375912 台山市志1979-2000/2200
012208257 台山民政志/2201
006733050 台山百年事纪略1498-1987/2201
009955116 台山江氏族谱志/2202
009557570 台山县华侨志/2201
008815357 台山县志/2200
012140296 台山供销社志/2201
013686260 台山政协志/2201
012662311 台山教育志1979-2000/2201
006031301 台中市志/3254
012074917 台中市志第1卷 地理志/3254
012074933 台中市志第2卷 教育志/3254
012074939 台中市志第3卷 经济志/3255
012074907 台中市志第4卷 人物志/3255
012074954 台中市志第5卷 社会志/3255
012074899 台中市志第6卷 沿革志/3255
012074945 台中市志第7卷 艺文志/3255
012074922 台中市志第8卷 政事志/3255
005615382 台北市志/3255
007475756 台北市志/3255
007864931 台北市志/3256
007475863 台北市志稿/3256
007935938 台北地志新探/3239
007475779 台北县志/3237
008912061 台北保安宫专志建官二百四十周年/3239
012956024 台北盐场志/912
012252616 台西区志2002-2008/520
013002627 台屿志/1213
013756122 台州广播电视大学校志1979-2009/1087
013731718 台州广播电视大学简志1979-1998/1087
010252862 台州卫生学校校志/1088
012101033 台州中学百年志1902-2002/1087
009561907 台州公安志/1087
008662204 台州市土地志/1087
011805945 台州市中医院院志1958-2005/1088
012252621 台州市电力工业志1991-2005/1087
014052263 台州市立医院院志1952-2002/1088
014052264 台州市立医院院志2002-2012/1088
012814241 台州市志/1086
012899460 台州市邮电志/1087
012722487 台州市财政志/1087
013795577 台州市椒江地方税务志/1089
008848283 台州边防志/1087
012814239 台州发电厂志1991-2005/1087
008450270 台州地区电力工业志/1087
008822371 台州地区志/1086
008532058 台州地区志志余辑要/1086
013756125 台州师范专科学校校志1978-1990/1088
009840520 台州交通志/1087
009962523 台州图志/1088
012542954 台州学院志/1087
009117897 台江区志/1212
008255650 台江县志/2698
013706514 台江县供销合作志1939-1987/2698
012208253 台安公安志/520
012638762 台安电业志/520

013822729 台安老干部大学校志 1991-2011 /521

012506232 台安纪检监察志 1950-2008/520

009244262 台安县水利志/520

010275857 台安县交通志/521

003324963 台安县志/520

006543124 台安县财政志/521

013660332 台安县林业志/520

013756106 台安县政协志 1949-2012/520

011442059 台安县政协志 1963-2002/520

008594640 台安县恩良医院志/521

012836371 台安县恩良医院志 1996-2005 /521

009244242 台安县教育志 1875-1985/521

009244259 台安县商业志/521

009244236 台安县税务志/521

012836384 台安县税务志 1986-2006/521

008378567 台安建设志/520

008296923 台阳公司八十年志/3232

007544719 台阳矿业公司四十年志/3232

007475990 台南市志/3255

007908344 台南市志稿/3255

006876663 台南市南门碑林图志/3255

009290407 台南县平埔地名志/3251

009250563 台南县志/3250

007476005 台南县志稿/3250

009334833 台前县志/1749

009527411 台前县志征求意见稿/1748

008022612 台湾乡土全志/3234

008381946 台湾乡土精志/3234

006329227 台湾水利人物志/3234

005611749 台湾风土志/3235

008588291 台湾风土志台湾人的生死学/3235

008395019 台湾风土志台湾大地震断层现场实录/3236

008300071 台湾风土志台湾农业脸谱/3234

008160962 台湾风土志台湾野史小札/3234

008104929 台湾风土志站在台湾庙会现场 /3235

007534575 台湾风土志探讨台湾民间信仰 /3235

001738325 台湾风物志/3235

013067303 台湾史志/3234

001690996 台湾民俗志/3235

012073525 台湾百年柔道人物志/3234

007913530 台湾后山风土志/3235

013185766 台湾全志第 3 卷 住民志/3231

011353790 台湾全志第 4 卷/3231

010595641 台湾全志第 9 卷 社会志/3231

012048428 台湾全志第 12 卷 文化志/3231

008415714 台湾产业志/3232

012607158 台湾产金花虫科图志/3292

009225088 台湾矿业会志/3232

006394537 台湾果树志/3236

004421050 台湾鱼类志/3236

009818047 台湾省区域地质志/3236

008409684 台湾省地名录/3235

007476011 台湾省苗栗县志/3242

008702111 台湾省政府卫生处志/3236

008420671 台湾省政府建设厅志/3232

008049225 台湾省通志/3231

007475850 台湾省通志稿/3231

012786702 台湾铁道文化志解读铁道王国的文化密码/3233

008301311 台湾高山历志/3235

006074415 台湾脊椎动物志/3236

007513930 台湾族群志第 1 卷 客家与台湾 /3234

008103086　台湾族群志第 2 卷 台湾客家风土志/3234

008300076　台湾族群志第 3 卷 台湾的客家族群与信仰/3234

009446585　台湾番薯文化志/3236

007475783　台湾新志/3231

009396871　台湾豫剧五十年图志/3233

六画

耒

012873041　耒阳水利志/2026

009685419　耒阳市交通志/2026

007903961　耒阳市志/2025

013861904　耒阳市志 1986-2005/2025

013317861　耒阳政协志 1980-2010/2025

邢

009553718　邢台市人民代表大会志/171

010275945　邢台市公安志/172

008533983　邢台市地名志/173

008845019　邢台市志 前 17 世纪-1993.6/171

009240441　邢台市建设志/172

013775998　邢台市政协志/172

013072726　邢台民进志 1981-2006/172

012140845　邢台发电厂志/172

008600290　邢台地区公路史/172

011444092　邢台报社志/173

008533984　邢台县地名志/175

008037801　邢台县志/174

013604266　邢台县志 1979-2009/175

011585157　邢台县教育志/175

011292168　邢台矿务局志/172

009319541　邢台教育志/173

011320481　邢寨村志/1472

动

008094670　动力区志/661

圭

008719167　圭山乡志/2755

010147427　圭峰志/1381

寺

012722446　寺上村志/1741

012684740　寺庄村志/343

008539729　寺村镇志/2335

012956005　寺沟村志/508

013096423　寺底村志/288

009413828　寺河乡志/1762

012542928　寺面镇志/2316

吉

009413303　吉山村志/2148

009854404　吉木乃县志/3223

010146800　吉木乃县志送审稿/3223

005765583　吉木萨尔方言志/3195

009008812　吉木萨尔县志/3195

013092956　吉水县人物志/1348

010292126　吉水县水利志/1348

009687423　吉水县交通志/1348

012097490　吉水县志 1986-2004/1347

011311447　吉水县邮电志/1348

013957674 吉水县政协志/1348
009385985 吉水县粮食志/1348
013652722 吉化公司机械厂志 1958-1988/599
012872585 吉化江南设计研究院院志 1958-1989/599
013183555 吉化设计院志 1958-1985/599
011432813 吉化通信公司志 1958-2003/602
014032878 吉文林业局志 1958-2008/430
009348169 吉兰泰盐化集团公司志/450
009119745 吉安乡志/3253
008830631 吉安市志/1344
009385983 吉安市财政志/1345
013144443 吉安市青原区志/1346
011890930 吉安市教育志/1345
011890934 吉安市教育志 1990-2000/1345
010143149 吉安地区印刷厂志 1949-1991/1345
008844698 吉安地区交通志/1345
012999180 吉安地区志/1344
008664339 吉安地区邮电志/1345
011890925 吉安地区财政志/1345
011432808 吉安地区审计志/1344
013531025 吉安县农村信用社志 1951-2011/1347
012049529 吉安县志 1986-2005/1347
008664349 吉安县邮电志/1347
010252916 吉安法院志 1840-2000/1344
012967949 吉安烟草志/1345
004516541 吉县志/353
013683746 吉县教育志/353
011328382 吉林土种志/579
012505222 吉林大学中日联谊医院志 1949-2009/589

010468948 吉林大学史志 1946-1986/588
011313045 吉林乡镇企业志/575
011068433 吉林木材志/575
013656345 吉林水工机械厂志 1937-1987/600
011067730 吉林长白山国家级自然保护区管理局志/637
010199805 吉林化学工业公司化肥厂厂志 1954-1988/600
013792424 吉林化学工业公司机动系统专业志 1948-1988 送审稿/600
013316327 吉林化学工业公司有机合成厂志 1976-1988/600
010777043 [吉林化学工业公司]污水处理厂志 1978-1988/604
013183614 吉林化学工业公司志 1938-1988/600
013772927 [吉林化学工业公司]试剂厂志 1961-1988/601
012952163 吉林化学工业公司建设公司志 1950-1988/600
013374073 吉林化学工业公司染料厂志 1954-1988/600
013990701 吉林化学工业公司铁路运输公司志 1958-1988/601
013316332 吉林化学工业公司职工教育总校志 1979-1988/599
001643331 吉林风物志/577
002870833 吉林方志大全/577
013730074 吉林石化志 1989-2010/600
013374069 吉林电业局志 1907-1985/599
013183638 吉林市一商局志/602
009783249 吉林市九站造纸厂厂志/600
013045678 吉林市工商行政管理志 1986-

2005/599

010110055 吉林市山水地名志略/603

012999184 吉林市丰满区江南乡永庆村志/607

012251160 吉林市中心医院志/603

012251167 吉林市中心医院志 1988-1998/603

013652725 吉林市公共交通公司志 1949-1986/601

013897593 吉林市公安交通志/599

012505229 吉林市文物博物馆志/603

010293686 吉林市龙潭区工会志 1986-2002/606

010293688 吉林市龙潭区山前街道志 1986-2002/605

010238573 吉林市龙潭区志 1986-2003/605

013375243 吉林市龙潭区金珠卫生院院志 1986-2002/606

010293683 吉林市龙潭区城建志 1986-2002/606

010293696 吉林市龙潭区信访志 1987-2002/606

010293689 吉林市龙潭区铁东街志 1986-2002/605

010293834 吉林市龙潭区遵义街道志 1979-2002/605

009553762 吉林市市区文物志/602

010061503 吉林市民族民间舞蹈集成/602

011188572 吉林市民族民间器乐曲集成/602

008444186 吉林市地名志/603

008923409 吉林市地名录/603

013374433 吉林市自来水公司志 1927-1995/599

013652730 吉林市农业科学院院志 1908-2008/604

010469191 吉林市戏曲志/602

010468954 吉林市戏曲志初审稿/602

011188570 吉林市戏曲音乐集成/602

013374427 吉林市纪检(监察)志 1950.8-1985.12/598

008796631 吉林市志/594

006548262 吉林市志第1卷 公安志/595

012872617 吉林市志第1卷 检察志 1986-2003/595

007477979 吉林市志第2卷 公路水运交通志/595

013045683 吉林市志第2卷 政协志 1986.1-2007.11/595

007477978 吉林市志第3卷 房地产志/595

010244104 吉林市志第3卷 房地产管理志 1986-2003/595

007477977 吉林市志第4卷 税务志/595

007486970 吉林市志第5卷 金融志/595

007903953 吉林市志第6卷 邮电志/595

007903951 吉林市志第7卷 环境保护志/595

008864881 吉林市志第8卷 土地志/595

008731169 吉林市志第9卷 电力工业志/595

008731175 吉林市志第10卷 铁路运输志/595

008731171 吉林市志第11卷 财政志/596

008731164 吉林市志第12卷 林业志/596

008731168 吉林市志第13卷 物资志/596

008731162 吉林市志第14卷 文物志/596

009227387 吉林市志第15卷 体育志/596

009227313 吉林市志第16卷 物价志/596

009227375 吉林市志第17卷 综述 大事

记/596
009227319 吉林市志第18卷 文化志/596
009227382 吉林市志第19卷 军事志/596
009227320 吉林市志第20卷 广播电视志/596
008731157 吉林市志第21卷 审判志/596
009310538 吉林市志第22卷 城市规划志/596
008731159 吉林市志第23卷 市政府志/596
010280086 吉林市志第24卷 轻工业志/597
009992771 吉林市志第25卷 科技志/597
010110090 吉林市志第26卷 人物志/597
010143045 吉林市志第27卷 地方税务志/597
009814678 吉林市志第28卷 图片志/597
010779135 吉林市志第29卷 建筑材料工业志/597
010779132 吉林市志第30卷 副食品志/597
010779139 吉林市志第31卷 中共地方组织志/597
011294936 吉林市志第32卷 农机志/597
011294933 吉林市志第33卷 化学工业志/597
011497845 吉林市志第34卷 统计志/597
011762287 吉林市志第35卷 共青团志/597
011954360 吉林市志第36卷 妇女团体志/597
011762295 吉林市志第37卷 人民代表大会志/598
011328438 吉林市志第38卷 检察志/598
012097482 吉林市志第39卷 卫生志/598
012611239 吉林市志第40卷 档案志/598
012954906 吉林市志第41卷 大事记/598
013045680 吉林市志第42卷 市政协志/598

013656342 吉林市志第43卷 工会志/598
013897598 吉林市志第44卷 工业品商业志/598
013897602 吉林市志第45卷 饮食服务志/598
013183623 吉林市社会科学学术志稿/598
013686310 吉林市昌邑区土城子满族朝鲜族乡志 1986-2002/605
013683739 吉林市昌邑区左家镇志 1936-2002/605
013683737 吉林市昌邑区两家子满族乡志 1961-2002/604
010469098 吉林市昌邑区城建志/605
013820309 吉林市昌邑区教育志/605
011067771 吉林市物资志/599
008864874 [吉林市]郊区志/607
009241461 吉林市城市客运志 1906-1995/601
013792430 吉林市砖瓦厂志 1950-1985/600
013661577 [吉林市第二中心医院]院志 1909-2009/604
011996719 吉林市船营区教育志 1693-1999/604
013374428 吉林市康润医院院志 1986-2002/603
011328426 吉林市朝鲜族志 1907-1988/602
012954903 吉林市简志/594
010475760 吉林市满族志/602
008486622 吉林地区矿产志略/603
009853986 吉林交通志/576
010777147 吉林物资志/599
010253903 吉林供电志 1986-2002/575
011068395 吉林金属材料志/579

011067189 吉林建材志/575

011320430 吉林药材图志/578

011996715 吉林树木图志/579

013627962 吉林省人民政府接待办公室简志1950-1995/585

011580095 吉林省土壤志/579

011311356 吉林省卫生防疫站站志1953-1995/589

010061570 吉林省艺术集成吉林省文化艺术志资料汇编/576

012505225 吉林省水利水电勘测设计研究院院志/590

010777244 吉林省水利志/579

013374097 吉林省化工进出口公司贸易志吉林省机械进出口公司贸易志合订版1954-1990/587

011497832 吉林省火电建设志/576

007662428 吉林省电力工业志/575

013508014 吉林省电力工业志1991-2002/575

013374093 吉林省电力建设总公司职工医院院志1986-2002/603

008492451 吉林省电信传输局志/602

009865102 吉林省白城市地名志清样本/628

011996712 吉林省白城市城乡建设专业志城乡建设1996-2000/628

010061533 吉林省民间文学集成双辽县卷/613

011188247 吉林省民间文学集成四平市铁东区歌谣卷/612

011188266 吉林省民间文学集成永吉县卷/611

011188221 吉林省民间文学集成吉林市郊区卷/607

011188225 吉林省民间文学集成浑江市三岔子区卷/622

011145165 吉林省民间文学集成通榆县卷/630

011145148 吉林省民间文学集成梅河口市歌谣谚语卷/619

013183618 吉林省吉林市郊区土壤志/607

011066890 吉林省地方病第二防治研究所所志1950-2000/604

009797382 吉林省地名志吉林省市县地名考释/577

009814651 吉林省地震监测志/578

012202869 吉林省自然地名志/578

011324962 吉林省军事气候志/578

010686861 吉林省农业机械研究所志1958-1988/589

012611153 吉林省农业机械研究院院志1958-2008/589

011954347 吉林省农业科学院志/589

013092951 吉林省农业科学院畜牧科学分院志/612

010777130 吉林省农村金融志/576

009106169 吉林省农作物品种志/579

008444160 吉林省扶余县地名志/625

005285258 吉林省志/569

013704293 吉林省志第1卷 林业志1986-2000/569

009511263 吉林省志第1卷 总述/569

009046198 吉林省志第2卷 大事记/569

013752512 吉林省志第2卷 商务志1986-2000/569

009961664 吉林省志第3卷 建置沿革志/569

011328089 吉林省志第 5 卷 人口志/569

008689347 吉林省志第 6 卷 中国共产党志/569

009511262 吉林省志第 7 卷 政府志/569

011328073 吉林省志第 8 卷 人民代表大会志/570

009840091 吉林省志第 9 卷 人民政协志/570

008486625 吉林省志第 10 卷 民主党派 工商联志/570

011328064 吉林省志第 11 卷 政事志 人事/570

009675435 吉林省志第 11 卷 政事志 外事/570

011327492 吉林省志第 11 卷 政事志 民政/570

012541845 吉林省志第 11 卷 政事志 侨务/570

008838745 吉林省志第 12 卷 司法公安志 公安/570

010280410 吉林省志第 12 卷 司法公安志 司法行政/570

009675441 吉林省志第 12 卷 司法公安志 审判/570

008486628 吉林省志第 12 卷 司法公安志 检察/570

009840065 吉林省志第 13 卷 群众团体志 工会/571

008444114 吉林省志第 13 卷 群众团体志 共青团/570

008689238 吉林省志第 13 卷 群众团体志 妇联/570

008689223 吉林省志第 14 卷 军事志/571

011327513 吉林省志第 15 卷 经济综合管理志 工商行政管理/571

008689279 吉林省志第 15 卷 经济综合管理志 土地/571

008689212 吉林省志第 15 卷 经济综合管理志 计划/571

008689215 吉林省志第 15 卷 经济综合管理志 劳动/571

011328061 吉林省志第 15 卷 经济综合管理志 物价/571

008799844 吉林省志第 15 卷 经济综合管理志 物资/571

011327503 吉林省志第 15 卷 经济综合管理志 标准计量/571

011327521 吉林省志第 15 卷 经济综合管理志 统计/571

011320315 吉林省志第 16 卷 农业志 农业机械化/572

008689230 吉林省志第 16 卷 农业志 农村生产关系/572

011321367 吉林省志第 16 卷 农业志 种植/571

011328069 吉林省志第 16 卷 农业志 畜牧/572

011321372 吉林省志第 17 卷 林业志/572

008587881 吉林省志第 20 卷 轻工业志 一轻工业/572

009961663 吉林省志第 20 卷 轻工业志 纺织/572

008689181 吉林省志第 21 卷 建材志/572

008689362 吉林省志第 21 卷 重工业志 石油化学工业/572

008689350 吉林省志第 21 卷 重工业志 电力/572

011312081 吉林省志第 21 卷 重工业志 机械/572

008689176　吉林省志 第22卷 地质矿产志/572

008689321　吉林省志 第23卷 医药志/572

008486638　吉林省志 第24卷 烟草志/572

011320317　吉林省志 第25卷 乡镇企业志/573

009241476　吉林省志 第26卷 交通志 公路 水运 民航/573

008689182　吉林省志 第26卷 交通志 铁道/573

011327586　吉林省志 第27卷 邮电志/573

009046196　吉林省志 第28卷 建设志 城乡建设/573

008587860　吉林省志 第28卷 建设志 测绘/573

008486629　吉林省志 第30卷 财政志/573

011327590　吉林省志 第31卷 金融志/573

008689249　吉林省志 第32卷 国内商业志 商业/573

008486631　吉林省志 第33卷 对外经贸志/573

008486634　吉林省志 第34卷 海关商检志/573

008689175　吉林省志 第36卷 档案志/573

011328084　吉林省志 第37卷 教育志/573

009840075　吉林省志 第39卷 文化艺术志 艺术/574

011328075　吉林省志 第39卷 文化艺术志 文学/574

008689284　吉林省志 第39卷 文化艺术志 电影/574

008802947　吉林省志 第39卷 文化艺术志 社会文化/574

011328491　吉林省志 第41卷 体育志/574

011312080　吉林省志 第42卷 新闻事业志 报纸/574

009409457　吉林省志 第43卷 文物志/574

008842721　吉林省志 第44卷 宗教志/574

009511261　吉林省志 第45卷 民族志/574

009744787　吉林省志 第47卷 人物志/574

009840089　吉林省志 第48卷 武警志/574

012638972　吉林省志 第49卷 方志志/574

010280361　吉林省劳动志/575

008492459　吉林省邮电志 吉林市卷/576

009879604　吉林省邮电志 延边卷/632

009312165　吉林省邮电志 通化卷/617

010468950　吉林省怀德县金融志/612

010777128　吉林省建设银行志/576

009046226　吉林省驻京办事处简志/575

009961656　吉林省药品检验所志 1953-1987/589

008444147　吉林省柳河县地名志/621

011497840　吉林省监狱管理局镇赉分局志 1956-2006/630

011067721　吉林省畜禽疫病志/579

008444991　吉林省通化市地名志/618

010730275　吉林省检察志/575

011324949　吉林省野生经济植物志/578

009391913　吉林省税务通志/576

010735878　吉林省蔬菜品种志/579

013092952　吉林送变电志 1952-1985/601

013092955　吉林送变电志 1986-2005/601

010469188　吉林热电厂志/600

013374090　吉林热电厂职工医院院志 1986-2002/603

011804688　吉林铁合金厂志/601

011310827　吉林铁路中心医院志 1909-1985/603

012174026 吉林铁路分局工会志 1988-2002 /598

007992207 吉林铁路分局志 1896-1985/601

013820313 吉林铁路分局普通教育志 1986-2000/602

011566062 吉林造纸厂志 1940-1985/601

012758978 吉林集安经济开发区志 /619

011067738 吉林燃料志 /575

010577300 吉首大学志 /2112

010293973 吉首大学校园植物志 /2112

008486642 吉首市志 /2112

013820334 吉首市志 1989-2005/2112

008538000 吉首市志评审稿 /2112

011996723 吉隆县文物志 /2918

011320884 吉镇村志 /3006

托

010143736 托克托文物志 /385

011955679 托克托发电公司志 1983-2006 /385

011319925 托克托县地名志 /386

009313567 托克托县志 /385

008195162 托克托县志前 307-1981 /385

013096529 托克托县政协志 /385

011320176 托克托县教育志 /385

009855888 托克逊县志 /3175

009016962 托里县志 /3219

老

012639812 老边区志 1986-2007/544

010292133 老庄子乡志卢沟桥农场志 1700-1990/53

012873035 老虎台矿志 1901-1990/525

012873019 老虎台矿志 1991-2007/525

008486743 [老河口市]卫生志 /1889

008408137 老河口市乡镇企业志 /1888

008216451 [老河口市]农业机械志 /1888

007903967 老河口市志 /1888

008823851 [老河口市]供销合作志 /1888

007672348 [老河口市]金融志 /1888

010576604 老河口市烟草志 /1888

011762832 老河口市教育志 1898-1985 /1888

008453177 老河口市教育志续编 1986-1990 /1889

011325459 老官乡志 /1938

010230790 老城区志 1989-2000/1692

009412774 老城区志资料汇编教育志 草稿 /1692

009190806 老营乡志 /2795

012832397 老崖崮村志 /1515

009393563 老港镇志 /765

013320990 老鹰山选煤厂志 1969-1993 /2647

巩

011954030 巩义公安志 /1659

013129039 巩义风物志 /1660

010777141 巩义市土地志 /1659

013689498 巩义市志 1986-2005/1659

011954035 巩义国税志 1986-2005/1659

010229454 巩县卫生志 /1660

011329714 巩县戏曲志 /1660

008820084 巩县志 /1659

008988374 巩县烟草志 /1659

009387146 巩县教育志 1840-1985/1660

009854403 巩留县志 /3211

011995662 巩留县邮电志 /3211

地

013686664 地沟村志 /1509

013894496 地质尖兵志 1980-2000/254

009863449 地都区志 /2248

扬

011311960 扬中广播电视志 /950

010730543 扬中水利志 /951

012506457 扬中公安志 /950

009116120 扬中市土地志 /950

012662703 扬中市电力工业志 /950

012613144 扬中市军事志 1127-2005/950

013630522 扬中市教育志 /950

004733123 扬中县志 /950

008358205 扬中邮电志 /950

013797096 扬伦志 1949-1985/976

013939671 扬名街道志 2004-2011/829

009413578 扬名镇志 /829

010110367 扬州工艺美术志 /933

008379259 扬州工业交通志 /934

009993109 扬州卫生志 /936

013148711 扬州卫生学校志 /934

008492839 扬州水利志 /936

005598488 扬州风物志 /935

008380674 扬州文化志 /934

008446363 扬州电力工业志 1913-1990/934

013343449 扬州电力设备修造厂志 1969-1987/933

013994222 扬州电影志 /935

011444173 扬州市人民代表大会志 1983-2004/933

008378618 扬州市工会志 /932

012506470 扬州市卫生防疫志 1840-1990/936

012506473 扬州市卫生防疫续志 1991-2002/935

013797099 扬州市电力工业志 1991-2002/933

011500788 扬州市民政志 /933

010200103 扬州市农业志 /933

011955812 扬州市红十字中心血站志 /935

008094700 扬州市志 /932

011585203 扬州市志城乡建设 总纂送审稿 /932

012814462 扬州市物价志 /934

011500787 扬州市供销合作社志 /934

008196328 扬州市郊区志 /936

009189834 扬州市政协志 /933

010250453 扬州市教育志 /934

013379153 扬州市第一人民医院志 1960-1990/935

013186150 扬州市第三人民医院志 1975-2000/935

009865203 扬州市商业志 /934

011188828 扬州民间故事集 /935

010008914 扬州发电厂志 /933

011793306 扬州曲艺志 /935

008446359 扬州交通志 /934

010469338 扬州农药厂志 1958-1987/933

009993469 扬州报刊志 /934

010778022 扬州沙口村志 /932

010244782 扬州纺织工业志 /933

008377801 扬州金融志 /934

012814453 扬州建设志 1988-2005/933

008488233 扬州高等教育志 /934

008377795 扬州税务志 /934

008848080 扬州堡城村志 /936

共

012049361 共大庐山分校海会师范学校校志/1315

013772624 共青团云浮市组织志/2252

009561913 共青团中央团校中国青年政治学院志 1948-1998/11

010735948 共青团水库志/594

013626438 共青团文水县委志/361

008420666 共青团四川省委志/2405

012541545 共青团罗源县组织志/1222

010777306 共青团浙江省团校浙江青年专修学院志 1950-2000/971

013925266 共青团海城市志/519

008536799 共青团鞍山市志/511

009962094 共青团德州市志/1573

009685654 共青农场志 1955-1985/683

008423039 共青垦殖场志/1312

011310785 共和乡志/923

007914595 共和县志/3106

芒

009190841 芒宽彝族傣族乡志/2795

011762902 芒康县志/2915

亚

013961165 亚东县志/2918

012003019 亚东 康马 岗巴 定结县文物志/2918

芝

013464351 芝田村志/1659

013866305 芝罘区民政志 1986-2005/1493

008488311 芝罘区志/1492

010275872 芝罘商业志/1493

苪

012218684 苪林乡志/3241

芗

008612613 芗城区志/1258

朴

012237469 朴子市志/3250

机

009228483 机头镇志/2431

012251156 机场镇志/764

010577083 机械筑路工程处志/1982

协

011810868 协庄煤矿志 1962-1991/1539

009411626 协庄煤矿志 1992-2003/1539

011328650 协和医院志/1838

西

013939438 西厂圪洞村志/386

012100074 西工区志 1986-2000 送审稿/1692

011325438 西大垱农场志送审稿/1953

008994838 西大桥水电厂志 1982-1999/3182

013226446 西山区水利志/2748

011585095 西山区公安志/2747

010243963 西山区公安志 1994-2000/2747

011320171 西山区民族志/2747

010201624 西山区农业志 1990-2003/2747

011328551 西山区纪检监察志 1990-2002/2746

014052425 西山区纪检监察志 2003-2008/2746

008597941 西山区志/2745

013321193 西山区城乡建设土地管理志/2747

012100536 西山区政协志/2747

012877297　西山区政法志/2747
013603444　西山有线电视台志 1999-2009/260
009414972　西山农牧场志/3166
013010757　西山煤电太原选煤厂志 1959.10-2009.10/259
013010747　西山煤电集团有限责任公司职工总医院志 1956-2006/263
009881357　西山煤矿志/260
008926001　西山镇志/887
013379113　西乡文化志/2171
007900154　西乡县志/3000
008192047　西丰县志/562
012877304　西王村志/1600
013797005　西王佐村志/52
010731742　西井镇志/291
009335254　西天目山志/1002
012638613　西中黄村志/350
012877299　西水头村志 1949-2009/1762
012545411　西气东输工程志 西气东输工程掠影/40
013010718　西长凝村志/312
008994020　西化厂志 1858-1987/2940
012140690　西乌珠穆沁旗地名志/447
009561092　西乌珠穆沁旗志/447
011067744　西凤酒厂志 1956-1989 初稿/2965
013757057　西凤酒志 1992-2010/2965
010251860　西双版纳动物志/2862
010265753　西双版纳州地方畜禽品种志/2862
010146820　西双版纳州烟草志 1991-2002/2861
011590012　西双版纳烟草志/2861

011324965　西双版纳傣药志/2862
009744945　西双版纳傣族自治州人民代表大会志/2861
013706915　西双版纳傣族自治州水利志 1978-2005/2862
012837450　西双版纳傣族自治州公安志/2861
013775965　西双版纳傣族自治州民族医药研究所西双版纳傣族自治州傣医医院志/2862
010476388　西双版纳傣族自治州民族宗教志/2861
012684969　西双版纳傣族自治州自然保护区志 1958-2008/2862
013072661　西双版纳傣族自治州农业志 1978-2005/2861
008539924　西双版纳傣族自治州志/2860
012545415　西双版纳傣族自治州财政志/2861
013226529　西双版纳傣族自治州林业志 1978-2005/2861
009399161　西双版纳傣族自治州金融志/2862
008664956　西双版纳傣族自治州城乡建设环境保护志/2861
011066386　西双版纳傣族自治州政协志/2861
009388499　西双版纳傣族自治州教育志/2862
010008910　西石桥镇志/837
013757060　西平县卫生防疫志/1807
012723063　西平县回族志/1807
007289937　西平县志/1806
009889296　西平县志/1807

012208349 西平县财政志/1807
012837447 西平县盆尧镇叶李村志/1807
012208356 西平县烟草志 1639-1986/1807
009414483 西北二棉志 1986-2002/2975
008846044 西北石油局志/3166
010117863 西北石油局图志/3166
008298334 西北电力工业志 第1卷/2931
008442959 西北电力设计院志 1856-1995/2943
013603439 西北电力设计院志 1996-2005/2943
010010015 西北电力建设志/2931
012970532 西北关村志/1493
009330478 西北农林蚜虫志 昆虫纲 同翅目 蚜虫类/2935
010009418 西北国棉七厂志 1958-1985/2975
010730221 西北油漆厂志 1965-1995/3037
009415085 西北勘测设计研究院志 1950-1996/2942
009683643 西宁东关清真大寺志/3097
010244290 西宁市大通县文物志/3100
007482050 西宁市志 第3卷 地名志/3096
009078368 西宁市志 第4卷 城市建设志/3096
013133817 西宁市志 第5卷 工业志/3096
009337171 西宁市志 第6卷 农业志/3096
013072646 西宁市志 第7卷 交通志/3096
009561489 西宁市志 第8卷 邮政志/3096
013072636 西宁市志 第9卷 电信志/3096
009154320 西宁市志 第11卷 粮油志/3097
013072656 西宁市志 第13卷 税务志/3097
008668138 西宁市志 第14卷 金融志/3097
009687882 西宁市志 第16卷 统计志/3097

010112057 西宁市志 第28卷 公安志/3097
013072655 西宁市志 第30卷 审判志/3097
009253045 西宁市志 第32卷 军事志/3097
009107555 西宁市志 第35卷 教育志/3097
009337173 西宁市志 第39卷 档案志/3097
013010724 西宁市城西区胜利路小学校志/3099
013133814 西宁市消防志/3097
013464170 西宁树木志/3098
013145635 西台村志/1440
011311855 西吉县人民代表大会志/3139
008667353 西吉县卫生志/3139
009016909 西吉县传统动物医药志/3139
011809292 西吉县军事志/3139
007587983 西吉县志/3139
010778369 西戌村志/167
013379108 西曲矿志/267
013822979 西曲矿选煤厂志/267
010089235 西屿乡志/3254
011444012 西回村志/280
010731744 西仵乡志/291
012814413 西华师范学校志/1798
009382298 西华县曲艺志 征求意见稿/1801
009413846 西华县戏曲志/1801
006795904 西华县志/1800
013732378 西华县志 1986-2000/1800
009889288 西华县志终审稿/1800
013186032 西华县财政志/1801
013186039 西华县财政志 1985-2000/1801
008672129 西充县人民医院志/2542
011325492 西充县农村金融志/2542
008053789 西充县志/2542
013939447 西充县志 1986-2005/2542
012970539 西充县财政志 1986-2005/2542

013010721 西充县规划和建设志 1986-2005 /2542

008422003 西充县城乡建设环境保护志 /2542

012970541 西充县政协志 1981-2005/2542

013133820 西闫村志/348

008528133 西关一村志/1460

009228122 西关村志/1495

012832398 西江千家苗寨图像民族志 /2694

007508968 西江汽车维修志/2218

008597991 西江苗族志/2701

008453765 西江林业局志/2211

013010911 西兴村志/986

012684929 西安三棉志 1954-2009/2939

012662492 西安六十年图志 1949.5-2009.5 /2942

008492910 西安古代交通志/2940

009340830 西安电力电容器厂厂志 1953-1985/2939

008994025 西安电力机械制造公司志 1953-1986/2939

009337844 西安电力机械制造公司志 1987-2000/2939

012767014 西安电力学校志 1953-1993 /2941

011327678 西安电影志/2942

008863910 西安印钞厂志/2940

011793024 西安印钞厂志 1991-2000/2940

009337863 西安市人民代表大会志 1949.7-1997.5/2937

008598478 西安市人事志/2937

008637969 西安市工会志/2937

008542846 西安市卫生志/2943

011329807 西安市卫生志续篇 1990-2000 /2943

008793340 西安市水利志/2944

013010709 西安市户县教育志/2950

012663825 [西安市未央区]政协志 1955.1-1993.12/2945

011320330 西安市未央区教育志 1912-1989 /2946

005101459 西安市地理志/2942

007572591 西安市地震志/2942

009198562 西安市军事志/2938

013096579 西安市红十字会医院志 1911-2011/2943

007791009 西安市志/2936

009046408 西安市志第 1 卷 总类/2936

008856446 西安市志第 2 卷 城市基础设施 /2936

009348228 西安市志第 3 卷 经济(上)/2936

010522346 西安市志第 4 卷 经济(下)/2936

008856433 西安市志第 5 卷 政治军事/2936

009045920 西安市志第 6 卷 科教文卫/2936

009995080 西安市志第 7 卷 社会 人物/2937

008637961 西安市城建系统志/2944

012723003 西安市临潼区军事志 前 4000-2005/2948

013627751 西安市临潼县华清中学校志 1938-1988/2948

009433661 西安市莲湖区地名录/2947

008835428 西安市莲湖区教育志/2947

008487355 西安市教育志/2941

008993429 西安市职工技协志 1964-1991 /2941

013706879 西安市第二印刷厂志 1896-1996 /2940

013994025 西安市第八十九中学百年校志 1912-2012/2941

008542685 西安市雁塔区地名录/2948

012684937 西安市雁塔区军事志/2948

008542636 西安市碑林区地名录/2946

013822943 西安市碑林区志 1994-2008/2946

009817945 西安市新城区教育志/2946

013630266 西安市精神卫生中心志 1957-1997/2943

008542682 西安市灞桥区地名志/2947

009387334 西安市灞桥区教育志/2947

007347877 西安邮政简志/2941

008637972 西安供电志 1917-1997/2939

013072616 西安供电志 1998-2007/2939

011320004 西安变压器电炉厂志 1958-1986/2939

008838292 西安建筑科技大学志 1956-2000/2944

013133809 西安建筑科技大学志 1999-2010/2944

013603430 西安政府法制志 1986-2009/2937

013706883 西安统计志/2937

008492911 西安铁路分局志 1905-1990/2940

013865246 西安铁路公安处志 1949-2009/2937

011311487 西安铁路成人中等卫生学校（中国铁道建筑总公司西安医院）志 1984-1995/2943

009414963 西安造纸网厂志 1965-1993/2940

011320273 西安高压电瓷厂志 1953-1988/2939

011320833 西安高压电瓷厂志 1989-2001/2939

013630264 西安旅游职业学校校志/2941

012140671 西安探矿机械厂志 1958-2007/2940

012052403 西安商业志/2939

012100062 西安植物志/2942

011311009 西安煤炭经营志 1911-1990/2939

008532515 西园乡土志/1215

012545419 西园村志/1214

009190816 西邑乡志/2796

009768890 西岗区志/506

009242375 西岗区退管志 1984.11-1994.11/506

013994027 西岗政协志 1983-2013/506

013010909 西位村志/331

012638619 西岔河一村志/1510

012899901 西沟村志/280

013462875 西沟村志/289

013660413 西沟村志/508

012208365 西宋门村志/228

010252952 西张地名志/899

011793060 西张村志/1096

013991391 西张家庄村志 1911-2010/1408

008533098 西青区土地管理志/94

008593582 西青区公安志/93

009769248 [西青区]交通运输管理志/94

009398804 西青区志/93

008298402 西青区房地产志/94

009769245 西青区城乡建设志/94

010279010 西青区政府志/93

009769246 西青区检察志/94

009741662 西直门车务段志 1905-2000/46

012878865　西林区志 1985-2005/694
012252759　西林西村志/1524
008538941　西林县地名志/2324
011320479　西林县档案志/2324
009799516　西昌一中校志/2612
013732374　西昌市二轻工业志/2612
008672122　西昌市人物录/2613
007674681　西昌市志/2611
012982257　西昌市志 1991-2005/2612
009337764　西昌市国土志/2612
013706912　西昌市城乡建设志/2612
013732375　西昌市教育志 1903-1990/2612
013939435　西昌市检察志 1911-1990/2612
011444010　西昌市商业局志/2612
010280116　西昌卷烟厂志/2612
009414944　西迪粮油总厂志/3210
012100531　西和乞巧风俗志/3078
013145630　西和县人民代表大会志 1996-2010/3077
013145628　西和县民政志/3077
008471162　西和县志/3077
011809275　西和县财政志/3078
013462877　西郊村志/280
012723021　西河崖村志/1502
008487359　西城区普通教育志/47
013751482　西城高中校志 1946-2009/2964
008186356　西南少数民族人物志/2428
011444014　西南少数民族风俗志/2410
009331537　西南石油局志/2423
013732389　西南电力设计院志 1961-2011/2430
013822978　西南庄村志/98
008844100　西南财经大学志/2427
013226441　西南财经大学志 1952-2002 征求意见稿/2427
010293871　西南航空护林志/2738
012837444　西南街村志/347
011809279　西柏坡电力志/140
007900099　西峡县志/1776
012140696　西峡县志 1986-2000/1776
008844068　西信厂志/2941
008453535　西洞庭农场志/2053
009379966　西津水力发电厂志/2286
010686819　西夏墅公社志/875
013994026　西顿邱志/1420
013186011　西峰城乡建设志/3071
008395203　西部裕固语简志/3061
013133812　西流河区志/1951
012545409　西陵区志 1987-2003/1875
010164977　西域文化名人志/3161
012252764　西铭村志/255
012052404　西堤头镇志/96
012638617　西韩村志/361
013321188　西韩村志/1440
009561878　西畴方言志/2856
010201621　西畴县人民代表大会志 1949-2004/2856
011066897　西畴县农业志/2856
008422019　西畴县志/2856
010201622　西畴县医药志 1956-2000/2857
010201619　西畴县国营坪寨林场志 1915-2000/2856
010201615　西畴县国营香坪山林场志 1915-2001/2856
011066721　西畴县金融志 1912-2002/2856
012237249　西湖乡志/3245
013096582　西湖区市政志/986
011294274　西湖区民政志/985

009009737 西湖区志/1300
010146863 西湖区志征求意见稿/985
009386254 西湖区政协志/1301
013186026 西湖农场志/2058
012100535 西湖法院志/985
011998558 西渡志 1986-2003/784
011570951 西塘镇志/1041
008380073 西盟佤族自治县志/2822
012252768 西寨村志/266
009379611 西樵山志/2191
011501603 西藏水文志/2912
001737315 西藏风土志/2912
007274615 西藏风物志/2911
009790397 西藏风物志/2912
001795204 西藏鸟类志/2912
010684786 西藏民族志/2911
009174469 西藏自治区土种志/2912
009818055 西藏自治区区域地质志/2912
010473949 西藏自治区日喀则地区土种志/2917
009388419 西藏自治区电力工业志 第9卷/2910
009149400 西藏自治区地名志/2912
010777327 西藏自治区志环境保护志/2907
010777981 西藏自治区志政协志 初稿/2907
010730270 西藏自治区志语言文字志 初审稿/2907
009799596 西藏自治区志教育志 终审稿/2907
010201429 西藏自治区志 第1卷 教育志/2907
009818068 西藏自治区志 第2卷 税务志/2907
009840388 西藏自治区志 第3卷 统计志/2907
009840387 西藏自治区志 第4卷 广播电影电视志/2907
009799600 西藏自治区志 第5卷 外事志/2907
009818062 西藏自治区志 第6卷 动物志/2908
009881546 西藏自治区志 第7卷 民航志/2908
009799598 西藏自治区志 第8卷 气象志/2908
010778946 西藏自治区志 第9卷 公路交通志/2908
011500755 西藏自治区志 第10卷 价格志/2908
011444001 西藏自治区志 第11卷 政务志/2908
011443994 西藏自治区志 第12卷 海关志/2908
011793054 西藏自治区志 第13卷 军事志/2908
011813675 西藏自治区志 第14卷 体育志/2908
011813687 西藏自治区志 第15卷 旅游志/2908
011813690 西藏自治区志 第16卷 金融志/2908
010778947 西藏自治区志 第17卷 粮食志/2909
012100068 西藏自治区志 第18卷 武警志/2909
012100066 西藏自治区志 第19卷 审计志/2909
010778948 西藏自治区志 第20卷 审判

志/2909

012175058 西藏自治区志 第21卷 测绘志 /2909

012140683 西藏自治区志 第22卷 邮电志 /2909

012252752 西藏自治区志 第24卷 政协志 /2909

012545406 西藏自治区志 第25卷 民政志 /2909

012175061 西藏自治区志 第26卷 城乡建设志/2909

012971614 西藏自治区志 第27卷 财政志 /2909

012877294 西藏自治区志 第28卷 卫生志 /2910

013353520 西藏自治区志 第29卷 检验检疫志/2910

013706909 西藏自治区志 第30卷 共青团志 /2910

013706905 西藏自治区志 第31卷 文物志 /2910

013630273 西藏自治区志 第32卷 人大志 /2910

011321085 西藏江河志洪灾录/2912

013732371 西藏军区拉萨八一学校志 /2913

001346829 西藏苔藓植物志/2912

009867315 西藏果树种质资源志/2912

009254021 西藏夜蛾志/2912

013630268 西藏科技志/2910

011479280 西藏消防志 1961-2001/2910

在

010239217 在城镇志/827

百

008450262 百丈漈水力发电厂志/1033

013220908 百丈镇志 1950-2005/2568

009411795 百口泉采油厂厂志/3173

013090710 百年校志 杭州市余杭区瓶窑镇第一小学 1906-2006/995

012741928 百年湖湘工业图志/1970

010476471 百年暨南人物志/2140

009154019 百色市土地志/2321

007425671 百色市志/2321

012753141 百色市县（区）领导人物志/2321

009239630 百色地区水利电力简志/2320

009174267 百色地区金融志/2321

011995236 百色地区税务志 1912-2000/2320

009159289 百色邮电志/2320

009227085 百色起义人物志/2321

010730503 百花山志/60

013528628 百金堡武氏族志/362

009879181 百泉村志/1729

有

011292459 有色金属加工厂志 1969-1986/2846

达

009228151 达川市交通志/2558

013894446 达川市国土志/2557

012967437 达川地区粮食志/2558

007621210 达日县志/3107

013955625 达日县志 1986-2010/3107

011476925 达尔罕茂明安联合旗地名志/395

011995441 达尔罕茂明安联合旗志/395

012872213 达地水族乡志/2700

009783829 达竹矿务局志 1967-1990/2558

013128818 达州水利志 1949-2006/2559

013924011 达州市一中校志 1906-2006/2559

014026682 达州市农村信用合作志 1952-2009/2558

012609501 达州市志 1911-2003/2557

013221069 达州市高级中学校志 1903-2003/2559

010576557 达州市烟草志/2558

011757538 达州市通川区军事志 1976-2005/2559

013955621 达州法院志/2557

012898283 达州检察志/2557

011431299 达县卫生志/2560

007479127 达县市志/2559

009228154 达县市城乡建设志/2560

013955622 达县民政志 1949-2008/2560

011804191 达县地区人口与计划生育志/2557

008430315 达县地区工商银行志/2558

012995317 达县地区文化艺术志/2559

008421787 达县地区机械志 1950-1985/2557

013923956 达县地区农村金融志/2558

008669953 达县地区财政志/2558

013955623 达县地区体育志/2559

010253075 达县地区金融志/2558

008220739 达县地区建设银行志/2558

009388413 达县地区保险志 1935-1990/2558

011757525 达县军事志 1911-2005/2560

008143646 达县志/2559

014026679 达县志 1986-2005/2560

012831251 达县侨务志 1911-2007/2560

013723469 达孜县志/2914

010293035 达拉特发电厂志/391

008067692 达拉特旗水利水保志/415

010730442 达拉特旗志/415

011320305 达茂联合旗粮食志/389

012658304 达茂旗农电局志 1958-2000/391

001920014 达斡尔语简志/429

007071644 达斡尔族风俗志/429

成

013369661 成庄矿志/298

013506621 成安县人口和计划生育志/165

012191543 成安县土地志/165

010151017 成安县电力志/165

008533999 成安县地名志/165

009381289 成安县交通志/165

007513982 成安县志/165

013506622 成安政协志/165

011890488 成县人民代表大会志/3076

011066924 成武县人大志 1981-1998/1604

012658254 成武县人民医院志 1949.10-2009.10/1604

010276027 成武县水利志/1604

006567535 成武县志/1604

011496871 成武县志 1986-2005/1604

011757465 成武县税务志/1604

007482424 成钢志 1958-1984/2422

012191550 成都七中校志 1905-2005/2426

012679129 成都人事机构编制志 1990-2005/2419

008670688 成都工会志 1877-1993/2419

008427884 成都无缝钢管厂志 1958-1983 /2421

013726864 成都车轮厂志 1958-1998/2421

008670773 成都中西医结合医院志 1953-1985/2429

011757454 成都水旱灾害志/2428

013894416 成都水利发电学校校志 1978-1990/2426

009414497 成都化肥厂厂志 1958-1985 /2421

010730298 成都电影志/2427

009025861 成都印钞公司志 1984-2000 /2422

012096459 成都市工商行政管理志 1990-2005/2420

013334397 成都市广播电视志 1990-2005 /2425

013334404 成都市卫生志 1990-2005/2429

009203821 成都市龙泉驿区人口志/2434

008430229 成都市龙泉驿区广播电视志 /2435

010113649 成都市龙泉驿区水利志/2435

012679136 成都市龙泉驿区龙泉街道志 /2434

008670623 成都市龙泉驿区交通志 /2435

007990207 成都市龙泉驿区志/2434

013771553 成都市龙泉驿区志 1989-2005 /2434

008670526 成都市龙泉驿区国土志 /2434

012995298 成都市龙泉驿区实验小学校志/2435

009554025 成都市龙泉驿区城乡建设志/2434

008670742 成都市东城区志/2431

008430333 成都市外事志/2420

008670760 成都市西城区卫生志 1950-1985 /2432

008430339 成都市西城区志/2432

008390679 成都市交通志/2424

013680641 成都市军事志 1991-2005/2420

012249744 成都市农业志 1990-2005/2420

013702912 成都市妇产科医院院志 建院六十周年纪念 1938-1998/2429

007881769 成都市志/2413

011890484 成都市志 总志/2413

008670681 成都市志 第1卷 房地产志/2414

008027829 成都市志 第2卷 地理志/2414

008027830 成都市志 第3卷 邮政志/2414

009046537 成都市志 第4卷 军事志/2414

008027858 成都市志 第5卷 劳动志/2414

009046550 成都市志 第6卷 公用事业志 /2414

008413356 成都市志 第7卷 建筑志/2414

008416651 成都市志 第8卷 粮食志/2414

008420657 成都市志 第9卷 林业志/2414

008420721 成都市志 第10卷 卫生志/2414

008420698 成都市志 第11卷 税务志/2414

008420641 成都市志 第12卷 乡镇企业志 /2414

008430372 成都市志 第13卷 民政志/2414

008420695 成都市志 第14卷 广播电视志 /2415

008430354 成都市志 第15卷 审判志/2415

008420704 成都市志 第16卷 商业志/2415

008420689 成都市志 第17卷 人事志/2415

008420680 成都市志 第18卷 园林志/2415

008420712 成都市志第19卷 宗教志/2415
008420714 成都市志第20卷 物价志/2415
008430367 成都市志第21卷 计划志/2415
008420663 成都市志第22卷 标准计量志/2415
008430368 成都市志第23卷 物资志/2415
008420678 成都市志第25卷 城市规划志/2415
008420725 成都市志第26卷 市政建设志/2415
008420744 成都市志第27卷 勘测志/2415
008420702 成都市志第28卷 川剧志/2416
008420732 成都市志第29卷 机械工业志/2416
008420728 成都市志第30卷 电信志/2416
008420736 成都市志第31卷 图书出版志/2416
008636370 成都市志第32卷 侨务志/2416
008636369 成都市志第33卷 农机志/2416
008636363 成都市志第34卷 国土志/2416
008636372 成都市志第35卷 教育志/2416
008636367 成都市志第36卷 电子仪表工业志/2416
008636366 成都市志第37卷 体育志/2416
008636375 成都市志第38卷 群众团体志/2416
008670690 成都市志第39卷 环境卫生志/2416
008843337 成都市志第40卷 政党志/2416
008670708 成都市志第41卷 轻工业志/2417
008835845 成都市志第42卷 建筑材料工业志/2417
008670714 成都市志第43卷 文物志/2417
008670700 成都市志第44卷 金融志/2417

008843338 成都市志第45卷 司法行政志/2417
008843339 成都市志第46卷 医药志/2417
008670684 成都市志第47卷 纺织工业志/2417
008670717 成都市志第48卷 文学志/2417
008847456 成都市志第49卷 报业志/2417
008667396 成都市志第50卷 文化艺术志/2417
008667398 成都市志第51卷 统计志/2417
008847457 成都市志第52卷 检察志/2417
008667401 成都市志第53卷 化学工业志/2417
008667403 成都市志第54卷 工商行政管理志/2418
008667409 成都市志第55卷 公安志/2418
008667410 成都市志第56卷 档案志/2418
008667408 成都市志第57卷 科学技术志/2418
008667613 成都市志第58卷 环境保护志/2418
008737319 成都市志第59卷 对外经济贸易志/2418
008835835 成都市志第60卷 民族志/2418
008795961 成都市志第61卷 水利志/2418
008835839 成都市志第62卷 财政志/2418
008737310 成都市志第63卷 农业志/2418
010153091 成都市志第64卷 监察志/2418
010194160 成都市志第65卷 哲学社会科学志/2418
010779082 成都市志第66卷 民俗方言志/2418
010153101 成都市志第67卷 人民代表大会志/2419

012967392 成都市志第68卷 大事记/2419

013771695 成都市冶金工业志 1840-2005 复审稿/2421

013987586 成都市灾后城乡住房重建志/2430

012048789 成都市武侯区交通局志/2431

013179366 成都市武侯区志 1990-2005/2431

007881949 成都市青白江区志/2435

009387477 成都市青白江区城乡建设志/2435

012713964 成都市青羊区志 1991-2005/2432

009387483 成都市青羊区国土志/2432

014026468 成都市制镜厂厂志 1954-1985/2421

009840264 成都市金牛区人民代表大会志/2433

008835862 成都市金牛区人民检察院志 1956-1990/2433

008835874 成都市金牛区个体劳动者协会志 1983-1990/2433

008430515 成都市金牛区志/2432

013597518 成都市金牛区志 1991-2005/2432

008835866 成都市金牛区财政志/2433

012831231 成都市金牛区国土志/2434

009387465 成都市金牛区洞子口乡志/2432

008670723 成都市政协志/2419

013680660 成都市药品检验所所志 1960-1985/2429

010009728 成都市食品公司志 1954-1988/2421

010962494 成都市烟草志/2421

009387471 成都市勘测志/2428

012249749 成都市银行业志 1990-2005/2425

013369659 成都市第二人民医院院志 1892-2002/2429

013894410 成都市商务局抗震救灾重建志 2008-2011/2419

013726871 成都市街道工业志 复审稿/2424

013179361 成都市温江区志 1986-2005/2437

013334399 成都市锦江区志 1991-2005/2431

008667841 成都市锦江区法院志/2432

011804151 成都市新都区人民医院志/2436

013923940 成都动物园志 1953-2010/2428

013955632 成都机车车辆厂一分厂志/2421

013923948 成都机务段志 1952-1992/2424

011995384 成都曲艺志/2427

009414502 成都名酒志/2421

010730385 成都交通(公路)史志续 1986-2000/2425

009387425 成都冷轧钢材厂厂志 1959-1985/2421

013334542 成都冶金实验厂厂志 1958-1985/2422

011570342 成都卷烟厂志/2421

007843464 成都法院志/2420

009245000 成都建行志 1949-1989/2425

013894228 成都标准件一厂志 1966-1986/2420

009881527 成都美术志 1840-1999/2427

007534657 成都盐业志/2421

013334391 成都监狱志 1958-2003/2420

013128814 成都铁中校志 1962-1992/2426

008042323 成都铁路分局志 1952-1989/2424

009348291 成都铁路局工会志 1953-1988/2419

008392615 成都铁路局志 1903-1988/2424

011564480 成都铁路局教育志 1901-1990/2427

010144683 成都铁路通信设备工厂厂志 1969-1997/2425

013771550 成都高新技术产业开发区石羊街道志 1911-2010/2419

012635690 成都街巷志/2428

012951916 成都群众文化志/2426

012898257 成家庄中学校志/365

夹

009336991 夹江县卫生志/2532

009336993 夹江县马村乡志/2531

009336984 夹江县水利电力志/2531

008992449 夹江县公安志 1949-2000/2531

009337614 夹江县华头乡志/2531

009336996 夹江县交通志/2531

012251172 夹江县军事志 前311-2005/2531

009336982 夹江县农村金融志 1936-1985/2531

007342605 夹江县志/2530

012541857 夹江县志/2530

009337609 夹江县财政志/2531

008865357 夹江县国土志/2531

009337605 夹江县保险志/2532

009337603 夹江县教育志/2532

009337600 夹江县税务志/2531

009336999 夹江邮电志 1904-1985/2531

夷

014052922 夷陵宣传志 1949-2009/1876

尧

013189990 尧治河村志 1949-2009/1891

012506487 尧南社区志/886

011479458 尧都区农村信用合作社志 1951-2000/345

011955831 尧都地税志/345

毕

013955602 毕节市农业机械管理志/2670

013333848 毕节市志 1994-2010/2670

008900684 毕节地区志/2666

011995270 毕节地区志人口与计划生育志/2666

012249685 毕节地区志对外贸易经济合作志/2666

008541835 毕节地区志第1卷 军事志/2666

008997537 毕节地区志第2卷 农牧渔业志/2667

008783275 毕节地区志第3卷 民政志/2667

006577108 毕节地区志第4卷 人物志/2667

006577191 毕节地区志第5卷 金融志/2667

006577137 毕节地区志第6卷 文物名胜志/2667

006577136 毕节地区志第7卷 教育志/2667

006795881 毕节地区志第8卷 邮电志/2667

007885976 毕节地区志第9卷 商业志/2667

007885974 毕节地区志第10卷 林业志/2667

007885973 毕节地区志第11卷 科学技

志/2667

008036601 毕节地区志第12卷 交通志/2667

008036602 毕节地区志第13卷 农机志/2668

009189428 毕节地区志第14卷 武警志/2668

009082435 毕节地区志第15卷 人事志/2668

009879116 毕节地区志第16卷 土地志/2668

009399100 毕节地区志第17卷 广播电视志/2668

009399098 毕节地区志第18卷 文化艺术新闻出版志/2668

009560694 毕节地区志第19卷 劳动志/2668

009878755 毕节地区志第20卷 计划志/2668

011312192 毕节地区志第21卷 司法行政志/2668

008783254 毕节地区志第22卷 价格志/2668

011471218 毕节地区志第23卷 党派群团志/2668

008783268 毕节地区志第24卷 政权志/2669

009878753 毕节地区志第25卷 公安志/2669

009510795 毕节地区志第26卷 地理志/2669

008783281 毕节地区志第27卷 粮食志/2669

008783250 毕节地区志第28卷 财政志/2669

011943120 毕节地区志第29卷 检察志/2669

011943128 毕节地区志第30卷 审计志/2669

011471229 毕节地区志第31卷 乡镇企业志/2669

012191485 毕节地区志第32卷 档案志/2669

012971651 毕节地区志第33卷 建设建筑志/2669

013037893 毕节地区志第33卷 盐业志/2669

013090764 毕节地区志第34卷 审判志/2670

011496835 毕节地区烟草志/2670

008640148 毕节县志/2670

009379983 毕节县烟草志/2670

012635640 毕节县粮食志/2670

012950433 毕家上流村志/1441

至

013940819 至诚监狱志 1962.5 - 2011.12/2578

贞

008488297 贞丰县志/2688

师

010577463 师宗县水利志/2767

013756071 师宗县文物志/2767

008427047 师宗县志/2766

012814213 师宗县志 1978-2005/2766

012969578 师宗县物资志/2766

009855913 师宗县烟草志/2766

012174903 师宗县教育志/2766

011805912 师宗县第二中学校志 /2766

尖

012139305 尖山下村志 /987

009310222 尖扎县志 /3105

光

009381336 光山县戏曲志 /1794

007900126 光山县志 /1793

012718829 光山县政协志 1981-2010 /1794

009684886 光山县教育志 /1794

009768322 光山畜牧志 1894-1999 /1794

011564608 光明续志 第1卷 1985-2003 /782

011890676 光泽交通志 /1266

011473056 [光泽县]民政志 /1266

008663606 光泽县地名录 /1266

006350830 光泽县志 /1266

009768793 光福镇志 第4卷 /887

当

012128141 当代上海历史图志 /744

010118629 当代中国印钞造币志 1948-2000 /3266

009996976 当代中国统计人物志 /32

012241373 当代中国酒界人物志 /3272

009385316 当代江西经济科学志 /1281

008836350 当代贵州水利人物志 /2628

013334571 当阳土壤志 /1878

012096556 当阳市志 1979-2000 /1878

009879615 当阳市烟草志 /1878

009685675 当阳交通志 /1878

007903899 当阳县志 /1878

009252273 当阳县教育志 /1878

013894491 当阳卷烟厂厂志资料长编 /1878

010576574 当阳卷烟厂志 /1878

009887039 当涂县工商行政管理志 /1144

007443579 当涂县志 /1144

013751619 当涂县志 1978-2010 /1144

013334568 当涂县粮食志 /1145

吐

013936438 吐列毛杜农场志 /442

011066576 吐哈油田新闻志 /3174

013145608 吐鲁番电业局志 1999-2010 /3174

009016967 吐鲁番市志 /3175

008838594 吐鲁番地区电力工业志 /3174

009867309 吐鲁番地区志 /3174

011806017 吐鲁番地区邮电志 /3174

012662350 吐鲁番地区粮食志 1949.10-1995.12 /3174

曲

009264339 曲仁煤矿志 /2163

013863590 曲江乡志 /2948

005784221 曲江县文物志 /2163

013753910 曲江县电力志 /2163

008474925 曲江县志 /2163

012684615 曲江县志 1979-2000 /2163

008453688 曲江县邮电志 /2163

008453690 曲江县物价志 1950-1989 /2163

009198363 曲阳县土地志 /196

008593764 曲阳县水利志 /196

008533471 曲阳县地名资料汇编 /196

008534178 曲阳县志 /196

011325465 曲沃二轻志 /347

013753914 曲沃水利志 /347

013659777 曲沃县人民医院志 /347

004516501 曲沃县志 /346

011295914 曲沃县志 /346

012252368 曲沃县政协志/347
012661775 曲沃教育志 1840-1985/347
013144692 曲阜一轻工业志/1525
013144678 曲阜二轻工业志/1525
013991361 曲阜水利志/1525
008452162 曲阜市地名志/1525
007900147 曲阜市志/1524
011329704 曲阜市政协志/1524
013066977 曲阜邮电志/1525
012766434 曲周电力志 1963-2009/171
008660253 曲周县地名资料汇编/171
009380967 曲周县交通志/171
007993401 曲周县志/171
012266219 曲亭镇志/351
012252364 曲家庄村志/1439
012836140 曲麻莱县交通志 1978-2008/3109
009016958 曲麻莱县畜牧志/3108
012661764 曲梁教育志/1662
013753907 曲堤镇志/1425
009799926 曲塘镇志/910
013601969 曲靖市土地志/2760
007988984 曲靖市卫生志/2762
010577418 曲靖市水利志/2761
011320039 曲靖市文物志/2762
013066985 曲靖市技工学校志 1973-2010/2761
008422047 曲靖市志/2760
012759962 曲靖市志 1978-2005/2760
009341115 曲靖市林业志/2760
013131105 曲靖市法院志 1942-2009/2760
011998124 曲靖市城乡建设志/2760
012639050 曲靖市宣威第一职业技术学校校志/2764
013225614 曲靖市教师进修学校志 1977.3-1998.6/2763
012614167 曲靖市教育志 1978-2005/2761
012684631 曲靖市麒麟区东山镇教育志 1912-2009/2762
012898360 曲靖市麒麟区东关小学志/2763
013684583 曲靖市麒麟区白石江教育志 1912-2008/2762
011955312 曲靖市麒麟区教育志 古代-2005/2762
008420920 曲靖地区水利志/2760
011310900 曲靖地区戏曲志/2762
008487059 曲靖地区志/2760
010239257 曲靖地区志民族志/2760
013863592 曲靖地区建设银行志/2761
011445656 曲靖地区副食品行业志/2760
008426217 曲靖卷烟厂志/2761
011589972 曲靖卷烟厂志 1966-2009/2761
009341116 曲靖烟草志/2761
011589975 曲靖烟草志/2761

团

010008682 团风县烟草志/1930
011585035 团风镇志/1925
008432676 团结农场志/3217
010474390 团结彝族白族乡志 初稿/2746

同

009442048 同仁县志/3105
011312173 同心中学校志 1956-2006/3137
013795593 同心县人民法院志 1950-1990/3137
007587986 同心县志/3137
009081907 同心县政协志/3137

009414218 同心县教育志 1880-1990 /3137
008423430 同田志 /1357
008067629 同乐苗族乡志 /2293
007477996 同江县志 /700
008664442 同安乡志 /1364
012956054 同安区城乡建设志 /1230
012140389 同安台湾关系志 /1230
009835475 同安华侨志 /1230
006548264 同安交通志 /1231
011764870 同安医药卫生志 /1231
013342626 同安县人事编制志 /1230
012140399 同安县民政志 /1230
011998447 同安县地名志 /1231
012638709 同安县妇女志 /1230
008640095 同安县志 /1229
011764845 同安县城乡建设志 /1230
009107184 同安县政务志 /1230
011764856 同安县科学技术志 /1231
011764861 同安县商业志 /1231
011764839 同安金融志 /1231
012543020 同安政法委志 1981.11-2002.12 /1230
011478670 同里镇志 /890
011312136 同和街道志 /1448
011295911 同济大学土木工程学院建筑工程系简志 1914-2006 /740
011191966 同济大学百年志 1907-2007 /740
009023911 同济大学志 1907-2000 /740
012638686 同煤大唐塔山煤矿志 /270
008668131 同德县志 /3106

吕

013753587 吕合煤业志 1988-2010 /2833
010474379 吕合煤矿志 1960-1987 /2833
008486788 吕巷镇志 /771
013821922 吕梁日报社社志 1971-2011 /357
013990943 吕梁石油志 /356
012614034 吕梁市卫生学校校志 1972-2008 /357
011954653 吕梁市电力工业志 1921-2005 /356
012719325 吕梁市晋剧院院志 /357
011066916 吕梁地区卫生志 /357
009769127 吕梁地区交通志 /356
007900141 吕梁地区志 /356
012802561 吕梁渠氏史志宗谱 /357

回

013144437 回子营村志 /2753
013688782 回河镇志 /1425
009962495 回浦中学校志 /1094
013752472 回浦中学校志 1912-2012 /1094
008667351 回族人物志 /3119
001770226 回族人物志 元代 /3119
008364928 回族人物志 近代 /3119
007886286 回族人物志 明代 /3119
007884710 回族人物志 清代 /3119
009411881 回鹘文文献语言简志 /3159

岂

012174820 岂亭镇志 /840

刚

007930913 刚察县志 /3104

朱

011310829 朱子埠煤矿志 /1467
011501615 朱台镇志 /1461
007523385 朱行乡志 /772
012819724 朱行镇志 1988-2005 /772
011571562 朱庄乡教育志 1910-1986 /852

013464423　朱庄煤矿志/1147
013512144　朱庄煤矿续志 1991-2000/1147
007480649　朱泾乡志/771
006362189　朱泾镇志/772
009985487　朱家包包铁矿志/2460
013464419　朱家庄村志/1493
012317833　朱家角乡志/779
009480524　朱家角镇志/779
008923494　朱家窑头乡志/272
013236415　朱湖农场志/1906
012879036　朱墕村志/1449

廷

013987658　廷坪乡志/1219

竹

013965096　竹山县土壤志/1870
012724151　竹山县卫生志 1991-2008/1870
013323309　竹山县公路志 古代-2009/1870
013012729　竹山县交通志/1870
013323310　竹山县农业志/1869
009020814　竹山县志/1869
011066634　竹山县财政志/1870
010962470　竹山县烟草志/1870
013236419　竹山县教育志 1865-2005/1870
012872483　竹山县移民志 1969-1989/1869
013464430　竹山县税务志/1870
013464432　竹山邮电志/1870
012237316　竹山镇志/3249
008897557　竹中乡土志/3241
010235387　竹东镇志 历史篇/3241
010089223　竹东镇志 地理篇/3241
008986667　竹田乡史志/3252
012218696　竹南镇志/3245
005631613　竹南镇志/3245

014056736　竹溪县人民医院志 1950-2008/1871
013707230　竹溪县卫生志 1867-1985/1871
013661843　竹溪县中峰镇志 1949-2011/1871
013866376　竹溪县交通志/1871
007482454　竹溪县志/1870
010962472　竹溪县烟草志/1871
011327101　竹溪县教育志 1867-1985/1871
013323314　竹溪县粮食志 1867-1987/1871
014056731　竹溪教育志 1868-2008/1871
009797315　竹溪植物志/1871
013012737　竹溪植物志补编/1871
013940903　竹簧镇志/878
013191012　竹镇镇志/825

迁

008533269　迁西县地名资料汇编/151
007289958　迁西县志/150
013775132　迁西县志 1987-2005/151
012099721　迁安工商行政管理志 1948-2005/148
009959811　迁安市土地志/148
009380934　迁安县水利志/148
008676492　迁安县地名资料汇编/149
007479138　迁安县志/148
009618554　迁安县志 征求意见稿/148

乔

010009319　乔家大院民俗博物馆志/319

传

012998920　传桂村志/2348

休

007348208　休宁县志/1161
013379127　休宁县志 208-2010/1161

010229508 休宁县志评审稿/1161

伍

011792994 伍佑志/924
013689475 伍家岗区志 1986-2005/1875
013756983 伍家岗区教育志 1986-2010/1875

伏

012541540 伏牛山药用植物志/1773
008453903 伏羌县志/3052
009336958 伏羲庙志/3050

延

008470913 延川方言志/2994
012141472 延川县军事志 前1085-2005/2994
008453799 延川县志/2994
012175127 延长县军事志前221-2005/2993
004102851 延长县志/2993
012237617 延平乡志/3253
011585175 延边中西医医院志 1985-2005/632
012837551 延边州民政志/631
011068400 延边物资志/631
009992955 延边金融志 1894-2000/632
011809542 延边肿瘤（胸科）医院院志 1956-2006/632
011479441 延边朝鲜族自治州人民代表大会志 1945.11-2007.12/631
009334854 延边朝鲜族自治州土地志/631
012636806 延边朝鲜族自治州中级人民法院志 1952-1992/631
012636808 延边朝鲜族自治州中级人民法院志 1992-2001/631

010777988 延边朝鲜族自治州水利志/632
010288589 延边朝鲜族自治州地名录/632
010469336 延边朝鲜族自治州戏曲志/632
007927570 延边朝鲜族自治州志/631
010577360 延边朝鲜族自治州教育志 1715-1988/632
013148694 延边新闻志延边日报新闻志/632
009241132 延吉市土地志 1840-1995/632
008444994 延吉市地名志/633
007486946 延吉市志/632
009024701 延吉市志 1986-2000/632
010473928 延吉金融志/633
010468482 延庆土壤志/73
013343377 延庆乡村文化志八达岭镇卷/73
009250282 延庆公路志/72
012613181 延庆文化文物志文化卷/72
012613170 延庆文化文物志文物卷/72
011296184 延庆县卫生志征求意见稿/73
011762332 延庆县农村合作经济经营管理志 1950-2002/72
010007677 延庆县志/72
010243525 延庆县志征求意见稿/72
009234360 延庆县普通教育志/73
010292141 延庆县粮食志/72
009107324 延安市人民代表大会志/2990
013133866 延安市工会志/2990
013865488 延安市文化艺术志 1997-2010/2992
009554016 延安市文物志/2993
009160185 延安市计划志/2991
009349743 延安市民政志/2990

008845968　延安市妇女运动志/2990
007482388　延安市志/2990
014052885　延安市林业志 1997-2010/2991
013865479　延安市宝塔区地名志/2993
012316988　延安市宝塔区军事志/2993
014052899　延安市审计志 1997-2010/2991
010280097　延安市检察志/2990
013757221　延安市煤炭志/2992
009337877　延安地区工商行政管理志/2991
013148682　延安地区司法行政志/2990
008598542　延安地区志/2990
008844234　延安地区财政志/2992
008838265　延安地区林业志/2991
009561640　延安地区物价志/2992
013133861　延安地区金融志/2992
009160179　延安地区审计志/2991
009046068　延安地区审判志/2990
008913717　延安地区政务志/2990
008488227　延安地区统计志/2990
008846395　延安地区档案志/2992
011444154　延安地区烟草志/2992
008667315　延安军事志/2991
008866435　延安邮电志/2992
008672884　延安卷烟厂志/2992
012837555　延寿县工商行政管理志/668
004018733　延寿县志/668
011571164　延津县人大志/1732
010008625　延津县戏曲志/1732
007900121　延津县志/1731
012208511　延津县志 1986-2000/1732
009204268　延津县志人物 社会 乡（镇）简介 修改稿/1732
013604548　延津县志别集/1732

013630478　延津县第一高级中学校志 1905-2005/1732

佤

007984242　佤族风俗志/2723

仵

013660390　仵桥村志/291

任

008793886　任丘市水利志/221
009381025　任丘市交通志/221
008818434　任丘市志/220
013144702　任丘市供销合作社志/221
008533424　任丘县地名资料汇编/221
012899356　任阳镇志/893
011805841　任县风物志/176
008533877　任县地名资料汇编/176
008839929　任县志/176
008452177　任城区志/1519
014049962　任城区教育志 1997-2010/1520
012542819　任城公路志 1948-2008/1520
013320927　任楼煤矿志 1984-2010/1172

华

011321142　华一村民俗志/757
009340869　华一村志/755
012611114　华士镇志/836
011804596　华山药物志/2986
013374010　华山镇志/1420
008528146　华中电力工业志/1819
013772848　华中电力工业志 1991-2002/1819
012192010　华中科技大学同济医学院公共卫生学院志 1953-2003/1837
009126440　华中科技大学同济医学院同济医院志 1900-2000/1838

011328467 华中科技大学同济医学院志 1907-2002/1837

013183535 华龙志 1992-2003/728

011327707 华东化工学院志/739

008528096 华东电力工业志 第4卷/729

012541741 华东电力工业志 第15卷 1991-2002/729

010201720 华东电力设计院志 1953-2003/747

010146955 华东药厂志/976

009398880 华东理工大学志 1992.7-2002.6/739

012139260 华北石油局华北分公司志 1975-2005/1632

012661225 华北石油局第五普查勘探大队志/1632

011328130 华北石油职工大学志/233

008486615 华北电力工业志/113

012611111 华北电力工业志 1991-2002/113

011294816 华北电力工业志 1991-2002 初稿/113

010280168 华北电力工业志资料汇编 1991-2002/113

010118641 华北地区军事气候志资料/36

011066653 [华北地质勘查局]综合普查大队志 1974-2004/232

009799874 华北灯下蛾类图志/117

008379050 华北制药厂厂志 1953-1990/121

013990681 华北油田团志 1976-1998/112

012097446 华北油田采油工艺研究院志 1976-2005/220

009341169 华北油田勘探开发研究院志 1973-2000/220

006018129 华北经济植物志要/117

008223022 华北树木志/118

011328659 华北煤炭医学院志 1926-2006/145

013772832 华电青岛发电有限公司志 1935-2009/1433

009415168 华电国际电力股份有限公司志 1994-2003/17

012832071 华电国际莱城发电厂志 1999-2009/1560

010146570 华宁电力工业志/2782

009678121 华宁县人民代表大会志/2782

013772835 华宁县工会志/2782

013531013 华宁县工商行政管理志/2782

013143956 华宁县卫生志/2783

011067186 华宁县水利志/2782

013683709 华宁县水利志 1624-2005 送审稿/2782

013730071 华宁县公安志 1950-1990/2782

010239350 华宁县民族志/2783

008715885 华宁县志/2782

013792294 华宁县志 1978-2005/2782

013957641 华宁县财政志/2782

013092915 华宁县金融志 1948-1988/2783

011804584 华宁县烟草志/2782

013531012 华池县人大志/3072

012967938 华池县军事志/3072

001770374 华池县志/3071

008664187 华安县地名录/1261

007342718 华安志/1261

012661220 华安县教育志 1409-1990/1261

011497768 华阳镇志/2444

013730073 华阴人大志 1949-2010/2986

012049506 华阴市军事志 前1046-2005/2986

013627753 华阴市国税志/2986
008427891 华阴市教育志/2986
007992180 华阴县志/2986
012662556 华县人民医院志 1949-2009/2987
012049715 华县军事志 前806-2005/2986
007289990 华县志/2986
009561636 华县教育志/2986
013316282 华坪县中心人民小学校志 1909-2009/2812
008426319 华坪县志/2812
013897578 华坪县政协志 1950-2010/2812
012680151 华泾镇志 1984-2006/750
009863895 华南杜鹃花志/2129
010201724 华南沿海港口海湾要志/2143
013957643 华亭乡志/760
013704268 华亭县卫生志 1949-1999/3064
008453880 华亭县水利志/3064
008645286 华亭县志/3063
012967939 华亭县财政志/3064
013820264 华恒矿业志 1993-2011/1295
011762269 华冠志 1966.6-1996.6/1556
013415277 华晋焦煤志/356
013683713 华夏社区志/1563
014056705 华夏黄氏谱志 湘鄂卷/1973
009700923 华夏萧氏志/3270
008419067 华容方言志/2047
007654350 华容县工商行政管理志/2045
007672829 华容县卫生志/2047
008416693 华容县水利志/2046
007657694 华容县公安志/2045
007657673 华容县文化体育志/2047
008380225 华容县血防志/2047
007657675 华容县交通志/2046

007672822 华容县农业机械志/2045
007672811 华容县农业志/2046
007672825 华容县农村经营管理志/2045
013507968 华容县志/2045
007903919 华容县志/2045
007672821 华容县邮电志/2046
007657671 华容县财政志/2047
007672814 华容县林业志/2046
007657668 华容县物价志/2046
013792297 华容县供销合作社志/2046
007672804 华容县金融志/2047
007672830 华容县法院志/2045
007657693 华容县姓氏志/2047
007672824 华容县终南乡志/2045
007672799 华容县科技志/2047
007672819 华容县畜牧志/2046
007672816 华容县教育志 1990-2009/2047
007672813 华容县税务志/2047
007826724 华容县粮油志/2046
010198886 华容供销合作社志 送审稿/2046
010198889 华容供销社志 大事记 1930-1988 初稿/2046
010198888 华容供销社志 概述篇 初稿/2046
013373981 华能国际电力股份有限公司丹东电厂志 1986-2009/533
012505211 华能国际电力股份有限公司南京分公司(电厂)志 1987-2005/806
009105686 华埠镇志/1080
009790073 华铝志 1977-1997/187
008735662 华蓥市志/2554
009335348 华新厂志 1946-1986/1728
013374016 华新志 1986-1996/1851
012967942 华新志 1997-2006/1851

013861611 华新镇志/778

013097874 华溪山水人物志略/1068

012690305 华漕镇历史文化图志/757

仰

013189989 仰义乡志/1022

自

009414679 自贡市工业志/2453

008672467 自贡市工会志/2451

008422022 自贡市工商行政管理志/2452

008672501 自贡市广播电视志/2454

008414565 自贡市卫生志/2455

008672711 自贡市乡镇企业志/2452

008414563 自贡市化学工业志/2452

008414558 自贡市公安志/2451

013940918 自贡市公安局自流井区分局志 1986-2005/2455

008672647 自贡市文化艺术志/2454

008672629 自贡市民政志/2451

008896941 自贡市地方志丛书/2451

008672512 自贡市机械工业志/2452

008414551 自贡市自流井区志/2455

008672527 自贡市交通志/2454

008672528 自贡市交通志 1986-1995/2453

008672538 自贡市军事志/2451

008414578 自贡市农业志/2452

008414550 自贡市贡井区志/2455

013902063 自贡市贡井区志 1986-2005/2456

007884026 自贡市志/2451

013824988 自贡市志 1991-2005/2451

008414560 自贡市报业志/2454

008672540 自贡市劳动志/2452

008672726 自贡市医药志/2453

008414559 自贡市邮电志/2454

008672445 自贡市财政志/2454

008672639 自贡市体育志/2455

008672533 自贡市金融志/2454

008672518 自贡市建筑材料工业志/2453

008672447 自贡市城市建设志/2452

008672730 自贡市政协志/2451

013866380 自贡市政协志 1991-2010/2451

008414562 自贡市标准计量志/2454

008414564 自贡市轻工业志/2453

008672635 自贡市轻工机械厂厂志 1958-1985/2453

008414555 自贡市科学技术志/2454

008414561 自贡市食品工业志/2453

008414557 自贡市盐业志/2453

008388811 自贡市恐龙化石志/2455

010280121 自贡市烟草志/2453

008488421 自贡市能源志/2453

008672530 自贡市教育志/2455

008672637 自贡市税务志 1911-1985/2454

013012747 自贡市就业志/2452

008672626 自贡市粮食志/2454

008414556 自贡灯会志/2455

014056745 自贡监狱志 1958-2011/2451

012924881 自贡高新区志 1990-2005/2450

008672727 自贡硬质合金厂志 1964-1985/2453

012816277 自贡硬质合金有限责任公司工会志 1965-2000/2451

008672734 自流井盐厂志/2455

伊

007900150 伊川县志/1699

009002412 伊川县志 1986-2000/1699

012689873　伊川县财政志/1699
011793353　伊宁市城市建设志/3207
012052454　伊宁县地名志 新疆维吾尔自治区伊宁县地名志/3210
009393125　伊宁县志/3209
007518669　伊克昭盟地名志/415
008594262　伊克昭盟交通志/414
012662731　伊克昭盟农牧金融志 1950-1985 /414
006319920　伊克昭盟志/413
009349774　伊克昭盟邮电志/414
006101079　伊克昭盟财政志/414
013604558　伊克昭盟林业志稿/414
009313108　伊克昭盟法院志 1649-1996/414
009687871　伊克昭盟政协志 1949-2001/413
013661546　伊克昭盟教育志/414
007490392　伊吾县志/3178
008594397　伊图里河铁路分局志 1928-1995 /423
007981841　伊金霍洛旗志/417
013097871　伊春区志 1986-2005/694
008488238　伊春市工商行政管理志/694
008488242　伊春市公安志/694
013797179　伊春市红星区（林业局）志 1986-2005/696
007932067　伊春市志/694
008383871　伊春林业发电厂志 1973-1987 /694
009797090　伊春烟草志/694
009560802　伊春教育志/694
009045839　伊洛河志/1694
013379382　伊泰集团志 1988-2010/414
013757241　伊通三中校志/614
007902356　伊通县志/614

010730489　伊通满族自治县志/614
011479468　伊犁地区工商税务志 1912-1990 /3206
013148730　伊犁地区林业志/3206
012636785　伊犁师范学院中文系系志 /3207
011793324　伊犁交通志/3206
012100696　伊犁州通志 二轻工业志/3205
012175158　伊犁军事志/3206
009688698　伊犁邮电志/3206
011793333　伊犁金融志/3207
011793349　伊犁金融志 大事记 1950-1990 /3207
011479473　伊犁哈萨克自治州人大志/3205
012100682　伊犁哈萨克自治州工会志 /3205
013661548　伊犁哈萨克自治州友谊医院志/3207
013012551　伊犁哈萨克自治州公安志 /3206
012636790　伊犁哈萨克自治州地方税务志 1994-2005/3206
011479478　伊犁哈萨克自治州州直金融志 1986-2000/3206
011793321　伊犁哈萨克自治州妇运志 /3205
009442706　伊犁哈萨克自治州志/3205
012636788　伊犁哈萨克自治州政协志 /3206
014052920　伊犁教育学院志/3209
009002181　伊犁酿酒总厂志/3206
010474440　伊敏煤电公司志/430
011585215　伊盟蒙古族中学志 1956-1996 /415

向

011329507 向化镇志 /787

009561604 向阳镇志 /265

013630278 向高村志 1465-2009 /1422

后

013704246 后三羊头村志 /507

013897318 后大洼村村志 /1551

013530998 后口村志 /1503

012967937 后王晁村志 1369-2008 /1471

012218755 后龙镇志 /3244

012049461 后刘家庄村志 /364

013926318 后沙涧村志 /56

013530994 后官志 /1514

007778822 后柳区志 /3011

012832054 后蒲棒村志 /98

013728900 后溪河村志 /1064

行

008593871 行唐县地名志 /138

009380997 行唐县交通志 /137

008622934 行唐县志 /137

012814440 行唐县志 1991-2005 /137

011294642 行唐县邮电志 /137

舟

007445479 舟山工业志 /1083

007824173 舟山外经贸志 /1083

013798855 舟山市人民代表大会志 /1082

013798858 舟山市人民医院院志 1954-2004 /1083

012663913 舟山市工会志 1927-1991 /1082

011911527 舟山市卫生防疫志 /1083

009046554 舟山市卫生志 /1083

010730575 舟山市水利志 /1083

008671078 舟山市公安边防志 /1082

012003220 舟山市电力工业志 1920-2005 /1082

008450220 舟山市交通志 /1083

005559209 舟山市志 /1082

010243020 舟山市邮电志 /1083

009881731 舟山市金融志 /1083

013798794 舟山市定海区军事志 /1084

007843281 舟山市城乡建设志 /1082

013630815 舟山市政协志 /1082

013074898 舟山市检验检疫志 /1083

008450433 舟山海域岛礁志 /1083

010730015 舟山海域海洋生物志 /1085

007366513 舟山渔志 /1083

008380240 舟山粮食志 /1083

013736512 舟曲县人民代表大会志 1949.10-2011.9 /3083

007724497 舟曲县志 /3083

012882678 舟曲县志 1991-2006 /3083

全

013225632 全州县土地志 /2300

007677611 全州县水利电力志 /2300

008487063 全州县志 /2300

013225626 全州县教育志 1991-2008 /2300

013731147 全州镇志 /2300

001691670 全国乡镇地名录 /3274

013096228 全南县志 1989-2000 /1336

008429233 全南县财政志 /1337

009687460 全南县林业志 /1336

008844685 全南邮电志 /1337

012208126 全椒军事志 231-1984 /1167

010292673 全椒县工商行政管理志 /1167

010229441 全椒县文物志 /1167

003105197 全椒县志 /1167

013225623 全椒县志 1985-2005/1167
014049954 全椒教育志 1986-2005/1167

会

011566045 会东县交通志 1952-1990/2614
007818019 会东县志/2614
013792306 会东县志 1991-2006/2614
011497811 会东县教育志 1903-1990/2614
010144690 会东县第二建筑公司志 1979-1993/2614
013415301 会宁县交通志/3048
014032787 会宁县纪检监察志 1951-2012/3048
011497815 会宁县志 1990-2005/3048
007724464 会同县志/2100
009687421 会昌县人物志/1343
008430496 会昌县水利志/1343
009687418 会昌县气象志/1343
009744839 会昌县交通志/1343
007905732 会昌县志/1342
012097471 会昌县志 1986-2009/1343
009683662 会昌邮电志/1343
010576731 会泽卫生志/2770
014032790 会泽民族志/2770
009688181 会泽县水利电力志/2769
009561847 会泽县文物志/2770
008715895 会泽县志/2769
011804664 会泽县志 1986-2000/2769
011804657 会泽县教育志/2770
012049515 会泽县粮食志/2770
011589884 会泽卷烟厂志 1973-2004/2769
012202853 会泽新街回族乡志 1944-2007/2769
010144736 会理县乡镇企业志 1911-1985/2613
008038786 会理县志/2613
013045656 会理县志 1986-2005/2613
009689119 会埠乡志/1361
012680190 会稽山志/1050

合

013772733 合山市土地志/2334
010244062 合山市水利电力志/2334
008816423 合山市志/2334
010245090 合山市邮电志/2334
009405829 合山矿务局志 1905-1990/2334
010146875 合川中学校志 1904-2004/2382
007885983 合川县志/2381
009688499 合川县供销合作社志 1937-1985/2382
011804457 合川县税务志 1912.1-1985.12/2382
013752424 合川政协志 1986-2006/2382
011432666 合水县志/3072
010293993 合庆镇志/764
010238588 合江电影放映志/2468
011325283 合江县文物名胜志试写稿/2468
010244205 合江县自然地理志试写稿/2468
007969485 合江县志/2467
010244212 合江县社会风土志试写稿/2468
012967621 合江县政协志 1957.6-2006.6/2468
009105657 合江林业管理局志/698
013897232 合兴村志/2042
011804468 合阳县交通志/2988

012097408 合阳县军事志 1953-2005/2987
008672847 合阳县教育志/2988
012680054 合作市志/3082
013507833 合沟镇志/855
010730232 合肥卫生防疫志 1949－1999/1124
011319955 合肥手帕厂厂志 1958－1985/1122
010291673 合肥公安志/1119
013404442 合肥文化志资料汇编/1123
008830462 合肥石油志/1121
011890779 合肥电力学校志 1964－2003/1125
011068448 合肥电机厂志/1120
010291907 合肥市二轻工业志/1121
011320165 合肥市人事局志/1119
013335349 合肥市工商行政管理志/1119
008663553 合肥市水利志/1121
010293545 合肥市公路志/1123
009377336 合肥市电影志试写稿/1124
011067648 合肥市交通志/1122
010107755 合肥市妇幼保健院志 1951-2001/1125
008440050 合肥市志/1118
013772728 合肥市志 1986-2005/1118
013507830 合肥市图书发行志 附组织史/1123
009377323 合肥市城市建设志/1119
013143825 合肥市政协志 1949-1987/1118
011432652 合肥市政府志 1949.1－1985.12/1118
012505127 合肥市第一人民医院院志 1954-2004/1124
014030804 合肥市第二人民医院院志 1958-2008/1124
013404440 合肥市蜀山区人民代表大会志/1125
013507829 合肥市蜀山区志 1949－2005/1125
013860707 合肥市瑶海区志 1949－2005/1125
013990662 合肥发电厂志 1958-2005/1120
009115634 合肥邮政志/1123
010252357 合肥体育志/1124
010138034 合肥矿山机器厂志 1951－1985/1121
010291639 合肥供电志/1121
012758869 合肥供电志 1986-2005/1121
009377283 合肥金融志 1949-1990/1123
011320460 合肥房地产志 1986-1995/1119
012658585 合肥建筑材料一厂志/1121
013704152 合肥经济技术开发区志 1993-2007/1124
013792203 合肥城市规划志至2009/1125
009795619 合肥钢铁公司志 1956－1985/1120
008450963 合肥钢铁公司志 第2卷 1986-1990/1121
009795627 合肥钢铁公司志 第3卷 1991-1995/1121
009082528 合肥钢铁集团有限公司志 1996-2000/1121
010732087 合肥科学技术志/1123
011319969 合肥染织厂志/1121
012999114 合肥高新技术产业开发区志 1991-2005/1119
009377317 合肥铝厂志 1958-1986/1121
011319986 合肥棉织厂厂志/1121

010251774 合肥税务志/1123

012872400 合肥新站综合开发试验区志 1992-2005/1124

013926283 合肥蔬菜品种志/1125

011804462 合浦水库志/2311

008596072 合浦县土地志/2310

013091101 合浦县水利电力志/2311

012505133 合浦县交通志/2311

011995689 合浦县农业志/2311

007359768 合浦县志/2310

008596533 合浦县林业志/2310

008665393 合浦县金融志/2311

011310837 合浦县珍珠志/2310

008665389 合浦县粮食志/2310

兆

012903493 兆麟中学百年校志 1905-2005/663

创

009743694 创业农场志 1968-1984/701

012758756 创业农场志 1985-2005/701

008453907 创修红水县志/3048

杂

010293699 杂多县人大志 1949-2003/3108

旬

008426862 旬阳县志/3013

008637988 旬阳卷烟厂志/3013

008612749 旬邑县志/2982

008993643 旬邑县志送审稿/2981

011320901 旬邑县财政志/2982

旭

012970629 旭光村志/1892

名

010577017 名山县工商行政管理志 1911-2002/2568

012969367 名山县农业志/2568

012969360 名山县农村信用联社志 1996-2005/2569

007482419 名山县志/2568

010201388 名山县志 1986-2000/2568

012969368 名山县邮电志/2568

012969351 名山县财政志/2568

009867212 名山县国土志/2568

012542689 名山县政府志/2568

多

012609679 多伦县军事志/446

013771867 多伦县政协志/446

邬

013010694 邬桥志/784

011500728 邬桥续志 1985-2003/784

色

007975027 色达县志/2607

012542824 色达县志 1991-2005/2607

壮

001920013 壮侗语族语言简志/2273

004146842 壮语简志/2273

002283240 壮族风俗志/2274

冰

010359286 冰心志/1210

庄

009744871 庄头村志/1445

011957508 庄行续志 1985-2003/784

011809605 庄里村志/348

008864765 庄河市土地志/510

013464434 庄河市志 1986-2005 /510

008470961 庄河县志 /510

012879060 庄河政协志 /510

013759465 庄河政协志 /510

012003247 庄浪县人民医院志 /3064

009153979 庄浪县水土保持志 /3064

008453895 庄浪县水利志 /3064

014056737 庄浪县财政志 /3064

012003251 庄浪县畜牧志 /3064

013759473 庄家宅村志 /751

庆

013629467 庆丰农场志 1996-2000 /681

008450897 庆元县地名志 /1106

008450276 庆元县交通志 /1106

007924538 庆元县志 /1106

010118500 庆元县财税志 /1106

009881629 庆元县金融志 1758-1989 /1106

012639051 庆云民政志 /1582

008452395 庆云县志 /1582

010290903 庆云县医药志 1840-1985 初稿 /1582

008665102 庆云邮电志 /1582

008445165 庆安县志 /717

013794849 庆安县粮食志 1905-1995 /717

013731102 庆阳市医药志 /3070

013863582 庆阳市档案志 /3070

008453829 庆阳地区广播电视志 /3070

008453830 庆阳地区卫生志 /3070

008846052 庆阳地区乡镇企业志 /3069

008453834 庆阳地区农机化志 /3071

008453824 庆阳地区志 /3069

008453827 庆阳地区志主要编修人员名录 /3069

008846062 庆阳地区体育志 /3070

008994341 庆阳地区供销合作社志 /3070

008453836 庆阳地区金融志 /3070

008453828 庆阳地区畜牧志 /3069

008453832 庆阳地区教育志 /3070

008453835 庆阳地区税务志 /3070

011499607 庆阳地区新闻报刊志 /3070

008453833 庆阳地区粮食志 /3070

008383969 庆阳县志 /3071

009157944 庆阳建设志 /3069

011998119 庆城县电力工业志 1950-2007 /3071

012969477 庆城县教育志 /3071

刘

011480426 刘王沟村志 /348

013628081 刘化厂志 1966-1990 /3080

013730200 刘兴运支系家族史志 /3004

013898369 刘河乡志 /1786

013144530 刘家下庄村志 /1439

013000337 刘家庄村志 /366

013774552 刘家垣镇志 /351

009234425 刘家峡水电厂志 /3080

013659606 刘家峡水电厂志 1997-2009 /3080

012764740 刘寨教育志 /1662

012175684 刘龘志 /1403

齐

013002418 齐一机床厂志 /670

013509224 齐云山志至 2011.6.30 /1161

009685472 齐礼阎乡志 /1650

013730383 齐齐哈尔车辆厂志 /670

012661739 齐齐哈尔车辆厂劳动服务公司志 1986-1998 /670

012722154 齐齐哈尔日报报业集团社志 1994.9-2004.9/672

010195553 齐齐哈尔日报社社志 1954.9-1994.9/672

012766390 齐齐哈尔中学校校志 1949-2009/672

011584790 齐齐哈尔电业局志/670

011067725 齐齐哈尔市人民代表大会志 1945-1987/669

013775129 齐齐哈尔市人民代表大会志 1945-2006/669

007557477 齐齐哈尔市大事编年 1674-1985/669

011321086 齐齐哈尔市广播电视志 1986-2005/672

010251373 齐齐哈尔市卫生志/673

009960118 齐齐哈尔市天然气公司志 1965-2005/670

013775131 齐齐哈尔市中医医院志 1952-2012/673

013629385 齐齐哈尔市龙沙区公园路小学校志 1912-2012/674

011188873 齐齐哈尔市民间文学集成少数民族卷/673

010473868 齐齐哈尔市师范学校志 1906-1985/673

014049926 [齐齐哈尔市]产权处处志/669

008856889 齐齐哈尔市志/668

009436282 齐齐哈尔市志 第1卷 综合卷/668

008661945 齐齐哈尔市志 第2卷 政治卷/668

008636395 齐齐哈尔市志 第3卷 经济卷/668

009436296 齐齐哈尔市志 第4卷 文化卷/668

010144758 齐齐哈尔市志稿/669

008378794 齐齐哈尔市财政志/671

012766343 齐齐哈尔市国税志 1994.9-2005.12/672

013002415 齐齐哈尔市实验中学校志 1950-2010/672

009744129 齐齐哈尔市建华区志 1649-1995/674

013184561 齐齐哈尔市建华区志 1996-2005/674

010250778 齐齐哈尔市钢管总厂厂志/670

007506774 齐齐哈尔市档案志 1946-1987/672

009311419 齐齐哈尔市铁锋区新地号小学校志/674

013659747 齐齐哈尔市教育学院院志 1952-2002/673

010195558 齐齐哈尔市职业教育中心学校校志 1967.10-1997.10/672

009105664 齐齐哈尔市梅里斯达斡尔族区志/675

013705563 齐齐哈尔市梅里斯达斡尔族区志 1991-2005/675

013629346 [齐齐哈尔市第一中学校]校志 1908-2008/673

010195556 齐齐哈尔市第一商业局志 907-1985/671

013659759 齐齐哈尔市第二十八中学校校志 1983-1993/672

010195555 齐齐哈尔市第二商业局志 1686

-1985/671

012766356 齐齐哈尔市税务志 1986.1-1994.9 /672

008864903 齐齐哈尔市富拉尔基区志/674

012814095 齐齐哈尔市富拉尔基区志 1986-2005/675

008377413 齐齐哈尔市碾子山区志/675

010109582 齐齐哈尔地方税务局志 1994-2004/671

013066926 齐齐哈尔师范学院志 1985-1988/673

013225564 齐齐哈尔师范高等专科学校校志 1906-2006/672

009853065 齐齐哈尔曲艺志/673

010195550 齐齐哈尔农垦志 1986-2000/669

013320003 齐齐哈尔铁路车辆集团劳动服务公司志 1999-2008/671

008034789 齐齐哈尔铁路分局志 1896-1985/671

008973442 齐齐哈尔铁路分局基层单位志/671

013659755 齐齐哈尔造纸厂志 1949-1985/670

009744048 齐齐哈尔烟草志/670

012766331 齐齐哈尔第二机床厂志 1950-1985/670

010250780 齐齐哈尔液压件厂厂志/670

013066941 齐贤志/783

011892391 齐贤续志 1985-2002.5/783

009700651 齐贤镇志/1052

008452147 齐河县水利志/1584

006155276 齐河县志/1583

012722086 齐河县志/1583

010143781 齐河县医药志/1583

010244162 齐河县政协志/1583

013319992 齐都药业志/1455

009147637 齐鲁石化工会志/1451

009114614 齐鲁石化公司卫生志/1457

008452407 齐鲁石化公司技工学校志/1456

013509220 齐鲁石化公司供排水厂志 1984-1989/1453

009227535 齐鲁石化公司研究院志/1458

013375409 齐鲁石化公司胜利炼油厂志/1453

007621221 齐鲁石化志/1453

008452410 齐鲁石化检修公司志 1985-1993/1453

008452414 齐鲁石油化工公司橡胶厂志/1461

013461875 齐鲁石油化工公司橡胶厂志 1991-2010/1453

交

009081871 交口县志/366

008667308 交口抽渭志/2984

011804733 交丙坛村志/2250

012832154 交运公司志 1983-2008/1834

008533464 交河县地名资料汇编/220

008034104 交城县志/362

014032930 交城县志 1986-2005/362

012946875 交城县秦林村徐氏家族谱（志）/363

013627980 交城革命历史人物志/363

012759010 交通银行无锡分行志 1911-2007/831

010730403 交通银行芜湖分行志 1914-2004/1130

008988243 交通银行郑州分行志/1638
008446247 交通银行南京分行志/811
009413499 交通银行徐州分行志/846

羊

012723368 羊口镇志/1510
009799954 羊场煤矿志 1958-1998/2763
013148715 羊庄镇志/1472
013686429 羊坊村志/53
012837563 羊家冲村志/2033
008422537 羊模区志/2493

关

009337980 关山树木志/2971
008116872 关山镇志/2948
012237621 关山镇志/3252
010280333 关公文化旅游志第7卷/324
012072275 关西镇志稿本/3241
013507792 关址村志/1695
009768316 关虎屯村志/1654
012541548 关虎屯村志/1654
012872350 关岭布依族苗族自治县农村信用社志/2666
008971705 关岭布依族苗族自治县志/2665
012658550 关河水库志/296
013819390 关峡苗族乡志/2036
012832031 关帝山植物志/357
011589965 关索戏志/2780

米

011892175 米山中心卫生院志/302
013990949 米东区高新技术工业园志/3171
012542675 米林县志/2920
009336952 米易民族志/2464
009336954 米易县二轻工业志 1950-1990/2463
010009387 米易县人大志 1951-1990/2463
010009384 米易县乡镇企业志/2463
010009375 米易县水利电力志/2463
012174782 米易县军事志 1951-2007/2463
008470865 米易县志/2463
012721869 米易县志 1991-2006/2463
009348285 米易县医药志 1950-1990/2463
014047754 米易县财政志 1991-2012/2463
014047757 米易县第一小学校志/2463
008846151 米泉县土地志/3172
008623357 米泉县志/3171
012955182 米脂中学校志/3007
011805647 米脂县军事志/3007
007900236 米脂县志/3007
010735991 米脂县志初稿/3007
010776936 米脂县志粮食志/3007
013129992 米脂县档案志/3007
011499418 米脂常氏家志/3007
009336957 米糖志 1966-1995/2463

灯

009994138 灯塔市第二初级中学校志 1992-1997/551
008537969 灯塔县地名录/552
007902352 灯塔县志/551
008846180 灯塔县志续编 1988-1996/551

江

013730117 江二村志/971
009335171 江干区志/985
008913666 江干区供销合作社志/985
012661262 江口水电厂志 1988-1999/1322
013129736 江口县民族志/2679

012639005 江口县粮食志 1372-1988/2679
009385964 江口镇志/1232
005285264 江山水泥厂志/1079
012265111 江山公安志/1078
012872988 江山风物志/1269
011066405 江山市人大志/1078
009688801 江山市水利志/1079
012174057 江山市电力工业志/1079
007384531 江山市志/1078
013926371 江山市志 1988-2007/1078
008446581 江山交通志/1079
007905740 江山城关镇志/1078
009790124 江山政协志/1078
010293954 江川电力工业志/2778
013144461 江川县人民代表大会志 1950-1997/2778
012954922 江川县工会志 1956-2005/2778
011068402 江川县水利志/2779
009245046 江川县文化志/2778
009338023 江川县安化彝族乡志/2778
013774222 江川县纪检监察志/2778
008715943 江川县志/2778
010280321 江川县烟草志 1978-2005/2778
013730114 江川县教育志/2778
013730115 江川县商业志/2778
012613256 江川检察志 1955-2003/2778
011891005 江门市水利志/2200
010008230 江门市公安志/2200
008665168 江门市地名志/2200
008815930 江门市志/2199
013774226 江门市志 1979-2000/2199
010473929 江门市邮电志/2200
012832140 江门市质量技术监督志/2200
012967993 江门市标准计量志/2200

007697932 江门百年大事记 1854-1993/2199
013531038 江门海关志 1904-1990/2200
012759006 江心洲街道志/818
008923324 江东区志/2025
009553075 江北县人事志/2378
009689002 江北县工业志/2379
009689000 江北县工会志/2378
009962560 江北县广播电视志/2379
009689004 江北县计划志 1912-1990/2378
009232320 江北县民政志/2378
008486653 江北县志/2378
011996760 江北县志 1986-1994/2378
009688993 江北县园林志/2379
009688995 江北县城乡建设志/2378
012139312 江北县政协志 1956-1990/2378
009689007 江北县商业志 1919-1990/2379
009553077 江北县税务志 1912-1985/2379
011432900 江汉区志/1840
008382712 江汉区教育志/1840
010142788 江汉油田志 1961-1985/1954
010142791 江汉油田志 1986-1990/1954
011996767 江汉油田志 1991-1995/1954
009790336 江汉油田志 1996-2000/1954
013861808 江汉油田志 2001-2005/1819
008846444 江汉油田图志/1953
010279814 江汉油田勘探志 1958-2000/1955
013990770 江汉第四石油机械厂志 1941-1990/1914
010245164 江汉第四石油机械厂志 1991-2001/1914
013792472 江汉第四石油机械厂志 2001-2011/1841

011762323 江宁人民代表大会志/822
012999228 江宁区公安志/823
013752627 江宁区文化志/824
011996785 江宁区电力工业志 1988-2002 /824
012898985 江宁区地名志/825
009348827 江宁区农机化志/824
012639011 江宁区劳动和社会保障志 /823
012898987 江宁区环境保护志/825
012661274 江宁区林牧渔业志/824
012680264 江宁区质量技术监督志/823
012999220 江宁区房产志/823
012999215 江宁区档案志/824
013752626 江宁区商务志/824
009686863 江宁民政志/823
012819738 江宁地方税务志/824
009018366 江宁县土地管理志/823
009338348 江宁县水利志/825
011497862 江宁县交通志/824
011497869 江宁县抗洪志 1991/825
002987987 江宁县志/821
010291661 江宁县县属工业志/824
011311459 江宁县邮电志/824
011497861 江宁县供销合作社志/824
013684397 江宁县城乡建设志/823
008446367 江宁县施政概况 1986-1990/825
011311470 江宁县教育志/825
011432907 江宁县商业志/824
012661266 江宁法院志/823
009241482 江宁经济志/823
009889554 江宁政协志/822
013013564 江宁街道志/822
010473851 江宁镇志/822

014032925 江永县农村金融志/2090
007425702 江永县志/2090
008453532 江永县志/2090
012049603 江永县志 1991-2004/2090
008614523 江永县志送评稿/2090
008378535 江永县财政志/2090
008299058 江西厂矿志/1284
010251839 江西厂矿志第2辑/1284
009335364 江西工业产品志/1284
008299062 江西乡镇/1279
012174879 江西丰城上塘镇志/1356
010110546 江西日报社志 1949-2000/1298
008380649 江西分宜发电厂志/1324
001678919 江西风物志/1291
012505245 江西邓氏简志/1299
012139340 江西生态蝶类志/1291
010292234 江西动物志人与动物吸虫志 /1291
006710657 江西地方志风俗志文辑录 /1291
008032722 江西地方志序跋凡例选录 /1288
010279687 江西有色地质勘查局志/1299
011320719 江西师范大学校志/1299
013704373 江西竹资源与产品图志/1282
009392123 江西交通史志编纂综录/1285
011580142 江西农业病虫害志害虫部分 /1292
008429267 江西红都制糖厂志/1331
011066967 江西抚州地区企事业单位组 织志 1949-1994/1368
009386100 江西苎麻品种志/1355
013957740 江西医学院第一附属医院院 志 1946-1992/1300

010110595 江西医学院第二附属医院科技志 1924-1994/1300

007666264 江西医药志/1284

008299031 江西齿轮箱总厂厂志 1969-1990/1328

008299069 江西知名医院志/1292

013684402 江西金融志资料 1990-1993 合订本/1286

009335356 江西油脂化工厂志 1928-1988/1296

009386092 江西学府志/1287

011580131 江西经济植物病害志/1292

013897615 江西南昌十九中校志 1942-2012/1298

013897619 江西南昌十九中校志 1963-1999/1298

009386011 江西南昌下正街发电厂志/1295

009386008 江西南昌发电厂志 1988-2000/1295

009386001 江西柑桔品种志/1292

009472618 江西省人口志/1289

009020784 江西省人民代表大会志/1289

010292994 江西省人民医院志 1897-1997/1300

009310601 江西省人民政府志/1280

009310605 江西省人事志/1289

009472633 江西省人物志/1290

008300246 江西省九江县地名志/1316

013508410 江西省九江第一中学百年人物志 1902-2002/1314

011566099 江西省九江第一中学百年志 1902-2002/1314

008830641 江西省于都县地名志/1341

009147470 江西省工会志/1280

009993514 江西省工商行政管理志/1282

008865155 江西省工商组织志/1289

009025844 江西省土地志/1290

008831339 江西省大余县地名志/1333

009001336 江西省大事记/1279

008914566 江西省万年县地名志/1383

008423035 江西省万载县地名志/1363

011439805 江西省弋阳县地名志/1381

008831308 江西省上犹县地名志/1334

009866622 江西省上饶电力工业志/1374

009386057 江西省上饶市地名志/1376

011439771 江西省上高县地名志/1363

008430552 江西省广丰县地名志/1378

008672458 江西省广播电视志/1286

008692732 江西省卫生志/1291

008986326 江西省乡镇企业志/1282

011762342 江西省丰城县地名志/1358

007351323 江西省丰城县志/1356

008299039 江西省五金交电化工商业志 1840-1990/1286

001780927 江西省区域地质志/1291

008299021 江西省水文志/1291

008299029 江西省水电工程局志/1296

008692615 江西省水利志/1292

008298997 江西省气象志/1291

008389993 江西省公安志/1280

011580182 江西省公安派出所简志/1280

010110538 江西省公路专用通信史志 1928-2003/1293

008664287 江西省文化艺术志/1286

009020780 江西省方志编纂志/1289

009993479 江西省方言志/1289

012541901 江西省玉山县地名志/1379

007482058 江西省石油化学工业志/1284
012872990 江西省石油总公司赣州分公司志/1328
008429161 江西省石城县地名志/1344
009866641 江西省石城县烟草志 1988-1996/1344
008830658 江西省龙南县地名志/1336
007482054 江西省电力工业志/1283
013861821 江西省电力工业志 1991-2002/1283
011566124 江西省电力设备总厂志 1958-2002/1295
008299026 江西省电力试验研究所志/1295
011954376 江西省电力试验研究院志 1990-2000/1295
010143158 江西省电力科技志 1904-1990/1283
009386022 江西省电力调度通信局志 1957-2000/1295
009198389 江西省电子工业志/1284
011589917 江西省乐平县地名志/1306
009338454 江西省外事志/1281
013508414 江西省立南昌二中校友志稿/1299
009043188 江西省宁冈县地名志/1347
008423925 江西省宁都县地名志/1338
012661305 江西省永丰县地名志/1350
012541898 江西省永修县地名志/1318
013752633 江西省永修县交通志/1318
008692715 江西省司法行政志/1281
008298991 江西省民用航空志/1283
008847201 江西省民政志/1281
008664279 江西省出版志/1286

009335315 江西省出版志/1286
008692751 江西省对外经济贸易志/1286
008423008 江西省动植物志/1288
008429146 江西省吉安市地名志/1345
008844706 江西省吉安地区气象志/1345
005705314 江西省地方史志资料选辑/1288
008692554 江西省地质矿产志/1288
011954488 江西省地质矿产局九〇八队志 1952-1987/1329
009198442 江西省地震志/1291
009687428 江西省地震监测志/1291
008664262 江西省机械工业志/1283
008299028 江西省百货纺织品商业志/1285
009124593 江西省自然地理志/1290
009392115 江西省行政区划志/1291
008423913 江西省全南县小叶栎林场志/1336
008429142 江西省全南县地名志/1337
008830650 江西省会昌县地名志/1343
009866609 江西省交通设计院志/1297
007482046 江西省交通志/1285
012811583 江西省交通志 1991-2005/1285
008430544 江西省兴国县地名志/1342
011580150 江西省安义县地名志/1303
008914602 江西省安远县地名志/1336
008692559 江西省军事志/1281
008664257 江西省农牧渔业志/1282
008298973 江西省农垦志/1282
008830636 江西省寻乌县地名志/1343
009055273 江西省妇女组织志/1280
013424189 江西省进贤县地名志/1304
008586620 江西省志/1279

010294097 江西省志纺织工业志 送审稿/1279

010777321 江西省志江西省统计志/1279

013730122 江西省劳动卫生职业病防治研究所所志 1958-1990/1300

013687079 江西省劳改劳教志/1281

009392443 江西省苏区志/1279

008865141 江西省医药志/1292

009386077 江西省邮电工会志/1280

009798903 江西省邮电印刷厂志/1296

009001333 江西省邮电志/1285

009386082 江西省邮电供应工业志/1285

009386071 江西省邮电服装厂志/1284

012613265 江西省邮电建设工程局志/1298

009386085 江西省邮电科学技术志/1285

008492506 江西省财政志/1286

009198384 江西省体育志/1287

011580194 江西省余江县地名志/1326

012900176 江西省余江县血防志 1953-1980/1326

008692755 江西省冶金工业志/1284

008664268 江西省社会科学志/1290

007491017 江西省纺织工业志/1283

009414227 江西省奉新县地名志/1362

009687139 江西省奉新县供销合作社志/1361

008298998 江西省环境保护志/1293

011497884 江西省武警志/1281

009687438 江西省青少年组织志/1280

008664263 江西省林业志/1282

013897622 江西省林学会志/1292

009198424 江西省国民经济计划志/1282

009198440 江西省物价志/1290

009348138 江西省物资志/1282

008865142 江西省供销合作业志/1285

009025845 江西省侨务志/1289

008865157 江西省侨联志/1289

009198386 江西省金融志/1286

008423019 江西省法院志/1281

011580156 江西省波阳县地名志/1383

009147476 江西省宗教志/1279

008300091 江西省宜丰县石花尖垦殖场志/1365

009675594 江西省宜丰县地名志/1365

012173720 江西省宜春市人民医院院志 1937-2007/1355

010293192 江西省宜春市第三中学二十周年校史志 1980-2000/1355

009348144 江西省宜春地区名优特新产品志/1354

009386095 江西省宜春地区交通志/1354

011762354 江西省宜春县地名志/1355

009198426 江西省审计志/1290

012832147 江西省审计志 1998-2008/1290

013774239 江西省建工集团公司志 1993-2012/1296

009866601 江西省建设银行志 1954-1993/1286

009386045 江西省建筑工程总公司志 1952-1992/1296

007482055 江西省建筑业志/1283

010242608 江西省建筑业志评审稿/1283

009115845 江西省建筑材料工业志/1289

012139350 江西省城乡规划设计研究院院志 1979-2004/1300

008865145 江西省城乡建设志/1282

010252685 江西省城乡建设志评审稿/1282

008692740 江西省政协志/1280
009798889 江西省南昌电信器材厂志/1297
009386049 江西省南昌市地名志/1299
009386051 江西省南昌市地名志1983年初稿/1299
011534016 江西省标准计量志/1288
009115848 江西省轻工业志/1283
008429127 江西省临川县地名志/1370
009386065 江西省省属国营垦殖场土壤志/1292
008420594 江西省钨钽铌工业志/1284
007482057 江西省科学技术志/1287
010143315 [江西省总工会干部学校]校志1950-2000/1299
011566130 江西省洪都监狱志1990-2004/1302
008036573 江西省测绘志/1291
009001327 江西省统计志/1290
012811578 江西省都昌县地名志/1320
008664265 江西省档案志/1286
008298986 江西省铁路志/1285
013684406 江西省高安二中三十年史志1979-2009/1360
008358324 江西省高安县地名志/1360
009020795 江西省旅游志/1285
011497888 江西省畜禽志/1292
008423014 江西省烟草志/1290
010143161 江西省烟草志评审稿/1290
009472623 江西省陶瓷工业志/1284
009798901 江西省通信电缆厂志/1296
008299003 江西省教育志/1287
008692556 江西省检察志/1289
008390689 江西省崇义县水利电力志/1335
008831301 江西省崇义县地名志/1335
008865148 江西省铜业志/1284
009687445 江西省铜鼓县民政志/1366
012661303 江西省铜鼓县地名志/1367
011580170 江西省第一监狱志1949-1990/1294
011566111 江西省第二劳改支队志1959-1989/1294
011566117 江西省第十届运动会志/1287
008298983 江西省商业志/1289
008423571 江西省清江县地名志/1359
007903926 江西省清江县志/1358
012661280 江西省彭泽县地名志/1321
013689530 江西省棉花研究所志1973-2011/1300
008914576 江西省景德镇市地名志/1306
013861825 江西省遂川中学志1938-1998/1351
011566135 江西省湖口县地名志/1321
012097585 江西省湖口县第二中学校志/1321
009386069 江西省婺源县地名志/1384
012661299 江西省瑞昌县地名志/1316
009687442 江西省瑞金县工会志1924-1988/1331
008831509 江西省瑞金县化工厂志/1331
008914591 江西省瑞金县地名志/1331
010143160 江西省微波通信局志1973-1992/1298
013990779 江西省新干中学校志1940-2010/1349
011580187 江西省新干县地名志/1349
011580191 江西省新建县地名志/1303

007482056 江西省粮食志/1285
008692584 江西省煤炭工业志/1283
008430556 江西省德兴县地名志/1377
011475206 江西省德安县地名志/1319
011475207 江西省鹰潭市地名志/1325
006733246 江西省赣州市地名志/1329
009386043 江西省赣州地区二轻工业志/1328
010110564 江西省赣抚平原水利工程志/1296
008831298 江西省赣县地名志/1332
007590099 江西钢铁志 内部本/1283
008664298 江西党校志/1293
009411589 江西铁路百年图志 1899-2003/1285
009386019 江西涤纶厂志/1295
013704333 江西萍乡供电局志 1976-2003/1308
012898992 江西铜业公司德兴铜矿三期工程建设志/1377
009385995 江西第二糖厂志 1956-1985/1328
010143320 江西植保志/1292
008299105 江西棉纺织印染厂志/1295
010110542 江西景德镇供电局志 1977-2000/1305
010290917 江西蔬菜品种志/1292
009386004 江西赣州铝厂志 1958-1986/1328
008430485 江西赣江造纸厂厂志 1958-1987/1328
012680234 江达县志/2915
013072748 江华文化遗产志/2093
013926356 江华瑶族自治县军事志 1840-2005 内部资料/2092
008486657 江华瑶族自治县志/2092
009853961 江华瑶族自治县志 1990-2003/2092
009686362 江华瑶族自治县林业志/2092
013792474 江华瑶族自治县畜牧水产志/2093
008430260 江安县志/2550
012251195 江安县志 1986-2000/2550
009231723 江安县国土志/2550
011762362 江阴市人民代表大会志 1949-2007/837
012174060 江阴市人民医院志 1897-2007/839
009405933 江阴市土地志/838
011954385 江阴市土地志 1996-2007/838
013792484 江阴市工会志 1994-2012/837
013335415 江阴市口岸志/838
013820463 江阴市水利农机志 2001-2010/839
009106720 江阴市水利志/839
007682746 江阴市民政志/837
013508422 江阴市地方税务志 1994-2009/838
013531046 江阴市交通志重修本/836
009328426 江阴市农业机械化志 1988-2000/838
011312395 江阴市妇女联合会志 1988-2006/837
004032269 江阴市志/836
013861846 江阴市志 1988-2007/836
013752635 江阴市财政志 1988-2007/838
010199848 江阴市物资志/837
008063815 江阴市供销合作总社志/838

013861841 江阴市残疾人联合会志 1991-2011／837
013861845 江阴市教育志／838
012968008 江阴县土壤志／839
013092988 江苏大学志／945
011476891 江苏艺文志 南通卷／906
011476894 江苏艺文志 盐城卷 淮阳卷／927
011432937 江苏艺文志 徐州卷 连云港卷／851
001679280 江苏历代医人志／801
010278480 江苏中国银行志／799
013316357 江苏公共图书馆志／799
001718674 江苏风物志／801
013926383 江苏石油志 2001-2012／798
009046124 江苏石油商业志／798
009541499 江苏民国行局库／798
001947493 江苏地震志／801
012811576 江苏华电扬州发电有限公司志 1994-2005／933
012251243 江苏华电戚墅堰发电有限公司志 1988-2006／872
007013587 江苏名村志／797
007013588 江苏名镇志／797
010292159 江苏农学院志／936
012049585 江苏戏曲志 扬州卷／935
012049570 江苏戏曲志 连云港卷／913
012049576 江苏戏曲志 南京卷／813
012049581 江苏戏曲志 盐城卷／926
009338352 江苏戏剧志 南通卷／800
012049565 江苏戏剧志 淮海戏志／800
012505241 江苏戏剧志 锡剧志／800
009993115 江苏技术师范学院志 1985-2005／868
013926384 江苏吴文化志／800

013508407 江苏冶金机械厂志 1956-1985／807
013045729 江苏宏安集团志／844
009107145 江苏图书发行志／799
010576706 江苏鱼类志／802
011891862 江苏沿海地区原色种子植物志 裸子植物和双子叶植物离瓣花类／802
010293547 江苏泌尿外科史志／802
013957738 江苏建置志／801
009576239 江苏帮会志／798
012639014 江苏南热发电有限责任公司志 1995-2005／807
009413495 江苏省工会志／797
008531449 江苏省大丰县地名录／929
012967998 江苏省丰县土壤志／859
008453188 江苏省丰县地名录／859
012968059 江苏省无锡市土壤志／832
008528637 江苏省无锡市地名录／832
009385242 江苏省无锡县土壤志／835
008528416 江苏省无锡县地名录／834
013144469 江苏省无锡蠡园经济开发区无锡市滨湖区蠡园街道志／835
008532501 江苏省太仓县地名录／904
013531043 江苏省中医院南京中医药大学附属医院院志 1986-2004／815
012999235 江苏省中国科学院植物研究所（南京中山植物园）所（园）志 1929-2009／816
013316367 江苏省水利测绘志／802
013990773 江苏省丹阳县土壤志／945
008446426 江苏省丹阳县地名录／949
008532495 江苏省丹徒县地名录／947
008532415 江苏省六合县地名录／826
008532481 江苏省邗江县地名录／937

008532489 江苏省东台县地名录/928
008531519 江苏省东海县地名录/918
013688786 江苏省电力工业志 1991-2002 /798
012139319 江苏省电力设计院志 1991-2002 /816
013926374 江苏省电力建设第一工程公司志 1953-2007/807
012049560 江苏省电力燃料集团有限公司志/807
008532366 江苏省仪征县地名录/939
008528649 江苏省句容县地名录/951
009744791 江苏省司法志 1988-2000/798
013774232 江苏省地方税务志 1994-2008 /798
008528437 江苏省地名录/801
012049555 江苏省地震监测志/801
008528403 江苏省扬中县地名录/950
011068459 江苏省扬州市土壤志/936
008532363 江苏省扬州市地名录/935
009865189 江苏省肉禽蛋商业志/798
013704329 江苏省交通规划设计院院志 1960-2010/817
008532438 江苏省江宁县地名录/825
008528599 江苏省江阴市地名录/838
007469670 江苏省江阴市粮食志/838
008532387 江苏省江都县地名录/938
008532444 江苏省江浦县地名录/820
008532389 江苏省兴化县地名录/954
010293038 江苏省农村金融志/798
011497879 江苏省如东县土壤志/912
008531462 江苏省如东县地名录/912
007505450 江苏省如东县政协志/911
012968034 江苏省如皋县土壤志/908

008528382 江苏省如皋县地名录/908
010294090 江苏省志对外经济贸易志 送审稿/789
012680270 江苏省志邮电 1990-1998/789
010292743 江苏省志邮电志 初审稿/789
010294088 江苏省志物资志 送审稿/789
008221681 江苏省志第2卷 地理志/789
008221461 江苏省志第3卷 人口志/789
008691945 江苏省志第4卷 计划生育志/789
008221696 江苏省志第5卷 天文事业志/789
008221201 江苏省志第6卷 气象事业志/790
008221656 江苏省志第7卷 地质矿产志/790
007693078 江苏省志第8卷 地震事业志/790
008221726 江苏省志第9卷 土壤志/790
009880362 江苏省志第10卷 生物志 动物篇/790
009880363 江苏省志第10卷 生物志 植物篇/790
008221727 江苏省志第11卷 土地管理志/790
008592653 江苏省志第12卷 综合经济志/790
008984038 江苏省志第13卷 水利志/790
008221580 江苏省志第14卷 农业志/790
009319794 江苏省志第15卷 园艺志/790
008221571 江苏省志第15卷 林业志/790
008221438 江苏省志第16卷 畜牧志/791
008221579 江苏省志第18卷 农机具志/791
007693134 江苏省志第19卷 海涂开发志/791
008221702 江苏省志第20卷 蚕桑丝绸志/791
007693136 江苏省志第21卷 轻工业志/791
008221240 江苏省志第22卷 纺织工业

志/791

007693131 江苏省志第23卷 陶瓷工业志/791

008221734 江苏省志第24卷 盐业志/791

008221455 江苏省志第25卷 医药志/791

008221693 江苏省志第26卷 电子工业志/791

007493549 江苏省志第27卷 冶金工业志/791

008221196 江苏省志第28卷 机械工业志/791

008221618 江苏省志第29卷 石油工业志/791

008221447 江苏省志第30卷 化学工业志/792

008221572 江苏省志第31卷 煤炭工业志/792

007493609 江苏省志第32卷 电力工业志/792

009790016 江苏省志第33卷 建材工业志/792

008984082 江苏省志第34卷 建筑志/792

008221233 江苏省志第35卷 军事工业志/792

013730119 江苏省志第35卷 审判志 1978—2008/792

008221428 江苏省志第36卷 乡镇工业志/792

008691465 江苏省志第37卷 城乡建设志/792

009854019 江苏省志第38卷 房地产管理志/792

008221738 江苏省志第39卷 风景园林志/792

008221707 江苏省志第40卷 测绘志/792

008221450 江苏省志第41卷 环境保护志/792

008221212 江苏省志第42卷 交通志 公路篇/793

007693144 江苏省志第42卷 交通志 民航篇/793

008221213 江苏省志第42卷 交通志 铁路篇/793

008221208 江苏省志第42卷 交通志 航运篇/793

008221735 江苏省志第43卷 邮电志/793

008221589 江苏省志第44卷 商业志/793

007294746 江苏省志第45卷 供销合作社志/793

007294745 江苏省志第46卷 粮食志/793

008221755 江苏省志第47卷 物资志/793

008221731 江苏省志第48卷 对外经济贸易志/793

007693142 江苏省志第49卷 旅游业志/793

007693132 江苏省志第50卷 商品检验志/793

008221423 江苏省志第51卷 海关志/793

007693079 江苏省志第52卷 工商行政管理志/794

007693133 江苏省志第53卷 价格志/794

008221585 江苏省志第54卷 标准化志/794

007693139 江苏省志第55卷 计量志/794

007693137 江苏省志第56卷 财政志/794

008221631 江苏省志第57卷 税务志/794

008221225 江苏省志第58卷 金融志/794

008221581 江苏省志第59卷 保险志/794

008221609 江苏省志第60卷 审计志/794

008446198 江苏省志第61卷 议会 人民代表

大会志/794

008984769 江苏省志第61卷 政协志/794

009270285 江苏省志第62卷 中共志/794

008221644 江苏省志第62卷 民主党派 工商联志/794

010143110 江苏省志第62卷 国民党志/795

008221597 江苏省志第63卷 社团志 工人团体篇/795

008599874 江苏省志第63卷 社团志 农民团体篇/795

008599871 江苏省志第63卷 社团志 妇女团体篇/795

008221603 江苏省志第63卷 社团志 青年团体篇/795

008221237 江苏省志第64卷 军事志/795

008221565 江苏省志第66卷 公安志/795

007693143 江苏省志第67卷 检察志/795

007693138 江苏省志第68卷 审判志/795

007693140 江苏省志第69卷 司法志/795

008984848 江苏省志第70卷 民政志/795

009270248 江苏省志第71卷 地名志/795

008221568 江苏省志第72卷 劳动管理志/795

011475195 江苏省志第73卷 人事管理志/796

008221740 江苏省志第74卷 外事志/796

011312792 江苏省志第75卷 侨务志/796

007693135 江苏省志第76卷 档案志/796

008221216 江苏省志第77卷 教育志/796

008221560 江苏省志第78卷 科学技术志/796

008221593 江苏省志第79卷 社会科学志/796

008221583 江苏省志第80卷 报业志/796

008221229 江苏省志第81卷 出版志/796

008221563 江苏省志第82卷 广播电视志/796

009189799 江苏省志第83卷 文化艺术志/796

009159958 江苏省志第83卷 文学志/796

008221751 江苏省志第84卷 文物志/796

008221743 江苏省志第85卷 卫生志/797

008221690 江苏省志第86卷 体育志/797

009342261 江苏省志第87卷 宗教志/797

008221575 江苏省志第88卷 民俗志/797

008221418 江苏省志第89卷 方言志/797

012097582 江苏省志第90卷 人物志/797

008691993 江苏省志第91卷 江苏人民革命斗争纪略/797

011884177 江苏省志第92卷 附录/797

009865191 江苏省苏北人民医院志/935

008446423 江苏省苏州市地名录/884

011996792 江苏省苏州市地名录/884

010199833 江苏省邳县土壤志/858

008528573 江苏省邳县地名录/857

008531521 江苏省吴江县地名录/891

008446419 江苏省吴县地名录/888

010199831 江苏省沛县土壤志/860

008532428 江苏省沛县地名录/860

012968043 江苏省沙洲县土壤志/899

008651422 江苏省沙洲县地名录/898

012968071 江苏省武进县土壤志/877

008528428 江苏省武进县地名录/877

013659370 江苏省武进高新技术产业开发区志 1996-2009/875

008528703 江苏省盱眙县地名录/923

011497873 江苏省昆山县土壤志/902

008531514 江苏省昆山县地名录/902

008531493 江苏省阜宁县地名录/931
008528390 江苏省金坛县地名录/879
008528013 江苏省金湖县地名录/924
008531459 江苏省沭阳县地名录/957
008446416 江苏省泗阳县地名录/958
009961670 [江苏省泗阳棉花原种场]场志/957
008531447 江苏省泗洪县地名录/958
008532431 江苏省宝应县地名录/941
011805440 江苏省宜兴市鲸塘镇志/839
008528564 江苏省宜兴县地名录/841
008446258 江苏省宜兴县交通志/840
007378005 江苏省宜兴县志/839
010292600 江苏省宜兴县教育志/840
008532506 江苏省建湖县地名录/932
008528434 江苏省南京市地名录/814
010239034 江苏省南通市土壤志/906
008531478 江苏省南通市地名录/906
012968031 江苏省南通市郊区土壤志/906
008528394 江苏省南通县地名录/907
008531498 江苏省响水县地名录/930
010476485 江苏省科学技术协会志/799
010199835 江苏省送变电公司志 1953-2002/807
008531488 江苏省洪泽县地名录/923
009744793 江苏省统计志/797
008532417 江苏省泰县地名录/953
013752629 江苏省盐城市农田杂草志/926
008531445 江苏省盐城县地名录/926
012898991 江苏省原子医学研究所所志 1959-2009/832
008531457 江苏省射阳县地名录/932

008528566 江苏省徐州市地名录/849
012968077 江苏省徐州市郊区土壤志/853
013316355 江苏省徐州市贾汪区志/852
013926381 江苏省徐州市第一中学校志 1917-2002/848
008532433 江苏省高邮县地名录/941
008446434 江苏省高淳县地名录/828
013926377 江苏省高等教育学会高校保卫学研究会会志 1988-2008/799
011497881 江苏省畜禽疫病志/802
008528644 江苏省涟水县地名录/922
012968005 江苏省海门县土壤志/909
008528388 江苏省海门县地名录/909
009865188 江苏省海安县土壤志/911
008528369 江苏省海安县地名录/910
009553770 江苏省教育工会志/798
010475797 江苏省常州工业学校志 1958-1998/869
011496859 江苏省常州市有色金属压延厂志/867
008531504 江苏省常熟市地名录/896
010199825 江苏省常熟市志/891
007379012 江苏省常熟市志江苏省/891
010199839 江苏省铜山县土壤志/854
008532379 江苏省铜山县地名录/854
005591366 江苏省铜山县志/853
008531490 江苏省淮安县地名录/921
013792481 江苏省淮阴县土壤志/921
008531452 江苏省淮阴市地名录/921
008531533 江苏省淮阴县地名录/922
013422679 江苏省宿迁中学校志 1927-2007/956
012968048 江苏省宿迁县土壤志/956

008532493 江苏省宿迁县地名录／956
006006435 江苏省植物药材志／816
009553893 江苏省棉麻茶行业志／798
012968056 江苏省睢宁县土壤志／862
008453242 江苏省睢宁县地名录／862
008532453 江苏省靖江县地名录／955
010199841 江苏省新沂县土壤志／856
008528524 江苏省新沂县地名录／855
008528375 江苏省溧水县地名录／827
008531470 江苏省溧阳县地名录／878
008528003 江苏省滨海县地名录／930
013990778 江苏省镇江市土壤志／946
008446432 江苏省镇江市地名录／945
012251246 江苏省稻麦品种志／802
008531483 江苏省灌云县地名录／919
012139329 江苏省灌东盐场志／925
008528009 江苏省灌南县地名录／919
008531467 江苏省赣榆县地名录／917
008195161 江苏科技群英志 第1卷／801
008530712 江苏科技群英志 第2卷 续集／801
008192072 江苏科学技术志／801
012811577 江苏射阳港发电有限责任公司志 1988-2005／931
012719114 江苏徐淮地区徐州农业科学研究所志 1910-2010／850
012049593 江苏徐塘发电有限责任公司志 1972-2003／857
012759004 江苏海安风物志／910
009405932 江苏教育学院志 初稿／812
010008769 江苏常熟发电有限公司志／896
009385248 江苏野生植物志／815
006045961 江苏湖泊志／814

012251252 江苏新海发电有限公司志 1994-2005／912
010251902 江冶志 1965-1990／1296
011497899 江张村志／828
009840376 江孜县志／2917
012097569 江岸区志／1840
008383881 江岸区教育志／1840
008990617 江岸车站志 1898-1998／1840
012968085 江油市人民医院志／2484
013092991 江油市广播电视志 1936-2008／2483
008992429 江油市公安志／2483
008992424 江油市民政志／2483
008992433 江油市审判志 1840-1999／2483
008992439 江油县工会志 1931-1988.6／2483
010291863 江油县水利电力志／2483
008470878 江油县志／2483
008992436 江油县邮电志／2483
013926395 江油县教育志 1903-1988／2484
009387583 江油图书发行志 1723-1990／2484
008992438 江油城乡建设志／2483
013990768 江城哈尼族彝族自治县人民医院院志 1953.4-2004.4／2821
009341112 江城哈尼族彝族自治县土地志／2821
007913467 江城哈尼族彝族自治县志／2820
009388560 江城哈尼族彝族自治县志送审稿／2820
011474582 江城哈尼族彝族自治县政协志 1954-2003／2821
010110106 江南水泥厂志 1935-1995／806

008455264 江南造船厂志 1865-1995/729
008299083 江钢志 1965-1983/1295
012251201 江炼志 1970-1988/601
009867161 江津中学校志 1906-1996/2381
013926361 江津市审计志 1984-1999/2381
010280142 江津民建志/2381
013752623 江津发展改革志 1986-2010/2381
010777048 江津县计划经济志/2381
007426158 江津县志/2381
012613261 江都水利志/939
009349856 江都水利枢纽志/939
009993009 江都市卫生志 1988-2000/938
009105492 江都市交通志/938
009338347 江都市国税志/938
013752622 江都血防志/939
008661999 江都妇女志/938
013374438 江都医药志/939
008378776 江都县卫生志/939
007724496 江都县志/937
009441950 江都县财政志/938
008378783 江都县教育志 1912-1987/938
008378791 江都县税务志/938
011321146 江都建筑业志/938
013144465 江都镇志/937
013820455 江桃村志/1051
013861840 江夏广电志/1846
011891014 江夏区志 1980-2004/1845
012049597 江夏区建设志 1975-2008/1845
013659377 江夏区城市管理行政执法志 1949-2011/1845
010962454 江夏区烟草志/1846
013508418 江夏区教育志/1846
008452466 江夏史志/1846

010147431 江浙沪名土特产志/798
011432917 江浦县土地管理志/820
013659366 江浦县卫生志/820
013861811 江浦县公路志/820
012251231 江浦县电力工业志 1988-2002/820
007806566 江浦县志/819
013092985 江浦县志 1988-2001/819
011292809 江浦县教育志/820
011890998 江海续志 1985-2002.5/782
013167522 江海街道志/833
009864709 '98江陵抗洪志/1924
011324981 江陵县土壤志/1924
013774223 江陵县卫生志/1924
009382482 江陵县水利志/1924
009675351 江陵县民政志/1923
009675318 江陵县交通志/1924
007903892 江陵县志/1923
010476521 江陵县志 公安 司法志 军事志 初稿/1923
010469065 江陵县志 近现代人物志 1 初稿/1923
011325455 江陵县饮食服务行业志 1863-1985/1924
009675324 江陵县金融志/1924
012999209 江陵县政协志/1923
010777067 江陵县造纸厂志/1923
009880058 江陵县烟草志/1923
009675320 江陵县教育志 1877-1981/1924
003399133 江陵堤防志/1924
009675349 江陵粮食志/1924
010280284 江堤乡志/1827
011891863 江厦潮汐试验电站志 1969-2005/1091

009561655 江湾镇志/754

012541908 江源县志 1985-2005/622

汕

012140272 汕头工会志/2177

013602023 汕头卫生志/2179

013602010 汕头公路志(省养公路)/2178

004899618 汕头史志/2178

010473869 汕头市人事志/2177

007532563 汕头市水利志/2177

013795382 汕头市文化艺术志/2178

008665159 汕头市地名志/2179

009864082 汕头市达濠区地名志/2180

010294042 汕头市交通志/2177

008275403 汕头市志/2177

010730390 汕头市结核病防治所所志 1959-2004/2179

009864099 汕头市党校志/2177

013461998 汕头市旅游志 初稿/2178

013602020 汕头市畜牧志/2177

012955979 汕头市税务志/2178

010252200 汕头民政志/2177

012099830 汕头民政志 1988-2000/2177

007915130 汕头邮电志/2178

013602024 汕头物价志/2178

008437282 汕头建置沿革 资料本/2179

007664419 汕头经济特区志/2177

009379591 汕头党校志 1952-1991/2177

007479139 汕头海关志/2178

011500585 汕头教育志/2178

013185711 汕头港口志 1860-2010/2178

011477194 汕尾市工商行政管理志/2228

012174866 汕尾市中级人民法院院志/2228

012249756 汕尾市城区人大志/2229

009335782 汕尾市南告水电厂志/2229

011312108 汕尾政协志 1989-2004/2228

氿

012969659 氿水镇志/941

池

012237625 池上乡志/3252

012173713 池州电力志 1985-2005/1184

009115644 池州地区工商行政管理志/1183

008985704 池州地区卫生志/1184

009115646 池州地区公路志/1184

007523615 池州地区志/1183

008830554 池州地区审计志/1184

011890508 池州烟草志/1184

013506629 池潭水力发电厂志/1242

汝

013689061 汝州市人民代表大会志 1949-2011/1704

007482026 汝州市志/1704

012218620 汝州市邮电志/1704

012639025 汝州市政协志/1704

011477189 汝州市统战志 1911-2006/1704

009864618 汝州市烟草志/1704

013377039 汝阳县卫生志/1698

007132535 汝阳县志/1697

011955333 汝阳县志 1989-2000/1697

010140284 汝阳县志 1989-2000 评审稿/1697

009888903 汝阳县志 送审稿/1697

009116476 汝阳县财政志/1697

013096279 汝阳县第一高级中学志 1935-2003/1697

013933336　汝城县军事志 1840-2007/2081
012099779　汝城县志 1989-2002/2081
009686538　汝城县林业志/2081
013320929　汝城县物价志/2081
013096268　汝南县人大志 1949-2011/1809
010250815　汝南县外贸志/1810
009382257　汝南县曲艺志 初稿/1810
008386613　汝南县志/1809
013222152　汝南县志 1986-2000/1809
008988366　汝南县教育志/1810

汤

012252635　汤口镇志至 2006/1160
013185847　汤山街道志/822
011312053　汤阴人物志/1715
012613860　汤阴风物民俗志/1715
012836399　汤阴县人民代表大会志 1954-2008/1715
013991565　汤阴县人物志 征求意见稿/1715
009334835　汤阴县土地志/1715
011585005　汤阴县卫生志 1984/1716
011310733　汤阴县水利志/1716
009685484　汤阴县公安志/1715
013756267　汤阴县地方税务局志 1994-2007/1715
003075672　汤阴县志/1714
009675561　汤阴县志 1985-2002/1714
010108884　汤阴县志 1985-2002 初稿/1714
010108878　汤阴县志 1985-2002 送审稿/1714
011500667　汤阴县政协志/1715
012956033　汤岗子医院志 1950-2010/518
008094636　汤旺河区志/695
012684750　汤河水库志/551
012099959　汤泉镇志/819

006542976　汤原县志/702
008385444　汤原县粮食志 1905-1985/702

兴

012767149　兴山县水土保持志 1955-2004/1881
013823023　兴山县对口支援志 1984-2004/1881
008385194　兴山县地名志/1881
008015397　兴山县志/1881
012767146　兴山县金融志 1745-1985/1881
009880081　兴山县烟草志/1881
011328652　兴山县教育志 1986-2003/1881
010230660　兴山县移民志 1984-2003/1881
011585152　兴义文物志/2687
011955757　兴义市志 1978-2006/2686
012100609　兴义市桔山城市中心区志 1992-2007/2686
003075673　兴义县志/2686
013797079　兴仁县人民代表大会志 1944-2011/2687
013321268　兴仁县工会志 1956-2010/2687
012689853　兴仁县水利志/2687
007342719　兴仁县志/2687
009472115　兴仁县教育志/2687
011479422　兴化卫生志/954
009105566　兴化水利志/953
008488213　兴化市志/953
008265118　兴化税务志/953
013010988　兴文县计划生育志/2552
012689856　兴文县志 1996-2005/2552
007809556　兴文县志 第1卷/2552
008429498　兴文县志续编 第2卷 1986-1995/2552

008672153 兴文县国土志/2553	013072725 兴县财政志/363
013011204 兴文县教育志 1985-2000/2552	008380192 兴县教育志 1840-1988/363
013148635 兴平市金融志 1990-2009/2978	008379725 兴县税务志/363
013939601 兴平县卫生志 初稿/2979	013464205 兴围村志/988
013630424 兴平县水利志 送审稿/2979	010110772 兴国县人民医院志/1342
011585146 兴平县风俗志/2979	013686414 兴国县人民医院志 1930-2010/1342
008845147 兴平县志/2978	009961974 兴国县人物志/1342
013661506 兴平县金融志/2978	008430501 兴国县水利志/1342
009387338 兴平县政协志/2978	010730393 兴国县文化志/1342
013604256 兴平县教育志/2979	009687477 兴国县交通志/1342
010008257 兴业县土地志/2320	007903912 兴国县志/1341
011444086 兴宁人物志/2226	012613201 兴国县志 1986-2000/1341
012946924 兴宁叶南麻岭留圣堂地方志/2226	010110769 兴国县教育志 修订稿/1342
012880340 兴宁市志 1979-2000/2225	008428894 兴国县粮油志/1342
009379619 兴宁县华侨志/2226	008844411 兴国邮电志/1342
004415495 兴宁县志/2225	012506435 兴和县人物志/438
009864150 兴宁县财政志/2226	009768913 兴和县志/438
010108633 兴宁县教育志/2226	009799246 兴和县志 送审稿/438
010468925 兴华街志/605	004516352 兴城县志/567
013823021 兴庆检察志/3126	008845939 兴海县志/3106
012877320 兴安县土地志/2301	009334614 兴隆台采油厂志 1970-1988/557
007685864 兴安县水利志/2301	008379626 兴隆庄煤矿志 1957-1985/1518
010468993 兴安县税务志 送审稿/2301	012175120 兴隆庄煤矿志 1986-2005/1518
008379196 兴安盟志/440	013732493 兴隆县人大志/212
011571020 兴安盟志 1996-2005/440	008533955 兴隆县地名资料汇编/212
008594359 兴安盟邮电志/440	009553705 兴隆县志/212
012723323 兴安盟教育志/440	011809487 兴隆县政协志/212
012252897 兴安盟森林草原防火志 1947-2006/440	011444083 兴隆矿务局工会志 1955-1999/211
012662651 兴县文化志 1840-1991/363	010139919 兴隆矿务局志 1956-1988/211
013776000 兴县电力工业志 1946-1997/363	008817307 兴隆镇志/894
013732494 兴县军事志 556-2006/363	007506755 兴塔志/771
007488639 兴县志/363	013661507 兴塔志 1990-2004/771

010279785　兴蒙蒙古族乡志/2780

宇

010118541　宇航公司志/976

安

013751434　安义人大志 1949.5-2009.5/1303
008844709　安义县水利志/1303
004018783　安义县志/1303
011756368　安义县志 1986-2000/1303
008429243　安义县劳动人事局志/1303
009385277　安义县邮电志/1303
011578744　安义县商业志/1303
009797322　安乡县地方国家权力机关志/2057
012831063　安乡县交通志 1949-2008/2057
013922761　安乡县军事志/2057
007509401　安乡县志/2057
012678342　安乡县国土资源志/2057
009382727　安乡县物价志/2057
012889169　安丰乡志/1713
007981968　安丰塘志/1178
009379668　安太乡志/2293
007843503　安仁县工业志/2082
007809644　安仁县志/2081
014032682　安化县公安志 1901-1990/2072
013308880　安化县农业志/2072
007903910　安化县志/2072
009768595　安化县志 1980-2000/2072
008538695　安化县志审查稿/2072
012950318　安化县国有工业志 1897-2000/2072
012831047　安化县信用合作社志 1952-2001/2072
013625736　安龙县人口和计划生育志/2689
013220907　安龙县气象志/2689
012263887　安龙县军事志/2689
004344824　安龙县志/2689
013140858　安龙县教育志/2689
012249622　安平县人民检察院检察志/241
008533450　安平县地名资料汇编/241
007588039　安平县志/241
008379151　安平县邮电志/241
013646792　安丘文化志/1513
013779548　安丘电力志 1937-2010/1512
012263896　安丘市王家庄镇民俗志/1513
012141547　安丘市召忽乡志/1512
013751432　安丘市军事志 1840-2005/1512
013687107　安丘市第一中学百年志 1911-2011/1513
010777059　安丘县土地管理志/1512
008832090　安丘县地名志/1513
007350124　安丘县志/1512
013883834　安丘县医药志/1512
012967308　安宁市公安志 1950-2000/2749
011469903　安宁市文物志/2750
012713822　安宁市农村信用社志 1953-2009/2750
013726753　安宁市财政志 1996-2006/2750
012635485　安宁市政法志/2749
012995151　安宁市教育志 1987-2006/2750
011430270　安宁县八街镇志/2748
010577333　安宁县工业志/2750
010732082　安宁县乡镇企业志/2749
013699147　安宁县民政志/2749
010475290　安宁县民族宗教志/2749
010195246　安宁县农业志/2749
008598730　安宁县志/2748

013699152 安宁县志 1989-1995/2748
010732081 安宁县财政志/2750
011328098 安宁县金融志/2750
010577312 安宁县政务志/2749
012173622 安宁县党群志/2749
013883832 安宁县教育志/2750
013625826 安宁监狱志/2749
013625729 安边中学校志/2549
009790087 安吉县水利志/1047
008994793 安吉县电力工业志/1047
008450582 安吉县地名志/1047
013126136 安吉县交通志/1047
005591380 安吉县志/1046
008450592 安吉林业志/1047
008594679 安西县志/3068
011995222 安西县财政志 1986-2004/3068
005584715 安西府沿革志/3068
010140691 安达市物价志 1984-2004/715
013687103 安达市审计志 1983.7-2011.12/715
006555942 安达县志/715
009797055 安达粮食志 1913-1981/715
012713839 安庆电力志 1897-2003/1152
013987319 安庆市大观区志 1996-2006/1153
010291628 安庆市卫生防疫志 1497-1985 文稿/1153
009377214 安庆市公路志/1152
010577235 安庆市文化市场志/1152
008451008 安庆市志/1151
011469918 安庆市志 1978-2000/1151
010007532 安庆市财政志 1978-2002/1152
012635491 安庆市金融志 1978-2005/1152
007478006 安庆市郊区志/1153

013987322 安庆市宜秀区志 1988-2007/1153
012540689 安庆市宜秀区政协志 1987.5-2007.1/1153
009046608 安庆市政协志 1949-1999/1151
012950329 安庆地区文物志稿/1152
007493540 安庆地区志/1151
011067653 安庆地区教育人物志 1903-1990/1152
011067174 安庆地区教育志 1902-1988/1152
011578738 安庆科技人物志/1152
008838893 安次区土地志/231
008533933 安次县地名资料汇编/231
011312222 安阳公安志/1708
011325263 [安阳火柴厂]厂志 1946-1983/1708
011804078 安阳市七中校志 1956-2006/1710
011496814 安阳市人民医院志 1887-1984/1710
011496812 安阳市工会志 1949-1989/1708
009252000 安阳市土地志/1708
009796997 安阳市水利志/1709
008840976 安阳市文峰区志/1711
011943014 安阳市文峰区志 1988-2002/1711
008421497 安阳市北关区志/1710
010230876 安阳市北关区志 1991-2002/1710
010108802 安阳市北关区志 1991-2002 评审稿/1710
008424702 安阳市民政志 1912-1987/1708
008421967 安阳市曲艺志/1710

007019980 安阳市交通志/1709
008338552 安阳市志/1707
012105142 安阳市志 1988-2000/1707
011496810 安阳市财政志/1709
011310735 安阳市金融志 1911-1985/1709
003728788 安阳市郊区志/1711
011496817 安阳市实验中学校志 五十年风雨历程 1953.5-2003.5/1710
008424357 安阳市建筑志/1709
009125467 安阳市城市建设志/1708
012173653 安阳市政协志/1708
011469929 安阳市监狱志 1982-2003/1708
012095888 安阳市铁西区志 1991-2002/1711
013090684 安阳市教育志 1840-1987/1709
011563524 安阳市第一中学校志 1946-1985/1710
011496811 安阳市第九中学校志/1709
013506453 安阳市第五中学志/1709
011496815 安阳市商业志/1709
009412766 安阳地区医药志 初稿/1710
009879575 安阳县水利志/1714
008865383 安阳县公安志/1714
011310775 安阳县曲艺志/1714
008421947 安阳县农业区划志/1714
007289923 安阳县志/1713
009743675 安阳县志 1986-2002/1713
010108838 安阳县志 1986-2002 征求意见稿/1713
010108833 安阳县志 1986-2002 送审稿/1713
009684753 安阳县教育志/1714
013680539 安阳县第一高级中学志 1948-2008/1714

009332570 安阳卷烟厂志/1708
008986913 安阳钢铁公司志 1957-1985/1708
009412784 安阳钢铁集团公司志 1986-1997/1708
011890434 安阳新闻志 1911-2003/1709
010061622 安阳歌谣集成/1710
009385286 安远县民政志/1335
007903907 安远县志/1335
007903908 安远县志/1335
013723433 安远县志 1986-2005/1335
006710892 安远县财政志/1335
009385282 安远县林业志/1335
009385295 安远县知青志/1335
012741964 安远县第一中学志 1940-2010/1335
008303819 安远县粮食志/1335
008844690 安远邮电志/1335
013817875 安县水利电力志/2487
012132429 安县军事志 1986-2005 送审稿/2487
005696778 安县志/2486
012540814 安县志 1986-2002/2487
009880991 安邱县医药志 初稿/1512
012658099 安陆市人大志/1907
012809878 安陆市文化体育新闻出版志 1949-2009/1908
013751431 安陆市金融志 1986.1-2000.12/1908
010008650 安陆市烟草志/1907
008191638 安陆县志/1907
010140762 安陆县金融志 1843-1985/1908
010109650 安陆县教育志 1854-1985/1908
009382710 安陆县粮食志 1835-1987/1907

011430252 安国工商行政管理志/189
008793378 安国市水利志/189
008533688 安国县地名资料汇编/189
008845975 安昌镇志/1051
009385025 安图县文物志/637
007902364 安图县志/636
012741881 安图县志 1986-2005/636
010280347 安图县林业志/636
012249624 安图县政协志/636
010143038 安图县教育志/637
013528615 安图制药厂志/637
012832091 安图法院志 1949-2006/636
011311833 安岳中学志/2586
013859303 安岳县文化志/2586
008669079 安岳县民政局志/2586
012967321 安岳县农业局志/2586
007482434 安岳县志/2586
012678347 安岳县志 1986-2005/2586
013402716 安岳县政协志 1957-2006/2586
008669076 安岳县保险公司志/2586
013859305 安岳县总工会志 1986-2005/2586
009867099 安岳县教育志 1897-1985/2586
008380098 安泽县志/352
009413276 安砂镇志/1238
011943011 安钢志 1998-2007/1708
013883836 安顺市人口和计划生育志/2662
008540958 安顺市地名录/2663
012263908 安顺市西秀区人民代表大会志 1949.11-2008.6/2664
009673772 安顺市西秀区人民政府志/2664
013308885 安顺市西秀区工商行政管理志/2664
010238262 安顺市西秀区大西桥镇志/2663
009887128 安顺市西秀区双堡镇志/2663
009336333 安顺市西秀区旧州镇志/2663
013625829 安顺市西秀区地方税务志 1994.9-2003.12/2664
009989190 安顺市西秀区华西办事处管元村志/2663
011328743 安顺市西秀区志/2663
013506436 安顺市西秀区苗族志/2664
012635558 安顺市西秀区政协志/2664
009472107 安顺市西秀区轿子山镇志/2663
010962583 安顺市西秀区教育志/2664
009346541 安顺市西秀区蔡官镇志/2663
012831056 安顺市农村信用社志/2662
007490448 安顺市志/2661
009310266 安顺市宋旗镇志/2663
008541736 安顺地区民族志/2662
012741953 安顺地区志/2661
009332469 安顺地区志武警志/2661
008597965 安顺地区邮电志/2662
008598416 安顺地区财政志/2662
012635500 安顺地区林业志/2662
011496809 安顺地区供销合作社志/2662
012635496 安顺地区党群志 1949.11-1990.12/2662
009864359 安顺地方税务志/2662
007685459 安顺县水利志/2662
011430280 安顺县民族志 缩简本/2663
008540522 安顺县地名录/2663
013646794 安顺烟草志/2662
012967313 安顺彝族乡志/2570

012678332 安家底村志/1762
010242633 安康中学校志 1930-1994/3010
011469895 安康市卫生防疫志/3010
013402710 安康市技工学校志 1979-2011/3010
008993423 安康市建设志/3011
008928959 安康地区水利志/3011
008612640 安康地区志/3009
008486176 安康地区财政志/3010
008993417 安康地区法院志 1935-1989/3009
012871756 安康地区监察志/3009
008793281 安康地区教育志/3010
006542662 安康县志/3009
012678337 安康供电志 1931-2009/3009
008486179 安康供销志/3010
013646784 安康学院校志 1958-2008/3010
014026319 安康城乡建设志 1991-2012/3009
009228137 安康铁路分局志 1970-2000/3010
011320483 安康酒厂志/3009
008599888 安铺镇志/2206
012173649 安新县土地志/195
008844725 安新县水利志/195
008533370 安新县地名资料汇编/195
008593806 安新县志/195
011430290 安新县教育志/195
010200106 安源区志/1309
011804074 安溪地名志/1254
007347925 安溪华侨志/1254
012503634 安溪县计生协会志 1985-2007/1254
008663631 安溪县地名录/1254

007654336 安溪县交通志/1254
007358342 安溪县志/1254
013625835 安溪县财税志 事物发端-2007/1254
012871801 安溪县城隍庙志/1254
010007681 安溪姓氏志/1254
012173641 安塞县军事志 前221-2005/2994
007480707 安塞县志/2994
013853462 安塞县高级中学校志/2994
009385273 安福县人民代表大会志/1351
013817864 安福县工会志/1351
012889173 安福县水利志/1352
012657691 安福县农业志/1352
008389982 安福县志/1351
012831043 安福县志 1988-2008/1351
008426001 安福县谷源山林场志/1352
011441975 安福县社上水库志/1352
008429116 安福县社上水库志/1352
008986559 安福县金融志/1352
012831049 安徽八一齿轮厂厂志 1956-1985/1119
008830365 安徽工商税收志/1115
010229255 安徽卫生志/1118
011294354 安徽中医学院院志 献给安徽中医学院建院四十周年 1959-1999/1125
012657702 安徽中医学院校志 1999-2009/1125
010193968 安徽中药志/1118
001936791 安徽风物志/1117
013506430 安徽电力职工大学志/1124
009863210 安徽电建二公司志/1120
010107582 安徽电建公司志/1120
010290685 安徽印染厂厂志 1956-1985/1120

012831053 安徽司法行政志 1986-2006/1114
011575349 安徽民盟志 1946-2000/1107
010107744 安徽丝绸厂志/1114
008830413 安徽地层志/1117
008830436 安徽地层志泥盆系石炭系分册/1117
011066937 安徽共青团志 1919-1996/1113
012139546 安徽师范大学附属中学百年校志/1130
013402707 安徽师范大学夜大学校志 1956-1996/1130
011321352 安徽血吸虫病防治志/1118
011740969 安徽农村金融志/1115
012586986 安徽劳动教养志 1955-2005/1114
008830283 安徽两栖爬行动物志/1117
013680530 安徽针织厂志 1954-1985/1120
013506431 安徽侨务志稿 1949-1990/1113
014026306 安徽法院志 1667-1985/1113
014026308 安徽法院志 1986-2011/1113
008830310 安徽经济植物志/1117
010137479 安徽省人口志/1113
013987287 安徽省工商银行志资料汇编/1115
008663028 安徽省广德县地名录/1188
008663314 安徽省马鞍山市地名录/1144
013680529 安徽省天长市人民医院志 1949-2009/1166
010476444 安徽省天城中学志/1154
008662860 安徽省无为县地名录/1133
008662912 安徽省五河县地名录/1138
010576457 安徽省太湖中学志/1156
013987307 安徽省太湖中学志 1996-2005/1156

008662969 安徽省太湖县地名录/1156
008663498 安徽省屯溪市地名录/1160
008663550 安徽省水利志水文志/1114
013881648 安徽省气象志 1986-2005/1117
010730228 安徽省长途电信传输局局志/1123
009804307 安徽省公路志/1114
008663023 安徽省凤台县地名录/1140
008845952 安徽省六安市地名录/1177
008342699 安徽省六安地区曲艺志/1177
008662913 安徽省六安县地名录/1177
010730033 安徽省文物志稿/1117
008662924 安徽省东至县地名录/1185
008298325 安徽省电力工业志/1114
012095866 安徽省电力工业志 1991-2002/1114
010193963 安徽省电影志/1117
008663350 安徽省宁国县地名录/1187
010291672 安徽省司法行政志/1114
014026313 安徽省地方税务志 1994-2012/1115
010293845 安徽省地震监测志/1117
008662901 安徽省当涂县地名录/1145
008663306 安徽省合肥市地名录/1124
013374064 安徽省合肥市第六中学五十周年校志/1123
011319918 安徽省合肥纺织品站志 1957-1985/1120
011066640 安徽省杂技志/1116
013330203 安徽省安庆卫生学校志 1943-2003/1152
008845944 安徽省安庆市地名录/1152
013987325 安徽省安庆香皂厂志/1152
008830444 安徽省农资公司志/1119

008663501 安徽省寿县地名录/1178
007910038 安徽省志/1107
010229248 安徽省志人物志 评审稿/1107
010137485 安徽省志水利志 评议稿/1108
010294054 安徽省志 外事侨务志 送审稿/1108
010294052 安徽省志民政志 送审稿/1107
010250392 安徽省志机械工业志 1861-1985 初稿/1107
010294064 安徽省志交通志 送审稿/1107
010294055 安徽省志冶金工业志 送审稿/1108
010294061 安徽省志纺织工业志 送审稿/1107
010294045 安徽省志供销合作社志 送审稿/1107
008450954 安徽省志总目录/1108
009041786 安徽省志第1卷 总述/1108
008298562 安徽省志第2卷 大事记/1108
008298567 安徽省志第3卷 建置沿革志/1108
008298570 安徽省志第4卷 自然环境志/1108
007291102 安徽省志第5卷 地质矿产志/1108
009041691 安徽省志第6卷 气象志/1108
009041768 安徽省志第7卷 地震志/1108
007291165 安徽省志第8卷 人口志/1108
008527533 安徽省志第9卷 政党志/1108
008663575 安徽省志第9卷 政党群团志 共产党篇 初稿/1109
008298572 安徽省志第10卷 群众团体志/1109
008663587 安徽省志第11卷 人大政府政协志/1109
007291169 安徽省志第12卷 公安志/1109
007850910 安徽省志第13卷 司法志/1109
007291170 安徽省志第14卷 民政志/1109
008298575 安徽省志第16卷 人事志/1109
008527524 安徽省志第17卷 外事侨务志/1109
007291167 安徽省志第18卷 军事志/1109
008492859 安徽省志第19卷 农业志/1109
009884369 安徽省志第20卷 水产志/1109
007511826 安徽省志第21卷 林业志/1109
008298872 安徽省志第22卷 水利志/1109
008298876 安徽省志第23卷 农垦志/1110
008663598 安徽省志第24卷 乡镇企业志/1110
007291105 安徽省志第25卷 煤炭工业志/1110
007291168 安徽省志第26卷 电力工业志/1110
007291104 安徽省志第27卷 石油化学工业志/1110
008590651 安徽省志第28卷 冶金工业志/1110
007807223 安徽省志第29卷 机械工业志/1110
008298930 安徽省志第30卷 电子工业志/1110
008298933 安徽省志第31卷 轻工业志/1110
008641617 安徽省志第31卷 烟草志/1110
007291106 安徽省志第32卷 纺织工业志/1110
007674868 安徽省志第33卷 建材工业志/1110
008036614 安徽省志第34卷 军事工业

志/1110

008486153 安徽省志第35卷 交通志/1111

007291103 安徽省志第36卷 邮电志/1111

008380811 安徽省志第37卷 测绘志/1111

008492854 安徽省志第38卷 城乡建设志/1111

007291166 安徽省志第39卷 商业志/1111

009041715 安徽省志第40卷 粮食志/1111

008528676 安徽省志第41卷 供销合作社志/1111

008527511 安徽省志第42卷 对外经济贸易志/1111

008298935 安徽省志第43卷 旅游志/1111

008298938 安徽省志第44卷 金融志/1111

008527505 安徽省志第45卷 财政志/1111

008298942 安徽省志第46卷 计划统计志/1111

008298946 安徽省志第47卷 工商行政管理志/1111

008298947 安徽省志第48卷 物资志/1112

008298949 安徽省志第49卷 价格志/1112

008298951 安徽省志第50卷 技术监督志/1112

008528681 安徽省志第51卷 科学技术志/1112

008298954 安徽省志第52卷 社会科学志/1112

007348207 安徽省志第53卷 体育志/1112

007674872 安徽省志第54卷 教育志/1112

008298963 安徽省志第55卷 文化艺术志/1112

008663591 安徽省志第56卷 档案志/1112

008298960 安徽省志第57卷 文物志/1112

008298961 安徽省志第58卷 新闻志/1112

008486165 安徽省志第59卷 广播电视志/1112

008527519 安徽省志第60卷 出版志/1112

007674873 安徽省志第61卷 卫生志/1113

007850912 安徽省志第62卷 医药志/1113

007807224 安徽省志第63卷 民族宗教志/1113

008450946 安徽省志第64卷 民俗志/1113

007850911 安徽省志第65卷 方言志/1113

008450950 安徽省志第66卷 人物志/1113

008450957 安徽省志第67卷 附录/1113

010137522 安徽省志简本/1113

008846421 安徽省芜湖市地名录/1131

008663032 安徽省芜湖县地名录/1132

010193965 安徽省医药志/1114

008844973 安徽省来安县地名录/1166

013687105 安徽省财政志 1979-2010/1115

008663486 安徽省利辛县地名录/1183

008662863 安徽省庐江县地名录/1128

010292038 安徽省怀宁中学校志校友录 1952-1991/1154

008662899 安徽省怀宁县地名录/1154

008662991 安徽省怀远县地名录/1137

008663284 安徽省灵璧县地名录/1175

011293557 安徽省环境保护志/1118

008662903 安徽省青阳县地名录/1186

008662887 安徽省枞阳县地名录/1155

012263870 安徽省矿业机电装备公司志/1146

008662988 安徽省砀山县地名录/1173

008663520 安徽省固镇县地名录/1138

008663000 安徽省岳西县地名录/1158

007825649 安徽省供销合作社志/1115

008663495 安徽省阜阳市地名录/1169

013771465 安徽省阜阳地区体育志/1169
008663025 安徽省阜阳县地名录/1169
013771467 安徽省阜阳县集镇小志/1168
008663329 安徽省阜南县地名录/1170
008663491 安徽省金寨县地名录/1180
008662866 安徽省肥西县地名录/1127
011320066 安徽省服装鞋帽工业志/1114
008662868 安徽省泗县地名录/1176
008663307 安徽省郎溪县地名录/1188
011430260 安徽省建筑工程总公司志 1952-1986/1120
008662876 安徽省贵池县地名录/1184
008671659 安徽省保险志/1115
008662917 安徽省桐城县地名录/1154
011320304 安徽省桐城县轴瓦厂志/1153
008662922 安徽省蚌埠市地名录/1135
012950321 安徽省蚌埠市禹会区文化馆馆志/1136
010469036 安徽省航运志/1114
008663503 安徽省亳县地名录/1182
013369079 安徽省旅游培训中心(安徽旅游学校)校志 1986-2011/1124
008662930 安徽省涡阳县地名录/1182
011321386 安徽省黄梅戏剧院史志 1953-2003/1124
008663047 安徽省萧县地名录/1174
008663035 安徽省铜陵市地名录/1150
008663320 安徽省铜陵县地名录/1151
009796819 安徽省第二建筑工程公司公司志 1952-1987/1120
008663317 安徽省望江县地名录/1157
008663537 安徽省淮北大堤志/1147
013726751 安徽省淮北卫生学校校志/1147

008662910 安徽省淮北市地名录/1147
011292812 安徽省淮河航道志/1115
008662865 安徽省宿县地名录/1173
008662894 安徽省宿松县地名录/1157
008844977 安徽省绩溪县地名录/1190
012950324 安徽省舒城县土壤志/1180
008662878 安徽省舒城县地名录/1180
008663504 安徽省颍上县地名录/1171
008663331 安徽省滁州市地名录/1165
008663517 安徽省蒙城县地名录/1183
008663526 安徽省嘉山县地名录/1166
008663008 安徽省潜山县地名录/1156
008662880 安徽省霍山县地名录/1181
008662885 安徽省霍邱县地名录/1179
008662995 安徽省濉溪县地名录/1148
008663509 安徽省繁昌县地名录/1133
011469882 安徽音乐志野获编/1116
013140853 安徽检察志 1986-2005 征求意见二稿/1114
009783873 安徽第一棉纺织厂厂志 1954-1985/1120
010290704 安徽第二棉纺织厂厂志 1956-1985/1120
009415150 安徽商贸职业技术学院校志/1130
012657693 安徽商贸职业技术学院校志/1130
008486171 安徽兽类志/1118
009411364 安徽植物志/1117
012249618 安徽警官职业学院志 1981-2006/1119

军

009995341 军户农场志 1958-2002/3191

009797084 军事气候志/710

010254035 军钢志 1971-1985/159

011310739 军垦农场志/1855

012680325 军峰山志/1371

祁

010007625 祁山镇志/1162

013753758 祁门乡镇简志/1162

009378108 祁门县工商行政管理志/1162

008663323 祁门县地名录/1162

010193986 祁门县农业志/1162

003807942 祁门县志/1162

011955288 祁门县志/1162

011066699 祁门县旅人志/1162

010193981 祁门县教育志/1162

008453531 祁东县志/2030

012836118 祁东县志 1986-2005/2030

011955280 祁东县政协志 1982.1-2006.12/2030

007508802 祁州中药志/189

013066913 祁阳文物志/2088

013629341 祁阳县人民代表大会志 1949-2010/2087

011892387 祁阳县卫生防疫志/2088

013601952 祁阳县卫生志/2088

010200486 祁阳县水利水电志/2087

013066924 祁阳县文化志/2088

010199442 祁阳县交通志/2087

013684571 祁阳县交通志/2087

011477146 祁阳县农业志/2087

007819130 祁阳县志/2086

010253950 祁阳县志 1978-2004/2087

010110014 祁阳县志 1978-2004 验收稿/2087

010199447 祁阳县志 1978-2005 评议稿/2087

013794821 祁阳县财政志/2087

011892389 祁阳县直工业志/2087

011892382 祁阳县林业志/2087

011892376 祁阳县法院志/2087

011477137 祁阳县城建志/2088

011477142 祁阳县教育志/2088

008471191 祁连水利志/3104

007914587 祁连县志/3103

008453888 祁连资源志/3104

012955865 祁连蒙古志/3104

013319990 祁县人物志/319

010231287 祁县方言志/319

010231683 祁县古县镇志/318

009688236 祁县电力工业志 1909-2004.7/318

013002409 祁县军事志 前556-2005/318

008476274 祁县志/318

012208116 祁县财政志/319

010265762 祁剧志 初稿/2088

讷

013659691 讷河电业志 1929-2006/675

013144629 讷河市人物志/675

011188674 讷河民间文学集成 故事 歌谣 谚语/675

007947951 讷河县文物志/676

007994355 讷河县志/675

013184418 讷河县环境保护志/676

许

012052477 许贤乡志/988

012252920 许昌公安志/1750

009382333 许昌市土地志/1750

008427111 许昌市土地志长葛卷/1753

009382336 许昌市土地志许昌县卷/1753

013994215 许昌市土地志禹州卷/1752

008427142 许昌市土地志鄢陵卷/1754

013994213 许昌市土地志襄城县卷/1755

011068452 许昌市卫生防疫站志/1751

010252842 许昌市水利志/1750

011313065 许昌市曲艺志/1751

006865753 许昌市志/1750

010250725 许昌市医药志 1644-1982 初稿/1750

011310816 许昌市魏都区曲艺志/1751

009814278 许昌地区交通志/1750

010735826 许昌地区饮食服务志/1751

008666393 许昌地区供销合作志/1750

010250785 许昌地区药品生产流通志/1750

011068616 许昌地区教育志下篇 中华人民共和国时期 初稿/1751

011068410 许昌地区教育志上篇 清末 中华民国时期 初稿/1751

010239125 许昌地方铁路志 1966-1985 暂定稿/1750

010278928 许昌戏曲志/1751

006497409 许昌县志/1753

012506449 许昌县志 1986-2000/1753

007506839 许昌县财政志/1754

011066381 许昌卷烟厂志 1949.2-2003.7/1750

008426143 许昌食品志/1751

009382341 许昌烟草志/1750

农

012051920 农一师十三团志/3226

012051918 农一师十六团志/3227

010730239 农一师工会志/3181

009854399 农一师四团志/3184

008994797 农一师农业科学研究所志/3182

008384856 农一师志鉴 1994-1996/3181

010001270 农一师志鉴 1997-1999/3181

013991271 农一师阿拉尔市疾病预防控制中心志/3227

009411702 农一师教育志/3182

007519781 农二师志/3199

013991265 农二师组织志/3199

008543202 农十师志送审稿/3230

007519792 农七师志/3208

007486967 农八师垦区石河子市志/3224

008492736 农九师中学志/3217

008844307 农九师机械厂志/3217

008668392 农九师志/3216

008543166 农九师医院志/3217

010001272 农三师志/3185

008543190 农三师志初稿/3185

009341039 农五师土地志/3197

009480295 农五师志 1949-2003/3197

012873354 农六师水利志/3230

013863135 农六师气象志/3229

008994885 农六师志讨论稿/3229

013863137 农六师种子志/3230

011290889 农六师科技志 1949-2003/3229

008906181 农六师垦区五家渠市志 1949-2001/3228

010252551 农六师垦区五家渠市志附录 世纪回眸准噶尔/3228

010732111 农六师党委党校志 1959-2003/3228

009995533 农六师简史 1927-2004 /3228
008668365 农四师志 /3207
009024997 农四师医院志 /3207
009117784 农四师第一中学志 /3207
013793383 农行石家庄分行第一营业部金融志 /124
011310896 农安县水利志 /594
011319959 农安县文物志 /594
005559205 农安县志 /594
012814050 农安县政协志 1959.9-2002.12 /594
009768224 农林街志 1840-2000 /2143
009783901 农具农机志 征求意见稿 /1406
010476006 农垦法院志 1982-2002 /646
009744956 农垦黎明志 /2861

设

013404095 设备修造厂志 1956-2006 /356

访

013404090 访仙历史文化志 /949
012503914 访仙镇志 /948

寻

012003016 寻乌县志 1986-2000 /1343
008844341 寻乌邮电志 /1343
010577076 寻甸水电志 /2759
013686424 寻甸回族志 /2759
013148661 寻甸回族彝族自治县人民代表大会志 1950-2010 /2758
010239359 寻甸回族彝族自治县民政志 /2758
010252077 寻甸回族彝族自治县民族志 /2759
008718435 寻甸回族彝族自治县志 /2758
012252928 寻甸回族彝族自治县金融志 /2759
012837541 寻甸回族彝族自治县政协志 /2758

那

013601849 那曲地区志 /2918
011570129 那陈乡志 /2283
012661674 那拔志 /2322
012639702 那坡县土地志 /2323
008816719 那坡县志 /2323
009239615 那坡县商业志 /2323

艮

008450305 艮山门发电厂志 /974

阮

011998135 阮氏家族志 /2848

孙

012175686 孙子志 附孙膑 吴起 司马穰苴志 /1403
012814235 孙曲村志 /345
012542951 孙村志 /1538
012662305 孙村村志 新石器时期-2008.6 /1421
011908924 孙村煤矿志 1851-1988 /1539
012662307 孙村镇志 420-2008 /1132
011188665 孙吴民间文学集成 /713
004970849 孙吴县志 /713
013959421 孙河村志 /49
012662310 孙耿镇志 /1425
011805941 孙家小庄村志 /1540
009244235 孙家湾村志 /1867
013959422 孙蒋社区地方志 1997-2006 /836

阳

012662720 阳山庄村志 /2985

009154015　阳山县志/2236
013226736　阳东县志 1988—2000/2234
013323097　阳光热力集团史志 1997—2005/669
010280458　阳曲公安志/268
007858029　阳曲方言志/268
008906346　阳曲县地名志/268
008471086　阳曲县志/268
008665163　阳江市地名志/2233
013510874　阳江市志 1988—2000/2233
013630557　阳江场志 1956—1986/2233
008665219　阳江县志/2234
012100675　阳谷县工会志 1926—2006/1591
013706970　阳谷县水利志/1591
005559126　阳谷县志/1591
013707129　阳谷县志 1988—2008/1591
009312503　阳谷县医药志/1591
010113147　阳谷县教育志 1840—1994/1592
007477808　阳明山新方志/3256
010293849　阳春文物志/2234
013776021　阳春农业志/2233
013604553　阳春县交通志/2233
007475773　阳春县志/2233
007881972　阳春县志/2233
007508885　阳春简志/2233
009414955　阳城一中志/305
009387271　阳城县人民医院志 1947—1997/305
012175147　阳城县屯城煤矿志/304
012100667　阳城县公安志 1937—2005/304
008385515　阳城县电力工业志 1946—1992/304
012662716　阳城县交通志 1840—1988/304
013757229　阳城县农业志/304

008470934　阳城县志/303
011809548　阳城县财政志/304
013630555　阳城县环境保护志/305
009995037　阳城县金融志/304
008949921　阳城县政协志/304
010577464　阳城教育志 1840—1985/304
010117845　阳城新华书店志 1949—1999/304
008864704　阳城煤炭志/304
008452373　阳信县水利志/1597
007755133　阳信县志/1597
013133872　阳泉人事志 1947.5—1991.12/275
013097864　阳泉干线公路志/276
011955817　阳泉工会志/275
009313188　阳泉五交化股份有限公司志/276
009312559　阳泉公路交通史/276
011909964　阳泉风景名胜志/277
008983208　阳泉市人民代表大会志/275
012506478　阳泉市卫生学校志/277
013823136　阳泉市乡镇简志/275
013148727　阳泉市区电力工业志 1987—2002/278
013689478　阳泉市公路志/276
013343452　阳泉市文化志/277
008471134　阳泉市志/275
008535496　阳泉市志送审稿/275
012052506　阳泉市财政志/277
012719168　[阳泉市]矿区人大志/279
013012542　阳泉市矿区工商行政管理志/279
008814330　阳泉市矿区志/278
012052510　阳泉市国税志 1994—2003/277
008535573　阳泉市郊区志/279
008535576　阳泉市郊区志送审稿/279

013865502 阳泉市审计志/276
012003024 阳泉市城区人民法院志/278
013865494 阳泉市城区工会志/278
008379322 阳泉市城区志/278
008535556 阳泉市城区志送审本/278
012613072 阳泉市政工程志/276
009799337 阳泉市政协志/275
013510879 阳泉市教育志/277
013012538 阳泉市教育学院志 1988-2008/277
009107250 阳泉市第一人民医院志 1948-1995/278
013133886 阳泉市第一人民医院院志 1948-2008/278
011909971 阳泉市税务志 1840-1993/277
009387272 阳泉市税务志送审稿/277
013510878 阳泉市道路运输协会志/276
008378007 阳泉发电厂志 1938-1990/276
009561622 阳泉邮电志/277
013994225 阳泉汽车修造运输有限公司志/277
013686431 阳泉矿区教育志/279
010280114 阳泉供水志/276
008535461 阳泉供电志 1918-1990/276
012956588 阳泉统战志 1950-2010/275
012814465 阳泉烟草志/276
013865492 阳泉教育志/277
012837572 阳泉煤业集团总医院志 1950-2000/278
009240430 阳原县土地志/204
008377876 阳原县卫生志 477-1987/204
008533866 阳原县地名资料汇编/204
007969317 阳原县志/204
013379367 阳原县志 1994-2005/204

009560769 阳高人物志/272
008906306 阳高县地名录/272
007900233 阳高县志/272
013226739 阳高革命老区志/272
013961174 阳朔中学志/2299
003075035 阳朔县志/2299
011585208 阳朔县志 1986-2003/2299
011909974 阳朔县邮电志/2299
013732543 阳朔县国税志 1994.9-2009.9/2299
010731683 阳逻街志/1848
012256461 阳新方言志/1856
011909979 阳新县人民代表大会志/1855
012837574 阳新县水利志 1986-2005/1856
008379274 阳新县地名志/1856
012613066 阳新县交通志 1986-2005/1855
007903916 阳新县志/1855
013823141 阳新县志 1986-2005/1855
013707132 阳新县财政志 1889-1985/1855
009382673 阳新县金融志/1855
012545573 阳新县金融志 1985-2008/1855
010109702 阳新县烟草志/1855
009382670 阳新县教育志/1855
012877343 阳新县教育志 1986-2004/1855
012837569 阳煤集团总医院院志 2000-2010/278
009553783 阳澄湖镇志/889

阴

008384872 阴那山志/2225
013939699 阴亮村志/1548

防

013956862 防灾科技学院校志/232
012872266 防城区土地志/2312

007883875 防城县志/2312

011311457 防海关志/2312

008816733 防城港区八年史料汇编 1985-1993/2311

009061886 防城港市土地志/2312

011995607 防城港市邮电志/2312

009250927 防城港市金融志/2312

012714129 防城港简志/2312

如

007728238 如东人口计划生育志/911

008532497 如东县人大志/911

011892434 如东县人大志/911

012252382 如东县人民法院志/912

008378950 如东县土地志/912

010243542 如东县工会志/911

012639037 如东县电力工业志 1988-2005/912

008093046 如东县志/911

008357268 如东县志评论文选/911

007721931 如东县劳动志/912

012661793 如东县图书馆志/912

009338412 如皋土地志/908

013755962 如皋市电力工业志 1986-2005/908

013822222 如皋市军事志/908

010200528 如皋农村金融志/908

008446318 如皋劳动志/908

008446313 如皋县志/908

009840141 如皋县教育志/908

010200523 如皋金融志/908

妈

009836893 妈祖的传说/1232

观

012096738 观音垱地名志/1916

012173793 观音堂煤矿志/1758

牟

013628750 牟平区实验小学校志 1913-2000/1495

008594519 牟平方言志/1495

011066876 牟平电业志/1495

013822090 牟平县交通志/1495

005226886 牟平县志/1495

013684550 牟平邮电志 1986-1998/1495

012251474 牟平教育人物志/1496

012766276 牟定凤头甸村志/2837

013689041 牟定县卫生志/2837

005591355 牟定县志/2837

012680510 牟定县志 1978-2005/2837

013793327 牟家小庄村志/1551

012814025 牟家村志/1439

欢

009334595 欢喜岭采油厂志/558

红

009126257 红山农场志/974

011320520 红山峪村民俗志/311

009744073 红卫农场志 1968-1983/686

010576642 红寺堡开发区志/3134

009839637 红兴隆农垦志 1947-1985/685

012967642 红兴隆农垦志 1986-2000/685

009879582 红兴隆科研所志 1959-1990/685

013626682 红安化肥厂志/1930

013957441 红安县土壤志/1930

007378031 红安县志/1930

013897298 红安县林业志/1930

013222223 红安县供销合作志/1930

010140773 红安县金融志 1879-1985/1930

010008668 红安县烟草志/1930

010109683 红安县教育志 1905-1985/1930

007486730 红安县简志/1930

002177318 红军人物志/3270

012999130 红花岗区教育志 1990-2007/2654

013990673 红岛街道志 1087.1-2005.12/1442

009380811 红枫发电总厂志 1958-1988/2639

008422612 红岩机器厂厂志 1965-1982/2375

011066879 红河州土地志/2843

011432716 红河州文物志/2844

013728896 红河州农牧业志/2843

010473933 红河州农垦志 1951-1985/2843

011474460 红河州戏曲志/2844

010201590 红河州邮电志/2843

011762114 红河州烟草志/2843

009799616 红河州税务志/2843

004102777 红河县志/2851

008420616 红河县志修订稿/2851

011328455 红河县政协志/2851

012541685 红河哈尼族彝族自治州人民代表大会志 1950-1993/2842

011329721 红河哈尼族彝族自治州水利志/2843

009126160 红河哈尼族彝族自治州文化艺术志/2844

008660291 红河哈尼族彝族自治州农村金融志/2844

007807186 红河哈尼族彝族自治州志/2842

011328353 红河哈尼族彝族自治州林业志/2843

008664965 红河哈尼族彝族自治州金融志/2844

012898578 红河哈尼族彝族自治州法院志/2843

012680072 红河哈尼族彝族自治州政协志 1998.4-2008.2/2842

008426173 红河哈尼族彝族自治州概况/2842

011589873 红河烟草志/2843

012811482 红河集团志 1985-2008/2843

008378818 红城村志/708

008994767 红星一场志/3178

009232194 红星二场志/3177

009995334 红星二牧场志/3177

008094638 红星区志/696

011497756 红星企业集团志/1373

009397031 红星酒志 1949-1992/17

008298388 红桥区民用公房经营管理志/91

008827906 红桥区志/91

008486593 红桥区房地产志/91

008001442 红原县志/2599

012967645 红原县志 1992-2005/2600

012952118 红原县教育志/2600

012952112 红塔区民政志/2777

010731609 红塔区农业志 1978-2005/2777

012758960 红塔区财政志 1978-2005/2777

010476390 红塔区烟草志/2777

011995811 红塔辽宁烟草志沈阳卷/475

011995754 红塔辽宁烟草志营口卷/542

011589879 红塔集团志 1956-2005/2777

013143928 红联村志/2160

007900247 红旗区志/1727
009961483 红旗水泥厂志 1958-1988/1851
009996983 红旗农场志 1949-2000/3204
012173894 红旗岭农场志 1958-2005/687
008358103 红旗渠志/1713

012952106 红旗满族乡志 1820-2005/660
009125967 红旗镇志/507

纪

011566068 纪王镇志/755

七画

寿

001717094 寿山石志/1209
005285197 寿宁县志/1278
008528018 寿宁县林业志/1278
013959382 寿光广播影视志/1511
011908840 寿光卫生防疫志 1957-2007/1512
008594530 寿光方言志/1512
011763503 寿光市人大志/1510
012899420 寿光市人民医院志/1512
013899434 寿光市生态农业观光园建设志 2005-2010/1511
013603029 寿光市民政志/1510
012899419 寿光市发展和改革局志 1955-2007/1511
012722371 寿光市纪检监察志 1979-2010/1510
012506209 寿光市政协志 1979-2009/1510
009348199 寿光市教育志/1511
013002516 寿光市第二中学校志 1956-2006/1512
014050270 寿光农村商业银行志 1951-2011/1511
013660316 寿光县乡镇企业志/1511

007900153 寿光县志/1509
013373591 寿光县志 1960/1509
013863657 寿光财政志/1511
012506213 寿光现代中学校志 1999-2009/1512
012506220 寿阳县人民医院院志 1948-2008/317
008949911 寿阳县化工燃料有限责任公司志/317
009676046 寿阳县电力工业志 1957-2002/317
007289914 寿阳县志/317
012877185 寿阳县郭村志/317
008384869 寿阳金融志/317
013731630 寿阳重点工程志 2004-2011/317
008487166 寿县工商行政管理志/1178
007969458 寿县志/1178
009244229 寿泉街志/491

麦

009106152 麦秀林区植物简志/3105
008453909 麦积山石窟志/3051
007482380 麦盖提县志/3186

玛

008838404 玛曲县志/3083

008936365 玛多县志/3108

013774641 玛多县志 1996-2010/3108

009854410 玛沁县志/3107

012097819 玛纳斯发电厂志/3194

008838587 玛纳斯县土地志/3194

007490393 玛纳斯县志/3193

009042855 玛纳斯县财政志/3194

进

010143325 进贤县公安志/1304

013990880 进贤县血防志 1956-2009/1304

012661347 进贤县农业志 1986-2005/1304

007903894 进贤县志/1303

010110601 进贤县志 1986-2000/1304

008300093 进贤县政协志 1959-1989/1304

远

013866258 远安交通志/1880

013939756 远安县水利志 1949-2005/1880

013939751 远安县交通运输志 1991-2010/1880

013939754 远安县农业志/1880

007378017 远安县志/1880

013190031 远安县志 1979-2005/1880

008379160 远安县志续编/1880

013797204 远安县林业志/1880

010197126 远安县金融志/1880

013072840 远安县政协志 1981-2007/1880

009880093 远安县烟草志/1880

运

012003068 运河高等师范学校江苏教育学院运河分校校志续编 1928-2008/848

009333450 运城人物志/324

012816166 运城市工会志 1925-2000/322

009333457 运城市土地志/322

012903481 运城市卫生志/324

013994251 运城市引水供水有限公司志 1942-2007/322

013343580 运城市电力工业志 1991-2007/323

007731541 运城市志/322

012723467 运城市财经学校志/323

012903483 运城市体育志/323

011500822 运城市政协志/322

009881341 运城市信用合作志/323

011793434 运城市盐湖区人民代表大会志/324

011793431 运城市盐湖区财政志/324

013689488 运城市盐湖区教育志/324

011910215 运城市教育志/323

012837798 运城地区水利志/324

013994247 运城地区计划管理志/322

008378014 运城地区电力工业志 1928-1990/323

009340808 运城地区交通志/323

012766477 运城地区纪律检查志 1950.2-1993.4/322

008637768 运城地区志/322

008534993 运城地区金融志/323

013606509 运城地区统战人物志/323

008813985 运城地区简志/322

008384898 运城地区粮食志/323

012903479 运城科协志/323

009334617 运输公司志 1970-1990/558

扶

012810574 扶风文化艺术志/2966

012096682 扶风县水利志/2966

012679311 扶风县军事志 前12世纪-2005/2966

006543060 扶风县志/2966

012658439 扶风县政协志/2966

008844246 扶风县教育志/2966

010776970 扶余县水利志/625

009335472 扶余县文物志/625

006795898 扶余县志/625

014028775 扶余县志 1988-2000/625

010469355 扶余县志 一校稿/625

011068389 扶余物资志/625

009381312 扶沟县人民医院志/1800

009381327 扶沟县卫生防疫站志/1800

010469058 扶沟县乡卫生志 合订本/1800

007512926 扶沟县志/1800

012191774 扶沟县教育志/1800

011294811 扶绥县人民代表大会志/2338

010195313 扶绥县土地志/2338

007910009 扶绥县志/2337

010244018 扶绥县政协志 1981-2002/2338

抚

010138585 抚宁县地名志/156

008533278 抚宁县地名资料汇编/156

009381114 抚宁县交通志/156

007289931 抚宁县志/156

012714217 抚宁县志 1979-2002/156

010138588 抚宁县国土资源志/156

010138584 抚宁县教育志 1979-2003/156

010060984 抚州市民间文学集成 抚州市卷/1368

007359782 抚州市志/1367

013681558 抚州市财政志 送审稿/1368

013681554 抚州地区水利志 送审稿/1368

010060966 抚州地区民间文学集成 东乡县卷/1373

010060988 抚州地区民间文学集成 乐安县卷/1372

010060993 抚州地区民间文学集成 金溪卷/1372

010060991 抚州地区民间文学集成 南城县卷/1370

010060967 抚州地区民间文学集成 临川县卷/1368

010060986 抚州地区民间文学集成 黎川县卷/1368

011320729 抚州地区教育志 珍藏版/1368

010577206 抚州地区粮食志/1368

011311824 抚州行政机关志 前202-2002/1367

008423524 抚州针织厂志/1367

013404295 抚州金融志/1368

013897118 抚州法院志 1840-1990/1367

013897120 抚州法院志 1991-2010/1367

010110382 抚州烟草志/1367

012609830 抚州移动通信志/1368

008445168 抚远县志 1909-1985/702

011327112 抚松县人参志/623

008444144 抚松县地名志/623

007426163 抚松县志/623

012609821 抚松县志 1986-2000/623

009242462 抚钢职工技术协作活动志 1961-1991/523

010009339 抚顺"8·13"水灾志/525

009242615 抚顺水泥厂志 1934-1988/524

008864762 抚顺公安志/523

010686851 抚顺石油一厂志/524

013143613 抚顺石油三厂志 1936-1986/524

009820612 抚顺石油工业志 1909-1987/524

008845826 抚顺电业局志 1936-1996/523

009242550 抚顺市人民代表大会志/523

009961847 抚顺市人民代表大会志 1993-2003/523

011757774 抚顺市工会志 1901-1985/523

013143658 抚顺市卫生志 1905-1985/526

011431426 抚顺市中心医院志 1969.8-1999.6/526

013143652 抚顺市市政设施建设志 1884-1985/526

013143635 抚顺市机电设备公司志 1960-1985/524

009242560 抚顺市自来水公司志 1908-1985/523

009994158 抚顺市戏曲志/525

008852610 抚顺市志/522

012609818 抚顺市志 1986-2005/522

010001135 抚顺市志市情要览卷/522

008379131 抚顺市志第1卷 概述 大事记 建置 自然环境 人口/522

008852630 抚顺市志第2卷 农业/522

008852633 抚顺市志第3-5卷 政党 政权 政协 群团卷 城建 环保 交通 邮电卷 科技 教育 文化 卫生卷/522

008845817 抚顺市志第6-8卷 商贸卷 经济管理卷 社会生活卷/522

008845821 抚顺市志第9-10卷 军事 政法卷 人物卷/522

009392455 抚顺市志第11卷 工业/522

013143631 抚顺市财政志 1948-1990/524

010011519 抚顺市环境保护志/526

011943576 抚顺市林业志 1986-2000/523

009242513 抚顺市金融志 1840-1985/524

013143643 抚顺市金融志续编 1986-1996/525

013143640 抚顺市建筑设计研究院志 1952-1992/526

013183432 抚顺市政协志 1946.2-1995.2/523

008537971 抚顺市政府志/525

011431421 抚顺市科学技术志/525

010277950 抚顺市保险志/525

010011522 抚顺市商业志/524

011579807 抚顺发电厂志/523

009242472 抚顺地区树木志/526

009227412 抚顺军事志 1840-1992/523

013369832 抚顺县交通志 1948-2010/527

008536003 抚顺县志/526

013128931 抚顺县志 1986-2005/526

008537956 抚顺冶金工业志 1910-1985/524

013143611 抚顺矿业集团公司十年志 2001-2011/524

012636943 抚顺矿物局电力机车工厂志/524

009242517 抚顺科协志/525

009242619 抚顺统计志/522

010200278 抚顺档案志/525

010244243 抚顺铝厂志 1936-1986/524

010279752 抚顺锡伯族志/525

贡

012609856 贡山独龙族怒族自治县地名志/2896

010576590 贡山独龙族怒族自治县志/2896

010475292 贡山独龙族怒族自治县教育志/2896

010687031 贡山独龙族怒族自治县粮油志/2896

009687416 贡江镇志/1339

012679345 贡觉县志/2915

009694252 贡寮乡志/3238

赤

013702929 赤土村志/92

013819178 赤水市志 1986-2006/2654

013859472 赤水县交通志/2654

003324854 赤水县志/2654

008402553 赤水县志编纂文论选集/2654

012967412 赤水镇志/1255

012679149 赤社村志/324

013702919 赤城县人民代表大会志/208

009397065 赤城县土地志/208

011472218 赤城县土壤志/209

011995388 赤城县水利志/208

008533864 赤城县地名资料汇编/208

011472211 赤城县农业志/208

005285269 赤城县志/208

013751579 赤城县志 1991-2007/208

011804168 赤城县供销合作社志/208

011320510 赤城县教育志/208

008594417 赤峰八千年大事记/397

009398418 赤峰电业志 1986-2000/398

009994867 赤峰电业局志/398

009349662 赤峰市人口计划生育志/397

008535810 赤峰市人事志/398

010730162 赤峰市工商行政管理志/398

009768901 赤峰市元宝山区地名志/401

008382735 赤峰市元宝山区志/401

010143523 赤峰市元宝山区志送审稿/401

009819954 赤峰市公路交通志/399

010577513 赤峰市地方志金石志 初稿/397

010577526 赤峰市地方志(原昭乌达盟)概述篇 初稿/397

014026666 赤峰市地方税务志 1994-2010/399

013790286 赤峰市地方税务志 1994-2006 修订本/399

012249771 赤峰市地名志/400

014026669 赤峰市交通志 1991-2005 送审稿/398

012096500 赤峰市农作物种子志/400

008828728 赤峰市防空志/398

012264033 赤峰市红山区地名志/401

008195192 赤峰市红山区志/400

009398524 赤峰市红山区教育志 1644-1990/400

011496875 赤峰市红山区教育志 讨论稿/400

008191655 赤峰市志/397

008535806 赤峰市志送审稿/397

010730499 赤峰市医院志 1951-2005/400

008671663 赤峰市邮电志/399

010730037 赤峰市财政志 1723-1990/399

013790289 赤峰市体育志送审稿/400

013751582 赤峰市松山区人民代表大会志 1948-2011 送审稿/402

012658267 赤峰市松山区志 1991-2005/401

011496876 赤峰市金融志/399

012658259 赤峰市郊区教育志/402

013702925 赤峰市建设志/400

012132601 赤峰市政协志/398

013140999 赤峰市教育志/399

010577202 赤峰民族师范高等专科学校校志 1960-2000/400

010577407 赤峰发电厂志 1921-1985/398

007443582 赤峰军事志/398

009414004 赤峰农牧金融志/399

012096505 赤峰灾害志/400

013141012 赤峰制药厂志/398

012540893 赤峰药用植物志/400

010686955 赤峰税务志讨论稿/399

013528809 赤溪镇志/2201

013923952 赤壁一中百年志 1912-2012 /1938

012096477 赤壁市民政志 1840-2003/1937

012096484 赤壁市交通志 1987-2005/1937

012540889 赤壁市财政志 1986-2005/1938

010293962 赤壁市烟草志/1937

孝

011066387 孝义广播电视志/359

009995033 孝义公安志/359

011585110 孝义方言志/359

011295499 孝义电力工业志/359

011312474 孝义市人民医院志/360

009561615 孝义市土地志/359

010730718 孝义市下栅村志/359

009768797 孝义市西辛庄镇志/358

012684999 孝义市兑镇镇志/358

008385639 孝义市城关乡志/358

008813646 孝义市柱濮镇志/358

013994118 孝义交通志/359

004516542 孝义县志第1卷/358

008382743 孝义县志第2卷 续/358

009561610 孝义林业志/359

008983191 孝义金融志/359

009340801 孝义城乡建设志/359

012545465 孝义政协志/359

012662547 孝义教育志/359

011311838 孝义粮食志/359

012685001 孝直村志/1424

013899728 孝昌县志 1993-2012/1910

010008694 孝昌县烟草志/1910

009106171 孝姑中学校志 1923-2000/2529

008991999 孝姑初级中学校志 2000/2529

009231609 孝姑镇志 1950-1999/2525

013865414 孝南区民政志 1990-2008/1905

012613250 孝南区民政志 1991-2001/1906

012662540 孝南区劳动保障志/1906

010008697 孝南区烟草志/1906

013959612 孝感土壤志/1905

013321211 孝感车务段段志 1897-1993 /1904

010109766 孝感电业志 1923-1985/1904

012613253 孝感市人民政府志 1949-2008 /1903

013865411 孝感市水利志 1990-2007/1905

013226576 孝感市民政志 1724-1991/1903

012970554 孝感市民政志 1949-2005/1903

013186065 孝感市农业志/1904

013097826 孝感市农业志 1949-2009/1904

013757104 孝感市孝南区国税志 1994-2008 /1906

007990124 孝感市志/1903

013959610 孝感市志 1949-2005/1903

009335326 孝感市邮电志送审稿/1904

009335320 孝感市财政志/1904

013321217 孝感市国土资源志 1984-2008 /1903

013226565 孝感市金融志 1875-1985/1905

012899978 孝感市畜牧业志 1949-2008 /1903

010008695 孝感市烟草志/1904

013899731 孝感市烟草志资料长编/1904

013865407 孝感市教育志 1883-1987/1905
012837490 孝感市税务志/1904
008453156 孝感地区水利志/1904
013865393 孝感地区交通志/1904
013226561 孝感地区金融简志 1949-1985/1904
010109758 孝感地区粮食志 1949-1985/1904
007469302 孝感县简志/1903
012636917 孝感学院志 1943-2008/1905

坎

009480414 坎山镇志/987

均

013897682 均溪镇志/1241

抗

010735827 抗日山志/917
013531129 抗日革命老区梅村村志/2167

坊

008812452 坊子区志/1507
013987645 坊子区志 1990-2007/1507

志

012317254 志丹县军事志 前328-2005/2995
007818010 志丹县志/2994

芙

013894621 芙蓉区军事志 1840-2005/1988
012872285 芙蓉村民俗田野志/1029

芜

013010695 芜湖人物志略/1131
013795662 芜湖长江轮船公司志/1129
009398945 芜湖东方纸版厂史志 1956-1988/1129
009019431 芜湖市人民代表大会志/1128
012545399 芜湖市马塘区志 至2005/1131
009683289 芜湖市公路志/1130
013510713 芜湖市民政志 1906-2010/1129
007493556 芜湖市志/1128
012882708 芜湖市志 1986-2002/1128
013994021 芜湖市园林工具厂厂志/1131
011998533 芜湖市鸠江区志 至2003/1131
009767682 芜湖市环境保护志/1131
013756923 芜湖市金融志/1130
012684912 芜湖市城市建设志 1986-2002/1129
013096565 芜湖市第一人民医院院志 1939-2009/1131
012638629 芜湖市第二人民医院院志 1953-2003/1131
009378143 芜湖发电厂志/1129
012316881 芜湖发电厂志 1986-2005/1129
011500736 芜湖农校志 1903-1988/1130
010193987 芜湖县水利志/1132
012208329 芜湖县交通志/1132
007488663 芜湖县志/1132
012316892 芜湖县志 1990-2003/1132
013462793 芜湖县财政志/1132
013510719 芜湖县政协志 1980.6-2011.6/1132
012638631 芜湖纺织工业志 1896-2004/1129
010280345 芜湖供电志/1129
012316888 芜湖供电志 1987-2004/1129
010730154 芜湖政协志 1993-1997/1129
012316895 芜湖政协志 1998-2002/1129
009683287 芜湖教育志/1130
013630244 芜湖教育学院校志 1978-1987/1130

苇

010195567 苇河林业局志 /664

013756904 苇芦村志 /1432

008598604 苇湖梁发电厂志 /3166

邯

007290038 邯山区志 /161

013335287 邯邢冶金矿山志 1951-1985 /159

012264957 邯钢志新闻媒体报道邯钢经验选编 /159

010253973 邯钢志 1957-1984 /159

012173852 邯郸人大志 /157

009159331 邯郸电力工业志 1916-1988 /158

009397201 邯郸电力工业志 1989-1999 /158

012999044 邯郸四棉厂志 1956-1985 /159

008379232 邯郸市工会志 1898-1988 /157

011310835 邯郸市工会志初稿 /157

012191920 邯郸市土地志 /158

013335283 邯郸市卫生志 1814-1985 /161

008379179 邯郸市地名录 /160

008533720 邯郸市地名资料汇编 /160

013990656 邯郸市传染病医院志 1963-2013 /161

013369934 邯郸市自来水公司志 /158

009397212 邯郸市抗击非典志 /160

007289983 邯郸市志 /157

008378765 邯郸市财政志 1723-1985 /160

011579912 邯郸市纺织工业志 1945-1985 /159

013404412 邯郸市武警志 /158

013897204 邯郸市国防工业志 1963-1988 /159

007587963 邯郸市建设志 /158

012898465 邯郸市建设志 1991-2007 /158

008819746 邯郸市城市建设志 /161

012638835 邯郸市峰峰矿区志 1991-2006 /162

008378743 邯郸市畜牧水产志 /158

008378822 邯郸市情 /157

010469356 邯郸市税务志 1911-1985 /160

012999018 邯郸市粮食志 1890-1985 /158

010476147 邯郸民进会志 1981-2005 /158

011294714 邯郸师范专科学校校志 /160

009699411 邯郸师范教育志 /160

012191927 邯郸县土地志 /164

009380959 邯郸县公路交通志 /164

008533715 邯郸县地名志 /164

011473129 邯郸县交通志 /164

006105441 邯郸县志 第1卷 /164

009313557 邯郸县志 第2卷 1986-2002 /164

013772721 邯郸县房产志 /164

010253972 邯郸县教育志 /164

008534689 邯郸邮电志 /160

012638832 邯郸矿业集团志 1991-2006 /159

008382871 邯郸供电志 /158

012967616 邯郸供电志 1995-2005 /159

012658577 邯郸供销社志 1949-2000 /160

011579886 邯郸城市金融志 1945-1989 /160

013897206 邯郸政法志 1949-2009 /158

009852658 邯郸钢铁总厂史志 1957-1990 /160

012999047 邯郸陶瓷志 新石器时期-1989 /159

012999056 邯棉一厂志 1950-1985 /159

芷

011910312 芷江电信志 /2101

009889520 芷江民族志 /2102

007969192 芷江县志/2101

013323157 芷江县志 1978-2005/2101

013824335 芷江侗族自治县人民代表大会志 1994-2012/2101

008594752 芷江侗族自治县供销合作社志/2102

芮

012722192 芮城广播电视志 1956-2009/336

012899369 芮城卫生志/336

012766460 芮城兴学建校志 1995-2000/336

012766455 芮城县电力工业志/336

007819121 芮城县志/336

009408092 芮城财政志/336

009561563 芮城国税志/336

花

013531009 花乡六圈村村志/52

013507958 花乡葆台村志/52

011497764 花木镇志/764

012237292 花坛乡志/3247

007908348 花县水利志/2157

007908385 花县对外经济贸易志/2156

009116151 花县华侨志/2156

008038804 花县志/2155

007908326 花县金融志/2156

008213709 花县法院志/2156

007908324 花县经委工业志/2156

007908322 花县检察志/2156

007908325 花县商业志/2156

009959991 花园口乡志 征求意见稿 一稿/1627

008848032 花果山乡志/914

009686859 花果山志/915

004516513 花垣县志/2113

008665169 花都市地名志/2156

014032757 花都政协志 1981-2005/2155

007475775 花莲县志稿/3253

008092145 花桥乡志/1364

013820261 花桥镇志 1995-2006/899

009043386 花溪区政协志/2638

012191997 花溪区教育志/2638

芬

012653246 芬园乡志/3247

苍

013751469 苍山方言志/1568

011995278 苍山志/2869

012889237 苍山县人大志/1568

012048752 苍山县人民医院院志 1943-2005/1568

011499248 苍山县水利志/1568

013309032 苍山县军事志 前 1040-2005/1568

008034236 苍山县志/1568

012713899 苍南工业商贸志/1032

010730441 苍南农业志/1032

011890456 苍南杨氏通志/1032

010201648 苍南县人大志/1031

008662190 苍南县土地志/1031

009126188 苍南县水利工程志/1032

008450397 苍南县水利志/1032

007969455 苍南县志/1031

013751468 苍南县金融志/1032

011804122 苍南县海洋与渔业志/1031

009840423 苍南县教育志/1032

009126185 苍南灵溪镇志/1031

012635657 苍南周氏通志/1032

012096409 苍南黄姓通志/1032

010278919 苍南章氏史志 /1032
011995286 苍梧县土地志 /2307
007884889 苍梧县志 /2307
008835912 苍溪县民政志 /2500
008669935 苍溪县民政志 /2500
006350773 苍溪县志 /2500
012503670 苍溪县志政协志 1950-2002 /2500
013771537 苍溪县城乡建设环境保护志 /2501
009408098 苍溪蚕丝志 /2500

芳

012237416 芳苑乡志 历史篇 /3247
012804609 芳苑乡志 文化篇 /3247
012806193 芳苑乡志 地理篇 /3247
012806184 芳苑乡志 社会篇 /3247
012806205 芳苑乡志 经济篇 /3247
012806197 芳苑乡志 政事篇 /3247
009378373 芳草街志 1840-1990 /2144
009042845 芳草湖农场志 /3193
013751663 芳草湖医院志 /3230
009335430 芳溪镇志 /1363

严

011479449 严桥镇志 /766
011571167 严陵镇志 /2516

苎

008018729 苎梦西施志 /1056

芦

014047669 芦山县公安志 1950-2007 /2573
008637243 芦山县志 /2573
008385390 芦台农场志 /101
012218655 芦竹乡志 /3241
012218632 芦州市志 /3236
013932501 芦淞区军事志 1970-2005 /2001

010280107 芦溪县志 /1310
009386150 芦溪岭林场志 /1348
009865194 芦墟镇志 /889
009160208 芦潮港志 /765

克

013897698 克山县卫生志 /678
004344812 克山县志 /678
013632516 克山县志 1986-2005 /678
010576812 克什克腾旗公路交通志 /405
011293402 克什克腾旗文物志 /405
007490431 克什克腾旗志 /405
013793085 克东人大志 /678
007902327 克东县志 /678
013531133 克东县志 1986-2005 /678
009441876 克州政协志 /3203
009554102 克孜勒苏柯尔克孜自治州人大志 /3203
011310927 克孜勒苏柯尔克孜自治州民族志 /3204
008543257 克孜勒苏柯尔克孜自治州地理志 /3204
009554094 克孜勒苏柯尔克孜自治州志 /3203
009995349 克拉玛依市人民代表大会志 /3172
008492723 克拉玛依市土地志 /3173
009400080 克拉玛依市乌尔禾区志 /3174
008817078 克拉玛依市白碱滩区志 /3174
008623354 克拉玛依市志 /3172
012968135 克拉玛依市克拉玛依区志 /3173
008994833 克拉玛依邮电志 /3173
011321068 克拉玛依现代农业开发

志/3173

009242744 克俭街志/491

苏

011764762 苏三监狱志明代监狱志/351

011477231 苏仙区志 1989-2002/2076

011477227 苏尼特左旗人民代表大会志 1946-2006/446

007677603 苏尼特右旗水利志/447

009060992 苏尼特右旗志/446

012877198 苏尼特右旗政协志 1956-2005/446

013863837 苏尼特右旗商业志/447

009744808 苏州人口与计划生育志/881

013630081 苏州工业园区志 1994-2005/880

012662299 苏州大学附属第二医院志 1988-2008/884

012814231 苏州山水志/884

009817638 苏州历代名人小志/884

012252595 苏州日报社志 1949-2008/883

008842931 苏州水利志/882

001811457 苏州风物志/884

009560874 苏州方言志/883

008446370 苏州电力工业志 1897-1996/882

013067289 苏州市工会志/881

013320994 苏州市中医医院院志 1956-1982/884

012252601 苏州市公安志/881

008383057 苏州市交通志/882

007914627 苏州市志/880

010573722 苏州市志送审稿/880

013666223 苏州市吴中区志 1988-2005/886

010475305 苏州市财税志/883

010143128 苏州市沧浪区志街巷桥梁卷 1911-1985 初稿/885

010278591 苏州市金融志/883

013510575 苏州市审计志/881

013756102 苏州市高级技术学校志 1960-1998/883

013373603 苏州市高新区虎丘区志/886

012542938 苏州市旅游志/882

009854042 苏州民间舞蹈志/883

009854036 苏州民国艺文志/885

011764770 苏州对外经济志 1896-1990/882

013239937 苏州老街志/884

012266350 苏州当代艺文志/885

013731716 苏州交通运输志 1986-2005/882

013756097 苏州农业志/881

012051948 苏州红十字会志/881

013603193 苏州红叶造纸厂厂志 1920-1990/882

012051949 苏州劳动保障志 1949-2005/881

012956017 苏州医学院附属儿童医院苏州市儿童医院院志 1959-1985/884

009335772 苏州邮电志/882

009335764 苏州体育志/883

013145452 苏州刺绣研究所志 1983-1985/884

009189837 苏州郊区志/885

012542932 苏州河文化遗产图志普陀段/753

013096432 苏州河道志前514-2000/884

009385257 苏州织造局志/882

012252590 苏州保险志 1905-2005/883

012140294 苏州海关志/883

008206869 苏州教育志/883

012877206 苏州教育志续志 1986-2000/883

013630076 苏钢志 1957-1985/882

007902380 苏家屯区志/492

010200284 苏家屯区志1996-2000/492

009854293 苏家屯区教育志1907-1997/492

014052256 苏家庄村志/1659

杜

011313042 杜儿坪矿志1956-2005/257

012049237 杜尔伯特文化志/693

007362249 杜尔伯特蒙古族自治县志第1卷/693

010280300 杜尔伯特蒙古族自治县志第2卷1986-2003/693

008380804 杜行志/756

012609669 杜桥志/1092

013772859 杜集区志/1147

杉

012877161 杉松岗矿志/620

巫

013342687 巫山县人民医院志1941-2011/2395

007378032 巫山县志/2395

012684907 巫盐史志/2395

007905729 巫溪县志/2395

008421510 巫溪县金融志/2395

杞

013629388 杞县地名志/1678

010140243 杞县戏曲志/1678

李

008828091 李七庄乡志/93

012251372 李子坪村志/353

009397176 李石岗村志1506-1997/174

012832419 李庄村志/302

012955016 李庄村志/855

012968222 李庄社区志/1563

010293912 李庄镇志/2549

010143772 李园街道村志/1432

012542601 李沧区志1994-2004/1441

013774476 李沟头村志/836

011892029 李哥庄村志/1443

011762854 李家峡志/3105

012175697 李清照志 辛弃疾志/1403

013990899 李棋镇志1978-2010/2776

012832403 李渡镇志/2371

杨

013732545 杨川村志/1051

010278321 杨市乡志/2106

012956593 杨行镇志/758

010779216 杨庄社区志/1419

011809558 杨庄煤矿志/1147

012613060 杨汛桥镇志/1052

011909983 杨村村志/305

013189985 杨村煤矿志/1524

013072739 杨李枝村志/294

012100680 杨园乡志/766

010009160 杨园镇志/894

011793309 杨林尾区志1840-1985/1951

013865504 杨林教育志/2754

009472601 杨庙乡志/936

009335276 杨巷镇志/840

009190833 杨柳白族彝族乡志/2796

012878860 杨柳青发电厂志1958-1988/94

012256466 杨浦卫生志/755

014050243 [杨浦区]卫生防疫志1950-1990/755

007969153 杨浦区地名志/755

007814390 杨浦区志/754

013189987 杨浦区志 1991-2003 /754
009313291 杨浦公安志 /755
012175151 杨家村风物志 /265
008038807 杨家埠村志 /1506
013226741 杨家群村志 /1436
009622046 杨陵区志 /2978
009348234 杨陵区志 /2978

更

009009901 更乐镇志 /166

束

013002519 束州志 /223
008533769 束鹿县地名资料汇编 /131

两

009887090 两当县志 /3078
011480423 两坂村志 /347

酉

009962568 酉师校志 /2396
009046571 酉阳县志 /2396
009867416 酉阳第二中学校志 1910-2000 /2396

丽

011310520 丽山古迹名胜志 /2942
009415123 丽水公安志 /1099
013328713 丽水市人民代表大会志 /1098
012899043 丽水市工会志 /1098
008662206 丽水市土地志 /1099
013752748 丽水市电力工业志 1991-2005 /1099
009962505 丽水市交通志 /1099
012542602 丽水市农业科学研究所志 1964.6-2009.10 /1099
007060940 丽水市志 /1098

013317862 丽水市医药志 /1099
010476114 丽水市质量技术监督志 /1099
008160925 丽水地区人物志 /1100
013093112 丽水地区工会志 1927-1995 /1098
008450266 丽水地区电力工业志 /1099
009995859 丽水地区曲艺志 /1100
006319880 丽水地区志 /1098
009388710 丽水地区烟草志 /1099
011325505 丽水戏曲志 /1100
011954565 丽水邮电志 /1099
013730173 丽水建设志 /1099
009840407 丽江一中校志 /2810
012613334 丽江古城一中志 1969-2009 /2810
013224587 丽江市人口和计划生育志 /2808
012680401 丽江市人事志 /2809
012505284 丽江市卫生志 /2811
013820597 丽江市文化广电新闻出版志 /2810
012873044 丽江市质量技术监督志 /2809
013684470 丽江市政协志 1950-2010 /2809
008865404 丽江地区电信志 /2810
008865406 丽江地区民政志 /2809
008865409 丽江地区民族志 /2810
008423052 丽江地区交通志 /2809
008992698 丽江地区志 /2808
009393250 丽江地区财政志 /2810
008427153 丽江地区林业志 /2809
009414991 丽江地区烟草志 /2809
010201595 丽江地区教育志 /2810
013752742 丽江地方税务志 /2810
009115259 丽江纳西族自治县志 /2808

013601782 丽江纳西族自治县教育志/2810

009890590 丽江金融志/2810

012899040 丽江统战志/2809

011589941 丽江烟草志/2809

医

009881790 医巫闾山志/539

辰

007590149 辰溪县志/2099

009686296 [辰溪县]财政志/2099

013647639 [辰溪县]金融志/2099

013313475 辰溪财政志 1998-2002/2099

邳

010576948 邳州大蒜志/857

008036603 邳州卫生志/858

011499502 邳州市工会志/856

010238366 邳州市土地管理志/857

013793481 邳州市车辐山镇志/856

013225507 邳州市纪检监察志/856

011805813 邳州市财贸金融志/857

013319937 邳州市政协志/856

012266007 邳州曲艺志/857

012661991 邳州邮电志/857

008385902 邳州财政志/857

008446299 邳县工商行政管理志/856

007903565 邳县志/856

013144635 邳县教育志 1911-1990/857

008377558 邳县银杏志/857

008446288 邳县粮食志/857

还

011474497 还地桥镇志/1853

来

008382944 来凤土家族自治县地名志/1950

013730155 来凤中学校志 1947-2007/2390

010686812 来凤县土壤志/1950

012174105 来凤县电力工业志 1955-2005/1949

003801281 来凤县志/1949

010253927 来凤县烟草志/1950

013897899 来凤卷烟厂厂志资料长篇/1949

010576601 来凤卷烟厂志/1949

011294266 来安县工商行政管理志/1166

013684462 来安县交通志/1166

003491392 来安县志/1166

013508532 来安县志 1986-2005/1166

013446535 来宾市乡镇简志/2332

011996957 来宾市兴宾区第二中学校志 1933-2008/2334

008596078 来宾县水利电力志/2333

008596075 来宾县文化志/2333

012873012 来宾县电力志/2333

007060932 来宾县志/2333

009379977 来宾县邮电志/2333

009189360 来宾县金融志/2333

010245147 来宾县教育志/2333

011996967 来宾县领导人物志/2334

013793096 来宾政法志/2333

013129857 来宾煤矿志 1958.8-1998.8/2333

连

012661444 连山壮族瑶族自治县壮族瑶族志/2236

007931009 连山壮族瑶族自治县志/2236

012832421 连山壮族瑶族自治县志 1979-2005/2236
008377821 连云区志/914
008378775 连云港口岸志/913
013628052 连云港艺文志/913
001795346 连云港风物志/915
008661970 连云港电力工业志/914
010278532 连云港市工会志/914
013932458 连云港市工会志 1990-2011/912
009116206 连云港市卫生志/916
012251397 连云港市中医院院志 1984-2008/915
009241645 连云港市水利志/914
008446222 连云港市公安志/914
008531527 连云港市地名录 市区部分/915
008636343 连云港市志/913
010110334 连云港市劳动志/914
013184318 连云港市邮电志/914
012505322 连云港市财政志/915
010199862 连云港市金融志/915
010143120 连云港市政协志/914
013375218 连云港市第一人民医院志 1951-2000/916
013684479 连云港市第一人民医院院志 1951-2011/913
009338363 连云港市第二人民医院院志 1908-2000/915
010278750 连云港市蔷薇中学志 1975-1995/915
010199860 连云港曲艺志/915
010200054 连云港戏曲志/915
012202982 连云港国税志 1994-2004/915
009553809 连云港港志/914
013601785 连云港蔬菜品种志/916

008990783 连平县志/2232
009412599 连平县教育志/2232
013224599 连州市志/2235
012955023 连江村志 连江马祖/1220
013508547 连江县人大志/1220
012968227 连江县人大志 1994-2006/1220
013508546 连江县工会志/1220
008451951 连江县土地志/1221
008451932 连江县卫生志/1222
008451930 连江县民政志/1220
008664180 连江县地名录/1221
011439937 连江县交通志/1221
012639808 连江县妇女志/1220
009157927 连江县志/1219
008451949 连江县劳动志/1220
008451940 连江县财政志/1221
008451922 连江县金融志/1221
008532466 连江县审计志/1220
008451944 连江县城乡建设志/1221
008451935 连江县政协志/1220
008451939 连江县政府志/1220
008451952 连江县税务志/1221
008451937 连江林业志/1221
012813938 连江郑氏志/1221
009265472 连县志/2235
012542607 连城乡志/1369
008664067 连城县地名录/1272
006350838 连城县志/1272
009804594 连城县志 1988-2000/1272
010194024 连城县政协志/1272
008379675 连南瑶族自治县水利志/2236
013723576 连南瑶族自治县志 1979-2004/2236
007882129 连南瑶族自治县县志/2236

008719428 连然镇志/2749

013457962 连湖农场志 1954-2008/3135

轩

010225128 轩岗村志/338

012662661 轩岗煤电公司志/271

呈

010201457 呈贡县人民代表大会志/2739

012635699 呈贡县工会志/2739

014026661 呈贡县土地志/2739

011472166 呈贡县公安志/2739

011890492 呈贡县公安志 续 1 1996-2005/2739

007587874 呈贡县志/2738

013955631 呈贡县志 1978-2005/2739

014026469 呈贡县国土资源志 1998-2007/2739

012132582 呈贡县法院志 1950-1987/2739

012831235 呈贡县法院志 1988-2007/2739

011472186 呈贡县建设志/2739

012951922 呈贡县政协志 1950.11-2008.2/2739

013771702 呈贡县税志/2739

时

012506195 时集乡志/855

吴

011806029 吴川市财政志/2208

011806034 吴川市政府志/2208

004411357 吴川县文物志/2208

008990730 吴川县志/2208

011909088 吴井村志/2743

008446349 吴市镇志/894

012899846 吴江人物志 1874-1945/891

008446327 吴江工会志/890

012613300 吴江卫生志/891

013175972 吴江艺文志/891

009413551 吴江市土地管理志/890

012568457 吴江市方言志/891

013732352 吴江市电力志 1914-2008/890

009338426 吴江市血防志/891

013959482 吴江市志 1986-2005/889

010280297 吴江市第一人民医院志/891

011443975 吴江丝绸志/890

008446323 吴江县水利志/890

007585894 吴江县志/889

010143135 吴江县财税志/891

008357563 吴县工业志/888

010735728 吴县土壤志/888

008446331 吴县大事记石器时代-1993/886

008446335 吴县乡镇厂矿/888

009385268 吴县水产志/888

008446332 吴县公安志/887

013732355 吴县东桥乡志/887

009147421 吴县市土地志/888

006924061 吴县志/886

009338429 吴县财政志/888

012877283 吴县供销社志 1949-1985/888

013939407 吴县城乡建设志/888

011806045 吴县钢铁厂志/888

013939414 吴县商业志/888

010475306 吴县税务志/888

013939411 吴县粮食志/888

012836474 吴忠市工商行政管理志 1999-2009/3134

009561096 吴忠市卫生志/3134

008667355 吴忠市交通志/3134

008636617 吴忠市志/3134

013756928 吴忠市食品药品监督管理

志/3134
010251771 吴忠市粮食志/3134
009553968 吴忠军事志/3133
009799256 吴忠配件厂志 1965-1990/3134
009880947 吴忠监狱志 1955-2004/3133
013706867 吴起县人民代表大会志 1934-2011/2995
012208323 吴起县军事志 前445-2005/2995
012252741 吴桥民俗志/228
014052365 吴桥县人民代表大会志 1995.1-2011.3/228
008487347 吴桥县水利志/228
008533440 吴桥县地名资料汇编/228
010291645 吴桥县交通志/228
006420704 吴桥县志/227
013689471 吴桥县志 1986-2006/228
007773557 吴淞区志/758
012052395 吴堡县军事志/3008
008594658 吴堡县志/3008
007900130 吴旗县志/2995

县
013706943 县街乡志/2749

里
011997297 里石门水库志/1097
012237595 里港乡志/3252

园
012317123 园中村志/1215

围
008534010 围场县地名资料汇编/215
013795604 围场县农业志/215
008067699 围场满族蒙古族自治县志/214
012252727 围场满族蒙古族自治县志 1991-2005/215
011327740 围场满族蒙古族自治县教育志/215
013660376 围场满族蒙古族自治县税务志 1912-1989/215

邮
009232095 邮电部第五研究所所志 1965-2000/2425
011571199 邮票人物志/3270

吧
011295617 吧咪山志/3080

岐
004344799 岐山县志/2965

岗
013681564 岗埠农场志 1958-2000/913

岑
013923897 岑巩县工会志/2696
009336270 岑巩县民族志/2697
008053779 岑巩县志/2696
008542015 岑巩县金融志/2696
013220992 岑溪市人民医院志 1937-2008/2307
008595616 岑溪市土地志/2306
007978422 岑溪市志/2306
011564457 岑溪县金融志 1908-1990/2307
012871853 岑溪县税务志/2307

岚
013958722 岚上村志/1449
010293840 岚山志 1840-2004/1551
008456343 岚县志/366
011805510 岚皋县军事志 1634-2005/3012
007900136 岚皋县志/3012

牡

009853061 牡二电厂志 1972-1985/707

012653349 牡丹乡志/3252

012969374 牡丹区人大志 1949-2009/1603

012846130 牡丹区志 1986-2005/1602

009700281 牡丹区政协志/1603

013774995 牡丹江日报社志 1945-1985/706

010109577 牡丹江日报社志续 1986-1987/706

013375341 牡丹江水力发电总厂志/705

009879595 牡丹江公安志/704

009744120 牡丹江电力技术学校志 1960-1985/706

010239202 牡丹江电业局志/704

009879596 牡丹江市工会志 1946-1986/704

008377756 牡丹江市公路交通志/705

004436236 牡丹江市志/704

009879600 牡丹江市财政志 1937-1989/706

012614143 牡丹江市财政志 1990-2005/705

010239152 牡丹江市环卫志/706

009864694 牡丹江市金融志 1928-1985/706

012873316 牡丹江市郊区土壤志/707

008486851 牡丹江市郊区志/707

009382401 ［牡丹江市第一人民医院］建院 50 周年纪念志 1946.9.1-1996.9.1/707

009889493 牡丹江市税务志 1902-1991/706

013093153 牡丹江地方林业志/704

010474099 牡丹江机车工厂志/704

010276024 牡丹江机车工厂志 1938-1985/704

010278021 牡丹江戏曲志/706

008445211 牡丹江邮电志/705

009743899 牡丹江卷烟材料厂志/705

009685662 牡丹江铁路分局志 1896-1993/705

009743903 牡丹江烟叶公司志/705

009743901 牡丹江烟草志/705

010109554 牡丹江粮食志/705

告

010732104 告成镇志/1665

乱

008535756 乱流村志/280

利

012251389 利川市电力工业志 1951-2005/1946

007659745 利川市民族志/1946

006548206 利川市志/1945

012952135 利川市志 1986-2003/1946

010576612 利川市烟草志/1946

013336265 利川黄连志/1946

013990901 利华益集团志 1993-2013/1485

013684474 利辛县交通志/1183

012202978 利辛县军事志/1183

007294766 利辛县志/1183

008986989 利国乡志/853

012265283 利国村志/853

011310496 利津县土壤志/1485

013704428 利津县广播电视志/1485

011499162 利津县卫生志/1485

012813933 利津县公安志/1484

013897926 利津县文化体育志/1485

010275842 利津县民政志/1484

012542605 利津县交通志/1485

007289933 利津县志/1484

010254185 利津县志 1986-2002/1484

012139440 利津县环境保护志 1984-2006/1485

012813936 利津县国土资源志/1485
011954570 利津县政协志 1984-2006/1484
010292998 利津县粮食志/1485
008661973 利港镇志/836

秀

013797081 秀山志/2781
009002190 秀山县志/2396
013757199 秀山政协志 1950.3-2005.12/2396
008719444 秀山镇志/2780
012237637 秀林乡志/3253
012636832 秀岭村志/1214

兵

007495292 兵团史志/3169
011066848 兵团路桥总公司志/3224
009338272 兵希镇志/899
012878891 兵器工业系统二九八厂志 1936-1987/2729

邱

008476198 邱北县志/2859
011328343 邱北县金融志/2859
009412682 邱庄水库志/148
011295622 邱县人大志/169
009334822 邱县电力志/169
008533979 邱县地名志/169
009382244 邱县交通志/169
009348184 邱县农村信用合作志/169
008866696 邱县志/168

何

013772810 何屯村志/1721
008446348 何市镇志/892
012610589 何家楼村志/1448
010146948 何麻车村志/1067

攸

012506611 攸县人民法院志 1949-2000/2006
012814524 攸县工商行政管理志/2007
011585280 攸县广播电视志/2007
009383900 攸县水利志/2007
009686605 攸县公安志/2006
009686601 攸县方言志/2007
013630697 攸县计划生育志/2006
011809688 攸县共青团志/2006
010577059 攸县自来水志/2007
012256527 攸县交通志/2007
007378020 攸县志/2006
012052517 攸县财政志/2007
009686598 攸县城关镇志/2006
009686665 攸县科学技术志/2007
009686838 攸县信用合作志/2007
009686834 攸县信访志/2006
009686833 攸县统计志/2006
011585286 攸县盐业志/2007

伸

012072284 伸港乡志/3248

伯

012871839 伯乐文化志/1604

伶

008665418 伶俐糖厂志/2283

佛

013220440 佛山人物志/2186
009673566 佛山工艺美术品志/2186
013506665 佛山电力工业志/2184
003055732 佛山市人口志/2182
003034766 佛山市人民代表大会志/2183

007982866 佛山市人事志/2183
009673294 佛山市工会志 1921-1985/2182
003055730 佛山市工商行政管理志/2183
007982769 佛山市工商联志/2183
009378462 佛山市卫生志/2186
007982867 佛山市中医院志 1956-1994/2186
007884852 佛山市水利志/2184
007982871 佛山市化纤工业志/2184
007884709 佛山市公安志/2183
007987707 佛山市公路志/2185
006176196 佛山市风俗志/2186
007850852 佛山市文化志/2185
006876960 佛山市文物志/2186
007908387 佛山市方言志/2185
013687426 佛山市石湾区志 1984-2002/2187
009346499 佛山市民主党派志/2183
003034102 佛山市对外贸易志/2185
003034764 佛山市华侨志/2183
007908441 佛山市交通志/2184
009673579 佛山市军事志/2183
006160963 佛山市妇联志/2182
006902178 佛山市志/2182
009673589 佛山市劳动志/2184
007885129 佛山市财政志/2185
003034858 佛山市环境保护志/2187
007884869 佛山市物价志/2185
003034601 佛山市金融志/2185
003035352 佛山市法院志/2183
003034765 佛山市宗教志/2182
009673577 佛山市建筑业志/2184
013687422 佛山市城区志 1984-2002/2187
003035366 佛山市城市建设志/2186

012872281 佛山市城市管理行政执法志/2183
003033415 佛山市政府志/2183
003034602 佛山市革命斗争志/2186
007884870 佛山市药业志/2184
008063609 佛山市标准计量志/2183
007532544 佛山市科学技术志/2186
007984362 佛山市档案志/2185
007712599 佛山市陶瓷工业志/2184
007884725 佛山市教育志/2185
009673575 佛山市检察志 1954-1986/2183
008990719 佛山市第一人民医院志/2186
003034600 佛山市商业志/2185
003034599 佛山市税务志/2185
007885130 佛山市塑料皮革工业志/2184
011995613 佛山地震志/2186
009250660 佛山农村金融志/2185
009673570 佛山供电志/2184
009119542 佛山轻工业志/2184
010292614 佛子岭水电站志/1181
011294707 佛子岭水电站志续卷/1181
009046344 佛冈县志/2236
012049263 佛冈县教育志/2236
013528846 佛老村志/2355

伽

010280439 伽师县志/3187

近

002395966 近代上海地区方志经济史料选辑 1840-1949/727
011497918 近代民间金融图志/3266
012661340 近代国造舰船志/3264
012097603 近代晋商交城志/363
001813373 近现代四川场镇经济志/2406

余

008429201 余干县工商行政管理志/1381

003796252 余干县志/1381

009768859 余干县志 1986-2000/1381

010143368 余干县邮电志/1381

013379456 余干县政协志 1959-2010/1381

007684101 余庆县水利电力志/2659

007913528 余庆县志/2659

012506614 余庆县志 1988-2005/2659

008430560 余江县水利志/1327

007478002 余江县志/1326

011809697 余江县志 1986-2005/1326

008424644 余江县粮食志/1326

012769497 余杭人口和计划生育志/993

010576638 余杭工会志/993

012878881 余杭工商联合会(总商会)志/993

010778597 余杭广播电视志/994

012208542 余杭区星桥中心小学校志 1941-2005/995

010118528 余杭区科学技术志/994

012317092 余杭公安志/993

008846494 余杭文物志/995

010293936 余杭电力工业志/994

008450460 余杭市土地志/994

010147418 余杭市金融志/994

013148759 余杭民政志 1990-2006/993

013510914 余杭老龄志/994

009554409 余杭军事志/994

012613017 余杭妇女运动志 1927-2008/993

012769493 余杭纪检监察志 1986.1-2002.12/993

013994240 余杭县民政志/993

008450905 余杭县地名志/995

013732669 余杭县农垦志/994

007384532 余杭县志/992

009881659 余杭县金融志 1912-1985/994

013097933 余杭财税志/994

009157311 余杭青年运动志 1919-2001/993

013148752 余杭法院志/994

007347872 余杭临平镇志/992

012662810 余杭教育志 1986-2005/994

010475968 余杭道路交通管理志/994

008913674 余杭镇志/992

012052525 余杭镇志 1990-2005/993

013134691 余姚方言志/1012

008450414 余姚市乡镇企业志/1012

008450413 余姚市水利志/1012

013148766 余姚市水利志 1988-2009/1012

008450427 余姚市电力工业志 1917-1990/1012

008450517 余姚市地名志/1012

008450412 余姚市志/1012

013510916 余姚市情图志/1012

012814529 余姚财税志/1012

012613015 余粮堡工商行政管理志/410

谷

011579859 谷里乡志第7卷/821

013925273 谷里村志/821

012998958 谷里街道志/821

007903914 谷城县志/1891

013597554 谷城县志 1986-2005/1891

009864719 谷城县金融志送审稿/1891

012139131 谷城县革命老区志 1927-1945/1891

010962475 谷城县烟草志/1891

含

007490998 含山县志/1145

013772722 含山县政协志1981-2011/1145

邻

013000321 邻水县卫生志1981-2008/2557

013932467 邻水县农村信用合作志/2556

006497385 邻水县志/2556

012639785 邻水县志1986-2005/2556

008430340 邻水县国土志/2557

009231797 邻水县国税志续编/2556

龟

012218647 龟山乡志/3240

甸

010144773 甸心行政村志/2780

011890556 甸苴志/2795

免

010143534 免渡河镇志/424

鸠

009840473 鸠坑乡志/1004

邹

013736571 邹区镇志/874

012970984 邹平县人大志1949-2010/1600

008488423 邹平县志/1600

013148984 邹县卫生志/1528

013661847 邹县交通志/1527

013074903 邹县供销合作社志/1528

013661851 邹县教育志1840-1989/1528

013798875 邹县商业志1904-1990/1528

013661853 邹县税务志/1528

013707228 邹县简志/1525

013236422 邹县粮食志/1526

008665054 邹城市人民医院志1948-1999/1528

013012751 邹城市工商行政管理志/1526

012684731 邹城市石墙镇志/1526

010577283 邹城市北宿镇志/1526

008976683 邹城市地名志/1528

007881970 邹城市志/1525

012507366 邹城市志1991-2005/1525

012546810 邹城市邮电志/1527

008452416 邹城市金融志/1528

009962180 邹城市政协志/1526

012956965 邹城市郭里中学校志1960-2010/1528

013965108 邹城市唐村镇志/1526

012816280 邹城市教育志1990-2005/1528

迎

009332377 迎江寺志/1153

库

013064809 库车县水利志/3183

006822852 库车县志/3183

011996893 库车县政协志/3183

007693085 库尔勒市志/3199

012968140 库尔勒市教育志/3200

013897706 库伦旗工商行政管理志/412

011763074 库伦旗地名志/412

010151313 库伦旗志/412

012719163 库伦旗志1646-2008/412

011996896 库伦旗金融志/412

013129786 库伦旗教育志1636-1986/412

应

008488256 应山县志/1942

013661562 应寺村志/61

005285314 应县志/310

013961203 应县政协志/310

009889865 应县教育志/310
010577079 应城风物志 历史人文风情100篇/1907
013323113 应城市军事志 1949-2005/1906
010008708 应城市烟草志/1906
013865536 应城民政志 1882-1985/1906
007905722 应城县志/1906
013757964 应城县财政志 1882-1985/1907
013236275 应城县金融志/1907
013236268 应城县教育志 1904-1985/1907
013236280 应城县商业志/1907
013686444 应城县粮食志/1906
013707134 应城党校志 1959-2011/1906

冷

013932243 冷水江市军事志 1960-2005/2105
007585864 冷水江市志/2105
008538699 冷水江市志评审稿/2105
013932247 冷水滩区军事志 1840-2005/2085
010198893 冷水滩耐火材料厂志 1952-1980/2086
013932257 冷水镇志 1986-2009/1899

庐

009687451 庐山区志/1314
012251439 庐山区政协志/1315
009387099 庐山金融志 1933-1990/1315
009798916 庐山蝶蛾志/1315
012832503 庐江县交通志/1128
004970864 庐江县志/1128
012661537 庐江县志 1986-2005/1128
012265336 庐江县劳动和社会保障志/1128

辛

009335862 辛丰镇志/947
011320242 辛召乡志/1471
011534067 辛庄乡志/134
012662552 辛庄村志/1421
009147426 辛庄镇志/894
007767551 辛亥武昌首义史事志/1842
013072638 辛亥革命在广东报章实录/2139
013462686 辛亥革命福建英杰图志/1203
009335478 辛安渡场志/1829
011500770 辛店街道志/1451
009397074 辛集市土地管理志/130
009381304 辛集市交通志/131
009060687 辛集市/130
007591349 辛集市志/130
013706951 辛集市志 1986-2005/130
010254032 辛集市志稿/130
008379279 辛集市邮电志/131
012506378 辛集市财政志/131
009125463 辛集市城乡建设志/130
009380919 辛集市科学技术志/131
012888350 辛集市教育志/131
008403458 辛集皮毛志/131
009190810 辛街乡志/2796
009688223 辛置志/1514

冶

011479465 冶金人物志 有色金属卷和黄金卷/3272
010250729 冶金工业部长沙矿冶研究院志/1987
009398308 冶金工业部包头钢铁设计研究院院志 1957-1987/392

009266341 冶金工业部钢铁研究总院院志 1952-1985 /18

013630656 冶金工业部第十七冶金建设公司志 1963-1985 /1143

010142865 冶金工业部湘西金矿志 1875-1980 /2110

009383823 冶金工业部衡阳冶金机械厂志 /2023

012662727 冶金部第二十三冶金建设公司矿山井巷公司志 1963-1980 /1982

010278802 冶河灌区志 /127

009009697 冶塘镇志 /895

闲

012506324 闲话紫堤村志 /756

011479306 闲铁矿志 1957-1987 /976

闵

007825627 闵行区文化志 /757

013508682 闵行区地名志 /757

007791166 闵行区志 /755

007840181 闵行区城市建设志 /756

008623323 闵行区教育志 /757

007684057 闵行公安志 /756

羌

011477155 羌州茶志 /3000

汪

009385084 汪清县文物志 /636

008731189 汪清县志 1909-1985 /636

011327184 汪清县供销社志 1946.5-1989.12 /636

沅

012141526 沅江市卫生志 1986-2004 /2071

012662860 沅江市文化志 1989-2004 /2070

012662844 沅江市志 1986-2004 /2070

012141517 沅江市法院志 1983-2004 /2070

013072821 沅江市泗湖山镇志 552-2004 /2070

012662854 沅江县文化志 1840-1988 /2071

005696891 沅江县志 /2070

012689916 沅江县琼湖镇志 598-1988 /2070

010577468 沅江县湖洲水产志 /2070

010110046 沅江政协志 1983-2004 /2070

008195189 沅陵县工会志 /2097

008380660 沅陵县工商联志 /2098

008189802 沅陵县广播电视志 /2098

008195187 沅陵县卫生志 /2099

008195182 沅陵县气象志 /2099

008380310 沅陵县公安志 /2097

008914114 沅陵县乌宿区志 /2097

008195184 沅陵县文化志 /2098

008181525 沅陵县北溶区志 /2096

008380300 沅陵县对外经济贸易志 /2098

008195183 沅陵县当代人物志 /2099

008195185 沅陵县交通志 /2098

008380289 沅陵县军大坪区志 /2097

007903917 沅陵县志 /2097

008835628 沅陵县志 1988-1997 /2097

008195190 沅陵县邮电志 /2098

008380295 沅陵县财政志 /2098

008195180 沅陵县体育志 /2098

008195186 沅陵县林业志 /2097

008195181 沅陵县供销合作社志 /2098

008380315 沅陵县金融志 /2098

013776048 沅陵县宗教志 /2097

008380306 沅陵县保险志 /2098

008380656 沅陵县凉水井区志 /2097

008383002 沅陵县烟草志/2097

沐

013130975 沐川县人大志/2532

013130978 沐川县人口与计划生育志 1942-2005/2532

013130986 沐川县人事劳动和社会保障志 1950-2008/2532

013130056 沐川县工商志 1942-2006/2533

013131008 沐川县卫生志 1942-2006/2534

013130992 沐川县水务志 1942-2009/2534

013958881 沐川县公安志/2533

013131011 沐川县文体志 1930-2006/2533

013131000 沐川县司法行政志 1942-2007/2533

013130964 沐川县民政志 1941-2006/2533

013130038 沐川县地税志 1994-2008/2534

013130125 沐川县交通志 1928-2005/2533

013130963 沐川县军事志 687-2005/2533

013130971 沐川县农业志/2533

013130968 沐川县农村信用合作联社志 1954-2008/2534

008034110 沐川县志第1卷/2532

009009756 沐川县志第2卷 1986-2000/2532

013130001 沐川县财政志 1930-2000/2533

011066943 沐川县国土志/2534

013130102 沐川县国土志 1949-2009/2534

013130062 沐川县国税志 1935-2006/2534

013130047 沐川县法院志 1942-2009/2533

013130012 沐川县城乡建设志/2533

013958883 沐川县政协志 1942-2012/2532

013131012 沐川县畜牧兽医志 1932-2006/2533

013130961 沐川县教师进修学校志 1978-2010/2534

013130962 沐川县教育志/2534

013130115 沐川县检察志 1942-2009/2533

沛

011328223 沛县工会志/859

012814054 沛县中学志/860

011875681 沛县水利志 1911-1985/860

013002323 沛县文化志初稿/860

009560871 沛县民政 1912-1985/859

008973426 沛县志/859

009338408 沛县武术志/860

011892361 沛县政协志 1950-2005/859

012139579 沛县第二中学校志 1978-2008/860

012051757 沛县税务志 1912-1994/860

009441962 沛县简志/859

012139588 沛县魏庙中学校志 1958-2008/860

沔

013958876 沔阳土壤志/1953

013066386 沔阳交通志/1952

010244264 沔阳县人民医院志 1950-1989/1953

013898436 沔阳县民族志/1953

003801296 沔阳县志/1951

013224688 沔阳县供销合作社志/1952

012969347 沔阳县金融志 1840-1985/1952

011325420 沔阳县宗教志/1952

013093138 沔阳纺织志/1952

008990575 沔城志增订本/1951

沙

009411690 沙井子灌区水利管理处志/3228

009153986 沙井镇志/2173
009319316 沙东村志/2149
012051825 沙市二中校志/1916
013129036 [沙市]工商行政管理志/1915
013462822 沙市五中校志 1956-2006/1916
011441932 沙市区志 1994-2004/1915
013184667 沙市水利堤防志/1917
013096309 沙市市人民代表大会志 1949-1994/1915
010195599 [沙市市]卫生志/1916
008378530 沙市市地名志/1916
013184654 沙市市传染病医院院志 1974-1989/1916
011328177 沙市市自来水志/1915
006256164 沙市市志/1915
008453149 沙市市建设志/1915
010195601 沙市市政协志 1955.5-1991.12/1915
013184663 沙市市教育志/1916
007672312 沙市市商业志/1916
009675369 [沙市]民政志/1915
009961611 [沙市]交通志/1916
010195596 [沙市]农业志/1915
011287765 沙市政权志 1911-1985/1915
010195592 沙市贸易志 商业篇 初稿/1916
013660085 沙市第一棉纺织厂厂志 1930-1981/1916
007685462 沙市商业志/1916
013899235 沙曲矿志 1989-2011/365
008664186 沙县地名录/1242
013509261 沙县交通志/1242
005591308 沙县志/1242
013958957 沙陀电站建设公司志 2005.10-2013.5/2682

008427922 沙坪坝区政协志 1950.11-1993.2/2373
010151428 沙岭村志/1731
012639006 沙鱼沟志/1660
009189889 沙河口区志/506
012639013 沙河市人大志/174
007493567 沙河市志/173
013067072 沙河市政协志/174
011067002 沙河市教育志/174
011998147 沙河市煤炭志 1052-2005/174
010140740 沙河农场志 1954-1985/174
008533941 沙河县地名资料汇编/174
013755973 沙河崖村志/1554
013225752 沙洺村志/162
012639009 沙洋人民代表大会志 1987-1998/1902
013184675 沙洋人民医院院志 1951-2000/1903
012266240 沙洋电力工业志 1922-2007/1902
009992697 沙洋县烟草志/1902
013225776 沙洋县教育志 1979-2005/1902
004715713 沙洲县志/897
011763329 沙洲县供销合作社志 1962-1986/898
013822669 沙家浜镇志/893
013706202 沙雅县人大志/3183
007992176 沙雅县志/3183
008668384 沙雅县金融志/3183
013131123 沙道观镇志/1919
008846546 沙湾区志/2522
012099799 沙湾县地名图志/3219
008637277 沙湾县志/3218
012661805 沙湾县粮食志/3219

012099798 沙塘镇志/2286
010280166 沙溪口水力发电厂志/1262
008453662 沙溪镇志/2242
008025690 沙滩文化志/2656
013775172 沙墩村志/1551

汨

010577345 汨罗市文物志/2043
013933211 汨罗市军事志 1854-2005/2043
009117073 汨罗市志/2043

沂

013630674 沂山植物志/1516
011585222 沂水方言志/1567
013343511 沂水县人大志 1954-2011/1566
010113210 沂水县工业志 1875-1985/1567
010265809 沂水县土壤志/1568
010275870 沂水县水利志 征求意见稿/1567
010113203 沂水县电业志 1933-1986 征求意见稿/1567
013148741 沂水县民政志 初稿/1566
013661549 沂水县交通志 1949-2011/1567
008007368 沂水县志/1566
010113211 沂水县志 初稿/1566
013375975 沂水县志 1991-2008/1566
012636776 沂水县国土资源志/1567
013189991 沂水县供销社志/1567
010275932 沂水县供销社志 初稿/1567
013776023 沂水县审计志/1567
010113201 沂水县城乡建设志/1567
013323105 沂水县政协志/1566
013994229 沂水县商业志 1809-1989/1567
013757244 沂水县税务志/1567
009125559 沂沭泗河道志/1534
012317016 沂南方言志/1565

011955840 沂南电业志/1565
012100701 沂南县人民医院志 1947.10-2007.10/1565
010280144 沂南县大事记 选编 1939.10-2004.12/1565
013343507 沂南县水利志/1565
012636782 沂南县民政志 1986-2005/1565
013686436 沂南县交通志/1565
008452310 沂南县志/1565
013597714 沂南县志 1990-2005/1565
013510885 沂南县教育志 1939-1985/1565
011955845 沂源县水利志/1464
009340758 沂源县公安志/1464
008664527 沂源县志/1464
013901047 沂源县志 1991-2006/1464
008665132 沂源县邮电志/1464
013901040 沂源县鲁村煤矿志 1978-2003/1464

汾

013183417 汾西县人民代表大会志/355
012503916 汾西县工会志/355
012872274 汾西县军事志 前590-2005 初稿/355
008007371 汾西县志/355
013791168 汾西县教育志 1840-2010/356
013091002 汾西矿业工贸公司志 1979-2009/355
013404103 汾西矿业紫金煤业志 1929-2008/355
012898381 汾西矿业集团有限责任公司员工学校教育志 1958-2008/356
009840209 汾阳人口志/360
013791170 汾阳市人大志 1949.8-1998.

7/360

014028770 汾阳民政志/361

008636632 汾阳县志/360

011293094 汾阳县教育志/361

009744928 汾阳县煤炭志/361

008828594 汾阳环保志/361

013681551 汾阳建市十年志略 1996-2006/361

013143598 汾阳政协志/360

007506837 汾河水库志/269

012967548 汾河水库志/269

011320897 汾河志/255

008384864 汾河灌区志/319

沧

009413416 沧州日报社志/218

010473953 沧州市工会志 1926-1989/216

013369205 沧州市文化志/218

009988806 沧州市民政志/216

008533420 沧州市地名资料汇编/219

010292171 沧州市机电冶金志/217

009042879 沧州市军事志/216

012967366 沧州市军事志/216

014026441 沧州市运河区军事志 1980-2005/219

010229535 沧州市志/215

008534497 沧州市志中国共产党志/215

012950487 沧州市财政税收志/217

010292246 沧州市房地产志/216

009124966 沧州市建设志/216

008534574 沧州市城区志/215

008385409 沧州市科学技术志/218

013369199 沧州市监察志/216

010475294 沧州市教育志/218

014026438 沧州市第二中学校志 1953-2013/219

010474190 沧州市商业志/217

007824164 沧州市税务志/218

010474195 沧州市粮食志/217

010252698 沧州刑警人物志/219

013369198 沧州地区人民医院志 1898-1985/219

009310326 沧州地区卫生志 1867-1988/219

010292646 沧州地区水利志/216

008486244 沧州地区公路运输史/217

007682730 沧州地区交通工会志/216

013369193 沧州地区财政志/217

010291650 沧州地区科学技术志/218

010779205 沧州师范专科学校志/219

010475913 沧州师范学校校志/219

010108677 沧州防空志/216

012048746 [沧州医专志书]辉煌历程 1958-2008/219

013369214 沧州医药商业志 1911-1985/217

010291875 沧州邮电志/217

009116468 沧州财政志/217

007561089 沧州武术志/219

008216450 沧州金融志/218

009189745 沧州金融志初稿/218

010251828 沧州建设银行志/218

008435912 沧州城市金融志/218

009511189 沧州政协志/216

008492948 沧州科学技术人物志/219

008486240 沧州保险志/218

009060275 沧州烟草志/217

008534581 沧州教育志/218

009397163 沧州新闻志/218

011471243 沧县人民代表大会志/223

013369190 沧县中学校志/224
008534496 沧县水利志/224
008913866 沧县地名资料汇编/224
007514009 沧县志/223
012889223 沧县志 1986-2004/223
013369185 沧县教育志/224
010135034 沧浪区志 第12卷/885
012658199 沧源佤族自治县人民代表大会志/2831
010144772 沧源佤族自治县民政志/2831
009393191 沧源佤族自治县交通志/2831
008714989 沧源佤族自治县志/2831
011430400 沧源佤族自治县政协志/2831
013923890 沧源佤族自治县教育志/2832

沟

013143723 沟北村志/287
012049363 沟崖村志/1438

汶

009966011 汶上方言志/1533
013732028 汶上县广播电视志 1950-2010/1532
013795624 汶上县卫生志/1533
008535776 汶上县水利志/1533
007881988 汶上县志/1532
008535773 汶上县物资局志 1964-1988/1532
013342682 汶上县教育志/1532
010143831 汶上县商业志/1532
009190839 汶上彝族苗族乡志/2796
013179228 "5·12"汶川大地震抗震救灾十日志 2008.5.12-5.21/2594
009232085 汶川县人大志/2593
008992113 汶川县卫生志/2595

006924073 汶川县志/2593
013660386 汶川县志 1986-2000/2593
013630186 汶川县国土志/2594
008992117 汶川县金融志/2594
008992102 汶川县威州镇志/2593
008992109 汶川县漩口镇镇志/2593
013795621 汶川特大地震上海市对口支援都江堰市灾后重建志/2438
013795620 汶川特大地震山东省救助援建志/1398
013959474 汶川特大地震中央企业抗震救灾志/2594
013096541 汶川特大地震甘肃工会抗震救灾志/3026
013939400 汶川特大地震甘肃抗震救灾志 甘肃省水利抢险救灾资料长编 2008.5.12-12.31/3026
013775922 汶川特大地震石棉县抗震救灾志/2571
013863900 汶川特大地震电力行业抗震救灾志/2594
013863898 汶川特大地震电力行业抗震救灾图志/2594
013779546 "5·12"汶川特大地震四川工会抗震救灾志/2405
013140829 "5·12"汶川特大地震四川司法行政系统抗震救灾志 2008.5-2009.12/2405
013689610 汶川特大地震四川民政抗震救灾志/2406
012657655 "5·12"汶川特大地震四川监狱系统抗震救灾志 2008.5-2009.5/2405
013756909 汶川特大地震红十字系统四川灾后重建志/2406

013863902 汶川特大地震抗震救灾志 武警部队志 /2594

013010693 汶川特大地震抗震救灾志 医疗防疫志 初稿 /36

013959469 汶川特大地震国务院扶贫办抗震救灾志 /2594

013731920 汶川特大地震罗江抗震救灾志 /2474

013899672 汶川特大地震宝兴抗震救灾志 /2573

013731915 汶川特大地震陕西抗震救灾志 /2930

012662398 汶川特大地震陕西宝鸡水利抗震救灾志 /2955

013756914 汶川特大地震南京援建志 /804

013775921 汶川特大地震洛阳救援志 /1683

013756912 汶川特大地震济南救助援建志 /1408

014052354 汶川特大地震烟台市援助援建志 /1488

013965111 汶川特大地震梓潼抗震救灾志 /2487

013959468 汶川特大地震涪城抗震救灾志 /2481

013775929 汶川特大地震宿迁援建志 /956

012970512 汶川特大地震绵竹灾后重建图志 /2473

012970510 汶川特大地震德阳抗震救灾志 /2469

013686315 汶村镇志 /2201

沈

013462049 沈化志 1938-1988 /475

013629667 沈丘县乡镇志 /1802

013684634 沈丘县水利志 /1803

013684631 沈丘县交通志 /1802

007060651 沈丘县志 /1802

011295853 沈丘县志 1985-2000 /1802

008987773 沈丘县学校人物志 学校志 /1802

013684632 沈丘县经贸志 1950-1986 /1802

012899418 沈庄村志 家谱 /1655

010277952 沈阳人民生活志 1901-1988 /474

009880387 沈阳工程技术处志 1999-2004 /476

012613975 沈阳工程技术处志 2005-2009 /477

009244125 沈阳土种志 /488

008517555 沈阳大事记 /472

008487124 沈阳大事记 1994 /472

009334540 沈阳气体压缩机厂志 1948-1985 /477

013936365 沈阳气象志 /486

011500597 沈阳公安志 1902-1985 /473

009243750 沈阳风险公司志 1988.4-1994.12 /474

012766563 沈阳轧钢厂志 /479

013660279 沈阳电力机械厂志 1956-1984 /476

009790400 沈阳电力高等专科学校校志 /488

009243744 沈阳电业局电气安装公司志 1986-1990 /476

009243748 沈阳电业局志 1908-1985 /476

009243738 沈阳电信志 1884-1990/482
008536005 沈阳电缆厂志 1937-1986/476
011310701 沈阳市干鲜果品公司志 1962-1985/474
013342531 沈阳市于洪区志 2001-2005/493
009243878 沈阳市工会志/473
009854112 沈阳市土地志/474
009244084 沈阳市五金公司志/478
009561054 沈阳市水利志 1986-1992/478
012638855 沈阳市水利志 1993-1996/478
013145388 沈阳市水利志 1997-2000/478
012638861 沈阳市水利志 2001-2005/478
010473836 沈阳市化工原料公司志 1953-1988/477
009243892 沈阳市化工原料公司志 续集 1986-1990/477
009244081 沈阳市文化志/483
009961932 沈阳市文物志/485
013002493 沈阳市石油公司志 1951-1987/478
009243876 沈阳市电车公司志/482
008378687 沈阳市老龙口酒厂志/478
009994471 沈阳市传染病院志 1935-1983/487
012208202 沈阳市传染病院志 1935-2005/487
012099910 沈阳市交通志 2001-2005/480
012506167 沈阳市军队离退休干部安置志 1980-2000/473
012766551 沈阳市农业志/475
013629859 沈阳市农业科学院志 1972-2012/487
010278427 沈阳市戏曲志/485
009961943 沈阳市戏曲音乐集成/484

011805899 沈阳市纪检监察志 1949-2007/473
003796241 沈阳市志/467
007424575 沈阳市志/467
011998209 沈阳市志 1986-2005/468
013185747 沈阳市志 2000/468
011584921 沈阳市志 2001/468
011584960 沈阳市志 2003/468
009675753 沈阳市志 2004/468
009961945 沈阳市志 2005/468
010731793 沈阳市志 2006/468
011908777 沈阳市志 2007/468
011998216 沈阳市志 2008/468
012506171 沈阳市志 2009/468
012766558 沈阳市志 2010/468
013462053 沈阳市志 2011/468
009046340 沈阳市志 第1卷 综合卷/468
010111026 沈阳市志 第2卷 城市建设 环境卫生 送审稿/469
008795537 沈阳市志 第3卷 工业综述 机械工业/469
010111063 沈阳市志 第3卷 机械工业 电子产品制造 送审稿/469
010111067 沈阳市志 第3卷 机械工业 机床制造 送审稿/469
010111072 沈阳市志 第3卷 机械工业 农机制造 送审稿/469
010111074 沈阳市志 第3卷 机械工业 汽车制造 送审稿/469
010111244 沈阳市志 第3卷 机械工业 重型矿山机械制造 送审稿/469
010111222 沈阳市志 第3卷 机械工业 铁路运输设备制造 送审稿/469
008795581 沈阳市志 第4卷 化学工业 医药工

业 冶金工业 建材工业 电力工业 煤炭工业 石油工业/469

009046355 沈阳市志第5卷 轻工业 纺织工业 区街企业/469

009046330 沈阳市志第6卷 军事工业/469

009046322 沈阳市志第7卷 交通邮电卷/470

010111018 沈阳市志第8卷 农业 水利 送审稿/470

010111017 沈阳市志第8卷 农业 农垦 送审稿/470

009046284 沈阳市志第8卷 环境和资源 农业生产关系变革 粮食作物种植 蔬菜 畜牧 水产 林果 水利 农业机械化 农垦 乡镇企业/470

008795611 沈阳市志第9卷 商业/470

010111045 沈阳市志第9卷 商业 饮食服务商业 送审稿/470

010111034 沈阳市志第9卷 商业 物资商业 送审稿/470

010111055 沈阳市志第9卷 商业卷 供销合作商业 送审稿/470

010111030 沈阳市志第9卷 商业卷 海关 商检 送审稿/470

010111060 沈阳市志第9卷 商业 副食品商业 送审稿/470

009046318 沈阳市志第10卷 财政 税务 审计 金融/470

008795681 沈阳市志第11卷 计划管理 统计 劳动工资管理 工商行政管理 物价 标准化与计量管理 经济体制/471

010111953 沈阳市志第11卷 商业 日用工业品商业 送审稿/471

009338466 沈阳市志第12卷 教育 科学技术 社会科学/471

009046308 沈阳市志第13卷 文化 新闻 出版 卫生 体育 文物/471

008797308 沈阳市志第14卷 政权/471

010111938 沈阳市志第14卷 政权 人民代表大会 送审稿/471

009338468 沈阳市志第15卷 政党 政协 社会团体/471

010111942 沈阳市志第15卷 政党 政协 社会团体卷 工商业联合会 送审稿/471

010110818 沈阳市志第15卷 政党 政协 社会团体卷 民主党派 送审稿/471

010111945 沈阳市志第15卷 政党 政协 社会团体卷 共青团沈阳地方组织 送审稿/471

010111939 沈阳市志第15卷 政党 政协 社会团体卷 沈阳市学生联合会 沈阳市青年联合会 送审稿/472

010111946 沈阳市志第15卷 政党 政协 社会团体卷 沈阳市总工会 送审稿/471

009046298 沈阳市志第16卷 社区 人民生活 民政 少数民族 宗教 风俗 方言/472

010111935 沈阳市志第16卷 社区 人民生活 民政 民族 宗教 风俗 方言卷 少数民族 送审稿/472

008795650 沈阳市志第17卷 人物/472

009244062 沈阳市劳动志 1862-1996/474

009854270 沈阳市苏家屯区教育人物志 1907-2002/492

010275904 沈阳市体育志/484

012684713 沈阳市沈河区工会史志/489

009242386 沈阳市沈河区大西街志 1986/489

013706289 沈阳市沈河区志 1986-2005/489

013145377 沈阳市林业果树志/474

009244085 沈阳市物资局志/474

009242656 沈阳市和平区副食志 1905-1984 /490

009244414 沈阳市和平区新华街道志 /490

010275866 沈阳市供销合作社志/483

010265748 沈阳市郊区果树品种志/488

008873948 沈阳市建筑业志/478

011584914 沈阳市建筑业志 1991-2000/478

008829851 沈阳市城区地名录/485

009994536 沈阳市药材公司志 1956-1988 /479

009561049 沈阳市科协志/483

013320978 沈阳市皇姑区志 1986-2005/490

013660291 沈阳市食品公司志 1954-1985 /478

010279030 沈阳市浑河河道志 1986-1992 /488

009994482 沈阳市铁西区文化志 1937-1988 /492

010277953 沈阳市铁西税务志 1935-1990 /492

010275918 沈阳市畜牧业志 1905-1985/475

009994479 沈阳市副食品公司志 1851-1985 /477

013131226 沈阳市第八十三中学校志 1961 -2005/484

009243865 沈阳市第三建筑工程公司建筑企业志 初稿/477

013225832 沈阳市第五十六中学校志 /484

013863647 沈阳市第六十三中学校志 /484

013225817 沈阳市储运公司志 1953-1990 /474

010278821 沈阳市新民师范校志/494

012174891 沈阳市新华书店志 1949-2007 /483

010275881 沈阳市煤气总公司志 1923-1985 /478

009244091 沈阳司法行政志 1644-1986/473

009994468 沈阳民政志/473

014168700 沈阳民族志 1986-2013/487

012662269 沈阳地震志 1970-2009/486

008487130 沈阳机车车辆工厂志/477

013131231 沈阳有色金属加工厂志 1938- 2003/479

009243820 沈阳回族志/485

009243840 沈阳农机志/488

009699758 沈阳医药志 1948-1988/479

010200282 沈阳邮政志 1991-1999/483

009243710 沈阳财政志 1840-1986/483

013462578 沈阳冶金工业志 1933-1986/479

008487139 沈阳冶炼厂志/479

009243849 沈阳汽车制造厂志 1958-1985 /477

009243815 沈阳环境科学研究所志 1963.6- 1993.12 征求意见稿/489

012638852 沈阳武林志/484

013603021 沈阳林果志/474

013377137 沈阳矿物局中学校志 1985-2006 /484

010280455 沈阳物价志 1840-1985/483

009561045 沈阳金融志 1840-1986/483

009334545 沈阳采油厂志 1971-1990/476

009994458 沈阳变压器厂志 第1卷 1938- 1984/475

013660272 沈阳变压器厂志 第2卷 1985- 1994/476

011328344 沈阳房地产志/474

013660283 沈阳房产志 1986-2005/474

010275882 沈阳线材厂志 1935-1985/479

011500594 沈阳玻璃厂志 1937-1984/476

008251061 沈阳城图志/485

008829256 沈阳城建志 1388-1990/474

010577001 沈阳故宫志/485

009961929 沈阳标准件厂志 1952-1985/476

010577003 沈阳昭陵志/486

009790836 沈阳重型机器厂志 1937-1984/480

013660287 沈阳热电厂志 1958-1985/477

011312113 沈阳桃仙国际机场机场志/482

010277954 沈阳铁路人物志/485

009244094 沈阳铁路分局志 1898-1988/480

009961949 沈阳铁路公安志/473

013379016 沈阳铁路机械学校志略 1953.9-2003.9/484

010476153 沈阳铁路局工会志 1986-2004/473

009244096 沈阳铁路局工会志稿/473

010280370 ［沈阳铁路局大连疗养院］院志 1959-1993.5/504

009387104 ［沈阳铁路局中心卫生防疫站］站志 1949-1992/486

009994570 ［沈阳铁路局中心医院］院志 1950-1992/486

013795409 沈阳铁路局志稿人物篇/481

013795398 沈阳铁路局志稿干线篇/481

013795397 沈阳铁路局志稿干部管理篇/481

009244110 沈阳铁路局志稿工务篇/481

009244119 沈阳铁路局志稿土林篇/482

009244123 沈阳铁路局志稿卫生篇/482

009994561 沈阳铁路局志稿车辆篇/480

009244115 沈阳铁路局志稿计划统计篇/481

009244099 沈阳铁路局志稿电务篇/480

013795425 沈阳铁路局志稿生活篇/481

013795406 沈阳铁路局志稿劳资管理篇/481

013795395 沈阳铁路局志稿财务管理篇/480

013795427 沈阳铁路局志稿武装战备篇/482

009244111 沈阳铁路局志稿货运篇/481

009244104 沈阳铁路局志稿房产篇/480

013795431 沈阳铁路局志稿政党篇/482

009244117 沈阳铁路局志稿客运篇/481

009244116 沈阳铁路局志稿教育篇/481

013795400 沈阳铁路局志稿基建篇/481

013795433 沈阳铁路局志稿综合管理篇/482

013795438 沈阳铁路局志稿综合篇/482

009244112 沈阳铁路局志稿集体经济篇/481

013795407 沈阳铁路局志稿群团篇/481

009744843 沈阳铁路局锦州中心医院院志 1922-1985/539

009387108 沈阳铁路局锦州科学技术研究所所志草稿/538

010278317 沈阳铁路货运志 1894-1990/489

008926147 沈阳造币厂志/479

008487142 沈阳造币厂志 1991-1995/479

012252517 沈阳造币厂志 1991-2000/479

009001577 沈阳造币厂图志沈阳造币厂建厂105周年 1896-2001/479

009334535 沈阳海关志/483

009243825 沈阳检察志 1950-1985/473

013462055 沈阳铜网厂志 1949-1988/479

010265841 沈阳第一机床厂志 1935-1985/476

009994464 沈阳第一制药厂志 1949-1988/476

011441991 沈阳第三机床厂志 1933-2006/476

013320971 沈阳第六十一中学校志 2006-2010/484

009243854 沈阳商会志 1862-1995/474

008147679 沈阳朝鲜族志/485

011311955 沈阳辉山农业高新技术开发区区志 2005/475

009244086 沈阳税务志/483

010200281 沈阳鼓风机厂工会志 1949-1999/477

013002478 沈阳鼓风机厂志 1986-2004/477

010280304 沈阳蒙古族志/485

005313274 沈阳锡伯族志/485

010278486 沈阳煤矿设计院志 1952-1990/488

008594591 沈阳满族志/485

010576996 沈阳福陵志/485

010468923 沈齿厂志 1948-1984/491

006362085 沈河区志/489

013462047 沈河区房产志 1987-2000/489

012266321 沈巷续志/779

006362176 沈荡镇志/1041

013462051 沈铁沈阳电务大修段段志 1954-1994/480

012542902 沈高公司志 1986-1999/475

009126436 沈家门镇志/1085

沁

012955874 沁水县人民法院志 1953.11-2005.12/303

013320919 沁水县工会志/302

013731064 沁水县工会志初稿/302

013184599 沁水县中村志/302

013144656 沁水县电力工业志 1956-2002/303

007289904 沁水县志/302

010113293 沁水县志 1986-2003/302

012969457 沁水县财政志/303

009769131 沁水县城乡建设志/303

012877106 沁水县政协志/302

013775144 沁水革命老区志/303

013131078 沁水教育志 1840-1990/303

013066960 沁水检察志 1951-2011/303

013659770 沁阳一中校志 1902-1997/1740

013093256 沁阳市卫生防疫站志 1986-2000/1740

011805838 沁阳市卫生志 1986-2000/1740

013822166 沁阳市电业志/1739

007478015 沁阳市志/1739

011441867 沁阳市邮电志/1739

011311875 沁阳市政协志 1956.6-2003.4/1739

008986999 沁阳市教育志/1740

010730281 沁阳市第一中学校志 1902-2002/1740

013822182 沁阳市第一中学校志 1902-2012/1740

011763263 沁阳师范学校志 1907-2002/1740

013753777 沁阳县人民医院院志/1740

013730282 沁阳县交通志续编 1985-1989 征求意见稿/1740
010140276 沁阳县戏曲志/1740
009349727 沁县人物志/296
008474911 沁县志/296
012814154 沁河志/1738
013863579 沁源一中志 1952-2012/297
012542793 沁源县人民医院志 1949-2009/297
013991352 沁源县人民法院志/296
012814161 沁源县交通志/297
008379774 沁源县志/296
012505455 沁源县政协志/296
013131086 沁源县教育志/297
009472763 沁源县煤炭志/296
011499554 沁源财政志/297
013461897 沁源金石志/297
011067670 沁源金融志/297

怀

012611121 怀仁县人大志/311
008813856 怀仁县志/311
011296179 怀仁县政协志/311
011580064 怀化电业志/2094
012638888 怀化市水利水电志/2094
008380678 怀化市水利电力志/2094
012265064 怀化市水库移民志/2093
008453508 怀化市地名录/2095
013507972 怀化市交通志 1980-2001/2094
013926338 怀化市军事志 1840-2005/2093
007969202 怀化市志/2093
008380776 怀化市财政志/2094
013222254 怀化市林业志 1978-2005/2093
013647650 怀化市蔬菜志/2093
011580060 怀化地区土壤志/2095
009686315 怀化地区地质矿产志/2095
008188539 怀化地区交通志/2094
008832927 怀化地区志/2093
013627785 怀化地区林业志/2093
008916254 怀化地区金融志/2094
008964795 怀化地区档案志/2095
011762271 怀化地名志/2095
012139265 怀化农村改革试验区志/2094
011432765 怀化铁路总公司志 1970-2005/2094
011294632 怀化烟草志/2094
009385976 怀玉山场志/1379
007443583 怀宁县志/1154
011804612 怀宁县志 1978-2002/1154
012541758 怀宁县教育志 1898-2002/1154
012251107 怀安人物志/205
013222253 怀安县人民代表大会志/205
012898625 怀安县土地志/205
008533974 怀安县地名资料汇编/205
007479132 怀安县志/205
012718955 怀安县志 1989-2003/205
013752457 怀安县政协志 1982-2012/205
011319956 怀远县农牧志征求意见稿/1137
007347868 怀远县志/1137
013861721 怀远县志 1986-2005/1137
009378080 怀远县委党校志/1137
013374023 怀远县政协志 1981-2011/1137
009250546 怀远镇志/2328
011890890 怀来交通志/206
012898638 怀来县土地志/206
012251109 怀来县文化艺术志/206
008533857 怀来县地名资料汇编/206
010576690 怀来县戏曲志/206

008949807	怀来县志/206
010293836	怀来县财政志/206
002701167	怀来新志/206
012898629	怀洪新河志/1136
009250291	怀柔公路志/69
010245194	怀柔县人大志1954-2002/69
008444079	怀柔县志/69
009333131	怀柔县财政志/69
009557495	怀柔县普通教育志1380-1990/69
009145589	怀集县人民代表大会志/2216
005591358	怀集县志/2216
013507976	怀集县政协志1980-2002/2216
012638893	怀集县教育志1049-2007/2216
013415281	怀德村志/2172
009385051	怀德县文物志/613
010254034	怀德县军事志/612
007657590	怀德县志/612
011325304	怀德县体育志/613

忻

012723207	忻州公路志/337
001795699	忻州方言志/338
008906506	忻州市地名录/338
011955725	忻州市当代人物志/337
013757106	忻州地区人民医院院志/337
009106703	忻州地区电力工业志1924-1990/337
013959613	忻州地区交通志/337
008813711	忻州地区志/337
008864728	忻州地区宗教志/337
009060972	忻州地区教育志/337
009333510	忻州俗语志/338
013706949	忻州煤炭志/337
006466640	忻县志/338
009796938	忻城土司志/2334
008539717	忻城县土地志/2335
012767082	忻城县水利电力志/2335
007818011	忻城县志/2334
009379813	忻城县供销合作社志1953-1990/2335

完

008533469	完县地名资料汇编/197

宋

012969671	宋京村志/1241
013756092	宋家下庄村志/1440
013863833	宋家庄村志1314-2009/280
012266325	宋家镇志/1500

良

013064836	良庄煤矿志1988-2008/1539
009379846	良圻农场志/2285
012955030	良陌村志/350
011475272	良渚文化简志/995

启

012051780	启东市人大志/907
009744805	启东市土地管理志/907
012684563	启东市电力工业志1986-2005/908
008446257	启东市建筑业志/908
012766391	启东市政协志/907
014049928	启东县工会志/907

社

008594838	社会主义时期中共柳城县党史大事记1949.11-1998.12/2291
011763441	社旗县大冯营乡地名志/1779

011584896 社旗县卫生志 1782-1985/1779
011584893 社旗县太和乡地名志/1779
008392611 社旗县志/1778
011584905 社旗县志 地理卷 修改稿/1778
010127926 社旗县志 征求意见稿 修改稿 评审稿/1778
011955421 社旗县桥头镇地名志/1779
012684704 社旗县教育志 1840-2005/1779
011584883 社旗县粮食志 初稿/1778

诏

008663614 诏安县地名录/1259
008612602 诏安县志/1259

君

009383725 君山农场志/2042
012639203 君召乡志/1665

灵

009335375 灵山志/58
011294940 灵山县土地志/2314
008906037 灵山县志/2313
011499287 灵山县邮电志/2314
008596530 灵川县土地志/2299
007677698 灵川县水利志/2300
011570019 灵川县农业志/2300
008338861 灵川县志/2299
011570005 灵川县教育志/2300
013461593 灵川县教育志 1988-2008 初评稿/2300
012505335 灵石人大画志/320
012873123 灵石外贸志/321
012899104 灵石西许村志/320
013065005 灵石县人大志/321
010231695 灵石县卫生志/322
013224605 灵石县乡村志/320

009266240 灵石县电力工业志 1996-2002/321
013820644 灵石县电力工业志 2003-2010/321
012955053 灵石县军事志 前205-2005/321
007482016 灵石县志/320
013793239 灵石县林业志/321
013601792 灵石县供销合作社志/321
013461597 灵石县金融志/321
009688313 灵石县城乡建设志/321
013144525 灵石县政协志/321
008906517 灵丘县地名录/274
013990911 灵丘县畜牧志/273
009744876 灵丘革命老区志/274
012832481 灵台县人民代表大会志/3063
008453856 灵台县水利志/3063
007428139 灵台县志/3063
008533246 灵寿县地名资料汇编/138
007290009 灵寿县志/138
008470957 灵武市志/3126
012719215 灵武市志 1991-2005/3126
010779147 灵武军事志/3126
008542911 灵武农场志 1950-1986/3127
010292139 灵武县水利志/3127
010201609 灵武县民族宗教志/3126
010291676 灵武县金融志 1912-1988/3127
012873136 灵武园艺试验场场志/3127
010280129 灵宝市广播电视志 1950-2005/1763
011997357 灵宝市文物志/1763
011440978 灵宝市地质矿产志 至1999/1762
010008578 灵宝市志 1988-2000/1761
010778514 灵宝市志 1988-2000 送审

稿/1761
008421056 灵宝市邮电志/1762
008844982 灵宝市财政志/1763
013898362 灵宝市财政志 1995-2010/1763
009819197 灵宝市环境保护志/1763
009334838 灵宝市法院志 1947-1994/1762
009992184 灵宝市教育志 1994-2004/1763
013508655 灵宝市教育志 2005-2011/1763
013659587 灵宝市粮食志 2001-2011/1763
013065003 灵宝民俗志/1763
007900164 灵宝县志/1761
013129952 灵宝苹果志 1921-2010/1763
012661473 灵宝黄河志 1949-2006/1763
012542628 灵空山志/297
011328132 灵泉寺志 581-1992/2501
013144527 灵铁志 1968-1989/2300
012661478 灵渠志/2301
011570020 灵渠志初稿/2301
013753489 灵溪区地方志/1032
011440988 灵溪镇志 1990-2005/1031
009878455 灵璧县人口志/1175
009878453 灵璧县民政志/1175
009878450 灵璧县交通志/1175
006933718 灵璧县志/1175
009878444 灵璧县志财政志/1175
013958756 灵璧县教育志 清末-1983/1175

即

009744858 即墨人物志/1447
009399350 即墨日报社志/1446
008659386 即墨方言志/1446
013704306 即墨市人民代表大会志/1445
009472734 即墨市工商行政管理志 1988-2002/1445
013092957 即墨市工商行政管理志 2003-2010/1445
009399348 即墨市卫生志 1986-2002/1447
013792432 即墨市中医医院志/1447
009414912 即墨市水利志/1446
011432842 即墨市公路志/1446
009688185 即墨市文化志/1446
009399343 即墨市计划生育志 1988-2002/1447
011432838 即墨市电业志/1446
009399342 即墨市市场志/1446
011432847 即墨市民政志/1445
011432851 即墨市农业志/1446
011294938 即墨市农机管理志/1445
011580099 即墨市志/1444
009414910 即墨市国土资源志/1445
010009253 即墨市金口镇志/1444
012611248 即墨市革命烈士纪念馆志/1447
012661240 即墨市残疾人联合会志/1445
009744855 即墨市科学技术志/1446
012097503 即墨市畜牧兽医志/1446
010009258 即墨市通济街道办事处志/1444
009399341 即墨市教育志 1988-2002/1446
012202873 即墨县卫生志/1447
004344758 即墨县志/1444
010112124 即墨县志/1444
013222269 即墨县劳动志/1445
011432830 即墨经济开发区志 1992-2003/1445
009160112 即墨简志/1444

张

012878924 张北县土地志/202
008793903 张北县水利志/202
011328429 张北县文化志/202
013994258 张北县地名志/202
008533972 张北县地名资料汇编/202
008818685 张北县志/202
012612956 张北县志 1989-2006/202
013343582 张市村志/1051
008446400 张圩乡志/861
012723498 张庄村志/280
011066484 张江镇志/766
012956813 张坊村志/59
013901225 张汪镇志/1472
009337996 张良庙紫柏山风景名胜区志/3001
013148805 张金镇志/1953
011957289 张店区卫生志/1459
007482018 张店区志/1458
011809795 张店区志 1988-2002/1458
013994261 张店区供销志 1946-1986/1459
011910271 张店区金融志/1459
013994260 张店区房地产管理志 1946-1985/1459
013686601 张店区政协志 1961-2011/1458
010275897 张店区商业志 1115-1986/1459
013994270 张泽志/775
013012629 张官店村志/1584
011480512 张赵村志/1458
008423457 张巷乡志/1357
009189841 张桥镇志/895
010010272 张浦镇志 大市卷/900
010010275 张浦镇志 南港卷/900
013940779 张家下庄志/1440

009348653 张家口人民代表大会志/198
009992175 张家口人物志 古代 近现代卷/199
012003091 张家口人物志 当代卷/199
012878926 张家口电业志 1917-1988/198
012878928 张家口市土地志/198
012903492 张家口市下花园区土地志/201
010279102 张家口市卫生学校志 1991-2000/199
011571267 张家口市风物志/200
009796989 张家口市地名志/200
008533773 张家口市地名资料汇编/200
008338508 张家口市志/198
013994265 张家口市政协志 1949-2013/198
008406610 张家口市桥西区志/200
010278503 张家口市粮食志/199
011327726 张家口地区水利志/198
008378810 张家口地区公路运输志/198
010251348 张家口地区公路志/199
011068339 张家口地区煤炭志/198
010577548 张家口地市行政区划沿革志/200
013072866 张家口农业高等专科学校校志 1923-1992/200
010577329 张家口农村金融志/199
009560772 张家口邮电志/199
010280170 张家口财政志 1948-2005/199
012956817 张家口供电志 1989-2008/198
011585360 张家口金融志 1840-1988/199
009864543 张家口建行志 1988-1993/199
008846130 张家川回族自治县志/3053
007978409 张家边区志/2242
013735538 张家圩子村志 1401-2011/1542

011480500 张家村志/1655
012816168 张家沟村志/352
012175234 张家河村志/1440
013097971 张家界市人口志 1988-2007/2063
009699704 张家界市交通志/2063
009992748 张家界市志/2063
013901217 张家界市食品药品监管志/2063
011910276 张家界市警卫志/2063
011312059 张家界国家森林公园志/2063
013097979 张家洼矿山公司志 1970-1985/1559
013661599 张家堡街道志/2945
007347864 张家港市乡镇工业志/898
013686606 张家港市水利志 1986-2008/899
011480507 张家港市地名志/898
013735525 张家港市纪检监察志 1962-2011/898
013758758 张家港政协志/898
013994263 张家港联合铜业有限公司志 1996-2005/898
011585366 张家窝镇志/93
007530701 张掖工业志/3058
012208565 张掖公路总段志/3058
013735540 张掖电力工业志 1998-2009/3058
010238304 张掖市人民医院志/3059
008453844 张掖市水利电力志/3058
007425705 张掖市志/3057
011320303 张掖市金融志/3058
013961341 张掖市第二中学志 1956-2008/3059
012256568 张掖市精神文明建设志 1979-2005/3057
013097981 张掖地区人民医院志/3059
013901226 张掖地区广播电视志 1949-1988/3058
008453843 张掖地区水利志/3058
008453842 张掖地区电力工业志/3058
013236362 张掖地区志 远古-1995/3057
008846000 张掖地区教育志/3059
008845996 张掖地区粮食志/3058
007516519 张掖交通志/3058
013464338 张掖农场志 1955-1995/3057
009189020 张掖新华书店志/3059
009319910 张渚镇志/840
006362194 张堰乡志/771
011571274 张堰镇志/771
008983338 张裕公司志 1892-1998/1490
013758760 张溪文化志 天然画卷/1185

陆

011805584 陆川人物志/2319
008595590 陆川县土地志/2318
008595588 陆川县卫生志/2319
008595602 陆川县电力志/2319
007425663 陆川县志/2318
009510580 陆川县医药志/2319
008595599 陆川县邮电志/2319
008595597 陆川县财政志/2319
012680444 陆川县金融志/2319
008595593 陆川县教育志/2319
012613992 陆川县税务志/2319
012174177 陆丰市政协志 1990-2005/2229
013461619 陆丰县人民政协志 1980-1990/2230
009379553 陆丰县水利志/2230

011321084 陆丰县志/2230

009379535 陆丰统战志/2230

010777051 陆区乡志/834

009338385 陆杨镇志/900

009162001 陆良风物志/2766

013659619 陆良县工业交通志/2765

009561858 陆良县土地志/2765

013821912 陆良县中医院院志 2002-2012 /2766

010239171 陆良县水利志/2765

010577379 陆良县文化艺术志/2765

009840413 陆良县交通志/2765

006562141 陆良县志/2765

012680450 陆良县志 1978-2005/2765

013628086 陆良县供销合作社志 1978-2008 /2765

009962448 陆良县烟草志/2765

010251797 陆家镇志/900

009840125 陆慕镇志第6卷/880

阿

012657672 阿木尔林业局志 1988-2009/722

008623302 阿瓦提县志/3184

013126131 阿巴嘎旗人民代表大会志 1946-2007/446

009190399 阿巴嘎旗志/446

008864752 阿尔山市志/441

011067690 阿尔山林业局志/441

013140839 阿尔山林业局(森工公司)志/441

007443490 阿合奇县志/3204

010778960 阿坝州人大志/2590

009387412 阿坝州工业技工学校校志/2592

008992049 阿坝州卫生志/2593

011942164 阿坝州水文志/2593

013817844 阿坝州电影志/2592

011995190 阿坝州地方税务志 1994-2004 /2591

012950243 阿坝州观音桥林业局志/2591

013687101 阿坝州志 1991-2005/2590

013282403 阿坝州志简志/2590

011794585 阿坝州志之红军长征在阿坝 1935.4-1936.8/2592

009688510 阿坝州兵要地志/2591

008992047 阿坝州金融志/2592

009387422 阿坝州畜牧兽医学校校志 1975-1990/2592

010962487 阿坝州烟草志/2591

009106236 阿坝县民政志/2599

008038797 阿坝县志/2598

013402703 阿坝林业志 1911-2005/2591

008669063 阿坝森工志/2591

007488617 阿坝藏族羌族自治州文化艺术志/2592

013699145 阿坝藏族羌族自治州文化志 1990-2011/2592

008992054 阿坝藏族羌族自治州民族体育志/2592

008992059 阿坝藏族羌族自治州交通志/2591

011469843 阿坝藏族羌族自治州军事志前 316-2005/2591

012503621 阿坝藏族羌族自治州防震减灾志/2592

007657575 阿坝藏族羌族自治州志/2590

008992055 阿坝藏族羌族自治州财政志/2591

014026301 阿坝藏族羌族自治州财政志 1991-2005／2591

011294605 阿坝藏族羌族自治州藏文编译志／2592

008492719 阿克苏市土地志／3181

007914599 阿克苏市志／3181

010730549 阿克苏地区人大志／3179

009472790 阿克苏地区人口和计划生育志／3179

009190560 阿克苏地区工商税志 1950-2000／3180

011066403 阿克苏地区土地志／3179

011469861 阿克苏地区电力工业志 1938-2004／3180

008380250 阿克苏地区交通志／3180

011890414 阿克苏地区交通志 1986-1995／3180

010779176 阿克苏地区志／3179

009561805 阿克苏地区邮电志／3180

012613224 阿克苏地区财政志／3180

008668399 阿克苏地区金融志／3180

012982184 阿克苏地区金融志／3180

009995330 阿克苏地区审判志／3179

009105214 阿克苏地区建设志／3179

009160293 阿克苏地区经济贸易志／3179

011890422 阿克苏地区政协志／3179

009881548 阿克苏地区教育志／3180

013604199 阿克苏地区第一人民医院志 1935-2010／3181

012950263 阿克苏地区粮食志／3179

010576450 阿克苏河流域志／3180

007755051 阿克陶县志／3204

007693095 阿克塞哈萨克族自治县／3068

012889123 阿克塞哈萨克族自治县军事志 1919-2006／3069

009554086 阿克塞哈萨克族自治县志 1988-2002／3069

011995209 阿里地区文物志／2919

012540667 阿里地区志／2919

013307270 阿里地区邮电志／2919

012657669 阿里地区政协志／2919

009198572 阿里金融志／2919

009244730 阿里河林业局志／429

009397496 阿里河第一中学校志 1960-2000／430

009392471 阿拉善左旗水利志／450

010962582 阿拉善左旗地名志／450

008645365 阿拉善左旗志／450

013982242 阿拉善左旗财政志 1949-2010／450

008645367 阿拉善右旗志／451

012741944 阿拉善盟中级人民法院志 1995-2010／449

013220897 阿拉善盟气象局站史志／450

008600310 阿拉善盟公路交通志／450

007273585 阿拉善盟史志资料选编／449

012503627 阿拉善盟行政公署志／449

012831040 阿拉善盟交通志／449

008594257 阿拉善盟志／448

012678321 阿拉善盟志 1990-2009／448

013922758 阿拉善盟志人物志／448

009398520 阿拉善盟志送审稿／448

011995204 阿拉善盟志教育志／448

009387118 阿拉善盟邮电志／450

011804068 阿拉善盟体育志／450

013037814 阿拉善盟法院志 1980-1995／449

013751419 阿拉善盟政协志 1982-2002／449

011890427 阿拉善盟盐业志／449

007978506 阿图什市志/3204
008445234 阿城市土地志/662
008385539 阿城市公路交通志/662
011942184 阿城市志 1986-2005/662
010061721 阿城民间谚语集成/663
010061716 阿城民间歌谣集成/663
008385412 阿城交警大队志/662
006074912 阿城县工会志/662
007902329 阿城县志/662
008385322 阿城粮食志 1726-1994/662
013330198 阿城教育志第3卷第3辑/663
013528611 阿荣旗人民代表大会志 1980.5-2003.12/427
007913518 阿荣旗志/427
012048712 阿荣旗志 1991-2005/427
012653280 阿莲乡志/3251
009117748 阿勒泰市志/3221
008906167 阿勒泰地区电力工业志 1938-1998/3220
010001300 阿勒泰地区邮电志/3220
009046160 阿勒泰地区教育志/3220
012249611 阿勒泰地区第二高级中学志/3220
013817845 阿勒泰政协志 1992-2011/3220
013308801 阿鲁科尔沁旗人民代表大会志/403
013506412 阿鲁科尔沁旗人民政府办公室翻译志/403
009392481 阿鲁科尔沁旗地名志/404
007479129 阿鲁科尔沁旗志/403
013506425 阿鲁科尔沁旗志 1989-2006/403
013751421 阿鲁科尔沁旗医院志/404
010278998 阿鲁科尔沁旗教育志/403
012048691 阿湖镇志/854

陇

013730206 陇川农场志 1955-2010/2891
013224659 陇川县公安志/2891
009688723 陇川县志/2891
013821904 陇川县政协志 1950-2005/2891
010243646 陇川县教育志/2891
012639742 陇西工务段志 1952-2000/3074
011294942 陇西志/756
013688982 陇西县水利志 1949-2009/3074
007378022 陇西县志/3074
012542640 陇西县教育志/3074
012661489 陇西树德堂岭顶李氏谱志/3074
008993360 陇县人民代表大会志/2967
008993240 陇县人民政府志/2968
008993383 陇县工会志/2967
008993376 陇县工商行政管理志/2969
008993374 陇县工商联志/2968
008993257 陇县卫生志/2971
008993243 陇县水利志/2969
008993349 陇县水泥厂志/2970
008993390 陇县电力志/2969
008993255 陇县电池厂志/2969
008993380 陇县交通志/2970
008993318 陇县军事志/2968
012251435 陇县军事志前776-2005/2968
008993317 陇县妇女志/2967
008993358 陇县红卫农机修造厂志/2969
006497474 陇县志/2967
008993253 陇县劳动人事志 1949-1985/2968
008993335 陇县医药志 1954-1986/2970
009106190 陇县财政志/2970
008993237 陇县社会群团志/2968

008993359 陇县纸箱厂志/2970
008993276 陇县林业志/2969
008993389 陇县物价志/2970
008993340 陇县物资志 1954-1985/2969
008993239 陇县物资志续编 1986-1989/2969
008993327 陇县供销合作社志 1934-1985/2970
008993363 陇县法院志/2968
008993252 陇县建设银行志/2970
008993382 陇县城乡建设志/2969
013319719 陇县政协志 1955.7-2010.7/2968
008993366 陇县政协志征求意见稿/2968
008993264 陇县标准计量志/2971
008993260 陇县轻工机械厂志/2969
008993371 陇县科技志/2971
008993369 陇县信访志/2968
008993386 陇县宣传志/2967
008993270 陇县统计志/2967
008993338 陇县档案志/2971
008993370 陇县陶瓷厂志/2970
008993272 陇县教育志/2971
008993354 陇县检察志/2968
008993357 陇县商业志 1913-1985/2970
008993346 陇县税务志/2970
008993352 陇县煤矿志/2969
013065016 陇南土种志/3076
009510525 陇南风物志/3076
013319714 陇南地区军事志/3076

陈

013128812 陈屯村志/556
013923937 陈仓区地方税务志 1995-2010/2964
013037963 陈仓财政志 1986-2010/2964
013313481 陈仓政协志/2964
008388822 陈氏太极拳志/1744
011430421 陈氏族志/2236
013140994 陈巴尔虎旗人民代表大会志 1950-2011/427
008730417 陈巴尔虎旗志/427
012048784 陈式太极拳志/1744
011319998 陈村水电站志/1189
008663564 陈村灌区志/333
009688485 陈食镇志/2382
008865317 陈家坝中学校志 1958-1994/2490
012713957 陈家镇志 1985-2004/786
009338293 陈楼镇志/856

陀

012877262 陀城镇志/2232

妙

011997436 妙峰山志/2839

邵

009160219 邵厂志/783
008848268 邵东县工商行政管理志/2033
013936352 邵东县军事志 1840-2005 内部版/2033
010199456 邵东县农业气候志/2034
008384906 邵阳市卫生志/2032
008385422 邵阳市东区简志/2032
008385178 邵阳市西区简志/2032
008384914 邵阳市交通志/2031
013822682 邵阳市交通志 1981-2002/2031
007896741 邵阳市志/2031
008385180 邵阳市物资志/2031
008385644 邵阳市郊区志/2032

008385175 邵阳市科学技术志/2031
012899413 邵阳市烟草志/2031
008384909 邵阳市教育志/2031
013936354 邵阳县军事志 1840-2005 内部版/2034
011955413 邵阳县志 1978-2002/2034
013602033 邵阳县粮食志/2035
012684696 邵阳国税志 1949-2005 第二稿/2031
013602030 邵阳籍娄底人物志/2105
009880372 邵伯船闸志初稿/939
013342514 邵伯镇志/937
008053749 邵武市志/1263
007995590 邵武市林业志/1264
011955402 邵武市教育志/1264
009335731 邵店镇志/855

鸡

008382996 鸡东县水利志/682
007013413 鸡东县志/681
007288799 鸡西工会志 1946-1985/679
009348035 鸡西电业局志 1927-1985/679
008377884 鸡西市工商行政管理志/679
008377750 鸡西市交通志/680
007591350 鸡西市志/679
009348026 鸡西市物价志 1909-1990/680
009797075 鸡西市建设志/680
012661235 鸡西市恒山区志 1906-2006/680

009743879 鸡西市烟草志/680
009472511 鸡西市商业志/680
009348037 鸡西发电厂志/679
013316322 鸡西妇联志 1946-2006/679
009313216 鸡西矿务局建井工程处志 1950-1985/679
008379705 鸡西粮食志/680
008379701 鸡西煤炭卫生学校校志 1958-1985/680
012202867 鸡泽县土地志/169
008533287 鸡泽县地名资料汇编/169
009380962 鸡泽县交通志/169
008819779 鸡泽县志/169
013045675 鸡冠洞志/1696

纳

008395204 纳西语简志/2810
008665510 纳西族人物简志/2810
013000617 纳家户村志/3127
008598389 纳雍县志/2673
008541907 纳雍县烟草志/2673
010730504 纳溪区志 1986-2005/2467
005536234 纳溪县志/2467
008422512 纳溪县税务志 1912-1985/2467

纺

008823854 纺织工业志/1888
009313476 纺织总厂志 1958-1987/391

八画

奉

009319934 奉化人民代表大会志/1014

013506663 奉化市交通志 1986-2010/1015
007385742 奉化市志/1014

012264230 奉化市财政税务志 1990-2007 /1015
008450893 奉化县地名志/1015
009105681 奉化教育志/1015
008471523 奉节县志/2395
009962557 奉节县改革开放志 1978-1999 /2395
012609739 奉贤人民代表大会志/784
010253959 奉贤工会志/784
011564539 奉贤水利志/786
009106469 奉贤百年纪事 1901-2000/782
010113627 奉贤县工业志/785
011068456 奉贤县卫生志/786
012096680 奉贤县卫生志 1985-2001/786
010144655 奉贤县交通志/785
012609805 奉贤县农业续志 1985-2001/785
003795805 奉贤县志/781
013221119 奉贤县志资料/782
012658431 奉贤县物价志 1995-2001/785
012831405 奉贤县供销合作商业志/785
013404246 奉贤县法院志/785
007840164 奉贤县建设志/786
011564541 奉贤县续志/782
013369788 奉贤政协志/785
006413674 奉贤盐政志/786
012714185 奉贤教育续志 1984-2001/786
009160230 奉贤警察志/785
011911553 奉城续志 1985-2001/782
013369789 奉新人大志 1930-2010/1361
011579759 奉新县人民代表大会志/1361
008421993 奉新县水利志/1361
008429473 奉新县文化艺志/1362
007903924 奉新县志/1361
013045512 奉新县志 1986-2004/1361

009687149 奉新县邮电志/1361
011295926 奉新县财政志/1361
011911573 奉新县金融志/1362
010143138 奉新县政协志/1361
011579768 奉新县信访志/1361
009385347 奉新县教育志/1362

环

012202846 环市镇志/2199
014032772 环江毛南族自治县土地志 /2331
009310909 环江毛南族自治县志/2331
012952154 环江毛南族自治县邮电志 /2331
012967944 环县人口志/3071
007668520 环县志/3071
010576695 环县道情皮影志/3071
009688450 环城志/778
012097448 环湖村志/893
011500722 环翠区志 1983-2002/1546

武

012970527 武山县人民代表大会志/3053
008992738 武山县志/3053
009433709 武山县志送审稿/3052
013899692 武山县财政志/3053
009386252 武山铜矿志/1316
012766995 武川县文物志/387
012662435 武川县志 1998-2009/386
007913483 武川县志 第1卷/387
008594355 武川县志 第2卷 续编 1987-1997 /387
013939426 武川县林业志/387
012316905 武义风俗志/1072
008446533 武义电力志/1072

009744979 武义县人大志/1071
013757052 武义县人事劳动社会保障志/1071
008450487 武义县土地志/1071
008848238 武义县公安志/1071
009164830 武义县文化志/1072
010146858 武义县民政志/1071
008528112 武义县地名志/1073
011443985 武义县交通志/1072
012052402 武义县关工志 1989-2004/1071
003801232 武义县志/1071
013328718 武义县志 1986-2005/1071
013706876 武义县财税志/1072
013462874 武义县科学技术志/1072
012208343 武义县教育志/1072
012316909 武义县教育志/1072
013865234 武义法院志/1071
012956550 武义柳城镇志/1071
008446534 武义萤石志/1072
009397221 武乡人物志/295
013510728 武乡人物志/295
012684927 武乡太极拳志/295
013185998 武乡发电厂志 1966.9-1996.9/295
013343356 武乡县人民代表大会志/295
013462872 武乡县卫生志征求意见稿/295
012722998 武乡县地名志/295
011325324 武乡县农业志/295
003491339 武乡县志/294
012140665 武乡县财政志续编 1995-2001/295
013186004 武乡县金融志初稿/295
014052415 武乡县煤炭工业志/295

008383974 武乡财政县志/294
013899690 武冈市军事志 1840-2005 内部版/2033
012684918 武冈市志 1994-2003/2033
011998547 武冈市教育志 1978-2002/2033
007932065 武冈县志/2033
008538736 武冈县志送评稿/2033
008929145 武功县水利志/2982
008793333 武功县志/2982
013795707 武功县教育志/2982
008663610 武平县地名录/1271
013510725 武平县交通志/1271
005701653 武平县志/1271
011793007 武平县志 1988-2000/1271
011570938 武汉土地志 1980-2000/1829
012052398 武汉大学人民医院湖北省人民医院志 1990-2002/1837
013732367 武汉大学水利水电学院院志 1952-2012/1835
013342695 武汉化工志稿/1832
008452488 武汉公用事业志 1840-1985/1829
009252701 武汉公安志/1828
009074534 武汉文化史料/1836
011793004 武汉石化志/1832
011328510 武汉电力职业技术学院志 1953-2003/1835
011068522 武汉电信志 1884-2005/1834
011328558 武汉市人民代表大会志 1949.9-2003.1/1827
008452484 武汉市人事制度改革志 1978-1998/1827
009348069 武汉市儿童医院志 1954-1994/1837

009252726 武汉市土壤志/1838
011324978 武汉市电子仪器二厂厂志/1832
009252730 武汉市市政建设志/1839
013183669 武汉市江汉区教育志/1841
011809262 武汉市志 1980-2000/1825
003801442 武汉市志大事记/1825
002988334 武汉市志文物志/1825
002990599 武汉市志民政志/1825
004436225 武汉市志军事志/1825
002990095 武汉市志农业志/1825
003425522 武汉市志财政志/1825
002990097 武汉市志体育志/1825
002990092 武汉市志金融志/1825
002990099 武汉市志教育志/1825
008453085 武汉市志第1卷 总类志/1826
008453089 武汉市志第3卷 政党志/1826
009044147 武汉市志第4卷 社会团体志/1826
008338395 武汉市志第5卷 政权 政协志/1826
007919050 武汉市志第7卷 政法志/1826
007919029 武汉市志第9卷 外事志/1826
009044151 武汉市志第10卷 城市建设志/1826
008338357 武汉市志第11卷 工业志/1826
008607849 武汉市志第12卷 交通邮电志/1826
009044161 武汉市志第15卷 对外经济贸易志/1826
007919040 武汉市志第21卷 科学志/1826
008338392 武汉市志第22卷 文化志/1826
007919028 武汉市志第23卷 新闻志/1826
007919049 武汉市志第25卷 卫生志/1827

008659575 武汉市志第27卷 社会志/1827
009117067 武汉市志第28卷 人物志/1827
002990096 武汉市志商业志/1825
003425523 武汉市志税务志/1825
009335493 武汉市志索引/1827
009335498 武汉市志勘误表/1827
013959579 武汉市志简明读本/1827
011325472 武汉市物资志自编本/1828
013689476 武汉市房产测绘志 1906-2012/1829
008835204 武汉市城市规划志/1839
008452478 武汉市科技体制改革志 1978-1998/1835
013379060 武汉市畜牧兽医志 1949-2009/1829
009685711 武汉市烟草志/1832
008452501 武汉市容环境卫生志 1900-1995/1840
012719002 武汉市黄陂区交通志 1980-2000/1847
009335515 武汉市第一医院武汉市中西医结合医院院志/1837
009335506 武汉市第二棉纺织厂厂志 1958-1982/1832
011294782 武汉市第七医院志 1955-2005/1837
011324976 武汉市第三棉纺织厂厂志 1921-1982/1832
012722973 武汉市港口运输总公司企业志/1834
012837435 武汉市新沟中学志 1959-2009/1835
011327611 武汉市精神病医院院志 1956-1991/1838

009252722 武汉市蔬菜行业/1829

012877291 武汉市蔬菜科学研究所所志 1950-2010/1838

008990367 武汉民办学校志 1978-1999/1835

008452508 武汉民政（志稿）1840-1985/1828

007836279 武汉地方志资料武汉近代（辛亥革命前）经济史料/1828

011312551 武汉地质矿产志 1980-2000/1836

013865181 武汉肉联厂志 1952-1985/1832

012970520 武汉华中华能发电股份有限公司 华能阳逻电厂志 1993-2003/1831

009992704 武汉名校志 2005/1835

008385416 武汉江岸车辆厂志 1901-1993/1840

002155701 武汉抗战法制文献选编/1828

008452503 武汉劳动史志/1828

009252744 武汉医药商业行业志/1834

011292266 武汉冶金建筑研究所所志 1963-1988/1832

008842838 武汉改革志/1828

010195616 武汉纺织器材厂志 1958.6-1982.12/1830

006806563 武汉环境志/1840

013185983 武汉制漆总厂厂志/1832

012814411 武汉供电志 1906-2008/1831

011324975 武汉卷烟厂厂志 1916-1980/1832

008452487 武汉房地志/1828

012252749 武汉城市规划志 1980-2000/1839

013226412 武汉钢丝绳厂志 1958-1980/1830

011325250 武汉钢铁公司计控厂厂志 1958-1981/1831

013630250 武汉钢铁公司电讯厂志 1957-1985/1831

011324970 武汉钢铁公司电修厂志 1957-1981/1831

013379056 武汉钢铁公司机修厂志 1977-1981/1831

011325290 武汉钢铁公司机械总厂志 1954-1982/1831

011324974 武汉钢铁公司设计院志 1952-1981/1839

011328413 [武汉钢铁公司]运输部志 1986-1996/1833

012663815 [武汉钢铁公司]运输部志 1997-2005/1833

011324969 武汉钢铁公司初轧厂志 1955-1981/1830

011324971 武汉钢铁公司金山店铁矿志 1958-1981/1831

011325301 武汉钢铁公司修建部志 1961-1981/1831

011325510 武汉钢铁公司热轧带钢厂志 1974-1985/1831

009311439 [武汉钢铁公司]燃气厂志 1958-1989/1829

013775938 [武汉钢铁集团机械制造有限责任公司]厂志 1957-2007/1829

012662453 武汉钢铁集团矿业建设有限责任公司志 1984-2004/1831

009961622 武汉重型机床厂厂志/1832

008835209 武汉修志二十年/1827

008990356 武汉测绘志/1836

011312549 武汉测绘志 1980-2000/1836

009252739 武汉铁路分局志 1893-1990 /1834	009412666 武安市人大志/163
011295878 武汉烟标图志/1832	012208336 武安市土地志/163
012638626 武汉海关志/1834	012140473 武安市民政志续 1989-2007 /163
012638625 武汉理工大学志/1835	012722967 武安市医院志/164
013686398 武汉盘龙城经济开发区志 /1847	011293514 武安市城乡建设志/163
009252736 武汉堤防志/1839	011066575 武安市政协志 1955-2005/163
011325431 武汉锅炉厂志 1953-1983/1831	008533977 武安县地名志/163
011292515 武汉港口志/1834	003807943 武安县志/162
009252718 武汉粮食志 1840-1986/1834	013689611 武安职业教育志/163
008835263 武汉糖果厂厂志 1946-1980 /1832	012545398 武进人民医院志/877
012722980 武宁县人大志 1930-2003/1317	010686823 武进水利志/878
011478756 武宁县公路志/1317	013959581 武进水利志 1984-2007/878
012970525 武宁县交通志 1991-2005/1317	012722979 武进电力工业志 1986-2002/876
007764878 武宁县志/1316	009993437 武进市土地志/876
012052399 武宁县志/1317	012970522 武进民政志 1994-2007/875
009386249 武宁县邮电志/1317	013462838 武进多种经营志/876
012545403 武宁县林业志/1317	010686943 武进交通志/876
013379063 武宁县政协志/1317	013603336 武进交通志 1986-2007/876
008424845 武宁政协志/1317	013462840 武进农村金融志/877
013010701 武穴市志 1988-2007/1929	013375939 武进志 1986-2007/872
010008688 武穴市烟草志/1929	013603341 武进县工业志/876
013072608 武穴市教育志/1929	013462846 武进县广播志/877
012767003 武穴法院志 1645-2005/1929	013462861 武进县卫生志 1879-1983/877
013959584 武夷山水利志/1264	011319915 武进县公安史志初稿/875
007479207 武夷山市志/1264	013462844 武进县文化志/877
012662473 武夷山市林业志/1264	013462850 武进县计划生育志/875
009378278 武夷交通志/1263	013630253 武进县电力工业志/876
008487349 武当山志/1866	010280377 武进县民政志/875
011570931 武安工业志/163	013185989 武进县农业机械志/878
012506295 武安水利志/163	013462856 武进县农业志/876
012100056 武安电力志 1957-2007/163	007905726 武进县志/872
	011321416 武进县财税志/876
	013603382 武进县物价志/876

010735945 武进县物资志/876

013072588 武进县城乡建设志/876

013959583 武进县城市金融志/877

013462860 武进县统战志 1825-1985/875

013462855 武进县教育志/877

011500744 武进县粮食志 1986-2005/876

009338430 武进统计志/875

012899894 武进教育志 1986-2007/877

012899892 武进检察志 1951-1997/875

013379061 武进检察志续一 2006/875

012872489 武进湖塘镇志/874

012638622 武进镇街道开发区简志 1986-2007/874

008533461 武邑县地名资料汇编/240

007990192 武邑县志/239

008378696 武邑县邮电志/240

008531892 武岗县交通志/2033

009961629 武冶志 1954-1984/1833

011905484 武林街巷志/981

012814409 武昌卫生志 1840-2000/1842

011478746 武昌区志/1842

008385146 武昌区教育志/1842

011793000 武昌车辆厂志 1986-1995/1842

011325000 武昌县土壤志/1846

010109740 武昌县卫生志/1846

008378826 武昌县地名志/1846

007900101 武昌县志/1845

007829825 武昌县教育志/1846

009189405 武鸣县土地志/2283

013603387 武鸣县土地志 初稿/2283

007986599 武鸣县志/2283

014052379 武鸣县志 1991-2005/2283

009379959 武鸣县教育志/2283

013757049 武岭志/1545

013462829 武定县人民代表大会志/2841

013379054 武定县水利志/2841

007913555 武定县志/2841

013684235 武定县志 1978-2005/2841

009855926 武定狮子山志/2841

010577543 武建院志 1963.6-2003.6/1839

011809252 武城县水利志/1585

008812530 武城县志/1585

009962168 武城县医药志/1585

012970517 武城县政协志 1981.1-2007.12/1585

012175052 武城邮电志/1585

011478760 武威人事志/3053

011479278 武威卫生志/3055

009673289 武威市人事志/3055

011585085 武威市广播电视志/3054

009683653 武威市卫生志/3055

008846137 武威市水利志/3054

013072605 武威市文物志/3055

013732369 武威市电力志/3054

009010249 武威市民族宗教志/3053

009399127 武威市地震志/3055

008471200 武威市志/3053

009557531 武威市审判志/3054

013630259 武威市凉州区检察志/3055

008846074 武威市教育志/3054

008997475 武威市粮食志/3054

013797002 武威地区人民医院志/3055

009411408 武威铁路分局志 1952-2000/3054

012140660 武威铁路运输法院志/3054

011500749 武威通志/3053

013899695 武威粮食志/3054

011443981 武思江水库志/2315

009252685 武钢乌龙泉矿志 1953-1990 /1830

010475805 武钢企发综合服务公司志 1989-1998/1830

010468501 武钢交运公司志 1960-1982 /1834

006567450 武钢志/1830

008990383 武钢志 1952-1981/1830

012316901 武钢冶金渣公司志 1984-2002 /1830

008990385 武钢灵乡铁矿志 1958-1994 /1830

013342692 武钢矿研所志 1963-1988/1839

010468504 武钢氧气厂志 1972-1982/1830

013321156 武钢焦化厂志 1958-1983/1830

013865188 武胜民盟志 1946-2010/2555

013321158 武胜县工业志 1986-2005/2556

012837438 武胜县地方税务志 1994-2007 /2556

013096571 武胜县志 1986-2005/2555

014052380 武胜县科学技术志 1986-2005 /2556

013379065 武胜县畜牧志 1986-2005/2556

008596083 武宣县土地志/2336

007512901 武宣县志/2336

010245093 武陟一中校志 1837-1996/1743

013226420 武陟电业志 1954-2009/1743

010244236 武陟县二轻工业志 1950-1985 /1743

010108888 武陟县水利志/1743

012613296 武陟县民俗志/1744

010244237 武陟县戏曲志/1743

007486943 武陟县志/1743

010730584 武陟县志 1986-2000/1743

010245053 武陟县教育志 1840-1985/1743

010244197 武陟县商业志/1743

008645308 武都县志/3076

013706869 武都政协志/3076

009561911 武原镇志/1041

008992452 武家嘴村志/828

012265044 武陵区教育志/2056

010576825 武陵源区志/2064

010142849 武陵源区志 1989-2000 送审稿 /2064

009383773 武陵源风景志/2064

011809271 武清中医院志 1988-2005/98

008593568 武清县土地管理志/98

003796277 武清县志/97

009796977 武清县志 1991-2000/97

011478750 武隆县山虎关水库志/2393

008672116 武隆县民政志/2392

007480679 武隆县志/2392

012662467 武隆县教育志 1986-2005/2392

008379983 武强县公路交通史/240

008382689 武强县地名资料汇编/240

007668530 武强县志/240

008378627 武强县邮电志/240

011443983 武新村村志/1540

009336663 武警广元市支队志/2491

009336664 武警内江市支队志/2510

009336759 武警甘孜州支队志/2601

011809267 武警石家庄指挥学校志 1983.1-1998.12/121

012956549 武警北京市总队志/12

009336767 武警乐山市支队志/2520

008991724 武警乐山医院志/2522

008991722 武警达川地区支队志/2557

009336769 武警自贡市支队志/2451

010252868 武警交通部队志 审查本/12
009336666 武警阿坝州支队志/2590
010577204 武警河北省总队医院院志 1969.8-1998.12/127
009336760 武警宜宾市支队志/2547
009336659 武警泸州市支队志/2465
009336771 武警南充市支队志/2536
009864528 武警贵州省总队志 医院志/2634
012638621 武警贵州省总队志 贵阳指挥学校志/2634
009010570 武警贵州省总队志 第一支队志/2634
008991129 武警贵州省总队志 第二支队志/2634
013072602 武警贵州省总队志 遵义市支队志/2652
009336773 武警凉山州支队志/2609
009336636 武警第一支队志/2420
009336639 武警第三支队志/2420
009336643 武警第四支队志/2420
008991723 武警绵阳市支队志/2476
009336780 武警雅安地区支队志/2566
009336660 武警遂宁市支队志/2502
009336762 武警德阳市支队志/2469
009336775 武警攀枝花市支队志/2458

青

010731682 青山区志/1843
008382665 青山区教育志/1843
012684579 青山政协志 1984-2007/393
008446220 青山泉乡志 1882-1992/852
010577530 青山热电厂厂志 1953-1981/1843

009253914 青川县二轻工业志 1954-1985/2497
009253928 青川县人大志/2496
009253953 青川县人口民族志 1942-1985/2496
009253984 青川县人事志/2496
009253932 青川县人物志/2498
009253924 青川县土特产 灾害志/2498
009253944 青川县工商行政管理志/2497
009253905 青川县广播电视志/2498
009254005 青川县卫生志/2499
009253858 青川县水电农机志/2499
009253986 青川县公安志 1942-1985/2496
009253910 青川县自然地理志/2499
008671786 青川县交通志/2497
009253915 青川县农业志/2497
008487033 青川县志/2494
012266125 青川县志人大志 1986-2002/2494
012266169 青川县志 人民法院志 1986-2004/2495
012266134 青川县志 人事志 1986-2002/2495
012252341 青川县志 卫生志 1986-2002/2495
012266191 青川县志 中共青川县委统战志 1935-2002/2496
013731068 青川县志 文化旅游志 1926-2007/2495
012266083 青川县志 安全生产监督管理志 1980-2005/2494
012266109 青川县志 扶贫开发志 1986-2002/2494
013144659 青川县志 劳动和社会保障志 1942-2002/2494
012266174 青川县志 县人民医院志 1948-2004/2495

012266164 青川县志县关心下一代工作委员会志 1992-2005／2495
013822212 青川县志沙州镇志 前 201-2003／2495
012266117 青川县志青川县人民政府办公室志 1986-2002／2494
012266155 青川县志物价志 1942-2003／2495
012266136 青川县志统计志 1986-2004／2495
009253976 青川县邮电志／2497
009253902 青川县财政志／2498
009254010 青川县林业志／2497
012266061 青川县林业志 1986-2002／2497
009253973 青川县图书发行志 1950-1985／2498
009253964 青川县供销合作志／2497
009253968 青川县金融志／2498
009253979 青川县法院志／2496
009253946 青川县建置沿革志／2499
009253917 青川县政权志／2496
009253970 青川县科协志／2498
009253958 青川县统计志／2496
009253219 青川县畜牧志 1942-1985／2497
009254008 青川县教育志／2498
009253908 青川县检察院志／2497
009253930 青川县商业志／2498
009253920 青川县税务志／2498
013822201 青川县粮油志 1986-2005／2497
009554443 青乡乡志／1514
008848222 青云店镇志资料／67
006542467 青冈县志／717
013933327 青化砭采油厂志／2991
010250813 青龙乡志／871
008533362 青龙县地名资料汇编／157
007674781 青龙满族自治县志／157

012722160 青龙满族自治县志 1979-2004／157
012505484 青田人大志／1101
011324967 青田石雕志／1102
013096202 青田老年体育志／1102
013096205 青田县人民医院志 1929-1999／1102
009105695 青田县广播电视志／1102
010238429 青田县公安志／1102
010475776 青田县文物志／1102
008450922 青田县地名志／1102
008450216 青田县交通志／1102
007384615 青田县志／1101
013822219 青田县志 1988-2007／1101
009996046 青田县教育志／1102
013066969 青田图志／1101
009677861 青白江区烟草志／2435
008671795 青白江教育志／2435
012252306 青光镇志／96
011998094 青衣江志／2521
011512621 青羊官二仙庵志／2432
012766422 青州公路志／1507
013775164 青州市军事志 311-2005／1507
002125543 青州市志／1507
008025741 青州市志评介集／1507
013991356 青州市国土资源志／1507
012099777 青州市审计志 1984-2002／1507
013705580 青州市教育志 1988-2010／1508
010022585 青州民间文学集成／1508
013958938 青阳电力志 1936-2007／1186
013705579 青阳县人民法院志／1185
008914452 青阳县工商行政管理志／1185
006795894 青阳县志／1185
013684575 青阳县财政志／1186

008817785 青阳镇志/837

012955893 青阳镇志/1185

009676089 青村志/783

012174831 青村续志/783

008533700 青县地名资料汇编/224

008534444 青县志/224

013723825 青县志 1978-2008/224

013096209 青县国土志/224

011477162 青县教育志送审稿/224

011996905 青岛大学医学院附属医院志/1435

009333648 青岛大学医学院附属医院志 1898-1998/1435

012051790 青岛广播电视志 1979-2005/1435

013225569 青岛化工厂志/1434

009675982 青岛文物志/1435

009001522 青岛世纪图志/1435

011892403 青岛古树名木志/1436

011292463 青岛电力志/1433

012505481 青岛市人民代表大会志 1949.9-2000.6/1432

013225586 青岛市工商行政管理志 1891-1990/1433

011892409 青岛市工商行政管理志 1991-2005 送审稿/1433

012505464 青岛市广播电视志 1933-1990/1435

009387165 青岛市卫生志 1891-1990/1436

011499560 青岛市水产志/1433

013225573 青岛市电子仪表工业公司志/1434

013753785 青岛市四方区军事志 1388-2005/1436

013775161 青岛市市北区军事志 1949-2005/1436

010200514 青岛市农村金融志 1897-1988/1434

007735701 青岛市志/1427

009106665 青岛市志总目录/1427

012899335 青岛市志第 1 卷 大事记卷 1978-2005/1427

008518266 青岛市志第 1 卷 海港志/1427

007848953 青岛市志第 2 卷 邮电志/1427

013731073 青岛市志第 2 卷 城市卷 1978-2005/1427

013731078 青岛市志第 3 卷 经济卷 1978-2005/1427

008520308 青岛市志第 3 卷 教育志/1427

007848954 青岛市志第 4 卷 卫生志/1427

014049932 青岛市志第 4 卷 文化卷 1978-2005/1428

007848955 青岛市志第 5 卷 体育志/1428

014049937 青岛市志第 5 卷 政治卷 1978-2005/1428

007848964 青岛市志第 6 卷 交通志/1428

008520313 青岛市志第 7 卷 外事志 侨务志/1428

007848963 青岛市志第 8 卷 军事志/1428

008520357 青岛市志第 9 卷 水利志/1428

007848978 青岛市志第 10 卷 水产志/1428

007849022 青岛市志第 11 卷 环保志 环卫志/1428

008520309 青岛市志第 12 卷 计量标准志 物价志/1428

008520316 青岛市志第 13 卷 医药志/1428

008520310 青岛市志第 14 卷 工商行政管理志/1428

008520314 青岛市志第15卷 盐业志/1428
007848977 青岛市志第16卷 民政志/1429
008520312 青岛市志第17卷 财政税务审计志/1429
008520311 青岛市志第18卷 农业志/1429
007849035 青岛市志第19卷 社团志/1429
007849036 青岛市志第20卷 公用事业志/1429
007849038 青岛市志第21卷 自然地理志 气象志/1429
007849037 青岛市志第22卷 方言志/1429
007849039 青岛市志第23卷 园林绿化志/1429
007849040 青岛市志第24卷 海洋志/1429
007849041 青岛市志第25卷 民族宗教志/1429
007849042 青岛市志第26卷 新闻出版志 档案志/1429
008456371 青岛市志第27卷 市政工程志/1429
008380761 青岛市志第28卷 海关志/1429
008380770 青岛市志第29卷 机械冶金工业志/1430
008380768 青岛市志第30卷 文化志 风俗志/1430
008380766 青岛市志第31卷 公安司法志/1430
008380764 青岛市志第32卷 供销合作社志/1430
008520350 青岛市志第33卷 纺织工业志/1430
008520349 青岛市志第34卷 科学技术志/1430
008518208 青岛市志第35卷 电力工业志/1430
008520351 青岛市志第36卷 劳动志/1430
008520348 青岛市志第37卷 金融志/1430
008812981 青岛市志第38卷 民主党派 青岛地方组织志/1430
008520354 青岛市志第39卷 二轻工业志/1430
008520353 青岛市志第40卷 政协志/1430
008665111 青岛市志第41卷 土地志 地震志/1430
008520352 青岛市志第43卷 房产志/1431
008391979 青岛市志第44卷 城市规划建筑志/1431
008456374 青岛市志第45卷 旅游志/1431
008665109 青岛市志第46卷 粮食志/1431
008665107 青岛市志第47卷 电子仪表工业志/1431
008665117 青岛市志第48卷 一轻工业志 建材工业志/1431
008636338 青岛市志第49卷 物资志/1431
008391982 青岛市志第50卷 沿革区划志/1431
008812973 青岛市志第51卷 一轻工业志 建材工业志/1431
008812970 青岛市志第52卷 市政工程志/1431
008812946 青岛市志第53卷 商业志/1431
008812955 青岛市志第54卷 大事记/1431
008812931 青岛市志第55卷 人物志/1431
009244807 青岛市志第56卷 政权志/1432
008812928 青岛市志第63卷 人口志/1432
008812959 青岛市志第64卷 对外经济贸易志/1432
008812925 青岛市志第65卷 中国共产党青岛

地方组织志/1432

013753782 青岛市李沧区军事志 1949-2005 /1441

010143789 青岛市沧口区志/1441

013461900 青岛市环境保护志/1436

011292466 青岛市物资志 1957-1985/1433

010200507 青岛市金属材料公司志 1962-1985/1433

013225593 青岛市宣传工作志/1432

012051792 青岛市海洋与渔业志 1979-2005 /1433

013775158 青岛市黄岛区军事志 1840-2005 /1437

013794845 青岛民政志/1432

011312734 青岛出版社志 1975-2005/1435

011499566 青岛优秀建筑志/1436

009881164 青岛医学院院志 1946-1995 /1435

010253978 青岛邮电志/1434

010143783 青岛社团志/1432

010200499 青岛金融志/1434

011499571 青岛郑庄村志/1432

012661754 青岛卷烟厂志 1919-2009/1434

013705575 青岛耐火材料厂志/1434

011892399 青岛钢丝绳厂志 1959-1985 /1433

009408059 青岛钢铁总厂志 1958-1990/1434

010778520 青岛科协志征求意见稿/1435

008869588 青岛铁路分局志/1434

013822214 青岛教育图志 1891-2011/1435

009399332 青岛啤酒厂志/1434

012836124 青岛啤酒公司志/1434

012877111 青岛奥帆赛志/1435

011294819 青岛港志 1978-2005/1434

012208117 青岛锻压机械厂厂志 1946-1985 /1433

009319322 青岩镇志/2638

002090388 青城山志/2440

008303317 青城山志/2440

009442662 青城山志/2440

013093265 青城山道教志/2438

011998085 青狮潭水库志/2298

008487041 青神县志/2546

013144663 青神县志 1991-2005/2546

013933329 青神县教育志 清末-1987/2546

013342438 青原山志/1346

008665137 青峰岭水库志/1555

009472775 青浦人民代表大会志 1949-2003 /779

012266207 青浦人事志/780

012266203 青浦工商行政管理志 2003-2007 /780

009799342 青浦广播电视志/780

013753787 青浦卫生志/781

013184622 青浦区地名志/781

010293913 青浦水利志/781

012140220 青浦文化志/780

012266214 青浦市容环卫志/781

012051794 青浦民政志/780

013131090 青浦地名小志/781

012766420 青浦县人民政协志/780

012174839 青浦县工业志/780

009387390 青浦县水利志/781

012542803 青浦县志 1985-2000/778

013705578 青浦县供销合作商业志/780

008038901 青浦县档案志/781

011763270 青浦审判志/780

012899339 青浦统计志/779

013991354 青浦旅游志/780
009472776 青浦教育志/781
011320850 青浦检察志/780
012684576 青浦镇志/778
013002428 青海土种志/3095
010143750 青海木本植物志/3095
001691168 青海风物志/3094
007832407 青海风俗简志/3094
007364321 青海方志资料类编/3094
013377012 青海石油志/3092
010009439 青海电影志/3094
012836129 青海电影续志/3094
013066966 青海出版志/3093
005732816 青海地方志书介绍/3094
003055728 青海地质矿产志/3095
010291714 青海医药卫生志 初稿/3095
010010036 青海邮运志/3092
012877120 青海果树志/3095
010200344 青海物产志 1995.3-2005.2/3092
012814163 青海审判志/3091
007670620 青海经济动物志/3095
009154329 青海经济昆虫志/3095
009010254 青海省人民医院志/3098
012955877 青海省三角城种羊场志/3104
011441920 青海省土产杂品公司企业志 1951-1985/3098
013461910 青海省门源回族自治县地名志/3104
011441921 青海省五金交电化工公司企业志/3097
009553990 青海省区域地质志/3095
011441915 青海省石油煤炭商业志/3093
012614174 青海省电力工业志 1991-2002/3092

011441903 青海省民族贸易公司企业志/3091
009675806 青海省地震监测志/3094
009043440 青海省西宁市地名录/3098
011441876 青海省百货公司企业志/3091
012639053 青海省有色地质矿产勘查局志 1959-2007/3098
012542797 青海省同德县地名志/3106
013342437 青海省刚察县地名志/3104
011441914 青海省肉食品公司企业志/3092
009154328 青海省农作物品种志/3095
012099737 青海省农作物品种志 1983-2005/3095
011441912 青海省农牧生产资料公司企业志 1961-1988/3092
011441906 青海省农副产品公司企业志 1962-1988/3092
013659772 青海省祁连县地名志/3104
006573063 青海省志/3085
010010032 青海省志人物传 终审稿/3085
011884211 青海省志索引/3085
009337012 青海省志第1卷 总述/3085
008994357 青海省志第2卷 大事记/3085
008994360 青海省志第3卷 建置沿革志/3085
008694671 青海省志第4卷 自然地理志/3085
009790426 青海省志第6卷 测绘志/3085
008668109 青海省志第7卷 长江黄河澜沧江源志/3085
008667938 青海省志第8卷 青海湖志/3086
009001529 青海省志第9卷 水利志/3086

009003119 青海省志第 10 卷 高原生物志/3086

007676130 青海省志第 11 卷 地质矿产志/3086

007914632 青海省志第 12 卷 农业志 渔业志/3086

007914637 青海省志第 13 卷 林业志/3086

008667929 青海省志第 14 卷 畜牧志/3086

009337014 青海省志第 15 卷 轻纺工业志/3086

008487040 青海省志第 16 卷 盐业志/3086

008241827 青海省志第 17 卷 手工业志/3086

009041932 青海省志第 18 卷 乡镇企业志/3086

008667946 青海省志第 19 卷 机械工业志/3086

008668094 青海省志第 20 卷 经济贸易志/3086

007914635 青海省志第 21 卷 农牧机械志/3087

007755022 青海省志第 22 卷 石油工业志/3087

009337019 青海省志第 23 卷 煤炭工业志/3087

009041937 青海省志第 24 卷 电力工业志/3087

009337025 青海省志第 25 卷 冶金工业志/3087

009116553 青海省志第 26 卷 化学工业志/3087

008694644 青海省志第 27 卷 公路交通志/3087

008636591 青海省志第 28 卷 铁路交通志/3087

007914633 青海省志第 29 卷 邮电志/3087

008694648 青海省志第 30 卷 民用航空志/3087

009994890 青海省志第 31 卷 对外经济贸易志/3087

009116587 青海省志第 32 卷 计划志/3087

007914636 青海省志第 33 卷 商业志/3087

009041995 青海省志第 34 卷 粮食志/3088

008973539 青海省志第 35 卷 城乡建设志/3088

008694641 青海省志第 36 卷 环境保护志/3088

007755023 青海省志第 37 卷 统计志/3088

008694627 青海省志第 38 卷 财政志/3088

009042011 青海省志第 39 卷 金融志/3088

009042023 青海省志第 40 卷 工商行政管理志/3088

007914634 青海省志第 41 卷 物价志/3088

008994366 青海省志第 42 卷 土地管理志/3088

008667941 青海省志第 43 卷 审计志/3088

008694662 青海省志第 44 卷 进出口商品检验志/3088

009337029 青海省志第 45 卷 标准计量志/3088

008694656 青海省志第 46 卷 政事志 青海省人民代表大会/3088

008667925 青海省志第 47 卷 政事志 中国人民政治协商会议青海省委员会/3089

009116560 青海省志第 48 卷 政事志 省政府/3089

009319871 青海省志第 50 卷 民主党派志/3089

009337036 青海省志第 51 卷 群众团体

志/3089

008694650 青海省志第52卷 民政志/3089

009337133 青海省志第53卷 劳动人事志/3089

008842735 青海省志第54卷 检察志/3089

008694667 青海省志第55卷 审判志/3089

008994394 青海省志第56卷 军事志/3089

008241829 青海省志第57卷 公安志/3089

008694670 青海省志第58卷 武警志/3089

008994376 青海省志第59卷 司法行政志/3089

008994379 青海省志第60卷 劳动改造志/3089

009042031 青海省志第61卷 教育志/3090

008667940 青海省志第62卷 体育志/3090

009042048 青海省志第63卷 广播电视志/3090

008994383 青海省志第64卷 报业志/3090

008241831 青海省志第65卷 出版志/3090

008667914 青海省志第66卷 档案志/3090

008476201 青海省志第67卷 医药卫生志/3090

008994388 青海省志第68卷 文化艺术志/3090

008994392 青海省志第69卷 文物志/3090

008241828 青海省志第70卷 彩陶志/3090

009042068 青海省志第71卷 唐蕃古道志/3090

008994399 青海省志第73卷 社会科学志/3090

009337144 青海省志第74卷 科学技术志/3090

009337146 青海省志第75卷 人口志/3091

012099745 青海省志第76卷 民族志/3091

009337149 青海省志第77卷 宗教志/3091

009337150 青海省志第78卷 方言志/3091

011882469 青海省志第79卷 特产志/3091

009337153 青海省志第80卷 人物志/3091

009147626 青海省志第81卷 附录/3091

005631641 青海省志资料/3091

011441880 青海省纺织品公司企业志/3091

009994915 青海省建设银行志/3093

013461903 青海省格尔木水电有限责任公司志1976-2004/3110

009387135 青海省畜禽品种志/3096

008845932 青海省畜禽疫病志/3096

013991353 青海省烟草志/3092

013958937 青海省海北藏族自治州地名志/3103

011570184 青海省海北藏族自治州军事志内部本/3103

012252310 青海省海西蒙古族藏族自治州地名志/3109

012174837 青海省海西蒙古族藏族自治州军事志/3109

012252314 青海省海晏县地名志/3103

011441882 青海省副食品公司企业志1950-1988/3092

012252318 青海省湟中县地名志/3099

010244553 青海省粮食志送审稿/3092

007668360 青海科学技术志/3093

012955885 青海送变电工程公司志1991-2002/3098

007860310 青海植物志/3095

009116607 青海粮食志/3092

012099747 青铝志/3135

010293861 青铜峡工商行政管理

志/3135

009016830 青铜峡水电厂志 1958-1985 /3135

012252336 青铜峡市一中校志/3135

012252322 青铜峡市人民代表大会志 1949.11-1997.4/3135

013898964 青铜峡市人民代表大会志 1998-2012/3135

009414207 青铜峡市卫生志/3135

009414246 青铜峡市志/3135

009340681 青铜峡军事志/3135

013093269 青黑村志/1085

010008945 青藏高原甘南藏药植物志/3082

盂

013961225 盂北村志/282

010232760 盂县工业志/283

013097937 盂县工会志/282

014053011 盂县公安志/282

012900180 盂县方言志/283

013133980 盂县东坪煤业志/282

012956609 盂县东坪煤矿志/282

008377914 盂县电力工业志 1956-1995/282

008378536 盂县志/282

013379467 盂县志/282

012900179 盂县财政志/283

008492545 盂县教育志/283

011955870 盂县跃进煤矿志/282

坪

012174817 坪上村志/3048

012218603 坪林乡志/3238

坦

009160212 坦直镇志/765

拖

013863864 拖船镇志/1357

者

013901243 者湾村志/2780

顶

011961205 顶山街道志/819

拉

009398343 拉布大林农牧场志 1955-2000/422

001920386 拉祜语简志/2722

010473939 拉萨土种志/2913

010468581 拉萨文物志/2913

011584442 拉萨市志/2913

012832289 拉萨市城关区志/2913

010475956 拉萨市政协志 1959.12-2000.12/2913

011294657 拉萨邮政志/2913

拦

011329489 拦车村志/306

幸

012545541 幸福镇志/1493

招

009554003 招远广播电视志/1501

012816172 招远卫生志/1501

012052597 招远文化志/1500

009561504 招远电业志/1500

011321153 招远市人民医院志/1501

009009928 招远市人民检察志/1500

012317231 招远市龙口粉丝志/1500

011957302 招远市志 1978-2002/1499

013735627 招远市劳动保障志/1500

009854371 招远市村庄简志/1499

012723982 招远市规划建设管理志 1975-2009/1501
012317190 招远地名志 2005/1501
012506635 招远交通志/1500
013190060 招远县民政志/1500
007900112 招远县志/1499
013512001 招远邮电志/1500
011321151 招远林业志/1500
009700317 招远金矿志/1500
009867052 招远黄金志 1986-2002/1500
009799964 招贤镇志/1554
013630718 招商银行史志/2170
013684564 招商银行济南分行八周年志/1414

昔

009881489 昔阳县电力工业志/316
011809299 昔阳县交通志/316
008474913 昔阳县志/316
011809297 昔阳县财政志/316
013603454 昔阳县政协志/316
009769135 昔阳教育志/317
012252773 昔阳教育志送审稿/316

若

008992419 若尔盖县计划经济志/2599
014050111 若尔盖县军事志 前316-2005/2599
008671825 若尔盖县志/2599
013319922 若尔盖县志 1989-2005/2599
013863606 若尔盖县林业志/2599
007913545 若羌县志/3201

茂

013319754 茂名电力工业志/2209
008018706 茂名市大事记/2209
008665171 茂名市地名志/2209
007992217 茂名市志/2209
009863908 茂名市金融志/2209
009863909 茂名市金融志 1989-2000/2209
012758845 茂名热电厂志 1958-2000/2209
013144596 茂名海关志/2209
008379768 茂兴湖水产养殖场志/692
012174780 茂兴湖水产养殖场志 1986-2000/692
008992143 茂县卫生志/2595
013375306 茂县乡镇简志/2595
012819795 茂县志 1988-2005/2595
013774644 茂县羌族歌舞团志 1980-2012/2595
008992019 茂汶羌族自治县水利电力志/2596
007755050 茂汶羌族自治县志/2595
007986722 茂陵志/2977

苗

006862686 苗语简志/2627
010591215 苗栗市志/3241
007475844 苗栗县志/3241
012653297 苗栗县泰安乡志/3244
010280183 苗湾村志/1693

英

013222229 英山方言志/1932
010197124 英山县人民代表大会志讨论稿/1932
013961201 英山县土壤志/1932
011793364 英山县农牧业志 1841-1990/1932
008823859 英山县志/1931
008990524 英山县志茶志/1931

012956604 英山县财政税务志/1932

010140779 英山县金融志 1846-1985/1932

010008715 英山县烟草志/1932

011571183 英山县教育志/1932

007283460 英山县简志/1931

010142800 英山县粮食志送审稿/1932

009198595 英吉沙县志/3186

012814497 英德市文物志/2235

008531928 英德市城乡建设志/2235

010476431 英德县志/2235

茌

007883866 茌平县志/1592

011890512 茌平县志 1986-2005/1592

013751485 茌平县实验高中校志 2000-2010/1592

009881013 茌平县建设志/1592

012722181 茌平县政协志 1981-2008/1592

苟

013989060 苟尔光村史志 640-2013/2597

苑

011910103 苑口村志/235

012072320 苑里镇志/3245

范

008821918 范县志/1748

011757697 范县志 1988-2000/1748

009412832 范县财政志/1748

茗

012722330 茗溪运河志/970

茅

011312423 茅山道教志第1卷/951

006003453 茅台酒厂志/2655

014047743 茅岗村志 广州市黄埔区鱼珠街茅岗村志/2152

014047737 茅草村志/1895

013066350 茅箭区志 1984-2005/1867

林

008983492 林口县志/709

010293520 林口林业局志/709

011584529 林山寨街道志 1959-1996/1648

012661453 林东第一中学简志/399

010576708 林芝地区志/2920

010475888 林芝地区邮电志/2920

012505325 林西老年体协志/402

008990933 林西县志/402

013601788 林西政协志/402

009124618 林朵林场志/2329

009334836 林州市土地志/1712

009332599 林州市公安志/1712

008666387 林州市交通志/1712

009332602 林州市志/1711

011892080 林州市建筑志/1712

014047637 林州市城乡建设志/1712

010230879 林州市旅游志/1712

012505327 林州市教育志/1713

008417021 林州财政/1712

011499226 林县民俗志/1713

010139952 林县戏曲志/1713

006555969 林县志/1711

007902351 林甸县志/693

013628063 林甸县志 1986-2005/693

013601787 林甸粮食志/693

013601789 林周县志/2913

010238878 林源炼油厂志/689

枝

013961378 枝江人口志/1879

013723722 枝江市志 1979-2002 /1878
009880096 枝江市烟草志 /1879
013704251 枝江市第一高级中学校志 1965-2005 /1879
013866307 枝江交通志 /1879
007378019 枝江县志 /1879
013190082 枝江县粮食志 /1879
012636584 枝江国土资源志 /1879
013343619 枝江供销社志 1950-1985 /1879
012956916 枝江法院志 1949-2005 /1879
013134029 枝江政协志 1980.12-1996.11 /1879
007509343 枝江商业志 /1879
012724013 枝城市交通志 1865-1990 /1877

板

006384427 板杉区志 /2001
011496828 板板桥村志 /2852
013787962 板桥村志 /2044
011943022 板桥街道志 /820
009190836 板桥镇志 /2795
010291855 板塘区简志 /2014

枞

011890519 枞阳文物志 /1155
012872207 枞阳县水利 /1155
008450989 枞阳县志 /1155
011757511 枞阳县志 1978-2002 /1155
010138028 枞阳县财政志 /1155
009413235 枞阳县信合志 /1155
009009959 枞阳县烟草志 /1155
012658298 枞阳县教育志 /1155

松

011500655 松山区卫生志 /402
013706392 松山区水利志评审稿 /402

012638765 松山区电业志 1958-1995 /402
008487246 松山区志 /401
013706396 松山区邮电志 /402
012140288 松山区政协志 /402
009881520 松江人民代表大会志 /775
009319914 松江工商行政管理志 /776
011908906 松江水务志 1991-2004 /776
010778569 松江风俗志 /777
009340888 松江文化志 /777
008974288 松江文物志 /777
012956011 松江文物胜迹志 /777
009995147 松江方言志 /777
010476175 松江民政志 /776
013067281 松江共青团志 /775
013936398 松江妇女工作志 /775
008096640 松江县工业志 /776
008487240 松江县水利志 /777
013597661 松江县志 /773
008037819 松江县财政税务志 /777
013706375 松江县供销合作商业志 /776
008487234 松江县房产志 /776
008487239 松江县教育志 /777
010242637 松江县检察志 /776
011329405 松江县续志 /773
012174925 松江县粮食续志 1986-1998 /776
012208247 松江规划志 /778
009995151 松江图志 /777
011570373 松江质量技术监督志 /776
010243644 松江审判志 /776
008842909 松江科技志 /777
009313295 松江教育志 /777
008487243 松江镇志 上海市松江县 /774
010779076 松阳县人民代表大会志 /1104
010476436 松阳县水利志 /1105

013185796 松阳县老年体育志 1990-2010 /1105

008446536 松阳县交通志 /1105

008487247 松阳县志 /1104

013320992 松阳县城乡建设志 /1105

011570378 松阳烟草志 /1105

011764755 松花江地区文化艺术志 /658

008487233 松花江地区志 /652

009853989 松花江志 /588

013510574 松花江粮食志 /657

009117284 松岭区志 /718

013096429 松宜煤炭志 /1877

013379030 松桃交通志 /2682

008784329 松桃苗族自治县志 /2682

013776605 松桃苗族自治县志 1986-2006 /2682

013630072 松桃苗族自治县财政志 1986-2005 /2682

011998335 松桃苗族自治县金融志 /2682

011311847 松原市土地志 /624

012174929 松原市宁江区志 1995-2003 /625

010730492 松原市志 /624

013731657 松原市国税志 1999-2006 /625

009145678 松涛水利工程志 /2352

007908339 松隐志 /771

013731656 松隐志 1986-2005 /771

012099949 松滋水利志 /1920

013775283 松滋市志 1986-2005 /1919

009880074 松滋市烟草志 /1919

003035279 松滋交通志 /1919

003033413 松滋县卫生志 1911-1985 /1920

003035283 松滋县民政志 /1919

007903886 松滋县志 /1919

009685813 松滋县财政志 /1919

003035282 松滋县林业志 /1919

003033414 松滋县供销志 1939-1985 /1919

003035281 松滋县教育志 /1920

003034603 松滋县商业志 1911-1984 /1919

009685817 松滋县税务志 1911-1987 /1919

003035277 松滋县粮食志 /1919

012722457 松滋邮电志 /1919

014052252 松滋金融志 /1920

008923611 松溪县地名录 /1266

006567524 松溪县志 /1266

011500650 松潘中学校志 /2596

008992136 松潘县民族商业志 /2596

008671979 松潘县志 /2596

013936399 松潘县教育志 /2596

009105467 松藻矿务局志 /2376

枫

006362186 枫围乡志 /770

008486332 枫泾镇志 /770

008983579 枫树山林场志 /1305

009117996 枫亭志 /1235

008446356 枫桥史志 /1055

009854002 枫桥镇志 /880

杭

009799664 杭州二中校志 1899-1989 /979

013404431 杭州人民印刷厂厂志 /975

011066955 杭州工人运动志 1876-1992 /971

013647537 杭州工艺编织带厂志 1954-1986 /975

008380131 杭州大学教授志 /981

012718916 杭州万向职业技术学院院志 1991-2010 /980

008446496 杭州水产志 /974

013404423 杭州毛源昌眼镜厂厂志 /975

010576640　杭州电子科技大学志 1956-2005 /980

011292470　杭州电扇总厂志 1958-1987/975

012898534　杭州四季青志/981

007503326　杭州市二轻工业志/975

012811366　杭州市十三中教育集团校志 2000-2010/979

009480346　杭州市人大志/972

009688791　杭州市人民公安志/972

009881601　杭州市工业志/977

009995770　杭州市工商业联合会(商会)志/972

009995756　杭州市工商行政管理志/973

009105685　杭州市土地志/973

011804449　杭州市下城区地名续志/985

008446501　杭州市下城区地名简志/985

013335344　杭州市下城区教育志/984

010118520　杭州市上城区小营巷街道志 /984

012999106　杭州市上城区民政志/984

012999104　杭州市上城区地名志/984

012999110　杭州市上城区志/984

009995786　杭州市上城区教育志/984

013647541　杭州市上城区教育志 1991-2010 /984

012173861　杭州市乡镇企业志/973

012956975　杭州市支援四川抗震救灾和青川灾后恢复重建志/2496

012832040　杭州市支援青川县灾后恢复重建指挥部志/2496

012191933　杭州市中东河综合治理志 /983

012541645　杭州市水利志/983

010201670　杭州市化学工业志/975

010146844　杭州市公共交通志/977

009799843　杭州市公安局安康医院志 1954 -2004/982

008531949　杭州市电力工业志/975

012264963　杭州市电力工业志 1991-2005 /975

010010101　杭州市电信志/977

009995764　杭州市电影志/981

009995789　杭州市市政志/983

010146846　杭州市民政志/972

012264968　杭州市民政志 1986-2005/972

008450902　杭州市地名志/981

013860660　杭州市地名志/981

009480458　杭州市西兴镇志/971

008446506　杭州市西湖区地名简志/986

009388698　杭州市西湖区教育志/986

012097405　杭州市西湖区教育志 1991-2005 /986

009348316　杭州市交通志/977

013752418　杭州市交通志 1991-2008/977

008830181　杭州市江干区民政志/985

008830183　杭州市江干区教育志/985

013990659　杭州市江干区彭埠镇普福村志/985

008051176　杭州市志/970

008662781　杭州市邮政志/978

010293897　杭州市余杭区人大志/993

012610588　杭州市余杭区地名志/995

009678931　杭州市余杭区政协志/993

011327223　杭州市余杭区镇乡街道简志 /992

013222112　杭州市供销合作社志/978

013940803　杭州市质量技术监督志/973

009995772　杭州市金融志 1912-1985/978

012610584 杭州市拱墅区卫生防疫五十五年志 1950-2004/984

013335297 杭州市拱墅区地名简志/984

011432647 杭州市拱墅区地名新志/984

013335342 杭州市拱墅区教育志/983

008994523 杭州市城乡建设志/973

012872382 杭州市城市供水志 1928.4-2010.6/973

009840457 杭州市城市绿化志/983

009855935 杭州市政协志 1950-2002/972

010146840 杭州市政协志文字初稿/972

009744966 杭州市轻工业志/975

009995780 杭州市科协志 1958-1989/979

009995763 杭州市科技志/979

011497744 杭州市科技志 1986-2005/979

013792199 杭州市党史胜迹图志/981

011293520 杭州市职工技协志 1964-1991/971

011579914 杭州市萧山区义桥实验学校校志 1906-2006/991

010146841 杭州市第七人民医院志 1954-2004/982

009388683 杭州市富春江冶炼厂志 1958-1998/975

009388688 杭州市粮食志/978

013404436 杭州市整形医院院志 1988-1998/982

010245078 杭州司法志/972

012680050 杭州民族宗教志/971

009995736 杭州对外经贸志/978

013647533 杭州地毯厂 1952-1986/975

009840467 杭州西湖伞厂厂志 1958-1986/986

013772725 杭州西湖岳王庙志/986

013820222 杭州师范大学教授志/980

009341135 杭州农业志/974

009995749 杭州农村金融志/978

006356575 杭州医药商业志/978

009840458 杭州财税志/978

012251014 杭州财税志 1991-2005/978

009995742 杭州近江村志/971

010201667 杭州青年运动志/972

008985419 杭州物价志/978

009995795 杭州物资志/973

011329736 杭州法院志/972

012718911 杭州审计志/973

012718899 杭州经济技术开发区志 1990-2007/973

012718892 杭州经济技术开发区图志 1990-2007/973

011497746 杭州政党志 初稿/971

011564667 杭州茶叶试验场场志 1955-1987/974

011310488 杭州药用植物志/982

013626582 杭州食品厂厂志 1931-1985/975

011327599 杭州炼油厂厂志 1951-1988/975

011328171 杭州统计志 1908-1994/971

012872387 杭州铁路分局工会志 1949-1995/972

009840465 杭州铁路分局志 1906-1995/977

009312774 杭州海关志/978

010008919 杭州教育志 1028-1949/979

013897221 杭州教育志 1986-2005/979

009840460 杭州第二商业志/978

009995752 杭州商业志/978

010294070 杭州新华造纸厂厂志 1952-1986/976

011564682 杭州橡胶厂洋溪轮胎分厂志

1970-1989/976

011954110 杭汽轮集团志 1958-2008/974

006135298 杭钢志/974

013626566 杭钢转炉志 1957-1983/974

010201664 杭钢图志 1957-2001/974

013626575 杭锦后旗人大志/436

008594348 杭锦后旗农村信用合作社志/436

007913587 杭锦后旗志/436

009840166 杭锦后旗志评审稿/436

012811352 杭锦后旗审计志/436

013335291 杭锦旗交通志 解放前-1985/417

008379005 杭锦旗志/417

枋

012653341 枋山乡志/3252

画

012541750 画眉坳钨矿志/1342

卧

010110102 卧虎镇乡土志/613

枣

010279804 枣庄工会志 第1卷/1465

012256561 枣庄工会志 第2卷 1986-2005/1465

010143837 枣庄历史人物志/1468

011319984 枣庄市人口志 1597-1985/1465

012003078 枣庄市人民代表大会志/1465

011500837 枣庄市九三学社志/1465

011910267 枣庄市工商行政管理志/1465

013758757 枣庄市土种志/1469

010469346 枣庄市卫生志/1469

011319963 枣庄市木材公司志 1956-1985/1467

009867047 枣庄市中区财政志/1469

011320012 枣庄市水利志/1467

013758755 枣庄市市中区军事志 1840-2005/1469

008665123 枣庄市市中区志/1469

013379573 枣庄市市中区志 1986-2005/1469

012636664 枣庄市市中区财政志/1469

012052572 枣庄市立医院院志 1958-2008/1469

013901214 枣庄市立第二医院院志 1960-2010/1468

011319980 枣庄市对外贸易志/1468

010200556 枣庄市地质矿产管理志/1467

011809785 枣庄市地震志/1468

011320010 枣庄市交通志/1467

005705503 枣庄市志/1465

012636661 枣庄市峄城区人民医院志 1950-2003/1470

010251051 枣庄市物资志/1465

011320491 枣庄市政协志/1465

011320275 枣庄市畜禽疫病志/1469

010200559 枣庄市教育志 1840-1985/1468

010200560 枣庄市教育志 1840-1985 初稿/1468

011571254 枣庄市教育志 1992-2001/1468

012837804 枣庄市教育志续编 1986-1991/1468

011319979 枣庄地方煤炭志/1466

012636677 枣庄军事志/1465

013797220 枣庄矿业集团公司(矿务局)志 1991-2005/1467

012636676 枣庄矿务局中心医院院志 1956-1989/1468

011320449 枣庄矿务局志/1467

011311012 枣庄矿务局枣庄医院志 1963-1993/1468
011292522 枣庄矿务局基本建设志/1467
013901152 枣庄矿务局第一机械厂厂志 1909-1986/1467
012003075 枣庄泉志/1468
013758748 枣庄航运志/1467
011320246 枣庄检察志/1465
011321129 枣庄煤矿志/1467
013901206 枣庄煤炭卫生学校志/1468
013012614 枣阳市财政志 1912-2006/1889
010962484 枣阳市烟草志/1889
003491348 枣阳志/1889
013961334 枣阳县土壤志/1889
008378707 枣阳县地名志/1889
010576626 枣阳卷烟厂志/1889
012903486 枣强人物志/239
010577220 枣强县土地志/239
008533452 枣强县地名资料汇编/239
007512909 枣强县志/239
008378928 枣强县邮电志/239
014053050 枣镇村志/292

雨

012256529 雨花区军事志 1840-2005/1989
012003041 雨花石志/826
009046129 雨花台区志/820
013510919 雨花教育图志/1989
010201783 雨湖区志/2015

郁

012956626 郁南县工会志 1926-1995/2260
012956628 郁南县水利志/2261
009379622 郁南县交通志/2260
008037824 郁南县志/2260
013373669 郁南县志 1979-2000/2260
013776046 郁南县林业志/2260
013464261 郁南县第二人民医院院志/2261

砚

013221113 砚山志/206

砀

008812019 砀山县志/1173
013221077 砀山县国土资源志/1173

奈

008983798 奈曼旗志/412
012639701 奈曼旗志 1999-2008/412
012969381 奈曼旗政协志/412
013131029 奈曼旗第一中学校志/413

奔

013037884 奔牛镇志/872

奇

007060933 奇台县志/3194
012614271 奇台县志/3194
009995546 奇台总场志 1958-1996/3229

奋

013987647 奋进二十年 1975-1995/1797
011471276 奋进乡志 1958-2006/590

瓯

011320475 瓯北镇志/1028
009124598 瓯江志/970
008527476 瓯海区土地志/1023
008446599 瓯海县交通志/1023
013898666 瓯海法院志/1023
011499473 瓯海政协志/1023

郏

013990735 郏县土地志/1707

012898665　郏县卫生志 1986-2006 /1707
008416654　郏县自来水志 /1707
009864595　郏县农业志 /1707
007903461　郏县志第 1 卷 /1707
009311155　郏县志第 2 卷 1987-2000 /1707
008303147　郏县教育志 /1707

轮

007913536　轮台县志 /3200
008543209　轮台县邮电志 /3200

卓

007672303　卓尼县志 /3083
013996261　卓尼县教育志 /3083
009227429　卓资县志 /438
013606647　卓资县志 /438

虎

013704265　虎山集团志 1988-2007 /1079
009405931　虎丘镇志 /886
012638879　虎皮庄村志 /134
011762211　虎林电厂志 1958-1998 /681
009879581　虎林市烟草志 1983-2000 /681
005559193　虎林县志 /681
008385629　虎林县医药志 /681

尚

012899408　尚义县土地志 /203
008793389　尚义县水利志 /203
008533859　尚义县地名资料汇编 /203
008338518　尚义县志 /203
008423405　尚庄志 /1357
013991409　尚志市卫生志 1878-1995 /664
007902355　尚志县志 /663
012766518　尚志政协志 1959.8-2010.1 /664
013936350　尚志粮食志 1879-1995 /664
012684684　尚家湾村志 /1762

011763423　尚湖镇志王庄卷 /894
012177309　尚湖镇志冶塘卷 /894
012177305　尚湖镇志尚湖卷 /894
012177313　尚湖镇志练塘卷 /894

盱

009348109　盱眙县土地志 /923
013630426　盱眙县民政志清末民初-1985 /923
005536235　盱眙县志 /923
009147436　盱眙县邮电志 /923

旺

012970499　旺苍县乡镇企业志 1978-2000 /2494
014052334　旺苍县公安志 1730-2005 /2494
007793025　旺苍县志 /2493
011998489　旺苍县志 1986-2005 /2493
008421968　旺苍县志矿产志 /2493
009554067　旺苍县邮电志 /2494
013731955　旺苍县英萃镇志 1911-2008 /2493
013010683　旺苍县政协志 1950-2003 /2493

昙

011312667　昙石山文化志 /1210

果

013647490　果园村村志 /52
012049417　果洛州交通志 /3107
008838368　果洛藏族自治州志 /3107
013369930　果洛藏族自治州科学技术志 /3107

昆

012762237　昆山人民代表大会志 1954-2004 /901

009413506 昆山市工业志/901

010522131 昆山市工会志/901

009189810 昆山市土地志/901

008446218 昆山市血防志/902

013224527 昆山市交通志 1986-2006/901

008364140 昆山市农业志/901

013861886 昆山市志 1981-2010/899

008380109 昆山市城北镇志/900

009397517 昆山市城北镇志续集/900

012811647 昆山市政协志/901

012762231 昆山市第一人民医院志 1925-2007/902

012541987 昆山市第三人民医院院志 1960-2005/902

008364092 昆山市商业志/902

009413512 昆山市粮食志/901

012174091 昆山村镇建设志/902

009397507 昆山县水利志/901

007378049 昆山县志/899

009392044 昆山县供销合作社志/902

013752730 昆山县教育志 1901-1987/902

012251345 昆山钞票纸厂志 1994-2000/901

013719239 昆仑植物志/3276

013129797 昆机志 1989-2009/2730

012899019 昆阳镇志 1383-1995/2751

009388629 昆阳磷矿矿务局晋宁磷矿志 1965-1985/2751

008597932 昆明卫生志/2736

013820538 昆明卫生志 1978-2008/2736

013897885 昆明中铁大型养路机械集团有限公司志 1996-2005/2732

011066656 昆明公安交通管理志/2727

011891886 昆明公安志 1904-2000/2727

002175740 昆明风物志/2735

013958715 昆明东升冶化有限责任公司志 1952-2003/2730

011066956 昆明东房产建筑段志 1966-1996/2729

011584403 昆明东站志 1964-1999/2732

009388453 昆明市人民代表大会志/2727

010201592 昆明市乡镇企业志/2728

013774443 昆明市五华区土地志/2740

011996943 昆明市五华区民政志/2740

009388457 昆明市水利志/2738

009081866 昆明市对外经济贸易志/2733

013335469 昆明市西山区人民代表大会志/2747

012613317 昆明市西山区人民法院志 1956-1988/2747

010474360 昆明市西山区工会志 1962-1990/2747

010239144 昆明市西山区文物志/2748

011584436 昆明市西山区司法行政志 1981-1990/2747

008427877 昆明市西山区地名志/2748

012954994 昆明市西山区金顶山军队离退休干部休养所志/2748

011311790 昆明市延安医院志/2736

012505268 昆明市交通志/2732

010577257 昆明市农业志/2729

012873009 昆明市农村信用合作社志 1952-2006/2734

011891891 昆明市农校志 1958-2005/2737

009995633 昆明市戏曲志/2735

008486726 昆明市志/2726

011320323 昆明市志交通/2726

013659556 昆明市志长编/2726

013335450 昆明市劳动教养管理所志 1991

-2008/2728

010911756　昆明市财政志 1950-1988/2733

013508528　昆明市林业志/2729

008539773　昆明市松华坝水库志/2738

010201591　昆明市供销合作社志 1927-1988/2733

010687016　昆明市金融志/2734

009343449　昆明市官渡区人民代表大会志/2743

013129801　昆明市官渡区人民检察院检察志 1991-2007/2744

010468440　昆明市官渡区文物志/2745

012954972　昆明市官渡区供销合作社志 1951-1990/2744

013897876　昆明市官渡区粮油志 1950-1990/2744

011996948　昆明市政协志/2727

008837071　昆明市政府志/2727

011310912　昆明市政建设志/2729

008539764　昆明市科技志/2734

012954979　昆明市科技志 1991-2005/2734

013184281　昆明市总工会志 1927-2009/2727

013064814　昆明市档案志/2734

013704407　昆明市畜禽疫病志/2738

013129839　昆明市教育志 1978-2005/2734

010577207　昆明市盘龙区人民法院志 1956.8-1988.12/2741

011293209　昆明市盘龙区公安志/2741

011320271　昆明市盘龙区劳动人事志/2741

011584423　昆明市盘龙区体育专志/2741

010242589　昆明市盘龙区检察志 1955-1988/2741

010242619　昆明市商业志/2733

009867332　昆明市粮油志/2733

012265195　昆明发电厂厂志 1957-1997/2730

010118401　昆明机床厂志 1936-1989/2730

010239295　昆明曲剧志/2741

008426285　昆明自来水志/2729

010476393　昆明交通规费征收稽查志/2732

013861882　昆明医学院第一附属医院院志 1941-1991/2736

011954529　昆明医学院第二附属医院院志 1952-1992/2736

013861878　昆明医学院第二附属医院院志 1993-2009/2736

009126137　昆明园林志/2738

013897882　昆明园林志续集/2738

013774445　昆明体育志/2735

011584410　昆明供电局 1908-1988/2730

011589929　昆明卷烟厂志 1922-2005/2730

011589933　昆明卷烟分厂志 1956-2005/2730

009799617　昆明法院志 1950-1990/2728

013064813　昆明官渡农村合作银行志 1953-2010/2744

010243531　昆明客运段志 1966-1996/2732

012762207　昆明铁路局中心卫生防疫站站志 1959-2001/2736

013659558　昆明铁路局生活服务总公司志 1999-2009/2732

009994126　昆明铁路局志 1903-2000/2732

010146998　昆明铁路检察志/2728

010476002　昆明高新技术产业开发区志/2728

012762205 昆明高新技术产业开发区志 2001-2008/2728

011589938 昆明烟草志/2730

010244046 昆明消防志续11996-2000/2728

010245149 昆明通信段志1957-2000/2733

013628035 昆明理工大学资源开发工程系志/2734

010473960 昆明检察志1910-1988/2728

010278826 昆明渔业志/2729

013861875 昆明焦化制气厂志1996-2005/2730

009881585 昆明滇池国家旅游度假区志/2733

013323325 昆钢王家滩铁矿志1941-1990/2729

012049692 昆钢志1939-2007/2729

008991788 昆钢建设志/2729

010475348 昆钢教育志1939-1993/2734

011066907 昆钢商业志1950-1997/2733

010253940 昆都仑区志/393

013774441 昆都仑政协志1984-2012/393

013659564 昆嵛山志/1491

国

013507822 国电大武口发电厂志/3131

010146817 国电小龙潭发电厂简志1985-2005/2847

012967596 国电太原第一热电厂志1954-2004/257

011320864 国电荆门热电厂志1985-2004/1896

013129089 国务院侨务办公室汶川特大地震抗震救灾志/12

013183465 国光志1951-2011/2137

012139147 国投建始小溪口水电有限责任公司电力工业志1987-2005/1946

010732106 国泰志/898

009784415 国家电力公司成都勘测设计研究院志1953-1995/2422

011294655 国家电力公司贵阳勘测设计研究院志1958-2002/2637

012658558 国家医药管理局天津药物研究院院志1955-1990/88

012658559 国家医药管理局天津药物研究院院志1991-1995/88

012998986 国家作物种质资源库圃志/38

011578924 国家环境保护局长沙环境保护学校校志1979-1989/1985

013704055 ［国家林业局中南林业调查规划设计局］院志1962-2012/1986

012872368 ［国家林业局中南调查规划设计院］院志1962-2002/1986

012679435 国家林业局森林病虫害防治总站站志1964-2009/39

012658574 国家质量监督检验检疫总局汶川特大地震抗震救灾志/12

012658561 国家药品监督管理局天津药物研究院院志1996-2000/88

011311856 国家海洋局南海分局船舶志1965-2002/2137

013464358 国营二四七厂志/257

008989695 国营七六零厂志/1722

011586324 国营石家庄第二棉纺织厂史志1954-1990/122

012251001 国营东路农场志/2352

013145626 国营西北第五棉纺织厂志1954-1986/2938

013897195 国营西北第六棉纺织厂志1955

-1987/2938

012139150 国营坝洒农场志 1956-2006 /2853

009089002 国营咸阳纺织机械厂志 1958-1986/2975

013369927 国营蚂蝗堡农场志 1956-1996 /2853

009790473 国营桦林橡胶厂厂志 1937-1983 /707

010238550 国营勐捧农场志 1974-1997 /2864

008446280 国营常熟畜禽良种场志 第11卷 /897

011313011 国营第二二八厂厂志/587

011292462 国营第二五八厂志 1964-1986 /1734

012998992 国营第二四五厂工会志 1953-2002/256

013404383 国营第九零八厂志 1953-1985 /257

008532091 国营第五三一六厂厂志 1970-1989/1004

010243517 国营第六一八厂厂志 1946-1990 /53

008670028 国营富顺县水泥厂厂志/2457

008536837 国营锦山机械厂厂志 1970-1985 /567

昌

012713901 昌化镇志/1000

013506560 昌平区人事志/66

009250249 昌平公路志/66

012951864 昌平文物志/67

012951869 昌平志/2338

013090825 昌平劳动和社会保障志 1996.1-2009.9/65

009796898 昌平县水利志/66

008486256 昌平县公路志 第5卷/66

012713905 昌平县计划志/66

009378153 昌平县市政志 第8卷/66

008486270 昌平县交通志 第3卷/66

011321062 昌平县志/64

010138222 昌平县志 初稿/64

009783220 昌平县财政志 第9卷/67

008486259 昌平县环境保护志 第2卷/67

009250493 昌平县林业志/66

009333314 昌平县房地产志 第7卷/66

012191513 昌平县城乡建设志/66

008444092 昌平县科学技术志 第10卷/67

009145099 昌平县统计志 第6卷/65

009385597 昌平县档案志/67

008593373 昌平县普通教育志/67

008486272 昌平县粮食志 第4卷/66

012249692 昌乐一中校志 1938-2008/1516

013726805 昌乐县人民医院志 1951-2011 /1516

013790272 昌乐县军事志 1840-2005/1516

006497424 昌乐县志/1516

012048764 昌乐县志 1986-2007/1516

012096419 昌乐县政协志 1980-2003/1516

010577376 昌宁县水利志/2801

012503687 昌宁县文化体育志 1933-2008 /2801

012658227 昌宁县示范小学志 1908-2008 /2801

009245168 昌宁县交通志/2801

007913494 昌宁县志/2800

012889242 昌宁县财政志 1933-2006/2801

013140943 昌宁县政协志 1984-2010/2801
012587030 昌宁县烟草志/2801
008539871 昌宁县教育志/2801
013987577 昌宁茶叶志/2801
009106230 昌吉回族自治州工会志/3190
009393135 昌吉回族自治州土地志/3190
012096412 昌吉回族自治州文化艺术志/3191
008994772 昌吉回族自治州志/3190
014026442 昌吉回族自治州金融志/3191
013680578 昌吉回族自治州统计志/3190
013751474 昌吉回族自治州粮食志/3190
011471266 昌江区志/1306
012132506 昌江军事志 前110-2005/2354
008665481 昌江县志/2354
012540859 昌江县税务志/2354
009413692 昌江法院志/2354
009687133 昌江黎族自治县财政志/2354
006562120 昌邑区志/604
010475985 昌邑市工会志/1514
013037910 昌邑市电业志 1933-2010/1515
013790275 昌邑市军事志 1840-2005/1514
012635659 昌邑市政协志 1949-2006/1514
012871854 昌邑市盐业志 1986-2005/1515
008452393 昌邑县地名志/1515
007010374 昌邑县志/1514
010265847 昌邑县商业志/1515
010730030 昌松乡志/937
006555861 昌图县志 第1卷/562
009348149 昌图县志 第2卷 1986-2000/562
013140950 昌图县政协志 1956.4-2010.10/562
009769238 昌都地区志/2914
013923905 昌都地区邮电志/2914

012679044 昌都县志/2914
004420172 昌黎方言志/156
001643013 昌黎方言志/156
008533285 昌黎县地名资料汇编/156
005536232 昌黎县志/155
013771539 昌黎县志 1986-2002/155

明

002177339 明水县志/717
010138082 明光市文化志/1166
013991231 明光镇志/2798
013689039 明珠史志/3226
012680506 明港镇志/1793
010245100 明溪竹类图志/1239
008923552 明溪县地名录/1239
008451103 明溪县志/1239
010195227 明溪县政协志/1239
013659641 明德中学校园植物志/1985

易

010293958 易门电力工业志/2783
012900149 易门县工会志/2783
013686442 易门县水利志/2784
013732561 易门县气象志/2784
012900151 易门县司法志/2783
013464221 易门县民政志/2783
010577057 易门县纪检监察志/2783
011312140 易门县志/2783
012317046 易门县财政志/2784
010243925 易门县金融志/2784
012052515 易门县经贸简志/2784
011571180 易门县政协志 1950-2005/2783
011571176 易门县烟草志/2784
013732560 易门县教育志 1989-2007/2784

010577546 易门矿务局志 1952.12-2002.12 /2783

009018169 易县土地志/195

008593755 易县水利志/195

008533413 易县地名资料汇编/195

008593801 易县志/195

昂

009313351 昂仁县文物志/2917

010730438 昂昂溪区志/674

迪

010730010 迪庆州宗教志/2900

013369760 迪庆州道路交通安全管理图志/2901

011589864 迪庆烟草志/2901

012132632 迪庆·香格里拉旅游风物志 沿着地名的线索/2904

013626255 迪庆藏族自治州人民代表大会志/2900

012636883 迪庆藏族自治州工会志/2900

008992614 迪庆藏族自治州工商行政管理志/2900

012831364 迪庆藏族自治州卫生学校志/2902

011067145 迪庆藏族自治州水利志/2901

012951951 迪庆藏族自治州计划志/2900

013045491 迪庆藏族自治州生物志/2902

013133992 迪庆藏族自治州民族中等专业学校志/2902

013128848 迪庆藏族自治州民族师范学校志/2902

009337948 迪庆藏族自治州民族志/2902

012758770 迪庆藏族自治州交通运输志/2901

010243550 迪庆藏族自治州农业志/2901

013045490 迪庆藏族自治州扶贫志 1987-2007/2901

009393146 迪庆藏族自治州志/2900

012951949 迪庆藏族自治州财政志/2901

013141144 迪庆藏族自治州宏观经济管理志 1978-2007/2900

009337945 迪庆藏族自治州林业志/2901

013179417 迪庆藏族自治州金融志/2901

012898352 迪庆藏族自治州金融志/2902

013771767 迪庆藏族自治州审计志/2900

012831369 迪庆藏族自治州政协志 1978-2007/2900

012998909 迪庆藏族自治州食品药品监督管理志/2902

013403086 迪庆藏族自治州畜牧志/2901

008420937 迪庆藏族自治州商业志/2901

013221101 迪庆藏族自治州粮食志/2901

固

008838814 固安县土地志/233

008949809 固安县水利志 1986-2000/233

008533912 固安县地名资料/233

008195198 固安县志/232

011757883 固安县政协志 1950-2007/233

012718818 固安县科学技术志/233

008660235 固阳县志/394

013091083 固阳县教育志/395

010238920 固始县中医院 黄山医院 妇幼保健院 药品检验所 卫生学校志/1795

011310789 固始县曲艺志/1795

006697082 固始县志/1795

013792146 固始县志 1987-2003/1795

012317859 固原市志/3138

013222035 固原市非公有经济志/3138
012718825 固原市原州区志/3138
009250619 固原地区史志资料/3138
007728272 固原地区志/3137
009157955 固原地区邮电志/3138
008994470 固原军事志/3138
008594538 固原县方言志/3138
009016827 固原县计划经济局志 1949-2000 /3138
010280110 固原县军事志/3138
007913594 固原县志/3138
009348656 固镇村志/162
006555891 固镇县志/1138
013404366 固镇县政协志 1979-2009/1138

忠

009117918 忠门镇志/1234
012724118 忠县人大志 1986-1999/2393
010779014 忠县三峡移民志/2393
013776461 忠县三峡移民志/2393
007482372 忠县志/2393
012256682 忠县志/2393
012816263 忠县志 1988-2008/2393
009442740 忠县忠州镇志/2393
009962562 忠县政协志 1950.4-1998.12 /2393
012724121 忠县宣传志 1950-2002/2393

呼

008486606 呼中区志/718
013143953 呼市第十中学校志/382
008661860 呼兰县土地志/661
009311360 呼兰县公安志/661
011564910 呼兰县交通志/662
007359839 呼兰县志/661
011804529 呼兰县志 1991-2003/661
009311384 呼兰县邮电志/662
009311365 呼兰县供销合作社简志/662
009311383 呼兰县教育志/662
009840169 呼伦贝尔人民广播电台志 /420
013143939 呼伦贝尔水利志 1947-2009/421
011804534 呼伦贝尔电视台志 1973-2003 /420
006266244 呼伦贝尔史志资料/420
012139219 呼伦贝尔市人物志/421
012139212 呼伦贝尔市方志编纂志/420
011804540 呼伦贝尔市科学技术协会志 /420
006543071 呼伦贝尔农垦志/422
012661206 呼伦贝尔国税志/419
007685484 呼伦贝尔盟二轻工业志/419
012638859 呼伦贝尔盟广播电视志/420
007986454 呼伦贝尔盟卫生志/421
008486602 呼伦贝尔盟水文志/421
009687834 呼伦贝尔盟公路交通志/419
013507950 呼伦贝尔盟外事志/418
008594365 呼伦贝尔盟民族志/420
006101054 呼伦贝尔盟地方林业志/418
008486596 呼伦贝尔盟地名志/421
007966136 呼伦贝尔盟共青团志/417
008486599 呼伦贝尔盟农业志/419
013728907 呼伦贝尔盟农业科学研究所 志/421
011432741 呼伦贝尔盟农作物种子志 /419
007505440 呼伦贝尔盟妇联志/417
008623209 呼伦贝尔盟志/417
006543059 呼伦贝尔盟医药志/419

010475315 呼伦贝尔盟邮电志/419
008380236 呼伦贝尔盟财政志/419
008415709 呼伦贝尔盟供销合作社志/419
008594364 呼伦贝尔盟金融志/420
008067509 呼伦贝尔盟法院志/418
007505363 呼伦贝尔盟建设志/418
011432732 呼伦贝尔盟建设银行志/420
008594367 呼伦贝尔盟保险志/420
007685851 呼伦贝尔盟统战工作志/418
007685861 呼伦贝尔盟盐业志/419
007479168 呼伦贝尔盟畜牧业志/418
008486597 呼伦贝尔盟粮食志/419
007913617 呼伦湖志/421
008729673 呼伦湖志续志一 1987-1997/421
013129689 呼伦湖志续志二 1998-2007/421
011145055 呼玛民间故事集成/721
010061576 呼玛民间歌谣谚语集成/721
013335373 呼玛县人民代表大会志/721
007020360 呼玛县志/721
006356291 呼玛县志 1978-1987/721
010201437 呼图壁县农村信用合作社志 1954-2002/3193
007913538 呼图壁县志/3192
008816778 呼图壁县志评论集/3192
012638863 呼图壁县政协志/3192
013689528 呼图壁河水利志/3193
013316260 呼和浩特五交化志/379
008660823 呼和浩特电力志/379
008594312 呼和浩特电信志/380
008983895 [呼和浩特市]二轻工业志 1581-1984/378
012718940 呼和浩特市工会志/378
014032681 呼和浩特市卫生防疫站志 1953-1993/383
008983869 呼和浩特市电子设备厂志 1943-1983/379
008594336 呼和浩特市民政志/378
008594322 呼和浩特市回民区志/384
012661203 呼和浩特市回民区志/384
012173993 呼和浩特市回民区政协志/384
012999141 呼和浩特市防空志/378
008594329 呼和浩特市志/378
008983871 呼和浩特市物资局志 1958-1985/378
008983941 [呼和浩特市]供销社志/381
011804523 呼和浩特市郊区水利志/385
008535841 呼和浩特市郊区志/385
011328754 呼和浩特市政协志/378
013728902 呼和浩特市档案志/381
009349637 呼和浩特市教育志/382
008594319 呼和浩特市商业志/381
008983947 呼和浩特市道路交通管理志/380
008594333 呼和浩特市蒙古族学校校志 1948-1998/383
010730466 呼和浩特市新城区志/384
008594338 呼和浩特市蔬菜公司志 1949-1986/381
007665149 呼和浩特发电厂志/379
008983946 呼和浩特发电厂志 1919-1987/379
009313064 呼和浩特机械工业志/379
008383015 呼和浩特交通志/380
011580031 呼和浩特医药志/379
013926324 呼和浩特邮区中心局志 1998-2011/381

009472707 呼和浩特财政志略/381

013926321 呼和浩特财政志略续 2003-2008/381

011311898 呼和浩特卷烟厂志 1949-2005/379

012541707 呼和浩特经济开发区金川工业园区志/378

011890862 呼和浩特铁路运输中级法院院志 1995-2000/378

009106613 呼和浩特铁路局志 1914-1988/380

008594317 呼和浩特职业教育志/383

012952129 呼和浩特税务志 1840-1986/381

008660645 呼钢志 1958-1984/379

岢

012613303 岢岚县人民代表大会志/341

007620757 岢岚县志/341

008828652 岢岚县志/341

岩

010731612 岩井村志/291

罗

008423424 罗山乡乡志/1356

003146902 罗山县志/1793

012899144 罗山县志 1986-2003/1793

009382189 罗山县志征求意见稿/1793

013375253 罗平县工商联志/2767

011068513 罗平县卫生志/2768

008596808 罗平县志/2767

012719334 罗平县志 1978-2005/2767

013461640 罗平县供销合作社志 1952-1985/2767

012218537 罗东镇志/3240

013958857 罗田土壤志/1931

012505363 罗田县交通志/1931

008486799 罗田县志/1931

013793258 罗田县志 1986-2005/1931

009961582 罗田县金融志 1874-1985/1931

010008675 罗田县烟草志/1931

009441896 罗田县教育志 1876-1986/1931

007585263 罗田县简志/1931

008830626 罗田岩志/1341

013958859 罗庄区人大志/1564

012873288 罗庄区政协志/1564

008844940 罗庄村志/1580

014047681 罗庄树木志/1564

012969342 罗江县军事志/2474

007731471 罗甸县志/2709

008597952 罗甸县志讨论稿/2709

007772854 罗甸县志民族志/2709

009769141 罗店镇志/758

008466664 罗定公安志/2258

013753552 罗定市人大志 1949-2007/2257

012614038 罗定市电力志/2258

013958765 罗定市妇女志 1925-2012/2257

013898416 罗定市志 1979-2003/2257

012899138 罗定市政协志 1980-2010/2257

008528708 罗定市教育志/2258

013774610 罗定市教育志 1304-2005/2258

007060961 罗定县志/2257

008466673 罗定林业志/2258

013793255 罗定政协志 1980-2010/2258

009989185 罗城少数民族风情志/2330

008991950 罗城中学校志 1944-2000/2528

013774607 罗城仫佬族自治县土地志/2330

006562132 罗城仫佬族自治县志/2330

009379920 罗城高中简志/2330

009231568 罗城镇中心小学志 1906-2000 /2528
001770573 罗浮山风物志 /2221
013898419 罗湖区卫生志 1979-1998 /2172
011188638 罗湖区民间文学三套集成资料本 /2172
012832528 罗源县人口与计划生育志 /1222
012680463 罗源县人民代表大会志 /1222
012832515 罗源县工商行政管理志 /1222
008451915 罗源县土地志 /1223
012661583 罗源县凤山诗社志 /1223
008923578 罗源县地名录 /1223
013336294 罗源县交通志 /1223
012813975 罗源县军事志 /1222
008451905 罗源县妇女志 /1222
008451912 罗源县志 /1222
012719349 罗源县环境保护志 /1223
013628088 罗源县金融志 /1223
012542668 罗源县姓氏志 /1223
008451909 罗源县城乡建设志 /1222
011805608 罗源县政协志 /1222
013898421 罗源县教育志 /1223
013184365 罗源县畲族志 /1223

岫

007902344 岫岩县志 /521
013379135 岫岩高中校志 1956-2011 /521

岭

013898366 岭上村志 /65
012586974 岭北地方志 /2048
013932471 岭底村志 /133
009335854 岭南体坛人物志 /2128
008545276 岭南建筑志 /2130

008423452 岭背乡志 /1339
009996569 岭背镇志 /1339

岷

008429543 岷江志 /2411
007672321 岷县志 /3075

凯

008541730 凯里市志 /2695
013958705 凯里市政协志 1950-2008 /2695
011499155 凯里市教育志 /2695
007587895 凯里市概况 /2695

峄

009962174 峄山新志 /1528
008838648 峄县民俗志 /1470
008838635 峄城区水利志 /1470
007981853 峄城区志 /1470
008838612 峄城区财政志 /1470
012175180 峄城区政协志 /1470
008838626 峄城区税务志 /1470

图

012662342 图们市人民代表大会志 /633
008444993 图们市地名志 /633
010199812 图们市志 1644-1985 /633
008377763 图们市邮电志 /633
012956065 图们铁路分局工会志 1945-1999 /633
008042321 图们铁路分局志 1922-1988 /633
013133777 图说琴江新志 /1218
011909012 图强林业局志 /722

钓

008421723 钓鱼城志 /2381

迭

008471168 迭部县志 /3083

和

011809412 和布克赛尔蒙古自治县人民代表大会志/3219

008492868 和布克赛尔蒙古自治县志/3219

012999120 和布克赛尔蒙古自治县志/3219

011995703 和龙市志 1988-2000/635

009385046 和龙县文物志/636

008445005 和龙县地名志/636

005559175 和龙县志/635

013091104 和平区人民法院志/89

009677906 和平区志/89

010146791 和平区志/89

006362221 和平区志/489

013957425 和平区房地产志/490

013772811 和平村志/2172

009378617 和平县河明亮水电站志初稿/2232

013752427 和平政协志 1951-2011/490

014030808 和平镇志/3042

010144763 和田市志/3189

013183474 和田地区人大志/3188

012610593 和田地区土地志/3188

012191938 和田地区地名图志/3188

012811381 和田地区志/3188

011890784 和田地区邮电志/3188

012811375 和田地区政协志/3188

009400340 和田农场管理局志/3188

013045568 和县水利志/1145

007490999 和县志/1145

013860716 和县志 1989-2005/1145

011804479 和林格尔县文物志/386

008706467 和林格尔县志/386

013704155 和林格尔县政协志/386

013990663 和林格尔县政协志 1984.3-2012.6/386

011804472 和林格尔教育志/386

008338415 和政县志/3080

013647580 和政志 1986-2005/3080

009310066 和顺当代人物志/316

008906433 和顺县人民政府县地名录/316

013728730 和顺县文化艺术志/315

009688249 和顺县电力工业志/315

007488642 和顺县志/315

011804482 和顺县财政志/315

010577252 和顺县教育志/316

013316230 和信朝小校志/491

012653259 和美镇志/3247

013860709 和硕土地志/3202

008623339 和硕县志/3202

012636873 和静县地名图志/3202

007585909 和静县志/3201

008598561 和静县邮电志/3202

迤

013823151 迤山中学校志/2989

佳

009348745 佳木斯公安史志资料 1986-2000/697

009348443 佳木斯东风造纸厂志/698

009240709 佳木斯电业局志/698

009240697 佳木斯电机厂志/698

009411577 佳木斯市人民防空志 1950-1990/697

009240729 佳木斯市石油化学工业

志/699

011145027 佳木斯市民间文学集成/683

008445252 佳木斯市地名志/700

009414066 佳木斯市农村信用社志/700

007668561 佳木斯市志/697

009311388 佳木斯市劳动志/698

008379742 佳木斯市医药志/699

008379341 佳木斯市医药商业志/700

009240716 佳木斯市供销合作社志/700

009414055 佳木斯市金融志 1985-2000/700

009311402 佳木斯市审计志/698

009240712 佳木斯市房地产志/698

009240725 佳木斯市建筑业志 1888-1985/699

009240703 佳木斯市城市建设志/698

009743882 佳木斯市烟草志/699

008378098 佳木斯发电厂志/698

009311408 佳木斯物资志/698

009311407 佳木斯食品厂志 1939-1983/699

009879593 佳木斯铁路分局工会志 1947-1999/697

008869584 佳木斯铁路分局志 1926-1997/699

009240690 佳木斯造纸厂志 1952-1988/699

009790464 佳木斯站志 1937-1997/699

009411575 佳木斯第一建筑工程公司志 1951-1989/698

013897607 佳木斯第二发电厂志 1986-2007/698

009411583 佳木斯联合收割机厂志 1946-1990/699

009411569 佳木斯橡胶厂志/699

011804693 佳县军事志/3008

008612673 佳县志/3007

012097557 佳县志/3007

012653371 佳里镇志/3250

岳

011327192 岳口镇志/1955

007472004 岳飞庙志/1715

011329663 岳飞庙志/1715

008446381 岳王镇志/903

012662863 岳西方言志/1158

009332379 岳西县乡镇简志/1158

007425712 岳西县志/1157

012100849 岳西县志 1978-2002/1158

009232099 岳池民俗/2555

006350791 岳池县志 1911-1985/2555

012052559 岳池县志 1986-2002/2555

013776334 岳池县审计志 1986-2002/2555

013797212 岳阳水泥厂志 1958-1988/2039

013661582 岳阳市二人民医院院志 1902-2005/2041

011585309 岳阳市二人(红十字会)医院院志 1902-1992/2041

009385019 岳阳市人口志/2038

009383904 岳阳市工会志/2038

009686841 岳阳市工商行政管理志/2038

009384047 岳阳市日用工业品贸易志/2040

011585316 岳阳市水利志/2041

011809732 岳阳市公安志 1369-2002/2038

009384983 岳阳市文化志/2040

012900216 岳阳市文物志/2041

012956797 岳阳市北区教育志/2042

009686843 岳阳市交通志/2039

012662868 岳阳市交通志 1980-2001/2039

013097959 岳阳市军事志/2038

008964772 岳阳市纪检志/2038
010202391 岳阳市志/2038
009384988 岳阳市志公安卷 送审稿/2038
012317127 岳阳市报刊志/2040
008594745 岳阳市劳动志/2038
009384985 岳阳市邮电志/2039
012612989 岳阳市君山区志/2042
013776336 岳阳市君山区政协志 1997-2012 /2042
009383910 岳阳市国土管理志/2039
009384030 岳阳市金融志/2040
009384019 岳阳市郊区供销合作社简志 /2042
009383915 岳阳市建筑志/2039
009383889 岳阳市城乡建设志/2038
009384041 岳阳市南区志/2042
009384036 岳阳市科学技术志/2041
009384055 岳阳市食品饮食服务业志 /2040
008948487 岳阳市烟草志/2039
013824295 岳阳市烟草志续志 1991-2000 /2039
008032707 岳阳市情要览/2038
009384071 岳阳市税务志/2040
013939760 岳阳市粮油志/2040
011793422 岳阳地区文物志/2041
014053017 岳阳农村金融志/2040
009407942 '98岳阳抗洪志/2042
009699694 岳阳县人口志/2044
011320265 岳阳县工商行政管理志/2044
009699690 岳阳县工商银行志/2045
012545693 岳阳县公安志/2044
011320418 岳阳县方言志/2045
009992746 岳阳县血防志/2045

013940754 岳阳县军事志 280-2005/2044
008453268 岳阳县志/2044
012003054 岳阳县法院志/2044
013661590 岳阳县畜牧水产志/2044
013661586 岳阳县税务志/2044
012924664 岳阳街道志/775
013097950 岳阳楼区军事志 1644-2005 /2042
013661580 岳阳楼区教育志/2042
008380646 岳阳楼志/2041
012545690 岳阳解放六十年100件大事图志/2041
012100842 岳普湖县文体广电志/3187
007585925 岳普湖县志/3187
009392969 岳普湖县政法志/3187
010144766 岳普湖县教育志/3187

岱

008450489 岱山县地名志/1086
007366660 岱山县志/1085
010962496 岱山县志 1989-2000/1085
009881595 岱山县金融志 1912-1988/1085
008446528 岱山县盐业志/1085
011328101 岱山县教育志/1085
009887034 岱河煤矿志/1146

侗

001795424 侗语简志/2627
010137154 侗族风俗志/2629

凭

012252296 凭祥市土地志/2337
008539029 凭祥市地名志/2337
008816406 凭祥市志/2337

依

011809585 依兰县土地志/665

010140759 依兰县文物志/665
003796273 依兰县志/665
009744067 依兰县烟草志/665
004893099 依安县志/676

阜

013666876 阜山乡志/1101
009009907 阜平县土地志/191
008380792 阜平县水利志/191
010293028 阜平县公路交通志/191
008533646 阜平县地名资料汇编/191
008819768 阜平县志/191
008863922 阜平县志送审稿/191
009107211 阜平县现代人物志/191
013183433 阜宁县水利志/931
007905711 阜宁县志/930
009686853 阜宁县邮电志/931
013860505 阜宁县金融志/931
012191820 阜宁县教育志/931
012714227 阜阳电力工业志 1973-2003 /1168
006933775 阜阳市志/1168
013314431 阜阳市林业志/1168
013771895 阜阳市教育志 1976-1985/1169
013506759 阜阳地区气象志/1169
009683233 阜阳地区公路志/1169
010577227 阜阳地区文化志/1169
011066931 阜阳地区交通志/1169
008599808 阜阳地区志/1168
008865075 阜阳地区志/1168
013506721 阜阳地区党的纪律检查志 1950 -1991/1168
011889598 阜阳县志/1168
013143671 阜阳县物价志/1169

013681561 阜阳县统战志/1168
011995621 阜阳邮电志/1169
013647462 阜阳纺织厂志/1168
013726989 阜汽集团集邮志/1169
008486387 阜城县水利志/242
008533455 阜城县地名资料汇编/242
008338477 阜城县志/242
008379120 阜城县邮电志/242
013626419 阜城县教育志/242
008914462 阜南县工商行政管理志/1170
013091044 阜南县气候志/1171
008812126 阜南县志/1170
013726986 阜南县政协志 1980-2009/1170
011909883 阜康县地名图志/3192
008817208 阜康县志/3192
013705185 阜蒙县蒙古族实验中学校志—稳中求新整体优化全面发展 1983.3 -2008.6/548
009348879 阜新文化志/545
010253348 阜新市人民代表大会志 1988- 2005/545
012636947 阜新市少数民族志/546
009397244 阜新市民族教育志/545
011757791 [阜新市]地震志/546
010777083 阜新市戏曲志/545
008599805 阜新市志/545
011579820 阜新市金融志/545
009310658 阜新市城市规划志/546
007902457 阜新市政协志/545
012967552 阜新市海州区志 1986-2006 /546
011321141 阜新市教育志 1989-2005/545
011579815 阜新发电厂志/545
011943594 阜新矿业集团总医院志 1938-

2008/546

009046379 阜新矿务局志/545

009242630 阜新城市供水志 1934-1987 /545

011497019 阜新蒙古剧志/545

012831427 阜新蒙古族自治县人民代表大会志 1949-1989/548

008471140 阜新蒙古族自治县志/547

008594609 阜新蒙古族自治县教育志 1637-1986/548

征

011571311 征天水库志/1056

径

009995845 径山史志/981

013144482 径山寺志/995

所

009480452 所前镇志/987

舍

011998203 舍伯吐蒙古族中学校志 1956-2006/410

金

013092998 金厂沟梁镇志/406

008810811 金口河区志/2523

009252680 金口镇志/1842

009833439 金山乡志 经济篇/3238

012653210 金山乡志 第1卷 社会篇/3238

012738083 金山乡志 第2卷 地理篇/3238

012736879 金山乡志 第3卷 历史篇/3238

012736882 金山乡志 第4卷 文化篇/3238

012736885 金山乡志 第5卷 政事篇/3238

007519831 金山屯区(林业局)志/695

009921009 金山文化志/772

012832192 金山县卫生志/773

007707069 金山县水利志/772

007824169 金山县民政志/772

011580208 金山县地名志/773

012174071 金山县交通志/772

012811588 金山县农业志/772

009149307 金山县财税志/772

012174065 金山县供销合作商业志/772

008094775 金山县建设志/772

012174074 金山县畜牧水产志/773

010229529 金山县教育续志 1986.1-1997.5/773

012049619 金山县续志 1986-1997/770

013627989 金山县粮食志/772

008842934 金山档案志/773

013129773 金川公司志 1969-2005/2520

012097589 金川公司医院志/3045

010730040 金川有色金属公司井巷工程公司志/3045

007661122 金川有色金属公司志/3045

009149373 金川有色金属公司科技志 1959-1988/3045

009106205 金川县民政志/2597

008486662 金川县志/2597

013926401 金川县志 1989-2005/2597

008992126 金川县林业志 雪梨志/2597

008992134 金川县教育志/2597

007475284 金门县志/3258

012653200 金门县志/3258

009896059 金门县金沙镇志/3258

012653265 金门县金湖镇志/3258

008486668 金卫志/770

013183671 金马油田开发公司志 1998-2008/554

013627985 金马重机志 1958-2010/1761
013820493 金马街道志 1978-2008/2727
011805345 金乡人物志/1531
011320270 金乡县水利志/1531
007850880 金乡县志/1531
009675218 金水区土地志/1655
012811597 金水区教育志 1986-2002/1655
011439862 金牛区文化志/2433
008992453 金牛区民政志/2433
012613276 金牛区军事志/2433
008835876 金牛区农机志/2434
012759015 金牛区统计志/2433
009840267 金牛区商业志/2433
008835882 金牛公安志/2433
010005563 金牛风物/2432
013129777 金平民族志/2852
013820497 金平县交通志/2852
008037826 金平苗族瑶族傣族自治县志/2852
011954459 金汇续志 1985-2002.5/782
012072306 金宁乡志/3258
013183678 金台区政协志/2961
011325312 金刚乡志/2381
012639092 金华广播电视志 2005/1062
012265115 金华水旱灾害志/1063
012097592 金华公共交通志 1977.6-2007.6/1061
013704380 金华电力工业志 1918-2005/1061
008446573 金华电力工业志 1918-1990/1061
009744972 金华市人民代表大会志/1060
008446576 金华市工业志/1061
012832186 金华市工会志/1060

010278959 金华市土地志/1061
008446579 金华市水利志/1063
011804741 金华市水利续志 1991-2004/1063
008662797 金华市公安志/1060
011312501 金华市公路水运交通志 1991-2005/1061
011591632 金华市风俗简志/1063
009561904 金华市文化志/1062
013704382 金华市市区供水志 1994.1-2009.6/1061
008450519 金华市地名志/1063
009561896 金华市交通志/1061
012049609 金华市农业志/1061
013531056 金华市农村金融志/1062
004344819 金华市志/1060
008972348 金华市邮电志/1061
011566150 金华市财政税务志/1061
013820487 [金华市青春中学]校志 金华市青春中学十周年 1946-2011/1062
008846386 金华市供销合作社志/1061
009995818 金华市城乡建设志/1061
012898999 金华市政协志/1060
011294818 金华市政协志 征求意见稿/1060
008450500 金华市科技志/1062
009995826 金华市教育志/1062
012139418 金华市教育志/1062
013627983 金华市婺城区人民代表大会志/1064
013093004 金华市婺城区志/1063
012872994 金华地区风俗志/1063
013531078 金华县人民代表大会志/1064
008822756 金华县土地志/1064
010118480 金华县卫生志/1064

009962500 金华县水利志/1064
006135331 金华县志第1卷/1064
013531059 金华县法院志/1064
010147009 金华县教育志/1064
009688805 金华县续志第2卷/1064
009678936 金华园林志/1063
008865050 金华法院志/1060
013820472 金华教育学院院志 1962-2002/1062
013820478 金华教育学院院志 1962-2012/1062
012541913 金华职业技术学院师范教育志 1907-2007/1062
013958691 金州区工会志 1945-1992/509
013601786 金州区土地志/509
008670370 金阳县志/2615
009018387 金坛市土地志/879
013317822 金坛市中医院志/879
012968107 金坛市电力工业志 1988-2002/879
013958690 金坛市地税志 1994-2013/879
012968110 金坛市军事志/879
013531081 金坛市志 1988-2007/878
008195193 金坛县工会志/879
008379717 金坛县水利志/879
008379578 金坛县电力工业志/879
005591350 金坛县志/879
008385320 金坛县供销合作社志/879
008379722 金坛县粮食志/879
008923533 金县地名志/509
007902337 金县志/509
012872997 金秀瑶族自治县土地志/2336
011188726 金秀瑶族自治县民间歌谣集成/2336

006420728 金秀瑶族自治县志/2336
013183677 金沙江河谷四川攀枝花苏铁国家级自然保护区彩色植物图志/2461
009380815 金沙县石场苗族彝族乡志/2671
013897650 金沙县农业志/2672
008541908 金沙县志/2671
013897646 金沙县林业志/2672
013627987 金沙县信用合作志/2672
008542019 金沙县烟草志 1941-1997/2672
013752662 金沙县教育志/2672
013897652 金沙县源村乡志/2672
013627988 金沙盐志/2672
007480673 金昌市志/3044
012661310 金昌冶炼厂志 1986-2005/3044
008452364 金岭铁矿志/1452
009856028 金岭镇志/1499
009147604 金河志 1988-1998/373
012613274 金河社区志 1274-2009/2727
012999252 金城公司五十年志 1958-2008/258
011439856 金城公司志/807
012653350 金城镇志/3258
012899000 金星村志/2870
011954467 金桥镇志/764
009348733 金家镇志 1806-1990/562
010243642 金陵石化工会志/803
008670368 金堂中学校志 1943-1994/2443
011067216 金堂县水利志/2443
007676119 金堂县志/2443
009677840 金堂县烟草志/2443
013730124 金堂县教育志/2443
009686881 金阊区志/885

009996566 金隆集团志/172
013144473 金塔文物志/3068
007588032 金塔县志/3067
012661316 金塔县志 1990-2008/3067
013990781 金塔县志农业志 至 2006/3068
009338355 金湖县土地志/924
008446322 金湖县水利志/924
006350831 金湖县志/924
013688948 金湖县政协志/924
008662434 金温铁路武义段志/1072
012505253 金湾区侨务志/2176
009995832 金塘志/1082
007903955 金溪县志/1372
010778554 金溪县志/1372
011497913 金溪县移民志/1372
013861848 金碧街道志 1956-2011/2727
013897657 金寨县工会志/1180
009226949 金寨县民政志/1180
013317829 金寨县纪检志 1950-1987/1180
004018808 金寨县志/1180
012541916 金寨县商业志/1180

采

009377275 采石志/1144
008661872 采油五厂志 1972-1989/687
011757339 采荷街道志/985
010176280 采家庄志采氏家谱/225

乳

008812256 乳山市志/1549
012899362 乳源文物志/2168
007978429 乳源瑶族自治县志/2167
013144709 乳源瑶族自治县志 1990-2003/2167
008990773 乳源瑶族志/2167

瓮

008598392 瓮安县志/2708
013732347 瓮安县政协志/2708
013462779 瓮安煤矿志/2708

朋

013225495 朋兴乡志 1949-2009/1905

肥

012249958 肥乡县土地志/168
008533292 肥乡县地名资料汇编/168
013894610 肥乡县政协志/168
008450976 肥东县工商行政管理志/1127
003807956 肥东县志/1127
008450973 肥西县工商行政管理志/1127
010474215 肥西县水利志/1127
007482041 肥西县志/1127
012967545 肥西县志 1986-2005/1127
013314425 肥西教育志稿/1127
009840183 肥城市志 1988-2002/1540
010279878 肥城市财政志/1541
012609726 肥城市政协志 1984-2009/1541
013819369 肥城市教育志 1904-1995/1542
010112105 肥城地理志/1542
007900110 肥城县志/1540
013894605 肥城矿业集团公司中心医院志 1991-2000/1542
012264207 肥城矿业集团公司志 1992-2005/1541
012714176 肥城矿业集团公司志泰山铝业公司卷 2001-2008/1541
013894583 肥城矿务局中心医院志 1960-1990/1542
011757704 肥城矿务局志 1958-1990/1541
012831396 肥城供电志 1960-2010/1541

011319906 肥料志/3287

周

013899413 周口广播电视志 1991-2005/1798

013074901 周口市卫生防疫站志 1965.7-2002.12/1799

012769677 周口市中医院志 1978-2005/1799

013902037 周口市农业科学院志 1965-2010/1799

013344009 周口市审计志/1797

013236409 周口市城市信用社志/1798

013512123 周口市烟草志/1798

013996203 周口地区工商企业志/1797

013712516 周口地区土地志/1797

013706069 周口地区土地志太康卷/1804

013996257 周口地区土地志西华卷/1800

008427881 周口地区土地志扶沟卷/1800

013706067 周口地区土地志沈丘卷/1802

013705583 周口地区土地志周口市卷/1797

013706066 周口地区土地志项城市卷/1799

013705586 周口地区土地志郸城卷/1803

008427124 周口地区土地志鹿邑卷/1797

013996255 周口地区土地志鹿邑卷/1805

013706071 周口地区土地志商水卷/1801

013706077 周口地区土地志淮阳卷/1803

009768583 周口地区卫生志/1799

012317827 周口地区无线电管理志/1798

008426142 周口地区交通志/1798

010243049 周口地区农业志/1797

006555948 周口地区志/1797

010251337 周口地区医药志/1797

007532024 周口地区教育志/1798

009010120 周口地区教育志征求意见稿/1798

009814537 周口师范高等专科学校志/1798

012839353 周口供电志 1991-2008/1798

006697059 周宁县志/1278

012636498 周至县地名志/2950

006562098 周至县志/2949

012769680 周至县林业志/2950

013134086 周至税务志/2950

008668429 周庄镇志/837

007900156 周村区志/1462

009962176 周村区志 1986-2002/1462

013707209 周村村志/68

010275854 周村商业志/1462

010280378 周岗镇志/822

009996525 周巷镇志/1013

011810575 周铁镇志/840

009782993 周浦镇志/767

012663919 周家村志/2746

012769675 周家巷村志/874

鱼

013939715 鱼台县卫生志/1531

010475781 鱼台县民政志/1530

008006071 鱼台县志/1530

012689894 鱼台县志 1991-2005/1530

013735505 鱼台县建设志 1949-2008/1531

013236285 鱼台县教育志 1840-1990/1531

014053012 鱼台县税务志 1840-1990/1530

012237407 鱼池乡志/3249

008596696 鱼峰区志/2290

京

007362245 京口区志/946

010143113 京口区统战志/946

012265134 京山电力工业志 1951-2007 /1901

013958696 京山县土壤志/1902

009961575 京山县印刷厂厂志 1952-1992 /1902

013861854 京山县交通志/1902

002988540 京山县志/1901

009992467 京山县烟草志/1902

012661362 京山政协志 1981-1999/1901

012202947 京杭运河山东北段航运简志送审稿/1577

010280398 京杭运河志苏北段/801

012251326 京杭运河志苏南段/801

008395415 京语简志/2311

008395442 京族风俗志/2312

冼

012252783 冼村村志/2149

店

013334573 店头村志/355

庙

012639732 庙头镇志 1949-2008/1908

012542680 庙行镇志/758

009313452 庙港镇志/890

府

008844106 府谷人物志/3005

010962587 府谷农村信用合作志/3005

012264255 府谷县军事志/3005

005696921 府谷县志/3004

郊

011497905 郊区税务志/591

008846578 郊尾镇志/1235

兖

012723353 兖州市人民代表大会志 1990-2010/1521

012141474 兖州市军事志 1840-2005/1522

007987748 兖州市志/1521

008452099 兖州市志送审稿/1521

008378603 兖州县人口计划生育志/1521

008378611 兖州县人民代表大会志/1521

008379612 兖州县民政志讨论稿/1521

008378595 兖州县丝绸志/1523

008378616 兖州县军事志资料/1522

009266195 兖州县志资料/1521

008379095 兖州县邮电志/1524

008379024 兖州县谷村乡志/1521

008193882 兖州县金融志/1524

008379113 兖州县城郊乡志/1521

008378836 兖州县政协志 1955-1991/1522

008378592 兖州县教育志/1524

012175139 兖州矿区铁路志 1965-1986 /1524

013226733 兖州矿业(集团)有限责任公司第三十二工程处志 1958-1998/1523

009198457 兖州矿务局志/1523

011293344 兖州矿务局总医院院志 1972-1987/1524

012636798 兖州矿务局唐村煤矿志 1958-1985/1523

013148702 兖州矿务局第七十工程处志 1953-1985/1523

012956587 兖州矿务局第三十二工程处志/1523

013464214 兖州矿务局第三十七工程处志 1959-1985/1523

008380840 兖州站志 1909-1993/1524

012100660 兖州煤业股份有限公司志/1523

013757226 兖州煤业股份有限公司志 2006-2010/1523

008382885 兖州煤矿机械厂志 1958-1990/1523

009472752 兖州煤炭基本建设志 1971-1986/1523

013797094 兖矿铝业志 2000-2006/1527

012662695 兖矿集团大陆机械有限公司志 1991-2006/1522

012689867 兖矿集团东华建设有限公司三十七处志 1986-2006/1522

013732542 兖矿集团东华建设有限公司三十七处志 2007-2011/1412

013661511 兖矿集团机电设备制造厂志 1986-2010/1527

012613156 兖矿集团有限公司志/1522

012003020 兖矿集团有限公司实业分公司志/1522

013630491 兖矿集团有限责任公司物业分公司志/1526

013510870 兖矿集团有限责任公司实业分公司志/1522

013226726 兖矿煤化公司志/1522

放

012249948 放马山矿务局志 1971-1991/1900

闸

009996861 闸口发电厂志 1929-1990/985

008042326 闸北区志/753

013134003 闸北区财政税务志/753

008842948 闸北区教育志/753

郑

009797043 郑工厂志/1632

009244827 郑玄志/1397

012837881 郑各庄村志/65

013512019 郑州一建集团志 1951-2011/1635

009348660 郑州一轻志/1635

009251962 郑州一商志/1638

009251607 郑州人事志/1628

008057179 郑州工会志/1627

008408712 郑州工学院志 1963-1992/1641

012545736 郑州土种志/1645

012636601 郑州大学水利与环境学院院志 1959-2009/1641

009348668 郑州卫生志 1986-2000/1645

010250745 郑州卫生材料厂厂志讨论稿/1635

009889465 郑州无线电总厂厂志/1635

013098030 郑州车辆轮轴段段志 1954-2004/1636

011440946 [郑州]车辆南段志 1949-1985/1636

009959950 郑州内燃机配件厂志 1953-1983/1634

010250752 郑州化学制药厂志 1958-1982 讨论稿/1633

008579802 郑州方言志/1643

013759078 郑州东站志 1953-1990/1636

011910307 郑州电务段志/1636

008414554 郑州电信志/1637

009010111 郑州电磁线厂厂志 1950-1983/1633

007520229 郑州印染厂志 1958-1985/1635

010250791 郑州乐器厂志 1955-1984/1633

013994288 郑州外国语学校校志 2003-2013/1641

010239029 郑州市二七区工业志/1651

010778384 郑州市二七区卫生志 1912-2003/1652

008425937 郑州市二七区志/1650

013940805 郑州市二七区志 1991-2000/1650

012052610 郑州市二七区财政志 1986-2000/1652

008987792 郑州市二七区房地产志 1901-1992/1651

012816209 郑州市二七区总工会志 1987-2002/1651

008422445 郑州市二七区教育志/1652

010109036 郑州市二七区粮食志/1651

009959980 郑州市儿童医院院志/1644

010251139 郑州市工艺美术文化用品志 初稿/1634

009864653 郑州市工商行政管理志 1991-2000/1629

009414020 郑州市土地志/1630

010252172 郑州市上街区土地志/1656

009414016 郑州市上街区志/1655

011585414 郑州市卫生防疫站志/1644

011585420 郑州市卫生学校校志/1644

011329760 郑州市中原区人民政府城市建设拆迁志 1994-2005/1649

009814452 郑州市中原区工业志 1948-1996/1649

010140678 郑州市中原区工商行政管理志 征求意见稿/1648

010252149 郑州市中原区土地志/1649

013343614 郑州市中原区计划生育志 1956-1989/1648

012690053 郑州市中原区民政志 1948-1996/1648

012690063 郑州市中原区民政志 1997-2002/1648

012903545 郑州市中原区民族宗教志/1648

012052615 郑州市中原区农业志/1649

011810595 郑州市中原区志 1991-2000/1647

010251793 郑州市中原区志 1948-1990 初稿/1647

009814457 郑州市中原区志民政 征求意见稿/1647

013148972 郑州市中原区房地产志 1948-1994/1649

013148923 郑州市中原区城市建设志/1649

010275876 郑州市中原区教育志 1948-1987/1649

012256631 郑州市中原区教育志 2001-2005/1649

009814443 郑州市中原铝厂志 1966-1983 初稿/1649

013686616 郑州市水利志/1645

009960098 郑州市水利志 初稿/1645

008421339 郑州市公共交通总公司志/1637

012256608 郑州市公安局金水分局史志 1991.1-2002.12/1655

010251054 郑州市文化用品厂志/1635

009441889 郑州市文物志/1643

013802642 郑州市文物志/1643

013961373 郑州市四职专校志 1965-2001/1642

009414022 郑州市外事志/1628

011311334 郑州市邙山区土地志/1657

008421939 郑州市邙山区概况 人大 政协 政法 人民武装 人物/1656

008425899 郑州市邙山区概况 农业 工业 交通 街乡企业 征求意见稿/1656

008421279 郑州市邙山区概况 政党 政权/1658

008421286 郑州市邙山区概况 商业 财税 物价 体改 经协 保险 工商 征求意见稿/1656

013686615 郑州市民政工业志 未定稿/1628

009889462 郑州市民政志 征求意见稿/1628

011585408 郑州市对外经贸志/1638

012724003 郑州市丝虫病防治志/1645

013148921 郑州市行政监察志 1950-1959/1988-1993/1628

013940816 郑州市色织一厂志 1949-1985/1634

008988088 郑州市交通志/1636

013379584 郑州市交通志 1995-2000/1636

009382379 郑州市农村金融志 1840-1990/1638

011480538 郑州市收容遣送站志/1628

013866303 郑州市妇幼保健院志 1953-2013/1644

010275901 郑州市戏曲志 初稿/1643

012317240 郑州市扶轮外国语学校校志 1929-2009/1642

009768570 郑州市技工学校志/1642

008421323 郑州市志/1627

010251056 郑州市医药志 初稿/1635

009768580 郑州市医药志 1905-1985/1635

011571315 郑州市园艺场志 1933-1985/1630

008421965 郑州市财政志/1638

013012677 郑州市社会福利院院志/1628

010251052 郑州市纺织志 1911-1985/1634

011320016 郑州市纺织品行业志 初稿/1634

008425904 郑州市物资志 1953-1985/1629

009768576 郑州市金水区志/1654

012100920 郑州市金水区志 1991-2002/1654

011311966 郑州市金水区财政志 1960-2000/1655

009960000 郑州市金水区祭城乡志 征求意见稿 一稿/1655

013686595 郑州市金水河志/1647

013343610 郑州市金海皮肤病专科医院院志 1983-1999/1644

010250794 郑州市金银漆器工艺厂志 1955-1985/1634

008421292 郑州市郊区人大志/1657

008422423 郑州市郊区人物志资料选辑 征求意见稿 一稿/1658

009413923 郑州市郊区人物志资料选辑 征求意见稿 二稿/1658

008427912 郑州市郊区卫生志/1658

008421547 郑州市郊区水利志篇目 征求意见稿 一稿/1659

011310521 郑州市郊区文化志 征求意见稿 一稿/1658

009959995 郑州市郊区计划生育志 征求意见稿 一稿/1657

008421448 郑州市郊区石油商业志征求意见稿 一稿/1658

008422433 郑州市郊区石油商业志征求意见稿 二稿/1658

009959986 郑州市郊区白庄志征求意见稿 一稿/1656

008421261 郑州市郊区白庄志征求意见稿 二稿/1657

008421473 郑州市郊区外贸志征求意见稿/1658

008421265 郑州市郊区民政志征求意见稿 二稿/1657

008421268 郑州市郊区农业志征求意见稿 一稿/1657

008421556 郑州市郊区农机志征求意见稿 二稿/1659

008422410 郑州市郊区志邮电 交通 征求意见稿/1656

009959998 郑州市郊区志篇目 第二稿/1656

008427908 郑州市郊区医药志征求意见稿 二稿/1659

008421306 郑州市郊区财政志征求意见稿 二稿/1658

009768571 郑州市郊区供销社志/1658

008421457 郑州市郊区法院志征求意见稿 一稿/1657

008422442 郑州市郊区食品志征求意见稿 一稿/1657

008425905 郑州市郊区煤建志征求意见稿 二稿/1657

013735940 郑州市审计志 1983-2009/1629

012690046 郑州市实验幼儿园园志 1958-2002/1639

009251909 郑州市建行志 1951-1985/1638

008987923 郑州市建行志续篇 1986-1990/1638

009413939 郑州市建设志/1630

009814436 郑州市城乡建设志送审稿/1630

010238996 郑州市标牌厂厂志 1955-1984/1634

009959983 郑州市骨科医院志/1644

013759081 郑州市骨科医院简志 1952-2012/1644

010778493 郑州市监狱志 1993-2003/1629

014053104 郑州市疾病预防控制中心志 1952-2012/1644

007531979 郑州市教育志 1628-1985/1639

010140401 郑州市教育志 1978-2001/1639

010253988 郑州市职业病防治所志 1949-1985/1645

012723999 郑州市第一中学校志/1641

013148919 郑州市第一零一中学校志 1929-2009/1641

012903510 郑州市第二十七中学 郑州艺术中学校志 1965-2004/1655

012903513 郑州市第二十三中学 郑州旅游学校校志 1962-2003/1637

012903507 郑州市第二十六中学校志/1639

010253288 郑州市第二中学校志 1941-2003/1639

009814441 郑州市第二化肥厂志 1976-1995/1634

009814430 郑州市第十一中学校志 1953-2003/1640

010778352 郑州市第十九中学校志/1640

012769588 郑州市第十五中学 郑州市财

贸学校校志 1954-2004/1642

010253896 郑州市第九中学校志 1953-2003/1639

013994286 郑州市第九中学校志 1953-2013/1640

012903536 郑州市第三十九中学校志 1959-2003/1640

012903541 郑州市第三十五中学 郑州市金融学校校志 1971.2-2002.12/1640

012837901 郑州市第三十四中学校志 1965-2002/1640

012837895 郑州市第三中学校志 1959-2003/1640

012837905 郑州市第三职业中专校志 1985-2002/1642

013994287 郑州市第五十一中学校志 1962-2012/1641

014053103 郑州市第五十二中学校志 2003-2013/1641

012839276 郑州市第五十七中学校志 1974-2002/1641

012690035 郑州市第五十中学 郑州市第二职业中专校志 1963-2003/1641

013512016 郑州市第五中学校志/1641

012903528 郑州市第六十二中学校志/1640

012903531 郑州市第六十三中学校志/1640

012837916 郑州市第四十二中学校志 1988.8-2003.8/1640

011311878 郑州市第四十九中学校志 1955-2003/1640

012839271 郑州市第四十三中学 郑州市商贸管理学校校志 1972-2003/1641

012690027 郑州市第四十四中学校志 1973-2003/1641

009959976 郑州市第四人民医院院志 1954-1985/1644

010253992 郑州市商标印刷厂厂志 1955-1984/1635

013148853 郑州市博物馆馆志 1957-1986/1639

013940812 郑州市煤建公司志 1949-1989/1634

012816213 郑州市管城回族区二里岗街道志/1653

012816211 郑州市管城回族区东大街街道志/1653

012256615 郑州市管城回族区北下街街道志/1652

009413932 郑州市管城回族区地名志/1654

012816214 郑州市管城回族区西大街街道志/1653

010244099 郑州市管城回族区农业志/1654

007530757 郑州市管城回族区志/1652

010244100 郑州市管城回族区财政志/1654

010244097 郑州市管城回族区国土资源志/1653

012317246 郑州市管城回族区城东路街道志/1653

013098032 郑州市管城回族区南关街道志/1653

012175554 郑州市管城回族区南曹乡志/1653

012256624 郑州市管城回族区圃田乡

志/1653

013860562 郑州市管城回族区教育志/1654

012317248 郑州市管城回族区紫荆山南路街道志/1653

010244056 郑州市管城建设综合开发总公司志/1630

013148926 郑州司法志/1629

009768578 郑州民俗志/1643

011311868 郑州幼儿师范学校志 1954-2004/1642

010251775 郑州交通银行志 1912-1990/1638

008425111 郑州妇女志/1628

009889470 郑州志又两种/1627

010280219 郑州志 荥阳卷/1627

012612899 郑州志 密县 荥泽卷/1661

011500857 郑州志 登封 中牟卷/1665

011957378 郑州志 新郑 巩县卷/1663

007654343 郑州劳动志/1629

009020903 郑州邮政志/1637

010251058 郑州体育用品厂志 1955-1985 初稿/1635

008987930 郑州体育志/1643

009768581 郑州饮食行业志/1637

009251016 [郑州纺织机械厂]厂志 1949-1985/1630

014030786 [郑州纺织机械厂]厂志 1986-2002/1630

009348697 郑州环境保护志/1647

013148916 郑州林业志 中牟卷 1978-2008/1668

013012673 郑州林业志 综合卷 1978-2008/1630

013148910 郑州林业志 新密卷 1978-2008/1661

009992229 郑州矿区志/1627

008424748 郑州矿务局房地志 1951-1994/1629

008666842 郑州国棉一厂志 1953-1984/1633

009814423 郑州国棉五厂志 1956-1985/1633

008848273 郑州国棉六厂志 1956-1985/1633

009814421 郑州国棉四厂志 1954-1985/1633

012141555 郑州物价志/1638

009814412 郑州供电志 1914-1985/1633

013012661 郑州卷烟厂志 1944-2003/1633

013012665 郑州卷烟厂志 2003-2008/1633

011310749 郑州法院志 1913-1985/1628

009413897 郑州房地志 1840-1990 讨论稿/1629

009814295 郑州房地志 1840-1994 评审稿/1629

008422606 郑州建筑业志/1633

008666860 [郑州面粉厂]厂志 1953-1986/1630

013776421 郑州轻金属研究院志 1965-1995/1634

008987927 郑州重工业志 1911-1987/1636

009413928 郑州食品总厂厂志 1950-1982/1634

008427942 郑州热电厂志 1914-1985/1634

009010114 郑州铁路分局志 1897-1990/1637

008424620 郑州铁路分局郑州水电段段

志 1948-1987/1637

009332627 郑州铁路局工会志 1919-1996/1628

011311832 郑州铁路局中心医院院志 1915-2000/1645

011328561 郑州铁路局印刷厂志 1949-2004/1635

009251933 郑州铁路局志 1893-1991/1637

012636599 郑州铁路局武汉老协分会武汉老干部部志 1980-1994/1828

009814407 郑州铁路局郑州工程公司志 1953-1985/1637

006434161 郑州黄河志/1647

009889450 郑州黄河志征求意见稿/1647

009391368 郑州检察志 1911-1985/1628

013661602 郑州检察志 1986-2003/1629

009768533 郑州第二柴油机厂志 1958-1985/1633

011957364 郑州植物志/1643

010250736 郑州嵩山制药厂厂志讨论稿/1635

012663824 郑观应志/2244

012816206 郑张村志/1441

013324578 郑陆镇志/874

010238292 郑振铎志/1210

012175549 郑营村志/1702

009959901 郑铝志 1956-1985/1632

010239059 郑棉三厂志 1954-1985/1633

008988223 郑缆志 1958-1986/1632

010251135 郑路镇志/1426

012636605 郑煤机志 1958-2008/1632

013380183 郑煤集团志 1984-2010/1632

单

013771736 单县人民法院志 1940-2008/1603

007981840 单县志/1603

012132610 单县邮电志/1603

009881028 单县城乡建设志/1603

012658317 单县教育六十年志 1949-2009/1603

炎

012767158 炎陵县水利水电志/2010

013939664 炎陵县军事志 1211-2005/2010

013343383 炎陵县粮食志/2010

炉

008730532 炉霍县志/2604

012819787 炉霍县志 1991-2005/2605

011328624 炉霍县教育体育文化志/2605

法

009699736 法库县人物志/496

011294249 法库县文物志/496

013369782 法库县民政志/496

007902385 法库县志/495

008471186 法库县志/495

010143395 法库县志初稿/495

010143397 法库县志初稿/495

013703319 法库县志 1996-2005/496

013626282 法库县政协志 1956-2011/496

沽

012872343 沽源县土地志/203

012609859 沽源县水利志/203

008533967 沽源县地名资料汇编/203

沭

013510550 沭阳水利志/957

010276129 沭阳县民政志/957
008446276 沭阳县志/957
013863666 沭阳县志 1987-2005/957
013603031 沭阳县粮食志/957

河

009081757 河口区志/1481
010731667 河口区建设志/1482
009881045 河口区第一中学志/1482
012952068 河口志/1853
013706296 河口采油指挥部志 1972-1987/1482
012898549 河口油地共建志 1961-2009/1482
009268522 河口瑶族自治县志/2853
012832043 河东区人大志/1564
008949797 河东区志/90
008298411 河东区房地产志/90
009240439 河北土种志/117
013129102 河北大城一中校志/235
009441871 河北丰润车轴山中学志/147
012049443 河北木兰围场植物志/215
009332552 河北区志/91
008487261 河北区房地产志/91
011311309 河北中兽医学校校志 1956-1996/188
008289638 河北水利大事记/119
012049438 河北化工学校校志/125
001738326 河北风物志/116
012967623 河北古树志/118
009397058 河北石油商业志/114
013897239 河北电力建设监理有限责任公司志 1993-2012/121
008422427 河北出版史志资料选辑/114

012811384 河北动物志 甲壳类/117
012264975 河北动物志 半翅目 异翅亚目/117
009796965 河北动物志 鱼类/117
011762034 河北动物志 蚜虫类/117
009796968 河北动物志 蜘蛛类/117
012264985 河北动物志 鳞翅目 小蛾类/117
007505384 河北地方志提要/119
012541653 河北地名文化志 千年古县/116
009992155 河北地质学院志 1953-1991/127
013045571 河北机电职业技术学院志 1956.7.23-2006.6.30/173
013772815 河北师范大学汇华学院志 2001-2011/125
009310347 河北师范大学志 1906-1995/125
011432681 河北师范大学体育学院志 1931-2006/126
009959800 河北师范学院志 1902-1994/125
012999121 河北任丘一中校志 重修本/221
013507850 河北任丘一中校志 续修本/221
010290921 河北名胜志/116
009743444 河北兴泰发电有限责任公司志 1987-2002/172
013373950 河北农业大学中兽医学院院志 1956-2006/188
011293106 河北农业大学校志 1902-1988/184
009009855 河北农业大学校志 1902-2002/184
013704167 河北农业大学校志 2002-2012/184
010251891 河北农村金融志/114
009879148 河北抗日战争简志/116
009310356 河北医学院院志 1915-1991/127

012139177 河北医科大学第二医院志 1918-2004/127

011432674 河北谷子品种志/118

010576837 河北武邑中学校志/240

012967627 河北青县一中校志/224

011320335 河北林学院院志 1909-1993/184

008380069 河北货币图志/116

013647548 河北金融学院校志/115

009684383 河北建设银行志 1954-1990/114

001737431 河北政区沿革志/116

009348632 河北省人民医院院志 1959-1993/117

010292218 河北省工商行政管理志/112

008533929 河北省丰宁县地名资料汇编/214

012758876 河北省井陉县人民法院院志 1938-1997/134

008377768 河北省水利志/113

010265767 河北省水(陆)稻品种志/118

013792209 河北省石家庄市地质矿产志/127

008377996 河北省石家庄地区文化志/124

013091109 河北省北戴河管理处志/155

008298339 河北省电力工业志/113

013222117 河北省电力工业志 1991-2002/113

008534163 河北省出版志/114

009310431 河北省邢台市财政志 1993-2000/172

011811224 河北省地名志 邯郸分册/160

009879173 河北省地震监测志/116

011579920 河北省机电设备公司简志 1962-1986/113

010475324 河北省任丘市第一中学校志/221

010252674 河北省交通工会志/112

010291655 河北省农田杂草志/118

009959799 河北省农林科学院志/127

005804154 河北省志/105

013091116 河北省志人口志 初稿/105

008534171 河北省志共产党志/105

006067496 河北省志第1卷 大事记 约100万年前-1988/105

007994440 河北省志第2卷 建置志/105

007902382 河北省志第3卷 自然地理志/105

006384391 河北省志第4卷 海洋志/105

008685528 河北省志第5卷 测绘志/105

011312664 河北省志第6卷 地名志/105

006384485 河北省志第7卷 地质矿产志/106

007589102 河北省志第8卷 气象志/106

006767745 河北省志第9卷 地震志/106

012541660 河北省志第10卷 自然灾害志/106

008192063 河北省志第11卷 环境保护志/106

006067493 河北省志第12卷 人口志/106

008593837 河北省志第13卷 经济实力志/106

010008329 河北省志第14卷 经济体制改革志/106

008534176 河北省志第15卷 计划管理志/106

007589096 河北省志第16卷 农业志/106

008593825 河北省志第17卷 林业志/106

006384423 河北省志第18卷 畜牧志/106

007589095 河北省志第19卷 水产志/106

007589103 河北省志第20卷 水利志/107

010252967 河北省志第21卷 电子工业志/107
013708172 河北省志第22卷 文学志/107
013688738 河北省志第22卷 市县区域志/107
008195157 河北省志第23卷 纺织工业志/107
008195158 河北省志第24卷 化学工业志/107
009310345 河北省志第25卷 武警志/107
007989877 河北省志第26卷 盐业志/107
010253314 河北省志第27卷 国民党志/107
008192043 河北省志第28卷 煤炭工业志/107
009852664 河北省志第29卷 监狱志/107
007589104 河北省志第30卷 电力工业志/107
008486562 河北省志第31卷 冶金工业志/107
008593829 河北省志第32卷 机械工业志/108
008195169 河北省志第34卷 国防科技工业志/108
009332556 河北省志第36卷 建筑业志/108
009024804 河北省志第37卷 城乡建设志/108
008840120 河北省志第38卷 土地志/108
007902384 河北省志第39卷 交通志/108
008840127 河北省志第40卷 铁道志/108
008685601 河北省志第41卷 邮电志/108
007902383 河北省志第42卷 财政志/108
008192064 河北省志第43卷 金融志/108
009310342 河北省志第44卷 商业志/108
006384397 河北省志第45卷 供销合作社志/108
007589097 河北省志第46卷 物资志/108
013708169 河北省志第47卷 粮食志/109
007674860 河北省志第48卷 对外贸易经济合作志/109
006767800 河北省志第49卷 旅游志/109
006384390 河北省志第50卷 物价志/109
006384394 河北省志第51卷 工商行政管理志/109
006384395 河北省志第52卷 统计志/109
007589105 河北省志第53卷 审计志/109
006384392 河北省志第54卷 标准计量志/109
007731521 河北省志第56卷 民主党派志/109
007589098 河北省志第57卷 工会志/109
009147343 河北省志第58卷 共青团志/109
008840131 河北省志第59卷 妇女运动志/109
006384398 河北省志第60卷 政治协商会议志/109
007902456 河北省志第61卷 人民代表大会志/110
008841025 河北省志第62卷 政府志/110
012638851 河北省志第63卷 民政志/110
007589099 河北省志第64卷 劳动志/110
006802902 河北省志第65卷 人事志/110
008593833 河北省志第66卷 监察志/110
008685587 河北省志第67卷 民族志/110
007589100 河北省志第68卷 宗教志/110
007674865 河北省志第69卷 外事志/110
008027945 河北省志第70卷 侨务志/110
008685538 河北省志第71卷 公安志/110
008192051 河北省志第72卷 检察志/110

006384396 河北省志第73卷 审判志/110
009310337 河北省志第75卷 军事志/111
007589101 河北省志第76卷 教育志/111
006067485 河北省志第77卷 科学技术志/111
008486564 河北省志第78卷 哲学社会科学志/111
008982937 河北省志第79卷 文化志/111
013708168 河北省志第81卷 长城志/111
008685598 河北省志第82卷 新闻志/111
008027881 河北省志第83卷 出版志/111
009310346 河北省志第84卷 著述志/111
008486567 河北省志第85卷 档案志/111
008027873 河北省志第86卷 卫生志/111
006067484 河北省志第87卷 体育志/111
010008486 河北省志第89卷 方言志/111
009887132 河北省志第91卷 人物志/112
012049444 河北省医药商业志/114
013373952 河北省沙河市人民法院志 1950-1995/174
012872417 河北省社会科学院志/125
013373955 河北省社会科学院志初稿/125
009397206 河北省改革志/112
010735935 河北省张家口地区供销合作社志 1949-1985/199
010138609 河北省纺织品进出口公司对外贸易志/123
010138592 河北省纺织品进出口（集团）公司志续 1991-2001/123
009405900 河北省苹果志/118
011579926 河北省枣强县大金村步毓岩家族志/239
009796963 河北省果树志/118
010138612 河北省供销合作社志/114

012610598 河北省沽源县林业志 1950-1991/203
010138615 河北省审判志/112
011579918 河北省承德地区交通工会志/209
009441865 河北省驻京办事处志/112
005276162 河北省城市金融志/114
007829257 河北省保险志/114
008378751 河北省宣化县供销商业志/201
013183485 河北省唐县中学志/193
010278500 河北省畜牧志/112
011890792 河北省烟草志/113
011579923 河北省烟草志送审稿/113
011294238 河北省海员工会志/112
012872407 河北省家畜家禽品种志/119
009000540 河北省勘察设计志/113
008377893 河北省黄金工业志/113
009380990 河北省崇礼县公路交通志/209
013045572 河北省第六人民医院河北省精神卫生中心医院院志 2007/185
013045573 河北省第六人民医院河北省精神卫生中心医院院志 2008/185
011320308 河北省廊坊市交通工会志/229
010239116 河北省商业志/114
008864004 河北省涿州市二轻集体工业志第一稿/187
006071800 河北省粮食志/114
012758880 河北省赞皇县人民法院志 1949-1997/139
012264990 河北省衡水地区国防工业志 1970-1988/236

008379225 河北科学技术志/116
010195486 河北保定电力工业志/183
011432686 河北食用豆类品种志/118
010138617 河北盐山中学志/226
011579916 河北高等院校学报志/115
009310330 河北酒文化志/119
009381006 河北理工学院校志 1958-1995 /145
009959798 河北教育学院志/125
008383061 河北职工大学志 1972-1988/126
013379017 河北盛泰房地产开发集团有限公司志/216
010138621 河北野生花卉志/117
009310353 河北野生资源植物志/116
001631542 河北植物志/117
011432678 河北棉花品种志/118
013772813 河北棉花品种志/118
013990664 河北铺村志/168
010251096 河北鼠类图志/200
013129107 河北滦县一中校志 1913-2008/149
013860743 河北滦河上游国家级自然保护区脊椎动物志/215
010138616 河北蔬菜品种志/118
009864548 河北稻区飞虱图志/117
010138622 河北赞皇机械厂志 1958-1993 卷一/139
013045575 河北赞皇兴华饮食二厂志 1984-1994/139
008662446 河头村志/1070
008670075 河边镇志 1986-1999/2507
008698364 河西区志/89
008593573 河西区志蓝本/89
013222175 河曲水利志/2914

002988162 河曲县志/342
010577514 河曲县志初稿/342
012097410 河池公路志/2327
009239655 河池电业局志 1916-1986/2327
008596014 河池市志/2327
011882567 河池市志 1991-2002/2328
013752431 河池市审计志 1984-2003/2327
008596008 河池市城建志/2327
013091120 河池市教育志/2328
011804486 河池交通志/2327
011564689 河池邮电志/2328
013728735 河里庄村志/343
007619572 河间人物志/223
009319557 河间文化艺术志/223
009391082 河间市一中校志/223
012967629 河间市人大志/223
010292480 河间市土地志/223
009887141 河间市志/222
008533473 河间县地名资料汇编/223
009240568 河间县交通志/223
007289985 河间县志/223
009190797 河图镇志/2795
008535745 河底村志/279
008987302 河南九三志/1617
011579944 河南工艺美术图志/1621
013222125 河南工商行政管理志初稿/1617
010577254 河南土种志/1625
012811397 河南大学出版志/1674
009839606 河南大学体育学院志/1675
012952071 河南大学附属南石医院志 1970-2008/1676
013926285 河南大学药学院院志/1675
009768336 河南大学教育科学学院

志/1675

011320838 河南大学淮河医院志 1985-2004/1676

009310458 河南小麦品种志/1626

011762047 河南广播电视大学志/1642

011579963 河南日报印刷厂厂志 1948.11-1989.5/1631

010777256 河南中医学院第一附属医院院志 1953-1998/1644

009010161 河南中药志 审订稿/1625

002370579 河南风物志/1623

012173869 河南文物志/1623

005543294 河南方言资料/1621

012265010 河南心连心公司志/1722

011294610 河南书画名家志/1623

009808440 河南玉源化学工业公司志 1970-2000/1709

008392556 河南古树志/1626

013143830 河南电力工业学校 河南电力技师学院校志 1958-2008/1642

012872460 河南电力医院志 1979-1995/1644

009864579 河南电影志 1909-1987/1623

012758890 河南立新监理咨询有限公司志 1993-2008/1629

009240638 河南民航志/1619

011564801 河南出口商品志/1620

009808422 河南出口商品志 初稿/1620

007591717 河南地理志/1624

013861515 河南汤阴南申庄村志/1715

008987056 河南农业昆虫志/1625

009381345 河南农田杂草志/1626

007836272 河南戏曲史志资料辑丛/1621

011579955 河南劳动模范志/1623

012541672 河南劳动模范志 2008/1623

013861513 河南村志/2746

013990667 河南连姓志/1623

009001275 河南邮电概况/1619

009685367 河南冶金志资料汇编/1618

009887231 河南青年运动志 初稿/1616

012970975 河南英模志/1623

011890812 河南直翅类昆虫志 螳螂目 蜚蠊目 等翅目 直翅目 蜡目 革翅目/1625

010776983 河南轮胎厂志 1965-1985/1734

013143836 河南轮胎厂志 1986-1995/1734

014030863 河南昆虫志区系及分布/1625

012264989 河南昆虫志 双翅目 舞虻总科/1625

012265002 河南昆虫志 膜翅目 姬蜂科/1624

008666076 河南昆虫志 鞘翅目/1625

012811404 河南昆虫志 鳞翅目 刺蛾科 枯叶蛾科 舟蛾科 灯蛾科 毒蛾科 鹿蛾科/1624

012191941 河南昆虫志 鳞翅目 螟蛾总科/1624

010252879 河南图书馆事业志/1621

011579951 河南金融管理干部学院志 1950-1992/1639

013957430 河南油田工程院志 2000-2010/1769

009251579 河南油田志/1769

013728749 河南陕县二轻工业志/1765

008987123 河南南乐一中校志 1951-2001/1748

013222129 河南南乐一中校志 1951-2011/1748

013990669 河南省人民银行志 1998-2012/1620

013507864 河南省土产杂品公司志/1631

008426110 河南省大事记 1949.3-1990.12 平原省大事记 1949.8-1952.11/1616

013626640 河南省义马市千秋村志/1760

012141484 河南省义马市义马村志/1760

008987112 河南省卫生防疫站志 1953-1993/1645

009808427 河南省卫生防疫站志 1953-2003/1645

008425853 河南省卫辉市地名志/1728

012722950 河南省卫辉市第一中学校志/1728

009887448 河南省乡镇企业志 初稿/1617

014032664 河南省开封医学专科学校附属医院院志 1949-1983/1676

010250649 河南省开封制药厂志 1949-1982 讨论稿/1671

010250647 河南省开封制药厂志 1949-1982 初稿/1671

011564810 河南省开封经济技术开发区志/1670

009768351 河南省木材公司志 1952-1986/1631

013647578 河南省中原棉纺织厂志 1946-1981 未定稿/1649

012661216 河南省内黄监狱志 1952-2001/1717

011762050 河南省水文志/1624

010250812 河南省水产志 初稿/1618

008987177 河南省长垣县第一中学校志 1951-2001/1733

010735936 河南省长葛县卫生志/1753

008421507 河南省长葛县地名志/1753

008987293 河南省化工公司志 1953-1985/1619

013704180 河南省文化志资料选编/1621

009412930 河南省文物志选稿/1623

010735913 河南省方城县卫生志/1776

008426902 河南省方城县地名志/1776

008666172 河南省计划统计学校志/1639

011564808 河南省邓州市第一小学校志 1905-2005/1774

012718928 河南省示范性高中新密市第一高级中学校志 2001.11-2007.2/1662

009251572 河南省石油商业志/1620

013626601 河南省平顶山市第二高级中学校志/1701

008820103 河南省平舆县志/1808

009232346 河南省电力工业志/1618

012680059 河南省电力工业志 1988-2002/1618

008424603 河南省民权县地名志/1787

009412947 河南省民族志 初稿/1623

012832045 河南省对外经济贸易志 1950-2005/1620

008427903 河南省地方优良畜禽品种志/1626

009251030 河南省地方病防治研究所所志/1644

012611046 河南省地方税务志 1994-2005/1620

012139186 河南省地矿局测绘队河南省地质测绘总院队志 1996-2007/1643

013704171 [河南省地质矿产厅第三水文地质工程队]队志 1986-1998/1806

008426819 河南省地质矿产志/1624

012718919 河南省地质矿产勘查开发局第一水文地质工程地质队志 1996-2007/1643

009959823 河南省地震监测志/1624

009887240 河南省机械工业志仪器仪表专志 征求意见稿/1618

013129112 河南省师范院校图书馆志略/1621

011311044 河南省华新棉纺织厂志 1915-1994/1728

010250652 河南省伊川制药厂厂志 1969-1982/1699

008987190 河南省交通史志资料汇编 公路篇 1957-1966/1619

008987189 河南省交通史志资料汇编 地方铁路篇 1959-1982/1618

008987192 河南省交通史志资料汇编 航运篇/1619

013373957 河南省交通学校志 1953-2000/1642

008425913 河南省许昌地区地名资料汇编/1751

008421539 河南省许昌县地名志/1754

012505153 河南省农业科学院志 1909-2008/1645

013626591 河南省农业科研志 1948-1985/1618

009412870 河南省农村金融志/1620

008987295 河南省防空志/1617

004129888 河南省志/1609

009879346 河南省志大事记 1840-1919.4 初稿/1609

009879360 河南省志大事记 1949-1987 初稿/1609

009412984 河南省志 内河航运志 送审稿/1610

010251111 河南省志水利志 评审稿/1610

011325443 河南省志外事志 初稿/1610

009879355 河南省志出版志 征求意见稿/1609

009879343 河南省志出版志 送审稿/1609

010254029 河南省志地震志 终稿/1609

009879369 河南省志共产党志 征求意见稿/1610

009412976 河南省志军事志 讨论稿/1610

009412956 河南省志财政志 初稿/1609

010277942 河南省志供销合作社志 评审稿/1609

009887462 河南省志轻工业志 送审稿/1610

009412995 河南省志统计志/1610

009412960 河南省志档案志 初稿/1609

009412993 河南省志商业志 评审稿/1610

008581545 河南省志第1卷 总述/1611

011745244 河南省志第2卷 大事记/1611

009043470 河南省志第3卷 区域建置志 地貌山河志/1611

009407964 河南省志第4卷 黄河志/1611

011745447 河南省志第5卷 地质矿产志/1611

011745487 河南省志第6卷 气象志 地震志/1611

009407973 河南省志第7卷 植物志/1611

008686001 河南省志第8卷 动物志/1611

011882488 河南省志第9卷 人口志 民族志 宗教志/1611

009043423 河南省志第10卷 民俗志/1611

008686014 河南省志第11卷 方言志/1611

009407960 河南省志第12卷 地名志/1611

008581895 河南省志第13卷 共产党志/1612

008581889 河南省志第14卷 民主党派志 工商业联合会志 国民党志/1612

011745658 河南省志第15卷 人民代表大会志 人民政治协商会议志/1612

008581893 河南省志第16卷 政府志/1612

011745724 河南省志第17卷 民政志/1612

011745743 河南省志第18卷 劳动人事志/1612

009043270 河南省志第19卷 公安志 第27篇 检察志/1612

011745779 河南省志第20卷 审判志 司法行政志/1612

011746343 河南省志第21卷 外事志 侨务志 旅游志/1612

008987800 河南省志第21篇 人民代表大会志 单行本/1610

008422561 河南省志第22卷 军事志/1612

008486576 河南省志第23卷 工人运动志 农民运动志/1612

011746382 河南省志第24卷 青年运动志 妇女运动志/1613

011746396 河南省志第25卷 农业志/1613

009043316 河南省志第26卷 林业志 畜牧志/1613

011746416 河南省志第27卷 水利志/1613

011746477 河南省志第28卷 纺织工业志/1613

008413351 河南省志第29卷 食品工业志 烟草工业志 造纸、印刷、包装工业志 日用硅酸盐工业志/1613

008413405 河南省志第30卷 日用化学工业志 耐用消费品工业志 皮革、塑料、家具工业志 工艺美术品、文化体育用品工业志/1613

011746497 河南省志第31卷 煤炭工业志/1613

011746512 河南省志第32卷 电力工业志/1613

008581892 河南省志第33卷 石油工业志 化学工业志/1613

011746524 河南省志第34卷 冶金工业志 建筑材料工业志/1613

008686019 河南省志第35卷 机械工业志 电子工业志/1613

008686063 河南省志第36卷 乡镇企业志/1614

011748412 河南省志第37卷 铁路交通志 民用航空志/1614

011748405 河南省志第38卷 公路交通志 内河航运志/1614

011746561 河南省志第39卷 邮电志/1614

011746574 河南省志第40卷 城乡建设志 环境保护志/1614

009043340 河南省志第41卷 建筑志 测绘志/1614

011746602 河南省志第42卷 商业志 供销合作社志/1614

008686004 河南省志第43卷 对外经济贸易志 进出口商品检验志/1614

011746618 河南省志第44卷 粮油贸易志 物资管理志/1614

011747007 河南省志第45卷 财政志 审计志/1614

011746628 河南省志第46卷 金融志/1614

011746637 河南省志第47卷 物价志/1615

008486577 河南省志第48卷 工商行政管理志 计量志 标准化志/1615

008486579 河南省志第49卷 计划志 统计志 人民生活志/1615

011746907 河南省志第50卷 教育志/1615

008413401 河南省志第51卷 社会科学

志/1615

008413402 河南省志第52卷 科学技术志/1615

008413292 河南省志第53卷 文化志 档案志/1615

011746920 河南省志第54卷 新闻报刊志 广播电视志/1615

008685957 河南省志第55卷 出版志/1615

008581879 河南省志第56卷 著述志/1615

011746949 河南省志第57卷 文物志/1615

011746973 河南省志第58卷 卫生志 医药志/1615

011746994 河南省志第59卷 体育志/1616

008581891 河南省志第60-61卷 人物志(传记)/1616

008581890 河南省志第62卷 人物志(简介)/1616

009043384 河南省志第63卷 人物志(表)/1616

008424359 河南省志第64卷 市地县概况/1616

008581882 河南省志第65卷 附录/1616

011579994 河南省志第66卷 电信分志 1978-2000/1616

009413003 河南省志新闻篇 1898-1985 试写稿/1610

009887459 河南省志粮油贸易志 1978-2000 评审稿/1610

009412977 河南省志粮食志 评审稿/1610

013183487 河南省花生品种志讨论稿/1626

008666155 河南省杞县地名录/1678

009251577 河南省医药卫生学会志/1625

008666856 河南省医药志评审稿/1618

011804490 河南省沈丘县电力工业志/1802

009381389 河南省沈丘县人民医院院志/1802

009864586 河南省沁阳市地名志/1740

008422412 河南省社会科学院志 1979-1999/1639

012638854 河南省社会科学著述志 1986-2000/1627

011579985 河南省社旗县供销合作社志 1965-1985 初稿/1778

010735967 河南省纺织机械厂志 1958-1985/1631

010244216 河南省武陟县卫生志/1744

010108850 河南省武陟县粮食局志/1743

011311787 河南省林业学校志 1951-2000/1690

013045632 河南省林业调查规划院志 1951-2010/1646

008424222 河南省郏县地名志/1707

012250972 河南省固始县地名志/1795

012251023 河南省图书馆志/1639

010252876 河南省图书馆志略/1639

009685201 河南省金属材料公司志/1637

011579979 河南省金融志续志 1978-2000 评审稿/1620

009852768 河南省周口市川汇区地名志/1799

008425943 河南省周口市罐头厂厂志修改稿/1797

009381427 河南省周口地区人民医院志/1799

009381421 河南省周口地区气象志/1799

011954208 河南省郑州少年管教所志 1984

-2001/1629

008421910 河南省郑州市中原区志/1647

010265832 河南省郑州市密县山水志/1663

009879339 河南省郑州种畜场志/1630

008420956 河南省宝丰县地名志/1705

012265007 河南省审计志/1617

009887267 河南省建材厂志 1950-1984 征求意见稿/1631

008987126 河南省建筑材料公司志 1963-1988/1631

011579982 河南省孟县地名志/1741

009814551 河南省驻马店地区"75.8"抗洪志/1806

011474435 河南省驻马店监狱志 1953-2001/1805

011890816 河南省驻马店高新区志 1994-2003/1805

011890821 河南省驻马店高新区志 1994-2005/1805

013045587 河南省经贸工程技术学校 河南省地质职工学校校志 1980-2009/1642

008427158 河南省经济植物病害志/1625

008666812 河南省项城县志/1799

009412911 河南省城建史志稿选编/1617

008987287 河南省政协志/1617

013683700 河南省政府志 1978-2000/1617

013129117 河南省政府志资料手册 远古-2008/1617

011533906 河南省荣军休养院院志 1947-2007/1726

010238992 河南省荥阳县卫生志/1661

013092890 河南省南阳市第八中学校校志 1949-2009/1772

009412922 河南省南阳地区老干部暨高级知识分子志/1768

013820235 河南省南阳县工商志/1774

008427053 河南省南阳县地名志/1773

010238867 河南省南阳县地名录/1773

013373961 河南省南阳监狱志 1949-2005/1768

008666166 河南省柘城县地名志/1789

009959831 河南省柘城县地名志 征求意见稿/1789

008423932 河南省轻工业品进出口公司志 1976-1990/1631

009879317 河南省科学技术志 1978-2000/1621

012173680 河南省修武县北洼村志/1741

008972073 河南省保险志/1621

008425922 河南省信阳地区地名资料汇编/1792

011954154 河南省信阳监狱志 1951-2005/1791

008420954 河南省禹州市地名志/1752

009887441 河南省洛阳市郊区关林镇志 征求意见稿/1693

012658587 河南省洛阳监狱志 1951-2001/1683

011579975 河南省济源第一中学校志 1926-2006/1812

014032658 河南省济源第一中学校志 2006.9-2011.9/1812

013316248 河南省桐柏县第一高级中学校志 1935-2005/1781

014032662 河南省监狱志/1617

008421513 河南省栾川县地名志/1696

009251575 河南省畜禽疫病志/1626

009242676 河南省郸城县卫生志/1803

013932196 河南省浚县第一中学校志 1950-2010/1720

013683699 河南省第一建筑工程集团有限责任公司志 第1卷 1951-1985/1631

013647564 河南省第一建筑工程集团有限责任公司志 第2卷 1986-2010/1631

013092886 河南省第二建筑工程公司志 1954-1985/1722

011954127 河南省第二监狱志 1949-2001/1721

014030865 河南省第五建筑安装工程有限公司志 1953-2003/1631

012811419 河南省第四监狱志 1955-2001/1683

008422399 河南省商丘县卫生志/1785

013222161 河南省商丘监狱志 1982-2007/1782

009381383 河南省商城县地名志/1795

009808425 河南省淮阳中学志/1803

008425122 河南省密县地名志/1663

012505159 河南省越调剧团史志/1798

008424616 河南省确山县地名录/1809

010730288 河南省辉县市地名志/1729

011995728 河南省辉县市第一高级中学校志/1729

008413393 河南省税务志/1620

008421442 河南省税务志 1840-1990/1620

012999124 河南省焦作卫生学校志/1737

011954137 河南省焦作少年管教所志 1955-2001/1734

011473175 河南省焦作市中医中药学校志 1974-1985/1736

007520224 河南省鲁山县地名志/1706

010735914 河南省鄢陵县卫生志/1754

009381397 河南省鄢陵县地名志/1754

013507866 河南省新乡市人民代表大会志 1948-1989/1721

011804495 河南省新乡市三中校志 1930-1982/1725

012655263 河南省新乡市北站区地名志/1728

008424230 河南省新乡市地名志/1726

009814250 河南省新乡市耐火材料厂志 1958-1981 未定稿/1727

011571018 河南省新乡市粮食志 1928-1985/1724

011954149 河南省新乡监狱志 1951-2001/1721

011474426 河南省新郑监狱志 1951-2005/1664

010239182 河南省新野县地名志/1781

008425165 河南省新蔡县地名录/1811

010777236 河南省粮食志/1619

008582934 河南省粮食志大事记/1619

010252159 河南省粮食志 平顶山市县市简志 许昌市县市简志 漯河市县市简志/1701

008421403 河南省粮食志 安阳市县市简志 濮阳市县市简志 鹤壁市县市简志/1709

008421373 河南省粮食志 周口地区县市简志/1798

008583012 河南省粮食志 饲料志/1619

008424961 河南省粮食志 郑州市县市简志 开封市县市简志/1637

009381377 河南省粮食志 驻马店地区县市简志/1805

008045725 河南省粮食志 南阳地区县市简志/1770

009437798 河南省粮食志信阳地区县市简志 /1791

008421384 河南省粮食志洛阳市县市简志 三门峡市县市简志/1687

008987289 河南省粮食志基本建设志/1619

008582976 河南省粮食志商丘地区县市简志 /1783

008421414 河南省粮食志新乡市县市简志 焦作市县市简志/1724

008582977 河南省粮食志粮油工业志/1619

008421348 河南省粮食志专题资料粮食仓储/1619

008424610 河南省舞阳县地名志/1757

009381351 河南省鹤壁市地名志/1719

011954195 河南省豫东监狱志 1952-2001 /1782

010731787 河南省豫北水利勘测设计院志 1949-2004/1710

011474432 河南省豫北监狱志 1954-2005 /1722

013222168 河南省豫西监狱志 1980-2001 /1683

011499526 河南省濮阳市卫生防疫站志 /1747

013507862 河南省濮阳县第一中学校志 /1749

013507855 河南科技大学林业职业学院 河南省林业学校志 1951-2011/1689

009204394 河南修志人物录/1623

010252950 河南送变电建设公司志 1958-2002/1632

008987689 河南统计志 1949-1987/1616

011579936 河南柴油机厂厂志 1955-1985 /1684

014032665 河南烟草志征求意见稿/1618

012049454 河南教育学院志 1955-2001 /1642

013897258 河南教研志 2003-2013/1621

009319762 河南教研志河南省基础教育教学研究室五十年史册 1953-2003/1621

007311042 河南黄河志/1627

012097417 河南黄河志 1984-2003/1627

013045586 河南菌物志/1624

008422407 河南检察 1950-1985/1617

009348673 河南啮齿动物志/1624

009768339 河南第一新华印刷厂厂志 1958 -1987/1631

008420760 河南植物志/1624

008666051 河南森林昆虫志/1625

009381338 河南登封县告成乡志/1665

002496286 河南蒙古族自治县志/3105

004624409 河南新方志初稿选编/1623

009527419 河南粮食志专题资料选编(建国前部分)/1618

008421340 河南粮食志粮油工业篇 初稿 /1619

009685193 河南煤炭工业劳动工资志 1949 -1985/1618

012898556 河南蜻蜓志蜻蜓目/1625

012898560 河南蜘蛛志蛛形纲 蜘蛛目/1624

010735938 河南蔬菜优良品种志/1626

011474440 河南豫光金铅集团公司志 1957 -2007/1811

013030689 河南濮阳孟村郭村闫氏家谱人物志/1747

009768371 河顺镇志/1712

008372679 河洛史志/1690

013820231 河津人大志/326

011312729 河津工商联志/326
009046403 河津广播电视志/327
009889730 河津卫生志/327
009009912 河津乡镇企业志/326
013957427 河津水利志/327
008534990 河津计生志/326
009840214 河津石油公司志/327
013045577 河津龙虎公路志/327
012811391 河津市人口和计划生育志/326
012049449 河津市人民医院志/327
012610607 河津市电力工业志/327
009015830 河津市志/325
012264994 河津市建筑工程有限公司公司志/327
013045581 河津市建筑工程有限公司第七分公司志 1991-2007/327
007289917 河津县志/326
010293928 河津环境保护志/328
012898544 河津治理黄河志/328
013647559 河津审计志/326
012264999 河津政协志/326
008983213 河津信用合作志/327
008534989 河津统战志/326
010778505 河津教育志/327
009411642 河津煤炭工业管理志/326
009313062 河套酒业志/432
013728777 河套酒业志/432
012724207 河套街道志/1442
013183498 河套灌区总干渠志/433
013507808 河源电力工业志/2230
013772820 河源市志/2230
012999127 河源市省属水库移民志 1958-2008/2230

013688752 河源市源城区志 1988-2003/2231
011327207 河源县水利志/2231
008636619 河源县志/2230

沾

012837824 沾化人大志 1987-2009/1598
009160040 沾化冬枣志/1599
012612961 沾化县人口和计划生育志 1956-2008/1598
012256565 沾化县广播电视志 1950-2007/1599
011292482 沾化县民政志 1942-1987/1599
013797223 沾化县军事志 1840-2005/1599
007588021 沾化县志/1598
012723490 沾化县志 1988-2007/1598
010731579 沾化政协志 1984-2006/1599
010243930 沾益风物志/2770
009081851 沾益县志/2770
013512000 沾益县第一中学校志 1941-2001/2770

泸

012873280 泸水县工会志/2894
008386610 泸水县志/2894
008992632 泸水县林业志/2894
013144588 泸水县政协志/2894
008992636 泸西县人民代表大会志/2850
010576944 泸西县农村信用合作志/2850
012719279 泸西县志 1978-2005/2850
013898406 泸州市"七二三"抗洪救灾志/2465
013932512 泸州市人民政府志 1949-1994/2465
009962436 泸州市卫生志 1911-2003/2466

012968309 泸州市天然气公司志 1962-2002 /2465

008670638 泸州市市中区志/2467

013705149 泸州市江阳区志 1996-2005 /2467

009105460 泸州市军事志/2465

008390710 泸州市志/2465

012968312 泸州市志 1991-2005/2465

008430294 泸州市财政志/2466

008420742 泸州市体育志/2466

010144757 泸州市建筑志/2465

013129974 泸州市政协志/2465

008430303 泸州市科学技术志/2466

010686768 泸州市烟草志/2466

010009757 泸州市液压附件厂志/2466

009783298 泸州市煤炭工业志/2465

011997385 泸州曲艺志/2466

009840271 泸州戏曲志/2466

008670637 泸州教育志 1901-1995/2466

013898398 泸州教育志 1996-2008/2466

007905735 泸县志/2467

010730559 泸县志 1986-2003/2467

009336974 泸定县志/2603

012661548 泸定县志 1991-2005/2603

012542645 泸溪民族志送审稿/2113

013958762 泸溪县民族志/2113

008488443 泸溪县志/2112

011997381 泸溪县志 1986-2001/2112

010201611 泸溪县志 1986-2001 送审稿 /2112

012542647 泸溪县移民志/2112

油

009247429 油气集输公司志 1976-1990/555

013190023 油气集输公司志 1991-2008/555

011066392 油甘埔村志/2239

009247408 油建一公司志 1969-1988/555

009334563 油建二公司志/555

009320010 油建二公司志 1991-2000/555

009996588 油墩街乡志/1382

泱

013630520 泱翔藏族乡志/3061

泗

013067268 泗门镇志/1012

013795546 泗水县人大志/1533

008949924 泗水县人民医院志 1948-2000 /1534

012542931 泗水县人民法院志/1533

012836340 泗水县计划生育志 1991-2000 /1533

011998323 泗水县电力志/1533

008665143 泗水县地名志/1534

008812540 泗水县志/1533

010280430 泗水县志 1989-2003/1533

010476012 泗水县财政 1840-2000/1533

012877192 泗水县残疾人联合会志/1533

013462595 泗水县教育志 1840-1993/1534

013686246 泗阳县卫生志/958

013067276 泗阳县水利/958

008196319 泗阳县志/957

013899463 泗阳县志 1988-2005/957

013686243 泗阳县财政志 1644-1988/958

009335711 泗阳县粮食志/957

009553885 泗阳邮电志/957

012662295 泗县人民代表大会志/1175

013603190 泗县工商行政管理志/1175

013630070 泗县交通志/1175

008830265 泗县交通志 1985-2000 /1176
007348185 泗县志 /1175
013603187 泗县财政志 /1176
013185789 泗县金融志 /1176
013510572 泗县教育志 /1176
013342593 泗县粮食志 /1176
010244206 泗顶铅锌矿志 /2292
013462594 泗泾镇志 /774
012836330 泗洪妇女志 1949-2009 /958
013145443 泗洪县水利志 /958
012051946 泗洪县交通志 1990-2007 /958
008817680 泗洪县志 /958
013731651 泗洪县志 1990-2006 /958

泊

010250772 泊头市土壤志 1983-1985 /220
008793900 泊头市水利志 /220
012503657 泊头市文化志 /220
010290926 泊头市交通志 1949-1985 /220
010138625 ［泊头市］进校校志 /220
008534443 泊头市志 /220
010251338 泊头市梨业志 /220

沿

013630482 沿江街道志 /819
011585184 沿河土家族自治县民族志 /2682
009240402 沿河土家族自治县地理志 /2682
013939667 沿河土家族自治县志 1991-2010 /2681
013343382 沿河土家族自治县财政志 /2682
013961170 沿河水电志 /2682
008470974 沿县志 /2681

009989226 沿河教育志 /2682
013926379 沿湖农场志 历史年限 1960-1998 /843

泖

013375272 泖港镇志 /774

泡

008666791 泡桐图志 /1626

沱

008429551 沱江志 /2411
008835634 沱牌曲酒厂志 /2506

泌

011310794 泌阳县曲艺志 /1809
007771073 泌阳县志 /1809
013375338 泌阳县志 1986-2005 /1809

泥

012680534 泥河村志 /282
006898722 泥河湾文化志 /204
009799339 泥城镇志 /765

波

009385300 波阳一中志 /1382
010110371 波阳县人民代表大会志 /1382
009385288 波阳县工商行政管理志 /1382
009385299 波阳县水利志 /1382
005471384 波阳县志 /1381
008664364 波阳县邮电志 /1382
008385534 波阳县法院志 /1382
012503650 波阳县政协志 1953-2002 /1382
008985711 波阳县教育志 /1382
008486228 波阳县情汇要 /1381

泼

009685463 泼陂河志 1622-1985 /1793

泽

012052000 泽州志/306

012878916 泽州县工会志/307

011321072 泽州县法院志/307

011571263 泽州环境保护志/307

011294766 泽库县志/3105

013236353 泽覃乡志/1330

010779194 泽普县人大志/3186

006105376 泽普县志/3186

泾

007819166 泾川县志/3063

008453852 泾川教育志/3063

013224466 泾阳县人民代表大会志/2980

012202950 泾阳县军事志 前823-2005/2980

008844292 泾阳县志/2980

013224458 泾阳县国土资源志/2980

010244214 泾县工商行政管理志/1188

009405802 泾县文物志/1189

012832237 泾县妇幼卫生志 1953-2008/1189

007512919 泾县志/1188

013599605 泾县志 1988-2005/1188

012139420 泾县医院志 1940-2007/1189

010244275 泾县财政志 1912-1987/1189

010244251 泾县税务志 1806-1987/1189

010244248 泾县粮食志/1188

008488445 泾惠渠志/2979

013353482 泾源县军事志/3140

008811334 泾源县志/3140

009399484 泾源县志 1991-2000/3140

治

008672222 治平乡志/2539

宝

009348728 宝力镇志 1806-1990/562

012218713 宝山乡志/3241

007707085 宝山县水利志/759

013702866 宝山县供销合作商业志/759

012753171 宝山检察志/759

008427078 宝丰县土地志 第1卷/1705

008421906 宝丰县工商行政管理志/1705

011756407 宝丰县农业财政志/1705

008299772 宝丰县志/1704

009887149 宝丰县志修改稿/1704

013222137 宝丰县志 1988-2005/1705

008835494 宝丰县第一高级中学校志/1705

012048716 宝丰县商务志/1705

012871828 宝宁寺志 1684-2010/2006

008637242 宝兴县志/2573

013687123 宝兴县志 1986-2005/2573

009867111 宝兴县国土志/2573

013818135 宝安公路志/2173

012096327 宝安文献志/2174

013751439 宝安计划生育志 1963-2011/2173

011145037 宝安民间文学集成/2173

013883842 宝安地产志/2169

007818004 宝安县志/2172

012540838 宝安青年运动志 1922-2002/2173

013787971 宝安青年志 1926-2010/2173

012635564 宝安雕塑地理志/2173

012191347 宝应县公安志/941

008817527 宝应县志/941

009799868 宝应城镇志/941

013922890 宝鸡车务段志 1938-1996/2958

013923828 宝鸡中学校志/2959

012753159 宝鸡中学校志/2959

013308894 宝鸡古代道路志/2958

013308898 宝鸡石油钢管厂厂志 1958-1985/2957

008993988 宝鸡市一轻工业志/2957

013788238 宝鸡市人口和计划生育志/2955

008417728 宝鸡市人民代表大会志/2955

008418321 宝鸡市工商业者组织志/2956

009251636 宝鸡市工商行政管理志/2956

008417842 宝鸡市卫生志 前1122-1990/2960

008993843 宝鸡市乡镇企业志/2956

008418279 宝鸡市中医医院志 1939-1987/2960

008417637 宝鸡市水利志/2960

013402835 宝鸡市水利志/2960

008418297 宝鸡市气象志/2960

008417742 宝鸡市公用事业志/2956

013369103 宝鸡市公安局渭滨公安志/2962

009251458 宝鸡市公路交通志/2958

008418290 宝鸡市外事旅游志/2958

012871825 宝鸡市民主党派志/2955

009251594 宝鸡市对外经济贸易志 1838-1988/2959

008993841 宝鸡市农民组织志/2955

008426894 宝鸡市志/2954

008417738 宝鸡市劳动志/2956

008418266 宝鸡市医药商业志 1949-1987/2958

009251404 宝鸡市邮电志/2958

008993982 宝鸡市财政志/2959

009251647 宝鸡市体育志/2960

012173674 宝鸡市陈仓区军事志 前1039-2005/2964

008417745 宝鸡市纺织工业志/2957

013923576 宝鸡市国有资产监督管理志 1991-2010/2956

009251766 宝鸡市物价志 前2300-1989/2958

008418254 宝鸡市供销合作社志/2958

012809896 宝鸡市金台区军事志 前7100-2005/2961

007488693 宝鸡市金台区志/2961

008417948 宝鸡市金融志/2959

011066732 宝鸡市法院志/2956

008417798 宝鸡市房地产志/2956

012753153 宝鸡市政协志/2955

013369099 宝鸡市残疾人事业志 1989-2010/2955

008417651 宝鸡市信访志 1951.6-1985.12/2956

008417696 宝鸡市统计志/2954

008418240 宝鸡市档案志/2959

008417764 宝鸡市监察志/2955

008417684 宝鸡市畜牧志/2956

008793288 宝鸡市烟草志/2957

008417754 宝鸡市烟酒工业志/2957

008993834 [宝鸡市消防器材厂]厂志 1959-1985/2957

008793286 宝鸡市教育志/2959

008418263 宝鸡市商业志/2959

008417831 宝鸡市税务志 1745-1987/2959

013818234 宝鸡市渭滨区人口和计划生育志 1971-2010/2961

008416655 宝鸡市渭滨区志/2961

008418406 宝鸡司法志/2956

008993837 宝鸡发电厂志 1956-1985/2957

008417787 宝鸡机械工业志 1937-1985/2957

008612645 宝鸡县志/2962

004129922 宝鸡县志人口志/2963

004129926 宝鸡县志人物志/2963

004135871 宝鸡县志工业志/2962

004139809 宝鸡县志大事记/2962

004135873 宝鸡县志乡镇企业志/2964

004129927 宝鸡县志水利水保志/2963

004139808 宝鸡县志文化志/2963

004139810 宝鸡县志文物胜迹志/2964

004129921 宝鸡县志地理志/2962

004135870 宝鸡县志交通邮电志/2962

004135868 宝鸡县志军事志/2962

004129925 宝鸡县志农业志/2963

004135872 宝鸡县志医疗卫生志/2964

004139812 宝鸡县志财税金融志/2962

004135869 宝鸡县志体育志/2963

004129923 宝鸡县志社会志/2963

004129929 宝鸡县志林业志/2963

008714105 宝鸡县志经济管理志/2962

004135864 宝鸡县志城乡建设志/2962

004135867 宝鸡县志政权志/2964

004129924 宝鸡县志科技志/2963

004135866 宝鸡县志党派群团志/2962

004139811 宝鸡县志商业志/2963

004129928 宝鸡县志粮食志/2963

009091777 宝鸡县税务志/2964

008844083 宝鸡供电志/2957

013787977 宝鸡金融志 1988-2010/2959

008426900 宝鸡卷烟厂志/2957

008417814 宝鸡铁路交通志 1935-1990/2958

008828105 宝坻县土地管理志 第9卷/98

007482036 宝坻县志/98

012809893 宝坻县志 1990-2001/98

008533164 宝坻县志蓝本/98

007523545 宝钢志/759

008839895 宝钢志 1993-1998/759

009313309 宝钢集团一钢公司志 1991-2001/759

013922889 宝钢集团一钢公司志 2002-2011/759

009992234 宝泉岭农垦志 1948-1985/682

012753176 宝珠村志/1262

012048718 宝峰镇志 1900-2001/2751

013220920 宝清县志 1986-2005/686

008811700 宝堰镇志/947

定

013819252 定日县志/2917

012679216 定仙墕镇志/3006

012809967 定边中学校志/3006

012809965 定边县人民代表大会志/3006

012048861 定边县军事志/3006

009106110 定边县志/3006

012714086 定西分行农村金融志 1950-2003/3073

013955697 定西市电力工业志 1955-2009/3073

012052470 定西市安定区松川学校教育志/3073

013403089 定西地区志/3073

010730274 定西地区医院志 1950.10-2000.12/3074

005331715 定西县志/3074

011312127 定西建设志/3073

012809972 定州人物志/188

013751651 定州风物志/188
009009909 定州市土地志/188
008593770 定州市水利志/188
013045497 定州市农业机械化志/188
008486310 定州市志/188
008864097 定州市志送审稿/187
007290035 定州市建设志/188
009684374 定州市科学技术志/188
008534682 定州市教育志/188
009348643 定兴县土地志/192
008793896 定兴县水利志/192
008533417 定兴县地名资料汇编/192
007992175 定兴县志/192
003310449 定安县文物志/2353
011312666 定安县志/2353
012540682 定安县财政税务志/2353
013647296 定安县教育志/2353
007486938 定远县志/1167
008830271 定远县税务志/1167
008533472 定县地名资料汇编/189
008084280 定南县志/1336
008844389 定南邮电志/1336
012714087 定州电厂志 2000-2010/188
014028669 定海工会志/1084
009962456 定海交通志/1084
012658336 定海志/1219
006350829 定海县志/1084
013771852 定海政协志/1084
013791128 定海教育志/1084
008532104 定陶县志/1606
013771854 定陶县金融志/1606
009881037 定陶县城乡建设志/1606
012636886 定陶县政协志/1606
012540935 定襄文化人物志/339

012048869 定襄民俗文化志/339
006693903 定襄县志/338

宕

013726900 宕昌人物志/3077
013791109 宕昌县人大志 1950-2012/3077
008001438 宕昌县志/3077
010576577 宕昌县志续编 1985-2005/3077

宜

011292483 宜山县税务志 晚清-1988/2328
013226754 宜川县人民代表大会志/2996
012317035 宜川县军事志 前 1912-2005/2996
008542859 宜川县志/2996
012689876 宜川县政协志 1984-2009/2996
009335425 宜丰工商行政管理志/1365
011066690 宜丰中学史志 1923-2003/1365
008300084 宜丰县水利志/1366
008094521 宜丰县文化艺术志/1365
007351317 宜丰县志/1363
012723401 宜丰县志 1986-2005/1363
008844671 宜丰县邮电志/1365
008300081 宜丰县财政 1911-1985/1365
009335417 宜丰县经委国营工业志/1365
010253970 宜丰县政协志 1959-2005/1364
011585225 宜丰县税务志 1911-1985/1365
008351227 宜丰林业志/1365
008092146 宜丰检察志/1365
008092147 宜丰粮食志/1365
007475997 宜兰县志/3239
009510609 宜州市土地志/2328
008596666 宜州市志/2328
008665398 宜州市财政志/2328
009379968 宜州市金融志/2328

013072763 宜州政协志/2328
013776026 宜兴人物志/841
013757253 宜兴人物志/841
009009953 宜兴工会志/840
013604574 宜兴市人民医院院志 1946-2004/841
009993476 宜兴市土地志/840
013723703 宜兴市志 1988-2005/839
013797182 宜兴县卫生志 1912-1987/841
013510888 宜兴县民政志/840
009335742 宜兴县商业志 1912-1987/840
009962532 宜兴体育志/841
009411513 宜阳县人民代表大会志/1698
008989730 宜阳县文物志/1698
007883888 宜阳县志/1698
009768529 宜阳县志 1990-2000/1698
013757256 宜阳林业志/1698
012208536 宜良县公安志 1997-2006/2753
011809589 宜良县交通志/2753
008718481 宜良县志/2753
012256504 宜良县检察志/2753
010473841 宜良县粮食志/2753
012175161 宜君县军事志 前215-2005/2954
005536241 宜君县志/2954
013961183 宜君县林业志 1949-2012/2954
011292467 宜纺机厂志 1966-1986/1874
011571172 宜昌人口志/1872
010476481 宜昌广播电视志/1874
012723385 宜昌乡镇企业志 1976-2004/1873
012636774 宜昌日报社志 1949-2005/1874
011296038 宜昌水利志/1874
012814478 宜昌文化志/1874
011310904 宜昌市民政志 1949-1985/1872

013072759 宜昌市民政志 1979-2004/1873
013939694 宜昌市夷陵区文化体育志 1840-2007/1876
011479486 宜昌市夷陵区审计志 1984-2005/1876
011327703 宜昌市交通志/1874
008456355 宜昌市志/1872
013757248 宜昌市财政志 1989-2005/1874
012769435 宜昌市金融志 1840-1985/1874
011327702 宜昌市房地志 1840-1990/1873
013323109 宜昌市城乡建设志/1873
012052513 宜昌市政协志 1949-2006/1872
009685785 宜昌市烟草志/1873
009441900 宜昌市教育志 1840-1986/1875
013757251 宜昌市教育志 1979-2000/1875
013072754 宜昌市鄂西织布厂厂志 1949-1985/1873
012769434 宜昌市第一人民医院院志 1949-2009/1875
012723382 宜昌市第一中学志 1910-2009/1875
012769436 宜昌市群众艺术馆志 1949-2009/1875
008527995 宜昌地区水运志/1874
008835233 宜昌地区交通志/1874
009252777 宜昌地区简志 1949-1984/1872
011327092 宜昌县卫生志 1860-1985/1877
006555919 宜昌县志/1876
013189996 宜昌县志 1979-2001/1876
009382680 宜昌县财政志/1876
012769438 宜昌县金融志 1864-1985/1876
009880087 宜昌县烟草志/1876
013012564 宜昌法院志 1840-2005/1873
013757247 宜昌房地志评审稿 初稿/1873

011910032 宜昌税务志 1840-2007/1874
012767168 宜昌粮食志 1949-1999/1874
012900139 宜春一中五十周年校志 1938-1988/1355
008300068 宜春市文化志/1355
012689877 宜春市交通志 1991-2007/1354
007905720 宜春市志/1353
012689881 宜春市志/1353
008300074 宜春市金融志/1355
008300067 宜春市教育志/1355
011910052 宜春地区土种志/1355
012837618 宜春地区卫生志/1355
008300066 宜春地区乡镇志/1353
009386317 宜春地区农牧渔业志/1354
010143346 宜春地区志建筑业志/1353
009335412 宜春地区劳动志/1354
008300070 宜春地区县市概况/1353
008844664 宜春地区邮电志/1354
011910044 宜春地区财政志/1354
009687480 宜春地区物资志/1354
013604572 宜春地区供销合作社志/1354
008986584 宜春地区金融志/1354
013686440 宜春地区审计志送审稿/1353
011910049 宜春地区税务志/1354
009147443 宜春政府志/1353
012900133 宜春钽铌矿志 1970-1990/1354
011500800 宜春禅宗志/1353
013597715 宜城市志 1979-2005/1890
010962483 宜城市烟草志/1890
008846439 宜城志/1890
014052925 宜城县教育志/1890
013133896 宜城教育体育志 1986-2005/1890
008091859 宜城镇志/840

014052926 宜都电力志 1926-1985/1877
012723399 宜都市志 1979-2000/1877
009880090 宜都市烟草志/1877
013464218 宜都市第一人民医院志 2000-2010/1877
004970779 宜都县志/1877
011324944 宜宾专区农业气候志/2549
011066739 宜宾市一中校志 1901-2001/2548
013901053 宜宾市二中校志 1911-2011/2548
004436200 宜宾市志/2547
013189994 宜宾市志 1911-2000/2547
013899461 宜宾市财政志 1951-1995/2548
009867295 宜宾市国土志 1840-1996/2547
012970674 宜宾市供销合作社志/2548
012767166 宜宾市政协志续志 1989-1997/2547
012814473 宜宾市政府志 1895-2000/2547
010576666 宜宾市烟草志/2548
013901056 宜宾市检察志/2547
013865524 宜宾市商业银行志 1984-2010/2548
013901050 宜宾发电总厂志/2547
011500798 宜宾地区文物简志/2548
011066950 宜宾地区新华书店志 1950-1995/2548
013604561 宜宾地区新闻志 1912-1994/2548
013604562 宜宾纪检监察志 1949-2007/2547
007905717 宜宾县志/2549
012970691 宜宾县金融志/2549
013939693 宜宾财政志 1912-2005/2548

012545587 宜宾城街区图志/2548
009840283 宜宾教育志/2548
010278962 宜陵镇志/938
007010509 宜黄县志/1372
011910060 宜黄县志/1372
009560878 宜黄县邮电志/1372
013189999 宜章县人大志/2078
009686576 宜章县土壤志/2079
013901059 宜章县军事志 1840-2005 内部资料/2079
013337618 宜章县志/2078
009768620 宜章县志 1989-2000/2078
008538763 宜章县志送评稿/2078
012545593 宜章县政协志 1983-2007/2079
009686574 宜章县煤炭志/2079

官

012967567 官地中心卫生院院志 1948-2004/634
012814415 官地矿志/257
013957110 官庄畲族乡志/1271
012898418 官庄湖农场志/1900
008446230 官林镇志/839
013096519 官桥镇志/1471
012173803 官硕乡志/2248
011320813 官渡工会志/2743
011954044 官渡区人口志/2743
011473052 官渡区水利志/2745
009388584 官渡区公安志/2743
010201480 官渡区公安志续 1 1994-2000/2743
010577236 官渡区文化志/2745
014029004 官渡区文化体育旅游志 1978-2012/2744
011762433 官渡区民政志/2744
010242610 官渡区交通志/2744
012541549 官渡区纪检监察志/2743
008539914 官渡区志/2742
011066942 官渡区志送审稿/2742
011762443 官渡区物价志 1909-1992/2744
011804370 官渡区金融志/2744
012758835 官渡区法院志/2744
010474101 官渡区城乡建设志/2744
013819391 官渡区政协志/2743
008719085 官渡区政府志/2743
011327733 官渡区科技志/2745
010252854 官渡区党群志 1927-1999/2743
010577434 官渡区党群志 1927-1996 修订稿/2743
012173799 官渡区畜牧兽医志/2744
012967569 官渡区教育志 1457-1994/2745

试

013342579 试油试采分公司志 1982-2008/689

郎

010278723 郎岱县志长编/2648
007990193 郎溪县志/1187
007995589 郎溪县志资料/1187
010735969 郎溪县教育志 1905-1985/1188

诗

012766851 诗礼乡志/2825

房

013404085 房山区文联十年图志 2001-2011/60
008527666 房山区审计志 1983-1991/59
013925185 房山区夏庄志/59
013819363 房山区教育志 2001-2010/59

008527659 房山区普通教育志 1080-1990/60

008527575 房山公路志/59

009441447 房山统计志/59

012714137 房产公司志 1954-1994/1828

012714164 房产公司志 1995-2001/1828

013703337 房县卫生志/1872

013335032 房县农村信用合作社志 1952-2008/1872

005591344 房县志/1871

013819365 房县畜牧志/1872

010962449 房县烟草志/1872

郓

011480480 郓城电业志 1934-2005/1605

010200550 郓城师范志/1605

011809777 郓城县卫生志/1605

009881313 郓城县乡村志/1605

013797216 郓城县军事志 1840-2005/1605

007486929 郓城县志/1605

007885124 郓城县志/1605

013511999 郓城县志 1986-2005/1605

009881297 郓城县城乡建设志/1605

012052567 郓城县政协志/1605

建

013792465 建山镇志 1998-2011/1359

012174053 建中街街道志 1986-2000/1650

012251188 建水县人民代表大会志 1950-1998/2849

010577383 建水县水利志/2849

012251181 建水县民政志/2849

010476516 建水县农村金融志续集/2849

008388802 建水县志/2848

012661250 建水县志 1978-2005/2848

013531036 建水县邮电志 1886-1993/2849

011762310 建水县国家税务志前 109-2005/2849

011762313 建水县教育志/2849

013861798 建水法院志/2849

008486652 建平县志/566

010143439 建平县志送审稿/566

011580107 建平县法院志/566

007486933 建宁县志/1243

012661252 建行赤峰分行志/399

010292153 建设银行北京西四支行志 1954-1990/25

013730110 建设银行哈尔滨市分行志 1991-2002/657

013183653 建设银行重庆市分行志 1986-1990/2364

013183650 建设银行重庆市分行志 1991-2000/2364

008446455 建设银行浙江省分行志 1951-1995/965

014032905 建设银行湖南省分行志/1971

010275899 建设路街道志 1955-1987/1648

012661257 建阳市文物志/1265

008913816 建阳县地名录/1265

007480655 建阳县志/1265

012811575 建阳政协志 1955-2008/1265

013704312 建材二五三厂志 1984-1993/867

009310568 建邺区志/818

013820369 建邺公安志 大事记 1949-2005/803

012759000 建邺文化志/818

013861801 建邺档案志/818

013415323 建瓯市水利志/1264

008541290 建瓯县地名录/1264

013335410 建瓯林业志/1264
012107761 建国村志/1462
006548062 建昌县志/568
008377542 建昌营镇志/401
011890986 建始县电力工业志 1949-2005/1947
007806613 建始县志/1946
013820363 建始县志 1983-2003/1946
009685798 建始县邮电志 初稿/1947
010142780 建始县烟草志/1947
006822868 建鸥县志/1264
008994762 建筑安装工程总公司志/3166
007843340 建筑材料工业志/806
011294347 建湖县交通志/932
007478005 建湖县志/932
012265108 建湖县志 1986-2008/932
008661986 建湖县邮电志/932
009383721 建新农场志/2039
012049541 建新镇志/1213
010280414 建德市人大志/996
008450479 建德市土地志/996
013183642 建德市水利志 1980-2005/997
010118476 建德市公安志/996
011312090 建德市军事志/996
013092978 建德市农业区划志/996
013129732 建德市农村能源志 1974-2005/996
012811573 建德市志 1978-2005/995
008985639 建德市政协志/996
008846388 建德市科学技术志/997
013659356 建德县工商行政管理志 1260-1987/996
013957732 建德县水利志 860-1985/997
008450605 建德县地名志/997

011068458 建德县农业志/996
007378955 建德县志/995
010201672 建德县财税志/997
010201675 建德县供销合作社志/997
010201678 建德县教育志/997
010201679 建德县粮食志/997
013335407 建德林业志/996
012049540 建德烟草志/996

肃

011908915 肃北蒙古族自治县军事志/3068
013795570 肃北蒙古族自治县畜牧业志/3068
009125454 肃宁县土地志/226
008533467 肃宁县地名资料汇编/226
010290954 肃宁县交通志/226
008622907 肃宁县志/226
007588023 肃南裕固族自治县志/3061
010007694 肃南裕固族自治县明花区志/3060
013146325 肃南裕固族自治县标准地名录/3061
013959392 肃南裕固族自治县第一中学校志 1957-2012/3061

录

011440951 录井公司志 1992-2005/554

居

012202971 居巢区宗教志 239-2007/1126
013628015 居巢简志 2000-2011/1126

屈

009383743 屈原农场志/2039

弥

013319756 弥高乡志/2250

011312412 弥勒风物志/2848

011584675 弥勒县人民医院志/2848

010735970 弥勒县卫生志/2848

010577456 弥勒县水利志/2848

012899165 弥勒县可邑彝族村志/2847

013990947 弥勒县农村信用社志 1953-2012 /2848

007913487 弥勒县志/2847

012051700 弥勒县志 1978-2005/2847

012955177 弥勒县城乡建设志 1991-2005 /2848

009388659 弥勒县粮油志 1382-1989/2848

010244183 弥渡文物志/2877

013144600 弥渡县人民医院志 1951-2006 /2877

013129989 弥渡县土地志/2876

011499337 弥渡县卫生志/2877

010474218 弥渡县水利志/2877

005591357 弥渡县志/2876

013723602 弥渡县志 1978-2005/2876

012721867 弥渡县财政志/2877

013821968 弥渡县国税志 1914-2007/2877

013461671 弥渡县政协志/2876

012899154 弥渡县烟草志/2877

008597827 弥渡县教育志/2877

012955172 弥渡县教育志 1992-2007/2877

承

013626190 承钢志 1929-1985/210

009743452 承德车务段志 1933-2000/210

009311138 承德石油高等专科学校志 1903 -2003/211

008534438 承德电业志 1918-1988/210

010473847 承德市计划志 1949-1988/209

008533960 承德市地名资料汇编/211

012191566 承德市志/209

013702916 承德市房地产志/210

008818689 承德市城乡建设志/210

010278346 承德市科学技术志/211

011757475 承德民族师范高等专科学校 志/210

011496872 承德地区习见木本植物志 /211

008383067 承德地区公路运输志/210

009412652 承德地区公路志/210

011067734 承德地区医药行业志 1950-1989 讨论稿/210

010577467 承德戏曲全志/211

010278476 承德医学院附属医院院志 1949 -1990/211

012173706 承德县土地志/211

011430433 承德县地名志/211

008533816 承德县地名资料汇编/212

008380104 承德县志/211

008873889 承德供水志/210

012809913 承德供电公司志 1998-2008/210

011430425 承德金融志 1956-1988/210

孟

012175685 孟子志/1397

012203071 孟匠村志/306

009391121 孟州市志 1986-2000/1741

012051697 孟州市第一高级中学校志 1905 -2000/1741

012203079 孟州市粮食志/1741

009381021 孟村回族自治县水利志/229

010291644 孟村回族自治县交通志/229
007290010 孟村回族自治县志/229
008717017 孟连傣族拉祜族佤族自治县志/2821
013461668 孟连傣族拉祜族佤族自治县政协志 1953-2003/2821
012837695 孟县人大志/1741
012832561 孟县人民政协志 1984.9-1995.12/1741
006555922 孟县志/1740
011325318 孟县体育志/1741
013628739 孟县教育志/1741
013184396 孟津县戏曲志/1695
007900140 孟津县志/1694
010576634 孟津县志 1986-2000/1694
012505371 孟津县林业志/1694
011954698 孟津烟草志 1978-2003/1695
011476859 孟莲村志/2282

孤

011890670 孤岛油田开发志 1968-2005/1425
013687434 孤岛镇志/1481

陕

013863626 陕毛一厂志 1958-1985/2975
008994047 陕甘宁盆地植物志/2934
012955972 陕北矿业公司志/3002
013377106 陕西广播电视大学宝鸡市分校校志 1979-2009/2960
006007044 陕西中药志/2935
013660117 陕西中烟工业有限责任公司宝鸡卷烟厂志 1996-2008/2960
009392904 陕西电影志/2934
009844804 陕西民间歌曲资料 陕北地区/2932

009854372 陕西出入境管理志/2930
013629533 陕西出版史志资料选编/2932
012638940 陕西师范大学著作志/2944
012099828 陕西延安中学校志/2992
013067164 陕西农田杂草图志/2984
011584832 陕西农垦志/2931
013602008 陕西纺织科学技术志 上古-1990/2931
011320302 陕西纺织器材研究所志 1965-1990/2931
013660109 陕西武警志 延安市支队志/2991
013660106 陕西武警志 总队医院志/2938
013959352 陕西武警志 第四支队志/2931
010280123 陕西林木病虫图志/2935
005203518 陕西树木志/2935
011295662 陕西省三门峡库区志/2944
009433650 陕西省三原县地名志/2979
009817940 陕西省卫生学校校志 1951-1991/2942
009889979 陕西省太白酒厂志/2972
002523409 陕西省区域地质志/2934
011294824 陕西省中医药研究院陕西省中医医院志 1956-2006/2943
011584836 陕西省水文志/2934
010779113 陕西省水利电力勘测设计研究院志/2944
012955973 陕西省丹凤中学校志/3016
009337927 陕西省丹凤中学校志 1942-1989/3017
009009782 陕西省凤翔师范学校校志/2965
008542623 陕西省户县地名志/2950
013756018 陕西省户县城乡建设志/2950
012661829 陕西省石泉县地名志/3011

008298338 陕西省电力工业志/2931

013794971 陕西省电力工业志 1991-2002/2931

013131201 陕西省印刷物资供销志 1949-1998 征求意见稿/2931

013991401 陕西省汉中市地名志/2999

007366629 陕西省汉中地区地理志/2999

013342506 陕西省地方家畜家禽品种志/2935

009700352 陕西省地震监测志/2934

008542632 陕西省西安市地名志/2942

010293332 陕西省延川县地名志/2994

008542088 陕西省延长县地名志/2993

001737369 陕西省延安地区地理志/2993

008542622 陕西省旬邑县地名志/2982

013220901 陕西省安康市中心医院院志 1937.8-2005.12/3010

006322612 陕西省安康地区地理志/3010

008993420 陕西省安康地区妇女志 1908-1989/3009

008637878 陕西省防空志 1934-1990/2931

011584852 陕西省戏曲研究院院志/2941

008637928 陕西省戏剧志/2933

012140375 陕西省戏剧志 第1卷 省直卷/2933

012140401 陕西省戏剧志 第2卷 西安市卷/2941

012140452 陕西省戏剧志 第3卷 宝鸡市卷/2960

012140468 陕西省戏剧志 第4卷 咸阳市卷/2977

012140720 陕西省戏剧志 第5卷 渭南地区卷/2933

012140732 陕西省戏剧志 第6卷 延安地区卷/2992

012140735 陕西省戏剧志 第7卷 榆林地区卷/2933

012140744 陕西省戏剧志 第8卷 铜川市卷/2953

012140750 陕西省戏剧志 第9卷 汉中地区卷/2999

012140755 陕西省戏剧志 第10卷 安康地区卷/2933

012140764 陕西省戏剧志 第11卷 商洛地区卷/3014

008542690 陕西省扶风县地名志/2966

006384377 陕西省志/2921

007724494 陕西省志 第1卷 大事记/2921

012614041 陕西省志 第1卷 大事志 1949-2009/2921

008447385 陕西省志 第1卷 历史大事记 讨论稿/2921

005544051 陕西省志 第2卷 行政建置志/2921

008697704 陕西省志 第3卷 地理志/2921

010776991 陕西省志 第3篇 金融志 城市信用初稿/2921

008697763 陕西省志 第4卷 地质矿产志/2921

006583635 陕西省志 第5卷 黄土高原志/2922

008992755 陕西省志 第6卷 气象志/2922

008666952 陕西省志 第6卷 气象志 送审稿/2922

008427898 陕西省志 第7卷 人口志/2922

013936222 陕西省志 第7卷 经济 审计志 1990-2010/2922

013225797 陕西省志 第8卷 人民代表大会志

1991-2008/2922

012661834 陕西省志第8卷 土地志/2922

003801443 陕西省志第8卷 地震志/2922

006384388 陕西省志第9卷 冶金工业志/2922

011321177 陕西省志第9卷 环境保护志/2922

012899399 陕西省志第11卷 军事志 1991-2005/2923

007202279 陕西省志第11卷 农牧志/2923

008427037 陕西省志第12卷 林业志/2923

008697872 陕西省志第13卷 水利志/2923

008929099 陕西省志第14卷 水土保持志/2923

012722251 陕西省志第14卷 知识产权志/2923

008697829 陕西省志第15卷 轻工业志/2923

008697810 陕西省志第16卷 纺织工业志/2923

006548283 陕西省志第17卷 煤炭志/2923

005536258 陕西省志第18卷 石油化学工业志/2923

007883881 陕西省志第19卷 电力工业志/2923

008094653 陕西省志第20卷 有色金属工业志/2924

008667320 陕西省志第20卷 黄金工业志/2924

008612623 陕西省志第22卷 军事工业志/2924

012614025 陕西省志第23卷 建材工业志/2924

008427026 陕西省志第24卷 建设志/2924

009106139 陕西省志第25卷 乡镇企业志/2924

008697814 陕西省志第26卷 公路志/2924

008928902 陕西省志第26卷 民航志/2924

007724492 陕西省志第26卷 航运志/2924

007620811 陕西省志第27卷 铁路志/2924

008427033 陕西省志第28卷 邮电志/2924

008842916 陕西省志第29卷 商业志/2925

009881491 陕西省志第30卷 经贸志/2925

008386596 陕西省志第32卷 粮食志/2925

010280094 陕西省志第33卷 烟草志/2925

013731199 陕西省志第34卷 税务志/2925

007724493 陕西省志第35卷 固定资产投资管理志/2925

006577160 陕西省志第36卷 金融志/2925

007620818 陕西省志第37卷 财政志/2925

008388796 陕西省志第38卷 计划志/2925

007620759 陕西省志第39卷 测绘志/2925

008697864 陕西省志第40卷 审计志/2925

008598509 陕西省志第41卷 工商行政管理志/2926

006761832 陕西省志第42卷 物价志/2926

006947620 陕西省志第43卷 物资志/2926

008994041 陕西省志第44卷 技术监督志/2926

006583621 陕西省志第45卷 进出口商品检验志/2926

008838026 陕西省志第46卷 统计志/2926

009149282 陕西省志第47卷 中国共产党志/2926

012614005 陕西省志第48卷 民主党派志/2926

008094654 陕西省志第49卷 人民代表大会志/2926

008426310 陕西省志第50卷 政务志/2926

013225804 陕西省志第51卷 公安志/2927
011998183 陕西省志第52卷 司法行政志/2927
009106134 陕西省志第53卷 民政志/2927
008094655 陕西省志第54卷 劳动志/2927
013795158 陕西省志第55卷 人事志/2927
006761744 陕西省志第56卷 档案志/2927
009688439 陕西省志第57卷 检察志/2927
007540999 陕西省志第58卷 审判志/2927
008697818 陕西省志第59卷 军事志/2927
008447383 陕西省志第59卷 军事志 初稿/2927
013461557 陕西省志第60卷 武警志/2927
008094663 陕西省志第61卷 政治协商会议志/2928
009312600 陕西省志第62卷 工会志/2928
009045900 陕西省志第62卷 工商联志/2928
011441942 陕西省志第62卷 共青团志/2928
008838015 陕西省志第62卷 妇女志/2928
009045915 陕西省志第62卷 社科联志/2928
012614015 陕西省志第63卷 教育志/2928
008388804 陕西省志第64卷 科学技术志/2928
008447381 陕西省志第64卷 科学技术志 送审稿/2928
008838030 陕西省志第65卷 文化艺术志/2928
008386598 陕西省志第66卷 文物志/2928
012099825 陕西省志第67卷 旅游志/2929
007254630 陕西省志第69卷 广播电视志/2929
008427040 陕西省志第70卷 出版志/2929
008598538 陕西省志第70卷 报刊志/2929
008598539 陕西省志第71卷 著述志 古代部分/2929
008697875 陕西省志第72卷 卫生志/2929
008427032 陕西省志第73卷 体育志/2929
013629541 陕西省志第74卷 民族志/2929
013629544 陕西省志第74卷 宗教志/2929
009785314 陕西省志第75卷 黄帝陵志/2929
006384283 陕西省志第76卷 方言志（陕北部分）/2929
008842922 陕西省志第77卷 民俗志/2930
008913723 陕西省志第78卷 外事志/2930
008447376 陕西省志第78卷 外事志 古代篇 初稿/2930
008447377 陕西省志第78卷 外事志 现代篇 1949-1991 初稿/2930
008666967 陕西省志第79卷 人物志/2930
012614028 陕西省志第80卷 炎帝志/2930
008447372 陕西省志第85卷 技术监督志 计量卷 送审稿/2930
008542644 陕西省佛坪县地名志/3001
008844072 陕西省纺织品商业志 1949-1988/2932
008542313 陕西省泾阳县地名志/2980
008418310 陕西省宝鸡市广播电视志/2959
008096649 陕西省宝鸡市地理志/2960
008993981 陕西省宝鸡市妇女组织志 1907-1987/2955
008993986 陕西省宝鸡市粮食志/2958
013067168 陕西省建筑工程总公司志 1950-1990/2938
011324964 陕西省经济昆虫志贮粮昆虫/2935
007664840 陕西省经济昆虫图志鳞翅目 蝶类/2935

009091786　陕西省城固县交通志/3000

008845125　陕西省药品检验所志 1974-1993 /2943

012266256　陕西省咸阳市地名志/2977

013756022　陕西省洛南中学校志 1995-2012.6/3016

008993634　陕西省洛南县广播电视志 1936-1985/3016

008542384　陕西省留坝县地名志/3001

008542064　陕西省高陵县地名志/2951

008542675　陕西省黄龙县地名志/2997

008542639　陕西省黄陵县地名志/2997

008542052　陕西省乾县地名志/2980

008838279　陕西省乾县师范学校校志/2980

008542343　陕西省彬县地名志/2981

008992716　陕西省铜川市地理志/2953

012955976　陕西省商州中学校志/3015

008993619　陕西省商县广播电视志 1936-1985/3015

005591189　陕西省商洛地区地理志/3014

008993625　陕西省商洛地区地震志/3014

013096353　陕西省商洛地区法院志/3013

008542657　陕西省韩城市地名志/2985

013185707　陕西省植被志/2934

007984429　陕西省道路交通管理志/2932

009003156　陕西省道路交通管理志汉中分志/2998

008542702　陕西省道路交通管理志第1卷 商洛分志/3014

008637906　陕西省道路交通管理志第2卷 延安市分志/2992

008453782　陕西省道路交通管理志第3卷 宝鸡分志/2958

008715627　陕西省道路交通管理志第4卷 渭南分志/2983

008637901　陕西省道路交通管理志第5卷 咸阳分志/2976

008842904　陕西省道路交通管理志第6卷 华阴市分志/2986

008637899　陕西省道路交通管理志第7卷 西安分志/2941

008453780　陕西省道路交通管理志第8卷 铜川分志/2952

009348221　陕西省道路交通管理志第9卷 安康分志/3010

008994033　陕西省道路交通管理志第10卷 杨陵分志/2978

007262060　陕西省渭南地区地理志/2984

012836231　陕西省富县地名志/2996

008542385　陕西省蓝田县地名志/2949

006361484　陕西省榆林地区地理志/3003

008542650　陕西省镇平县地名志/3012

013934396　陕西省澄城县地名志/2988

008994008　陕西省麟游县粮食志 1986/2972

012969343　陕西神木马镇村志/3004

011328407　陕西监狱志/2930

013629536　陕西钱币简史/2932

009018401　陕西高级医药卫生专家人名志/2934

013629547　陕西畜牧业志/2931

013795148　陕西教育志资料选编/2932

013795152　陕西教育志资料选编/2932

008845134　陕西教育志资料续编第2卷/2932

008228879　陕西黄河小北干流志/2936

012208178　陕西蒲城发电有限责任公司

志 1983-2002/2989
009312594 陕西警卫志/2930
013096356 陕县人民代表大会志 1949-1985/1765
013731286 陕县土地志/1765
012722255 陕县下庄村志张氏家谱/1765
008096716 陕县大营村志/1765
012766483 陕县卫生志 1985-2000/1766
012638939 陕县水利志/1766
013096361 陕县文化志/1765
013731202 陕县农村信用社志/1765
013731289 陕县戏曲志/1766
008822217 陕县志/1764
009888908 陕县志 1986-2000/1764
009204316 陕县志人物 初稿/1765
011325322 陕县体育志/1766
011805872 陕县政协志 1949-2006/1765
013320947 陕县官前乡志/1765
013174674 陕县教育志/1766
012208173 陕汽厂志 1968-2003/2938
013377070 陕棉十二厂志 1986-1998/2957
010730165 陕鼓厂志 1987-1997/2938

姑

012049376 姑山铁矿志 1912-1988/1141

始

007986598 始兴县志/2165
013096387 始兴县志 1990-2000/2165

参

013629656 参窝水库志/551

练

007347937 练市镇志/1044
013688962 练市镇志/1045
012505324 练湖志 1985-2005/949

008985259 练塘镇志/893

织

013708137 织金县文化艺术志/2673
008488313 织金县志/2672
013379591 织金县志供销合作社志/2672
012956920 织金县政协志 1981-1997/2672
012956918 织金县烟草志/2672
013098036 织金县检察志/2672
013379587 织金洞志/2673

驷

008845168 驷马山引江灌溉工程志/1145

驻

010244273 驻马店市戏曲志/1806
008488412 驻马店市志/1805
013759464 驻马店市财政志 1995-2005/1806
012839360 驻马店市国税志 1994-2001/1806
013606627 驻马店市驿城区人大志/1806
009414043 驻马店地区文化志 征求意见稿/1806
011311351 驻马店地区曲艺志/1806
008426121 驻马店地区交通志/1805
009174322 驻马店地区戏曲志/1806
008839908 驻马店地区志/1805
010250801 驻马店地区医药志 初稿/1806
013798868 驻马店地区税务志 1840-1994/1805
013965099 驻沈铁军代处志 1950-2008/473

驼

012635633 驼房营村志/49

绍

010107090 绍兴文物志/1050

013731332 绍兴市人民医院志/1050

013096364 绍兴市人民医院院志1942—1990/1050

009190882 绍兴市土地志/1048

008382910 绍兴市卫生志/1050

012252501 绍兴市中等专业学校校志1985—2005/1049

010201686 绍兴市公安志/1048

009996094 绍兴市电力工业志/1048

013462021 绍兴市电力工业志1991—2005/1048

010278820 绍兴市交通志/1048

012099897 绍兴市交通志/1048

009388726 绍兴市农村金融志/1049

008865032 绍兴市志/1047

007923351 绍兴市志/1047

007682697 绍兴市劳动志/1048

008662795 绍兴市邮电志/1049

009001568 绍兴市邮电续志/1049

011066681 绍兴市财税志/1049

013342517 绍兴市财税志初稿/1049

009840496 绍兴市质量技术监督志/1048

011584860 绍兴市法院志/1048

009852531 绍兴市科学技术协会志/1049

010201688 绍兴市教育志/1049

011320468 绍兴市第七人民医院院志1956.4—1996.4/1050

013602062 绍兴市越城区教育简志/1051

011763105 绍兴市镜湖新区东浦镇南村志/1047

008446519 绍兴县人大志/1052

011534048 绍兴县人大志1996—2007/1052

011312392 绍兴县人事志/1052

010147413 绍兴县卫生志/1054

013731335 绍兴县水产志/1054

012613999 绍兴县水利志/1054

011441973 绍兴县公安志/1052

009335211 绍兴县文物志/1054

008297358 绍兴县民政志/1052

012266313 绍兴县军事志/1053

008385543 绍兴县农业志/1053

008487121 绍兴县志/1051

012505567 绍兴县财政税务志/1053

012252507 绍兴县体育志/1053

011908751 绍兴县供销社志/1053

011584866 绍兴县金融志/1053

008446515 绍兴县政协志/1052

011908762 绍兴县政协志1994.1—2007.2/1053

012814198 绍兴县档案志/1053

009126434 绍兴县教育志/1053

013342523 绍兴县教育志初稿/1053

002785533 绍兴贤人志/1050

013067172 绍兴海关简志/1049

013342520 绍兴陶瓷志/1048

012766520 绍兴第二医院志1910—2010/1050

010251104 绍钢志/1048

经

012718809 经济商务志1985—2006/2457

九画

春
013680665 春和志 /2771

珏
011439888 珏山志 /307

封
009378443 封开人物志 /2218
013771881 封开县人大志 1950-1995 /2217
007908330 封开县人事志 /2217
009863744 封开县工会志 /2216
007772060 封开县牙签厂志 /2217
009378449 封开县水利志 /2218
007908331 封开县水泥厂志 /2217
009851290 封开县文物志 /2218
009863750 封开县司法行政志 /2217
009378434 封开县军事志 /2217
009378429 封开县妇女志 /2216
008006101 封开县志 /2216
007908329 封开县邮电志 /2218
009378439 封开县矿产志 /2217
007908317 封开县金融志 /2218
009863747 封开县经委国营工业志 /2218
009378459 封开县政协志 /2217
009863754 封开县信访志 /2217
009378452 封开县统一战线志 /2217
007507920 封开县档案志 /2218
010239244 封丘文物志 /1732
007291116 封丘县志 /1732
012898384 封丘县志 1986-2002 /1732
009412840 封邱县志风化 /1732
009887219 封邱县志初稿 /1732
012967549 封浜志 /760

拱
008380772 拱北海关志 /2175

垣
012689919 垣曲县人民代表大会志 /333
013343521 垣曲县电力工业志 /333
008906288 垣曲县地名录 /334
007695094 垣曲县志 /333
008835532 垣曲县志 1991-2000 /333
013824292 垣曲县财政志 /334
012769509 垣曲县教育志 /334
009015824 垣曲国税志 /334
009995043 垣曲政协志 /333

项
012506363 项城市交通志 1995-2003 /1799
013959606 项城市志 1986-2000 /1799
009382306 项城县第一人民医院院志 /1800

城
010112084 城二村志 /1459
009232307 城口县志 /2391
012679146 城川镇志 /416
013333825 城子村志 /57
008407965 城乡建设志 /1888
009557527 城乡建设环境保护志 /3055
012658258 城中小学志 1909-2009 /1017
008874928 城中区志 /3098
013702917 城中区志初稿 /3098
008569809 城东区志 /3099
012995301 城东教育志续编 1987-2006 /3099

013859470 城北区军事志 1049-2005/2282
008923314 城北区志/2025
007674738 城北区志/3099
009879189 城北村志/300
011943198 城市建设拆迁志 1991-2003/1654
009231829 城西镇志/2568
011564485 城关乡志/318
012951929 城关镇志/363
010251882 城关镇志/1525
011472193 城阳区志 1994-2005/1441
013369672 城阳公路志 1994.8-2011.12/1442
013221061 城阳镇志/1442
010230925 城阳镇志/1553
013894418 城步苗族自治县军事志 1840-2005/2037
007850878 城步苗族自治县志/2037
012503757 城步苗族自治县志 1978-2002/2037
012635700 城里村志/1493
011329459 城张村志 1565-2005/1459
007215343 城固县志/3000
008822384 城郊乡志/1018
012951931 城南村志/300
010735946 城厢镇志/763
008530708 城厢镇志/903
013955630 城隍村志/345

垤

012191747 垤上村志/346

政

013606604 政协元江县志 1950-1994/2790
012141561 政协木兰县委员会志/667
008597842 政协玉溪市志/2771
008597839 政协玉溪地区志/2771
012506658 政协西和县志/3077
009561884 政协华宁县志/2782
012636591 政协齐齐哈尔市委员会志 1987-2007/669
012141558 政协江川县志/2777
012769606 政协阿巴嘎旗委员会志 1980-2007/446
013961376 政协迪庆藏族自治州委员会志/2900
012769611 政协宜阳县委员会志/1698
008836897 政协峨山彝族自治县志 1951-1994/2784
012839279 政协镇沅彝族哈尼族拉祜族自治县委员会志/2819
008664841 政协澄江县志/2779
012208580 政和县水利志/1267
008923603 政和县地名录/1267
007657607 政和县志/1267

赵

009340893 赵屯志/779
011312115 赵庄魔术志/1705
013512005 赵村村志/1745
013940800 赵县土地志/141
010252669 赵县公路交通志/141
008533716 赵县地名资料汇编/142
007900111 赵县志/141
013236367 赵县志 1987-2005/141
009380943 赵县金融志/142
011809810 赵县政协志 1940-2002/141
009887145 赵县教育志/142
011585377 赵县税务志/142

010778986 赵巷镇志/779

013758771 赵堡村志/3062

郝

009335487 郝穴镇志 1986.10/1923

013129100 郝庄村志/175

008452324 郝家居委会志/1596

013530817 郝家镇志/1483

垫

010290927 垫江县水利电力志/2392

007479126 垫江县志/2392

009228206 垫江县盐业志/2392

荆

009241074 荆一化志/1897

013335435 荆门卫生志/1899

012639100 荆门石化志 1984-2008/1897

012265150 荆门电力工业志 1922-2007/1896

012265140 荆门电力变电志 1979-2007/1896

012265152 荆门电力输电志 1989-2007/1897

013064799 荆门市土地志/1896

011327130 荆门市水利志/1897

013774279 荆门市水利志 1986-2008/1897

011954484 荆门市石化医院院志 1951-2006/1899

013752692 荆门市东宝区教育志 1949-2005/1899

007585934 荆门市志/1896

013897666 荆门市志烟草志资料长编/1896

013531093 荆门市财政志 1979-2005/1898

013183708 荆门市青少年活动中心志 2000-2010/1898

012811634 荆门市供水总公司志 1969-2007/1896

011580219 荆门市建设志/1896

009685700 荆门市烟草志/1897

012954938 荆门市教育志/1898

012968124 荆门市教育志 1979-2005/1898

013792545 荆门市接待志 1949-2008/1896

013183681 荆门市第一人民医院志 1950-2010 征求意见稿/1899

012639103 荆门市第二人民医院志/1899

013183687 荆门市煤炭化学工业志/1897

012639095 荆门交警志 1978-2000/1896

008453126 荆门财政志/1898

013932173 荆门国家税务志 1984-2007/1898

013335437 荆门物资志/1896

012265155 荆门供电公司直属单位简志 1978-2007/1897

009310508 荆门炼油厂志 1969-1983/1897

013627993 荆门商业志/1898

009768593 荆门税务志/1898

008382991 荆门粮食志/1897

013183710 荆州人事简志/1912

009675364 荆州卫生志/1914

013093050 荆州区卫生志/1917

009880063 荆州区烟草志/1917

012968125 荆州水产简志/1914

009961578 荆州电力志/1913

012097631 荆州电台志/1913

012719123 荆州市卫生志 1985-2005/1914

013317833 荆州市中心血站志 1980-2008/1913

012251329 荆州市中心医院志 1990-

1999/1914

013990883 荆州市中心医院院志 2000-2010 /1914

013093043 荆州市农垦志 1994-2005/1913

013990882 荆州市妇幼保健院荆州市妇女儿童医院院志 1984-2005/1913

009685702 荆州市烟草志/1913

013897668 荆州市烟草志资料长编/1913

013093054 荆州市银行志 1994-2005/1913

009675361 荆州地区水运志/1913

008835215 荆州地区交通志/1913

008191656 荆州地区志/1912

012873000 荆州交通征稽志 1987-2005 定审稿/1913

009252267 '98荆州抗洪志/1914

013990881 荆州花鼓戏志/1913

013446282 荆州医院志/1914

011762367 荆州城自来水志/1912

012954945 荆州科技志/1913

009311438 荆江大堤志/1839

010244198 荆江大堤新志试写稿/1914

011325457 荆江分洪工程专志初稿/1921

008839919 荆江分洪工程志/1921

013730132 荆江堤防志/1914

012661243 荆楚古刹纪山寺志/1903

带

008445216 带岭区志/696

草

013923891 草池乡志/2577

012679036 草甸镇志/2753

009561512 草庙子镇志/1546

009996549 草埠湖农场志 1954-1987/1878

013140915 草堂寺志/2951

013334361 草塔镇志/1055

013528643 草堰乡志/928

莒

012072246 莒光乡志千秋莒光万里闽海白犬浮生忆来时/3257

014047466 莒县人民医院志 1943-2012/1555

013958701 莒县卫生志/1555

011320824 莒县中医医院志 1984-2004/1555

011499260 莒县水利志/1555

013224470 莒县公安志/1554

010143761 莒县文物志/1554

007820410 莒县方言志/1554

012049666 莒县民政志/1554

011294775 莒县农机志 1949-2004/1555

008392030 莒县志/1553

012639195 莒县国土资源志/1554

012251339 莒县档案志/1554

012541975 莒县畜牧志/1554

009340735 莒南县卫生志 1840-1999/1571

012832245 莒南县水利志 1989-2006/1571

013820528 莒南县电力工业志 1991-2010/1571

013752701 莒南县地震志/1571

012982203 莒南县军事志前 741-2005/1571

008812609 莒南县志/1571

012097667 莒南县国土资源志/1571

009340731 莒南县供销社志/1571

008452385 莒南县教育志 1840-1997/1571

013374454 莒南县教育志 1998-2008/1571

茶

010061692 茶坊区民间文学集成/129

010576835 茶陵共青团志/2008
009685927 茶陵县人大志/2008
011578881 茶陵县人口志/2008
009685929 茶陵县人事志/2008
013726796 茶陵县卫生志/2009
011578896 茶陵县乡镇企业志/2009
013037902 茶陵县公安志重修本/2008
009685899 茶陵县火田乡志/2008
009685915 茶陵县民政志/2008
013923903 茶陵县军事志 879-2005/2008
008913949 茶陵县农业志/2009
009685916 茶陵县农机志/2010
007668496 茶陵县志/2008
009685879 茶陵县财政志/2009
009685911 茶陵县林业志/2009
011578870 茶陵县金融志/2009
009685883 茶陵县城关镇志/2008
009685932 茶陵县思聪乡志/2008
009685902 茶陵县科学技术志/2009
011578862 茶陵县教育志/2009
009685906 茶陵县粮食志/2009

荒

012097452 荒里村志 1588-1998/852

茫

009147617 茫崖行政区志/3109

荣

013958953 荣成公安志 1940-2009/1549
008594537 荣成方言志/1549
013225728 荣成市人口与计划生育志/1548
008452418 荣成市志/1548
012505534 荣成县盐业志 1840-1988/1549
007482375 荣县志/2456

012814177 荣县志 1986-2003/2456
014049965 荣县林业志 1931-1994/2456
008671814 荣昌县志/2389
013342446 荣城六中志 1958-2008/1549
013731157 荣巷街道志/835

荥

012956605 荥阳文物志/1661
013707147 荥阳市土地志/1660
008001440 荥阳市志/1660
008821926 荥阳市志/1660
013097900 荥阳市建设志/1661
012769477 荥阳市粮食志/1660
010239188 荥阳戏曲志/1660
010250789 荥阳县农业志/1660
012814498 荥阳教育志/1660
013776029 荥经县人事劳动志 1950-2000/2569
008672212 荥经县志/2569
013324566 荥经县志 1986-2000/2569
009867298 荥经县国土志/2569

莁

008385169 莁溪瑶族乡志/2035

故

013704033 故县村志 596-2011/1719
008486411 故城县水利志/241
008533635 故城县地名资料汇编/241
008385403 故城县志/241
008378623 故城县邮电志/241

胡

012718943 胡干城村志/1747
012251053 胡场地方志 1986-2002/1951
009009893 胡张庄村志/92
012541708 胡桥续志 1985-2003/782

012191969 胡埭乡志 /835
012882681 胡埭镇志 /835
013415138 胡集镇志 /910

荔

008470978 荔波县志 /2707
012762473 荔波县税务志 /2707
008237290 荔城镇志 /2157
013093116 荔浦县水利水电工程志汇编 /2303
013628042 荔浦县水利电力志 /2303
007724533 荔浦县志 /2303
013793153 荔浦林业志 /2303
010777150 荔湾卫生志 /2147
012762476 荔湾检察志 /2147

南

009174253 南三岛志 /2205
010278546 南大港农场水利志 /222
008533644 南大港农场地名资料汇编 /222
013933243 南上庄村志 /280
013689043 南口镇志 /65
009001502 南山水泥厂志 1959-1995 /3225
010231741 南山村志 /307
013991241 南山铁矿志续集 1986-1994 /1143
013461689 南山教育志 /2172
009411759 南山煤矿志 /3225
010200715 南广城村志 /360
008991979 南门小学志 1939-2001 /2528
008640080 南丰县志 /1371
011321090 南丰县志 1987-2003 /1371
008385406 南丰县法院志 /1371
010279690 南丰县政协志 1949-2002 /1371

008985349 南丰镇志 /897
009799918 南王平镇志 /95
008492525 南开人物志 /90
008533090 南开区志 /90
008298408 南开区房地产志 /90
008846166 南五里堡村志 /1627
012533135 南屯煤矿志 1973-1985 /1522
013793342 南屯煤矿志 2006-2010 /1527
009312511 南屯煤矿志 第2卷 /1527
013793347 南屯煤矿志 第3卷 1991-2005 /1527
007505448 南长区志 /833
009310258 南丹大事记 /2329
011188540 南丹民间谚语集成 /2329
008595858 南丹县土地志 /2329
007412975 南丹县志 /2329
011311446 南方农场志 /2355
012542707 南世回尧村志 1360-2005 /1487
012969387 南龙口村志 /1439
009700292 南龙湾庄村志 /1449
013508751 南平电力工业志 /1262
011293534 南平市人民防空志 /1262
010195458 南平市工业志 /1262
013461687 南平市水利志 /1263
008664031 南平市地名录 /1263
009310078 南平市交通志 /1263
007479113 南平市志 /1262
010110000 南平市志 金融志 /1262
013894444 [南平市]村镇建设志 /1263
009412583 南平地区志 /1262
012955262 南平地区邮电志 武夷山市邮电志 /1264
012955259 南平地区邮电志 松溪县邮电志 /1266

012955256 南平地区邮电志 顺昌县邮电志 /1265

009310672 南平地区邮电志 综合卷 /1263

008451082 南平地区金融志 /1263

013898513 南平地区建设志 /1262

009385973 南平地区烟草志 /1262

008451084 南平名产志 /1263

009472578 南北湖志 /1042

008034790 南乐县志 /1748

013730314 南乐县国税志 1994-2007 /1748

009864607 南乐县教育志 /1748

008534892 南市区地名志 /749

007791184 南市区志 /749

009106074 南市区续志 1993-2000.6 /749

013319817 南汇人口志 /767

013319822 南汇人事志 /767

013898460 南汇工业志 /768

013898453 南汇工商行政管理志 /768

009676913 南汇工商联(商会)志 /767

013628761 南汇水利志 /770

013898464 南汇公安志 /767

011476985 南汇文化广播电视志 /769

013898482 南汇司法行政志 /767

012721883 南汇民政志 /767

013144618 南汇价格志 /769

013144620 南汇交通志 /768

012880324 南汇农业志 /768

013898450 南汇妇女志 /767

013319812 南汇红十字志 /767

013319814 南汇劳动和社会保障志 /767

009149311 南汇县水利志 /768

010009286 南汇县续志 1986-2001 /762

012051732 南汇财政志 /769

013628758 南汇环境保护志 /770

009511331 南汇金融志 /769

012680518 南汇审计志 /768

013144615 南汇城乡建设志 /768

013898470 南汇科学技术志 /769

012880334 南汇统计志 /767

013898466 南汇检察志 /767

013898477 南汇税务志 /769

008990913 南宁工商银行志 /2279

012051741 南宁风物志 /2280

009227065 南宁市一轻工业志 /2278

009227063 南宁市二轻工业志 1840-1990 /2278

010244064 南宁市人民代表大会志 /2277

009239662 南宁市工商行政管理志 /2277

009010173 南宁市土地志 /2277

009107305 南宁市大事记 1949.12-2000.12 /2276

012639688 南宁市卫生防疫站站志 1987-2001 /2281

008595415 南宁市卫生志 /2281

008665413 南宁市公安志 /2277

008539738 南宁市电信志 /2279

008595392 南宁市民族简志 /2280

011892272 南宁市江南区志 /2282

008593058 南宁市志 /2276

008595422 南宁市志军事志 /2276

013184414 南宁市志金融志 1991-2005 资料汇编 /2276

008595379 南宁市邮政志 /2279

009189381 南宁市财政志 /2279

008595409 南宁市供销合作社志 /2279

009159276 南宁市金融志 /2279

009472091 南宁市郊区志 /2276

009391051 南宁市建筑志 /2278

008595389 南宁市城市规划志/2282
010777056 南宁市科技志/2279
009159252 南宁市商业志/2279
008665277 南宁市税务志/2279
012139574 南宁市新城区志 1991-2005/2282
008595396 南宁市粮食志/2279
012873334 南宁地区水利电力志/2337
012814041 南宁地区志/2337
008990911 南宁地区金融志/2279
009189390 南宁戏曲志/2280
008595406 南宁供电志 1915-1988/2278
010195456 南宁铁路分局志 1986-1996/2278
010195453 南宁海关志/2279
010238905 南召县卫生志/1775
011295934 南召县志 1986-2002/1774
009204263 南召县志人物志 初稿汇编/1775
013958885 南皮电力志/227
013093180 南皮县人民代表大会志/226
011441095 南皮县人民医院志 1945-2005/227
013684559 南皮县文化艺术志/227
013375371 南皮县民政志/227
008533465 南皮县地名资料汇编/227
012099674 南皮县交通志/227
013958886 南皮县农业志/227
005536250 南皮县志/226
013508747 南皮县志 1987-2006/226
013144621 南皮县国土志/227
013933239 南皮县国税志/227
012265400 南皮县建设志/227
013933241 南皮县政协志/226
013958888 南皮县税务志/227

009554435 南光志 1877-1985/2422
009867350 南华县交通志/2838
008038800 南华县志第1卷/2837
010293942 南华县志第2卷 1986-2002/2838
012899172 南华县政协志 1950.3-2006.3/2838
013131037 南华县教育志/2838
012051730 南华县粮食志/2838
012051744 南庄村志/293
013863059 南充日报社志/2537
011805797 南充市中心医院院志/2538
009565775 南充市民政志/2536
010778957 南充市交通志/2537
012924872 南充市志 1707-2003/2535
008416676 南充市志续编/2538
011997466 南充市国家税务志 1707-2003/2537
012873320 南充市政协志/2535
012969385 南充市顺庆区军事志/2538
012174792 南充市顺庆区志 1993-2005/2538
013775001 南充市高坪区志 1993-2007/2539
010576650 南充市烟草志/2536
013000633 南充市教育志 1986-2005/2538
013933233 南充市第五人民医院院志/2538
013000640 南充市粮食志 1912-2003/2536
013375806 南充市嘉陵区志 1993-2003/2539
013933231 南充地区人民医院志 1937-1986/2540
011763097 南充地区专业剧团团志汇编/2538

008421951 南充地区水利志/2536
013000622 南充地区文化艺术志/2537
008424329 南充地区交通志/2537
008421691 南充地区军事志/2536
008671365 南充地区国土志/2536
011311005 南充地区图书发行志/2537
009442653 南充地区法院志/2536
012174790 南充地方税务志/2537
008420723 南充农村信贷/2537
011067667 南充县公安志/2535
013933234 南充县交通志/2537
007480667 南充县志/2535
008430267 南充邮电志/2537
008430320 南充金融志/2537
007057292 南充蚕丝志/2536
008421688 南充盐业志/2536
013461691 南羊镇志/2753
005559201 南关区志/590
013694910 南关村志/293
013824991 南关镇志/2654
013863102 南江县人大常委会志续1 1984.5-2003.2/2580
013863103 南江县人民政府志/2580
012955228 南江县卫生志/2580
013753719 南江县文化志 1911-1985/2580
013863078 南江县民政志/2580
008036520 南江县志/2579
013319826 南江县志 1986-2000/2580
013898490 南江县直工委志 1953-2003/2580
009319938 南安市人民代表大会志/1251
013730303 南安市政协志/1251
008451843 南安华侨志/1252
011292477 南安县人事志/1252

009553658 南安县交通志/1252
007490995 南安县志/1251
013093155 南安县教育志/1252
008451845 南安县税务志/1252
010239053 南阳天主教志 初稿/1767
011570141 南阳车务段志 1969-1985/1770
011570159 南阳中医药学校志 1978-1998/1772
013461703 南阳水利志 1986-2005/1770
009888236 南阳化学制药厂志 初稿/1769
013705218 南阳市土地志/1768
013319856 南阳市卫生志 1986-2004/1773
009888241 南阳市中药厂志 初稿/1774
009413800 南阳市文化志/1771
009310470 南阳市文物志/1773
013822110 南阳市电业志 1986-2000/1770
013319849 南阳市民政志 1986-2006/1768
008672848 南阳市地名志/1773
010292778 南阳市地名志修改稿/1773
009413798 南阳市曲艺志 征求意见稿/1772
010293522 南阳市农村卫生协会志/1773
008422480 南阳市戏曲志/1773
005696733 南阳市志/1767
009888237 南阳市医药志 初稿/1770
008841153 南阳市邮电志/1770
009852680 南阳市卧龙区人民代表大会志/1774
011311887 南阳市宛东中等专业学校志 1955.7-2004.12/1772
011441100 南阳市宛城区志 1978-2000/1774
011570152 南阳市宛城区金华乡中小学校校志/1774
012955301 南阳市宛城区教育志/1774

010239042 南阳市城市建设志 1840-1985 /1768

012814046 南阳市教育志/1771

013730316 南阳市第十中学校校志 1954-2003/1772

013822107 南阳市第八小学校志 1925-2000 /1772

011320828 南阳市第三中学校志 1905-2000 /1772

013863110 南阳市第五小学校志 1923-2013 /1772

008392573 南阳市商业志/1771

009413793 南阳民族宗教志/1767

013375380 南阳地区工商志初稿/1768

010735939 南阳地区卫生志/1773

009413785 南阳地区水利志/1769

013508760 南阳地区水利志水产志/1769

013508762 南阳地区水利志述要/1769

009413787 南阳地区文化志/1771

008422558 南阳地区石油商业志/1769

009413781 南阳地区民政志/1768

010294071 南阳地区地理志/1773

008422563 南阳地区交通志/1770

009382218 南阳地区农业志/1769

009413789 南阳地区戏曲志/1772

007480674 南阳地区志/1767

009413777 南阳地区财政志/1771

007690930 南阳地区供销合作社志/1770

008422567 南阳地区经贸志/1771

013822101 南阳地区信访志/1768

008422586 南阳地区商业志/1771

011067741 南阳地区税务志/1771

008424331 南阳地区粮食志/1771

011320247 南阳百货站志/1770

011570148 南阳肉联厂志/1769

012721950 南阳农机化志 1986-2005/1768

009813702 南阳防爆电机厂志 1970-1990 /1769

010238983 南阳县卫生志/1773

007290027 南阳县志/1767

009888254 南阳县志初稿/1767

009888420 南阳县志修改稿/1767

010242576 南阳县教育志/1771

013375388 南阳县教育志初稿/1771

010239055 南阳县税务志/1771

007654346 南阳县粮食志/1771

012814043 南阳卷烟厂志 1950.7-2008.12 /1769

008422576 南阳蚕业志/1768

009413805 南阳畜牧志/1768

010251342 南阳副食志/1769

013659688 南阳棉花志/1768

012877314 南阳镇志/987

009464053 南投县志第1卷 自然志 博物篇 气候篇/3248

009464069 南投县志第2卷 住民志 风俗篇 /3248

009464063 南投县志第2卷 住民志 宗教篇 /3248

009464078 南投县志第3卷 政事志 警政篇 役政篇/3249

009464096 南投县志第4卷 经济志 水利篇 农业篇 水产篇 畜产篇 金融篇/3249

009464087 南投县志第6卷 文化志 文化事业篇/3249

010280432 南村镇志/273

011476012 南村镇志/1448

010577460 南县民政志/2071

008453265 南县地名志/2071

005696656 南县志/2071

013508757 南县志 1986-2004/2071

010140730 南岗区市政志 1898-1989/660

008190734 南岗区志/660

010475960 南岗区法院志 1991-2000/660

010473943 南岗区城乡规划建设志 1898-1990/660

010476181 南岗镇志/2152

009397077 南汪村志/174

010732057 南沙河镇志 1840-2006/1472

009786564 南汽厂志 1947-1985/810

012614325 南宋村志/287

011813441 南社戏剧志/883

009387596 南坪县地震志/2597

008671449 南坪县志/2596

008828676 南坳镇志/280

013774997 南昌大学第二附属医院志 1927-2010/1300

013362654 南昌化工简志/1297

010110685 南昌公路史志资料汇编 1949-1990/1297

010200269 南昌月池熊氏教授村志/1293

008997545 南昌印钞厂志 1991-2000/1297

009840152 南昌外事志/1294

011805788 南昌市工会志/1293

011476977 南昌市工商行政管理志/1294

009675607 南昌市东湖区志/1300

011188546 南昌市民间故事集成/1299

008299846 南昌市交通志/1297

010779201 南昌市农业志/1295

008664372 南昌市农村金融志/1298

008299108 南昌市志/1293

010143332 南昌市志商业志/1293

012317869 南昌市志 1986-2004/1293

009386163 南昌市劳动人事志/1294

012051727 南昌市财政志/1298

009393583 南昌市青云谱区志/1301

013659669 南昌市林业志 1840-1985/1294

008299867 南昌市金融志/1298

009010100 南昌市郊区志/1301

011805794 南昌市审计志/1294

013863052 南昌市建设银行专业志/1298

010291864 南昌市建筑科学技术志送审稿/1297

008429452 南昌市城市建设志/1294

009386165 南昌市政府志/1293

008299835 南昌市轻工业志/1297

010061502 南昌民间歌谣集成/1299

009790036 南昌民政志/1294

008299840 南昌发电厂志 1953-1981/1296

010293541 南昌防空志/1294

012542704 南昌县人民代表大会志 1949-1997/1301

010143333 南昌县卫生志/1302

012899170 南昌县水利志/1302

010110707 南昌县交通志/1302

007348197 南昌县志/1301

010110709 南昌县志 1986-2004/1301

009386170 南昌县邮电志/1302

009386174 南昌县政协志/1301

009335383 南昌邮政志/1298

009386161 南昌侨务志/1294

012836042 南昌卷烟厂志/1297

013793330 南昌法院志送审本/1294

010110703 南昌科学技术团体志 1925-1986/1298

012639695 南昌洪狄氯碱有限公司厂志

1966-2008/1296

010110612 南昌柴油机厂志 1953-1992/1296

013661579 南昌铁路分局南昌中心医院院志 1946-1991/1300

009386169 南昌铁路局九江机务段志/1313

009386177 南昌烟草志/1297

011570134 南昌商会志 1901-2002/1298

009511266 南昌简志/1293

013343372 南明小学校志/1059

011805740 南岸村志/1052

009881328 南岭乡志/307

009839192 南岭村志/2168

008533962 南和县地名资料汇编/177

007672807 南和县志/177

008844167 南岳区志/2025

009383736 南岳财政志/2025

009675930 南金村志/1461

007848942 南京二轻工业志/807

008985300 南京人口志/803

009338392 南京人民代表大会志/803

007848941 南京人民防空志/804

008383076 南京人事志/803

008985270 南京人物志/813

008985321 南京人物简介/813

008517570 南京工会志/803

008066181 南京工商行政管理志/805

009018380 南京土地管理志/805

011320034 南京土壤志/816

012721940 南京下关发电厂志 1991-2002/809

010474126 南京小营制药厂志/809

008532017 南京广播电视志/812

011294355 南京卫生人物志/813

008188522 南京卫生志/816

008189793 南京日用工业品商业志/811

013659682 南京中医学院制药厂志/809

010686940 南京中药商业志/811

008665721 南京水利志/808

007982865 南京公用事业志/805

007895599 南京公安志/803

009391953 南京公路运输管理志/810

001795432 南京风物志/814

009043280 南京文化志/812

008383070 南京文物志/814

007228042 南京方言志/813

009115952 南京计划管理志/804

010474103 南京东方无线电厂厂志 1958-1990/807

009043276 南京电力工业志/807

011320462 南京电力高等专科学校志 1946-1996 增辑本/812

011441076 南京电视机厂志 1970-1989/807

007843345 南京电信志/810

009744800 南京电信局志/810

010730267 南京白蚁防治志/815

010244217 南京市儿童医院院志 1936-1985/815

008672220 南京市大厂区土地管理志/826

011476987 南京市口腔医院志 1947-2007/815

009784710 南京市中医院院志 1986-2000/815

012873327 南京市六合区军事志/826

013898502 南京市电力工业志 1988-2002/808

009441957 南京市白下区文物志/817
009338402 南京市白下区地名志/817
013224715 南京市白下区志 1986-2005/817
008817501 [南京市]自然地理志/814
013753721 南京市江宁区军事志/823
012814038 南京市军事志/804
008189789 [南京市]农林志/806
012614355 南京市志/802
009115916 南京市雨花台区土地管理志/821
009385251 南京市雨花台区地名志/821
010244221 南京市物资局简志/805
007932147 南京市政协志/804
007976495 南京市政建设志/805
013093178 南京市秦淮区地名志/817
009115932 南京市栖霞区土地管理志/820
009115924 南京市浦口区土地管理志/820
007843385 [南京市]海关志/811
011321395 南京市鼓楼医院院志 1892-1990/818
009391946 南京市新华书店史志 1949-1990/812
009043265 南京市辖五县电力工业志/808
008569807 南京司法行政志/804
007843349 南京民政志/804
009159964 南京民俗志/814
012051734 南京民族宗教志/803
008446202 南京机械工业志/808
009413530 南京师范大学志/813
009413537 南京师范大学志 1902-1992/813
010243022 南京曲艺志/813

011477004 南京同仁堂制药厂志/808
008189794 南京价格志/811
007848967 南京交通志/810
012766306 南京江宁经济技术开发区志/823
011320452 [南京军区南京总医院]院志 1929-1994/815
010200068 南京农业大学史志 1914-1988/816
009441952 南京农林人物志/813
008985320 南京报业志/812
008817347 南京劳动志/805
008188530 南京医药志/809
011320340 南京医药商业志/811
008661960 南京园林志/816
008817508 南京邮政志/811
010200093 南京邮政局志/810
008188525 南京财政志/811
008994714 南京体育志/813
007977427 南京冶金工业志/809
013798874 [南京汽车制造厂]总装厂志 1952-1985/806
012903645 南京汽车制造厂铸造厂志 1947-1985/808
013319834 南京汽车集团有限公司企业志 2001-2005/808
009020725 南京社团志/803
008216021 南京社会科学志/812
012873323 南京青龙山林场志/806
011441085 南京图书馆志续编 1996-2005/812
007884854 南京物资志/805
008446207 南京金陵制药集团公司志 1981-1997/808

007848959 南京金融志/811
011328632 南京宝庆银楼志/805
009840134 南京审计志/805
008383072 南京审判志/804
008383090 南京房地产志/805
007895729 南京建筑志/816
008817474 南京建置志/814
013659678 南京线路器材厂志/809
008985323 南京经济协作志/805
011892269 南京城市规划志/816
011492024 南京城墙志/814
007988848 南京城镇建设综合开发志/816
008383080 南京政党志/804
009159985 南京标准计量管理志/816
010275862 南京钢铁厂志 1957-1985/807
012721889 南京钢铁厂志 1986-1995/808
009784713 南京神经精神病防治院院志 1947-1985/815
010200070 南京盐业志/809
011328227 南京热电厂志/808
008517567 南京档案志/812
012505388 南京监狱志 1905-2007/804
008863917 南京造币厂志/809
012208083 南京造币厂志 1991-2000/809
010473932 南京爱国卫生运动志 1949.4-1989.12/815
014047767 南京脑科医院院志 1986-1996/815
009675550 南京畜牧业志/806
011955221 南京浦镇车辆厂志 1908-2007/808
008188512 南京海关志/811
008528737 南京教育志/812

008188523 南京检察志/804
012639690 南京第二机床厂志 1986-1996/807
009675551 南京渔业志/816
007848960 南京税务志/811
002135376 南京简志/802
008446206 南京微分电机厂志 1956-1992/809
013628763 南京新文学简志 1949-1989/813
007848966 南京粮食志/806
009889561 南京群众文化志/812
007895592 南京蔬菜志/806
008993792 南郑县交通志/2999
007900105 南郑县志/2999
007940968 南郑县志评论与编纂文集/2999
010009264 南河镇志/93
007685736 南城县志/1370
010143337 南城县政协志/1370
008299080 南钢志/1297
009744867 南泉村志 1840-1988/1445
011499456 南炼志 1958-1998/809
007909703 南浔镇志/1045
008186366 南宫市地名志/173
007493535 南宫市志/173
008793890 南宫县水利志/173
008533873 南宫县地名资料汇编/173
008421046 南桐矿务局志/2376
011295667 南桥镇志 1985-2002.5/783
013689048 南夏墅街道志 1984-2007/873
012639692 南航深圳公司志 1991-2000/2170
009818012 南部县民政志/2540
007482039 南部县志/2540

012766298 南部县志 1991-2004 /2540
009700378 南部县国土志 /2540
011066602 南部县审计志 /2540
010777089 南部县政协志 /2540
008835143 南海水产公司志 1954-1988 /2352
009332452 南海水利续志 1986-1995 /2187
009851967 南海市人民代表大会志 /2188
009851993 南海市人事志 /2189
009851753 南海市工业志 1979-2002 /2190
009851653 南海市工会志 /2188
009851658 南海市工商联志 /2189
009851248 南海市大沥街道志 /2187
009852013 南海市卫生志 /2192
009852000 南海市水利志 1979-2002 /2192
009851754 南海市公安志 /2189
009852017 南海市文化艺术志 /2191
009852018 南海市文物志 /2191
013753717 南海市平洲街道志 /2188
009852012 南海市外事侨务志 /2189
009852006 南海市司法行政志 /2189
009851541 南海市对外经济贸易志 1979-2002 /2190
009851531 南海市地名志 /2191
009852607 南海市西樵山旅游度假区志 /2187
009851815 南海市交通志 1979-2002 /2190
009851543 南海市妇女组织志 /2188
012265389 南海市志 1979-2002 /2187
009851956 南海市劳动保障志 /2189
009852008 南海市体育志 1979-2002 /2191
012639693 南海市沙头镇志 /2188
009851759 南海市规划志 /2192
009851762 南海市国土资源志 /2189

009852024 南海市物价志 1979-2002 /2190
009852508 南海市质量技术监督志 /2189
012505386 南海市建设志 /2192
009852042 南海市政协志 1979-2002 /2188
009852028 南海市政府志 /2188
009852519 南海市南庄镇志 /2188
009851954 南海市科技信息志 /2191
009852613 南海市盐步街道志 /2188
013753714 南海市桂城街道志 /2187
009851817 南海市教育志 1979-2002 /2191
009851493 南海市黄岐街道志 /2187
009851994 南海市商业志 /2190
009852514 南海市综合经济志 1979-2002 /2191
009851958 南海市粮食志 /2189
009851822 南海市精神文明创建志 /2189
007882082 南海西部石油公司志 /2204
008380151 南海县水运志 /2190
012265397 南海县水利志 /2190
007995593 南海县外汇银行志 /2190
007672354 南海县对外贸易志 /2190
013601853 南海县交通志 /2190
008384893 南海县农民组织志 /2188
008665213 南海县农村金融志 1840-1990 /2190
008593258 南海县志 /2187
007659739 南海县体育志 /2191
007995592 南海县建置志 /2191
008815339 南海县建置志 /2191
007908407 南海县政协志 /2189
004660667 南海诸岛地名资料汇编 /2347
011327044 南海诸岛海域鱼类志 /2347
013461675 南涧广播电视志 /2883
013863074 南涧县公安志 /2883

012766301 南涧县交通志 /2883
012661685 南涧镇志 /2883
008992630 南涧彝族自治县民族志 /2884
006555936 南涧彝族自治县志 /2883
012614187 南涧彝族自治县志 1978-2005 /2883
013184410 南涧彝族自治县教育志 /2884
006928414 南陵县志 /1133
011570139 南陵县志 1991-2000 /1133
010007623 南陵县邮电志 /1133
012680526 南通人口和计划生育志 /904
013822097 南通工商税志 /905
013093183 南通大学附属医院志 /906
013898518 南通气象志 /906
006319853 南通电力工业志 /905
013775007 南通市人大志 /904
008446238 南通市工会志 /904
009310570 南通市土地志 /905
012721944 南通市电力工业志 1988-2002 /905
010008896 南通市民族宗教志 /904
009115959 南通市志 /904
008532031 南通市金融志 /905
009413543 南通市肿瘤医院志 /906
009687030 南通市建设志 /905
011534040 南通市政协志 /905
009335869 南通市政府志 958-1990 /904
009338406 南通市教育志 /905
011892276 南通市第一人民医院志 /906
009115960 南通市粮食志 /905
011188552 南通民间谚语选 气象农业类 /906
009009702 南通医学院志 /906
008532035 南通县工会志 /907
012661688 南通县电力工业志 1899-1985 /907
012899192 南通县民政志 /907
008817514 南通县志 /907
009840137 南通邮电志 /905
013319839 南通体臣卫生学校志 1951-2010 /906
013775005 南通审计志 /905
013375376 南通盐业志 /905
012955300 南菁书院志 1882-2002 初稿 /838
013601936 南票矿务局志 /567
012614314 南崖村志 /353
008846550 南麻镇志 /890
009866659 南康市志 1986-2000 /1330
009994065 南康市金融志 /1330
007013600 南康县志 /1330
008844335 南康邮电志 /1330
009414083 南梁农场志 /3122
012251477 南隍城志 /1503
009335873 南雄乡镇企业志 /2164
008036690 南雄水利志 /2165
011892281 南雄公安志 /2164
009864057 南雄文物志 /2165
009852517 南雄农业志 /2164
007366539 南雄县志 /2164
007048096 南雄黄烟志 /2165
009335868 南雄粮食志 /2165
008382940 南堡盐场志 /143
009199620 南翔镇志 /760
013144627 南普陀寺志 /1229
012139566 南湖太极道观志 /1221
009243504 南湖街志 /490
009959867 南湾水库志 /1792
012969390 南塘镇志 /1332

008664183 南靖县地名录/1261
008451069 南靖县农业机械志/1260
008612604 南靖县志/1260
008451075 南靖县教育志/1261
009117933 南靖县商业志/1260
008451076 南靖县粮食志/1260
005559212 南溪县志/2549
013705200 南滨农场场志/2351
008379220 南漳县地名志/1890
003801418 南漳县志/1890
013342309 南漳县志 1986-2007/1890
010962477 南漳县烟草志/1890
008528715 南漳县教育志 1902-1985/1890
011892265 南澳县文物志/2182
008839817 南澳县志/2182
013319784 南澳县志 1979-2000/2182
009391068 南戴河旅游志/152
010732060 南戴河旅游志 1995-2005/152
009119766 南瀛民间器物志/3235
012832089 南瀛客家族群志/3251

柯

001920831 柯尔克孜语简志/3204
006755052 柯坪县志/3184
009840477 柯城区志/1077
009411788 柯柯牙绿化工程志/3181

柘

013148810 柘林志 古代-2003/784
009959893 柘城劳动志 初稿/1789
013072867 柘城县人民医院志 1985-2011/1789
009441888 柘城县人物志/1789
011445702 柘城县卫生志 1840-1984/1789
013190069 柘城县民政志/1789

009382365 柘城县曲艺志/1789
007900122 柘城县志/1788
013343586 柘城县志 1986-2000/1788
007532075 柘城县教育志/1789
008663639 柘荣县地名录/1278
007359850 柘荣县志/1278
012723983 柘溪库区新化移民志/2107

相

008452383 相公庄志/1422

查

012658217 查干湖志 1547-2007/627
012503673 查干湖渔场志 1960-2009/627
013369223 查王村志 1949-2000/1451
013883885 查庄煤矿志 1957-1990/1541
011995306 查哈阳农场志 1991-2000/677

柞

008453786 柞水县志/3018
009337985 柞水县教育志/3018

柏

008533995 柏乡县地名资料汇编/176
008470860 柏乡县志/176
012950355 柏市地方志/2006
012173670 柏沟村志/303
008430424 柏林沟乡志/2491
011471171 柏家村志/1600

柳

013065007 柳山湖镇移民志 1958-2010/1937
008539730 柳北区志/2289
008822626 柳市镇志/1025
008594848 柳州大事记 远古-1995.6/2286
008594866 柳州日报志/2288

008594864 柳州电厂志/2287
008594857 柳州市土地志/2286
012097778 柳州市广播电视志/2288
008539696 柳州市卫生志/2289
008594833 [柳州市]卫生防疫站志/2289
011499305 柳州市公共交通有限责任公司公司志/2287
008594860 柳州市文化志/2288
009441848 柳州市文化志送审稿/2288
008665283 柳州市民政志/2286
008665290 柳州市自来水志/2286
008594854 柳州市交通志/2287
008665281 柳州市军事志/2286
012680423 柳州市农业机械化志/2286
011584550 柳州市戏曲志/2288
008865201 柳州市志/2286
013129957 柳州市园林志/2289
009379903 柳州市邮电志/2287
009852644 柳州市财政志/2288
013898372 柳州市鱼峰区志 1991-2005/2290
009673760 柳州市郊区志/2290
012265302 柳州市柳北区志 1991-2005/2289
008816657 柳州市柳南区志/2290
012265308 柳州市柳南区志 1990-2005/2290
008539695 柳州市教育志/2288
010732093 [柳州市第八中学]校志 柳州市第八中学四十周年校庆 1963-2003/2288
008594851 柳州市商业志/2287
011805545 柳州市粮食志/2287
008845829 柳州地区志/2286
013461614 柳州地区教育志/2288

010577009 柳州图志 2005/2288
009189370 柳州图志 2008/2289
009379849 柳州金融志/2288
008845831 柳州铁路分局志/2287
009106611 柳州铁路局志/2287
011327602 柳州铁路局教育志 1937-1990/2288
010195450 柳州海关志/2288
010195448 柳江中学校志 1951-1999/2290
008662168 柳江县土地志/2290
003324913 柳江县志/2290
008846482 柳江县邮电志/2290
013932476 柳沟村志/275
009001483 柳林电力工业志 1948-1998/365
013000403 柳林县人民代表大会志 1981-2010/365
010576815 柳林县水利志/365
008906489 柳林县地名录/365
008637635 柳林县志/365
013753490 柳林县职业中学校志 1986.10-2011.10/365
008990589 柳林社志/1943
012813950 柳林供电志 1999-2008/365
010143121 柳林镇志/1655
013319707 柳河县人大志/621
009385075 柳河县文物志/621
003807921 柳河县志/621
010779143 柳河县志 1986-2000/621
013862836 柳城自然村志/2291
009061859 柳城县土地志/2291
008594875 柳城县卫生志/2291
007884864 柳城县志/2290
008665295 柳城县邮电志/2291
009349803 柳树泉农场志/3178

008665300 柳钢志 1958-1986 /2287

009575432 柳营乡志 /3250

柿

012969625 柿竹园公司志 1986-2010 /2074

010008609 柿槟村志 /1811

树

012836324 树园村志 /783

009575391 树林市志 /3237

013096396 树掌村志 /293

008836272 树德中学校志 1929-1999 /2426

勃

006562094 勃利县志 /703

咸

009685823 咸丰县土壤志 /1949

011955715 咸丰县电力工业志 1950-2005 /1949

010008724 咸丰县民族志 /1949

003801419 咸丰县志 /1948

010253931 咸丰县烟草志 /1949

012684988 咸宁电力工业志 1907-2008 /1936

008378977 咸宁市地名志 /1937

005591345 咸宁市志 /1936

013706916 咸宁市金融志 /1937

009685771 咸宁市烟草志 /1936

009407919 咸宁地区水利志 /1936

013865269 咸宁交通志 /1937

010576620 咸宁卷烟厂志 /1936

010293968 咸安区烟草志 /1937

011293552 咸阳市工业经济志 /2975

009010216 咸阳市工会志 /2973

009010223 咸阳市广播电视志 /2976

011444024 咸阳市卫生志 前581-1990 /2977

009010229 咸阳市水利志 /2975

012506328 咸阳市文物志 /2977

009010226 咸阳市司法行政志 /2974

008994067 咸阳市民政志 /2973

008453796 咸阳市民族宗教志 /2973

009106247 咸阳市对外贸易志 1815-1990 /2976

008994069 咸阳市交通志 /2975

009045925 咸阳市军事志 /2974

008997497 咸阳市防空志 /2974

009010228 咸阳市妇女志 /2973

007818018 咸阳市志 /2973

008913704 咸阳市志 经济卷 送审稿 /2973

010144653 咸阳市志 送审稿 /2973

009010215 咸阳市财政志 /2976

009010221 咸阳市体育志 /2977

009340867 咸阳市林业志 /2974

009010224 咸阳市物价志 /2976

008838034 咸阳市金融志 /2976

008672876 咸阳市房地产志 /2974

008598480 咸阳市建设志 /2974

009010232 咸阳市经济体制改革志 /2974

011320470 咸阳市经济体制改革志 /2974

009000260 咸阳市政务志 /2973

009010210 咸阳市科技志 /2976

008838301 咸阳市重工业志 /2975

012100538 咸阳市秦都区军事志 前16世纪-2005 /2977

008637981 咸阳市秦都区志 /2977

009399140 咸阳市秦都区教育志 /2977

009010201 咸阳市档案志 /2976

009962218 咸阳市烟草志 /2975

009340798 咸阳市教育志 /2976

009010208 咸阳市税务志 /2976

008487323 咸阳市渭城区志/2978
013865276 咸阳市粮食志/2974
009010234 咸阳市精神文明建设志/2973
012545432 咸阳百年图志/2977
010732108 咸阳供电志 1936-2000/2975
008598482 咸阳审判志/2974
009700310 咸家屯村志/1449

威

013072560 威宁县党史志 1982-2007/2674
008598423 威宁彝族回族苗族自治县民族志/2674
007590134 威宁彝族回族苗族自治县志/2674
013373627 威宁彝族回族苗族自治县志 1990-2010/2674
014052337 威宁彝族回族苗族自治县财政志/2674
012766977 威宁彝族回族苗族自治县法院志/2674
013010689 威远县人民医院志 1941-2008/2517
011570892 威远县卫生志/2517
010117841 威远县水利志/2517
011570875 威远县公安志/2516
012970502 威远县地方税务志 1994-2006/2517
011570880 威远县交通志/2517
010010290 威远县交通志 1986-2003/2517
008143596 威远县志/2516
012638680 威远县志/2516
010010288 威远县房地产管理志/2517
011570873 威远县城乡建设志/2516
009232070 威远县党校志/2516

011570888 威远县粮食志 1912-1985/2517
009232080 威远煤矿志 1940-1990/2517
013660374 威县人大志 2005-2011/179
012208289 威县人民代表大会志/179
008533978 威县地名志/179
008302253 威县志/179
012662376 威县政协志/179
008421978 威钢志 1929-1985/2517
008717809 威信县志/2807
010475820 威信县教育志/2807
009245062 威信镇雄方言志/2808
009676000 威海公路志/1546
009024935 威海电业局志/1545
011585047 威海市人民代表大会志/1545
011909039 威海市工商行政管理志 1898-2005/1545
010475965 威海市文登中心医院志 1941-2000/1548
007910008 威海市志 1398-1982/1544
009854363 威海市志讨论稿/1544
013955634 威海市环翠区孙家疃镇陈家疃村志/1546
013686312 威海市环翠区教育志 1403-1995/1546
010009355 威海市审计志/1545
011321117 威海市建设志 1398-2006/1545
009016107 威海市城区环境卫生管理志/1546
011478715 威海市政协志/1545
012052011 威海市统计志/1545
008986840 威海邮电志 1398-1998/1546
009126039 威海房地产市场志/1545
013706855 威海建设集团志 1952-2002/1545

013731949 威海经济技术开发区志 1992-2010/1545

012052005 威海铁路志 1987-2002/1545

013185882 威海铁路志 1987-2010/1546

研

013791059 研究院志/690

012052496 研和镇志 1978-2007/2777

砖

011313015 砖壁村志/294

厚

009250812 厚街镇志/2239

砚

008837135 砚山县志/2856

008539899 砚山县烟草志/2856

奎

013659552 奎屯电业局志 1990-2005/3208

008817092 奎屯市志/3208

011996928 奎屯市第一中学校志/3209

008817097 奎屯市概览/3208

009399922 奎屯邮电志/3209

011996910 奎屯金融志 1957-1995/3209

008543208 奎屯河流域水利工程灌溉管理处志送审稿/3209

008298351 奎屯热电厂志/3208

008382859 奎屯棉纺织厂志/3208

013224523 奎文区志 1994-2010/1506

012639828 奎管处志/3209

残

010140390 残疾人联合会志 1991-2003/1653

轻

011584796 轻工业部规划设计院志 1953-1992/18

011441927 轻工业部制盐工业科学研究所所志 1955-1990/100

011955309 轻工业部南宁设计院院志 1974-1994/2278

背

008383055 背荫河志/665

临

012613940 临川区志 1987-2005/1369

007482382 临川县志/1369

010252057 临川县财政志/1370

008429174 临川县法院志/1369

010110604 临川政协志 1955-2004/1369

012174148 临邛镇志/2441

008492880 临西县水利志/180

011320840 临西县电力志/180

008533921 临西县地名志/180

007672887 临西县志/180

008828603 临西图志/180

011954605 临西金融志/180

011440956 临江市教育志 1902-2004/623

012174137 临江林业局志 1991-2000/623

010278711 临江镇志 625-1988/1358

013705133 临汝县交通志 1948-1986/1704

008532130 临安工会志/1001

013319697 临安市人民代表大会志/1001

011311873 临安市三口镇志/1000

008450473 临安市土地志/1001

012097740 临安市文化志/1001

012639778 临安市民政志/1001

013753450 临安市地名志/1002

011499231 临安市农业志/1001

012680413 临安市志 1989-2005/1000

012139446 临安市财政税务志/1001
013628065 临安市烟草志/1001
013774519 临安市商业志/1001
013862817 临安市道路交通管理志/1001
008450911 临安县地名志/1002
004415489 临安县志/1000
012202995 临安县教育志/1001
013793176 临县人口志/364
013659585 临县卫生志/364
012832471 临县水利水保志/364
012832459 临县电力志 1970-2010/364
013184340 临县民政志/364
013688971 临县地税志/364
012832465 临县交通志/364
013898034 临县军事志/364
012680416 临县教育志/364
013958755 临县煤炭志/364
012051661 临邑县卫生志/1583
010151349 临邑县民政志/1583
006497427 临邑县志/1583
009561532 临邑县志 1986-2002/1583
010112137 临邑县医药志/1583
012051660 临邑县税务志/1583
013862834 临沭县地震志/1563
009783905 临沂专业市场志/1562
002051133 临沂风物志/1562
009170836 临沂方言志/1562
011892114 临沂市工商行政管理志送审稿/1561
011499273 临沂市水利志/1563
009244929 临沂市电力工业志 1921-2000/1561
013793237 临沂市兰山区军事志 前524-2005/1564

012679025 临沂市兰山区曹家王庄志/1564
013319704 临沂市军事志/1561
013774531 临沂市军事志 1840-2005/1561
012265297 临沂市红十字会中心血站志 1992-2007/1563
008492539 临沂市志/1563
010151345 临沂市沂水中心医院院志(临沂市第二人民医院)1945-2005/1568
012639760 临沂市国土资源志/1561
013774536 临沂市罗庄区军事志 1840-2005/1564
013774524 临沂市河东区军事志 1840-2005/1565
012251418 临沂市河东区政协志/1564
011293533 临沂市税务志/1562
008378612 临沂地区人事志/1560
013753486 临沂地区卫生志/1563
009866849 临沂地区中医药志/1561
011499268 临沂地区水利志/1563
011440966 临沂地区民族宗教志/1560
009866841 临沂地区丝绸志/1561
008812212 临沂地区志/1560
012832477 临沂地区报纸志 1916-1990/1562
010275867 临沂地区纺织工业志征求意见稿/1561
010577318 临沂地区物价志 1911-1989/1562
009866835 临沂地区供销合作社志/1562
011805539 临沂地区金融志 1834-1989/1562
011750429 临沂百年大事记/1562
012097756 临沂妇女工作志 1927-

2007/1560

009840194 临沂果茶志/1563

012968262 临汾广播电视志/344

011954596 临汾乡镇企业志/343

011584534 临汾方言志/344

011954590 临汾电力高级技工学校志 1984-2006/344

012661468 临汾市人民检察院志/343

012899046 临汾市地震志/344

008983154 临汾市志/342

009060968 临汾市财政志/344

011066935 临汾市佛教志/343

012505330 临汾市政协志 1950-1997/343

013461591 临汾市教育志 1671-1987/344

013144522 临汾市第四人民医院志 1950-2008/345

008864724 临汾市煤炭志/344

008378046 临汾地区电力工业志 1929-1990/343

009414461 临汾地区财政志/344

013730191 临汾纺织厂厂志 1958-2008/343

009889853 临汾金融志/344

013144515 临汾审计志/343

012542614 临汾经济技术开发区建区十周年志庆 1998-2008/344

010731634 临汾经籍志/345

012265290 临汾钢铁公司志 1957-1998/344

009962447 临沧市广播电视志/2824

012832441 临沧市公安志/2823

014047638 临沧市地方税务志/2824

013705130 临沧市档案志/2824

010243598 临沧地区土地志/2823

009561857 临沧地区公安志/2822

010118424 临沧地区汉语方言志/2824

009149423 临沧地区民族志/2824

009399284 临沧地区交通志/2823

010201600 临沧地区农村金融志/2824

009149424 临沧地区志/2822

009125982 临沧地区林业志/2823

013958753 临沧地区法院志 1953-2004/2823

008665683 临沧地区科技志/2824

009338003 临沧地区烟草志/2823

013461575 临沧地区检察志 1945-2000/2823

009414992 临沧地区粮油志/2823

007806434 临沧县志/2824

013730189 临沧县政协志 1950-2004/2824

013461576 临沧县税务志/2825

011589947 临沧烟草志 1985-2005/2823

013319703 临武县人大志/2080

008453327 临武县地名录/2081

013336292 临武县志 1988-2005/2080

012955048 临武县政协志 1983-2007/2080

012203009 临沭县人大志 1949.10-2007.12/1572

012203013 临沭县人民医院志/1573

011499264 临沭县水利志/1572

012542626 临沭县交通志/1572

013793174 临沭县军事志 前585-2005/1572

007974875 临沭县志/1572

012813948 临沭县财政志/1573

012832447 临沭县政协志/1572

008829154 临河市工商志/433

008829152 临河市卫生志/434

008829157 临河市公安志/433

007819156 临河市志/433

008829159 临河市粮食志/433

013862823 临河村志/62
013000327 临河村志 1900-2010 评审稿/1484
011325013 临城县文物志/175
008533874 临城县地名资料汇编/175
008622859 临城县志/175
007478000 临泉县志/1170
011892109 临泉县志 1986-2005/1170
009675924 临朐名胜志/1516
013129947 临朐村镇志略 五井卷/1515
013862831 临朐村镇志略 冶源卷/1515
013753453 临朐县技工学校校志 1988.4-1997.12/1515
004893173 临朐县志/1515
009675927 临朐县志 1988-2000/1515
007905721 临洮县志/3075
008994319 临洮县志/3075
012899086 临洮县志 1986-2005/3075
010687010 临洮教育志/3075
012505334 临洮教育志 续编 1992-2000/3075
012639772 临桂县土地志/2298
008924749 临桂县地名志/2298
007882026 临桂县志/2298
011567227 临桂县财政志/2298
013319700 临桂县供电志/2298
012097750 临夏人物志/3079
008190743 临夏市志/3079
013184334 临夏市志 1986-2005/3079
011475309 临夏回族自治州土地管理志/3079
008453848 临夏回族自治州公路交通史/3079
008453850 临夏回族自治州教育志/3079

007905780 临夏州志/3078
010776985 临夏州志外贸志 送审稿/3079
011584540 临夏州金融志/3079
008486759 临夏县志/3079
012542616 临高县土地志/2354
008822808 临高县志/2354
011997344 临浦镇志/987
013897228 临浦镇第一小学校志 1904-2004/991
014047647 临海中学校志 1978-1998/1094
009799846 临海文物志/1094
008662212 临海市土地志/1093
010577085 临海市公安志/1093
012899060 临海市电力工业志 1992-2005/1093
012265293 临海市交通志 1986-2003/1093
013990908 临海市退休教师协会简志 1983-2003/1093
009995984 临海市教育志/1093
014047641 临海市第六中学十年校志 1998.8-2008.8/1094
011328401 临海农场志 1960-1995/931
013730192 临海县交通志/1093
007384533 临海县志/1092
009126422 临海林业特产志/1093
008955631 临海宗教志/1092
012139477 临海政协志 1998-2006/1092
012639766 临涣选煤厂志/1148
011311045 临涣煤矿志 1985-1995/1146
009959301 临涣煤矿续志 1995-2005/1146
010276030 临盘指挥部志/1411
012899094 临猗工商税志/328
008382639 临猗县工商行政管理志/328
008535004 临猗县电力工业志 1953-

1998 /328

008923672 临猗县地名志 /328

008379777 临猗县志 /328

012251417 临猗县志 /328

012764730 临猗县教育志 /328

011499237 临猗县教育志修订稿 /328

012899098 临猗政协志 /328

010577388 临清方言志 /1591

011319957 临清市二轻工业志 第一稿 /1590

013958754 临清市人民医院志 /1591

011320038 临清市工会志 初稿 /1590

011762876 临清市水利志 /1591

007806751 临清市志 /1590

012813945 临清市志 /1590

012051655 临清市金融志 /1591

013898033 临清市政协志 /1590

013064998 临清市第二中学志 1950-2010 /1591

008452379 临清邮电志 /1591

011762881 临清姓氏志 /1591

012051664 临淄区人大志 /1461

002986282 临淄区志 /1461

011499279 临淄区志 /1461

013508652 临淄区学官中学志 1983-2011 /1462

010143777 临淄文物志 /1462

009817819 临淄政协志 /1461

013898036 临颍地方税务志 /1757

013684546 临颍县水利志 /1757

008426147 临颍县农业生产资料志 /1757

012719198 临颍县戏曲志 /1757

007806629 临颍县志 /1757

012051658 临翔区供销合作社志 /2825

013129949 临翔区审计志 /2825

013601790 临湘市人民代表大会志 /2043

009383727 临湘市卫生志 /2044

013932470 临湘市军事志 935-2005 /2043

008206906 临湘市志 /2043

008422419 临颍县卫生志 /1757

012719207 临漳一中志 /165

012639756 临漳县土地志 /164

008533295 临漳县地名资料汇编 /165

009381091 临漳县交通志 /165

008486761 临漳县志 /164

007850906 临潭县志 /3083

012097744 临潭县志 1991-2006 /3083

005591299 临潼县志 /2948

013000333 临潼政协志 /2948

013898027 临澧县军事志 1949-2006 /2059

007903918 临澧县志 /2059

013820637 临澧县志 1986-2003 /2059

012051653 临澧县灾害志 1729-2008 /2059

012174146 临澧县灾害志 送审稿 /2059

星

004102836 星子县志 /1319

009386262 星子县邮电志 /1319

009116635 星子县供销合作社志 /1319

011328664 星子县政协志 1984-2005 /1319

013604261 星子县粮食志 /1319

012900112 星火志 1936-1949 /953

011961196 星甸镇志 /819

010776964 星星哨水库志 1958-1985 /611

昭

013512003 昭平土地志 /2326

013190063 昭平风物志 /2326

012612917 昭平台库区乡地名志 /1707

007910126 昭平县志/2325

008596650 昭平县教育志/2326

009379971 昭平松脂志/2326

012317234 昭平建设志/2325

008539725 昭平森工志/2326

009348309 昭苏县志/3212

011445673 昭苏县邮电志/3212

009244539 昭和制钢所二十年志 1918-1938/516

008428851 昭觉县志/2616

013707195 昭觉县志 1991-2005/2616

010293947 昭通少数民族志/2802

008637271 昭通市志/2802

012816174 昭通市志 1978-2005/2802

012141545 昭通市昭阳区公安道路交通管理志/2803

010201640 昭通市检察志/2802

010243931 昭通地区人民医院志/2802

007685867 昭通地区土特名产志/2802

008420913 昭通地区公安志/2802

007849151 昭通地区志/2801

011590242 昭通卷烟厂志/2802

011590244 昭通烟草志 1982-2006/2802

012956823 昭通检察志/2802

贵

009145583 贵儿戏志/2216

013860631 贵车厂志 1966-1988/2634

001718679 贵州风物志/2629

011473116 贵州风俗图志/2629

009852650 贵州文物志稿/2629

006272890 贵州鸟类志/2630

004935558 贵州地方志举要/2628

013129074 贵州师范大学七十年志 1941-2011/2636

009380806 贵州吸虱类蚤类志/2630

012998981 贵州兴义化工总厂厂志 1966-2002/2686

008454134 贵州军事志资料/2626

006536820 贵州农林昆虫志/2630

013647484 贵州赤天化集团有限责任公司赤天化志 1988-1997/2635

011068427 贵州两栖类志/2630

013626465 贵州轮胎股份有限公司志 1958-2008/2635

009250951 贵州鱼类志/2630

008540317 贵州省三都水族自治县地名录/2710

008665841 贵州省三穗县地名志/2696

008540983 贵州省万山特区地名录/2678

008541129 贵州省天柱县地名志/2697

013528953 贵州省水文地质志/2629

008067438 贵州省水利艺文志/2627

008540014 贵州省仁怀县地名录/2655

008541047 贵州省从江县地名志/2700

008541005 贵州省丹寨县地名志/2702

008541026 贵州省凤冈县地名录/2659

008541020 贵州省六盘水市地名录/2647

009145753 贵州省文史研究馆志/2636

008540314 贵州省石阡县地名志/2680

013819435 贵州省龙里中学校志/2709

013897151 贵州省龙里中学校志 1941-2011/2709

008539975 贵州省龙里县地名录/2709

008540329 贵州省平坝县地名录/2664

008541050 贵州省平塘县地名录/2708

008298327 贵州省电力工业志/2626

012541583 贵州省电力工业志 1991-

2002/2626
008539978 贵州省册亨县地名录/2688
008539993 贵州省台江县地名志/2699
009560679 贵州省地名志/2629
009348630 贵州省地名志溶洞录/2629
013772662 贵州省地质矿产勘查开发局测绘院院志 1958-2008/2637
013647489 贵州省有色地质勘查局二总队志/2646
013772660 贵州省毕节地区农村金融志 1667-1987/2670
008541027 贵州省毕节县地名录/2670
008541133 贵州省贞丰县地名录/2688
008540023 贵州省关岭布依族苗族自治县地名录/2666
013528952 贵州省关岭布依族苗族自治县教育志/2666
013369923 贵州省江口县人民代表大会志/2679
012252912 贵州省兴义市档案志/2687
008540046 贵州省兴仁县地名录/2687
013316209 贵州省安龙县财政志/2689
007988979 贵州省安顺地区水利电力工程志/2663
012638817 贵州省安顺地区水利电力志/2662
008539951 贵州省赤水县地名志/2654
008700583 贵州省志/2621
013183459 贵州省志人民代表大会志/2621
010294081 贵州省志社会科学志 送审稿/2621
008036609 贵州省志第1卷 出版志/2621
006865833 贵州省志第2卷 财政志/2621
008541158 贵州省志第3卷 城乡建设志/2621

008541177 贵州省志第4卷 国民经济计划志/2621
008541168 贵州省志第6卷 人事志/2621
008541162 贵州省志第7卷 审判志/2621
008541159 贵州省志第8卷 水利志/2622
008541172 贵州省志第9卷 司法行政志/2622
008541183 贵州省志第10卷 对外贸易经济合作志/2622
008541163 贵州省志第11卷 文化志/2622
008541154 贵州省志第12卷 民政志/2622
008683716 贵州省志第13卷 汉语方言志/2622
008683791 贵州省志第14卷 劳动志/2622
008672214 贵州省志第15卷 气象志/2622
008683701 贵州省志第16卷 电力工业志/2622
008683754 贵州省志第17卷 检察志/2622
008683768 贵州省志第18卷 建筑志/2622
008683783 贵州省志第19卷 军事志/2622
008683796 贵州省志第20卷 林业志/2622
008683710 贵州省志第21卷 广播电视志/2623
008683776 贵州省志第22卷 金融志/2623
008683859 贵州省志第23卷 民用航空志/2623
008683935 贵州省志第24卷 物价志/2623
008683930 贵州省志第25卷 统计志/2623
009145757 贵州省志第26卷 公安志/2623
009043382 贵州省志第27卷 环境保护志/2623
009189470 贵州省志第28卷 文物志/2623
008683923 贵州省志第29卷 铁道志/2623
009043307 贵州省志第30卷 档案志/2623

009043312 贵州省志第31卷 武警志/2623
009198339 贵州省志第32卷 供销合作志/2623
009189721 贵州省志第33卷 文学艺术志/2623
008541199 贵州省志第34卷 民族志/2624
008781576 贵州省志第35卷 农业志/2624
008781579 贵州省志第36卷 社会科学志/2624
009105246 贵州省志第37卷 工业经济志/2624
009413348 贵州省志第38卷 质量技术监督志/2624
009265528 贵州省志第39卷 乡镇企业志/2624
009310946 贵州省志第40卷 化学工业志/2624
009399104 贵州省志第41卷 报纸志/2624
009010560 贵州省志第42卷 有色金属工业志/2624
009310948 贵州省志第43卷 政协志/2624
009959608 贵州省志第44卷 工商行政管理志/2624
011312718 贵州省志第45卷 党派社团志/2624
002988353 贵州省志第46卷 大事记 1949-1985/2624
002986518 贵州省志第47卷 地理志/2625
002986522 贵州省志第48卷 名胜志/2625
002986647 贵州省志第49卷 机械电子工业志/2625
002986742 贵州省志第50卷 黑色冶金工业志/2625
002986745 贵州省志第51卷 煤炭工业志/2625
002987554 贵州省志第52卷 教育志/2625
002987916 贵州省志第53卷 商业志/2625
002990734 贵州省志第54卷 交通志/2625
007910048 贵州省志第55卷 物资志/2625
007910036 贵州省志第56卷 邮电志/2625
007910046 贵州省志第57卷 地质矿产志/2625
007910047 贵州省志第58卷 科学技术志/2625
007910050 贵州省志第59卷 审计志/2625
007910051 贵州省志第60卷 轻纺工业志/2626
007910049 贵州省志第61卷 粮食志/2626
010280325 贵州省志第62卷 宗教志/2626
012049412 贵州省志第63卷 旅游志/2626
013045553 贵州省志第64卷 体育志/2626
013752343 贵州省志第65卷 大事记/2626
008539990 贵州省岑巩县地名志/2697
008540968 贵州省余庆县地名录/2659
008539985 贵州省纳雍县地名录/2673
008541037 贵州省凯里市地名志/2695
008541034 贵州省瓮安县地名录/2708
008540992 贵州省织金县地名录/2673
008540056 贵州省威宁彝族回族苗族自治县地名录/2674
008540025 贵州省贵定县地名录/2707
008540216 贵州省思南县地名录/2680
013316212 贵州省科协志/2627
008541041 贵州省剑河县地名志/2698
008660259 贵州省剑河县林业志/2698
008540324 贵州省独山县地名录/2708
008541039 贵州省施秉县地名志/2695
008964677 贵州省都匀市地名志/2707

008540041 贵州省息烽县地名录/2641

013335276 贵州省畜牧志/2626

011564654 贵州省畜禽品种志/2637

010475773 贵州省烟草科学研究所所志/2637

013704047 贵州省绥阳县工商行政管理志/2657

008541131 贵州省绥阳县地名志/2657

008540996 贵州省黄平县地名志/2695

008540980 贵州省铜仁县地名录/2678

008540994 贵州省麻江县地名志/2701

008539966 贵州省清镇县地名志/2640

010108642 贵州省博物馆藏品志/2637

008541016 贵州省紫云苗族布依族自治县地名录/2666

008540336 贵州省普安县地名录/2688

008540977 贵州省普定县地名录/2665

008540974 贵州省道真县地名录/2661

008540963 贵州省湄潭县地名录/2659

008541044 贵州省锦屏县地名志/2698

012049415 贵州省煤田地质局志/2637

008541008 贵州省福泉县地名志/2707

013752341 贵州省赫章一小校志 1909-2009/2673

008541033 贵州省赫章县地名录/2673

008541051 贵州省榕江县地名志/2700

008539959 贵州省镇远县地名志/2696

008540998 贵州省黎平县地名志/2699

008540959 贵州省遵义市地名志/2653

013926274 贵州省遵义医院院志 1998-2008/2653

009335877 贵州省黔东南苗族侗族自治州地名志/2694

007851003 贵州省黔东南苗族侗族自治州地名志/2694

008540989 贵州省黔西县地名录/2671

011757901 贵州食用真菌和毒菌图志/2630

012832038 贵州送变电公司志/2635

013728702 贵州蚊类志/2630

013688683 贵州酒中酒集团志/2655

009429571 贵州通志 第1卷 人物志/2626

013683678 贵州绥阳县检察志 1950-2010/2657

011068472 贵州兽类志/2630

003146871 贵州植物志/2629

013129079 贵州税务志 1949.11-1987/2626

013926004 贵州蕨类植物志/2630

013819437 贵州橡胶配件厂厂志 1969-1986/2635

012173820 贵池市人民代表大会志/1184

012898437 贵池市人民检察志 1986-2000/1184

012139141 贵池市志 1988-2000/1184

007491012 贵池县志/1184

009380013 贵阳文物志/2636

012097376 贵阳市三江劳教志/2634

009332472 贵阳市小河区志/2638

009878739 贵阳市云岩区志/2638

008660312 贵阳市乌当区地名志/2638

011579877 贵阳市乌当区志/2637

011564648 贵阳市白云区志/2639

013528951 贵阳市地方税务志/2636

013819402 贵阳市协办中华人民共和国第九届少数民族传统体育运动会工作志/2636

013752329 贵阳市创建国家卫生城市工作志/2637

012952048 贵阳市交通志 1978-2008/2635
008627604 贵阳市志/2630
007914581 贵阳市志第1卷 建置志/2633
008620109 贵阳市志第2卷 地理志/2630
007913539 贵阳市志第3卷 军事志/2631
007913604 贵阳市志第4卷 科学技术志/2631
007913600 贵阳市志第5卷 教育志/2631
007913496 贵阳市志第6卷 民政志/2631
007913540 贵阳市志第7卷 城市建设志/2631
008053787 贵阳市志第8卷 文物志/2631
008541869 贵阳市志第9卷 税务志/2631
008486429 贵阳市志第10卷 交通志/2631
008486436 贵阳市志第11卷 农林水利蔬菜志/2631
008486432 贵阳市志第12卷 邮政电信志/2631
008541891 贵阳市志第13卷 财政志/2631
008660332 贵阳市志第14卷 大事记 1911-1998/2631
008541877 贵阳市志第15卷 党派群团志/2631
008660329 贵阳市志第16卷 房地产志/2632
008541881 贵阳市志第17卷 工商行政管理志/2632
008660326 贵阳市志第18卷 民族志/2632
008541879 贵阳市志第19卷 土地管理志/2632
008541873 贵阳市志第20卷 卫生志/2632
008379755 贵阳市志第21卷 工业志/2632
008053786 贵阳市志第22卷 文化新闻志/2632
009043393 贵阳市志第23卷 社会志/2632
009839212 贵阳市志第24卷 检察 法院 司法行政志/2632
009335981 贵阳市志第25卷 计划统计志/2632
008781625 贵阳市志第26卷 乡镇企业志/2632
009335985 贵阳市志第27卷 铝工业志/2632
009250985 贵阳市志第28卷 烟草工业志/2632
008781615 贵阳市志第29卷 粮食供销外贸蔬菜医药志/2633
009399088 贵阳市志第30卷 金融志/2633
009310930 贵阳市志第31卷 矿业 煤炭 钢铁 电力 机械电子工业志/2633
009673798 贵阳市志第32卷 人大 政府 政协志/2633
009310932 贵阳市志第33卷 武警志/2633
009319319 贵阳市志第34卷 劳动 审计 物价 技术监督志/2633
008781608 贵阳市志第35卷 宗教志/2633
011497741 贵阳市志第36卷 公安志/2633
013375783 贵阳市志第37卷 人物志/2633
011497739 贵阳市花溪区志/2638
013528932 贵阳市财政志 1978-2008/2636
012658554 贵阳市国土资源志 1978-2008/2634
013091096 贵阳市建设志 1949-2009/2634
012609893 贵阳市城乡规划志/2637
011328731 贵阳市政协志 1950.1-2007.1/2633
012898440 贵阳市南明区后巢乡志/2638
011954081 贵阳市南明区志/2638
009310294 贵阳市南明区街道志/2638
009379990 贵阳发电厂志 1927-1995/2634

013404375 贵阳发电厂志 1996-2000 /2635
009472103 贵阳知青图志 /2634
009380009 贵阳供电志 1926-1994 /2635
012832036 贵阳供电段志 1984-2004 /2635
013129071 贵阳法院志 /2634
008869578 贵阳铁路分局志 1898-1988 /2636
008598418 贵阳消防志 /2633
013626463 贵阳铝镁设计研究院院志 1958-2008 /2635
013183457 贵阳清华中学志 /2636
008486424 贵定县志 /2707
007588033 贵南县志 /3106
010474227 贵南牧场志 1933-1993 /3106
012541578 贵铝志 /2634
012541573 贵港市人民医院志 1938-2008 /2315
008595814 贵港市土地志 /2314
013819395 贵港市卫生志 1990-2004 /2315
008665241 贵港市水利电力志 /2314
007424756 贵港市志 /2314
008595824 贵港市教育志 /2315
008665240 贵港市粮食志 /2315
008665238 贵溪市邮电志 /1326
008389992 贵溪县志 /1326
011431582 贵溪县政协志 /1326
008429275 贵溪冶炼厂科学技术志 /1326
007493553 贵德县志 /3106

界

010778598 界河镇志 1988-2005 /1471
013092996 界首市人民医院院志 1950-2000 /1170
013012650 界首村志 /1104
007491033 界首县志 /1170
011580202 界首镇志 /940

虹

012952120 虹口卫生志 /754
008170112 虹口区志 /754
010777277 虹口区教育志 /754
013926310 虹桥史志 1997-2008 /658
013129152 虹桥镇志 /1025

思

011477215 思茅市交通志 /2813
012899427 思茅市墨江林业局志 /2817
008426323 思茅地区水利志 /2813
012208227 思茅地区公安志 1905-2003 /2813
009388578 思茅地区文化志 /2814
013603185 思茅地区农村金融志 /2814
008390682 思茅地区志 /2813
009867370 思茅地区邮电志 /2813
008427055 思茅地区金融志 /2814
008837141 思茅地区建设银行志 /2814
008597934 思茅地区科学技术志 /2814
009840418 思茅地区教育志 /2814
008390670 思茅地区商业志 /2814
013067234 思茅地区精神病医院院志 1979-1999 /2815
006567463 思茅县志 /2815
011955485 思茅镇志 /2815
013991536 思明侨志 /1229
012140284 思南县广播电视志 1951-1990 /2680
012955992 思南县民族志 /2680
008784325 思南县志 /2680
013660322 思南县志 1978-2010 /2680

013462587　思南县金融志 1381-1986 /2680

郧

007587994　郧西县志 /1869

010962456　郧西县烟草志 /1869

013236349　郧西县税务志 /1869

011480456　郧西林业志 /1869

013308918　[郧阳地区] 拨叉厂志 1967-1987 /1857

012175228　郧阳医学院志 1965-2005 /1865

013343574　郧县电力志 1955-2008 /1868

013661596　郧县交通志 /1868

008990393　郧县志 /1868

013707173　郧县劳动志 1986-1994 /1868

012878910　郧县邮电志 /1868

013464331　郧县财政志 /1869

012769569　郧县建设志 /1868

010962459　郧县烟草志 /1868

013323143　郧县粮食志 暂定稿 /1868

响

013775979　响水县土地志 /929

013145651　响水县水利志 /930

007932031　响水县志 /929

014052847　响水县税务志 1940-1987 /929

009385451　响洪甸水电站志 /1181

012506339　响洪甸水库电站志 1986-2008 /1180

012970547　响滩镇志 1985-2005 /2580

哈

008378728　哈一机厂志 1950-1985 /655

010195538　哈木器厂志 /655

009348296　哈巴河县志 /3222

012679452　哈尔滨三五味业集团有限公司志 1995-2009 /656

007779402　哈尔滨工会志 文献篇 1928-1990 /652

008846521　哈尔滨无线通信筒志 /657

009797065　哈尔滨车辆厂志 /654

009879601　哈尔滨水利志 /655

009405908　哈尔滨气化厂志 /654

012264953　哈尔滨气化厂志 2001-2006 /654

012097388　哈尔滨书业志 /658

009411565　哈尔滨电业局志 1905-1985 /654

009960110　哈尔滨电机厂志 1951-1985 /654

009311352　哈尔滨电影志 /658

012638821　哈尔滨市人民代表大会志 /652

012638826　哈尔滨市人民代表大会志 1992.12-2007.1 /653

009853054　哈尔滨市三大农作物优良品种志 /659

010474232　哈尔滨市五金交电商业志 /657

005591343　哈尔滨市太平区志 /661

010475311　哈尔滨市公路志 /657

011759039　哈尔滨市龙江制鞋厂志 1952-1984 初稿 /655

013792168　哈尔滨市动力区志 1989-2006 /661

013528962　哈尔滨市地名志 /658

011759029　哈尔滨市妇联志 /652

013626490　哈尔滨市红十字儿童医院院志 /659

008445132　哈尔滨市志 第2卷 大事记 人口 /650

009117297　哈尔滨市志 第3卷 自然地理 /650

008445154　哈尔滨市志 第4卷 城市规划 土地

市政公用建设/650

008054981 哈尔滨市志第5卷 建筑业 房产业/650

008445135 哈尔滨市志第6卷 交通/650

009117303 哈尔滨市志第7卷 邮政 电信/650

013528965 哈尔滨市志第7卷 党政群团 1991-2005/650

009117302 哈尔滨市志第8卷 电力工业 石油化学工业/650

008054980 哈尔滨市志第10卷 电子仪表工业 冶金工业/650

008445139 哈尔滨市志第13卷 建材工业 木材工业/650

008445157 哈尔滨市志第14卷 农业 水利/651

008054979 哈尔滨市志第15卷 日用工业品商业 副食品商业 饮食服务业/651

009338134 哈尔滨市志第18卷 金融/651

009203789 哈尔滨市志第19卷 财政 税务 审计/651

008445142 哈尔滨市志第22卷 环境保护 技术监督/651

008445159 哈尔滨市志第24卷 教育 科学技术/651

009338166 哈尔滨市志第25卷 报业 广播电视/651

008445146 哈尔滨市志第26卷 文化 文学艺术/651

008661688 哈尔滨市志第28卷 中共地方组织/651

008445150 哈尔滨市志第29卷 政权/651

009338307 哈尔滨市志第30卷 政协 民主党派 工商业联合会/651

009117289 哈尔滨市志第32卷 公安 司法行政/651

008380049 哈尔滨市志第33卷 民政侨务/652

008445152 哈尔滨市志第34卷 宗教 方言/652

008661685 哈尔滨市志第36卷 人物 附录/652

013776528 哈尔滨市医药商业志/657

008378960 哈尔滨市纺织系统厂志汇集/654

010140695 哈尔滨市建筑业志 1898-1990/654

012139157 哈尔滨市爱国卫生运动史志 1952.3-1990.12/659

009743764 哈尔滨市烟草志/655

011759035 哈尔滨市家具装饰工业志 1930-1990/654

012191856 哈尔滨市第一市政工程公司史志 1952-1987/653

013626486 哈尔滨市第一医院志 1913-2000/659

014030787 哈尔滨市第三中学校志 1923-2013/658

013507825 哈尔滨市道路交通管理志 1898-1996/656

009797069 哈尔滨发电厂志 1926-1985/654

008383926 哈尔滨机务段志 1898-1998/656

011890757 哈尔滨轨道交通装备有限责任公司志 1996-2007/654

013683683 哈尔滨医科大学附属第一医院志 1949-1985/659

007684066 哈尔滨饮食服务志/657

013626494 哈尔滨制药二厂志 1975-

1997/655

010140725　哈尔滨物价志 1888-1985/657

009009933　哈尔滨卷烟厂志/654

011757925　哈尔滨房产志 1896-1990/653

010239346　哈尔滨城市金融志 1946-1990/657

010109121　哈尔滨轴承厂史志 1950-1985/655

007490449　哈尔滨科学技术志/658

011564664　哈尔滨音乐志/658

011579882　哈尔滨热电总厂志哈尔滨热电厂志卷/654

009743732　哈尔滨铁路分局志 1896-1995/656

013626491　哈尔滨铁路运输中级法院志 1953-2008/653

010109053　哈尔滨铁路局工会志 1946-2004/652

012758856　哈尔滨铁路局齐齐哈尔中心医院院志 1928-1998/673

008364343　哈尔滨铁路局志 1896-1994/656

009790470　哈尔滨铁路局牡丹江站志 1901-2001/705

013957141　哈尔滨铁路枢纽扩建工程史志/655

005555650　哈尔滨铁路总工会志 1946-1985 初稿/652

010293680　哈尔滨铁路检察志 1953-2003/653

009992239　[哈尔滨站]站志 1899-1999/658

009743770　哈尔滨烟叶公司志/655

008445163　哈尔滨海关志/657

011482864　哈尼族史志辑要/2723

008380675　哈达图牧场志/418

011995681　哈达图牧场志 1958-2008/422

011890763　哈汽志 1956-2006/655

011320485　哈药厂 1958-1997/655

012191866　哈萨克药志/3162

012541595　哈萨克药志/3162

001920201　哈萨克语简志/3159

010474216　哈密文物志/3178

012967599　哈密瓜志/3177

010779179　哈密市志 1977-2000/3177

009128397　哈密地区电力工业志 1938-1998/3176

009174492　哈密地区地方税务志 1994-2002/3177

011476871　哈密地区交通志/3176

008063809　哈密地区志/3176

011759041　哈密地区劳动人事志 1950-1990/3176

013528989　哈密地区邮电志/3176

013528984　哈密地区财政志/3176

013772667　哈密地区金融志 1991-2010/3177

013528987　哈密地区审判志/3176

009313381　哈密地区教育志/3177

013528986　哈密地区商业志/3176

007509277　哈密县志/3177

013222085　哈密矿务局志 1986-1997/3176

011476879　哈密金融志/3177

峡

010576826　峡山街道志/2180

008429250　峡江县水利志/1348

010110762　峡江县邮电志/1348

013603455　峡江县粮食志/1348

钟

012879028 钟山县土地志/2326

007490422 钟山县志/2326

012847058 钟公庙街道志/1006

012175598 钟祥水利志/1901

012317820 钟祥电力工业志 1950-2007/1900

012052666 钟祥市工商行政管理志/1900

013190412 钟祥市政协志 1988.1-2008.2/1900

009992702 钟祥市烟草志/1900

014056718 钟祥市烟草志资料长编/1901

013148980 钟祥市教育志 1988-2005/1901

009685867 钟祥机构编制志/1900

013798786 钟祥县农业志 1949-1989/1900

007903913 钟祥县志/1899

011327615 钟祥县劳动人事志/1900

005018561 钟祥县邮电志 1182-1984/1901

011292120 钟祥县供销商业志 1949-1981/1901

009797307 钟祥县金融志 1820-1985/1901

011327100 钟祥县政协志/1900

013824986 钟祥税务志/1901

006933839 钟楼区志 1840-1985/871

011321154 钟楼区志 1986-2002/871

009840527 钟管镇志/1045

钢

012872310 钢铁研究总院院志 1986-2002/40

钦

009510602 钦州市土地志/2313

010475848 钦州市民族志/2313

008596063 钦州市志/2313

008539746 钦州市邮电志/2313

009839207 钦州市金融志/2313

008596067 钦州市教育志/2313

钧

008989676 钧瓷志/1752

拜

009393139 拜城县志/3183

010572377 拜城县志送审二稿/3183

009619729 拜城县志送审稿 三稿/3183

007902339 拜泉县志/679

013702861 拜泉县志 1986-2005/679

看

013897695 看丹村志/52

适

011908829 适中镇志/1269

香

008949785 香山公园志/41

011909137 香亦铅锌矿志 1958-1985/1489

008645378 香坊区志/661

012545436 香坊区教育志 1991-2005/661

010201778 香花岭锡矿志 1912-1980/2081

009881522 香花桥志/779

012545442 香河县人民医院院志/234

008838844 香河县土地志/234

008533901 香河县地名资料汇编/234

009380970 香河县交通志/234

008828343 香河县志/234

013822991 香河县教育志 明-1990/234

013775974 香城镇志 初稿/1526

012956557 香格里拉县一中校志 1996-2005/2904

012767051 香格里拉县人民代表大会志

1950.5-2003.5/2903

013959599 香格里拉县上江乡志/2902

012684992 香格里拉县小中甸镇志/2903

011068544 香格里拉县五中校志 1985-2005 /2904

012767049 香格里拉县交通运输志/2903

012767047 香格里拉县财政志/2903

010201627 香格里拉县林业志/2903

013343362 香格里拉县第六中学校志 /2903

012767053 香格里拉县税务志/2903

013190411 香港中西区风物志/3260

012009347 香港风物志/3259

001738329 香港方物志/3259

001737881 香港方物志/3259

001738328 香港方物志/3259

008138040 香港电影图志 1913-1997/3259

007983969 香港地名录/3260

010587884 香港回归十年志/3259

007981698 香港离岛史迹志/3259

009332416 香摩李居志/1420

秭

008492843 秭归迁城志/1883

011294792 秭归县人口志/1882

013965101 秭归县土壤志/1883

009553745 秭归县水土保持志/1882

009147404 秭归县交通志/1882

011501628 秭归县交通志续卷/1882

006497386 秭归县志/1881

012690300 秭归县志 1979-2005/1881

011501626 秭归县财政志/1882

011810579 秭归县国土资源志/1882

013134401 秭归县政协志 1981-1992/1882

009880101 秭归县烟草志/1882

008453123 秭归县移民志/1882

009441908 秭归县移民志续卷/1882

科

013959387 ［科左中旗国家税务局］税务志/409

013224518 科左后旗政法志/412

009675769 科尔沁左翼中旗志/411

012719156 科尔沁左翼中旗志 1998-2008 /411

012968130 科尔沁左翼中旗财政志 1986-2000/411

013000289 科尔沁左翼后旗人民代表大会志/411

008729969 科尔沁左翼后旗志/411

012139427 科尔沁左翼后旗志 1989-2007 /411

013861873 科尔沁左翼后旗政协志 1980-2003/411

006356702 科尔沁右翼中旗志/442

011996849 科尔沁右翼中旗志/442

008535831 科尔沁右翼前旗工商物价管理志/442

011954501 科尔沁右翼前旗地名志/442

004436234 科尔沁右翼前旗志/441

009198627 科尔沁右翼前旗志/441

012639210 科尔沁右翼前旗志 1989-2005 /441

009414058 科尔沁右翼前旗财政志/442

重

009198609 重庆人事志/2360

012612880 重庆三峡中心医院志 1999-2008 /2367

011295921 重庆三峡移民志第1卷 库区原貌/2360

012816266 重庆三峡移民志第2卷 论证与规划/2360

012636506 重庆三峡移民志第3卷 移民实施/2360

001737061 重庆工商人物志/2361

009689063 重庆工商行政管理志 1840-1985/2361

012724130 重庆万州国土资源志/2370

012100992 重庆万州烟草志/2370

008430572 重庆卫生志送审稿/2367

007621135 重庆内河航运志/2363

007660652 重庆化工志/2362

009689065 重庆公用事业志/2361

009408187 重庆文化艺术志/2365

011066979 重庆方言志/2365

008421750 重庆石中校志原重庆第五十八中学 1957-1987/2365

009783868 重庆石油学校志 1951-1990/2368

008429574 重庆电业局教育志 1950-1990/2365

009689062 重庆电信志 1886-1990/2364

007590155 重庆市人民代表大会志/2359

009840530 重庆市人民检察院第二分院志/2360

008388826 重庆市九龙坡区志/2374

010777260 重庆市九龙坡区国土志送审稿/2374

009689067 重庆市工会志 1998-2002/2359

009198612 重庆市土地管理志/2361

012636499 重庆市大渡口区八桥镇志/2372

007522232 重庆市大渡口区志/2372

014056720 重庆市万州区民政志/2369

009553207 重庆市卫生防疫站志 1953-1990/2367

009867435 重庆市卫生志 1840-1985/2367

009867433 重庆市天然气工业志 1840-1985/2363

009553273 重庆市中区政协志/2368

010244790 重庆市中医研究所志 1900-1989/2367

008428059 重庆市水上运输公司志/2364

008428060 重庆市水利志/2363

012636501 重庆市长寿区志 2002-2006/2380

013134083 重庆市长寿区志区人民医院志 1940-2006/2380

012256689 重庆市公安志/2360

007621133 重庆市公路运输志/2363

008992462 重庆市计划生育志/2359

008414535 重庆市计划管理志/2361

008414160 重庆市双桥区地名录/2366

009745001 重庆市双桥区志/2377

013940889 重庆市北碚区人民代表大会志 1990-2002/2375

005559111 重庆市北碚区志/2375

013512122 重庆市电力工业志 1986-2002/2362

007621121 重庆市市中区文化艺术志/2369

007731545 重庆市市中区志/2368

009553202 重庆市市中区园林绿化志 1840-1985/2369

008430563 重庆市市中区财政志/2369

008844962 重庆市市中区房地产志/2368

009553198 重庆市市中区城市建设志 1840-1990／2369

008429104 重庆市市中区教育志／2369

008670921 重庆市市政环卫建设志／2361

013961441 重庆市永川区教育志汇龙小学校志 1935-2012／2385

013961445 重庆市永川区教育志永兴小学校志 1925-2012／2385

013776469 重庆市永川区教育志两河小学校志 1953-2010／2385

013961443 重庆市永川区教育志普安小学校志 1925-2012／2385

013866375 重庆市地震监测志／2366

007590156 重庆市机械工业志 1902-1992／2363

009689072 重庆市江北区工会志／2372

008421762 重庆市江北区华新街街道志／2372

007881945 重庆市江北区志／2372

008430565 重庆市江北区房地产志／2372

009818374 重庆市江北区科技志／2373

009337818 重庆市江津县交通志／2381

008670897 重庆市军事志／2360

008424687 重庆市农业生产资料商业志／2360

008844129 重庆市农业志综述／2361

009818381 重庆市农牧渔业志／2361

007621191 重庆市防空志／2360

011312681 重庆市志工会志 1986-2005／2357

011312683 重庆市志气象志 1891-2005／2358

012208664 重庆市志电信志 1986-2005／2357

011312678 重庆市志出入境检验检疫志 1891-2005／2357

011295872 重庆市志出版志 1840-1987／2357

012690281 重庆市志共青团志 1986-2005／2357

013759462 重庆市志农业银行志 1979-2008／2358

008492849 重庆市志报业志／2357

009553246 重庆市志国防科技工业志／2357

013798792 重庆市志供销合作志 1989-2008／2357

009890617 重庆市志烟草志 1621-2003／2358

010280461 重庆市志第 2 卷／2358

010280483 重庆市志第 3 卷／2358

008849212 重庆市志第 4 卷／2358

008849213 重庆市志第 5 卷／2358

008849219 重庆市志第 6 卷／2358

008849220 重庆市志第 7 卷／2358

010280656 重庆市志第 8 卷／2358

009840533 重庆市志第 9 卷／2358

010280676 重庆市志第 10 卷／2359

008849223 重庆市志第 11 卷／2359

010280690 重庆市志第 12 卷／2359

010280703 重庆市志第 13 卷／2359

010280748 重庆市志第 14 卷／2359

009553259 重庆市志税务志 1840-1985／2358

008424803 重庆市求精中学校志 1891-1998／2365

007559806 重庆市园林绿化志／2367

009553133 重庆市财政志／2364

010252663 重庆市沙坪坝区人民法院志／2373

013661837 重庆市沙坪坝区公安志／2373

013759377 重庆市沙坪坝区文化志／2374

008418595 重庆市沙坪坝区石桥乡志／2373

009553190 重庆市沙坪坝区民政志／2373

009553186 重庆市沙坪坝区交通志/2374

007657581 重庆市沙坪坝区志/2373

009553183 重庆市沙坪坝区财政志/2374

008428063 重庆市沙坪坝区城乡建设志/2373

008421773 重庆市沙坪坝区城市改造建设志/2373

009783860 重庆市沙坪坝区覃家岗乡志/2373

008672140 重庆市沙坪坝区覃家岗镇新桥村志/2373

007665137 重庆市轮渡公司志 1938-1987/2364

010146935 重庆市忠县中学校志 1939-1999/2394

008421775 重庆市物资回收商业志/2364

009689070 重庆市供销合作社志/2364

007670697 重庆市房地产志/2361

008430576 重庆市经贸分志资料长编 出口商品部分 征求意见稿/2364

008414534 重庆市经济综合志/2361

008428023 重庆市政建设志资料选辑/2361

009553163 重庆市南岸区卫生志/2375

005559218 重庆市南岸区志/2374

012208656 重庆市南岸区志 1990-2005/2375

009337812 重庆市南桐矿区志/2375

009408284 重庆市轻工业志 一轻工业卷/2363

013961438 重庆市轻工业志 二轻工业卷/2363

008424200 重庆市科学技术志/2366

008670903 重庆市食品工业志 1840-1985/2363

008427888 重庆市总工会志/2359

008134471 重庆市统计志/2359

013759370 重庆市畜牧科学院院志 1951-2011/2367

011447194 重庆市铜梁县交通志/2389

009783867 重庆市第二人民医院院志 1939-1999/2367

009783864 重庆市第九人民医院院志/2367

013759374 重庆市第九人民医院院志 2003-2010/2367

013662372 重庆市景星乡志 1984-2005/2376

013759380 重庆市渝中区人大志/2368

008418587 重庆市渝中区商业贸易志/2368

009553235 重庆市渝北区国土志/2379

009553231 重庆市渝北区房地产志 1840-2000/2379

009553228 重庆市渝北区城乡建设志 1991-1997/2378

008421696 重庆市新华书店志/2365

009867426 重庆市粮油志/2364

009553169 重庆市綦江县国土志/2376

009553152 重庆市歌乐山红军休养所志/2374

013940892 重庆永川市卫生志 1986-2006/2385

009689066 重庆民政志/2360

008414536 重庆民航志/2364

012724122 重庆出版社志附录 重庆出版集团成立五周年大事记 1950-2005/2365

009783852 重庆华山玉食品总厂厂

志/2362

009783847 重庆农药厂厂志 1952-1990 /2368

007649947 重庆戏曲志/2366

009553278 重庆戏曲志资料卷/2366

014056725 重庆医科大学附属第一医院院志 1957-2007/2367

009689117 重庆体育志/2365

008430568 重庆环境保护志/2368

012879031 重庆物价志/2364

012546760 重庆法院志 1844-1989/2360

008424208 重庆建筑志/2362

010252713 重庆建筑高等专科学校志 1974-1999/2368

011375926 重庆建置沿革/2366

008844118 重庆经济科技社会发展战略研究史志史 1983-1988/2361

009553239 重庆政协志 1950.1-1997.5/2359

009783853 重庆南机务段志 1951-1991/2363

009962563 重庆钢丝绳厂志 1943-1985/2362

009799859 重庆钢校志 1951-1984/2365

013190416 重庆钢铁公司第四钢铁厂志初稿/2362

012690190 重庆桥梁志/2368

011325440 重庆铁合金厂厂志 1940-1985 送审稿/2363

013940899 重庆铁合金厂志 1940-1985/2363

008440063 重庆铁路分局志 1903-1990/2363

009689078 重庆特钢志 1934-1985/2363

013798788 重庆教育志/2365

009679040 重庆缙云山植物志/2366

011068495 重庆蔬菜品种志/2367

013996202 重固镇志//779

013776455 重钢工会志 1950-2010/2359

013736510 重钢动力厂志 1938-2002/2362

009349835 重钢志 1938-1985/2362

010118623 重钢志 1986-2003/2362

012072340 重修白沙乡志/3254

009328536 重修台湾省通志/3231

011516204 重修苗栗县志第1卷/3242

011516218 重修苗栗县志第1卷 大事志/3242

011516229 重修苗栗县志第2卷 自然地理志/3242

011516237 重修苗栗县志第3卷 生物志/3242

011516250 重修苗栗县志第4卷 人文地理志/3242

011516256 重修苗栗县志第5卷 住民志/3242

011516261 重修苗栗县志第6卷 语言志/3242

011516269 重修苗栗县志第7卷 人口志/3242

011516273 重修苗栗县志第8卷 宗教志/3242

011516280 重修苗栗县志第9卷 行政志/3242

011516288 重修苗栗县志第10卷 自治志/3242

011516297 重修苗栗县志第11卷 社会志/3242

011516299 重修苗栗县志第12卷 建设志/3243

011516305 重修苗栗县志第13卷 交通志/3243

011516311 重修苗栗县志第14卷 地政志/3243

011516316 重修苗栗县志第15卷 财税志/3243

011516323 重修苗栗县志第16卷 户政志/3243

011516325 重修苗栗县志第17卷 警政司法志/3243

011516327 重修苗栗县志第18卷 役政志/3243

011516331 重修苗栗县志第19卷 农林志/3243

011516337 重修苗栗县志第20卷 渔牧志/3243

011516344 重修苗栗县志第21卷 水利志/3243

011516351 重修苗栗县志第22卷 矿业志/3243

011516355 重修苗栗县志第23卷 工商志/3243

011516360 重修苗栗县志第24卷 卫生志/3243

011516366 重修苗栗县志第25卷 环境保护志/3244

011516368 重修苗栗县志第26卷 教育志/3244

011516370 重修苗栗县志第27卷 文化志/3244

011516377 重修苗栗县志第28卷 文学志/3244

011516380 重修苗栗县志第29卷 表演艺术志/3244

011516397 重修苗栗县志第30卷 视觉艺术志/3244

011516405 重修苗栗县志第32卷/3244

011516401 重修苗栗县志第32卷 人物志/3244

复

009730310 复旦大学百年志1905-2005/739

001874282 复旦大学志/741

009840237 复旦大学经济学院志/739

011431432 复旦中学志/739

008486467 复兴区志/161

段

008813891 段村镇志/319

012096645 段屋乡志/1338

008423408 段潭乡志/1356

垄

009959493 垄头街志1960-1995/49

顺

009796887 顺义区房屋土地管理局局志/62

009250251 顺义公路志/62

010007674 顺义县水利志/62

011534050 顺义县志/61

009741648 顺义县志第二十一篇 卫生体育 第二十二篇 宗教生活 第二十三篇 人物 初稿/61

009741639 顺义县志第十八篇 教育 第十九篇 文化 第二十篇 科学技术 初稿/61

010686948 顺义县财政志至1990/62

010686791 顺义县林业志/62

013603045 顺义教育志大孙各庄卷/63

013603060 顺义教育志马坡卷/63

013603080 顺义教育志天竺卷/63

013603061 顺义教育志木林卷/63

013603076　顺义教育志 牛栏山卷/63
013603077　顺义教育志 仁和卷/63
013603055　顺义教育志 龙湾屯卷/63
013603039　顺义教育志 北小营卷/62
013531182　顺义教育志 北石槽卷/62
013531184　顺义教育志 北务卷/62
013603047　顺义教育志 后沙峪卷/63
013603049　顺义教育志 李桥卷/63
013603051　顺义教育志 李遂卷/63
013603085　顺义教育志 杨镇卷/64
013603087　顺义教育志 张镇卷/64
013603042　顺义教育志 城区卷/62
013603089　顺义教育志 赵全营卷/64
013603071　顺义教育志 南法信卷/63
013603063　顺义教育志 南彩卷/63
013603046　顺义教育志 高丽营卷/63
013603092　顺义教育志 综述卷/64
009198371　顺平县土地志/197
008839011　顺平县水利志/197
008474903　顺平县志/196
008534596　顺平现代人物志/197
013756083　顺昌交通志/1265
008664036　顺昌县地名录/1265
006350825　顺昌县志/1265
010474438　顺城区志/526
012662288　顺城区志 1988-2005/526
007340816　顺德文物志/2192
013096404　顺德县人大志 1950-1992/2192
006613643　顺德县地名志/2192
007881983　顺德县志/2192
009337634　顺德县志/2192
007516509　顺德县金融志/2192
008665767　顺德邮电志/2192
013225867　顺德第一人民医院院志 1927-2008/2192

修

013321294　修水报志/1317
004893122　修水县志/1317
009386312　修水县政协志/1317
009386306　修水县教育志/1318
013901012　修水姓氏志 姓氏源流辑 征求意见稿/1318
012956582　修文县乡镇企业志/2642
013321297　修文县扎佐镇志/2642
007685896　修文县水利电力志/2642
013379129　修文县六广镇志/2642
008540043　修文县地名录/2642
013072728　修文县交通志 1329-2005/2642
008636345　修文县志/2642
013823031　修文县教育志/2642
013186089　修文县清水村志/2642
012316968　修文县税务志 1978-2005/2642
012636835　修文县粮食志 1687-1990/2642
008822363　修志文存 绍兴市志编纂实录/1050
011585165　修武一中校志 1936-2000 审定稿/1742
008488214　修武县电业志/1742
012900114　修武县防疫站志/1742
008819846　修武县志/1741
013375960　修武县志 1985-2000/1741
008421974　修武县教育志 863-1993/1742
013901014　修武县第一中学志/1742
012927695　修河志/1314
013630425　修建部志 1961-1991/1143

保

013402844　保山公路志 1999-2008/2794

013680558 保山市人民印刷厂厂志/2793

011293362 保山市卫生志/2795

009190855 保山市瓦房彝族乡志/2792

010008982 保山市少数民族志/2794

010577314 保山市水利志/2793

013128795 保山市水利志 1978-2005/2793

009245171 保山市交通志/2794

012742134 保山市扶贫开发志 1978-2008/2793

005591356 保山市志/2792

009190858 保山市金鸡乡志/2795

013037876 保山市城乡建设志/2793

013883865 保山市教育志/2794

012048721 保山市检察志 1945-1997/2793

014026350 保山市第二人民医院院志 1950-2008/2795

009337982 保山市潞江傣族乡志/2792

011066981 保山地区水利志/2793

004449228 保山地区史志文辑抗日战争专辑/2794

009106623 保山地区交通志/2794

012995263 保山地区农牧业志/2793

008592585 保山地区志/2792

008539876 保山地区林业志/2793

009799638 保山地区物资志/2793

013128792 保山地区金融志/2794

013883849 保山地区政协志/2793

008539874 保山地区教育志/2794

011757301 保山纪检监察志/2792

013129326 保山香料烟志/2793

011589794 保山烟草志/2794

012191362 保山聚贤工程咨询志 1997-2006/2792

001920943 保安语简志/3081

011757295 保和镇完全小学志 1907-2007/2905

013333757 保定人物志/184

008378537 保定化工/182

012995253 保定电力学校志 1957-1988/184

013179282 保定电力修造厂志 1956-1988/182

013402837 保定市人民代表大会志/181

011756477 保定市人事志/181

011756457 保定市工商行政管理志/181

009198358 保定市土地志/182

013883847 保定市土壤志/185

011757280 保定市卫生志/185

009796940 保定市水利志/182

008378547 保定市文物志/184

012503642 保定市石油化学工业志/182

009018181 保定市北市区土地志/186

011320076 保定市北市区地名志/186

008409619 保定市北市区志/186

011756473 保定市民政志/181

008533443 保定市地名资料汇编/185

008486204 保定市志/181

008864044 保定市志讨论稿/181

008534579 保定市财政志/183

011757285 保定市物价志/183

012971643 保定市物资志/182

011756469 保定市供水节水志/185

009413410 保定市审计志/181

009124961 保定市城市建设志/185

008593862 保定市南市区土地志 第4卷/186

009684370 保定市南市区地名志/186

007464924 保定市南市区志/186

010278324 保定市科学技术志/184

011756484 保定市税务志/183
012950390 保定市简志/181
008845010 保定市新市区土地志 第5卷/185
008377598 保定市新市区志/185
013037870 保定市殡仪馆志/181
009124852 保定地区水利志/182
011756443 保定地区对外经济贸易志/183
013506545 保定地区科学技术志/183
012096330 保定会馆志/185
009397166 保定名优特新高产品志/183
012995255 保定军校人物志略/184
008378543 保定报志/183
008378559 保定医药志/183
009046109 保定邮电志 960-1988/183
012871829 保定财政志/183
012713876 保定佛教文化志/181
008190754 保定供电志 1917-1988/182
011756450 保定金融志/183
013333756 保定建行志 1952-1986/183
008863903 保定钞票纸厂志/182
011756423 保定钞票纸厂志 1991-2000/182
010138313 保定烟草志/182
010577419 保定第一棉纺织厂志 1958-1987/182
007885997 保亭县志/2355
009797102 保康县人大志 1950-2003/1891
007900123 保康县志/1891
008453161 保康县供销合作社志 1939-1985/1892
010962474 保康县烟草志/1892
011066696 保康政协志 1982-2002/1892
007378010 保靖县志/2114

012871832 保靖县志 1986-2005/2114
008906500 保德县地名录/342
004893193 保德县志/342

信

009386256 信丰交通志/1333
009386258 信丰县人民代表大会志/1332
007060750 信丰县志/1332
012814436 信丰县志 1986-2006/1332
009386260 信丰县政协志/1333
008844360 信丰邮电志/1333
013902086 信丰脐橙志/1333
012545530 信阳市平桥区人大志/1793
013148634 信阳市平桥区志 1986-2005/1793
012052462 信阳市平桥区政协志 1998-2006/1793
012767143 信阳市平桥庄王岗乡志 1644-2000/1793
009382328 信阳市戏曲志/1792
009010104 信阳市志/1790
009685636 [信阳市]劳动人事志/1791
010275861 信阳市教育志 1371-1985/1792
013732489 信阳司法行政志/1791
009685644 信阳民政志/1790
008427072 信阳地区土地志 固始卷/1795
009685629 信阳地区广播电视志/1792
009685634 信阳地区交通志/1791
007900149 信阳地区志/1790
010251105 信阳地区医药志/1792
008421247 信阳地区邮电志/1791
009251600 信阳地区金融志/1792
009382316 信阳地区建设志/1791
011585139 信阳地区城市金融志/1792

009685627 信阳地区保险志 1936-1987 /1792

007506811 信阳地区教育志/1792

009685631 [信阳地区]检察志/1791

009382323 信阳地区商业志/1791

007684099 信阳师范学校志 1903-1992 /1792

009743681 信阳师范学校志续编/1792

009685645 信阳县外贸志/1791

004893156 信阳县志/1790

013530954 信阳县物资志 1918-1985/1791

009959886 信阳县政协志/1793

008380188 信贤村志/361

013226683 信宜人口与计划生育志/2210

010278444 信宜市文物志/2210

013684241 信宜市志 1979-2000/2210

007057413 信宜县志/2210

008453637 信宜县脱贫志/2210

013321265 信宜政协志/2210

009332456 信宜统计志/2210

007532001 信宜教育志/2210

皇

008192012 皇姑区志/490

013820269 皇姑区岐山路第三小学校志 1996-2006/491

013415286 皇姑区教育志 1907-2006/491

009024902 皇城镇志/1451

009686861 皇塘镇志/948

泉

008991964 泉水中心小学校志 1913-1999 /2528

009231580 泉水中学校志 1969-1999/2528

009231578 泉水镇志 1949-1999/2524

012639047 泉州工商行政管理志/1244

011294745 泉州公安志/1243

011294344 泉州电力工业志/1245

012814167 泉州电力工业志 1991-2002 /1245

012684637 泉州电力学校志 1984-2003 /1247

010577324 泉州市人事志/1243

009117936 泉州市卫生志/1247

009742384 泉州市乡镇企业志/1244

011294620 泉州市区教育志稿/1246

012969498 泉州市水土保持志/1247

008451099 泉州市水利志/1247

005109424 泉州市方言志/1246

009863426 泉州市计划管理志/1246

011293410 泉州市电影志/1246

008101479 泉州市对外经济贸易志/1246

010577246 泉州市华侨志/1244

010577222 泉州市交通志/1245

010577320 泉州市妇女组织志/1243

008523782 泉州市志/1243

007352557 泉州市志人物传稿/1243

010577322 泉州市劳动志/1244

011294243 泉州市医药志/1245

007508982 泉州市邮电志/1245

009378270 泉州市物价志/1246

009878619 泉州市供销合作社志 1991-2001 /1245

008451094 泉州市建筑志/1245

007468546 泉州市建置志/1247

010577274 泉州市经济体制改革志/1244

008451097 泉州市城乡建设志/1244

011292511 泉州市政协志/1243

011294268 泉州市政府志/1246

009378262 泉州市科学技术志/1246
011294259 泉州市教育志/1246
011293413 泉州市检察志/1244
012542808 泉州市商会志/1244
008096666 泉州市道路交通管理志/1245
010577294 泉州市粮食志/1245
007347926 泉州市煤炭志/1245
011293537 泉州市鲤城区人口志/1248
012955905 泉州市鲤城区人民代表大会志 1993-2007/1248
011955321 泉州市鲤城区军事志 669-2005/1249
011293222 泉州市鲤城区统战志/1248
011584802 泉州动植物检疫局志 1981-1998/1247
011294778 泉州宗教志/1243
012661785 泉州党校工作志/1243
009683392 泉州海关志/1246
007466624 泉州通淮关岳庙志/1247
012208130 泉州鲤城区检察志/1248
008300058 泉港镇志/1357

禹

010230888 禹州中药志/1752
011585291 禹州市人民医院志 1951-2000/1752
007290070 禹州市志/1751
009879565 禹州市志 1985-2000/1752
009382360 禹州曲艺志 征求意见稿/1752
010275936 禹城车务段志 1972-1985/1581
012003051 禹城市水利志 1986-2005/1581
010278700 禹城县水利志/1581
007984458 禹城县志/1581
010113216 禹城县医药志 初稿/1581
010265813 禹城县商业志/1581
012175209 禹城邮电志/1581

侯

009962192 侯马市志/345
013647600 侯马市环保志/346
010731795 侯马市城建志/346
009688270 侯马发电厂志 1964-1997/346
011320488 侯马邮电通信电缆厂厂志 1968-1998/346
009685406 侯寨乡志/1650
013957616 侯寨乡财政志/1652
009856024 侯镇志/1510
013861573 侯镇志/1510
013415132 侯壁水电站志 1959-1985/250

叙

008430236 叙永县志/2468
013510844 叙永县政协志/2468

剑

012680219 剑川县艺文志/2881
013224432 剑川县民政志/2880
009433667 剑川县民族宗教志/2880
008715914 剑川县志/2880
013957734 剑川县国税志 1978-2007/2880
008665677 剑川县供销合作社志/2880
008837124 剑川县教育志/2881
010243923 剑川县检察志 1906-1991/2880
013684396 剑门关志/2500
009385989 剑光镇志/1356
008541305 剑河县工会志/2698
008541296 剑河县工商行政管理志 1283-1987/2698
008036553 剑河县志/2698
009414515 剑阁县广播电视志 1937-

1985/2499

012139310 剑阁县广播电视志 1985-2006/2500

011325305 剑阁县文物志/2500

014032908 剑阁县民政志/2499

007481998 剑阁县志/2499

008670325 剑阁县建设志/2499

014032911 剑阁县政协志/2499

009387578 剑阁县教育工会志 1905-1995/2499

012680230 剑阁县教育志 2000-2007/2500

盆

013730321 盆尧乡志/1807

胜

013706291 胜利石油管理局物资供应处志 1964-1985/1476

008452403 胜利石油管理局钻井工艺研究院志 1973-1990/1480

009799305 胜利石油管理局钻井五公司志 1976-1996/1481

013822694 胜利石油管理局钻井总公司志/1476

013991426 胜利农场志/408

009349691 胜利村志/1443

013067188 胜利村志/1462

009349696 胜利油田物资供应处志 1986-2002/1476

011321378 胜利油田工会志 1964-1998/1474

013660296 胜利油田工会志 1999-2008/1474

010278340 胜利油田卫生防疫站志/1480

008193893 胜利油田井下作业公司志 1965-1988/1478

009881283 胜利油田井下作业公司志 1996-2005/1478

009799313 胜利油田公安保卫志 1964-1990/1475

011295640 胜利油田石油化工总厂志 2000-2006/1478

010010096 胜利油田东辛采油厂志 1986-2001/1477

009348196 胜利油田电力管理总公司志 1988-2002/1477

013706300 胜利油田运输指挥部志 1962-1987/1478

012836307 胜利油田技术检测中心志 1991-2010/1478

011294627 胜利油田现河采油厂志 1986-2000/1477

008452398 胜利油田供水公司志 1965-1987/1476

013603022 胜利油田油气集输公司志 1995-2005/1478

013706299 胜利油田油建二部志/1478

013706295 胜利油田孤东采油厂志 1986-2009/1477

011998230 胜利油田孤岛社区管理中心志 1997-2006/1475

009333590 胜利油田孤岛采油厂志 1972-1995/1477

011805903 胜利油田胜利发电厂志 1988-2007/1478

010010305 胜利油田胜利采油厂志 1964-2002/1477

012722349 胜利油田测井公司工程志 1961-2008/1477

013706320 胜利油田桩西采油厂志 1989-1999/1477

012836311 胜利油田桩西采油厂志 2000-2009/1478

009082332 胜利油田钻井工艺研究院志 1991-2000/1477

009414930 胜利油田海洋石油开发公司志 1994-2003/1478

012613971 胜利油田海洋钻井公司志 1983-2007/1478

009010511 胜利油田通讯公司志 1983-2000/1478

012051914 胜利油田渤海钻井总公司志 1997-2006/1477

009333594 胜利油田滨南采油厂志 1968-2000/1476

009688211 胜利居委会志/1596

013684644 胜利炼油厂志 1995-2005/1458

013795519 胜利街道志/1480

012542921 胜利镇志 2005年本/2444

012724228 胜坨镇志/1483

009154152 胜浦镇志/885

勉

007900104 勉县志/3000

狮

009575427 狮潭乡志/3245

独

007588037 独山县志/2708

009198594 独子山区志/3173

饶

012766435 饶平公路志/2247

013731153 饶平风物志/2247

007488679 饶平县志/2246

013225643 饶平县志 1979-2005/2246

008379670 饶平县志第1卷 人物志/2247

013991374 饶平县志第2卷 文化志/2247

013991368 饶平县志第3卷 教育志/2247

012252378 饶平金融志/2247

008425753 饶平税务志/2247

010577522 饶阳县地名志/240

008533456 饶阳县地名资料汇编/240

008006148 饶阳县志/240

011584809 饶阳县教育志/240

008379055 饶阳邮电志/240

010109626 饶河农场志 1986-2000/686

007902361 饶河县志/686

012252373 饶河县志 1986-2005/686

将

008664027 将乐县地名录/1242

008379751 将乐县志/1242

008994742 将军烟草集团有限公司新疆卷烟厂志/3208

亭

010253913 亭下水库志/1015

010008907 亭林园志/902

006362225 亭林镇志/771

006362187 亭新乡志/771

亮

009240743 亮子河发电厂志/699

奕

011320515 奕标水泥公司志/2834

亲

012266046 亲贤村志/255

012969435 亲贤村村志/255

施

012613946 施甸县人口志 1912-2008/2797
010244270 施甸县水利志/2797
013756072 施甸县地方税务志/2797
009245164 施甸县交通志/2797
008592589 施甸县志/2797
010253968 施甸县政协志 1984.3-2005.3/2797
012099915 施甸县烟草志 1945-2007/2797
007755052 施秉县志/2695
010686788 施秉县林业志稿/2695

闻

009561599 闻喜人物志/331
010730417 闻喜水利志/330
011066354 闻喜县人民代表大会志/330
012545393 闻喜县电力工业志/330
012970507 闻喜县军事志前110-2005/330
007478012 闻喜县志/329
013660385 闻喜县金融志/330
009340786 闻喜财政志/330
011792970 闻喜环境保护志/331
011792976 闻喜武术志/331
010230786 闻喜国税志/330
010230783 闻喜国税志图卷/330

闽

009413297 闽东工业志/1273
008451108 闽东风物志/1274
012139533 闽东科学技术志/1273
008555468 闽东畲族志/1273
011476862 闽台历代中医医家志/1202
009378220 闽台医林人物志/1203
009683388 闽西共青团志 1926-2003/1267
008486829 闽西交通志/1268
008451852 闽西客家志/1269
012814020 闽安镇志/1214
012661650 闽侯风物志/1219
008913826 闽侯县地名录/1219
009157941 闽侯县志/1219
011066632 闽侯县财政志/1219
013508684 闽侯县政协志/1219
012661653 闽侯县统计志/1219
011892179 闽清村志/1223
012661655 闽清县人大志/1224
008486824 闽清县志/1223
012766255 闽清第一建筑工程公司志 1958-1998/1224

养

013630654 养马岛旅游度假区志/1487

美

013628698 美水酒厂厂志 1975-2002/2991
008835976 美姑县卫生志/2618
008486817 美姑县志/2618
008835995 美姑县林业志/2618
009867202 美姑县国土志/2618
014047744 美姑县教育志/2618
008835973 美姑县检察志 1956-1993/2618
008421759 美姑县粮食志 1954-1990/2618
009833376 美浓镇志/3251
010007609 美菱志/1122

姜

011955865 羑里城志/1715

姜

009511288 姜太公志/1404
013531050 姜堰水利志/953
010199851 姜堰市土地志/953

娄

007969309 娄底市志/2104

008378576 娄底地区交通志/2105

013730208 娄底地区农业志/2104

008538756 娄底地区志送评稿/2104

009446009 娄底地区财贸志/2105

010290699 娄底地区冶金工业志1805-1984/2104

009511236 娄底国税志/2105

012955140 娄底煤炭志1990-2005/2104

013932498 娄星区军事志1961-2005 内部版/2105

012505346 娄烦县工会志/268

013319721 娄烦县计划志/268

008492810 娄烦县交通志/268

014047661 娄烦县军事志前453-2005 终审稿/268

008471085 娄烦县志/268

009962196 娄烦县教育志稿本/269

009688314 娄烦财税志初稿/269

012766156 娄烦林业志/268

009154162 娄葑镇志/885

前

009511338 前于村志/1073

008487031 前门街道简志/43

013377001 前夹山村志/507

007488680 前进农场志1952.8-1992.8/3132

009996033 前吴村志/1073

010146967 前洪村志/1067

009009715 前洲镇志/835

013775138 前郭尔罗斯蒙古族自治县水利志/627

009385067 前郭尔罗斯蒙古族自治县文物志/627

009319852 前郭尔罗斯蒙古族自治县引松工程志/627

010290575 前郭尔罗斯蒙古族自治县地名志/627

010143054 前郭尔罗斯蒙古族自治县农业志/627

007994531 前郭尔罗斯蒙古族自治县志/626

010576674 前郭尔罗斯蒙古族自治县志1986-2000/626

013002423 前郭尔罗斯蒙古族自治县国土资源志1648-2010/626

012661748 前郭尔罗斯蒙古族自治县城乡建设志1986-2008/626

013705565 前郭炼油厂志1988-1998/627

011319942 前黄乡志/873

013311807 前黄安村志/280

总

009996607 总口农场志1955-1985/1953

炼

013705123 炼铁厂志1917-1996/516

013628053 炼铁分厂志1958-1998/1895

炮

013184536 炮台镇志/2249

烂

012139435 烂柯山志/1077

洼

011884219 洼里村志/1442

洱

013956860 洱源县人民代表大会志/2879

012872255 洱源县土庞村志/2879

013334550 洱源县水利志 /2880

010576585 洱源县民族宗教志 /2879

013183414 洱源县农村信用合作社志 /2880

008388854 洱源县志 /2879

013335030 洱源县河湖专志集 /2880

012831389 洱源县教育志 /2880

洪

012811487 洪山区志 /1843

008382670 洪山区教育志 /1843

010197251 洪山铝土矿志 1956-1985 /1460

009153970 洪山镇志 /1212

012658605 洪门水电厂志 1987-2000 /1370

011979643 洪井乡志 /290

013897305 洪江市军事志 前218-2006 /2096

007817996 洪江市志 /2095

012173899 洪江市财政志 /2096

011890849 洪庙镇志 /782

009996562 洪河农场志 1980-1984 /700

012251048 洪河农场志 1985-2002 /701

013045621 洪泽气象志 /923

013507939 洪泽县文化志 /923

008486591 洪泽县志 /923

009024681 洪泽湖志 /923

013752442 洪泽湖通志 /923

010110524 洪钢志 1958-1984 /1295

008566890 洪洞大槐树移民志 /351

012541691 洪洞合作金融志 1952-2002 /351

008193858 洪洞县水利志 /351

011995770 洪洞县水利志 /351

013530969 洪洞县电力工业志 1949-2009 /351

010113284 洪洞县志 /351

011327470 洪洞县教育志 /351

011320866 洪绪镇志 /1471

009414512 洪雅县工业交通局志 /2545

013820244 洪雅县地震志 /2546

008471233 洪雅县志 /2545

011295973 洪雅县志 1993-2004 /2545

010238902 洪雅县财政志 /2545

008670081 洪雅林场志 /2545

012967649 洪湖市老区建设促进会志 1991-2007 /1918

009880051 洪湖市烟草志 /1918

010008644 洪湖交通志 1840-1987 /1918

010290775 洪湖县水产志 /1918

006420759 洪湖县志 /1918

013415125 洪湖教育志 /1918

013530971 洪湖教育志 1987-2007 /1918

012173920 洪塘头村志 /1230

012658601 洪濑镇志 /1251

洞

013894553 洞口县军事志 1840-2005 内部版 /2036

007057470 洞口县志 /2035

013528841 洞口县志 1978-2005 /2035

008450225 洞头县电力工业志 /1027

010118458 洞头县交通志 /1027

007480656 洞头县志 /1027

012998914 洞头县志 1991-2005 /1027

013681540 洞头县海洋渔业志 /1027

013141195 洞泾镇志 /774

012831371 洞泾镇志征求意见稿 /774

008067466 洞庭东山志 /887

008446560 洞源村志 /1065

测

011570266 测井公司志/1476

浍

011804671 浍史村志/347

洮

009335514 洮安县文物志/629
008731193 洮南市志/629
012266397 洮南市志 1988-2000/629
011500670 洮南市教育志 1902-2001/629

洛

010778517 洛口镇志/1337
013793262 洛川县人民代表大会志/2996
013628101 洛川县中学校志 1940-2010/2996
012051691 洛川县军事志 前406-2005/2996
008486800 洛川县志/2996
009676076 洛川县烟草志/2996
008094647 洛川县教育志/2996
008429228 洛市镇志/1356
007900128 洛宁县志/1698
009888127 洛宁县志 1988-2000/1698
010251100 洛宁县金融志/1698
010475297 洛宁县教育志/1699
011294618 洛江区政协志/1249
013705176 洛阳一师校志 1924-1999/1689
013705174 洛阳九三志/1683
011312103 洛阳工业高等专科学校志 1956-2006/1690
008988372 洛阳工业高等专科学校校志/1689
007534733 洛阳工会志/1683
008404847 洛阳工运人物志 1921-1992/1690

009685445 洛阳工学院志/1689
006788456 洛阳万安桥志 泉州洛阳桥志/1690
013774631 洛阳乡志/873
012051694 洛阳日报社志/1688
009813643 洛阳水利勘测设计院志 1959-1998/1691
008388736 洛阳方言志/1690
010151384 洛阳正骨志/1691
009334792 洛阳石化工程公司志 1956-1985/1685
013461644 洛阳石化志 2001-2010/1685
009839609 洛阳石油化工总厂志/1685
008988370 洛阳电视台志/1688
008666824 洛阳市工商行政管理志/1683
013990925 洛阳市土地志/1684
013990934 洛阳市土地志 汝阳卷/1697
008427116 洛阳市土地志 郊区卷/1693
013990933 洛阳市土地志 孟津卷/1694
013990931 洛阳市土地志 洛宁卷/1698
013990927 洛阳市土地志 栾川卷/1696
013990941 洛阳市土地志 偃师卷/1694
013990939 洛阳市土地志 嵩县卷/1697
013375269 洛阳市卫生志/1691
012203023 洛阳市中心医院志 1984-2005/1691
010195502 洛阳市化轻公司志 1964-1984/1685
009010106 洛阳市公共交通志/1687
009675273 洛阳市公共交通志 1985-2003/1687
013066342 洛阳市公安志/1683
009382193 洛阳市文物志征求意见稿/1690
007482006 洛阳市吉利区志/1692

009009777 洛阳市吉利区志 1989-2000 /1693

007443487 洛阳市老城区志/1692

008417034 洛阳市地理志/1691

007347889 洛阳市西工区志/1691

011954665 洛阳市西工区志 1986-2000 /1691

009204325 洛阳市交通史志资料汇编公路篇 1949-1981/1686

009204328 洛阳市交通史志资料汇编运输篇 1958-1966/1686

007508834 洛阳市交通志/1686

012614069 洛阳市交通志 1985-2007/1686

012097808 洛阳市农业科学研究所志 1941-2006/1684

007585914 洛阳市志/1681

012139494 洛阳市志 1991-2000/1681

009959865 洛阳市志民族宗教志 评审稿/1681

009334782 洛阳市志第1卷 总述 大事记 属县概况/1681

009334784 洛阳市志第2卷 建置沿革志 自然环境志 人口志/1681

009043785 洛阳市志第3卷 城市建设志 交通志 邮电志/1681

009310463 洛阳市志第4卷 政党志 政权志 人民政协志 社会团体志/1681

008471251 洛阳市志第5卷 外事 旅游 侨务志/1681

009310467 洛阳市志第6卷 政法志 民政志 军事志/1681

008471259 洛阳市志第7卷 工业志/1681

009043790 洛阳市志第8卷 农业志/1681

009043805 洛阳市志第9卷 商业志/1682

009043839 洛阳市志第10卷 财政 税务 金融志/1682

009043971 洛阳市志第11卷 计划 统计 劳动工资 物价 物资 工商行政 标准计量 审计志/1682

009043863 洛阳市志第12卷 教育 科技志/1682

009043879 洛阳市志第13卷 文化艺术 新闻卫生 体育志/1682

009043892 洛阳市志第14卷 文物志/1682

009044025 洛阳市志第15卷 白马寺 龙门石窟志/1682

009044047 洛阳市志第16卷 牡丹志/1682

008486805 洛阳市志第17卷 人民生活 民族宗教 民俗 方言志/1682

009992200 洛阳市志第18卷 人物志 附录/1682

010254028 洛阳市医药商业志 1911-1984 初稿/1687

009413743 洛阳市财政志/1687

009768511 洛阳市汽车运输公司志/1686

008820754 洛阳市郊区志/1693

013375268 洛阳市郊区志 1991-2000/1693

009888228 洛阳市郊区志征求意见稿/1693

014047690 洛阳市实验小学校志 1954-2009 /1688

011311036 洛阳市建设银行志 1954-1990 /1688

013461654 洛阳市政建设志/1684

008369959 洛阳市保险志/1688

013224672 洛阳市监狱志 1984-2004/1683

007482009 洛阳市涧西区志/1692

012505369 洛阳市涧西区志 1986-2006 /1692

013066339 洛阳市第一中学校志 1948-2008/1689

012813987 洛阳市第一师范学校志 1924-1999/1689

011892150 洛阳市第一师范学校志 1924-1999/1689

009813623 洛阳市第一高级中学校志 1904-2004/1688

014047686 洛阳市第二中医院志 1978-1986/1691

010293521 洛阳市第二师范学校志 1916-2000/1689

013461650 洛阳市第十二中学校志/1688

013863022 洛阳市第十二中学第二个三年计划校志 2007-2010/1688

013898424 洛阳市第十九中学校志 1959-2009/1688

013862964 洛阳市第九中学校志 1956-2006/1688

013898425 洛阳市第四十三中学志 1979-2009/1688

010244261 洛阳市商业志/1687

009240666 洛阳市粮食志/1687

007520070 洛阳市瀍河回族区志/1692

012097804 洛阳市瀍河回族区志 1986-2000/1692

011584668 洛阳民俗志/1690

009888224 洛阳地区医药志 讨论稿/1684

008428002 洛阳地区金融志/1687

007506813 洛阳地区教育志/1688

010250655 洛阳地区鹿场志 初稿/1691

013066335 洛阳地税志 1994.9-2003.12/1687

013144589 洛阳机车工厂志 1969-1985/1684

009813680 洛阳有色金属加工设计研究院志 1964-1985/1685

009814507 洛阳有色金属加工设计研究院院志 1964-1984 送审稿/1685

012505366 洛阳师范学院体育学院志/1689

008425948 洛阳师范高等专科学校志 1916-1995/1689

009332613 洛阳当代英才志/1690

009061800 洛阳交通扶贫志/1686

012049391 洛阳关林志/1691

011294751 洛阳农业志/1684

009813658 洛阳体育志/1690

013375255 洛阳林业志/1684

009813616 洛阳矿山机器厂志/1685

011475489 洛阳供电志 1920-1985/1684

011805614 洛阳供电志 1986-2006/1684

009992190 洛阳卷烟厂志/1684

013958861 洛阳卷烟厂志 2003-2010/1685

009413732 洛阳房地志 讨论稿/1683

009391098 洛阳建筑志/1684

009125488 洛阳耐火材料厂志 1956-1984/1685

013793269 洛阳热电厂志/1685

008486809 洛阳铁路分局志 1905-1985/1686

011805621 洛阳铁路公安处志 1986-1990/1683

013933196 洛阳教育学院志 1981-1997/1689

009813674 洛阳铜加工厂志 1954-1985/1685

014047722 洛阳税务志 1652-1985/1687

013753582 洛阳舞蹈志/1690

013862875 洛社卫生志/834

009252820 洛社镇志/835

009818270 洛河志/2775

008421330 洛河故县水库志/1699

009881160 洛河镇志/1553

009818084 洛河彝族乡志/2777

009813602 洛玻集团公司志/1683

013628103 洛南县人口与计划生育志/3015

008993636 洛南县卫生志/3016

011499336 洛南县军事志/3015

011997391 洛南县国土资源志/3015

011499331 洛南县城乡建设志续 1991-2006/3015

013793267 洛南县职业技术教育中学志/3016

011499323 洛南城乡建设志/3015

009348301 洛浦县志/3189

009383733 洛塔煤矿志/2115

008542858 洛惠渠志/3015

浏

008835651 浏阳电力志/1991

013730205 浏阳市人民医院院志 2001-2012/1993

013000396 浏阳市卫生志 1949-2004/1993

008531880 浏阳市交通志/1992

013932475 浏阳市军事志 1840-2005/1991

013730202 浏阳市妇幼保健院院志 1952-2012/1993

011584548 浏阳市志 1988-2002/1990

013704261 浏阳市畜牧水产志 1988-2002/1991

013821859 浏阳县人大志/1991

013508662 浏阳县水利水电志/1992

008835690 浏阳县文化艺术志/1992

010198894 浏阳县农业气候志/1992

008835666 浏阳县纪检专志/1990

007903925 浏阳县志/1990

008835639 浏阳县志贸易分志/1992

008835662 浏阳县医药志/1992

008835587 浏阳县财税志 1874-1985/1992

008835675 浏阳县林业志/1991

010142837 浏阳县供销合作社志/1992

008844215 浏阳县轻工业志/1991

008835645 浏阳县统一战线志 1923-1988/1990

013508664 浏阳县畜牧水产志/1991

008835682 浏阳邮电志/1992

济

012541855 济宁三号煤矿志 1999-2006/1517

013144445 济宁山水志/1519

009675823 济宁电业志 1918-1995 修订稿/1517

011911570 济宁市工商行政管理志 发端-2005/1517

008452165 济宁市中区志/1519

013415310 济宁市水利志/1518

013656351 济宁市市中区卫生志/1521

011145171 济宁市市中区民间文学集成资料本/1520

013730088 济宁市市中区政协志 1949-2010/1520

013415307 济宁市市中区教育志 1840-1985/1520

013730085 济宁市任城区人民代表大会志 1992-2000/1519
009688203 济宁市任城区水利志/1520
013752529 济宁市任城区军事志 1841-2005/1520
013990729 济宁市任城区财政志 1984-2011/1520
013374436 济宁市任城区政协志 1984-2011/1520
008664531 济宁市交通志/1518
013316353 济宁市军事志 1986-2005/1517
009472740 济宁市农机志/1519
009009871 济宁市志/1516
010278434 济宁市劳动志/1517
008385529 济宁市财政志/1518
009105584 济宁市财政志/1518
013627970 济宁市林业志/1517
008383890 济宁市金融志/1518
013224425 济宁市郊区人民代表大会志 1949.10-1991.12/1519
013730083 济宁市郊区水产志 1984-1990/1520
013335405 济宁市郊区教育志 1840-1985/1520
010577378 济宁市建筑工程公司志 1952-1991/1517
008662148 济宁市政协志/1517
012265098 济宁市统计志/1517
012898658 济宁市教育志 1840-1988/1518
010730478 济宁市第一人民医院志 1896-2006/1519
012611251 济宁发电厂志 1918-2000/1517
010010338 济宁军事志 1840-1990/1517
013316351 济宁技术学院志/1519

009348208 济宁医学院附属医院志 1951-1996/1519
012097516 济宁航运志/1518
013222273 济宁商业志/1518
010112126 济阳县水利志/1425
007486932 济阳县志/1425
010112127 济阳县医药志/1425
009700209 济抗厂志 1966-1987/1519
013732666 济南一中京津校友/1414
009881075 济南五金商业志/1413
009881063 济南日用工业品商业志 1848-1985/1413
009881087 济南中医药志/1415
012811552 济南公安志 1948-1985/1408
009962106 济南电务段志 1899-1985/1412
009387151 济南电信志/1413
009784068 济南印刷厂志 1940-1985/1410
013704310 济南印刷五厂志/1410
013730078 济南外事志 1978-2010/1408
011432881 济南市儿童医院院志 1957-2007/1416
011890940 济南市工商行政管理志送审稿/1409
012611250 济南市卫生志 1840-1988/1417
009105580 济南市天桥区市政工程志/1420
009962117 济南市天桥区政协志/1420
009105577 济南市天桥区教育志/1420
009962113 济南市历下区地名志/1419
013752516 济南市历下区军事志 1840-2005/1419
013627968 济南市历城区水利志/1421
013772947 济南市历城区军事志 1840-2005/1421

012061166 济南市历城区建设志 1976-2006 /1421

012638983 济南市历城区教育志 1986-2007 /1421

010278713 济南市水利志/1410

013045709 济南市水利志 1986-2005/1410

012208110 济南市平阴县地名志/1425

010275887 济南市机械工业志/1410

007969333 济南市志/1407

010686853 济南市志卫生篇/1407

009817816 济南市志公路运输篇 初稿/1407

009962123 济南市志房地产篇 送审稿/1407

009962121 济南市志城市建设分志 初稿 /1407

009881071 济南市志城市建设篇 机构章资料汇编/1407

009784098 济南市志邮政分志初稿/1413

013464438 济南市志资料/1408

011327127 济南市林业志/1409

008874759 [济南市]物资工作志 1948-1996/1413

010275841 济南市郊区供销社社志 1950-1985/1421

010577315 济南市黄河志/1415

009962115 济南市商业储运公司志/1413

010011603 济南市税务志 1840-1985/1413

012999194 济南市槐荫区军事志 1840-2005 /1419

010468956 济南市粮食局天桥分局局志 /1420

011996728 济南民政志 1948-2007/1408

011566078 济南帆布厂志 1919-1985/1409

013509228 [济南]企业史志 1988-1995 /1409

009881084 济南医药志资料汇编/1417

012612844 济南财政志 1986-2005/1413

010275930 济南体育志/1415

009784108 济南饮食服务行业志 1840-1985 /1413

011762305 济南纺织工业志 1840-1985 /1409

009962109 济南纺织工业志 1986-2002 /1410

012811556 济南明湖热电厂志 1983-2006 /1410

010011380 济南图书馆志/1414

011067790 济南金融志 1840-1985/1414

009009874 济南卷烟厂志 1928-2001/1410

013926346 济南法学志 2005.1-2012.9/1408

011534007 济南法庭志/1408

009340727 济南法院志/1408

009881052 济南挂面厂厂志/1410

009962101 济南城市建设管理志 1840-1985 /1418

011890955 济南政法委志/1408

012661245 济南政法委志 2002-2009/1408

013508017 济南革命烈士陵园志 1948-2011 /1415

012811559 济南树木志/1417

011310685 济南轻骑摩托车总厂志 1955-1983/1410

007479153 济南钢铁总厂志/1410

009046531 济南科技志 1840-1985/1414

013045686 济南科技志 1986-2005/1414

013792437 济南泉水志/1415

012680214 济南炼油厂志/1410

010577355 济南柴油机厂志 1920-1987 /1409

013335404 济南铁厂志 1957-1985/1410

009228125 济南铁路分局志 1899-1985/1412

013316338 济南铁路局工程总公司电务工程公司志 1955-1985/1412

013316342 济南铁路局工程总公司志 1953-1985/1412

013316336 济南铁路局工程总公司第五工程段志 1953-1993/1412

007515141 济南铁路局志 1899-1985/1412

012811564 济南铁路局志 1986-2005/1413

010009433 济南铁路局济南西铁路医院简志 1953-1984/1984.7-1990/1412

013316345 济南铁路局原第二工程处志 1950-1981/1412

010010321 济南第一机床厂志 1944-1985/1409

009881050 济南第一棉纺织厂志 1915-1985/1409

013730076 济南殡仪馆志 1962-2012/1408

008836284 济源广播电视志 1949-2000/1812

009511216 济源公路志/1812

008820763 济源市志/1811

012954908 济源市志 1990-2000/1811

013090707 济源市邵原镇实验小学校志 1889-2010/1812

010238975 济源地方铁路志/1811

010279131 济源交通志/1811

洋

007491010 洋县志/3000

009621053 洋县志校样稿/3000

009125953 洋峰垦殖场志/1349

洲

012836365 洲头乡志 1978-2004/1157

012546761 洲泉镇志/1040

浑

011580081 浑江电厂志/622

008923399 浑江市地名志/622

007479111 浑江市志/622

013508012 浑源县人物志/274

012251148 浑源县卫生志/274

008664897 浑源县地名录修改本/274

008813958 浑源县志/274

012505215 浑源县财税志/274

012505218 浑源县宗教志/274

浒

009880359 浒墅关志/886

津

012954935 津市市工会志/2057

013820505 津市市对外经济贸易志/2057

013926403 津市市军事志 1854-2007/2057

012049629 津市市志 1978-2001/2056

008645999 津市志/2057

008533099 津南区土地管理志/95

013820502 津南区卫生志/95

013093024 津南区农林志/95

008593551 津南区志/94

013508430 津南区税务志 1948-1990/95

恒

008377898 恒山发电厂志 1966-1996/274

013990672 恒丰志 1951-2011/704

012952092 恒丰纸业志 1952-2000/704

013861519 恒丰纸业志 2001-2006/704

宣

012900116 宣化区土地志/201

008793922 宣化区志/200

011295643 宣化区志 1994-2003/200

009673109 宣化冈志/3053

012100630 宣化冈图志/3053

012900122 宣化县土地志/201

008379096 宣化县水利志/201

008533920 宣化县地名资料汇编/202

008378522 宣化县交通志/201

007289968 宣化县志/201

012877329 宣化县志 1989-2006/201

008379111 宣化县教育志/202

008378800 宣化县粮食志/201

012970640 宣汉县人大志/2562

013961164 宣汉县大成镇老协志 1987-2009/2563

008428010 宣汉县水利电力志/2562

008427322 宣汉县民政志/2562

013939605 宣汉县曲艺志/2563

011444135 宣汉县军事志 1911-2005/2562

008053751 宣汉县志/2562

013072731 宣汉县志 1986-2005/2562

009232092 宣汉县国土志/2563

013939615 宣汉县政协志/2562

008428018 宣汉县畜牧志/2562

008424160 宣汉县粮油志 1912-1988/2562

009863274 宣武区园林绿化志长编稿/48

009188417 宣城日报社志 1984-2003/1186

012837534 宣城市中级人民法院志 1989-2002/1186

012636821 宣城市宣州区人民法院志 1949-2006/1187

013757201 宣城地区中级人民法院志 1949-1988/1186

009188409 宣城地区公路志总纂稿/1186

008451013 宣城地区志/1186

011909907 宣城地区志 1988-2000/1186

008663515 宣城县地名录/1187

007806628 宣城县志/1187

009783881 宣城职业技术学院校志 1914-2004/1187

013097858 宣威市文化艺术志/2763

013148657 宣威市农业志/2763

008539793 宣威市志/2763

011793295 宣威市志 1994-2005/2763

011909923 宣威市第一中学校志/2764

012789904 宣威市第五中学校志 1980-2007.8/2764

013823131 宣威市第四中学校志 1942-2010/2764

010473924 宣威县文物志/2764

012900124 宣威县财政志 1578-1987/2763

009480476 宣桥镇志/766

009392878 宣柴堡村志/360

013321314 宣恩一中校志 1938.11-1996.12/1948

011909914 宣恩县电力工业志 1958-2005/1948

012052487 宣恩县军事志 1979-2005/1948

008823350 宣恩县志/1948

013148654 宣恩县志 1979-2000/1948

010686793 宣恩县林业志/1948

010142782 宣恩县烟草志/1948

突

004436237 突泉县志/441

011909008　突泉县志 1986-2005／441

冠

013045544　冠县人事志／1593
008986872　冠县志／1593
009334543　冠县邮电志／1593
011320428　冠县粮食志／1593
009227049　冠豸山志／1272

扁

009881273　扁鹊 仓公 王叔和志／1404

神

009046387　神山村志／339
013145370　神木中学校志 1939-1995／3004
012099908　神木县军事志／3004
010113621　神木县志／3003
007289928　神木县志／3003
012662268　神木县政协志 1984.6-2006.12／3004
008828316　神火选煤厂志／1786
012613981　神火铝业股份公司志 1970-2008／1783
008835465　神火集团志 1983-1997／1783
013629664　神头发电厂志 1971-1988／308
009397234　神头第一发电厂志 1989-2000／308
013629661　神华东胜精煤公司志 1984.7-1998.8／415
013145366　神华电力通信志 1985.10-1998.12／2938
012506151　神华宁夏煤业集团公司志石炭井矿区分卷／3123
012506156　神华宁夏煤业集团公司志石嘴山矿区分卷／3123
012506150　神华宁夏煤业集团公司志灵武矿区分卷／3123
012506160　神华宁夏煤业集团公司志总卷／3123
012506148　神华宁夏煤业集团公司志基建公司分卷／3123
013822692　神华国华盘电志 1982-2010／558
013775241　神华陕西集华柴家沟矿业有限公司志 1992-2009／2954
011321383　神华神府精煤公司志 1981-1998.8／3004
013629658　神池县人民代表大会志／341
008474908　神池县志／341
013936364　神池县政协志 1983-2012／341
013863641　神农架自然保护区志 1982-2011／1957
013067178　神农架交通志／1957
013959360　神农架农业志 1980-2006／1957
007882004　神农架志／1957
012766546　神农架林区民政志／1957
013959359　神农架林区志 1980-2004／1956
013863639　神农架林区政协志 1984.12-2011.1／1956
010576616　神农架林区烟草志／1957
010730563　神朔铁路分公司志／3004

祝

011810576　祝甸史志／1421
009799347　祝桥镇志／767

垦

012139433　垦利县工商行政管理志 1941-2007／1483
013897703　垦利县卫生志 1943-2008／1484
013752713　垦利县民政志 1991-2009／1483
009472746　垦利县地方税务志／1483

013793088 垦利县交通志 1986-2009/1483
008193975 垦利县志/1482
009675917 垦利县志 1986-2002/1482
011996890 垦利县环境保护志 1978-2006/1484
010230648 垦利县国土资源志/1483
012097690 垦利县政协志 1984-2007/1483
012265189 垦利县档案志 1960-2005/1484
014047474 垦利县海洋与渔业志 1950-2012/1483
012049685 垦利县教育志 1986-2006/1484
010275889 垦利县商业志/1483

屏

008487009 屏山县志/2553
012266018 屏山县志 1986-2000/2553
009867275 屏山县国土志 1911-1996/2553
007475907 屏东县志/3252
008539933 屏边苗族自治县志/2852
012955856 屏边苗族自治县志 1978-2005/2852
013822147 屏边苗族自治县政协志 1984.8-2004.8/2852
008830624 屏南县志/1277
010195230 屏南县政协志/1277

费

009994961 费县人大志/1569
012898375 费县人民医院志 1948-2007/1570
013681550 费县外贸志 1840-1986/1569
010779110 费县师范学校志/1569
010476011 费县军事志/1569
013791151 费县军事志 1840-2005/1569
012049261 费县纪检监察志/1569
007488661 费县志/1568

013681545 费县财政志/1569
011319973 费县林业志 1940-1989/1569
011804281 费县奇石志/1570
012609731 费县国土资源志 1987-2007/1569
012679308 费县审计志/1569
011757713 费县建设志 1911-2006/1570
009552791 费县政协志/1569
013751667 费县第一中学校志/1569
010275837 费县商业志草稿/1569

陡

009380897 陡河水库志/145

逊

007902357 逊克县志/713
012208490 逊克县粮食志/713

眉

012969345 眉山车辆厂志 1966-1995/2543
013863027 眉山市人物志/2543
013337481 眉山市国土资源志 1997-2010/2543
010686747 眉山市烟草志/2543
011997415 眉山地方税务志 1997.8-2007.6/2543
007905728 眉山县志第1卷/2543
009160252 眉山县志第2卷 1988-2000/2543
010117799 眉山通信设备厂厂志 1965-1986/2543
009016175 眉县印刷厂志 1956-1985/2966
008542844 眉县志/2966
009016300 眉县志初稿/2966

姚

013379369 姚电公司志/1701
012956599 姚关镇志/2797

009348384 姚江志/970

012208532 姚安县人大志 1950.2－2003.3/2838

013661512 姚安县人民医院志 1941－2011/2839

008388819 姚安县志/2838

012208528 姚安县金融志/2838

012317002 姚村村志/1065

012767162 姚李镇志/1179

009106520 姚孟电厂志/1701

010010004 姚家埭村志/992

008446411 姚集乡志/861

娜

010243600 娜姑镇文物志/2770

怒

013000673 怒江公安志/2891

012208091 怒江交通运输集团公司志/2893

012766320 怒江州工业志/2892

012955308 怒江州工会志/2891

013508785 怒江州中心血站志/2894

008597684 怒江州交通志/2893

013342319 怒江州农业学校志/2893

009337937 怒江州农牧志/2892

013093205 怒江州志评审稿/2891

013000698 怒江州金融志/2893

013628770 怒江州城乡建设环境保护志/2892

013000692 怒江州残联志 1988－2010/2892

010243035 怒江州科技志/2893

013659700 怒江州移民开发志 2005.8－2011.8/2892

011589949 怒江烟草志 1994－2007/2892

012877061 怒江傈僳族自治州工商行政管理志/2892

011584755 怒江傈僳族自治州卫生志/2894

011296171 怒江傈僳族自治州文物志/2894

012542745 怒江傈僳族自治州计划生育志/2891

008424799 怒江傈僳族自治州民族志/2893

009221761 怒江傈僳族自治州志/2891

012877050 怒江傈僳族自治州财政志/2893

012680550 怒江傈僳族自治州体育志/2893

008426226 怒江傈僳族自治州林业志/2892

013131054 怒江傈僳族自治州政协志/2892

012836065 怒江傈僳族自治州首府－六库镇城乡建设环境保护志 1909－1990/2895

012877064 怒江傈僳族自治州教育志/2893

013000682 怒江傈僳族自治州检察志评审稿/2892

005646251 怒族语言简志(怒苏语)/2893

贺

011312467 贺兰山志/3129

013335371 贺兰山植物志/3129

013897293 贺兰山滚钟口风景区志/3129

012758947 贺兰县卫生志/3129

009414078 贺兰县水利志/3129

013183507 贺兰县发展和改革局部门志

1980-2005/3128
008034106 贺兰县志/3128
013820237 贺兰县志 1980-2005/3128
013530959 贺兰县财政志/3128
012758943 贺兰县供电志 1981-2007/3128
012541677 贺兰县政协志 1949-2007/3128
012505163 贺州市土地志/2325
009310245 贺州市中学校志 1921-2001/2325
008835041 贺州市志/2325
012898567 贺家坡村志/365

盈

013732565 盈江农场志 1952-2010/2890
012636770 盈江县水利水电志/2890
010577547 盈江县水利志/2890
013797188 盈江县交通志/2890
008426839 盈江县志/2890

绛

011497902 绛县人民代表大会志/332
013144471 绛县电力工业志/333
008637487 绛县志/332
013897624 绛县政协志/333

统

011478696 统一战线人物志/3273

十画

泰

013329738 泰山区文物资源志/1538
011585003 泰山区地名志/1538
009414940 泰山区志/1537
013603198 泰山医学院院志 1974-2004/1538
011961208 泰山街道志/819
010113097 泰山蝶蛾志/1538
012051963 泰日续志 1985-2003/783
008913798 泰宁县地名录/1243
007479145 泰宁县志/1242
010776993 泰州市人民医院志 1932-1988/952
008532457 泰州市地名录/952
013795581 泰州市交通志/952
009889672 泰州市金融志 1840-1987/952
011478582 泰州市政协志/952
012662314 泰州国税志/952
009880367 泰州船闸志/936
010292551 泰州商业志/952
013145456 泰州税务志/952
008446226 泰兴工业志/955
009817649 泰兴土肥工作志/956
010110344 泰兴卫生志/956
009338420 泰兴水利志/955
009046132 泰兴市工会志/955
008532411 泰兴县地名录/955
005591333 泰兴县志/955
008446228 泰兴建筑志/955
013756150 泰安工商税志/1535
010278344 泰安卫生志/1537
013660349 泰安历史文化遗迹志/1537
013756149 泰安电业志 1973-1990/1536
013067307 泰安电业志 2001-2010/1536

012051959 泰安市人事志 1985-2006/1535

011908932 泰安市工商行政管理志 送审稿/1535

013822735 泰安市土种志/1537

014052266 泰安市中医二院院志 1986-2013/1537

013131361 泰安市水利志/1538

013321021 泰安市公安交通警察志 1987.3-2011.6/1535

013185837 泰安市自来水公司志/1535

008613626 泰安市志/1537

012208262 泰安市志 1985-2002/1535

011955646 泰安市社会福利院志 1916-2006/1535

011188835 泰安市郊区民间文学资料选编歌谣谚语集/1538

013899619 泰安市政协志/1535

011585001 泰安市教育志 1905-1984/1536

009411630 泰安市粮食志/1536

008812544 泰安地区志/1534

008453900 泰安县检察志/1535

008452375 泰安邮电志/1536

013131358 泰安金融志 1840-1990/1536

010779095 泰安高新技术产业开发区志/1535

011908934 泰安消防志/1535

013756223 泰安教育学院（泰山联合大学）志 1978-1998/1536

010061666 泰来县民间文学集成/677

007902377 泰来县志/676

013510589 泰来县志 1986-2005/677

008385563 泰来县医药志/677

008846466 泰来县教育志/677

013096518 泰来县第一中学校志 1940-2005/677

005591353 泰县志/953

011500662 泰县财税志/953

009252187 泰县金融志/953

013991563 泰和县人民医院志 1933-2012/1350

007482403 泰和县志/1350

013646450 泰和县志 1989-2008/1350

008664382 泰和县邮电志/1350

011764790 泰和林业志/1350

012613866 泰顺县人民代表大会志/1033

008450388 泰顺县水利电力志/1033

012814255 泰顺县公路管理段志/1034

013510593 泰顺县交通志/1034

008450383 泰顺县志/1033

013899622 泰顺县茶志/1033

秦

013659768 秦山核电有限公司志 1982-2010/1041

013731060 秦川厂志 1953-1986/2938

013991343 秦安县人民代表大会志 1990-2009/3051

013933317 秦安县乡镇企业志/3052

011294362 秦安县军事志/3052

008838487 秦安县志/3051

011294358 秦安县财政志/3052

008453897 秦安县城乡建设志/3052

012722502 秦安县检察志/3052

002924112 秦岭巴山天然药物志/2935

006049718 秦岭鸟类志/2942

008420944 秦岭发电厂志/2986

012814152 秦岭兽类志/2935

006021319 秦岭植物志/3276

013794843 秦岭植物志增补 种子植物 /3276

010251118 秦岭路街道志 /1648

007885122 秦始皇帝陵志 /2942

009046103 秦始皇帝陵志 /2942

009332432 秦城区志 /3051

012542780 秦皇岛人物志 /154

011477160 秦皇岛鸟类图志 /154

008379086 秦皇岛市人民代表大会志 1949-1990 /152

013794841 秦皇岛市山海关区志 1979-2004 /155

008379140 [秦皇岛市]卫生志 /154

007532441 秦皇岛市水利志 /152

008533312 秦皇岛市地名资料汇编 /154

010278328 秦皇岛市交通志 /152

007480672 秦皇岛市志 /151

009060683 秦皇岛市志 /151

012814150 秦皇岛市志 1979-2002 /151

008382758 [秦皇岛市]医药志 /152

013377010 秦皇岛市财政志 /153

008382754 [秦皇岛市]体育志 /154

009684724 秦皇岛市物价志 /153

008379092 [秦皇岛市]供销社志 /153

008378667 秦皇岛市金融志 /153

008469080 秦皇岛市城建志 1381-1985 /154

008382854 秦皇岛市科学技术志 /153

012766411 秦皇岛市档案志 /153

012140217 秦皇岛市海港区志 1983-2002 /154

008382954 [秦皇岛市]商业志 /153

009879161 秦皇岛地区抗日战争志 /154

013705572 秦皇岛机关党建志 /151

009560764 秦皇岛邮电志 1884-1990 /153

010139892 秦皇岛法院志 /152

009511212 秦皇岛经济技术开发区志 1984-2003 /152

011763255 秦皇岛海关志 /153

008378581 秦皇岛教育志 1436-1985 /153

008949804 秦皇岛商检志 /153

009553710 秦皇岛港口志 /152

012814147 秦皇岛港口志 1996-2005 /152

010278575 秦皇岛港口近代史图志 /152

008869536 秦皇岛港纪事 /151

012174827 秦家土寨村志 /1439

013991347 秦淮著作志 /817

013794844 秦楼街道教育志 /1551

012173778 秦霸岭村志 /3071

珙

007657699 珙县志 /2551

012049356 珙县志 1986-2000 /2551

009867152 珙县政协志 /2551

012831544 珙县僰人风物志 /2551

珠

009379974 珠乡人物志 /2311

009768242 珠光街志 /2144

011586383 珠江三角洲农业志初稿 /2184

005587236 珠江三角洲农业志初稿 /2184

008835792 珠江志 /2142

009379663 珠江冶炼厂志 1966-1985 /2138

012546785 珠江续志 1986-2000 /2143

011794428 珠村村志 /2149

007665040 珠海市人物志 /2175

007662453 珠海市文物志 /2175

010779230 珠海市文物志修订本 /2175

013689620 珠海市斗门区军事志 1279-2005 /2176

007508989 珠海市对外经济贸易志 /2175

013689622 珠海市军事志 757-2005/2175
008839831 珠海市志/2174
009557574 珠海市邮电志/2175
007508983 珠海市财政志/2175
012507353 珠海市环境保护志/2176
008051777 珠海市国土志/2175
013689624 珠海市香洲区军事志 757-2005/2176
013798859 珠海市香洲区志/2176
008051209 珠海市科学技术志/2175
011311813 珠海防痨史志/2175
012546768 珠海侨务志/2174

珞

008395214 珞巴族语言简志 崩尼-博嘎尔语/2911

班

009472717 班玛县志/3107

珲

012758971 珲电公司志 1978-2001/635
010469145 珲春市民族志 1860-1987/635
008830108 珲春市志/634
012541787 珲春市志 1988-2005/635
010777073 珲春灌区志/635

敖

013702853 敖汉旗卫生志 1892-1985/407
009349641 敖汉旗志/406
009687213 敖汉旗邮电志/406
013179263 敖汉旗城乡建设环境保护志/406
013126145 敖汉旗教育志 1808-1985/407
013090687 敖汉旗商业志/407
009234379 敖桥乡志/1363

盐

008533641 盐山县地名资料汇编/226
009381095 盐山县交通志/225
004892987 盐山县志/225
012237491 盐水镇志/3251
010293904 盐仓镇志/766
010117842 盐边民族志/2464
012877334 盐边县少数民族志/2464
011479455 盐边县公安志/2464
012175134 盐边县军事志 1913-2006/2464
008672197 盐边县志/2464
012689865 盐边县志 1993-2005/2464
013379150 盐边县移民志/2464
013961171 盐行村志/784
012814446 盐池机械化林场志/3136
009414226 盐池县人大志/3136
009675799 盐池县生态建设志/3137
006975514 盐池县志/3136
009018133 盐池县志 1981-2000/3136
009190518 盐池县建设志/3136
009016925 盐池县政协志/3136
011312012 盐池县第一中学校志 1955-2005/3136
009442041 盐池县税务志/3136
009413574 盐官镇志/1036
007264372 盐城人物志/926
011909948 盐城卫生学校校志 1958-1998/925
011909956 盐城中医人物志/926
009125592 盐城水利志/926
013901037 盐城市工会志/925
009413569 盐城市土地志/925
013379151 盐城市中医院院志 1955-

1995/926

013797091 盐城市电力工业志 1988-2002 /925

013464211 盐城市民族宗教志/924

008223803 盐城市志/924

013630486 盐城市环境保护志/926

013776012 盐城市郊区工会志/927

012208514 盐城市郊区城乡建设志/927

007506842 盐城市建设志/926

011328428 盐城市城区人民医院院志 1958-1998/927

014052908 盐城市畜禽疫病志 1949-1988 /926

012837559 盐城市第一人民医院院志 1997-2008/926

014052909 盐城市第三人民医院志 1946-1996/926

010242578 盐城发电厂志/925

012316994 盐城发电有限公司志 1989-2005 /925

006135332 盐城县志/924

008661994 盐城邮电志/925

009189830 盐城财政志/925

013732519 盐城审判志/925

013732538 盐亭县公安志/2486

011444165 盐亭县农业志/2486

007342646 盐亭县志/2486

008421758 盐亭县肿瘤防治志/2486

014052910 盐亭县教育志/2486

009814578 盐津方言志/2805

013994219 盐津县民政志/2805

009995647 盐津县林业志/2805

009107155 盐都县土地志/927

013343446 盐湖区电力工业志/324

012052499 盐湖团志/1359

袁

011910096 袁庄煤矿志/1147

012689939 袁州区民政志/1356

012100787 袁浦镇志/971

012814537 袁家沟村志/508

008424934 袁惠渠志/1323

都

009472100 都匀市水利志/2706

013987630 都匀市民族志/2707

008471143 都匀市志/2706

008846505 都兰县志/3111

012758790 都江堰人民渠志/2439

009399170 都江堰风景名胜区志/2440

010113980 都江堰文物志/2439

009387505 都江堰东风渠志/2440

010201293 都江堰外江管理处志/2439

009688489 都江堰市工商业联合会志 /2438

008670005 都江堰市国土志/2438

013506649 都江堰市物价志 1911-1988 /2439

013335029 都江堰市政协志 1950-2009 /2438

010686759 都江堰市烟草志/2439

007132412 都江堰志/2440

011890594 都安高级中学校志 1923-2003 /2332

009061851 都安瑶族自治县土地志/2332

008596793 都安瑶族自治县水利电力志/2332

007910041 都安瑶族自治县志/2332

009346534 都安瑶族自治县教育志/2332

009385340 都昌县卫生志/1320
009385342 都昌县交通志/1320
007482402 都昌县志/1320
012264203 都昌县志 1990-2005/1320
008831495 都昌县邮电志/1320
011804276 都昌县教育志/1320
009385344 都昌政协志略/1320

哲

010292642 哲里木农垦志/408
010291919 哲里木商业志/409
012970775 哲里木盟工业志/408
009019409 哲里木盟公路交通志/409
010292143 哲里木盟文化志/409
013707207 哲里木盟农垦志/408
008623275 哲里木盟志/407
010292971 哲里木盟报业志 1929-1994/409
008543229 哲里木盟邮电志/409
013012635 哲里木盟供销合作社志/409
012969379 哲里木盟金融志/409
012003242 哲里木盟珠日河牧场志 1948-1990/410
013866298 哲里木盟教育志 1636-1986/410
012956829 哲里木盟第一建筑安装工程总公司建筑志 1952-1985/408
014053096 哲商小学校志 1913-2013/1093

热

013771730 热力公司志 1997-2003/687
012766439 热力志 2002.1-2006.12/1632
012614134 热水镇教育志/2763
013991375 热轧板厂志 1985-2004/1143
011584811 热河金融志 1840-1955/114

壶

009804227 壶口志/353
011311817 壶山小学志 1902.1-2001.12/1072
013415141 壶关人物志/293
008471181 壶关县志/293
012872480 壶关县教育志 1840-1985/293
012541720 壶溪吕族志/1103

耿

013819386 耿马傣族佤族自治县交通志/2831
007817976 耿马傣族佤族自治县志/2830
011431447 耿马傣族佤族自治县金融志/2831
013314451 耿马傣族佤族自治县政协志 1952-2007/2831
008418618 耿马傣族佤族自治县税务志/2831
012096734 耿村煤矿志 1975-2009/1761

聂

009411525 聂寨村志/1656

莆

012814079 莆田电力工业志 1990-2002/1233
009117944 莆田市外经贸志/1233
013375400 莆田市地名志/1234
007508976 莆田市交通志/1233
008846583 莆田市农村金融志/1233
009020679 莆田市志/1231
013991338 莆田市志司法行政志/1232
009106055 莆田市邮电志/1233
012684558 莆田市财政志/1233
012661731 莆田市体育志/1234
009106053 莆田市金融志/1233
012982268 莆田市姓氏志/1234

013794782 莆田市档案志/1233

013342434 莆田市畜牧志/1232

008846590 莆田市教育志/1233

013794801 莆田市检察志/1232

012661723 莆田市第一医院志/1234

013898930 莆田市税务志/1233

013319954 莆田县人民代表大会志/1232

008914550 莆田县地名录/1234

007480668 莆田县志/1232

013629322 莆田县财政志/1233

008451143 莆田县税务志/1233

013319952 莆田法院志/1232

恭

013143699 恭城中学志 1938-1993/2304

007910054 恭城县志/2304

012049349 恭城瑶族自治县卫生志/2304

012758831 恭城瑶族自治县水利电力志/2304

莽

012721854 莽山志 1958-2003/2079

莱

013659567 莱西市水利志/1450

013793099 莱西市军事志 1840-2005/1450

013093105 莱西市志 1988-2005/1449

009799278 莱西市财政志 1726-1995/1450

012968188 莱西市房产管理志/1450

012097707 莱西市城乡建设志/1450

011805496 莱西市政协志/1450

012954995 莱西市第三中学志 1957-2003/1450

007289925 莱西县志/1449

013184293 莱西教育志 1840-1987/1450

011066670 莱西教育体育志讨论稿/1450

009160124 莱西简志/1449

009881152 莱州一中史志 1905-2005/1498

009588691 莱州方言志/1498

012097713 莱州市人民医院志 1947-2007/1498

013064821 莱州市电力志 1922-2010/1498

013774447 莱州市军事志 前685-2005/1498

008812633 莱州市志/1497

013704409 莱州市政协志/1498

013224534 莱州市盐业志/1498

012612850 莱州市第三人民医院院志 1958-2008/1498

009799280 莱州医药志 1978-2003/1499

011805505 莱阳市工商行政管理志 1888-1998/1496

009340739 莱阳市方志志/1497

011805857 莱阳市民政志 1840-1987/1496

007588022 莱阳市志/1496

013179349 [莱阳动力机械厂]厂志 1943-1985/1497

012265276 莱阳县交通志/1497

012265202 莱阳县财政志 1840-1985/1497

013129867 莱阳县教育志/1497

010139933 莱阳教育志/1497

009799273 莱芜卫生志/1560

010009396 莱芜公安志 1902-1986/1556

013093103 莱芜市人民医院志 1950-2000/1559

011891921 莱芜市工商行政管理志送审稿/1556

009962132 莱芜市妇幼保健院莱芜市第二人民医院院志 1953-2003/1560

006497475 莱芜市志/1555

010253384 莱芜市莱城区人民医院志 1956

-2005/1560

013375823 莱芜市莱城区志 1993-2005/1560

011805487 莱芜农业志/1556

013704408 莱芜邮电志/1559

013374463 莱钢工会志 1973-2002/1556

012097697 莱钢共青团志 1973-2002/1555

008452352 莱钢机修厂志/1556

008452347 莱钢安装工程处处志 1970-1985/1556

012811651 莱钢纪委志 1979-2003/1555

008452348 莱钢运输部志 1970-1985/1556

008452336 莱钢志/1557

011961294 莱钢志万和鲁碧公司 2001-2006/1558

012043711 莱钢志山东省冶金设计院志 1958-2000/1558

011961459 莱钢志中型型钢厂 2001-2005/1559

011961450 莱钢志轧钢厂 2001-2005/1559

011961378 莱钢志生活城房部 2001-2007/1558

011961430 莱钢志永锋钢铁公司 2002-2006/1558

011961229 莱钢志动力部 2001-2005/1557

011961239 莱钢志机制公司 2001-2005/1557

011961481 莱钢志自动化部 2001-2005/1559

011961440 莱钢志运输部 2001-2005/1559

011961356 莱钢志汽运公司 2001-2005/1558

011961283 莱钢志矿山建设有限公司 1976-2006/1557

011961256 莱钢志建工处 1950-1989/1557

011961317 莱钢志炼钢厂 2001-2005/1557

011961325 莱钢志炼铁厂 2001-2005/1557

011961389 莱钢志泰东劳服公司 2001-2006/1558

011961365 莱钢志热电厂 1998-2005/1558

011961310 莱钢志莱芜矿业公司 1996-2005/1557

011961303 莱钢志莱钢医院 2001-2005/1557

011961399 莱钢志特殊钢厂 2001-2005/1558

011961371 莱钢志烧结厂 2001-2005/1558

011961352 莱钢志培训中心 1996-2005/1558

011961470 莱钢志淄博锚链公司 2001-2007/1559

011961272 莱钢志焦化厂 2001-2005/1557

011961337 莱钢志鲁南矿业公司 2001-2006/1557

011961412 莱钢志新泰铜业公司 1986-2006/1558

008452350 莱钢医院志 1970-1985/1559

008452358 莱钢冶炼厂志 1966-1985/1556

013958717 莱钢档案志/1559

008452341 莱钢档案志 1970-1995/1559

008452355 莱钢第一钢厂志 1965-1985/1556

008452357 莱钢第二钢厂志 1970-1985/1556

008452362 莱钢焦化厂志 1970-1985/1556

莲

014047518 莲花县交通志/1310

005559166 莲花县志/1310

013362660 莲花县志 1988-2002/1310

010143330 莲花县志 1988-2002 评议稿/1310

009798915 莲花县教育志/1310

012613406 莲都区水利志/1100

012873051 莲盛志/778
008923265 莲湖区志/2947
010573593 莲湖区志终审稿/2947

莫

012766259 莫力达瓦达斡尔族自治旗人民医院志/429

009398338 莫力达瓦达斡尔族自治旗巴彦鄂温克民族乡巴彦街村志/428

008486844 莫力达瓦达斡尔族自治旗志/428

011955186 莫力达瓦达斡尔族自治旗志 1993-2005/428

009313067 莫力达瓦达斡尔族自治旗邮电志/429

009388716 莫干山志/1045

010475753 莫尔道嘎林业局志/426

012174785 莫城镇志/893

荷

012251034 荷花村志/1439
007591237 荷城建设志/2197
012952078 荷湖村志/1050
013897262 荷塘区军事志 1960-2005/2000
013772818 荷瞳村村志/1551

获

007696461 获鹿方言志/133
008793891 获鹿县水利志/133
008533302 获鹿县地名资料汇编/133
008593599 获鹿县志/133
010577341 获鹿县教育志/133
012832086 获嘉县电业志 2002-2009/1731
005591375 获嘉县志/1730
011474552 获嘉县志 1986-2000/1730
013990697 获嘉县财政志初稿/1731

荻

011431343 荻港镇志/1132

莘

009061785 莘县乡村志/1592
014050257 莘县水利志征求意见稿/1592
008470924 莘县志/1592
010280436 莘县财政志/1592
008848260 莘塍镇志/1023

晋

013064796 晋中石油志/311
012317864 晋中市志/311
013688957 晋中市国土资源志/311
012505263 晋中市第一人民医院志 1949-2009/312
012049635 晋中市煤炭规划设计研究院志/312
008378048 晋中地区电力工业志 1909-1990/311
009312522 晋中地区交通志公路交通篇/312
007658549 晋中地区志/311
011805429 晋中汾河志/312
013752688 晋中职业技术学院院志 2004.12-2009.9/312
013093040 晋中煤炭志/311
008377978 晋东南电力工业志 1942-1990/250
010243557 晋宁县土地矿产志/2751
013531090 晋宁县水利志 21-1988/2751
012872998 晋宁县地方税务志 1994-2003/2751
008426801 晋宁县地名志/2752
012174034 [晋宁县]纪检志 1953-

1988/2751
013774271 晋宁县志/2750
010238843 晋宁县志 前 298-2000 送审稿/2751
013144477 晋宁县林业志 1346-1988/2751
011320299 晋宁县晋城镇志/2751
013335428 ［晋宁县］教育志 1276-1990/2752
012505259 晋西机器厂厂志 1986-1997/258
013335433 晋州市交通志/132
008486680 晋州市邮电志/132
009310366 晋州市教育志/132
009009796 晋江市人大志/1250
007482393 晋江市人物志/1251
012880337 晋江市司法行政志/1250
011566155 晋江市地名志/1251
007825635 晋江市交通志/1251
011292036 ［晋江市］农作物品种志/1251
006350794 晋江市志/1250
009198619 晋江市志/1250
008664195 晋江市邮电志/1251
014280724 晋江共青团志/1251
007478017 晋江华侨志/1250
013064790 晋安风物志/1215
008913858 晋县地名资料汇编/132
007493651 晋县志/132
009160149 晋城大事纪/298
013861853 晋城水电志/299
009676021 晋城电力工业志 1949-2003/298
008471280 晋城市人民代表大会志/298
009561561 晋城市工商行政管理志/298
009312567 晋城市乡镇企业志/298
013861850 晋城市乡镇志/298
012811633 晋城市地震志/299

008471277 晋城市交通志/299
012251320 晋城市纪检监察志/298
008470928 晋城市志/297
013064795 晋城市志 1985-2008/297
011805417 晋城市国土资源志/298
008601035 晋城市郊区城区交通志/307
012968116 晋城市城区人大志/300
013926409 晋城市城区军事志 前 426-2007/300
009994988 晋城市城区志/300
013374447 晋城市城区政协志/300
008486679 晋城市城区概览/300
008949918 晋城市政协志/298
012049633 晋城市教育志/299
008470932 晋城县志/297
011805408 晋城矿务局十年志 1986.8-1995.8/299
008471283 晋城金石志/299
013926407 晋城城管志/298
009920822 晋城革命老区志/299
008471271 晋城税务志/299
011996805 晋城煤业集团志/299
013958693 晋祠水利志/263
012626279 晋祠志/266
010113288 晋商文化旅游区志/249
009081892 晋察冀革命文化艺术人物志/253

真

010576832 真如寺志/752
007984442 真如镇志/752
012256604 真如镇志 1991-2003/752
009840143 真武镇志/938

桂

012872366 桂井子街志 1000-2010 /1543

012898442 桂平市土地志 /2315

008539686 桂平市电业公司志 /2315

004018823 桂平县志 /2315

012609896 桂东县志 1991-2002 /2081

008835749 桂东县志送审稿 /2081

008664192 桂阳乡志 /1255

009686280 桂阳县人大志 /2077

009399293 桂阳县工业志 /2078

008847979 桂阳县卫生志 1840-1988 /2078

008847974 桂阳县水利电力志 /2077

008847983 桂阳县民政志 /2077

008989966 桂阳县交通志 /2078

013897186 桂阳县军事志 1840-2005 /2077

008844230 桂阳县农业机械志 /2077

009348814 桂阳县志 1989-2000 /2077

009618618 桂阳县志 1989－2000 评议稿 /2077

009618593 桂阳县志 1989－2000 送审稿 /2077

008528042 桂阳县志送评稿 /2076

008847957 ［桂阳县］供销合作志 /2078

008844174 桂阳县科技志 /2078

008844224 桂阳县粮食志 1940-1988 /2078

008847967 桂阳金融志 /2078

008847971 桂阳烟草志 /2077

011311043 桂林中学校志 1905-1995 /2297

012097386 桂林中学校志 1905-2005 /2297

013143818 桂林公路局志 /2296

012967594 桂林市人民代表大会志稿 1990.11-2006.11 /2294

010195445 桂林市工商行政管理志 /2295

013222074 桂林市土地志 /2295

013222076 桂林市卫生防疫站站志 /2297

014030782 桂林市公安交通管理志 1949-2006 /2295

012097383 桂林市公安交通管理志征求意见稿 /2294

008665311 桂林市公安志 /2295

012718882 桂林市计划生育志 /2294

008539135 桂林市地名录 /2297

009553698 桂林市交通志 /2296

013143820 桂林市交通志第一稿 /2296

009189354 桂林市军事志 /2295

008025838 桂林市志 /2294

013013555 桂林市志 1991-2005 /2294

013897184 桂林市志劳动和社会保障志 1949-2005 /2294

008539691 桂林市邮电志 1994 /2296

008595499 桂林市财政志 /2297

008595495 桂林市纺织工业志 1949-1989 /2296

008662153 桂林市环境保护志 1991-1995 /2298

008539681 桂林市规划建筑志 /2298

009379827 桂林市供销合作社志 1962-1990 /2296

010278702 桂林市金融志 西汉末年-1990 /2297

013222071 桂林市服务公司志 1976-1990 /2296

011804398 桂林市郊区教育志 /2299

009379824 桂林市房地产志 /2295

008595489 桂林市建筑材料工业志 /2296

008539683 桂林市城市建设管理志 /2298

012264330 桂林市统计局志 /2294

009159245 桂林市教育志/2297

008665309 桂林市检察志 1910-1995/2295

013528958 桂林市象山区志 审核稿/2299

011293396 桂林市商业局志/2297

013989069 桂林市雁山区志/2299

008595485 桂林市路灯志/2295

013728706 桂林市叠彩区志/2298

008595491 桂林市糖烟酒志/2296

010577078 桂林地区检察志 1910-1998/2295

013143816 桂林地委党校简志 1949-1995/2294

012097384 桂林自来水公司志 1936-2005/2295

009405853 桂林纺织品批发站志 1950-1990/2296

013144415 桂林矿产地质研究院志 1955-2005/2297

009405848 桂林轮胎厂志 1965-1995/2296

009379819 桂林供电志 1916-1989/2295

012264322 桂林金融志 1991-2000/2297

013626470 桂林洋农场志/2350

013528961 桂林洋志稿/2350

010008247 桂林旅游志/2296

008595427 桂林海关志 1979-1990/2297

009441849 桂林漓江志/2297

郴

012132565 郴州文学志/2075

011579022 郴州市九完小校志 1941-2001/2075

013037942 郴州市北湖区志 1990-2004/2075

012048737 郴州市北湖区政协志 1990-2004/2076

008453576 郴州市交通志/2074

009880105 郴州市交通志 1980-2002/2074

008532797 郴州市志/2073

012951911 郴州市林业志 1989-2005/2073

012713929 郴州市林业科学研究所所志 1963-2001/2073

011943184 郴州市国土资源志 1840-2007/2073

011579032 郴州市实验小学校志 1948-1998/2075

012264018 郴州市信用合作志/2075

009889507 郴州市烟草志/2074

011578938 郴州地区工商行政管理志/2073

011578956 郴州地区水利志/2074

008453577 郴州地区交通志/2074

009227304 郴州地区志/2073

011578945 郴州地区林业志/2073

011579003 郴州地区铁路志 1933-1988/2074

009399291 郴州地名志 2003 首版/2075

012048780 郴州国税志 1989.1-2004.6/2075

012898249 郴州经济开发区志 1988-2008/2073

012679122 郴州统计志 1840-2005/2073

012713936 郴州烟叶复烤志/2074

009686242 郴州烟草志/2074

012173702 郴州商业志 1840-2006/2074

007585916 郴县志/2073

008594675 郴县志 送评稿/2073

010294066 郴县桥口铅锌矿矿志 1957-1983/2073

桓

009241070 桓仁发电厂志/532

013957654 桓仁地方税务志 1994-2000/533

007969453 桓仁县志/532

012049511 桓仁建州女真志/533

012049512 桓仁政协志/532

012811504 桓台公路志/1463

013990683 桓台县自来水公司志 1981.3-2011.3/1463

013752463 桓台县军事志 1860-2005/1462

007289963 桓台县志/1462

011804626 桓台县志 1988-2002/1462

009147646 桓台县建筑志/1463

013926339 桓台县教育志/1463

栖

005503986 栖霞山志/820

009115985 栖霞区志/820

009002430 栖霞市志 1985-1999/1501

013794816 栖霞市志 1985-2002/1501

013604270 栖霞市第一中学校志 1951-2001/1501

004102834 栖霞县志/1501

013730382 栖霞县城乡建设志/1501

桐

013899641 桐乡市农业志/1040

009840522 桐乡市财政税务志/1040

012100017 桐乡市第二人民医院院志 1935-2005/1040

008450226 桐乡县电力工业志 1920-1990/1040

007735953 桐乡县志/1039

009996069 桐乡县教育志/1040

008594525 桐庐方言志/1003

012100014 桐庐县人大志 1949-2005/1002

013145604 桐庐县土地志/1003

009996262 桐庐县水利志/1003

012266446 桐庐县公安志/1002

011998458 桐庐县电力工业志 1918-2006/1003

009996260 桐庐县交通志/1003

013731999 桐庐县农业志/1002

013795602 桐庐县志/1002

004102759 桐庐县志/1002

012722922 桐庐县财税志/1003

009881634 桐庐县金融志/1003

009996264 桐庐县政协志/1002

013775732 桐庐县商业志/1003

013775730 桐庐县粮食志/1003

009962526 桐庐邮电志/1003

010118504 桐庐统计志/1002

010474454 桐庐镇志/1002

008043155 桐城文化志/1154

011998451 桐城市电业志 1989-2003/1153

013507513 桐城市志 1978-2000/1153

009878462 桐城市财政志/1154

010469303 桐城县文物志/1154

009683280 桐城县电业志/1154

007488878 桐城县志/1153

011321392 桐城教育志 1978-2002/1154

013507512 桐柏仙域志/1781

009889283 桐柏县土特产类编征求意见稿/1781

009382297 桐柏县曲艺志/1781

007588012 桐柏县志/1781

012877261 桐峪村志/314

011764876 桐梓方言志/2656

013342628 桐梓县人民医院志/2657

013756350 桐梓县气象志/2657

013010680 桐梓县文物志拓片专辑/2656

007992174 桐梓县志/2656

013603316 桐梓县建设志/2656

013991577 桐梓县教育志/2656

株

011908991 株洲车辆工厂厂志 1954-1986 /1997

011586361 株洲车辆段志 1953-2003/1998

011794389 株洲公安志 1949-1990/1995

011794383 株洲公安志 1990-2000/1995

010577374 株洲文物名胜志/2000

010243527 株洲电厂志 1957-1997/1997

008989963 株洲电力机车厂志 1936-1999 /1997

009385008 株洲市人大志/1995

009385001 株洲市工会志/1995

013798862 株洲市口腔医院院志 1985-1990 /2000

010577308 株洲市卫生志/2000

011586373 株洲市卫生志资料长编/2000

010199796 株洲市化学工业局工会志 1958 -1990/1995

011320751 株洲市东区志/2000

008914132 株洲市民政志/1995

008531826 株洲市交通志/1998

009839716 株洲市交通志 1978-2001/1998

007677699 株洲市志/1995

008720369 株洲市志第10卷/1995

008718909 株洲市志第14卷/1995

011294329 株洲市邮电志/1998

010577289 株洲市财政志 1949.8-1993.12/1998

012507328 株洲市物价志/1998

010291625 株洲市物资局志 1958-1987 /1996

011586367 株洲市金融志/1998

013323306 株洲市法院志 1991-2010/1995

011447201 株洲市建筑材料工业志/1997

010199800 株洲市南区志/2001

013902039 株洲市南区志/2001

012003225 株洲市烟草志/1997

008453573 株洲市教育志/1999

012690287 株洲市教育志续志/1999

012141601 株洲市麻风病防治志 1954-2003 /2011

011327193 株洲市湘东灯泡厂志/1997

011294746 株洲地名志/2000

011957498 株洲华银火力发电有限公司志 1997.7.1-2007.6.30/1997

010577307 株洲劳动志/1996

013630843 株洲县交通志/2005

012879046 株洲县军事志 41-2005/2005

007588013 株洲县志/2005

009839718 株洲县志 1991-2000/2005

013134092 株洲县城乡建设志/2005

013512154 株洲县教育志/2005

013098069 株洲县黄龙镇中学校志 1957-2002/2005

011586375 株洲县第一中学校志 1958-1998 /2005

010199803 株洲冶金工业学校志 1960-1981 /1999

010143027 株洲冶炼厂志 1953-1980/1997

011911534 株洲汽车齿轮厂厂志 1987-1997 /1997

013512147 株洲齿轮公司志 1998-

2008/1997
013661840 株洲国税志 1991-2000/1998
012769681 株洲供电志 1922-2000/1997
010142912 株洲烟草志 1991-2000/1998
011480743 株洲消防志/1995
012690283 株洲教育改革志 1978-2000/1999
012003236 株洲硬质合金厂志续集/1998
012003227 株洲硬质合金厂志 1953-1980/1997
011501619 株洲硬质合金集团有限公司志 1991-2003/1998

桥

005559215 桥东区志/128
007516621 桥东区志/173
013795532 桥东区教育志 1903-1991/128
008423396 桥东志/1357
012639057 桥北村志/358
010110729 桥头乡志/1339
013775140 桥头村志/2172
006710504 桥头镇志/1028
008069258 桥西乡志/1364
012266044 桥塘村志/855
012252302 桥墩水库志/1032

桦

004893172 桦川县志/702
013647646 桦皮厂镇续志/604
012898618 桦甸人大志 1949-2004/608
010576670 桦甸市志 1988-2003/608
009385049 桦甸县文物志/609
010289840 桦甸县地名志/609
007488668 桦甸县志/608
013792300 桦甸县税务志/609

009790833 桦林集团有限责任公司公司志 1984-1995/707
004436196 桦南县志/702
013957647 桦南县志 1986-2005/702
008377586 桦南林业局志 1952-1985/702

桃

008382993 桃山林业局志/697
010577518 桃江县土壤志/2072
014052272 桃江县地方税务志 1994.9-2006.9/2072
005559176 桃江县志/2071
011327014 桃江县志送审稿/2071
012722550 桃江县志 1986-2000/2072
012073466 桃园市志/3240
007476009 桃园县志/3240
008830117 桃园镇志/861
013899625 桃林村志/65
013342604 桃源县人大志 1949-2005/2061
013899627 桃源县军事志 1978-2005/2061
012174932 桃源县护城垸建设志/2061
007819148 桃源县志/2059
012684757 桃源县志 1978-2002/2059
010577018 桃源县志林业志/2059
007378163 桃源县志第 2 卷 农业志/2060
008453536 桃源县志第 3 卷 水利志/2060
012877251 桃源县志第 7 卷 工业志/2060
008452472 桃源县志第 9 卷 交通志/2060
012877245 桃源县志第 12 卷 金融志 1991-2000/2060
011908955 桃源县志第 13 卷 财政志/2060
009686553 桃源县志第 14 卷 药业志/2060
009797371 桃源县志第 15 卷 商业志/2060
012542988 桃源县志第 16 卷 供销合作

志/2060

009797373 桃源县志第17卷 粮食贸易志/2060

012877246 桃源县志第18卷 烟草志/2060

009383764 桃源县志第19卷 金融志/2060

009686561 桃源县志第20卷 物价志/2060

009686562 桃源县志第21卷 工商行政管理志/2061

009348806 桃源县志第22卷 审计志/2061

012877249 桃源县志第28卷 环境保护志/2061

012542994 桃源县志第41卷 政治协商志/2061

012542992 桃源县志第46卷 卫生志/2061

012832068 桃源县教育志/2061

013462614 桃源政协志 1980-2010/2061

格

013369897 格尔木车务段志 1984.5.1-2004.5.1/3110

013369895 格尔木车辆段志 1983-2002/3110

009768927 格尔木市志/3110

009961981 格尔木市志初稿/3110

009889680 格尔木市志送审稿/3110

011431442 格尔木市志西藏篇/3110

012250933 格尔木机务段志 1984-2000/3110

根

010881163 根河市志 1996-2005/426

011757869 根河林业局志/426

索

011764776 索河镇志 1911-1985/1844

栗

010778982 栗子坪彝族乡志/2570

贾

009684594 贾庄村志/129

011321173 贾村志/343

012505234 贾汪区水利志/852

013684394 贾汪区电力工业志 1917-2007 送审稿/852

009025804 贾汪区志/852

012872982 贾汪发电厂志 1880-1986/852

012898667 贾罕村志/350

008665122 贾思勰志/1404

夏

013226549 夏庄街道志/1442

012899950 夏县人民代表大会志/334

012899933 夏县工会志/334

013145648 夏县电力工业志 1952-2000/334

008813621 夏县志/334

014052840 夏县志 1991-2007/334

009995029 夏县教育志/334

010577210 夏邑县人物志当代/1790

008422488 夏邑县卫生志/1790

007289935 夏邑县志/1790

013012772 夏邑县志 1985-2006/1790

013732407 夏邑县教育志 1985-2010/1790

010009344 夏河县人大志/3084

013464175 夏河县伊斯兰民族志/3084

008838469 夏河县志/3084

013899713 夏津县人物志/1585

011327156 夏津县水利志/1585

013096589 夏津县水利志 1986-2005/1585

010293874 夏津县电业志 1941-2004/1585

013994108 夏津县民政志/1584

007289957 夏津县志/1584
009962169 夏津县医药志/1585
011955708 夏津县棉花志/1585
013321196 夏津邮电志/1585
013732395 夏雷村志/874
013510747 夏雷村志二稿/874
008488186 夏镇史志资料/1529
011909127 夏履镇志/1052

原

012052545 原山林场志/1452
011585297 原平方言志/338
009962212 原平百年人物志/338
007900129 原平县志/338
008379762 原平教育志/338
013072830 原平粮食志/338
013961230 原州区文物志/3139
012636760 原阳县人民医院志 1928-2009/1731
011310773 原阳县曲艺志/1731
008392577 原阳县志/1731
012689925 原阳县志 1986-2000/1731
013604612 原阳县教育志/1731

顾

011296043 顾渚山志/1046

致

013074824 致公党泉州市地方组织志 1957-2008/1244

柴

008063814 柴里煤矿志/1465
011578904 柴河水库志 1972-2002/560
013789848 柴胡店镇志/1471
010143518 柴胡栏子金矿志/398

监

009685793 监利水利志/1923
012202877 监利公安志/1922
013861791 监利交通志/1922
013926353 监利县权力机关志/1921
013990765 监利县农业志/1922
008225734 监利县志/1921
013990767 监利县志 1979-2006/1921
013957726 监利县金融志 1851-1985/1922
009472525 监利县政协志 1956.5-1996.5/1922
009880054 监利县烟草志/1922
013897612 监利县教育志 1859-1986/1922
009553759 监利县编制志/1922
013531034 监利县粮食志/1922
010245102 监利邮电志/1922
009348062 监利堤防志/1923

紧

012097598 紧水滩水力发电厂志 1956-2005/1099

党

012714075 党山镇志/987
009379678 党坪苗族乡志/2036
013702939 党湾镇建筑业志/990

蚌

010107748 蚌埠人物志/1135
012678981 蚌埠方言志/1135
013506542 蚌埠电力工业志/1134
011320757 蚌埠市人民代表大会志/1134
010007540 蚌埠市工会志/1134
013687119 蚌埠市中市区人民代表大会志 1952-2002/1136
013128791 蚌埠市水利志/1135

009683208 蚌埠市公路志/1135
013680554 蚌埠市东市区人民代表大会志 1949-2002/1136
007291174 蚌埠市志/1134
011995247 蚌埠市志 1986-2005/1134
010137524 蚌埠市志二轻分志 评审稿/1134
010290966 蚌埠市金融志 1912-1987/1135
013702862 蚌埠市郊区人民代表大会志 1949-2002/1137
011067665 蚌埠市城市建设志/1134
013726761 蚌埠市蚌山区志 1946-2007/1136
013987330 蚌埠市检察志 1986-2006/1134
013687110 蚌埠市淮上区志至 2007/1137
011496830 蚌埠医学院附属医院院志 1952-2002/1135
012540832 蚌埠医学院院志 1958-1998/1135
012658111 蚌埠医学院院志 1998-2008/1135
013859317 蚌埠医学院第一附属医院院志 2002-2012/1135
013726760 蚌埠供电志 1986-2003/1134
013090713 蚌埠法院志 1935-1985/1134
012889200 蚌埠铁路分局志 1898-1995/1134
010229259 蚌埠税务志/1135

恩

009335900 恩平交通志/2203
008440351 恩平县农村志 1911-1985/2203
009441776 恩平县志/2203
007727228 恩平县政协志 1980.12-1993.4/2203
013771870 恩平县教育志/2203
013771872 恩平县教育志 1986-1993/2203
010138270 恩平食品企业志/2203
013987638 恩平宣传志 1949-2012/2203
008665518 恩施土家族苗族自治州邮电志/1944
010140769 恩施土家族苗族自治州烟草志/1944
012132733 恩施市电力工业志 1933-2005/1945
008823367 恩施市志/1945
013819360 恩施市志 1983-2003/1945
008990584 恩施市林业志/1945
012658409 恩施市国土资源志/1945
009685684 恩施市烟草志/1945
008990581 恩施自治州交通志/1944
012132767 恩施州天楼地枕水力发电公司电力工业志 1970-2005/1944
012132742 恩施州车坝水力发电公司电力工业志 1999-2005/1944
012132755 恩施州水利电力工程建设公司电力工业志 1959-2005/1944
012049242 恩施州水利电力勘测设计院电力工业志 1956-2005/1944
012049241 恩施州电力工业志 1933-2005/1944
008453183 恩施州志/1943
013894570 恩施州志 1983-2003/1943
012658411 恩施州林业志 1735-1995/1943
013647458 恩施州委党校志 1952-2012/1943
013141198 恩施州审计志 1983-2003/1943
012191761 恩施州教育志 1983-2003/1944

崂

011475252 崂山区志/1437

012639822 崂山区社团志/1441

009334580 崂山志/1441

012955003 崂山绿石志/1441

009160114 崂山简志/1437

峨

010293951 峨山电力工业志/2786

008836996 峨山县交通志/2786

008836823 峨山彝族自治县人口志/2785

008836928 峨山彝族自治县人民代表大会志 1949-1993/2785

008836950 峨山彝族自治县工商行政管理志/2785

008837046 峨山彝族自治县土地志/2786

008836985 峨山彝族自治县广播电视志/2787

008837048 峨山彝族自治县乡镇企业志/2786

008836948 峨山彝族自治县水利志/2788

008837001 峨山彝族自治县公安志/2785

011311342 峨山彝族自治县文化志/2787

008837004 峨山彝族自治县司法志/2785

008837052 峨山彝族自治县对外经济贸易志/2787

008836997 峨山彝族自治县地震志/2788

012249945 峨山彝族自治县回族志/2788

012758800 峨山彝族自治县交通运输管理志/2787

008837044 峨山彝族自治县军事志/2785

008837040 峨山彝族自治县农牧志/2786

008836884 峨山彝族自治县技术监督志/2786

008836418 峨山彝族自治县志/2784

008836981 峨山彝族自治县劳动人事志/2786

008836424 峨山彝族自治县邮电志/2787

013528844 峨山彝族自治县财税志/2787

008836995 峨山彝族自治县林业志/2786

008836965 峨山彝族自治县国营工业志/2786

008836912 峨山彝族自治县物价志/2787

008836957 峨山彝族自治县供销合作社志/2787

008837005 峨山彝族自治县金融志/2787

008836916 峨山彝族自治县法院志/2785

008836839 峨山彝族自治县审计志/2786

008836909 峨山彝族自治县经济技术协作志/2785

008836432 峨山彝族自治县城乡建设环境保护志/2788

008836875 峨山彝族自治县轻手工业志/2786

008836903 峨山彝族自治县统计志/2784

008836961 峨山彝族自治县档案志/2788

008836881 峨山彝族自治县党群志/2785

008836967 峨山彝族自治县教育志/2788

008836907 峨山彝族自治县检察志/2785

008836972 峨山彝族自治县商业志/2787

008836989 峨山彝族自治县粮油志/2787

008836932 峨山彝族志/2788

008736603 峨边彝族自治县志/2534

011321144 峨边彝族自治县志 1988-2003/2534

012951980 峨眉二中校志 1928-1985/2523

012831375 峨眉山市(县)财政志 1912-1990/2523

010962489 峨眉山市烟草志/2523
012679295 峨眉山佛教志/2523
013703256 峨眉县卫生志/2524
013819356 峨眉县地震志/2524
002872141 峨眉县志/2523
010238582 峨眉县教育志 清末-1985/2523
008421991 峨眉铁合金厂志 1964-1985/2523
010113985 峨影厂志 1958-1988/2427

峰

007969341 峰峰志/161
010118640 峰峰矿区水利志/162
013128897 峰峰矿务局总医院志/162
012264226 峰峰煤矿志/162
013183421 峰峰煤矿志/162

圆

012689935 圆明园百景图志/56

峻

013793083 峻山水利电力志 纪念峻山水库建设四十周年/2304

钱

006362226 钱圩志/771
009855940 钱江电气集团志/976
013705570 钱江农场志/974
012174822 钱桥续志/783
009383739 钱粮湖农场志/2039

钻

009334601 钻井一公司志/555
009247417 钻井二公司志 1974-1993/540

铁

014052297 铁力市志 1986-2005/696
005559219 铁力县志/696

008990402 铁山区志/1853
011312070 铁山垅镇志/1339
013686276 铁山供水工程志/2039
013936424 铁山职中校志/2377
009745136 铁四院志 1953-1993/1840
009699760 铁西区志/491
010143453 铁西区志 初稿/1711
011764820 铁岭市人民代表大会志/559
009411597 铁岭市土地志/559
009244274 铁岭市大事记 送审稿/559
011067810 铁岭市公路运输志/559
011067234 铁岭市公路运输志 续编 1986-1990/559
013706848 铁岭市志 1984-2005/558
008216390 铁岭市志 第1卷/558
008864758 铁岭市志 第2卷 人物志/558
008864760 铁岭市志 第3卷 军事志/558
009244276 铁岭市林业科学研究所所志 1973-1985/559
013186108 [铁岭市]学校教育成果志 1979-1991/560
013822789 铁岭市建设城市信用社社志/560
011312724 铁岭市政协志 1984.9-2005.12/559
010265845 铁岭市科协志/560
013185871 铁岭市教育人物志 1649-1999/560
011585025 铁岭市教学改革志 1987-1990/560
011067003 铁岭市税务志 1664-1990/560
011066941 铁岭妇女志 1948-1987/559
013603208 铁岭县交通志/561
007902371 铁岭县志/561

013462667 铁岭县志 1986-2005/561

012266429 铁岭县政协志 1955.11-2004.12/561

009244278 [铁岭县高家煤矿]矿志/561

009244283 铁岭邮电志 1890-1989/560

011067816 铁岭物资志/559

011500699 铁岭河流志/560

009744763 铁法市志/561

011805988 铁法矿务局科学技术志 1958-1987/561

012766966 铁锋区人大志/674

009560800 铁锋区志/674

010293526 铁道建筑研究设计院志 1958-1995/18

013732023 铁道战备舟桥处志 1964-1995/1584

008379602 铁道部大连机车车辆工厂志 1899-1987/503

009962611 铁道部大桥工程局志 1953-1995/1830

007528458 铁道部山海关桥梁工厂志/155

013822788 铁道部天津物资办事处志 1887-1990/81

008487290 铁道部专业设计院志 1957-1994/42

013145501 铁道部北京物资办事处/12

011294634 铁道部电气化工程局电气化勘测设计研究院院志 1955-1998 送审稿/84

008874567 铁道部电气化工程局志 1958-1998/23

013002641 铁道部电气化工程局党校职工学校志/184

009783157 铁道部电气化工程局第一工程处志 1962-1998 送审稿/23

009962615 铁道部电气化工程局第二工程处志 1978-1998/1886

009009888 铁道部电气化工程局第三工程处志 1979-1997/1632

010292628 铁道部成都物资办事处志 1958-1992/2424

013629344 铁道部齐齐哈尔车辆工厂厂志 1925-1984/670

010009392 铁道部沈阳桥梁厂志 1937-1985/480

008835235 铁道部武汉工程机械研究所志 1979-1996/1840

009745128 铁道部建厂工程局志 1953-1995/23

011328159 铁道部柳州机车车辆工厂志 1965-1992/2287

010140747 铁道部哈尔滨木材防腐厂厂志 1934-1993/656

010291874 铁道部科学研究院人物志 1950-1987/33

012252713 铁道部科学研究院西北研究所志 1961-1987/3040

013131366 铁道部科学研究院西南研究所志 1959.12-1987.12/2430

012836439 铁道部科学研究院环形铁道试验基地志 1958.1-1987.12/42

011327146 铁道部科学研究院金属及化学研究所志 1949.5-1987.12/42

010686871 铁道部科学研究院铁道运输及经济研究所志 1956.9-1987.12/42

011321412 铁道部科学研究院铁道建筑研究所志 1941-1987.12/42

012684776 铁道部科学研究院通信信号研究所志 1950.3-1987.12／40

013731906 ［铁道部桂林疗养院］院志建院五十周年纪念 1952.11-2002.11／2297

013795588 铁道部株洲电力机车工厂教育志 1936-1985／1996

011570774 铁道部株洲电力机车研究所志 1959-1995／1996

011998443 铁道部株洲桥梁厂厂志 1958-1987／1996

013145554 铁道部徐州机械厂志 1916-1991／844

010777249 铁道部戚墅堰机车车辆工艺研究所志 1959-1990／872

009745124 铁道部第一工程局志 1950-1995／144

009856048 铁道部第一勘测设计院志 1953-1993／3040

009783165 铁道部第二工程局电务工程处志 1952-1995／2424

012252711 铁道部第二工程局机械筑路处志 1964-1995／2431

008874571 铁道部第二工程局志 1950-1995／2424

012638711 铁道部第二工程局第二工程处志 1955-1990／2424

010251885 铁道部第二工程局第五工程处志 1953-1990／2423

008430241 铁道部第二工程局第四工程处志 1953-1993／2423

009414615 铁道部第二工程局新线铁路运输处志 1950-1995／2423

009745116 铁道部第二勘测设计院志 1952-1995／2431

008874576 铁道部第十一工程局志 1948-1995／1833

013797211 ［铁道部第十二工程局中心医院］院志 1948-1996／262

008528693 铁道部第十二工程局志 1948-1995／259

008838584 铁道部第十七工程局志 1950-1995／259

008838501 铁道部第十八工程局志 1958-1998／84

010293047 铁道部第十九工程局志／549

008874658 铁道部第十三工程局志 1948-1995／84

008874700 铁道部第十五工程局志 1948-1999／1685

008874741 铁道部第十六工程局志 1952-1996／23

009415080 铁道部第三工程局志 1952-1996／260

008487280 铁道部第三勘测设计院志 1953-1993／89

010730151 铁道部第五工程局工会志／2633

009010657 铁道部第五工程局电务工程处志 1950-1990／1983

009415174 铁道部第五工程局志 1950-1999／2636

012888305 铁道部第五工程局第一工程处志 1950-2000／1982

013145535 铁道部第四工程局电气化工程处志 1971-2000／1122

010201738 铁道部第四工程局机械工程处志 1984-2000／1122

013145521 铁道部第四工程局运输工程

处志 1963-2000/1122

008874989 铁道部第四工程局志 1950-1995/1122

010201742 铁道部第四工程局物资管理处志 1961-2001/1122

013706842 铁道部第四工程局建筑工程处志 1950-2000/1130

011066694 铁道部第四工程局给排水工程处志 1953-2000/1122

012722578 铁道部第四工程局第一工程处志 1953-2000/1122

013145511 铁道部第四工程局第六工程处志 1950-2000/1129

013145546 铁道部第四工程局第四工程处志 1953-2000/1122

009198630 铁道部隧道工程局志 1978-1997/1687

008424812 铁道部鹰潭木材防腐厂志/1325

011585023 铁道第五勘察设计院志 1996-2006/24

008423463 铁路乡志/1357

铅

012877083 铅山县人大志/1379
009249259 铅山县志/1379
010200263 铅山县邮电志/1379
009386211 铅山县政协志/1379

特

012266422 特区人物志深圳卷/2171
009700547 特克斯县志/3212
011998438 特克斯县邮电志/3212

秣

013000510 秣陵志/821

010292169 秣陵镇志/822

积

008793369 积石山保安族东乡族撒拉族自治县志/3081

称

012831228 称多县人大志/3108

笔

011563745 笔架山劳改支队志 1953-1990/685

射

009413547 射阳县水利志/931
013822688 射阳县水利志 1993-2010/931
008471178 射阳县志/931
008532012 射阳县邮电志/931
008531955 射阳县海洋渔业公司志/931
013959356 射洪县二轻工业志/2506
012969575 射洪县人民代表大会志 1950-2007/2505
013731340 射洪县文化体育志 1950-2007/2506
007905693 射洪县志/2505
013002473 射洪县林业志 1986-2005/2506
013959357 射洪县国家税务志 1986-2008/2506
013795388 射洪县供销合作志/2506
013131220 射洪县政协志 1986-2006/2506
013731338 射洪县蚕丝志/2506
014050253 射洪县商贸志/2506
008429565 射洪县棉业志/2506
013959358 射洪信合志 1951-2009/2506

皋

008470895 皋兰县志/3042

012609841 皋兰县志 1991-2005/3042

013989044 皋落村志/316

息

010238872 息县卫生志/1796

012175073 息县民政志/1796

009382304 息县戏曲志/1796

003801405 息志/1796

009813787 息县第一高级中学校志 1956-1996/1796

008541272 息烽县人物志/2641

008541271 息烽县工业志/2641

009159296 息烽县小寨坝镇志/2640

008541283 息烽县民政志/2640

008541278 息烽县军事志/2641

008038756 息烽县志/2640

008541264 息烽县财政志/2641

008541275 息烽县建置沿革志/2641

008541281 息烽县畜牧志/2641

008541286 息烽县烟草志/2641

008541260 息烽县教育志/2641

008541266 息烽县检察志/2641

008541262 息烽县商业志/2641

郫

011068478 郫县水利电力志/2447

005159426 郫县计划生育志/2447

013793490 郫县军事志 1991-2005/2447

007905767 郫县志/2447

009677852 郫县烟草志/2447

徐

011444111 徐工集团志/842

008593858 徐水县土地志/192

008793893 徐水县水利志/192

008533430 徐水县地名资料汇编/192

008622937 徐水县志/192

008863930 徐水县志送审稿/192

009009934 徐市镇志/894

012100615 徐汇区文物志/750

008842897 徐汇区地名志/750

007832607 徐汇区志/750

013823035 徐汇区教育志/750

010243037 徐汇文化志/750

008713342 徐行乡志/761

013226701 徐州二轻工业志/844

013604542 徐州人民防空志/842

011571574 徐州三中校志 1949-1999/848

008193895 徐州工会志/842

011571023 徐州工程机械制造厂志 1948-1985/844

013226720 徐州卫生学校 徐州市卫生职工中等专业学校五十年志 1947-1997/848

010143137 徐州五中志/848

013379141 徐州日报志略 1984.12-1998.8/847

012636827 徐州日报社志 1948-2008/847

011444125 徐州公安志 1906-1985/842

001678917 徐州风物志/849

013148649 徐州文化志 1911-1986/847

005258699 徐州方言志/849

008446374 徐州电力工业志 1914-1987/844

013510837 徐州电务一段志 1911-1985/846

012545550 徐州电信局志 1882-2008/846

012140854 徐州市人民代表大会志 1949-2008/842

009993461 徐州市土地管理志/843

013686416 徐州市工商行政管理志/842

012003015 徐州市口腔医院志 1958-

2008/850

011320413 徐州市卫生防疫站志/850

013226711 徐州市卫生志/850

013510841 徐州市王杰中学校志1956-2006/848

013686420 徐州市云龙区教育志1910-1985/851

013994209 徐州市中心医院志/850

013901021 徐州市中医院院志/850

013097857 徐州市水产志/843

009414208 徐州市水利志/845

013823047 徐州市电力工业志1988-2002/845

012970528 徐州市务本高级中学校志1988-2008/848

012814445 徐州市民政志1989-2009/842

013630434 徐州市地方煤矿志1954-1985/845

010778936 徐州市地名录/849

011571032 徐州市地震志/849

011327213 徐州市机械工业志/845

013011215 徐州市交通志/846

012316975 徐州市农机志/850

009993454 徐州市农村金融志/847

009993459 徐州市农村金融志农业银行卷1997-2000/847

011444132 徐州市妇幼保健院志1957-2007/849

008053797 徐州市志/841

011585169 徐州市财政志1912-1985/846

008383423 徐州市体育志/849

012877324 徐州市住房公积金管理中心志1988-2005/847

008192053 徐州市委党校志1949-1994/842

008382973 徐州市金融志/847

013604545 徐州市金融志1988-2000/847

013186103 徐州市郊区志/852

011327157 徐州市房地产志1912-1985/842

012052472 徐州市房地产志1912-2005/843

013604543 徐州市建筑安装工程总公司志/845

013148640 徐州市城乡规划志1945-1985/851

013901019 徐州市科学技术志1949-2005/847

011327091 徐州市保险志1918-1987/847

009338341 徐州市贾旺区土地管理志/852

011327190 徐州市畜牧志1910-1988/843

009797402 徐州市教育志/848

011327159 徐州市职工教育志1921-1987/848

013630436 徐州市聋哑学校校志1950-1986/849

013961162 徐州市第一人民医院院志1935-1985/849

010293846 徐州市第十三中学校志1964-2004/848

013148644 徐州市第三人民医院志1964-2004/849

008378839 徐州市税务志/846

013464209 徐州市路灯志/843

011571040 徐州市粮食志/846

013939603 徐州司法志1912-1985/842

009082346 徐州民政志/842

013379137 徐州民族宗教志1910-1985/841

013011210 徐州发电厂志1970-1995/844

013148637 徐州合洗总厂志1967-1985/844

013630428　徐州灯泡厂志 1960-1985 /851
011479428　徐州农村经济体制变革志 1926-1985 /843
013994207　徐州红十字志 /842
012689862　徐州运管志 /846
011571153　徐州医学院附属医院院志 1897-1997 /850
013226721　徐州医学院附属医院院志 1897-2007 /850
013961163　徐州医药志 商业篇 1384-1985 /850
010239135　徐州园林志 /851
009797404　徐州邮电志 1882-1985 /846
010008925　徐州体育志 1949.10-2004.9 /849
007662456　徐州矿务局志 /845
011998127　徐州矿务集团有限公司权台煤矿志 /845
013706961　徐州矿物集团志 1987-2012 /845
008378552　徐州物价志 /846
013630439　徐州政协志 1949-1985 /842
009252985　徐州坨城电力有限责任公司志 1985-2002 /844
013321308　徐州耐火材料厂志 1950-1985 /851
013630430　徐州钢铁厂志 1958-1985 /844
012100624　徐州钢铁总厂志 1986-2005 /844
011479430　徐州蚕桑志 /850
011327164　徐州铁路分局志 1908-1985 /846
012545554　徐州教育志 1986-2005 /848
010110360　徐州教育学院院志 1959-1999 /848
013097850　徐州铝厂志 /845
013661510　徐州液压件厂志 1974-1987 /845
011909901　徐州装载机厂志 /846

013901016　徐州港务局志 1958-1985 /846
013097853　徐州煤炭志 1882-1985 /845
013661508　徐矿集团煤炭生产志 1978-2007 /844
012767151　徐泾志 /779
009147439　徐重厂志 1943-1985 /844
009989100　徐闻县地名志 /2208
008636614　徐闻县志 /2208
013823039　徐闻县第一中学校志 /2208
009864163　徐闻县蔗糖志 /2208
011296161　徐福志 /1404

殷

010732070　殷都区西郊乡志 /1711

航

009160201　航头镇志 /764
009397039　航空人物志 /3272

爱

008418695　爱华镇志 /2826
009190512　爱建志 1979-1999 /727
007013412　爱辉县志 /710

翁

014052359　翁牛特旗乌丹第三小学校志 1978-2013 /405
007913527　翁牛特旗志 /405
013686318　翁垟镇志 /1026
010730432　翁垟镇第三小学志 /1021
009673734　翁源县卫生志 /2167
009673698　翁源县水利志 /2166
009673647　翁源县电力志 /2166
007850896　翁源县志 /2166
013597691　翁源县志 1988-2000 /2166
009673735　翁源县邮电志 /2166
009673695　翁源县林业志 /2166

009673649 翁源县金融志/2167
009673733 翁源县统计志 1988-2002/2166

胶

012202879 胶州市工商行政管理志/1443
013092992 胶州市卫生志/1444
010200381 胶州市水产志/1443
012202890 胶州市水利志 1993-2003/1444
013820468 胶州市文化志/1443
011954452 胶州市电业志 1939-2005/1443
012202883 胶州市民政志 1840-1987/1443
005331670 胶州市志/1443
012202881 胶州市供销合作志 1947-1987/1443
013688787 胶州市教育体育志 1985-2007/1443
010200379 胶州市商业志/1443
010200416 胶州邮电志/1443
009160116 胶州简志/1442
009962129 胶县第一中学校志/1444
012954926 胶南市人民医院志 1950-2010/1437
013752637 胶南市军事志 前476-2005/1437
007289984 胶南县志/1437
009160119 胶南简志/1437

留

009045876 留坝县志/3001

凌

012097759 凌云县志/2323
009441978 凌城镇志/861
013774539 凌源人大志 1950-2011/565
009334629 凌源市交通志续编/565
012680421 凌源市交通志续编 1993-2005/565

012764736 凌源市政协志/565
009620052 凌源县司法行政志/565
009334627 凌源县交通志/565
008094656 凌源县志/565
008537964 凌源粮食志/565

栾

007983937 栾川县志/1696
011805597 栾川县志 1986-2000/1696
013933193 栾川县物价志 2000-2011/1696
013066331 栾川县审计志/1696
008380826 栾城农村金融志/137
008216449 栾城县水利志/137
009020860 栾城县电力志/136
008533296 栾城县地名资料汇编/137
011805590 栾城县交通志/137
009380950 栾城县交通志 1900-1985/137
007488667 栾城县志/136
012680458 栾城县志 1993-2005/136
010278926 栾城县邮电志/137
011328627 栾城县政协志/136
008378646 栾城县教育志 1301-1991/137
009251009 栾城县教育志 1992-2000/137
011321247 栾城县殡仪馆志/136

高

012191834 高力房镇志/520
013091065 高山村志/2317
001938206 高山族风俗志 第5卷/3235
008395427 高山族语言简志 布嫩语/3233
001920328 高山族语言简志 阿眉斯语/3233
006143650 高山族语言简志 排湾语/3233
013335261 高升工程技术处志 1999-2011/558
009242639 高升采油厂志 1977-1990/553

013131317 高升街小学校志 1919-1994 /2503

013045519 高仓志/2771

013404362 高石煤矿志/2707

013860537 高平市人民代表大会志/301

013897140 高平市人民医院志/302

012831529 高平市广播电视志/301

012096723 高平市卫生防疫志/302

013129026 高平市水利水保志/302

012096728 高平市志/300

008377983 高平市供电志/301

011312390 高平市政协志/301

012096726 高平市赵庄煤矿志/301

012872333 高平市新华书店志/301

012173790 高平县交通志征求意见稿/301

007900249 高平县志/300

009688244 高平财政志/301

009676023 高平金石志/301

013703947 高平革命老区志/301

013819380 高平科兴申家庄煤业有限公司志/301

009817923 高平信用合作志 1947-2004/301

012096717 高东志/763

011875774 高东镇志 1986-2002/763

013859370 高立庄村志/51

007587899 高台县志/3060

011296147 高行镇志/764

012811287 高庄煤矿志/1466

011497723 高产志/3288

009851323 高州县志/2209

013897138 高安人大志 1949.7-2006.3/1359

013925252 高安市卫生志/1360

010110400 高安市水利志/1360

009385972 高安市老龄志/1360

012609847 高安市志 1986-2006/1359

009687164 高安市邮电志/1360

013989054 高安市财政志/1360

012967560 高安市政协志 1959-2005/1359

013647468 高安民政志/1359

013091063 高安朱氏通志/1360

013528906 高安县文化艺术志/1360

009227390 高安县文物志/1360

008425971 高安县交通资料汇编/1360

006718535 高安县志/1359

008838920 高阳县土地志/193

013528912 高阳县水利志/193

008533425 高阳县地名资料汇编/194

008622847 高阳县志/193

013528909 高阳县教育志/193

008430287 高县志/2551

012718815 高县志 1991-2008/2551

009992970 高邮市卫生志/941

012819732 高邮市民政志 1986-2005/940

009335673 高邮市邮电志第63卷/940

009389633 高邮市建设志/940

012758826 高邮县民政志/940

013143694 高邮县血防史志 1950-1982/941

005591278 高邮县志/940

008533793 高邑县地名资料汇编/138

009380983 高邑县交通志/138

005591348 高邑县志/138

009240604 高邑县邮政志/138

011890665 高邑县财政志/138

009675217 高邑县教育志/138

008446396 高作镇志/861

013129031 高青人大志/1463

012609851 高青电业志 1998-2008/1464

013772620 高青县卫生志/1464

012503985 高青县公安志/1463

009866827 高青县地名志/1464

006497355 高青县志/1463

009854350 高青县志 1978-2004/1463

010253380 高青县志 1978-2004 送审稿/1463

013989055 高青县国土资源志 1988-2011/1464

012049327 高青县政协志 1961-2006/1463

013752310 高坪苗族乡志/2552

012998944 高明人大志/2195

008834604 高明水利续志 1987-1998/2199

012718814 高明市人口与计划生育志/2195

012679338 高明市人事志/2196

012049323 高明市三洲区志/2195

013335259 高明市卫生志/2199

012679337 高明市民政志 1981-2002/2196

012658543 高明市西安区志/2195

012831521 高明市志 1981-2002/2195

012679342 高明市体育志/2199

008466650 高明市林业志/2197

013335254 高明市国内贸易志/2198

012679344 高明市物价志/2198

013314442 高明市委志 1981-2002/2196

012998951 高明市供水志 1982-2002/2197

012636979 高明市审计志/2196

013222033 高明市政府志 1981-2002/2196

011995636 高明市宣传志/2195

013728660 高明市统计志/2195

013335256 高明市荷城区志/2195

012636971 高明市档案志/2198

012636976 高明市旅游志 1982-2002/2198

012636972 高明市教育志/2198

012872328 高明市检察志 1982-2002/2196

010118462 高明寺志/1096

013728657 高明共青团志/2195

012679333 高明交通志/2197

007412399 高明县工商行政管理志/2196

007412377 高明县水利志/2197

013772618 高明县电力志/2197

009839187 高明县民政志/2196

008466659 高明县交通志/2197

007010552 高明县志/2195

008466656 高明县邮电志/2198

009839186 高明县城乡建设志/2197

011311040 高明县教育志/2199

008593227 高明县税务志/2198

007412376 高明县粮食志/2197

012998941 高明国税志/2198

012503982 高明建设志 1982-2004/2196

012758823 高明政协志/2196

012636967 高明科技志/2198

011890651 高庙村志/3101

009799872 高炉酒厂志 1949-1993/1182

008486397 高南乡志/764

012998955 高要县水利志/2214

007473502 高要县志/2214

007850899 高要县志/2214

012998952 高要县堤防志/2214

010730231 高要教育志/2214

013752317 高桥村志/782

011995641 高桥镇志/764

012139126 高唐一中校志/1593

012952028 高唐县人民医院志(济宁医学院附属高唐县人民医院志) 1947-2010/1593

008486402 高唐县志/1593

013507782 高唐县志 1988-2005 /1593
012264270 高流镇志 /855
008866649 高陵县水利志 /2951
013626436 高陵县文化体育志 /2951
013626432 高陵县建设志 /2951
013703940 高陵县税务志 /2951
012250930 高堂寺志 /2448
014028983 高淳文物志 /828
009252832 高淳县土地管理志 /828
010293544 高淳县水利志 /828
011995633 高淳县电力工业志 1988-2002 /828
007358217 高淳县志 /828
012831504 高淳县志 1986-2005 /828
011497726 高淳县城乡建设志 1491-1992 /828
009408033 高淳陶瓷公司志 /828
009744854 高密公路志 /1513
012658540 高密方言志 /1513
013860530 高密市人民医院志 1999-2010 /1514
012503976 高密市卫生防疫志 1956-2006 /1514
013772616 高密市军事志 1840-2005 /1513
012831511 高密市教学研究室志 1956-2004 /1513
013045525 高密市密水街道下家庄小学校志 1949-2001 /1513
012679332 高密县乡镇企业志 /1513
013681566 高密县水利志 /1514
008928869 高密县地名志 /1514
003801298 高密县志 /1513
012811286 高密宣传志 1925-2008 /1513
007905709 高雄市志 大事年表 /3256

007905701 高雄市志 卫生篇 /3257
007908809 高雄市志 艺文篇 /3257
007905763 高雄市志 民政篇 /3257
007905707 高雄市志 地政篇 /3256
007905702 高雄市志 自治篇 /3257
007905703 高雄市志 财政篇 /3256
007905764 高雄市志 教育篇 /3256
007905710 高雄市志 港湾篇 /3256
007905708 高雄市志 概述篇 /3256
007476013 高雄县志稿 /3251
012658513 高港区政协志 1997-2007 /952
013506763 高湖江边乡土志 /1213
008593847 高碑店市土地志 第2卷 /189
008051778 高碑店市志 /189
011312553 高碑店村民俗文化志 第1卷 /50
009768814 高塍镇志 /839
013925256 高新区(新北区)检察志 /870

亳

013859406 亳州市志 1987-2000 /1182
012635651 亳州市志 2000-2009 /1181
011943135 亳州市教育志 /1182
012871841 亳州烟草志 /1182
013680572 亳县交通志 征求意见稿 /1181

郭

013897189 郭庄村志 /1600
013129085 郭村村志 /346
012250995 郭里镇志 /1526
009993006 郭巷镇志 /887
013335279 郭峪村志 /303

席

010730272 席家堡村志 /310

准

009414065 准格尔能源公司志 /416

008660835 准格尔旗文物志/416
007913521 准格尔旗志/415

离

009442087 离石县军事志/357
008637590 离石县志/357
011328206 离石县教育志/357

唐

009380877 唐山工人医院志/145
011442084 唐山工会志 1919-1988/142
009380871 唐山工商银行志/144
012836412 唐山市土地志/143
012899467 唐山市丰润区志 1978-2005/147
010143358 唐山市丰润区图志/147
012051967 唐山市丰润区第二中学志 1956-2006/147
012140342 唐山市开滦二中志 1947-2007/145
011328462 唐山市水产志/143
009412674 唐山市水利志/144
012877216 唐山市水利志 1987-2006/144
013072513 唐山市文化志资料汇编/145
002555707 唐山市地名志/145
009560782 唐山市农业资源区划志 1979-2003/143
008818546 唐山市志/142
010160612 唐山市志送审稿/142
009380908 唐山市财政志/144
013775714 唐山市国土资源志/142
009380880 唐山市金融志/145
009380875 唐山市科学技术志/145
010139910 唐山市畜牧志/143
009125455 唐山市教育志 1840-1990/145
008487253 唐山市路北区志/146

009441868 唐山市路南区志/146
006356691 唐山市新区志/147
009621877 唐山市新区志送审稿/147
013756270 唐山民政志 1978-1988/142
008660622 唐山发电总厂志 1989-1996/143
008873844 唐山机车车辆厂志 1881-1992/144
011311312 唐山师范专科学校志河北唐山教育学院志/145
009380867 唐山交通工会志/142
011955651 唐山供电公司志 1989-2006/144
009684735 唐山建行志 1951-1988/144
010577357 唐山城市建设志/145
008186374 唐山钢铁公司史志 1943-1989/143
010473918 唐山陶瓷公司志征求意见稿/144
009164462 唐先志/1070
012956035 唐华四棉志 1956-2005/2938
008355084 唐行志/760
012836407 唐村实业有限公司志/1527
009198361 唐县土地志/193
008793393 唐县水利志/193
010294035 唐县文物志/193
009332565 唐县电力志/193
008533679 唐县地名资料汇编/193
008622912 唐县志/193
008864215 唐县志讨论稿/192
010139917 唐县志地理 草稿/193
011908936 唐林村志 1950-2005/1902
011570381 唐河县卫生志/1780
013822741 唐河县民政志 1986-2006/1779
012766951 唐河县地税志/1779
007010519 唐河县志/1779

012684754 唐河县志 1986-2000/1779
011585007 唐河县档案志/1780
013822739 唐河县教育志/1780
013510597 唐河县粮食志/1779
010291850 唐徕渠志/3125
009380929 唐海县水利志/148
008533812 唐海县地名资料汇编/148
007932066 唐海县志/148
012814260 唐家庄村志/1440
010293998 唐家湾镇志/2176
010144663 唐镇志 1986-2000/766

资

008672228 资中县志/2518
013940913 资中县教育志 1911-1985/2518
009385013 资江煤矿志 1465-1987/2105
013940905 资兴市军事志 1840-2005/2076
008842932 资兴市志/2076
008538727 资兴市志送评稿/2076
010577550 资兴市志数据集/2076
011586387 资兴市林业志/2076
013965100 资阳中学志 1906-1991/2583
010201420 资阳市交通志/2583
008991774 资阳市房地产志/2583
010576667 资阳市烟草志/2583
013012741 资阳市雁江区国家税务局志 1986-2005/2584
013902054 资阳市雁江区政协志 1981-2006/2584
008053808 资阳县志/2583
011571595 资阳县粮食志 1911-1985/2583
012636494 资源县土地志/2302
011188642 资源县民间故事集成/2302
013736554 资源县军事志 988-2005/2302

012970980 资源县农村信用合作联社志/2302
008645259 资源县志/2302
012956962 资源县财政志 1935-1990/2302
011188645 资源县谚语集成/2302
011188682 资源县歌谣集成/2302
007850905 资溪县志/1373
008423548 资溪林业志/1373

凉

013628058 凉山州地方税务志 1950-2005/2610
011440938 凉山州戏曲志/2611
009799367 凉山州国土志/2609
010730209 凉山州经济树木图志/2611
010576647 凉山州烟草志/2610
008429586 凉山教育学院志 1978-1991/2611
011567115 凉山彝族自治州人民代表大会志送审稿/2609
010251878 凉山彝族自治州工商行政管理志 1911-1990/2609
010144741 凉山彝族自治州乡镇企业志 1976-1993/2609
012968237 凉山彝族自治州化学工业志/2610
013508649 凉山彝族自治州公安志 1991-2006/2609
011566472 凉山彝族自治州交通志/2610
011439940 凉山彝族自治州农业机械志/2609
008992468 凉山彝族自治州志/2609
013064845 凉山彝族自治州志 1991-2006/2609

009799362 凉山彝族自治州志送审稿/2608

011566477 凉山彝族自治州林业志送审稿/2610

012955040 凉山彝族自治州林业管理局志/2609

009995311 凉山彝族自治州物价志/2610

008670508 凉山彝族自治州金融志/2611

011328338 凉山彝族自治州建筑志/2610

008430299 凉山彝族自治州轻纺工业志/2610

013752791 凉山彝族自治州检察志 1939-1990/2609

008670504 凉山彝族自治州第二人民医院院志 1952-1996/2611

009387588 凉山彝族自治州商业志送审稿/2610

010292666 凉山彝族自治州商贸志/2610

008670513 凉山彝族自治州税务志/2610

011997322 凉水乡志/2587

012847060 凉州区财政志/3055

011892037 凉州区国税志/3055

013958737 凉州区供销合作社志/3055

010143526 凉城人物志/439

012174110 凉城人物志续/439

013317865 凉城县文物志/439

007819123 凉城县志/438

旅

009243481 旅大环境志/506

009019573 旅顺口区志/507

009744847 旅顺教育志 1840-1990/508

阆

008836262 阆中风景名胜/2539

013774460 阆中县工商行政管理志/2539

007479137 阆中县志/2539

013958726 阆中法院志/2539

010117781 阆中建设志/2539

粑

009125518 粑铺大堤志/1895

益

010199754 益阳市二轻工业志/2067

011292484 益阳市工商银行志/2068

012662754 益阳市乡镇企业志 1956-1986/2066

010199766 益阳市水利志/2067

010199762 益阳市化学工业志/2067

012662750 益阳市公安志/2066

010199767 益阳市交通志/2067

010280119 益阳市交通志 1980-2001/2068

011294253 益阳市农科所志/2069

007910024 益阳市志/2066

011292468 益阳市劳动志 1949-1987/2066

010199758 益阳市冶金机械工业志/2067

011292486 益阳市环境保护志/2070

011294636 益阳市金融志 1990-2000/2068

010577038 益阳市建委志 1994-2001/2069

011292517 益阳市城市建设志/2069

010199759 益阳市政协志/2066

010199703 益阳市档案志 1950-1987/2068

011294637 益阳市烟草志/2067

010199769 益阳市教育志/2069

013630679 益阳市教育志 1986-2000/2069

013661561 益阳市检察志/2066

010199756 益阳市蔬菜志 1949-1986/2066

010199689 益阳地区工会志 1914-1988/2066

009383654 益阳地区水利志初稿/2067
009383836 益阳地区公路志/2068
011793357 益阳地区对外经济贸易志1840-1987/2068
009383839 益阳地区交通志/2067
010577451 益阳地区技工学校校志1977.11-1986.12/2069
008382674 益阳地区劳动志/2066
013630677 益阳地区金属材料公司志1962-1987/2066
010577306 益阳地区金融志/2068
007362097 益阳地区教育志1840-1985/2068
009383842 益阳地区税务志1840-1989/2068
009383829 益阳地区道路交通管理志/2068
010199690 益阳地区粮食志1840-1989/2068
009383846 益阳港航监督志/2069
012256508 益林镇志/930
011479502 益都县卫生志初稿/1508

朔

012684737 朔州风景名胜志/308
012208224 朔州市朔城区动物志/309
013959390 朔州地税志/308
012252571 朔州供电志1934-2007/308
012252579 朔州煤炭志/308
012899423 朔县方言志/308
008813878 朔县志/308
010107806 朔里煤矿志/1146
008569824 朔城区教育志/309
013959388 朔黄铁路公司志1985-2010/226

郸

007900227 郸城县志/1803
013686656 郸城县志1986-2005/1803
012877316 郸城县谢氏史志/1803

烟

012723348 烟台人事志1840-1985/1488
012636816 烟台人事志1986-2008/1488
013686422 烟台人物志/1491
011479440 烟台工业志1978-2005/1490
012662675 烟台工程职业技术学院史志1957-2007/1491
010468999 烟台木钟厂志1915-1985/1489
010293931 烟台日报社志1945-2005/1490
009962171 烟台水产志/1488
012052491 烟台公路志1949-2005/1490
003919475 烟台风物志/1491
013148664 烟台打捞局志2003.6.28-2008.12.31/1492
012256450 烟台市一轻工业志1892-1985/1489
011909932 烟台市工商行政管理志/1488
013865476 烟台市口腔医院院志1952-2012/1491
012956584 烟台市广播电视志/1490
011809531 烟台市卫生防疫站志1956-2005/1491
013148673 烟台市中医医院志1958-1998/1491
013133858 烟台市心理康复医院志1958-2008/1491
013186129 烟台市芝罘区卫生防疫站志1953-2003/1493
013732514 烟台市芝罘区东山街道志1934

-2007/1493

008488225 烟台市交通志 1840-1985/1490

013732511 烟台市牟平区志 1978-2000/1495

008034119 烟台市志/1487

013379143 烟台市财政志 1840-1985/1490

013379145 烟台市体育志 1893-1985/1491

009020553 烟台市纺织志 1858-1985/1489

012141471 烟台市林业志 1978-2005/1488

013686427 烟台市供销合作社志/1490

012613190 烟台市莱山区志/1492

012612847 烟台市莱山区政协志 1994-2007/1492

012256444 烟台市莱阳中心医院志 1950-2000/1497

013072735 烟台市职业病医院肿瘤医院院志/1491

010275868 烟台市商业志 1861-1985/1490

012256447 烟台市粮食志/1490

013776004 烟台市福山区供电志 1905-2010/1494

011909928 烟台市福山区建设志/1494

012970659 烟台市福山区福山镇西关村村志 1368-1990/1494

013186120 烟台市福山自来水志 1971-2011/1494

010293848 烟台机构编制志 1978-2002/1487

013630441 烟台农业志 1840-1985/1489

010200544 烟台农村金融志 1840-1985/1490

013148670 烟台妇女志 1937-1985/1487

013148676 烟台医药志/1492

013961166 烟台园林志 1955-2006/1492

009387192 烟台邮电志/1490

010113112 烟台冶金志 1956-1985/1489

013072733 烟台环球机床附件集团有限公司史志 1949-2007/1489

012970654 烟台轮胎厂志 1975-1994/1489

013732517 烟台物资志 1961-1988/1488

013011220 烟台法院志 1949-2009/1488

012723345 烟台经济技术开发区工商行政管理志 1984-2008/1488

010293919 烟台经济技术开发区建设环保土地志/1488

009867042 烟台钢管厂志 1949-1985/1489

012316983 烟台保险志 1911-1990/1490

012636811 烟台桃村中心医院志 1942-2002/1492

012208499 烟台港工人运动志/1487

010278718 烟台毓璜顶医院志 1914-1994/1492

012612852 烟渔志 1996-2000/1489

郯

009413842 郯城方言志/1566

010098945 郯城方言志/1566

012266392 郯城县公安志/1566

013756226 郯城县军事志 前473-2005/1566

008986877 郯城县志/1566

013936413 郯城县银杏志/1566

浙

008530660 浙江人民公安志/960

012100877 浙江人民代表大会志 初稿/960

001780885 浙江人物简志/967

010469081 浙江土特产简志/964

009867390 浙江工业大学志/980

013901247 浙江工业大学志 1993-2002/980

013901256	浙江工业大学志 2003-2012/980
011585382	浙江大学土木工程系系志 1927-2007/980
013074806	浙江大学宁波理工学院志 2001-2011/1009
012878950	浙江大学医学院附属第一医院浙江省第一医院院史志/982
012100897	浙江大学医学院附属第一医院浙江省第一医院院史志 1947-2007/982
013074807	浙江大学医学院附属第一医院浙江省第一医院院史志 1947-2002/982
012052599	浙江大学保卫工作志/972
007714541	浙江大学教授志/981
013735653	浙江大盘山药材志/1075
013097995	浙江大梁山集团志/1017
014053098	浙江广播电视大学临海学院 1979-2009/1094
008846431	浙江乡村旅游志/968
009996944	浙江五金交电化工商业志/964
009348391	浙江水利水电专科学校志/983
010243670	浙江长征财经进修学院杭州长征业余学校校志/980
001643151	浙江风物志/968
006195929	浙江文物简志/968
009962552	浙江石油勘探处志 1970-1997/963
009996932	浙江石油商业志/963
008446440	浙江电影志/967
008845108	浙江台州温岭人民代表大会志/1091
010251780	浙江动物志/969
007469574	浙江地方志考录/967
007731187	浙江地名简志/968
003408632	浙江地理简志/968
009996870	浙江百货商业志/964
012903496	浙江当代中医名人志/967
009393509	浙江肉禽蛋商业志/964
009962550	浙江传媒学院志/979
012003098	浙江传媒学院志 1978-2008/979
012636646	浙江华电乌溪江水力发电厂志 1995-2007/1076
009408174	浙江农业大学校志/983
009996150	浙江报业志/965
012878940	浙江医科大学附属第一医院院史志/982
009962545	浙江财经学院院志/973
009996948	浙江饮食服务商业志/964
009389837	浙江灾异简志/970
012100874	浙江林学院志 1958-2007/1001
008709724	浙江图书馆志/965
010118612	浙江制丝一厂志 1921-1988/1037
009126443	浙江金华第一中学校志 1902-2002/1062
012100910	浙江育英职业技术学院志/980
012052604	浙江建材技工学校校志 1978-2008/1062
012100870	浙江建铜四十周年志/976
013090792	浙江姓氏志苍南张氏史志/967
009511367	浙江姓氏志浙南徐氏/967
010146867	浙江绍兴东亚全蝎开发中心志/1050
012903497	浙江革命女烈志/967
002923171	浙江药用植物志/969

008446445 浙江省二轻工业志/962
011480523 浙江省人口志/959
010253301 浙江省人民代表大会志/960
009855978 浙江省人民代表大会志送审稿/960
011585388 浙江省人事志/960
010253388 浙江省人事志 1949-2000 送审稿/960
009105948 浙江省人物志/967
008450501 浙江省三门县地名志/1095
009313457 浙江省土地志/961
008528769 浙江省工会志/960
009157282 浙江省工商业联合会志/961
009679020 浙江省工商行政管理志/961
009389845 浙江省上虞师范学校校志 1941-1991/1054
013464349 浙江省义乌中学校志 1927-1997/1068
012208568 浙江省义乌中学校志 1927-2007/1068
013759066 浙江省义乌师范学校校志 1956-1998/1068
008450899 浙江省义乌县地名志/1068
013236374 浙江省乡镇企业志/961
008450607 浙江省开化县地名志/1081
012889192 浙江省天台中学 100 年志 1906-2006/1097
008450543 浙江省天台县地名志/1097
008450914 浙江省云和县地名志/1105
002643959 浙江省区域地质志/969
008709719 浙江省少数民族志/967
010776967 浙江省中医机构志/969
011295515 浙江省中国共产党志/960
010001024 浙江省中国共产党志评审稿/959
009769292 浙江省水文地质志/968
008446473 浙江省水产志/970
008532846 浙江省水利志/963
008446437 浙江省气象志/968
008709727 浙江省文学志/966
009996911 浙江省火电建设公司志 1958-1990/977
011957312 浙江省火电建设公司志 1991-2005/977
009408180 浙江省计划生育志/959
008450490 浙江省龙泉县地名志/1101
008450895 浙江省龙游县地名志/1082
008450531 浙江省平阳县地名志/1031
007477953 浙江省平湖县志/1038
008450929 浙江省东阳地名志/1070
008708255 浙江省电力工业志/962
012816175 浙江省电力工业志 1991-2002/962
008446469 浙江省电力系统调度志 1897-1990/962
012100879 浙江省电力试验研究所志 1960-1988/976
012837839 浙江省电力试验研究院志 1989-2005/977
009389842 浙江省电力修造厂志/962
011480529 浙江省电站水库移民志/960
008446442 浙江省外事志/961
008975459 浙江省外经贸志/964
009116825 浙江省市场志/963
008450889 浙江省兰溪县地名志/1066
011584735 浙江省宁海中学校志稿/1018
009106495 浙江省民主党派志/961
011188840 浙江省民间文学集成杭州市故

事卷/981

011188849 浙江省民间文学集成金华市故事卷/1063

011591667 浙江省民间文学集成金华市歌谣 谚语卷/1063

010061680 浙江省民间文学集成绍兴市歌谣卷/1049

007493550 浙江省民政志/960

011480518 浙江省出版志/965

013735661 浙江省对外经济贸易志初稿/964

013797266 浙江省台州市农业科学研究所所志 1962-2002/1088

008530669 浙江省丝绸志/963

009190892 浙江省地质矿产志/968

009679008 浙江省地震监测志/968

012689996 浙江省华侨志/961

008446465 浙江省名村志/959

004900324 浙江省名镇志/959

005285320 浙江省江山市教育志/1079

008450920 浙江省江山县地名志/1079

010474358 浙江省安吉县教育志/1047

008530696 浙江省军事志/961

009679031 浙江省农业志/962

010146871 浙江省农业志送审稿/962

010475909 浙江省农业科学院志/983

012100887 浙江省志交通篇/959

009679029 浙江省劳动保障志/961

013961356 浙江省杜桥中学校志建校五十周年纪念册 1956-2006/1094

013343607 浙江省医学科学院志/969

008709728 浙江省医药志/969

009106493 浙江省财政税务志/964

010118611 浙江省体育训练一大队队志 1953-1999/980

009254081 浙江省体育志/966

010777402 浙江省体育志送审稿/966

008530701 浙江省纺织工业志/962

009996208 浙江省环境保护志/970

009790139 浙江省环境保护科学设计研究院院志 1977-1997/983

012612915 浙江省环境保护科学设计研究院院志 1977-2007/983

010475878 浙江省武警志 1949-1999/961

012816179 浙江省青年运动志试行本/960

008709718 浙江省林业志/962

008450600 浙江省松阳县地名志/1105

013148827 浙江省杭州农业学校校志 1950-1990/980

012689985 浙江省杭州第二中学校志建校一百一十一周年纪念专集/979

009042919 浙江省瓯海县地名志/1023

012100885 浙江省图书馆志/965

007590000 浙江省供销合作社志/963

009881729 浙江省金融志/965

012100904 浙江省肿瘤医院志 1963-2008/969

009679023 浙江省建筑业志/962

012175544 浙江省建德市风景旅游志/997

013735796 浙江省绍兴市对外经济贸易志/1049

012903500 浙江省绍兴县工会志 1922-1990/1052

011793452 浙江省政协志/960

009769285 浙江省茶叶志/970

008530666 浙江省轻工业志/963

007824165 浙江省临海市电力工业

志/1093
008450595 浙江省临海市地名志/1094
008530689 浙江省科学技术协会志/965
008446450 浙江省科学技术志/965
008708248 浙江省保险志/965
009996922 浙江省送变电工程公司志 1958-1990/977
011957319 浙江省送变电工程公司志 1991-2005/977
013074813 浙江省总会计师协会大事志 1988-2008/961
008450611 浙江省洞头县地名志/1027
008530707 浙江省测绘志/968
011793443 浙江省统计志/959
008450551 浙江省泰顺县地名志/1034
008848299 浙江省泰顺县莒江乡志/1033
009881706 浙江省蚕桑志/970
008446456 浙江省盐业志/963
008662225 浙江省哲学社会科学志/959
008450571 浙江省桐乡县地名志/1040
011445716 浙江省桐庐中学校志 1941-2001/1003
008450506 浙江省桐庐县地名志/1003
008530693 浙江省烟草志/963
008450598 浙江省海宁县地名志/1038
013134018 浙江省家畜禽寄生蠕虫志/969
009840468 浙江省诸暨市店口镇黄稼埠志/1056
013866300 浙江省诸暨县对外经济贸易志/1055
009415135 浙江省教育志/965
008379693 浙江省黄岩县卫生志/1090
008450515 浙江省常山县地名志/1080

011320857 浙江省常山县教育志/1080
013708133 浙江省第一医院浙江大学附属第一医院院史志 1947-2012/982
008725790 浙江省淳安县地名志/1005
013735656 浙江省淳安县实验小学校志 1906-2006/1005
013508491 浙江省景宁畲族自治县卫生志/1106
009840512 浙江省遂昌金矿志/1104
012003102 浙江省温岭中学 160 周年校志 1848-2008/1092
011445710 浙江省富阳市郁达夫中学校志 1957-2007/1000
011585384 浙江省富阳市实验小学校志 1905-2005/999
013776377 浙江省富阳市新登中学校志 1941-2001/999
008450527 浙江省富阳县地名志/1000
013236370 浙江省富阳县交通志/999
013148822 浙江省富阳新登中学校志七十周年志 1941-2011/1000
010292959 浙江省瑞安中学校志 1896-1995/1024
012636628 浙江省嵊州市劳动和社会保障志/1056
013148829 浙江省嵊州市鹿山小学百年校志 1904-2004/1058
008450894 浙江省嵊泗县地名志/1086
012769574 浙江省新华医院浙江中医药大学附属第二医院院志 1960-2010/982
013994123 浙江省新昌县物资志/1058
011793448 浙江省新闻志/965
008709716 浙江省粮食志/963
009116512 浙江省嘉兴市地名志/1035

010279792 浙江省衢州第二中学校志 1953-2003/1076
012689976 浙江科技学院志 1980-2009/980
013464347 浙江洞头海产贝类图志/1028
008446477 浙江钱江啤酒集团志/976
012554074 浙江航空史志/963
009996880 浙江海岛志/968
006862696 浙江教育简志/965
009890613 浙江检验检疫志/964
010294080 浙江检验检疫志送审稿/964
006047183 浙江蛇类志/969
013098023 浙江商业职业技术学院志 1911-2011/980
009996894 浙江商业管理志/964
010475319 浙江渔业科技志/962
007670687 浙江植物志/969
008488295 浙江植物病虫志/969
009415059 浙江蜂类志/969
009855960 浙江稻种资源图志/969
009149819 浙江糖烟酒菜商业志/964
009962543 浙安公司志 1958-1987/1079

浦

009797397 浦口区志/819
010098755 浦东展览馆建设志/768
013753755 浦东新区金桥镇三桥村志/765
012140213 浦北县土地志/2314
007486936 浦北县志/2314
009510589 浦北县医药志/2314
013822165 浦北县教育志/2314
009881776 浦庄镇志/880
009996027 浦江风俗志/1074
013753757 浦江文化志稿/1074

013131074 浦江县人民代表大会志/1073
008450457 浦江县土地志/1073
013730379 浦江县水利志/1074
009840486 浦江县公安志/1073
013225556 浦江县交通志/1073
007378976 浦江县志/1073
009149572 浦江县财政税务志/1073
012099717 浦江县政协志/1073
014047869 浦江县政协志 1950-2001/1073
013066910 浦江县教育志/1073
013794812 浦江县教育志 1986-2005/1074
008848190 浦沿镇志/971
013601951 浦城公安志/1266
012722060 浦城县人大志 1991-2006/1266
006543149 浦城县志/1265
009835667 浦城县侨务志/1266
008450243 浦联村志/1029
008873147 浦棠乡志/861

酒

013958699 酒务村志/300
011584386 酒钢公司医院志 1958-1997/3066
012541970 酒钢志 1958-2008/3065
008471155 酒泉市志/3066
011891872 酒泉市志/3066
012049650 酒泉市肃州区志/3066
011566174 酒泉地区人民医院志 1951-2001/3066
008601041 酒泉地区公路交通史/3065

涞

008828339 涞水县三坡志/190
008838907 涞水县土地志/191
008593767 涞水县水利志/191

008828337 涞水县民族志/191
008533429 涞水县地名资料汇编/191
008622858 涞水县志/190
008863938 涞水县志评审稿/190
013335473 涞源县土地志/194
013531162 涞源县水利志/194
008533416 涞源县地名资料汇编/194
008534182 涞源县志/194

涟

013820620 涟水民政志/922
009252797 涟水县水利志/922
007932059 涟水县志/922
012639804 涟邵矿务局志/2106
009799901 涟钢志 1981-2001/2106
011320741 涟源人物志/2107
013932461 涟源市军事志 1952-2005/2106
008835554 涟源市志/2106
009383726 涟源市物资局志/2106

涉

012266316 涉县人事劳动志/167
008534598 涉县电力志/167
008533980 涉县地名志/167
008001437 涉县志/166
013756052 涉县志 1991-2011/166
012662265 涉县供销合作社志 1939.9-2009.12/167
009159325 涉县教育志/167
013731342 涉县植物资源志/167

消

009334603 消防支队志 1970-1994/553

涠

013706858 涠洲岛志/2309

涡

008663534 涡阳县水利志 1949-1981/1182
003491313 涡阳县志/1182

涔

009382754 涔澹农场志 1955-1992/2057

海

011473122 海口市人大志/2348
013688684 海口市人民代表大会志/2348
008914144 海口市土地志/2348
012811343 海口市工人文化宫志 1951.10-2009.12/2349
013626508 海口市工商行政管理志/2348
009989231 海口市广播电视志/2349
013404392 海口市民政志/2348
009472120 海口市志/2347
013129097 海口市邮电志/2348
012541618 海口市金融志/2349
012541639 海口市经贸志/2349
013528993 海口市城建志/2349
013626523 海口市政协志/2348
012251011 海口市政协志 1993.6-2007.1/2348
010195480 海口市统战志/2348
012251008 海口市税务志/2349
013626503 海口陆上交通志/2348
012191874 海口海关志 1685-1990/2349
012191878 海口海关志 1991-2001/2349
010201715 海口镇志/2746
009441941 海门市土地志/909
012679464 海门市电力工业志 1986-2005/909
013404396 海门市邮电志/909
011917957 海门市环境保护志/909

012679473 海门县电力工业志 1920-1985 /909
007731473 海门县志 /909
009082362 海门建筑业志 /909
008662044 海门教育志 /909
007685877 海丰水产志 /2230
008453645 海丰县民政志 /2229
009742411 海丰县志 /2229
012967612 海中村志 /1483
009335490 海龙县文物志 /619
008444997 海龙县地名志 /619
013091099 海东镇志 /2870
012251005 海北藏族自治州人民代表大会志 /3103
008668140 海北藏族自治州志 /3103
012049432 海宁方言志 /1038
011954096 海宁市人民代表大会志 /1036
008380167 海宁市工业志 /1037
012680048 海宁市工商行政管理志 1991-2005 /1036
013819480 海宁市广播电视志 /1037
008450486 海宁市水利 /1037
012191912 海宁市场志 /1037
007794181 海宁市交通志 /1037
008094660 海宁市志 /1036
008845870 海宁市邮电志 /1037
013772673 海宁市城乡建设志 /1037
013728713 海宁市科学技术协会志 /1037
009995719 海宁市教育志 /1037
013688690 海宁皮革志 /1037
010146592 海宁教育志续1 /1037
009126244 海宁硖石镇志 /1036
009126247 海宁粮油志 /1037
007294737 海西蒙古族藏族自治州志 /3109
010779402 海西蒙古族藏族自治州志 /3109
011296143 海西蒙古族藏族自治州资源志 /3109
009992258 海伦市土地志 /716
013897199 海伦市志 1986-2010 /716
009992264 海伦市烟草志 1983-2003 /716
009992254 海伦市粮食志 1895-1995 /716
003756808 海伦县志 /716
009241653 海州区水利志 /916
008793266 海州区志 /916
012998998 海州民俗志 /916
009015889 海州露天煤矿志 /546
010280417 海州露天煤矿志续集 /546
008486463 海兴县水利志 /225
008533468 海兴县地名资料汇编 /225
009381102 海兴县交通志 /225
009126248 海兴县志 /225
010138589 海兴县税务志 /225
008971742 海安县人大志 /910
009115978 海安县土地志 /910
008446250 海安县工会志 /910
012541612 海安县工会志 /910
013897197 海安县农业志 /910
007793020 海安县志 /909
010292739 海安县供销合作社志 /910
011890769 海安县建设志 1995-2004 /911
008488476 海安县城乡建设志 /910
010476396 海安县政协志 /910
012758862 海阳市人民法院志 /1502
013530815 海阳市卫生志 /1502
012264955 海阳市教育志 /1502
013647494 海阳市第三人民医院院志 1943

-2009/1502
010112111 海阳市镇村简志/1502
007900143 海阳县志/1502
013222099 海阳县税务志/1502
008864738 海拉尔二轻工业志/422
012173825 海拉尔区志 1991-2005/422
008191675 海拉尔市志/422
008864736 海拉尔市建设镇志/422
011804405 海拉尔市食品公司志/422
012718886 海拉尔政协志 1955-2009/422
008385398 海拉尔铁路分局志 1896-1996/422
008950209 海拉尔铁路分局志 1997-1999/423
009398350 海拉尔糖酒批发公司志/423
003807932 海林县志/708
011890773 海林县教育志/708
011188593 海林林业局民间故事集成/708
009743777 海林卷烟厂志/708
008378560 海河志/86
008453103 海河志大事记/86
013926278 海城乡镇企业志/519
012191868 海城市土地志/519
006933964 海城县志/519
012967604 海城教育志 1384-1985/519
012609914 海城检察志 1950-2003/519
013626534 海南广播电视大学校志 1983-2008/2349
009472700 海南区志/396
009799172 海南区志送审稿/396
012679478 海南禾草志/2347
012898455 海南民建志 1990-2010/2345
012766186 海南出入境检验检疫志/2345

009046118 海南华森实业公司志 1993-2000/2348
012872371 海南两栖爬行动物志/2347
013626545 海南医学院校志 1947-1997/2349
002825774 海南近代人物志/2346
010777309 海南饲用植物志/2347
009887131 海南省地震监测志/2347
009879142 海南省志第1卷 建置志/2341
013530713 海南省志第1卷 总述 大事记/2341
009839227 海南省志第2卷 土地志/2341
009472132 海南省志第2卷 气象志 地震志/2341
013530709 海南省志第2卷 动植物志/2342
009560711 海南省志第2卷 地质矿产志/2341
011995782 海南省志第2卷 西南中沙群岛志/2341
012680045 海南省志第2卷 自然地理志/2342
012679494 海南省志第2卷 测绘志/2341
009768284 海南省志第2卷 海洋志 革命根据地志/2341
008486449 海南省志第3卷 人口志 方言志 宗教志/2342
010293890 海南省志第3卷 民族志/2342
013194257 海南省志第4卷 人代政协志/2343
013957143 海南省志第4卷 工青妇志/2343
008684162 海南省志第4卷 公安志/2342
010108675 海南省志第4卷 司法行政志/2342
012680042 海南省志第4卷 民主党派

志/2342

008486456 海南省志第4卷 民政志 外事志/2342

009560718 海南省志第4卷 共产党志/2342

009839229 海南省志第4卷 审判志/2342

009154047 海南省志第4卷 政府志/2342

008684554 海南省志第4卷 检察志/2342

008684559 海南省志第5卷 军事志/2343

009560714 海南省志第6卷 工商行政管理志 统计管理志/2343

010284504 海南省志第6卷 计划管理志/2343

012173849 海南省志第6卷 物价管理志/2343

012049427 海南省志第6卷 审计志/2343

013222087 海南省志第7卷 乡镇企业志/2344

009560752 海南省志第7卷 水利志/2343

008486457 海南省志第7卷 农业志/2343

009856102 海南省志第7卷 农垦志/2343

013819478 海南省志第7卷 林业志/2344

013222093 海南省志第7卷 畜牧志/2344

012191895 海南省志第7卷 烟草志/2343

008684563 海南省志第9卷 口岸志 海关志 商检志/2344

009347994 海南省志第9卷 民用航空志/2344

009699371 海南省志第9卷 出入境检验检疫志/2344

012811348 海南省志第9卷 交通志/2344

008684582 海南省志第9卷 邮电志/2344

013819473 海南省志第9卷 城乡建设志/2344

012191884 海南省志第10卷 对外经济贸易志/2345

012139168 海南省志第10卷 财政税务志/2344

013819475 海南省志第10卷 供销合作社志/2345

007905769 海南省志第10卷 金融志/2344

012191906 海南省志第10卷 渔业志/2344

009021830 海南省志第11卷 卫生志/2345

012680043 海南省志第11卷 文化志/2345

012679508 海南省志第11卷 科学技术志/2345

012679502 海南省志第11卷 教育志/2345

012251012 海南省志第12卷 人物志/2345

012049425 海南省国营卫星农场场志 1958-2008/2354

013626684 海南省国营红华农场志 1954-2004/2354

013647491 海南省畜禽遗传资源志/2347

013000447 海南省澄迈县马村志/2353

013530006 海南莎草志/2347

009684349 海南铁矿志 1939-1983/2345

009265540 海南移民史志/2345

006013481 海南植物志/2347

007932068 海南藏族自治州志/3106

008660841 海勃湾区志/396

009863887 海珠区卫生志/2148

008594535 海盐方言志/1042

008845857 海盐县土地志/1041

012927963 海盐县土地志 1996-2005/1041

012097400 海盐县水利志/1042

013404403 海盐县文化志/1042

005536212 海盐县志/1041

008822268 海盐县志编纂综录/1041

013530810 海盐县邮电志/1042

013792177 海盐县教育志/1042

013045566 海原县中医医院志 1986-2010 /3143

010779145 海原县水利志/3143

009414073 海原县回民中学校志 1980-2000 /3143

008811339 海原县志/3142

013728725 海原县志 1991-2008/3142

009398539 海原县志送审稿/3142

008971988 海原县邮电志/3143

012952051 海原县财政志/3143

012998996 海原县教育志/3143

010731629 海原县第一小学校志/3143

012967605 海原政协志/3143

009310219 海原教育志/3143

008668128 海晏县志/3103

013860654 海晏蒙古族旗志/3103

009378613 海康方言志/2205

009441659 海康县志/2207

013528991 海康县财政志/2207

007657720 海康县金融志/2207

007654337 海康珍珠志/2207

009445115 海淀区水利志/56

010777064 海淀区普通教育学校志(小学 幼儿园 少年之家部分)/56

008679552 海淀古镇风物志略/56

011431587 海淀走读大学校志/56

009145173 海淀环卫志/56

012049421 海港区地名志/154

008378557 海港区志/154

013404389 海港区村镇志/154

009889548 海虞镇志王市志/892

009889549 海虞镇志周行志/892

009889535 海虞镇志海虞志/892

009889542 海虞镇志棉花原种场志/892

009889539 海虞镇志福山志/892

浠

013865248 浠水县交通志/1933

008823829 浠水县志/1932

013510740 浠水县邮电志/1933

013226535 浠水县财政志 1986-2007/1933

011310826 浠水县财政税务志 1657-1985 /1933

008453160 浠水县金融志 1796-1989/1933

011570957 浠水县烟草志/1933

012814417 浠水县教育志 1986-2006/1933

010195695 浠水县教育志送审稿/1933

007582439 浠水县简志/1932

013775971 浠水轴承厂志/1933

013775966 浠水氮肥厂志/1933

012140703 浠水新四军人名志/1933

浮

007506847 浮山志/1155

011472962 浮山县人民代表大会志/352

013091041 浮山县民政志/352

008664888 浮山县地名录/353

009081876 浮山县志/352

013128914 浮山县教育志 1804-1985/353

011890621 浮山财政志要 1990.1-2003.6 /352

013045516 浮山辛庄村志/352

012096686 浮山所志/353

012503928 浮来山镇志/1553

008471080 浮梁县志/1307

012049285 浮梁县志 1994-2005/1307

流

012719220 流村镇志/65

012968279 流亭街道志/1442

润

007678812 润州区志/946

010239246 润州区志送审稿/946

013731162 润州教育志 1983-2007/946

涧

013129734 涧北后湾志/343

浪

012955000 浪营村志/3101

涌

012545635 涌泉村志/1568

浚

008836327 浚县土地志/1720

010250748 浚县卫生志初稿/1720

012541980 浚县水利志/1720

011066600 浚县电业志/1720

008820768 浚县志/1719

011762401 浚县志 1986-2000/1720

011497948 浚县第一高级中学校志 1950-2000/1720

宽

012505267 宽甸土地志/536

011439897 宽甸卫生志/536

008829818 宽甸县地名志/536

007902362 宽甸县志/536

012954968 宽城县民族志/214

008533957 宽城县地名资料汇编/214

007289927 宽城县志/214

宾

013923881 宾川县人民代表大会志/2875

013128803 宾川县人民医院志/2876

013702872 宾川县工业志/2875

013140904 宾川县工会志 1911-2005/2875

013702875 宾川县卫生志/2876

013771533 宾川县水利志/2876

013726786 宾川县公安志 1950-2009/2875

008486220 宾川县志/2875

012758743 宾川县财政志 1910-2007/2875

013818249 宾川县国税志 1978-2007/2875

013090770 宾川县审判志/2875

013726789 宾川县政协志 1984.4-2010.12 /2875

012950458 宾川县教育志 1494-1988/2875

012679018 宾川县教育志 1978-2007/2876

009227100 宾阳县土地志/2285

007909998 宾阳县志/2285

013037897 宾阳县城乡建设志/2285

013179292 宾阳县教育志/2285

009411549 宾县土地志/666

011188667 宾县民间故事集成/666

012713892 宾县农村信用合作社志/666

007902353 宾县志/666

013751466 宾县第一中学百年校志/666

窄

008424674 窄口水库志/1763

容

013509250 容县人物志/2318

011570190 容县土地志/2318

008665433 容县水利电力志/2318

007910039 容县志/2318

010195464 容县医药志 1755-1987/2318

009159283 容县邮电志/2318

008533693 容城县地名资料汇编/194

008593876 容城县志/194

008864027 容城县志初稿/194

朗

008385272 朗乡林业局志 /696

诸

007794171 诸罗县志 /3250

012317836 诸城卫生防疫志 1956-2006 /1509

010113220 诸城文化志 /1509

012879058 诸城市卫生志 /1509

013344023 诸城市水利志 /1509

013798864 诸城市军事志 1840-2005 /1509

013344017 诸城市农业志 /1509

007900161 诸城市志 /1508

013512157 诸城市志 1988-2007 /1508

013098073 诸城市劳动和社会保障志 /1509

010730419 诸城政协志 1980-2004 /1508

013798865 诸葛村志 /1065

012175740 诸葛亮志 /1404

008450442 诸暨市土地志 /1055

011571567 诸暨市水利志 1988-2003 /1055

010293905 诸暨市电力工业志 1917-2000 /1055

009996957 诸暨市财政税务志 /1055

012507361 诸暨市教育志 1986-2005 /1056

009024945 诸暨民政志 /1055

008839622 诸暨农业志 /1055

008450584 诸暨县地名志 /1056

006548246 诸暨县志 /1055

012101003 诸暨祝家坞村志 /1055

013902047 诸暨渔橹赵家村志 /1055

祥

012956561 祥云县人口志 /2873

012956564 祥云县人民代表大会志 /2873

012723176 祥云县人民银行志 /2874

013072721 祥云县卫生志 /2874

009840421 祥云县少数民族志 /2874

011294602 祥云县水利志 /2873

012814422 祥云县水利志 1978-2005 /2874

012723168 祥云县计划志 /2873

011479322 祥云县民族宗教志 /2873

013660417 祥云县交通志 /2874

007818021 祥云县志 /2872

013959604 祥云县志 1978-2005 /2872

012767076 祥云县志总体设想 /2872

013706946 祥云县国税志 1978-2008 /2874

013133833 祥云县供销合作社志 1952-1990 /2874

013994114 祥云县金融志 /2874

013343363 祥云县城乡建设环境保护志 /2874

012767070 祥云县城乡集体企业志 /2873

012767073 祥云县政协志 1984-2002 /2873

012899972 祥云县教育志 /2874

012723172 祥云县检察志 1944-1990 /2873

013343366 祥云县检察志 1955-2010 /2873

013097823 祥云县商务志 1911-2008 /2874

013010913 祥云县粮食志 /2873

展

008446588 展茅镇志 /1085

陵

013820647 陵下村志 /347

012955067 陵川县水务志 /306

013461602 陵川县电力工业志 1938-1999 /306

008983220 陵川县民政志 /305

013093118 陵川县老干部志 /305

011499292 陵川县交通志 /306
012613949 陵川县军事志 前550-2005 /305
008470944 陵川县志 /305
012051669 陵川县志 1997-2007 /305
012873142 陵川县煤炭工业志 /306
012251423 陵川政协志 /305
012542632 陵水县水利志 /2355
011475310 陵水县志 /2355
012613965 陵阳镇志 /1553
011475298 陵阳镇志 /1712
013958759 陵县工会志 1950-2010 /1581
013224608 陵县水利志 1986-2005 /1581
007356289 陵县志 /1581

勐

013933208 勐佑乡志 /2825
012832555 勐底农场志 1978-2005 /2829
011762912 勐养农场志 /2863
013863045 勐海县人民代表大会志 /2864
010252872 勐海县交通志 /2864
008206903 勐海县志 /2863
012680473 勐梭村志 /2822
010010048 勐腊农场志 /2864
012661611 勐腊县水利志 /2864
009125983 勐腊县交通志 /2864
008144148 勐腊县志 /2864
009890597 勐腊县国土资源志 /2864

陶

009016936 陶乐县地名志 /3133
010143361 陶乐县志 /3132
009349881 陶庄煤矿志 /1466
010687013 陶吴镇志 /822
012174936 陶家亦志 1700-2006 /1544
012684765 陶堰镇志 /1052

陪

013508819 陪粹校志 1989-2009 /1984

娘

008377890 娘子关发电厂志 1965-1990 /281
009244976 娘子关志 /281

通

013732016 通力公司志 /2478
012252715 通山方言志 /1940
014052299 通山县乡镇企业志 /1940
009382626 通山县文化志 /1940
008379203 通山县地名志 /1941
007482370 通山县志 /1940
013226363 通山县林业志 /1940
010293978 通山县烟草志 /1940
013706850 通山县教育志 /1940
013010672 通川区政协志 1979-2008 /2559
011478668 通川公安志 /2559
007506756 通元镇志 /1041
012636525 通什市志 /2351
010469294 通化电业局志 1924-1985 /617
008846173 通化市二道江区志 1985-1999 /618
009385081 通化市文物志 /618
009992789 通化市东昌区志 1985-1997 /618
010022695 通化市民族民间舞蹈集成 /618
010469301 通化市地震志 /618
007362232 通化市志 /617
012956051 通化市志 1986-2005 /617
010143066 通化市政协志 /617
009992793 通化市科学技术志 /617
010469285 通化地区戏曲志 /618
009334894 通化县文物志 /620

008445007 通化县地名志/620
007657591 通化县志/620
011764829 通化县志 1986-2000/620
012506252 通化矿务局志/617
012836445 通化矿务局志 上卷 1948-1985/617
009106606 通化铁路分局志 1925-1995/617
009244284 通化铁路分局志稿/617
011585028 通北林业局志/711
011500700 通仙乡志 1986-2003/2507
012970495 通辽市工商行政管理志/408
012506264 通辽市卫生志 1644-2004/410
011805992 通辽市军事志/408
009397293 通辽市志/410
012613845 通辽市志 1999-2008/407
013321026 通辽市财政志 1616-2002/409
012970494 通辽市（国家）税务志 1636-2004/409
013756300 通辽市经委系统工业志 1947-1986/408
011328643 通辽市政协志/407
010292637 通辽市畜牧志/408
012970497 通辽市教育志 1914-1988/410
013822795 通辽市粮食志 1912-1996/409
009879609 通辽发电总厂志/408
009162054 通辽铁路分局志 1917-2000/408
013010674 通辽第四中学校志 1958-2008/410
011570851 通州文化志/61
010577011 通州文物志/61
009018342 通州市土地志/907
012662341 通州市电力工业志 1986-2005/907
008672095 通江民政志/2577

007414984 通江苏维埃志/2579
012969735 通江县人大志/2577
009414634 通江县工商行政管理志 1912-1986/2578
012969744 通江县卫生志 1986-2005/2579
010117823 通江县水泥厂志/2578
008672091 通江县公安志/2577
008428863 通江县交通志/2578
010008978 通江县农村信用合作志/2578
008430397 通江县志/2577
012970493 通江县志 1986-2005/2577
011312463 通江县财政志/2578
009414640 通江县林业志/2578
008672092 通江县国土志/2579
013145559 通江县金融志/2578
013936430 通江县实验小学志/2579
013936431 通江县统战志/2577
013822792 通江县档案志 1932-1989/2579
013686285 通江县铁溪区志要/2577
013936428 通江县教育志/2579
013775729 通江县职业技术教育中心 四川省通江县实验中学志 1997-2009/2579
013732019 通江县检察志/2578
009414646 通江县商业志/2578
008428080 通江畜牧志 1912-1985/2578
003496820 通江银耳志/2579
012814274 通江银耳志/2579
013167527 通江街道志/833
011329472 通安镇志/881
011570846 通许县人大志/1679
011570839 通许县农业气候志 初稿/1679
010476158 通许县志 1986-2000 一稿/1679
008037825 通许县志 第1卷/1679
010293878 通许县志 第2卷 1986-2000/1679

010251799 通县卫生志/61
011442101 通县水利志/61
008531667 通县公路志/61
009333347 通县志/60
010229391 通县志初稿/60
010138248 通县志终审稿/60
009863293 通县志送审稿/60
010251857 通县劳动志/61
003807962 通河县志/667
013131383 通河县志 1986-2005/667
008385485 通河粮库志/667
011324997 通城县土壤志初稿/1939
008377870 通城县地名志/1939
007377978 通城县志/1939
013603307 通城县粮食志 1842-1988/1939
009799510 通威志 1984-2002/2420
009996581 通钢志 1958-1985/617
012836462 通济堰志/1100
010146571 通海电力工业志/2781
013899636 通海县土地管理志/2780
012208278 通海县少数民族志/2781
013072551 通海县文化志/2781
012899486 通海县农业区划志/2781
004344808 通海县志/2780
009388464 通海县邮电志/2781
012051984 通海县轻手工业志/2781
011329477 通海县烟草志 1662-2005/2781
013775726 通海县教育志/2781
013899635 通海县税务志/2781
011764837 通淮关岳庙志/1249
008391866 通道县志/2103
009576583 通道侗族自治县民族志/2104
010008740 [通道侗族自治县]县庆五十周年志/2104

013775725 通道城乡建设志/2103
010577019 通渭人物志/3074
004018836 通渭县志/3074
012506270 通渭县志 1986-2005/3074
009338214 通榆县文物志/630
008487296 通榆县志/630
011908994 通榆县志 1986-2000/630
012237240 通霄镇志/3245

桑

010777078 桑日县文物志/2916
011892445 桑日县志/2916
009441881 桑耳庄村村志/1712
010230933 桑园乡志/1553
010117811 桑园乡志/2442
013755969 桑林镇志/520
009790360 桑植一中校志/2065
013933344 桑植县军事志 1840-2005/2065
008835569 桑植县志/2065
009699670 桑植县志 1989-2000/2065

绥

014052262 绥中发电厂志/568
008829793 绥中县地名录/568
007902348 绥中县志/568
009002424 绥中县志/568
013795575 绥中县供销合作社志/568
009244231 绥中城建志/568
012899448 绥化市人民代表大会志 2000.6-2007.1/714
009892564 绥化市烟草志/714
012969712 绥化地区人大志 1979.11-2000.6/714
007590150 绥化地区志/713
013185802 绥化地区粮食志 1685-1992/714

008378106 绥化农垦志 1946-1985/714
006356620 绥化县工会志 1946-1982/714
007902328 绥化县志/713
010291667 绥化县粮食志/714
009744059 绥化卷烟厂志/714
013775710 绥宁民族志/2036
013899611 绥宁县军事志 1840-2005/2036
007992179 绥宁县志/2036
008538005 绥宁县志送评稿/2036
010142845 绥宁县供销合作社志 1952-1989/2036
007362132 绥江县志/2806
007988981 绥阳县水利志/2657
013321002 绥阳县文物志/2657
007488673 绥阳县志/2657
013795572 绥阳县政协志 1981-1997/2657
013603194 绥阳县教育志/2657
009839646 绥阳林业局志/2657
012722480 绥芬河市地方税务局志/707

011066688 绥芬河机务段志 1903-2003/707
011442033 绥芬河海关志 1907-1996/707
009853111 绥棱农场志 1955-1985/718
003075016 绥棱县志/718
011805936 绥棱县志 1986-2000/718
010687012 绥棱林业局志 1902-1985/718
011145136 绥滨民间文学集成/684
009685671 绥滨农场工会志 1949-1989/683
009992385 绥滨农场志 1948-1985/684
008384128 绥滨县志/683
011908922 绥德中学校志/3007
012542950 绥德县军事志 前635-2005/3006
009198559 绥德县志/3006
013321001 绥德县教育志/3007

邕

011571189 邕宁县土地志/2283
008645253 邕宁县志/2282
008665410 邕宁县税务志/2283
008596795 邕宁教育志/2283

十一画

理

007969452 理县志/2595
009408086 理家庄村志/279
007672862 理塘县志/2607
012613330 理塘县志续编 1991-2005/2607

琉

008444049 琉璃河水泥厂志 1939-1990/18

琅

012097727 琅邪王氏文化志/1562
009226955 琅玡山植物志/1165

009378093 琅琊山志/1165
012899026 琅琊台志/1437

焉

008488219 焉耆回族自治县志/3203

堆

012714111 堆龙德庆县志/2914

教

013045732 教育志资料选编/313

掖

010290908　掖县工商行政管理志/1498

009881291　掖县医药志讨论稿/1498

培

013898865　培兰村志/2355

埭

009678923　埭溪镇志/1044

掘

009389880　掘港镇志/911

职

013319693　职工教育志向建厂三十周年献礼/561

基

007271884　基诺语简志/2863

008395441　基诺族风俗志/2863

005635628　基隆风物志/3254

007412350　基隆市志概述/3254

勘

012837505　勘测设计院志 1954-2006.2/3170

聊

013064849　聊城大学园林植物志/1589

010278780　聊城方言志/1588

008452157　聊城市人民医院志 1949-1999/1589

011892075　聊城市工商行政管理志/1587

013064882　聊城市广播电视志/1588

013064943　聊城市卫生志/1589

009387154　聊城市水利志/1588

012873062　聊城市公安志/1586

014047636　聊城市外事侨务志/1586

008452153　聊城市志/1586

013064957　聊城市政协志/1586

013064868　聊城市复退军人医院聊城国际和平医院院志 1986-2010/1589

013752808　聊城市食品药品监督管理志 1999-2011/1589

013064946　聊城市宣传志/1586

009105587　聊城市第二人民医院志 1886-1998/1589

013064864　聊城地区人事志/1587

010577302　聊城地区卫生志/1589

013684545　聊城地区水利志/1588

013064866　聊城地区外贸志/1588

011320001　聊城地区机械工业志/1587

013064859　聊城地区农科所史志征求意见稿/1589

007930906　聊城地区志/1586

009312492　聊城地区医药志/1588

013064850　聊城地区纺织工业志 1840-1985/1587

010112134　聊城地区林业志/1587

013064857　聊城地区金属材料公司志 1964-1985/1587

013064853　聊城地区建筑工程公司志 1951-1990/1587

011320324　聊城地区政权志 1840-1990/1586

011321344　聊城地区科技志/1588

010275931　聊城地区教育志 1840-1988/1588

010112132　聊城地区黄河志/1589

010577343　聊城地区检察志/1586

010112135　聊城地区棉花志/1587

011068468　聊城县水利志第二稿/1589

014047543　聊城法院志/1587

014047541 聊城法院志/1587
012680410 聊城经济开发区志/1587

菱

010201728 菱角湖农场志/1917
013730195 菱湖镇志/1042
013958960 菱湖镇志补遗勘误/1045

黄

008670087 黄土村志/2530
012251128 黄土岗村志/52
009446545 黄土高原植物志/2977
011890901 黄口村志/1713
013222259 黄山口村志/1439
011954334 黄山区志/1160
013820300 黄山市屯溪区志/1160
008450969 黄山市公路志/1159
013045649 黄山市价格志/1159
013316288 黄山市农业志/1159
007490424 黄山市志/1158
012680178 黄山市志至2006/1158
010007607 黄山市报业志/1159
013144406 黄山市财政志至2010/1159
012898650 黄山市林业志/1160
012265079 黄山市国土资源志/1158
010576729 黄山市烟草志/1159
013507979 黄山市黄山第一中学校志1941-2011/1159
012832074 黄山市检察志1951-2006/1158
013704287 黄山市徽州区志/1160
006361640 黄山志/1159
012811549 黄山志至2008/1159
010007595 黄山旅游地学志/1159
012872543 黄冈电力志1918-1999/1925
013688775 黄冈市水利志1991-2010/1927
009020802 黄冈市志/1925
012541771 黄冈市法院志/1925
010109685 黄冈市烟草志/1925
013704272 黄冈市教育志/1926
009961498 黄冈地区土壤志/1927
009335140 黄冈地区工业志/1926
008990518 黄冈地区水产志/1925
07986709 黄冈地区水运志/1926
008450966 黄冈地区水利志/1925
008453095 黄冈地区邮电志/1926
009382453 黄冈地区金融简志至1987/1926
008453096 黄冈地区概况/1925
013683719 黄冈县电力志/1925
009961559 黄冈县民政志1882-1984/1927
009961555 黄冈县交通志/1926
007060787 黄冈县志/1925
013820271 黄冈县财政税务志1882-1982/1926
009348781 黄冈县供销合作志/1928
010195574 黄冈县供销合作志征求意见稿/1926
009961560 黄冈县金融志1882-1985/1926
011319950 黄冈县城乡建设志/1927
010142769 黄冈县教育志1875-1985/1927
013704274 黄冈县商业志1882-1985/1926
011566042 黄冈县路口地方志1882-1982/1927
003032729 黄冈县简志/1925
009335339 黄冈县粮食商业志/1926
010195575 黄冈县粮食商业志征求意见稿/1926
011295881 黄冈职业技术学院校志/1927
013820305 黄冈职业技术学院校志/1927

008990399 黄石长江公路大桥志/1850
009348058 黄石文化新闻体育志/1852
009391553 黄石电厂志 1945-1990/1851
012638971 黄石市人口和计划生育志/1850
009790357 黄石市人民代表大会志 1954.7-2004.2/1850
009241079 黄石市工商行政管理志 1949-1985/1850
009335330 黄石市卫生志 1880-1985/1852
008377931 黄石市地名志/1852
009437245 [黄石市]灰石厂志/1851
007659728 黄石市交通志/1852
008865183 黄石市志/1850
013990690 黄石市志 1980-2002/1850
013374035 黄石市志 金融/1850
012611131 黄石市志 粮食志 1986-2002/1850
009382475 黄石市物价志 1949-1985/1852
009961570 黄石市物资局志 1953-1985/1850
009125500 黄石市建设志/1850
009685699 黄石市烟草志/1851
009382544 黄石市第三人民医院志 1956-1993/1852
009961566 黄石市商业志/1852
010109704 黄石市粮食志 1949-1985/1852
013380185 黄石市锻压机床厂志 1954-1985/1851
013374052 黄石纺织机械厂志 第1卷 1965-1985/1851
013374050 黄石纺织机械厂志 第2卷 1986-2000/1851
009961563 黄石矿务局煤炭志/1851
009961574 黄石税务志/1852

012999161 黄石道路交通管理志/1852
013647653 黄石港区志/1853
009992464 黄石殡葬志/1852
008670084 黄龙风景名胜区志/2596
012611125 黄龙县军事志 前359-2005/2997
007806620 黄龙县志/2997
010142777 黄龙滩房县库区志/1872
008255684 黄平县志/2695
012541780 黄平县黄飘乡志/2695
009744942 黄田农场志/3178
008378531 黄台村志/1420
009881611 黄华镇志/1025
012967948 黄州区交通志/1928
010109697 黄州区烟草志/1928
012898645 黄坑镇志/1265
009253051 黄岗村志/1419
008813363 黄岛区志/1437
012872534 黄岛检察志/1437
009160115 黄岛简志/1436
012952159 黄沙坪铅锌矿志 1958-1980/2078
012999157 黄沙矿志 1989-2009/162
006548241 黄泛区农场志/1800
011295847 黄泛区农场志 1985-2004/1801
012541767 黄泛区农场志 大事记/1801
012811507 黄陂人物志/1847
012999152 黄陂三中志/1847
012097462 黄陂区志 1980-2004/1846
010962452 黄陂区烟草志/1847
013990687 黄陂区教育志/1847
012718988 黄陂创业功勋志/1847
013957655 黄陂县土壤志/1847
011325445 黄陂县水利志/1848
008380909 黄陂县地名志/1847

013861731 黄陂县交通志/1847

006924078 黄陂县志/1846

008382655 黄陂县教育志/1847

010778507 黄陂镇志/1337

013374060 黄岩工商联(总商会)志/1090

010476125 黄岩广播电视志/1090

008845175 黄岩区土地志/1090

011890908 黄岩区电力工业志 1989-2005 /1090

011474504 黄岩公安志/1090

012719050 黄岩风物志/1090

009016137 黄岩志/1090

007908335 黄岩县志/1089

010138059 黄岩第一人民医院院志 1940-2000/1090

009045603 黄河人文志/1646

008427161 黄河三门峡水利枢纽志/1760

009890620 黄河三峡移民志/3078

008660847 黄河三盛公水利枢纽工程志 /433

013752468 黄河三盛公水利枢纽工程志 1991-2010/434

003901909 黄河大事记/1646

012813991 黄河小浪底水利枢纽 洛阳移民志/1691

009045596 黄河水土保持志/1647

009387200 黄河水土保持志送审稿/1645

008421052 黄河水文志/1647

010252067 黄河水文志送审稿/1647

008421051 黄河水利水电工程志/1647

012541777 黄河水利职业技术学院志 /1675

011328661 黄河水利职业技术学院志 1929.3-2004.12 送审稿/1675

010730477 黄河农场志/1476

007683810 黄河防洪志/1646

009699649 黄河医院志 1956-1996/1760

007295407 黄河规划志/1646

008421035 黄河河政志/1646

009768488 黄河河政志稿/1646

012719009 黄河南蒙古志/3105

008420539 黄河科学研究志/1646

009045578 黄河勘测志/1646

009839639 黄泥河林业局志/634

012811544 黄泥崖村志/1439

013092921 黄荆区志/1951

008668143 黄南藏族自治州志/3105

009388635 黄柏志/2899

011295859 黄帝故里志/1664

011804638 黄帝祭祀大典图志 1980-2007 /2997

013772866 黄骅市志 1986-2008/221

009240426 黄骅县水利志/222

008533422 黄骅县地名资料汇编/222

009381024 黄骅县交通志/222

003807960 黄骅县志/221

010468946 黄骅县政协志/222

012719029 黄埔区检察志 1979-2000/2153

010195271 黄埔发电厂志 1973-2000/2153

012649851 黄埔军校图志/2153

013129720 黄埔侨志/2152

011432787 黄埔海关志/2153

012758970 黄桥镇志/889

007986705 黄圃志/2242

009387373 黄浦区文化志/749

007791188 黄浦区志/748

009106070 黄浦区续志 1993-2000.6/748

011996699 黄家庄村志/1487

012049514 黄陵县军事志 前11世纪-2005 /2997

007589129 黄陵县志/2997

012832072 黄梅戏志/1936

013415292 黄梅县水利志/1936

007903952 黄梅县志/1935

010138047 黄梅县志 送审本/1935

013415296 黄梅县邮电志/1936

009382460 黄梅县财政税务志 1949-1990 /1936

009226894 黄梅县金融志/1936

010008670 黄梅县烟草志/1935

003032727 黄梅县简志/1935

010731687 黄崖洞镇志/291

009480408 黄路镇志/764

008452473 黄鹤楼志/1842

011497770 黄麟乡志/1339

萌

012099667 萌山中学校志 1998-2008/1532

萝

008385438 萝北县电业局志/683

006420707 萝北县志/683

菏

011762055 菏泽市人民代表大会志/1601

013990671 菏泽市工商行政管理志/1601

010278333 菏泽市水利志/1601

007294765 菏泽市志/1600

013866408 菏泽市牡丹区第二十二初级中学校志 1982-2012/1603

013704187 菏泽市城市建设志 征求意见稿 /1602

012173881 菏泽市药品检验所所志 1961-2006/1602

013183502 菏泽市药品检验所所志 1961-2006/1602

009387148 菏泽市档案志/1602

009962098 菏泽地区水产志/1601

010278692 菏泽地区水利志/1602

011068429 菏泽地区计划志 修改稿/1601

011319975 菏泽地区电业志/1601

011579997 菏泽地区电业志/1601

013897263 菏泽地区农业机械化志/1601

010112116 菏泽地区农业志/1601

012139190 菏泽地区纪律检查志/1600

008636541 菏泽地区志/1600

013683702 菏泽地区财政志/1601

011067693 菏泽地区体育志/1602

013897271 菏泽地区宣传志 1949.8-1990.5 /1600

011762063 菏泽地区教育志 1840-1985 /1602

013530957 菏泽地区粮食志/1601

011068512 菏泽县土壤志/1602

009676352 菏泽牡丹志/1602

013897285 菏泽牡丹黄河志 1986-2005 /1603

013335351 菏泽建行志/1601

013926297 菏泽教育志 1986-2005/1602

萍

010225181 萍乡今古/1307

008299887 萍乡公安志/1308

008299873 萍乡市人民代表大会志/1307

013933301 萍乡市人民医院志 1928-2008 /1309

013822150 萍乡市工会志/1307

013319947 萍乡市工商行政管理志/1308

008299877 萍乡市气候志/1309
008299884 萍乡市气象志/1309
013508837 萍乡市文化艺术志/1309
008036607 萍乡市地方煤炭工业志/1308
010292780 萍乡市交通志/1308
012266021 萍乡市纪检监察志 1951-2003/1307
007724498 萍乡市志/1307
011534045 萍乡市志 1986-2002/1307
014047864 萍乡市政协志/1308
009386195 萍乡市政府志/1307
008299879 萍乡市轻化纺工业志/1308
008036606 萍乡市科学技术志/1309
014047862 萍乡市涉台事务志/1308
012542766 萍乡市教育志/1309
008299885 萍乡市税务志/1309
008299875 萍乡发电厂志 1958-1986/1308
009687180 萍乡邮电志/1309
011066940 萍乡矿务局志/1308
013933303 萍乡物价志 1989-2000/1309
011320341 萍钢志 1954-1990/1308
008299903 萍铝志 1970-1989/1308

菀

009441974 菀坪镇志/890

营

010279152 营口日报志/542
011793377 营口市工商行政管理志/542
008094380 营口市卫生志 1840-1985/543
009334811 营口市文物志/543
012506577 营口市地震志/543
009348874 营口市戏曲志/543
007902447 营口市志/541
008851989 营口市志第2卷 行政建置 自然环境 城市建设 交通邮电/542
008851994 营口市志第4卷 农业 贸易 财税 金融/542
010777302 营口市财政志/542
012506594 营口市体育志/542
008829864 营口市城区地名录/543
011444215 营口市政协志 1950-1990/542
012506588 营口市科学技术志/542
011310917 营口市保险志/542
013190013 营口市档案志 1949-2009/542
011585258 营口市畜禽疫病志/543
012837649 营口民盟志 1957-2010/541
012545612 营口百年图志/543
012506599 营口县医药公司志/543
012338663 营口资源图志 文化艺术 新闻 科技 体育 教育 卫生 交通 财税 金融/543
009994859 营口资源图志 旅游 动植物 城乡建设 矿产 水 人物 通信/543
013072775 营口海关志/542
013994236 营口税务志 1861-1994/542
002779779 营山县志/2540
010731670 营山县志 1986-2003/2540
011066951 营山县国土志/2540
012506495 营城子镇志/507
011480433 营盘镇志/2897

乾

008949810 乾务镇志/2176
010776957 乾安县水利志/626
009334897 乾安县文物志/626
008731126 乾安县志/626
012174825 乾安县志 1986-2000/626
011570178 乾县文物志/2980
009149278 乾县志/2980

萧

009480371 萧山人大志/988

008845103 萧山人事志/988

009790250 萧山工会志/988

011444032 萧山工商业联合会(总商会)志/988

009335186 萧山工商行政管理志 1985–2000/989

009996513 萧山土地志/989

014052848 萧山乡镇企业志 1958–1985/989

013604191 萧山区新塘小学校志 1928–2008/991

009511358 萧山日报志/991

009157295 萧山文化志/991

009009974 萧山市广播电视志/991

013464195 萧山市卫生防疫志/992

008845853 萧山市水利志/990

008846428 萧山市自来水公司志/989

012767077 萧山市农业机械志/989

009198625 萧山市志/986

009962529 萧山市志卫生编 修改稿二稿/986

012636922 萧山市志试印本/986

011444035 萧山市科协志/991

012100553 萧山市科协志 1955–1990/991

009996509 萧山市第一人民医院志 1935–2000/992

012899976 萧山民政志/988

008846425 萧山交通志/990

012052425 萧山农村信用合作社志/990

009020633 萧山农垦志/989

013686406 萧山县二轻工业志 1840–1984/990

013994115 萧山县民政志/988

008450941 萧山县地名志/992

009881653 萧山县农业志/989

008488207 萧山县志/987

013959608 萧山县邮电志 1911–1985/990

013686404 萧山县财政志/990

013186052 萧山县物价志/990

013343369 萧山县供销社志/990

009881651 萧山县金融志 1912–1984/991

013145653 萧山县法院志 1912–1984/989

011325494 萧山县教育志/991

013145668 萧山县商业志 四稿/990

013145678 萧山县新闻志 1912–1986/991

013145658 萧山县粮食志 1912–1984/989

008488205 萧山围垦志/991

011809336 萧山建设志/989

011479326 萧山姓氏志/992

011909153 萧山经济技术开发区志/989

006755001 萧山城厢镇志/988

009881657 萧山政协志/988

009480421 萧山临浦镇志/988

012506374 萧山烟草志/990

012052419 萧山教育志/991

012837484 萧山第五人民医院志 1958–2002/992

009415011 萧山道路交通管理志/990

013464189 萧山粮油食品厂志 1950–1989/989

013630281 萧县水利志/1174

012052428 萧县民政志 1985–2005/1174

007380994 萧县志/1174

013373644 萧县志 1986–2005/1174

012252804 萧县财政志 1986–2005/1174

013186060 萧县城建志/1174

012723184 萧县政协志 1981–2008/1174

011292534 萧县教育志/1174

013732431 萧县检察志 1950-2007/1174

012613273 萧何庄志/1573

013775983 萧张志/239

萨

013184644 萨力巴乡志送审稿/406

008378819 萨尔图区志/691

013067053 萨尔图区教育志 1932-2008/691

011998140 萨迦谢通门县文物志/2918

彬

008660277 彬县志/2981

013333850 彬县政协志/2981

013955640 彬县教育志/2981

梧

009379979 梧州口岸外经贸志/2306

010195468 梧州中国银行志 1938-1990/2306

012252742 梧州市土地志/2305

010476105 梧州市工人医院志 1903-2002/2306

011908794 梧州市广播电视志/2306

009310920 梧州市卫生志送审稿/2306

009189398 梧州市志/2305

008596061 梧州市邮电志/2306

010474144 梧州市纸厂志/2305

014052369 梧州市物资局志/2305

009405828 梧州市金融志/2306

011909093 梧州市郊区志/2306

009239582 梧州市政协志/2305

009154028 梧州市政府志/2305

009379955 梧州市教育志修改稿/2306

008596058 梧州市简志/2305

013185976 梧州地区志/2305

010475318 梧州西竺园志/2305

011294244 梧州交通志/2305

013732361 梧州海关志 1897-1992/2306

009836189 梧栖镇志/3246

008668242 梧桐化工厂志/3229

009117939 梧塘镇志/1234

梅

011319941 梅山水电站志/1180

007978323 梅山冶金公司志 1969-1988/729

012203063 梅山集团公司志 1989-1998/729

010195225 梅列区政协志 1987-2002/1237

007908445 梅州卫生志/2224

008453659 梅州水利志/2223

007988975 梅州化学工业志 1949-1985/2223

007988976 梅州公安志 1890-1985/2222

012721856 梅州公路志/2223

009864035 梅州电力工业志/2223

007482035 梅州外贸志/2223

009046334 梅州市华侨志/2222

008453658 梅州市志/2222

013373549 梅州市志 1979-2000/2222

011805635 梅州市统计志/2222

013337484 梅州市梅江区志 1988-2000/2224

007988978 梅州司法行政志/2222

007908320 梅州民政志 1911-1988/2222

008990723 梅州妇女志/2222

009699311 梅州报刊志 1906-2002/2224

007908446 梅州医药志/2223

007908349 梅州金融志/2223

007988974 梅州法院志 1890-1987/2222

007908393 梅州城乡建设志/2223

008122714 梅州客家风俗/2224
009251800 梅州教育志/2224
007988973 梅州检察志 1949-1985/2222
007988977 梅州粮食志 1949-1985/2223
010777053 梅村志/835
010476179 梅李镇志第1卷 珍门卷/893
011986429 梅李镇志第1卷 赵市卷/893
008379970 梅李镇志第15卷/893
009250885 梅县丙村镇志/2224
007995595 梅县市卫生志 1896-1985/2225
012766216 梅县市水利志/2225
008432221 梅县市文物志 初稿/2225
007677596 梅县市司法行政志/2224
007295295 梅县市地名志/2225
007995594 梅县市金融志 1853-1985/2225
006361881 梅县市城乡建设环保志/2225
011570039 梅县市煤炭工业志 初稿/2224
006101075 梅县志/2224
012814014 梅县志 1979-2000/2222
010195275 梅县灵光寺志/2225
009346503 梅县环境保护志/2225
013375307 梅县政协志/2224
008067540 梅县客家方言志/2225
009335879 梅县统战志/2224
012832543 梅陇镇历史文化图志/757
008429230 梅林乡志/1356
008338787 梅河口市志/618
010730485 梅河口市志 1986-2000/619
010290700 梅城镇志/995
013628644 梅营村志/1241
012051696 梅堰镇志/889
009386157 梅溪台上村志/1353

梓

009996601 梓山镇志/1339
008447251 梓官乡志/3251
014056742 梓潼县人民医院志/2488
012839370 梓潼县水利电力志/2488
009336828 梓潼县文化志/2488
011501630 梓潼县文物志 初稿/2488
012546806 梓潼县民政志 1861-1987/2487
009336830 梓潼县交通志/2487
008391846 梓潼县志/2487
013323317 梓潼县志 1994-2005/2487
011447212 梓潼县科技志/2488
012839374 梓潼县税务志 1912-1990/2488
012839363 梓潼县粮食志 1912-1987/2487

郾

007903746 郾城县志/1756

曹

010150800 曹远镇志/1238
013751471 曹县军事志 1840-2005/1603
008664533 曹县志/1603
011995298 曹窑煤矿志 1958-2007/1764
011571288 曹路镇志/763
006783675 曹溪禅人物志/2163

鄄

010577024 鄄城人物志/1606
013774298 鄄城县军事志 前632-2005/1606
007819145 鄄城县志/1606
012954952 鄄城县政协志/1606

戚

012969422 戚家夼村志 1949-1999/1546
008452070 戚继光志/1403
010200097 戚墅堰区志/871

008378812 戚墅堰发电厂志/872

013629334 戚墅堰志征求意见稿/872

硚

011312836 硚口区志/1841

008382720 硚口区教育志/1841

盛

009338415 盛泽镇志/890

012099913 盛泰集团有限公司志/1486

011763459 盛桥镇志/758

011908806 盛陵村志/1052

常

009962453 常山县水利志/1080

009995711 常山县交通志 2000/1080

004516028 常山县志/1079

012096442 常山县志 1988-2005/1079

009840425 常山县林业志/1080

012264006 常山镇志/608

011578910 常宁人大志 1950-1996/2026

009685996 常宁县人物志/2027

009685980 常宁县工矿志/2027

009685986 常宁县工商行政管理志/2026

009685993 常宁县农业机械志/2027

006562076 常宁县志/2026

009383636 常宁县供销合作志/2027

008426557 常宁县金融志/2027

009686001 常宁县审计志/2026

009992716 常宁县城乡建设志/2026

009686209 常宁县政府志/2026

013090922 常宁县商业志/2027

012809912 常宁政协志 1992.1-2008.12/2026

010468483 常州人民印刷厂厂志/866

011430412 常州工业技术学院志 1978-1998/870

011890473 常州工学院志 1998-2008/868

012587071 常州广播电视志 1932-2006/868

011471297 常州广播志 1932-2006/868

013402902 常州卫生学校志/868

011471305 常州日报社印刷厂志 1958-2008/866

010110114 常州内燃机车厂志 1963-1985/865

012889275 常州水利志/866

013626180 常州化工厂志 1951-1985/865

011321376 常州文化志/867

013923912 常州文联志 1952-2012/869

008817538 常州方志评论集/869

013626178 常州电力机械厂志 1957-1987/864

012191531 常州电机电器总厂志 1959-1983/864

011496845 常州电池厂志 1956-1985/864

010110144 常州市人民代表大会志/863

010474200 常州市工会志/863

013955635 常州市工商业联合会 常州市总商会志 1996-2005/863

011311290 常州市工商业联合会 常州市商会志 1905-1995/863

010730142 常州市工商行政管理志/863

011311330 常州市土地志送审稿/864

013334385 常州市卫生防病志 1984-2005/870

010469352 常州市卫生志/870

013096525 常州市天宁区军事志/871

010468497 常州市天宁家具厂厂志 1980-1984/871

002679179 常州市木材志 1800-1985/870

013037938 常州市车辆修造服务公司简志 1973-1985／866

012679105 常州市电力工业志 1988-2002／866

009009945 ［常州市史志丛书］天南地北常州人／869

008216036 ［常州市史志丛书］常州掌故 第2卷／869

008528371 常州市地名录／869

013334388 常州市自来水公司志 1927-1985／864

010730382 常州市刘国钧职业教育中心志 1989-2004／868

012956979 常州市军事志／863

011310597 常州市戏剧学校志 1958-1985／868

008486276 常州市志／862

010686815 常州市针布厂志 1958-1982／866

011995379 常州市改革开放志／863

013528789 常州市纱厂志 1951-1983／866

011496858 常州市纺工修建工程队志 1975-1982／866

013221021 常州市武进区军事志／875

012173694 常州市武进中医医院志／877

013819174 常州市规划设计院志 1989-1999／870

013179342 常州市规划设计院院志 1999-2009／870

013140972 常州市国土资源志 1995-2007／863

014026446 常州市金融志／867

010686832 常州市金融志 1840-1983 试行本／867

009020715 常州市郊区志 1984-2000／870

010777042 常州市宗教志／863

010110139 常州市建筑工程总公司志 1952-1985／866

013528793 常州市轴承厂志 1970-1983／866

012951900 常州市钟楼区军事志／871

010475789 常州市钟楼区教育志／871

009405929 常州市烈士陵园志 1978-1998／869

007987716 常州市教育志／868

014049859 常州市戚墅堰区军事志／872

011319921 常州市第一人民医院志 1918-1983／869

011757448 常州市第三职业高级中学志 1943-2003／868

013726862 常州市第五中学校志 建校七十周年纪念专辑／868

009338284 常州市商业志／867

010687014 常州市税务志 1840-1985／867

010468492 常州市精神病医院志 1959-1983／870

010777041 常州民政志／863

011757439 常州民盟志／862

013334381 常州皮革机械厂志 1956-1985／865

011320517 常州老年大学志 1986-1998／869

010730226 常州共青团志 1926-1999／863

011757429 常州合成纤维厂志 1965-1983／865

011564476 常州交通志／867

010474445 常州农工党志 1931-1991／863

010474432 常州劳动志／864

009441937 常州体育志／869

013923913 常州冶金机械厂志／866

013528660 常州纺织仪器厂志 1949-

1982 /865

013528657 常州纺织机械厂志 1958-1986 /864

013402900 常州林业机械厂志 1958-1985 /865

009009941 常州制药厂厂志 1949-1985 /867

010735932 常州金属工艺品厂志 /865

010778502 常州变压器厂志续编 1984-2005 /864

008446253 常州城市建设志 /870

013626184 常州荧光灯厂厂志 1958-1985 /867

010730230 常州轻工业学校校志 1960-2000 /868

013140960 常州省运会志 /869

010468934 常州钢铁厂志 1958-1983 /865

010143070 常州钢铁铸造厂志 1967-1983 /865

012635693 常州保险志 1939-2009 /867

012191536 常州客车制造厂志 1956-1981 /865

013680637 常州绝缘材料厂志 1958-1985 /865

010686829 常州热工仪表厂厂志 1962-1984 /866

008846541 常州柴油机厂志 /864

013528649 常州第一织布厂志 1925-1982 /864

010686837 常州第二织布厂志 1931-1985 /864

013528661 常州勤业塑料厂厂志 1964-1988 /865

010469052 常州锻造总厂志 1952-1986 /864

011995324 常村煤矿志 1958-2007 /1761

013313469 常青水泥厂志 1979.1-1993.12 /321

009383619 常德七一机械厂志 1951-1991 /2054

009383618 常德工会志人物志 /2053

007944354 常德方言志 /2054

013402898 常德市老年病医院志 1951-2004 /2055

012871864 常德市交通志 /2054

012871866 常德市交通志 1980-2001 /2054

009383625 常德市农业志 1949-1988.6 /2053

012249740 常德市农业科学研究所科技志 1931-1999 /2055

007731476 常德市志 /2052

009020505 常德市志 /2053

008835541 常德市志送审稿 /2052

012831181 常德市环卫志 /2055

010197233 常德市武陵区人民代表大会志 1949-2001 /2056

011995332 常德市武陵区市志 1988-2005 /2055

013894208 常德市武陵区交通志 1988-1998 /2056

013923910 常德市武陵区军事志 前277-2005 /2056

013819171 常德市法院志 1988-2010 /2053

013955637 常德市政协志 /2053

009383621 常德市第一人民医院志 1898-1998 /2055

012951891 常德市第一人民医院志 1999-2008 /2055

009383629 常德市税务志 1840-1987 /2054

008594732 常德地区交通志 /2054

009383608 常德地区志—轻工业志/2049
009797345 常德地区志人口志/2049
009382872 常德地区志化学工业志/2049
009382863 常德地区志地理志/2049
012871862 常德地区志农机志/2049
009383606 常德地区志审计志/2049
008590413 常德地区志第1卷 建设志/2049
008590878 常德地区志第2卷 政务志/2049
008590914 常德地区志第3卷 经济综合志/2049
008453537 常德地区志第4卷 大事记/2049
008453546 常德地区志第5卷 供销合作志/2050
008598126 常德地区志第6卷 民族志 宗教志/2050
008453568 常德地区志第7卷 人物志/2050
008453553 常德地区志第8卷 二轻工业志/2050
008453545 常德地区志第9卷 检察志/2050
008453564 常德地区志第10卷 体 育 志/2050
008453560 常德地区志第11卷 民 政 志/2050
008453541 常德地区志第12卷 党派群团志 建材工业志/2050
008453569 常德地区志第13卷 民俗志 方言志/2050
008453539 常德地区志第14卷 广播电视志/2050
008453552 常德地区志第15卷 物 价 志/2050
008453544 常德地区志第16卷 报 刊 志/2050
008453551 常德地区志第17卷 农 业志/2050
008453558 常德地区志第18卷 文物志/2051
008453561 常德地区志第19卷 公安志/2051
008453555 常德地区志第20卷 商业志/2051
008531938 常德地区志第21卷 纺织工业志/2051
008453557 常德地区志第22卷 文化志/2051
008453556 常德地区志第23卷 烟草志/2051
008453572 常德地区志第24卷 共产党志/2051
008453542 常德地区志第25卷 文学志/2051
008453563 常德地区志第26卷 法院志/2051
008453549 常德地区志第27卷 粮油贸易志/2051
008385204 常德地区志第28卷 邮电志/2051
008378590 常德地区志第29卷 环境保护志/2051
008378597 常德地区志第30卷 金融志/2051
008378602 常德地区志第31卷 林业志/2052
008893209 常德地区志第32卷 水利志/2052
008893249 常德地区志第33卷 税务志/2052
009320537 常德地区志第34卷 国营农场

志/2052

009675385 常德地区志第35卷 建设银行志/2052

009675386 常德地区志第36卷 教育志/2052

009675380 常德地区志第37卷 财政志/2052

009675387 常德地区志第38卷 军事志/2052

009797339 常德地区志第39卷 机电工业志/2052

010576545 常德地区志第40卷 科学技术志/2052

009383611 常德地区棉麻蚕茧公司志1840-1988/2053

009797355 常德县卫生志/2055

009405912 常德县水利/2056

010197235 常德县志商业志 初稿/2053

010577382 常德县供销合作社志评审稿/2054

010577226 常德县粮食志1862-1995/2054

009797354 常德卷烟厂志1951-2000/2054

013771543 常德经济技术开发区志1992-2011/2053

010197232 常德城市建设志前277-1999/2053

009020885 常德烟草工业机械厂志1969-1999/2054

009797359 常德烟草志/2054

009252965 常熟市人口与计划生育志第6卷/895

010474429 常熟市工会志/895

012871870 常熟市土地管理志/896

010473844 常熟市卫生志/897

008842895 常熟市公安志/895

009865171 常熟市民政志第5卷/895

010199816 常熟市地名志/896

010474222 常熟市机关事务管理志第3卷/895

010777159 常熟市血防志/897

009385194 常熟市红十字第六人民医院志1959-1998/896

011571553 常熟市建设志/896

008446283 常熟市统计志第7卷/895

008446287 常熟市教育志第4卷/896

013174663 常熟法院志/895

010474199 常熟破山兴福寺志/896

曼

012203060 曼等乡志/2817

晦

012049517 晦翁岩志/1218

冕

013990956 冕宁中学校志/2617

010292267 冕宁县水利电力志1912-1989/2617

007595014 冕宁县志/2616

012614131 冕宁县志1990-2005/2616

011441071 冕宁县建设银行行志/2617

010146604 冕宁县税务志/2617

跃

011294709 跃进汽车集团公司企业志1996-2000/810

011328459 跃峰渠志/161

略

006697164 略阳县志/3001

鄂

008990519 鄂东人物志现代人物卷/1927

011311293 鄂尔多斯日报社志/414

012049238 鄂尔多斯市公安志 1948-2008 /413

012609684 鄂尔多斯市检察志/413

013987637 鄂尔多斯市蒙古族中学志 /414

012609697 鄂尔多斯植物志/415

008195217 鄂托克前旗志/416

013090990 鄂托克前旗志 1991-2009/416

008535835 鄂托克前旗医药志/416

013956856 鄂托克旗文化志 1949-2010/416

007010489 鄂托克旗志/416

011320740 鄂托克旗政协志/416

013865267 鄂西土家族苗族自治州咸丰县交通志 1736-1985/1949

012810020 鄂西北胜境志/1868

011757676 鄂西民族药志/1945

011564524 鄂西自治州邮电志 讨论稿 /1944

008453158 鄂西农特志/1818

009992406 鄂西南药用森林植物志/1824

013314330 鄂伦春自治旗人民代表大会志 1948-2011/429

007913517 鄂伦春自治旗志/429

008828723 鄂伦春自治旗志 1989-1999/429

001957305 鄂伦春语简志/430

008036513 鄂伦春族风俗志/430

009960293 鄂州中医志/1894

012679298 鄂州方言志/1894

013703305 鄂州电力工业志 1929-2008 /1893

013681542 鄂州电力志 1929-2008/1893

012831378 鄂州市广播电视志 1950-2009 /1894

013506653 鄂州市卫生志 1983-2007/1895

011995601 鄂州市中心医院志 1946-2006 /1894

009960269 鄂州市交通志/1893

013751660 鄂州市纪检监察志 1951-2007 /1892

008636598 鄂州市志/1892

009335316 鄂州市环境保护志 初稿/1895

009335311 鄂州市物价志 1644-1987/1894

013179459 鄂州市物价志 1984-2007/1894

008846452 鄂州市物资志/1893

009311425 鄂州市供销合作社志/1893

012872245 鄂州市供销合作社志 1983-2007 /1893

009685678 鄂州市金融志/1894

012132715 鄂州市建制沿革志/1894

012967544 鄂州市政协志 1984-2006/1892

012132722 鄂州市政府志/1892

013819358 鄂州市畜牧兽医志 1949-2009 /1893

009685682 鄂州市烟草志/1893

013894563 鄂州市烟草志资料长编/1893

012714120 鄂州市粮食志 1983-2007/1894

010195570 鄂州市粮食志 送审稿/1894

013314420 鄂州地震志/1894

011564526 鄂州政协志 1950.2-1989.4/1892

007503286 鄂城县简志/1895

013626268 鄂钢焦化厂志 1995-2001/1893

013626271 鄂钢焦化分厂志 1970-1994 /1893

001920368 鄂温克语简志/431

009398318 鄂温克族人物志/431
012714117 鄂温克族自治旗人民代表大会志/430
007693217 鄂温克族自治旗志/430
011943540 鄂温克族自治旗志 1991-2005/430
011757664 鄂温克族自治旗政协志 1957-2007/430
010290651 鄂温克族简史简志合编/431
010290650 鄂温克族简史简志合编初稿/431
013506651 鄂豫边区新四军人物志/1822
008383442 鄂豫皖革命根据地财政志/1820

唱

009385306 唱凯志/1369
012587076 唱凯镇志/1369

唯

009154155 唯亭镇志/885

崖

011571155 崖湾志/3075

崧

013936404 崧泽村志/779

崔

010231128 崔家庄村志/339
012967431 崔家湾镇志/3006
008452319 崔傅刘村志/1596

崤

013939477 崤岐志/836

崇

003801260 崇义县志/1334
009675606 崇义县志 1986-2000/1334
009799322 崇义县志 1986-2000 一校稿/1334
009799316 崇义县志 1986-2000 二校稿/1334
009799317 崇义县志 1986-2000 三校稿/1334
009385313 崇义县林业志/1334
013221064 崇义县检察志 1986.1-2011.3/1334
008844400 崇义邮电志/1334
004018837 崇仁县志/1371
012609483 崇仁县志 1985-2000/1371
009385310 崇仁县统战政协志/1371
011804172 崇仁县教育志/1371
013894435 崇左县土地志/2337
007491022 崇左县志/2337
012898266 崇礼县土地志/209
011325007 崇礼县土壤志/209
011293527 崇礼县水利志/209
008533966 崇礼县地名资料汇编/209
007505464 崇礼县志/209
008422620 崇庆西河志/2443
010113925 崇庆县水利志/2442
007378011 崇庆县志/2442
011321342 崇庆县体委志/2443
009149371 崇州市志 1986-2000/2442
008669945 崇州市国土志/2442
009677096 崇州市烟草志/2442
012951935 崇州法院志/2442
009126072 崇州商贸志/2442
013167506 崇安寺街道志/833
008923568 崇安县地名录/1264
013955628 崇阳土壤志/1940
010109655 崇阳县水利志/1939

013141070　崇阳县水利志 1985-2005 / 1940
008378968　崇阳县地名志 / 1940
007903897　崇阳县志 / 1939
013334549　崇阳县国土资源志 1949-2005 / 1939
010293965　崇阳县烟草志 / 1940
013702933　崇阳县教育志 1840-2005 / 1940
012173714　崇武镇志 第三稿 / 1252
013819181　崇明电力工业志 1921-1990 / 787
013819183　崇明电力工业志 1991-2005 / 787
013626210　崇明县水利志 / 787
011430441　崇明县水利续志 1986-2001 / 787
013965112　崇明县志 1985-2004 / 786
009387363　崇明县财政税务志 / 787
013819186　崇明县金融志 / 787
008453866　崇信县水利志 / 3063
008453860　崇信县志 / 3063
008094519　崇福镇志 / 1039
013955629　崇福镇志 / 1040

崆

008846133　崆峒山植物志 / 3063
011954511　崆峒山新志 / 3062
013317841　崆峒佛教志 / 3062

铜

013510622　铜山区永清实验学校校志 1936-2010 / 854
008997470　铜山县土地管理志 / 853
008446339　铜山县工会志 1882-1993 / 853
010292734　铜山县水利志 / 853
013145606　铜山县体育志 / 854
011585033　铜山县金融志 / 854
008446343　铜山县政协志 / 853
011320454　铜山县教育志 / 854

010201777　铜山岭有色金属矿志 1912-1980 / 853
013627972　铜山钢铁厂志 1970-1985 / 853
013379051　铜山税务志 / 854
008992919　铜川工商联志 1943-1991 / 2951
008992909　铜川石油商业志 / 2952
013959447　铜川市人民医院志 1949-2011 / 2953
013863859　铜川市土地志 / 2952
012174960　铜川市王益区军事志 前221-2005 / 2954
013775740　铜川市水利志 / 2952
008866660　铜川市水利志 / 2952
009348223　铜川市公路交通志 / 2952
012051986　铜川市印台区军事志 1980-2005 / 2954
008992915　铜川市外贸志 / 2952
009399142　铜川市军事志 / 2952
013959445　铜川市农业志 / 2952
007819185　铜川市志 / 2951
008992902　铜川市财政志 / 2953
009106179　铜川市环境保护志 / 2953
008992906　铜川市物资志 / 2952
013462674　铜川市金融志 / 2953
011188646　铜川市郊区民间歌谣谚语集成 / 2953
013775735　铜川市审计志 / 2952
008992912　铜川市科学技术志 / 2953
013462670　铜川市教育志 / 2953
014052301　铜川市景丰中学志 / 2953
008992920　铜川郊区苹果志 / 2954
013321028　铜川法院志 1943-1986 / 2951
013660363　铜仁市地方志 金融志 / 2677
009105250　铜仁市志 / 2677

013775909 铜仁市城乡建设志/2678
013462682 铜仁市粮食志/2678
008886968 铜仁地区志/2674
012814276 铜仁地区志乡镇企业志/2675
008783342 铜仁地区志水利电力志/2675
008836359 铜仁地区志气象志/2675
010962621 铜仁地区志民政志/2675
009146561 铜仁地区志军事志/2675
009319533 铜仁地区志邮电志/2675
010962617 铜仁地区志国土资源志/2675
009145787 铜仁地区志供销合作社志/2675
009145782 铜仁地区志城乡建设环境保护志/2675
011570863 铜仁地区志政协志/2675
011295537 铜仁地区志畜牧志/2675
012722925 铜仁地区志检察志 1991-2008/2675
007493557 铜仁地区志第1卷 交通志/2675
008541830 铜仁地区志第2卷 体育志/2676
008598394 铜仁地区志第3卷 政党群团志/2676
008783298 铜仁地区志第4卷 粮食志/2676
008783336 铜仁地区志第5卷 统计志/2676
009001616 铜仁地区志第6卷 武警志/2676
009145793 铜仁地区志第7卷 检察志/2676
010238314 铜仁地区志第8卷 政权志/2676
009839221 铜仁地区志第9卷 烟草志/2676
009001611 铜仁地区志第10卷 教育志/2676
009412638 铜仁地区志第11卷 林业志/2676
009265503 铜仁地区志第12卷 科学技术志/2676
008783319 铜仁地区志第13卷 金融志/2676
011908998 铜仁地区志第14卷 民族志/2677
011478680 铜仁地区志第15卷 工商行政管理志/2677
013321139 铜仁地区志第16卷 文化新闻出版志/2677
013342632 铜仁地区志第17卷 地理志/2677
012174978 铜仁地区志第18卷 人事志/2677
012174970 铜仁地区志第19卷 工业志/2677
012174966 铜仁地区志第20卷 档案志/2677
012722930 铜仁地区志第21卷 审计志/2677
012174974 铜仁地区志第22卷 广播电视志/2677
013822926 铜仁地区志第23卷 质量技术监督志/2677
012051990 铜仁地区残疾人事业志/2678
013133774 铜仁地区税务志/2678
008541910 铜仁卷烟厂志/2678
013822923 铜陵卫生志 1950-2000/1150
012140413 铜陵日报志 1955-2004/1149
013991584 铜陵市广播电视志 1949-1985/1149
013686304 铜陵市中医医院志 1955.3-2005.3/1150
013991585 铜陵市化纤厂志 1971.12-1985.12/1149
010007656 铜陵市公路志/1149
006795921 铜陵市志/1148

013072554 铜陵市劳动志/1148
011805998 铜陵市郊区志至2000/1150
013991590 铜陵市城市建设志/1149
011806004 铜陵市狮子山区志至2000/1150
011806011 铜陵市铜官山区志至2000/1150
011500704 铜陵市第一中学志/1150
010776962 铜陵发电厂志/1151
013603322 铜陵机车厂志1970-1985/1151
013991586 铜陵有色二冶小学志/1149
013758746 铜陵有色运输部志1952-2007/1151
013991588 [铜陵有色金属公司]设计研究院志1956-1985/1149
008450984 铜陵有色金属公司志1950-1990/1149
013462680 铜陵有色金属(集团)公司第二职工医院志1973-1996/1150
012051988 铜陵县工商行政管理志/1151
007132525 铜陵县志/1150
011066424 铜陵县志1991-2000/1151
013462678 铜陵县实验小学志/1151
012252720 铜陵供电志1986-2005/1149
010138092 铜陵房产志/1149
013991582 铜梁中学校志1907-2007/2389
013775899 铜梁县司法志/2389
007358318 铜梁县志1911-1985/2388
009689057 铜梁县国土志/2389
013863860 铜梁县政协志1980-2007/2388
008428904 铜鼓县卫生志/1367
013686301 铜鼓县水利志送审稿/1367
009386241 铜鼓县文化艺术志/1367
004018805 铜鼓县志/1366

008389974 铜鼓县志续编/1366
010730210 铜鼓县邮电志/1367
012237250 铜锣乡志/3245

铭

009685454 铭功路街道志/1650

银

008664385 银山铅锌矿志/1377
008542897 银川中山公园志/3125
008488252 银川方言志/3124
008866473 银川电信志/3123
011910073 银川市人防志/3121
013824267 银川市土地管理志/3122
009414231 银川市工商行政管理志/3122
012814488 银川市工商行政管理志1988-2005/3122
012878870 银川市文联志/3124
012900158 银川市地方志工作志/3125
009160020 银川市地名志/3125
012769443 银川市西夏区志/3126
009399488 银川市军事志/3121
012878868 银川市妇幼保健院志/3125
012900163 银川市妇联志1979-2009/3121
013797184 银川市纪检监察志/3121
008542890 银川市志/3121
009024731 银川市财政志/3124
009414234 银川市郊区土地管理志/3126
009016834 银川市郊区志/3126
009016843 银川市房地产简志/3122
009016845 银川市房地产简志续1/3122
013097880 银川市建设志1949-2005/3125
009687876 银川市城区军事志/3126
012175191 银川市残联志1980-2005/3121
010253980 银川市统计志1949-1990/3121

012723404 银川市教育志/3124

009553973 银川市商业志/3124

009817815 银川市税务志/3124

012970728 银川市税务志/3124

010143742 银川市新城区军事志/3126

009699820 银川市粮食志/3122

012814491 银川市粮食志 1987-2005/3122

009016836 银川市群众艺术馆馆志/3124

008994468 银川军事志/3121

012814487 银川审计志/3122

009081900 银川城区志/3126

009016841 银川监狱志 1949-1999/3121

012545599 银光志 1979-2009/1563

007994451 银州区志/560

012814494 银江镇志/2462

013097886 银河仪表厂志 1965-1989/3123

009319856 银南军事志/3133

012769464 银南法院志/3133

梨

013788332 梨花村志/67

009385063 梨树县文物志/614

008923416 梨树县地名志/614

007902363 梨树县志/613

013793114 梨树县志 1986-2005/613

011499160 梨树县政协志 1957-2006/614

010293042 梨树县第一高级中学校志 1959-1999/614

符

008812023 符离镇志/1173

第

013706965 第一工程处志 1958-1988/1522

008382983 第一印染厂志 1958-1988/121

008444055 第一地质调查处志 1973-1991/102

009411585 第一汽车制造厂厂志 1950-1986/587

011068498 [第一汽车制造厂]车箱厂志 1953-1986/586

011327109 第一汽车制造厂生活福利处处志 1953-1986/587

013141151 第一汽车制造厂辽阳汽车弹簧厂厂志 1953-1989/549

011325413 第一重机厂志 1953-1983/675

012636670 第二机械厂志 1990-2008/1466

011311783 第二汽车制造厂志 1969-1983/1864

009106502 第二建筑安装工程公司志/3208

009204320 第二届河南省志人物志候选人物名录/1616

009887218 第二砂轮厂厂志 1953-1985 初稿/1630

011496987 第十采油厂志 1984-1995/689

011327598 第八采油厂志 1983-1989/689

013771770 第九六〇厂厂志 1965-1986/17

009400081 第三地质调查处志/3200

012048857 第三普查勘探大队志 1955-2005/2975

012814450 第六工程处志 1961-1986/1527

013771771 第六采油厂志 1983-1992/689

013771774 第六采油厂志 1993-1999/689

偃

008424681 偃师市水利志/1694

011909960 偃师市建设环保志/1694

009413884 偃师市教育志/1694

009251602 偃师县文物志修改本/1694

010250787 偃师县对外贸易志征求意见稿/1694

005536248 偃师县志/1693

013186144 偃师政协志/1693

停

010731690 停河铺村志/291

偏

007479112 偏关县志/342

009387206 偏关县志 工业 交通 邮电 城乡建设志/342

008534986 偏关县志 大事记 地理志/342

得

008637253 得荣县志/2608

012048845 得荣县志 1991-2005/2608

盘

011499495 盘山发电公司志 1996-2006/558

009769209 盘山志/102

012505440 盘山村志/1712

011584759 盘山县水利志 1436-1990/558

007969456 盘山县志/557

013002318 盘龙区人民医院志 1958-2008/2742

013775023 盘龙区卫生志 1978-2008/2742

012614293 盘龙区公安志 续2 1996-2000/2741

013093215 盘龙区文物志/2741

008539890 盘龙区志/2741

013319933 盘龙区城市建设管理志/2742

010151404 盘江煤矿志/2646

013926234 盘县一中校志/2648

013775104 盘县一中校志/2648

013629307 盘县发电厂厂志 1989-2001/2647

008784274 盘县特区志/2647

008665776 盘县特区金融志/2648

008541895 盘县特区烟草志/2647

013898861 盘县第二中学 贵州省示范性普通高中校志(诞辰五十周年)1960-2010/2648

013863141 盘县第五中学校志/2648

013863145 盘县税务志/2648

011961211 盘城镇志/819

013093208 盘道村志/350

013659727 盘锦乙丑年水灾志/556

010280136 盘锦市人口和计划生育志/553

013933267 盘锦市土地志/553

013933256 盘锦市工会志/553

013730319 盘锦市水利志 1451-1990/556

011499492 盘锦市文化志/555

009406385 盘锦市交通志/555

008700414 盘锦市志 第1卷 综合卷/552

008700445 盘锦市志 第2卷 政治卷/552

008700478 盘锦市志 第3卷 农业卷/552

011308213 盘锦市志 第4卷 工交卷/552

008864847 盘锦市志 第5卷 经贸卷/553

013319929 盘锦市劳动志/553

009312423 盘锦市财政志 1863-1993/555

013753733 盘锦市实验中学校志 1977-2001/556

009243645 盘锦市城乡建设志稿/553

012265415 盘锦市第一完全中学校志 1998-2006/555

009768886 盘锦市简志/552

013461821 盘锦市粮食局志/553

012969395 盘溪糖厂志/2782

船

010239132 船山矿志 1965-1985/943

012679158 船房村志/2745

012658282 船营区志 1673-1999/604

011804188 船舶工艺研究所志 1964-2003/748

斜

009154166 斜塘镇志/881

008527789 斜滩镇志/1278

彩

008993412 彩虹志/2938

象

009997000 象山乡志/946

008450338 象山水利志/1016

009348379 象山自来水公司志/1015

012506370 象山县人民代表大会志 1949-2003/1015

008662181 象山县土地志/1015

008450377 象山县公安志/1015

008450504 象山县地名志/1016

011444027 象山县农作物品种志 1949-1989/1016

007509418 象山县志/1015

012175083 象山县邮电志/1016

012100543 象山县财政税务志/1016

008450369 象山县针织厂厂志 1952-1993/1016

009480364 象山县建设志/1015

009335176 象山县政协志/1015

008450548 象山县盐业志/1016

008450336 象山县海域地名简志/1016

008450354 象山县教育志 清末-1988/1016

011998608 象山县渔业志/1016

010476164 象山镇志 1986-2000/2507

010008254 象州人物志/2336

008595708 象州土地志/2335

012100547 象州县土地志/2335

007478003 象州县志/2335

008595754 象州县妙皇乡志/2335

008595718 象州镇志/2335

008423419 象湖镇志/1330

猎

010008239 猎德村志/2148

猇

012316946 猇亭区志 1992-2005/1876

祭

012758990 祭城镇志/1654

馆

012191848 馆陶县土地志/170

008533788 馆陶县地名资料汇编/170

009381300 馆陶县交通志/170

011954052 馆陶县交通志/170

008486413 馆陶县志/170

013897144 馆陶县教育志/170

011312381 馆藏陶行知文物志/813

麻

012265348 麻丘镇志/1293

012251452 麻伊洑区志/2096

007913506 麻江县志/2701

012614081 麻江县志 1991-2005/2701

009125578 麻阳民族志/2100

007806564 麻阳县志/2100

011997402 麻阳县志 1978-2005/2100

010142840 麻阳铜矿矿志 1966-1980/2100

003146911 麻豆镇乡土志/3251

013774634 麻城工会志/1928
011997396 麻城市人物志试写本/1928
013774635 麻城市工业志/1928
013688999 麻城市志 1986-2005/1928
010008678 麻城市烟草志/1928
014047724 麻城县土壤志/1929
010142792 麻城县电力志/1928
008486811 麻城县志/1928
007446325 麻城县简志/1928
009992480 麻城县粮食志 1840-1985/1928
008866676 麻栗坡工商行政管理志/2857
011327133 麻栗坡军事志/2857
008424920 麻栗坡县人民代表大会志/2857
009411826 麻栗坡县民族志/2857
013628131 麻栗坡县军事志 1665-2005/2857
008716982 麻栗坡县志/2857
008539930 麻栗坡县邮电志/2857
010242587 麻栗坡县财政志/2857
011954678 麻涌民俗志 岭南水乡社会研究/2241

庵

008453771 庵埠志/2246

廊

008486731 廊下志/770
013774465 廊下志 1989-2004/770
008835840 廊坊市土地志/230
013704418 廊坊市广阳区志/231
008533796 廊坊市地名资料汇编/230
010138629 廊坊市志/229
008835826 廊坊市志/229
008828276 廊坊市志 审定稿/229

008864241 廊坊市志 送审稿/229
012265286 廊坊市体育志/230
008382961 廊坊市建设志/230
009796971 廊坊市检察志/230
009688688 廊坊市粮食志/230
012661425 廊坊民盟志/229
009412676 廊坊地区水利志/230
010108700 廊坊地区民族志/230
009684716 廊坊地区科学技术志/230
013774462 廊坊交通运输志/230
011329461 廊坊安次志/231
012541997 廊坊供电公司志 1986-2006/230
011295618 廊坊经济技术开发区志/230

康

008430554 康山垦殖场志/1381
007475927 康平县志/495
011805467 康平县志 1993-2000/495
009994299 康平县第一中学校志 1882-1999.7/495
007969454 康乐县志/3080
011954495 康县军事志 约前920-2007.6/1372
004970790 康县志/3077
012873007 康县教育志/3077
013144497 康定民族师专志/2603
008036639 康定县志/2602
008836258 康定县志/2602
013064807 康定县炉城镇志 初稿/2602
012873002 康保县土地志/203
013335444 康保县卫生志 1949-2009/203
008533879 康保县地名资料汇编/203
006795822 康保县志/202
013224514 康保县志 1988-2005/202

010230652 康桥镇志/764

鹿

009250936 鹿化志/2292
008381168 鹿邑民俗志/1805
007585444 鹿邑县志/1804
012653230 鹿谷乡志/3249
013793246 鹿苑镇志/897
008450509 鹿城地名志/1022
009245183 鹿城志/2836
010201683 鹿城政协志/1022
013461630 鹿泉市志 1991-2005/133
009397197 鹿泉市政协志/133
012237623 鹿野乡志/3253
009108057 鹿港胜迹志 龙山寺 天后宫 文武庙/3246
008652048 鹿港镇志第1卷 地理篇/3247
008652024 鹿港镇志第2卷 沿革篇/3247
008652030 鹿港镇志第3卷 政事篇/3248
008652010 鹿港镇志第4卷 经济篇/3248
008652008 鹿港镇志第5卷 交通篇/3248
008652034 鹿港镇志第6卷 氏族篇/3248
008652042 鹿港镇志第7卷 教育篇/3248
008652028 鹿港镇志第8卷 宗教篇/3248
008652014 鹿港镇志第9卷 艺文篇/3248
008652036 鹿港镇志第10卷 人物篇/3248
008813361 鹿湾乡志/859
010779158 鹿寨县土地志/2291
011441042 鹿寨县交通志/2291
008665417 鹿寨县军事志/2291
007491018 鹿寨县志/2291
009510586 鹿寨县医药志初稿/2291
013508674 鹿寨县邮电志/2292

章

013940781 章旦乡志/1101
009046533 章丘广播电视志/1423
011312837 章丘卫生志/1424
012663820 章丘公安志 1941-2008/1422
012723502 章丘方言志/1424
012100865 章丘电业志 1958-2008/1423
012545707 章丘市水利志 1986-2008/1423
009881300 章丘市地名志/1424
012816169 章丘市志 1986-2005/1422
012175238 章丘市城市建设综合开发公司志 1984-2004/1423
006806629 章丘县志/1422
009881303 章丘物价志/1423
013606517 章丘教育志 1840-1995/1424
010275941 章丘商志/1423
012052580 章哈剧志/2862

商

009382286 商水县人民医院志 1950-1985/1802
010468914 商水县卫生志 1949-1985/1802
010061581 商水县曲艺音乐集成/1802
007900102 商水县志/1801
012661836 商水县志 1986-2008/1801
009251595 商水县教育志/1801
009413446 商水县教育志续编/1801
010195533 商丘车站站志 1913-1985 征求意见稿/1783
009411508 商丘文化志/1784
013991403 商丘市二轻工业志 1918-1985/1783
013684612 商丘市文化志 1998-2007/1784
011955384 商丘市回民中学校志/1785

013145341 商丘市军事志 前1600-2005 /1782

012877164 商丘市戏曲志/1785

007490429 商丘市志/1781

012722295 商丘市国基建筑安装有限公司志 1968-2008/1783

012722305 商丘市金融志/1784

013731297 商丘市城市建设志/1785

010195524 商丘市科技志 1949-1985/1784

013509366 商丘市第一人民医院志 1912-1999/1785

012722291 商丘市第三人民医院志 1986-2000/1785

013936344 商丘市税务志 1948-1985/1784

013377110 商丘市睢阳区志 1986-2005 /1786

013731307 商丘市睢阳区档案志/1786

013731303 商丘市粮食志/1784

010195520 商丘地区人口计划生育志 /1782

013712507 商丘地区土地志/1782

009382282 商丘地区土地志 永城卷/1786

013706213 商丘地区土地志 民权卷/1787

008427133 商丘地区土地志 夏邑卷/1790

010195521 商丘地区土产果品公司志 1953-1985/1782

012722263 商丘地区广播电视志/1784

010195522 商丘地区卫生志/1785

009813732 商丘地区水利志/1783

012684679 商丘地区计划志/1782

011570254 商丘地区交通志/1783

012722265 商丘地区农业机械志/1783

008388832 商丘地区志 第1卷/1781

009311320 商丘地区志 第2卷 续卷/1781

010252856 商丘地区志 续卷 征求意见稿 /1781

012722279 商丘地区物资志 1950-1985 /1782

013731292 商丘地区供销合作事业志 /1783

008424667 商丘地区金融志/1784

008424785 商丘地区建筑志/1782

010195513 商丘地区经贸志/1784

012684677 商丘地区城乡建设志/1782

010195518 商丘地区科学技术志/1784

010195523 商丘地区畜牧志 初稿/1783

013731295 商丘地区教育志/1785

008989721 商丘地区粮食志/1783

009147355 商丘县人大志/1786

013731313 商丘县人物志 当代卷/1785

010195529 商丘县外贸志 1900-1985 初稿 /1784

007900124 商丘县志/1782

009413806 商丘县医药志 初稿/1785

009413434 商丘县政协志 1956-1997/1782

010195525 商丘县科技志 征求意见稿/1784

007682727 商丘县教育志/1785

008993616 商州市公路交通志/3015

008453791 商州市志/3014

011321408 商州市城关小学校志/3015

008993611 商州市教育志/3015

013706205 商河民政志 1998/1426

013509271 商河县水利志/1426

013509274 商河县水利志 1991-2005/1426

010113091 商河县电业志/1426

007486940 商河县志/1426

010113095 商河县医药志/1427

013684600 商河县林业志/1426

013684599 商河县供电志 1998-2007/1426
013185717 商河县建设志 1975-2011/1426
011441945 商河邮电志 1343-1998/1427
009852696 商河油区志/1426
013684606 商河政协志 1981.8-2008.6/1426
009382276 商城县戏曲志/1794
007900134 商城县志/1794
013863629 商城县志 1978-2005/1794
011325429 商城县教育志征求意见稿/1794
007477982 商南县志/3017
013320952 商南县高级中学志 1941-2009/3017
009313211 商南县粮食志/3017
013776464 商贸流通志 1986-2005/2389
013684609 商洛市道教志/3013
011294271 商洛地区人事劳动志/3013
008993623 商洛地区广播电视志/3014
008866648 商洛地区水利志/3014
008487102 商洛地区交通志/3014
010113618 商洛地区志/3013
007518532 商洛地区档案志/3014
009840231 商洛地区教育志/3014
009411667 商洛供电志/3014
011321135 商都县志/438
010294074 商都县志评审稿/438

旌

010252918 旌德卫生志/1190
008663039 旌德县地名录/1190
007905737 旌德县志/1190
012097639 旌德县志 1978-2003/1190

望

012140417 望庄镇志/1472
013706853 望江县电力志 1929-2010/1157

007986606 望江县志/1157
013959457 望江县志 1988-2005/1157
005397390 望江楼志/2428
010222125 望城县农业志/1989
007425708 望城县志/1989
011066425 望城县志 1988-2002/1989
008538692 望城县志修改稿/1989
012956070 望城县教育志/1989
010279904 望奎县后三乡正蓝前二村志/716
003807881 望奎县志/716
013731952 望奎县志 1986-2005/716
008445183 望奎县粮食志 1915-1985/717
008385284 望奎糖厂志/717
009786621 望亭发电厂志/882
012543058 望亭发电厂志 1989-2005/882
011321168 望亭镇志/889
008533714 望都县地名资料汇编/194
008534441 望都县志/194
010577385 望都县志送审稿/194
013660372 望格庄村志/1502
008950036 望谟县志/2688

阎

009688232 阎庄镇志/1554
009046100 阎良区志/2948

盖

011804339 盖州市志/544
012503963 盖州市金融志/544
012503956 盖州教育志/544
013335251 盖县畜禽疫病志 1949-1989/544
011473012 盖县教育志/544
012503942 盖家沟村志/1420

清

013731089 清丰名人志/1747

004102674 清丰县志/1747

008992718 清水县志/3051

013601964 清水县畜牧志 初稿/3051

010195241 清水岩志/1254

012252350 清水河方言志/3051

008864745 清水河县志/386

009618580 清水河县志 送审稿/386

012893185 清水驿乡志/3042

012252356 清永陵志/527

007464404 [清华大学]人物志/32

011477174 清华大学工会志 1950-2000/12

008729380 清华大学志/29

008844879 清华水泥厂志/323

008758543 清华园风物志/29

009378158 清华园风物志 清华大学新清华特辑/29

008429259 清江县金融志 1870-1985/1359

009386212 清江县政协志/1358

011499601 清远市中级人民法院志 1989-1998.6/2234

008665175 清远市地名志/2235

013684200 清远市志 1988-2003/2234

013794848 清远市清城区志/2235

013863580 清远县土地改革志/2234

009379581 清远县文物志/2235

007987743 清远县志/2234

007414945 清远温氏族志略/2234

008593809 清苑县土地志/190

008593732 清苑县水利志/190

008533706 清苑县地名资料汇编/190

004018784 清苑县志/190

013898974 清苑县志/190

012877134 清河区戏曲志/921

009154199 清河区志/921

009243648 清河水库志 1958-1995/561

013991357 清河发电厂志 第1卷 1966-1985/559

009790846 清河发电厂志 第2卷 1986-1999/560

008812553 清河村志/1420

010108705 清河县水利志/179

008593728 清河县电力志/179

008533818 清河县地名资料汇编/180

009020830 清河县羊绒志/179

006350796 清河县志/179

013377025 清河县志 1979-2005/179

008983086 清河县邮电志/180

009116242 清河县财政志/180

014049945 清河县金融志/180

013753789 清河县育才小学校志/180

010108709 清河县造纸厂志/179

012969463 清城村志/282

012140237 清泰街志/984

012969468 清原公安志 1945-2008/527

005331602 清原县志/527

011499598 清原林业志/527

013320921 清原林业志 第3集 2001-2010/527

009675748 清原朝鲜族志/527

010779049 清原满族自治县志 1986-2000/527

008637700 清徐县志/267

012766427 清徐县政协志/267

012899347 清徐县教育志/267

012899343 清徐法院志/267

010577531 清凉峰自然保护区志/1002

012140226 清流名产志/1240

008385537 清流县人民代表大会志/1240

008923628 清流县地名录/1240

007479144 清流县志/1239

009389580 清流县林业志/1240

010195235 清流县政协志/1240

012208122 清涧县军事志 前639-2005/3008

008844006 清涧县志/3008

009745111 清湖镇志/1078

013597650 清新县志 1988-2005/2235

009673104 清源山志/1247

008991881 清溪中心卫生院志 1986-1999 /2529

008991886 清溪初级中学校志 1969-2000 /2529

009336910 清溪镇中心小学志 1904-2000 /2528

013377032 清镇市人大志 1950-2011/2639

013225608 清镇市人口和计划生育志 /2639

013775167 清镇市交通志/2639

009336275 清镇市财政志/2639

013184634 清镇市政协志 1983.3-2008.3 /2639

010108638 清镇市教育志/2639

009380841 清镇发电厂志 1958-1997/2639

013775168 清镇县民族志/2640

002988787 清镇县志/2639

鸿

008421977 鸿化厂志/2452

011995789 鸿化志 1988.1-2006.6/2452

011312735 鸿园村志/1439

淇

009797053 淇县土地志/1720

008666801 淇县土地志送审稿/1720

008006143 淇县志/1720

淅

009839624 淅川县工业志/1778

009413860 淅川县戏曲志/1778

007060785 淅川县志/1777

010239122 淅川县财政志/1778

008987913 淅川县畜牧场志/1778

009251598 淅川县移民志/1778

007478007 淅川县简志 1986-1992/1777

009814203 淅川金融志/1778

008416689 淅川烟草志/1778

008990593 淅河志/1943

淞

011477218 淞南镇志/758

涿

010153063 涿州文物志/187

008593855 涿州市土地志/187

008192176 涿州市水利志/187

008844918 涿州市公安志/186

007976498 涿州市地名志/187

007790999 涿州志/186

008906314 涿州志送审稿/186

008906318 涿州志送审稿 六校/186

007843372 涿州教育志/187

008094520 涿州商业志/187

012612863 涿鹿风土人物志/208

008983043 涿鹿县工商行政管理志/207

012903647 涿鹿县土地志/207

008377722 涿鹿县卫生志/208

009699448 涿鹿县水务志/207

008848155 涿鹿县文体旅游志/207
012636496 涿鹿县电力志 1939.6-2005.12 /207
008983038 涿鹿县民政志/207
008533870 涿鹿县地名资料汇编/208
008377732 涿鹿县交通志/207
007290012 涿鹿县志 第1卷/206
008983032 涿鹿县志 第2卷 续修版/206
009472348 涿鹿县林业志/207
008379958 涿鹿县房地产志/207
009472350 涿鹿县烟草志/207
008469031 涿鹿县教育志 1902-1985/207
008379948 涿鹿县粮食志/207

渠

013684584 渠口农场志/3142
008429508 渠江志/2411
013731136 渠县天然气公司志 1986-2007 /2565
013958944 渠县中学志 1917-1996/2565
012208124 渠县军事志 1911-2005/2564
012969497 渠县农村信用合作社志 1986-2005/2565
007358346 渠县志/2564
012814166 渠县志 1986-2005/2564
012969490 渠县财政志/2565
012969484 渠县财政局志 1986-2005/2565
013731135 渠县国土志 1911-1997/2565
013958942 渠县政协志 1950-1987/2564

淠

012051765 淠史杭灌溉工程志/1178

渑

011998236 渑池县水务志/1764
008666364 渑池县地名简志/1764

010151452 渑池县志 1986-2000/1764
007226408 渑池县志 第1卷/1764
010476502 渑池县志 第2卷 1986-2000/1764
012542905 渑池县财政志 内部资料/1764
013731363 渑池县金融志/1764
013731366 渑池县商业志/1764
013342539 渑池政协志 1984-2007/1764

淮

010686947 淮化志 1957-1988/1139
009683237 淮北市公路志/1147
009001285 淮北市交通志/1147
010292974 淮北市农业志/1146
008451014 淮北市志/1145
013335402 淮北市政协志 1966-1991/1146
013415282 淮北发电厂志/1146
013531020 淮北矿工总医院志/1147
012718975 淮北矿业志 1987-2007/1146
011580065 淮北矿业勘探工程公司志 /1146
012251120 淮北供电志 1993-2005/1146
009008712 淮北选煤厂志/1146
013792391 淮安市电力工业志 1988-2004 /920
008196388 淮安市志/920
013772854 淮安市供销合作社志/920
013957652 淮安盐业志/920
011432775 淮安税务志/920
009332588 淮阳一中志/1803
012638896 淮阳县人大志/1803
012680166 淮阳县人物志/1804
011890897 淮阳县卫生志 1983-2002/1804
009332587 淮阳县回族志/1804
006795903 淮阳县志/1803

012049509 淮阳县畜牧志 /1803
013820267 淮阴区电力工业志 1988-2004 /922
009385238 淮阴公安志 /922
012872523 淮阴文化艺术志 /921
012872530 淮阴文物志 /921
013335403 淮阴电力工业志 /920
013374033 淮阴市卫生志 /921
010253135 淮阴市水利志 /921
007705579 淮阴市志 /920
010779085 淮阴市财政志 /921
010110160 淮阴市金融志 /921
010475746 淮阴市建筑志 /920
008531906 淮阴市城乡建设志 /920
013143980 淮阴发电厂(有限公司)志 1988-2010 /920
012718980 淮阴地方税务志 /921
010293579 淮阴县土地志 /922
010110162 淮阴县水利志 /922
007896680 淮阴县志 /922
008994588 淮阴邮电志 /922
011312206 淮河人文志 /1136
012999148 淮河水道志 1952 初稿 /1136
008838753 淮河志 /1136
010194725 淮河规划志 /1136
009442767 淮河治理与开发志 /1136
009060066 淮河综述志 /1135
013792398 淮河路街道志 1997-2005 /1650
013316287 淮南公路运输志 /1139
008914458 淮南市工商行政管理志 /1139
013688770 淮南市工商行政管理志 1978-2008 /1139
008663545 淮南市水利志 /1139
013143968 淮南市民政志 1949.10-2006.12 /1138
008662908 淮南市地名录 /1140
008450993 淮南市志 /1138
013627793 淮南市志 /1138
013792399 淮南市财政志 1978-2011 /1139
010731798 淮南市政协志 1950.9-2006.6 /1138
014032762 淮南民盟志 /1138
011327180 淮南发电总厂志 1930-1985 /1139
013374031 淮南邮电志 /1139
012139276 淮南供电志 1986-2002 /1139
010254025 淮南建行志 1951-1986 /1139
010007555 淮南煤矿志 /1139
013752460 淮海水泥厂志 /843
012872507 淮海经济区志 /842
007289909 淮滨县志 1951-1983 /1796
013792396 淮滨县志 1984-2005 /1796

渔

010008245 渔沙坦村志 /2149
009335674 渔街志 /2043

淳

012132609 淳化县军事志 前400-2005 /2982
008844011 淳化县志 /2982
013179376 淳化街道志 /821
013141079 淳安卫生志 /1006
013771708 淳安中学志 1929-2009 /1005
009840428 淳安交通志 /1004
013141074 淳安交通志 1994-2008 /1005
010143090 淳安农村金融志 /1005
009688767 淳安县人大志 /1004
008846405 淳安县土地志 /1004
008846411 淳安县公安志 /1004

013626216 淳安县民政志/1004
007378986 淳安县志/1004
013045445 淳安县财政税务志 1986-2007 /1005
013726877 淳安县财税志/1005
009881592 淳安县林业志/1004
012173725 淳安县政协志 1984-2004/1004
012191702 淳安县茧丝绸志 评审稿/1004
012191693 淳安县茶业志/1006
013045476 淳安县教育志/1005
013045474 淳安县第二人民医院志/1005
010143096 淳安县粮食志/1005
012191710 淳安邮电志/1005
009413490 淳溪镇志/828

涪

008429561 涪江志/2411
011472968 涪城区农村合作金融志 1936-2005/2482
011564551 涪城区志 1986-2002/2481
007668426 涪陵市志/2371
009688913 涪陵地区广播电视志/2372
008421986 涪陵地区水利电力志/2371
009387541 涪陵地区民政志/2371
008421258 涪陵地区盐业志/2371
013369826 涪陵交通志 1986-2005/2371
008670016 涪陵县民政局志/2371

淡

009833354 淡水镇志/3238
012809957 淡溪镇志/1025

淀

009348841 淀山湖镇志/899

深

011570261 深圳卫生检疫志/2171
009704619 深圳文物志/2171
012051909 深圳电力工业志 1935-2000 /2169
011066969 深圳市十九镇简志/2168
009020896 深圳市工商物价管理志/2169
009673643 深圳市水务志/2170
010577516 深圳市水利志/2171
012174889 深圳市气象志/2171
012638867 深圳市公安志 1979-2005/2168
013822690 深圳市龙岗区布吉镇志/2174
013731347 深圳市龙岗区志 1993-2003 /2174
008665160 深圳市地名志/2171
012613988 深圳市西乡街道志/2168
011320727 深圳市自来水(集团)有限公司志 1961-2000/2169
009020894 深圳市交通运输志/2170
013067173 深圳市志/2168
010279036 深圳市志 公安志 复审稿/2168
010254023 深圳市志 信息志 1984-2000/2168
009804680 深圳市劳动和社会保障志/2169
009553694 深圳市邮电志/2170
009399399 深圳市社会保险志/2170
013936362 深圳市罗湖区志/2172
011477200 深圳市审计志/2169
009864111 深圳市城市建设志/2169
013795389 深圳市南山区志/2172
013706288 深圳市南山区蛇口街道志 补充核实稿/2172
013096366 深圳市盐田区志 1998-2005 /2174
013936358 深圳市福田区志 1979-2003 /2171

012208193 深圳光华印制公司志 1983-2000 /2169

012662266 深圳创新图文志 1978-2009 /2168

013462046 深圳侨务史志/2168

009310896 深圳卷烟厂志/2169

011763453 深圳宝安文物图志/2174

009796928 深圳保税区管理志/2170

010294078 深圳烟草志/2170

010229424 深圳海外装饰工程公司志 1981-1995/2169

011328640 深圳商检志/2170

012725627 深圳植物志/2171

013775239 深州市东四王村志/239

010595932 深坑乡志/3239

012987100 深坑乡志续编/3239

008533446 深县地名资料汇编/239

008338541 深县志/238

008379041 深县邮电志/239

010292548 深县教育志/239

011491203 深沪镇志/1250

008913874 深泽县地名资料汇编/139

007969476 深泽县志/138

010577348 深泽县志修订稿/138

涵

008492547 涵江区志/1234

012819742 涵江区财政志/1234

009839175 涵江医院志/1234

梁

009442076 梁才乡教育志/1597

013129941 梁口村志/222

009700320 梁山志/2999

008255707 梁山县志/1534

009881157 梁山县城乡建设志/1534

010577454 梁山县教育志/1534

008428874 梁平县公路运输管理所志/2390

008422545 梁平县交通史志/2390

008053805 梁平县志/2390

013317867 梁平县志 1986-2005/2390

008421972 梁平县国营邵新煤矿志 1969-1993/2390

010010315 梁平县国营邵新煤矿志 1994-2003/2390

011475276 梁平县道路运输管理志 1996-2005/2390

013705127 梁园区政协志 1956-2011/1785

009002333 梁河县人民代表大会志/2890

013774479 梁河县公安志/2890

006697015 梁河县志/2889

013705126 梁河县志 1978-2005/2889

011329469 梁河县经济综合志/2890

009561850 梁河县教育志/2890

012639794 梁官村志/319

013958739 梁垛镇志/927

012202987 梁家甲村志/3006

010200446 梁家村志/1548

011892046 梁家河村志/2746

淄

008664545 淄川区卫生防疫志/1460

012317839 淄川区卫生志/1460

007900107 淄川区志/1459

011447208 淄川区志 1986-2002/1459

011571611 淄川区财政志/1460

008594529 淄川方言志/1460

008976674 淄城镇志/1451

012141610 淄博人物志/1457
012690290 淄博工务段志 1897-1985/1455
008664541 淄博公路志/1455
006125660 淄博风物志/1457
009962178 淄博文化志 1949-2002/1456
010200714 淄博市人口志/1451
013606727 淄博市工业学校校志 1971-2011/1457
011501621 淄博市工运志/1451
011911539 淄博市工商行政管理志 工作发端-2005/1452
011911543 淄博市卫生志 1840-1985/1457
012839361 淄博市中心医院志/1457
009881306 淄博市水利志/1455
011911546 淄博市公安交通管理志/1451
011957561 淄博市公安志/1451
010113278 淄博市文物志/1457
013736557 淄博市民政志/1452
013776476 淄博市地方税务志 1994-2011/1456
008928812 淄博市地名志/1457
012256693 淄博市自来水公司志/1452
013798873 淄博市军事志 前1101-2005/1452
007426157 淄博市志/1450
011957553 淄博市医药志/1457
009312507 淄博市体育志 1950-2002/1457
008831974 淄博市张店区地名志/1459
013776524 淄博市张店区军事志 1925-2005/1458
009340772 淄博市武术志/1457
011295483 淄博市物价志/1456
011911538 淄博市法院志 初稿/1452
012175606 淄博市审计志 1983-2007/1452

009126045 淄博市建筑志/1455
009126042 淄博市城乡建设志/1452
013798871 淄博市城市信用合作社社志 1986-1996/1456
013736556 淄博市城市客运管理处志 1987-1997/1458
011571605 淄博市科学技术志 1986-2003/1456
012052677 淄博市教育志 1840-1985/1456
009340771 淄博市教育志 1986-2000/1456
011957541 淄博市第五人民医院院志 1966-2006/1457
010577444 淄博市商业志 1840-1985/1456
011763361 淄博市博山区地名志/1461
012003254 淄博市博物馆馆志 1958-2008/1456
009334583 淄博市简志/1450
011480758 淄博市粮食志/1456
011328358 淄博冶金志 1948-1987/1455
013759476 淄博矿业集团公司志 1990-2011/1455
010278540 淄博矿务局志/1455
011957531 淄博矿务局岭子煤矿志 1958-1985/1455
011794442 淄博矿物局技工学校志 1954-1989/1457
011501623 淄博物资志/1452
012690295 淄博供电公司志 2000-2010/1455
012769687 淄博金荣达实业有限公司志 1950-2010/1455
011480756 淄博金融志 1986-2003/1456
013824987 淄博监狱志 1951-2010/1452
012769684 淄博高新技术产业开发区公

安志/1451

009244934 淄博高新技术产业开发区志/1452

011501622 淄博陶瓷志/1455

宿

012208251 宿迁气象志/956

012969676 宿迁风物志/956

007930903 宿迁市志/956

014052863 宿迁市城乡建设志/956

012969694 宿州电力工业志 1916-2005/1172

008914469 宿州市工商行政管理志/1173

005331567 宿州市志/1172

009783893 宿州市医药卫生志/1173

013072536 宿州市桃山集志/1173

011477233 宿州市墉桥区曹村镇简志/1173

012101028 宿州财政志/1172

013939602 宿州宣传志 1949-2009/1171

013510578 宿州税务志 1949-2009/1172

008914396 宿县工商行政管理志/1173

001691246 宿县文化志/1173

009378115 宿县地区公路志/1172

013067295 宿县地区文物志/1172

007132536 宿县地区志/1171

009378138 宿县地区粮食志 1949-1996/1172

007348174 宿县志/1172

013823032 宿县林业志/1172

013959625 宿县教育志/1172

013002617 宿松县志 1978-2002/1157

012613875 宿松县教育志/1157

012836343 宿松金融志 1985-1997/1157

窑

009699436 窑坡村志/174

宋

009164546 宋卢村志/1068

密

006555975 密山县志/681

010251366 密云水库志/72

009250294 密云公路志/71

010577346 密云县水利志/71

008378114 密云县志/71

010730410 密云县园林绿化志/71

009198048 密云县国营林场志/71

008593357 密云县普通教育志/71

012718924 密县一中志/1662

010238979 密县卫生志/1663

011320294 密县戏曲志/1663

005536259 密县志/1661

009413759 密县财政志/1662

009813691 密县金融志/1662

谏

008446224 谏壁发电厂志 1958-1990/943

012049549 谏壁发电厂志 1991-2002/943

逯

013821919 逯家庄村志/337

012174183 逯家寨村志/3099

尉

011311831 尉氏县人大志/1679

012638660 尉氏县卫生志/1679

006933823 尉氏县志/1679

011585054 尉氏县政协志 1959-2001/1679

007659598 尉犁县志/3200

隋

011584995　隋唐五代海南人物志/2346

随

013959394　随州土壤志/1942

008990600　随州市供销合作社志 1980-1985/1941

009382619　随州市城乡建设志 初稿/1941

009853122　随州市烟草志/1941

008453080　随州市第一人民医院人物志/1941

008990605　随州市第一人民医院院志 1950.1-2000.1/1942

008823949　随州志/1941

010195613　随州贸易志/1941

010195609　随州教育志 1869-1990/1941

009864796　随州税务志 1949-1989/1941

013096434　随州道路运输志 1924-2005/1941

009382610　随县人物志 初稿/1943

009382572　随县水利志/1942

009335357　随县邮电志/1942

008990609　随县林业志/1942

009441898　随县金融志 1869-1981/1943

008990608　随县科技志/1943

009382565　随县教育志 1900-1983/1943

隆

009441894　隆中志/1887

011534021　隆化文物志/213

008533936　隆化县地名资料汇编/213

009472334　隆化县志/213

009397063　隆尧县人民代表大会志/176

009411487　隆尧县电力志/176

008533940　隆尧县地名资料汇编/176

008486784　隆尧县志/176

009310399　隆尧县财政志/176

013990915　隆回一中校志 1942-2012/2035

011892133　隆回县卫生志/2035

013990914　隆回县交通志/2035

007672351　隆回县志/2035

010199436　隆回县志 1978-2002/2035

012899129　隆回县教育志 1978-2002/2035

009310256　隆安大事记/2284

010779155　隆安县土地志/2284

005536242　隆安县志/2283

013144584　隆安县志 1986-2006/2284

013688981　隆阳区司法志 1980-2009/2797

012661520　隆阳区政协志/2797

013753536　隆阳区烟草志/2797

013753534　隆林各族自治县土地志/2324

009379916　隆林各族自治县民族志/2324

009061870　隆林各族自治县志/2324

013628084　隆昌一中校志 1903-2003/2518

008486782　隆昌县志/2518

008670629　隆昌县国土志/2518

008670633　隆昌县粮油志/2518

013093126　隆德县中学校志/3139

007990217　隆德县志/3139

009840173　隆德县志 1991-2000/3139

009561101　隆德县邮电志/3139

绩

013926348　绩溪县人民法院志/1189

008914430　绩溪县工商行政管理志/1189

008830561　绩溪县卫生志/1190

012811550　绩溪县地方税务志 1994-2007/1190

008492870　绩溪县志/1189

013704291 绩溪县志/1189
012139292 绩溪县城建志/1190
009767760 绩溪县教育志/1190
009683246 绩溪县税务志/1190

续

012218530 续修头城镇志/3240
012075002 续修台北县志第2卷 土地志/3237
012075029 续修台北县志第3卷 住民志/3237
012075044 续修台北县志第4卷 政事志/3237
012075530 续修台北县志第5卷 社会志/3237
012075540 续修台北县志第6卷 经济志/3237
012075547 续修台北县志第7卷 选举志/3237
012075556 续修台北县志第8卷 文教志/3237
012075570 续修台北县志第9卷 艺文志/3237
010476507 续修西吉县志/3139
009832117 续修花莲县志 自然篇 1982-2001/3253
009832113 续修花莲县志 经济篇 1982-2001/3253
009832124 续修花莲县志 族群篇 1982-2001/3253
012237373 续修草屯镇志 1985-2004/3249
008421359 续修高雄市志/3257
007665520 续修高雄市志第1卷 自然志 地理篇 博物篇/3257

007791008 续修高雄市志第6卷 工务志 公共工程 建筑管理篇/3257
007791025 续修高雄市志第6卷 工务志 都市计画国宅篇/3257
008421353 续修高雄市志第9卷 文化志 艺文 文化事业篇/3257
010591238 续修新竹市志/3254
009900557 续修澎湖县志/3254
011143636 续蒙自县志/2844

绰

009398341 绰尔林业局志 1958-1999/425
012995313 绰源镇志 1901-1999/424

维

012877276 维西县志土地志/2905
013226397 维西傈僳族自治县人民法院志/2905
009818350 维西傈僳族自治县汉语方言志/2905
012766983 维西傈僳族自治县幼儿园志/2905
008539909 维西傈僳族自治县志/2905
012613320 维西傈僳族自治县志 1978-2005/2905
002878189 维吾尔药志/3162
001919986 维吾尔语简志/3159

绵

011312473 绵山志/314
013990954 绵竹市人民检察志 1941-2006/2473
009472788 绵竹市军事志 1911-2003/2473
012832585 绵竹市政协志 1950-2002/2473
008420948 绵竹县农业志/2473
007905714 绵竹县志/2472

011534039 绵竹县志 1985-1996 /2473
013508679 绵竹县城乡建设志 /2473
011441053 绵阳卫生学校志 1958-1990 /2479
013000487 绵阳市人大志 /2475
010201372 绵阳市人事志 /2475
011067724 绵阳市工会志 1927-1985 征求意见稿 二稿 /2475
014047762 绵阳市土种志 /2481
010201330 绵阳市广播电视志 /2479
013337509 绵阳市卫生志 /2481
009561672 绵阳市卫生志 /2481
013774985 绵阳市卫生志 初稿 /2480
008670980 绵阳市乡镇企业志 /2476
012766249 绵阳市水利电力志 /2477
013659631 绵阳市水利电力志 632-1985 /2477
007845521 绵阳市公安志 /2475
009231805 绵阳市文化艺术志 /2479
009554075 绵阳市电力工业志 /2477
007845528 绵阳市电子工业志 /2477
013508678 绵阳市市中区人民代表大会志 /2481
013990953 绵阳市市中区司法志 /2482
013990951 绵阳市市中区检察志 续写修改本 /2482
008670968 绵阳市民族宗教志 /2474
011499424 绵阳市对外经济贸易志 /2478
012955187 绵阳市地方病防治志 /2481
013093127 绵阳市共产党志 征求意见稿 /2475
010201382 绵阳市曲艺志 /2480
008430474 绵阳市自然地理志 /2480
008430343 绵阳市自然地理志 /2480

010201386 绵阳市自然灾害志 /2481
008670956 绵阳市交通志 /2478
010201378 绵阳市农业志 1949-1990 /2476
013066378 绵阳市妇联志 /2475
011499419 绵阳市戏曲志 /2480
010201332 绵阳市纪检志 /2475
013958898 绵阳市技术监督志 /2476
011954710 绵阳市志 1840-2000 /2474
013093135 绵阳市医药志 /2477
010201317 绵阳市(县级)体育志 /2479
011327605 绵阳市邮电志 /2478
008670930 绵阳市财政志 /2479
013337488 绵阳市财政志 1911-1985 /2479
013337506 绵阳市体育志 /2480
011805673 绵阳市冶金工业志 /2480
008429483 绵阳市社会科学志 /2475
010201331 绵阳市环境保护志 /2481
008670934 绵阳市国土志 /2476
008670974 绵阳市物价志 /2478
010201323 绵阳市供销合作志 /2478
007845533 绵阳市金融志 /2479
013066379 绵阳市审计志 /2476
010201365 绵阳市审判志 /2476
013337493 绵阳市建制沿革志 /2480
009962439 绵阳市建筑志 /2477
009387592 绵阳市城乡建设志 /2476
013337594 绵阳市城乡建设志 征求意见稿 /2476
009231806 绵阳市政府志 /2475
013337489 绵阳市档案志 /2479
010201368 绵阳市监察志 /2475
011805656 绵阳市旅游志 /2478
010280120 绵阳市烟草志 /2477
008421732 绵阳市教育志 /2479

008670951 绵阳市检察志/2475

013066363 绵阳市第一纺织厂志 1966.10-1985.12/2477

013066366 绵阳市涪城区人民代表大会志 1993-2003/2481

012873304 绵阳市涪城区人民政协志/2481

013730284 绵阳市涪城区教育文化体育志 1990-2007/2482

008670972 绵阳市税务志/2479

013933213 绵阳市税务志 1912-1985/2482

012614110 绵阳市游仙区志 1992-2005/2482

010201373 绵阳市粮油志/2478

013337495 绵阳市粮食志 1911-1985/2476

013601813 绵阳市煤炭工业志/2477

010201305 绵阳交通稽征志/2478

008670981 绵阳(县级)市志/2474

009232140 绵阳图书发行志 1880-1985/2479

013337513 绵阳物资配套承包供应公司志 初稿/2476

010476407 绵阳卷烟厂志/2477

008670964 绵阳科技志/2479

009231809 绵阳盐业志/2477

013224679 绵阳航务志/2478

010201384 绵阳站站志 1953-1990/2478

绿

012203021 绿东村街道志 1959-1988/1648

011516170 绿岛乡志/3253

005559157 绿春县志/2851

013066328 绿春县政协志 1961-2001/2851

013282598 绿景村志/992

巢

013687135 巢家志/1126

011066921 巢湖市二中校志 1947-1997/1126

007486937 巢湖市志/1126

011890479 巢湖市居巢区志 1986-2005/1126

008914405 巢湖地区工商行政管理志/1126

007493541 巢湖地区简志/1126

008067440 巢湖志/1126

012967422 巢湖监狱志 1986-2006/1126

十二画

琴

013731063 琴湖村志/893

琳

010110606 琳池垦殖场志/1337

琼

013601965 琼山县工业志/2350

013629485 琼山县水利志/2350

013629484 琼山县农业志/2350

008476193 琼山县志/2350

013629482 琼山县林业志/2350

012661759 琼山法院志/2350

007588015 琼中县志/2355

008835492 琼中县财政税务志/2355
010201422 琼结县文物志/2916
012814165 琼结县志/2916
013096217 琼海市土地志/2351
007443555 琼海县志/2351

塔

011998351 塔什库尔干塔吉克自治县志/3187
009961983 塔尔寺维修志/3099
013096515 塔寺村志/318
001921253 塔吉克语简志/3188
007984042 塔里木石油志/3227
008994791 塔里木灌区水利管理处志/3227
010243574 塔河县志/721
010473870 塔河教育志/721
008094773 塔城市土地志/3215
009414938 塔城地区电力工业志 1936-2000/3214
008838602 塔城地区民政志 1945-1985/3214
008010439 塔城地区志/3214
009117757 塔城地区邮电志/3214
009411802 塔城地区财政志/3214
008838597 塔城地区体育志/3214
008838598 塔城地区粮食志/3214
008838604 塔城地区粮食志续集 1987-1998/3214
008051779 塔指油气开发志/3200
001920507 塔塔尔语简志/3160

越

012663812 越西县军事志 1911-2005/2617
007479140 越西县志/2617
013464265 越西县志 1991-2005/2617
012506618 越州教育志/2762
010777092 越秀区劳动志/2146
009864177 越秀区体育志/2146
009863859 越秀区饮食行业志/2146
007682674 越秀区政协志 1956-1990/2145
009379626 越秀区满族志/2146
010252145 越城工会志 1923.5-1994.11/1051
009348112 越溪镇志/887

博

012096404 博山区人大志/1460
009783917 博山区卫生志/1461
013987572 博山区民政志/1460
007350156 博山区志/1460
012889217 博山区志 1986-2002/1460
011943140 博山区教育志 1840-1985/1461
011563747 博中志/2320
011943154 博文校志 1998-2008/1133
008595608 博白当代人物志/2320
012587013 博白当代税务人物志/2320
007057490 博白县志/2319
009673752 博白县邮电志/2320
008665386 博白县林业志/2319
008665385 博白县教育志/2320
008595611 博白县税务志/2320
009042838 博乐市地名图志/3197
006543008 博乐市志/3196
012950469 博尔塔拉卫生志/3196
012191505 博尔塔拉蒙古自治州电力工业志 1957-2002/3196
008598609 博尔塔拉蒙古自治州志/3195
008866486 博尔塔拉蒙古自治州邮电

志/3196
013859409 博尔塔拉蒙古自治州税务志/3196
012995269 博州人大志/3195
013702903 博兴县人大志/1599
013090780 博兴县军事志 1840-2005/1599
007482450 博兴县志/1599
011313037 博兴县政协志/1599
013308924 博克图镇志 1732-2010/424
012871852 博尚镇志/2824
012132471 博罗县人大志/2220
012132473 博罗县水利志/2221
009378310 博罗县文物志/2221
008999264 博罗县志/2220
013220983 博罗县志 1979-2000/2220
007908318 博罗县粮食志/2221
013090776 博爱县丝虫病防治志/1743
009684757 博爱县竹志/1742
009412787 博爱县戏曲志/1742
007482379 博爱县志/1742
013789847 博爱县志 1986-2000/1742
012713895 博爱县政协志 1981-2009/1742
008838914 博野县土地志/197
008593743 博野县水利志/197
008533684 博野县地名资料汇编/197
008069156 博野县志/197
013528640 博野县畜牧志 1949-2009/197
008994795 博湖县土地志/3203
007508933 博湖县志/3202

揭

013659385 揭东县志 1992-2010/2250
008427684 揭西县文物志/2251
007925877 揭西县志/2251

009796925 揭西县志 1979-2003/2251
013897644 揭阳广播电视台志/2249
008431092 揭阳文物志/2249
009863901 揭阳电力工业志/2248
013926396 揭阳市人民医院志 1890-2010/2249
013129740 揭阳市工会志/2248
010008235 揭阳市地名志/2249
011312481 揭阳市交通志/2249
012872993 揭阳市榕城区工会志/2250
006514930 揭阳县卫生志/2249
009310227 揭阳县水利志/2248
012139414 揭阳县文化志/2249
007682709 揭阳县农运志/2248
007132464 揭阳县志/2247
010253032 揭阳县志 1986-1991 续编/2248
010820197 揭阳县志续编 征求意见稿/2248
013774266 揭阳县财政志/2249
007682705 揭阳县林业志/2248
007682702 揭阳县物价志/2249
012251314 揭阳县法院志 1920-1992/2248
012251317 揭阳县政协志/2248
012250983 揭阳县政府志/2248
009378632 揭阳县新亨区志/2248
007682706 揭阳县粮食志/2248

喜

009700563 喜洲镇志/2870
007482457 喜德县志/2616
012877308 喜德县志 1986-2006/2616

彭

005701612 彭山县志/2544
009082541 彭山县志 1986-2000/2544
008671634 彭山县青龙镇志/2545

013730322 彭山县青龙镇第一小学志/2545
008671631 彭山县国土志/2545
010239037 彭山县税务志 1912.1-1985.12/2545
013705547 彭水交通志/2397
008487004 彭水县志/2397
009387607 彭水苗族土家族自治县扶贫开发志/2397
011584767 彭水苗族土家族自治县国家税务志/2397
012208101 彭场镇志/1951
011499498 彭州市政协志/2440
009677849 彭州市烟草志/2441
012174800 彭州国土志 1840-1998/2441
013898895 彭阳县人大志/3140
009266150 彭阳县文物志/3140
009889690 彭阳县军事志/3140
007672884 彭阳县志/3140
013002326 彭阳县志/3140
010577519 彭县二轻工业志/2440
013342331 彭县中学志 1901-1982/2441
013342334 彭县中学志 1901-2001/2441
013629308 彭县地震志/2441
013958918 彭县农业志/2440
007905684 彭县志/2440
009414518 彭县邮电志/2441
012955809 彭县社队企业志/2440
013066908 彭县教育志/2441
013898870 彭县综合经济志/2440
004893305 彭泽县志/1321
012252287 彭泽县志/1321
011066679 彭泽县政协志/1321
009386192 彭泽县科技志/1321

008531948 彭家坪乡志/3041
008973436 彭集镇志/1543
009480429 彭镇镇志/765

联

011762861 联盟村志/2961
010476100 联盟镇志/2742

葫

012872497 葫芦岛市志 政治卷/566
012872502 葫芦岛市志 综合卷/567
012541735 葫芦岛共青团志 1989-2009/567
009790406 葫芦岛锌厂志 1935-1985/567

葛

008846402 葛仙山志/1380
010280444 葛坳乡志/1338
008828304 葛店煤矿志 1955-1998/1786
011442096 葛沽镇志/94
009675304 葛洲坝水力发电厂志/1873
013091074 葛洲坝水泥厂志/1873
011320862 葛家庄村志/286

董

013703002 董杜村志/324
008906145 董浜镇志/892
012967498 董家下庄村志/1438
008423414 董家志/1357
008663562 董铺水库志/1125
012724162 董集乡志/1483

蒋

012251312 蒋庄煤矿志/1466
010143323 蒋巷乡志/1301
012872992 蒋巷镇人物志/1302

韩

012173856 韩氏历史人物志/1334

008994330 韩氏历史发展志/1334

013626554 韩庄发电厂厂志 1956-1986 /1529

008845151 韩城市水利续志 1986-2000 /2985

009024881 韩城市文物志/2985

012872377 韩城市交通志/2985

012898472 韩城市军事志 前654-2005/2985

004715715 韩城市志/2984

013728726 韩城市志 1990-2005/2984

008993641 韩城市邮电志/2985

012541627 韩城市环境保护志 1973-2006 /2985

013819485 韩城市教育志/2985

013819484 韩城财政志/2985

008426904 韩城矿务局志/2985

008379287 韩桥煤矿志 1882-1986/843

012638845 韩家园林业局志/721

朝

008666380 朝川煤矿志 1970-1985/1700

010779068 朝天区志 1986-2005/2493

009310617 朝阳大事记 1949.10-1989.12/563

009310659 朝阳区工会志/49

009145109 朝阳区水利志/50

009557480 朝阳区统计志 1949-1995/49

011496865 朝阳市人大志 1945-1985/563

013751478 朝阳市人民政府志/563

013369245 朝阳市工会志 1986-2005/563

013687144 朝阳市水土保持志/564

010735961 [朝阳市]外贸志 1902-1985 /563

012587080 朝阳市农电志 1958-2008/563

013369248 朝阳市农机志/564

009019556 朝阳市志/562

012173700 朝阳市金融志/563

012679108 朝阳市宗教志/563

013369251 朝阳市科学技术志/564

013923914 朝阳市保险志/564

011578930 朝阳发电厂志/563

013859412 朝阳县交通志续编/565

009334790 朝阳县志/565

010277947 朝阳县粮食志/566

009332598 朝阳林业志/49

009856951 朝阳镇志/914

011320425 朝药志/633

008395423 朝鲜语简志/576

棋

012814106 棋盘镇志/855

植

013074822 植物线虫志/3288

森

009675287 森林工业志/647

椅

011955847 椅掌村志/305

椒

012898996 椒江工会志/1088

008662187 椒江区土地志/1089

010577529 椒江公安志/1089

012639017 椒江电力工业志 1917-2005 /1089

008450278 椒江市电力工业志/1089

008450609 椒江市地名志/1089

011580199 椒江市交通志/1089

008486661 椒江市志/1088

012139355 椒江市政协志/1088

012202937 椒江志附金清港志/1089
011321118 椒江财政志/1089
009480357 椒江教育志/1089
008972327 椒江续志/1088

棉

009379577 棉土窝钨矿志 1959-1985/2165
013706324 棉五厂志/122

惠

013647486 惠水县文化艺术志/2710
007913481 惠水县志/2710
012758975 惠水县教育志/2710
009839190 惠东人物/2221
009337563 惠东县志/2221
013092937 惠民地区卫生志/1595
011501614 [惠民地区]中医药志/1595
013045670 惠民地区公路志/1595
010275925 惠民地区商业志征求意见稿/1595
010010072 惠民县卫生志/1597
013772881 惠民县军事志 1840-2005/1597
007969323 惠民县志/1597
013129725 惠达志 1982-2007/143
002125806 惠州文物志/2219
009310891 惠州市中心人民医院志 1950-1995/2219
008067620 惠州市气象志/2219
011804681 惠州市志/2219
012872562 惠州市林业志/2219
008054963 惠州市城市建设志/2219
013647667 惠州市惠城区志 1988-2002/2220
009250816 惠州华侨志/2219
009552721 惠州志艺文卷/2220

009157962 惠州革命老区志/2219
011890916 惠州铁路公安处处志 1992-1999/2219
005599308 惠安风土志/1253
008116875 惠安县工商行政管理志/1253
011292525 惠安县水利电力志/1253
012202863 惠安县文物志/1253
013861739 惠安县民政志/1252
008663650 惠安县地名录/1253
009836632 惠安县华侨志/1253
011804673 惠安县华侨志稿/1253
013683728 惠安县交通志/1253
011292500 惠安县农业志/1253
009441450 惠安县妇联志/1252
008846570 惠安县志/1252
011292505 惠安县城乡建设志/1253
013092934 惠安县教育志 981-2010/1253
011954341 惠农区志/3132
008640546 惠农县志/3132
012952161 惠农渠志/3129
010293837 惠阳区第一人民医院志/2220
009043203 惠阳县志/2220
013129727 惠阳县教育志/2220
012251143 惠来工会志/2252
009863899 惠来文物志/2252
009024952 惠来县志/2251
012999172 惠来县志 1979-2004/2251
010777315 惠来县政协志/2252
009783002 惠南镇志/764
013772878 惠济人大三十年志/1657
012758973 惠济区政协志 2003-2006/1657

粟

012542943 粟海集团志/325

棘

013772931 棘洪滩街道志 1370.1-2010.12 /1432

012541849 棘洪滩镇志 1370.1-2001.6/1442

厦

012636931 厦门大学中文系系志 1921-2001 /1228

013732408 厦门大学中文系系志厦门大学中文系90周年系庆纪念 1921-2011/1228

011570977 厦门水利志/1227

009145221 厦门文物志/1228

008096714 厦门方言志/1228

011757755 厦门电厂志/1227

011294282 厦门电力工业志/1227

011998570 厦门电力工业志 1991-2004 /1227

011479289 厦门电力工程集团有限公司志 1981-2005/1227

012662516 厦门外事志/1225

012723112 厦门市二轻工业志/1227

012506311 厦门市人民公安志 1949.10-1994.12/1225

011293547 厦门市人民防空志/1226

010303449 厦门市土地志/1226

012723137 厦门市工商行政管理志/1226

011444021 厦门市卫生志/1229

011793075 厦门市计划志/1226

009851141 厦门市地名志/1229

009303992 厦门市志/1225

009173837 厦门市邮电志/1227

014050112 厦门市财政志 1996-2010/1228

009742378 厦门市林业志/1227

013510755 厦门市国土房产志讨论稿/1226

013072681 厦门市国土资源与房产志 1996 -2010/1226

011793072 厦门市房地产志/1226

010138259 厦门市政协志 1950-1998/1225

012052408 厦门市政协志 1950-2006/1225

011327211 厦门市政志/1226

012636926 厦门市科学技术志/1228

011444019 厦门市统一战线志/1225

013792435 厦门市集美区志/1229

013603459 厦门市翔安区志/1231

012956554 厦门市湖里区高殿寨上志 /1229

013096593 厦门市粮食志/1228

012837453 厦门司法行政志/1226

009389536 厦门动植物检疫局志/1229

011585100 厦门地志/1229

003989830 厦门华侨志/1225

011570963 厦门华夏国际电力发展有限公司志 1991-2002/1227

002522810 厦门交通志/1227

008802574 厦门财政志/1228

010007691 厦门佛教志/1225

006100971 厦门金融志/1228

012316912 厦门法院志/1226

010730243 厦门城市建设志/1226

011793086 厦门政法志 1906-1990/1226

008067599 厦门海关志 1684-1989/1228

008451111 厦门商检志/1228

011294333 厦门税务志/1228

009412540 厦门港志/1227

012545427 厦门新闻志/1228

确

011310744 确山县水利志修改稿/1808

011584804 确山县外贸志 1906-1990/1809
009382252 确山县曲艺志/1809
005536239 确山县志/1808
009839622 确山县志 1986-2000/1808
009888898 确山县医药志/1809
013991362 确山县教育体育志 1986-2000/1809

雁

012723361 雁门关志/340
008665704 雁石镇志 续编/1269
010686845 雁北地区矿产资源志/270
009024889 雁塔区志/2947
009337968 雁塔区志 初审稿/2947

雄

009060284 雄县土地志/197
008533712 雄县地名资料汇编/198
007290033 雄县志/197

雅

013939623 雅布赖盐化集团有限公司志/449
010732099 雅布赖盐化有限责任公司志/449
008637246 雅江县志/2604
012141468 雅江县志 1991-2005/2604
008672190 雅安市民政志/2566
013776002 雅安市农业志/2566
008672192 雅安市志/2565
009521037 雅安市志续编 1986-2000/2565
014052881 雅安市雨城区工商联志/2567
012970649 雅安市国税志 1991-2001/2567
010576664 雅安市烟草志/2566
008672172 雅安地区广播电视志/2567
008418417 雅安地区水利电力志/2566

011500775 雅安地区文物志/2567
009313318 雅安地区自然地理志/2567
008672167 雅安地区财政志/2566
008835936 雅安地区林业志/2566
009126081 雅安地区矿产志/2567
008672180 雅安地区图书发行志 1880-1990/2567
008420621 雅安地区物价志/2566
008672177 雅安地区金融志/2567
008835938 雅安地区盐业志/2566
008672185 雅安地区畜牧兽医志/2566
012837546 雅安地区教育志/2567
008418439 雅安地区税务志/2567
008421734 雅安地区概况/2566
012252933 雅瑶镇志/2202

斐

012658413 斐湖村志/1074

紫

007913502 紫云苗族布依族自治县志/2666
010476442 紫云苗族布依族自治县政协志/2666
002988768 紫阳县志/3011
008488416 紫阳县供销合作社志/3012
008844238 紫阳县教育志/3012
008045583 紫阳茶业志/3012
007488672 紫金县志/2231
011571619 紫金县琴江中学校志 1943-1993 初稿/2231
008543214 紫泥泉种羊场志/3224
008708869 紫溪山志/2836

辉

013627954 辉县水利志/1730

013897586 辉县市人民医院志 1949-2009 /1729

013861737 辉县市卫生志 /1729

011996703 辉县市电业志 1950-2003 /1729

013683726 辉县市军事志 /1729

011474536 辉县市农村信用社志 1946-2006 /1729

007900148 辉县市志 /1729

011804649 辉县市志 1989-2002 /1729

013222261 辉县市胡桥乡志 /1729

013415299 辉县教育志 1904-2004 /1729

013897584 辉河村志 /287

009335481 辉南县文物志 /621

010468538 辉南县民政局志 /620

008923438 辉南县地名志 /621

004893180 辉南县志 /620

008829201 辉南县志 1986-1997 /620

011310516 辉南县教育志 清末-1984 /621

010735915 辉南森林经营局志 /620

棠

009379605 棠下村志 /2149

012099965 棠东村志 /2149

008213687 棠浦镇志 /1364

晴

009992688 晴川街志 /1841

008487048 晴隆县志 /2688

013753903 晴隆县财政志 /2688

鼎

012249836 鼎城人大志 /2056

012249832 鼎城区工会志 /2056

013601975 鼎城区志 文艺志 /2056

009853828 鼎城区志 1988-2003 /2056

008453763 鼎湖山志 /2214

晶

009397211 晶牛志 1970-2000 /172

012832243 晶龙志 1996-2008 /177

景

011475233 景东人口与计划生育志 /2817

010243558 景东农业志 /2818

013335440 景东县文化志 /2818

012202962 景东法院志 /2818

012202965 景东检察志 1955-1999 /2818

012680293 景东税务国税志 /2818

012049639 景东彝族自治县人民医院院志 1938-2000 /2819

013752694 景东彝族自治县土地志 /2818

013093066 景东彝族自治县工商行政管理志 /2818

012954947 景东彝族自治县水利志 /2819

012899003 景东彝族自治县文井镇志 /2817

008486701 景东彝族自治县志 /2817

013531116 景东彝族自治县城乡建设志 /2818

012174084 景东彝族自治县政协志 /2818

012097654 景东彝族自治县教育志 /2818

013730137 景东彝族自治县锦屏镇志 /2817

013990885 景宁畲族自治县水利志 讨论稿 /1106

008450934 景宁畲族自治县地名志 /1106

008446587 景宁畲族自治县交通志 /1106

008486704 景宁畲族自治县志 /1106

011324996 景县土壤志 /242

008533807 景县地名资料汇编 /242

011320298 景县交通志 /241

008818734 景县志 /241
011996813 景县志 1986-2003/241
008378931 景县邮电志 /242
013704390 景县教育志 /242
013897676 景谷林业志 /2819
012762136 景谷政协志 1984-2007/2819
006562131 景谷傣族彝族自治县志 /2819
013897674 景谷傣族彝族自治县志 1978-2008/2819
010475766 景谷傣族彝族自治县邮电志 1732-1994/2819
011294827 景洪市卫生志 /2863
012639190 景洪县人民代表大会志 1950-1993/2863
008629279 景洪县志 /2863
008645293 景泰县志 /3048
010108280 景泰县志 1991-2000/3048
001920331 景颇族语言简志（载瓦语） /2887
001690831 景颇族语言简志（景颇语） /2887
011566160 景德镇市工商行政管理志 1903-1986/1304
012719128 景德镇市文化志至 1990/1305
008300138 景德镇市交通志 /1305
008486693 景德镇市志略 /1304
013531110 景德镇市报业志 /1305
008300115 景德镇市劳动人事志 /1305
010200260 景德镇市邮电志 /1305
013659394 景德镇市城乡建设志 /1305
008390695 景德镇市政协志 /1304
012680286 景德镇市珠山区志 1970-2003/1306
009386103 景德镇市教育志 /1306

013531112 景德镇市商业志 /1305
008300112 景德镇发电厂志 1969-1987 /1305
013508489 景德镇发电厂志续编 1988-1997 /1305
013659392 景德镇光明瓷厂志 /1305

蛟

013792536 蛟河工会志 /607
011328451 蛟河市土地志 /607
010730479 蛟河市志 1989-2003/607
013374440 蛟河市粮食志 /608
010469067 蛟河发电厂志 1937-1985/608
009385055 蛟河县文物志 /608
007486855 蛟河县志 /607
013183663 蛟河县林业志 /608
011067786 蛟河物资志 /607
013659378 蛟河煤矿志 1877-1987/608

喀

012661380 喀什市人民代表大会志 /3185
009062139 喀什市志 /3185
009442683 喀什地区志 /3184
013774300 喀什地区邮电志 /3185
012832263 喀什地区第一人民医院院志 1990-2003/3185
008482748 喀什地区税务志 /3185
013374456 喀左县交通志 /566
013374459 喀左县交通志 1986-2005/566
010779183 喀纳斯志 /3220
009009852 喀喇沁左翼蒙古族自治县志 /566
007685891 喀喇沁旗水利志 /406
008864750 喀喇沁旗地名志 /406
008594425 喀喇沁旗志 /406

013183728 喀喇沁旗财政志 1644-1990 /406
010278934 喀喇沁旗金融志 /406

嵯

013221067 嵯岗镇志 /427

赋

011594602 赋石水库志 /1047

淼

010475817 淼泉镇志 /893

黑

013222182 黑山工商联志 1950-2010 /541
013704224 黑山县卫生志 1854-1985 /541
013647583 黑山县水利志 /541
007490994 黑山县志 /540
012872466 黑山县教育志 1902-1985 /541
012872468 黑山县教育志 1986-2000 /541
013222222 黑山政协志 1961-2008 /541
007479109 黑水县志 /2598
012967637 黑水县志 1989-2005 /2598
012265026 黑龙关镇志 /355
007508881 黑龙江古代简志 /645
011804504 黑龙江幼儿师范高等专科学校校志 1906-2007 /706
007793041 黑龙江名菜志 /650
009839631 黑龙江冰雪文化图志 /648
009348703 黑龙江农作物品种志 /649
009560797 黑龙江农垦工会志 1949-1988 /646
008436897 黑龙江农垦分行行志 /647
008383955 黑龙江农垦地名录 /649
013507926 黑龙江纪律检查志 /646
013926305 黑龙江矿业学院志 1947-1987 /680
010195541 黑龙江金笔厂厂志 1953-1982 /669
011564903 黑龙江建设银行志 /647
009335549 黑龙江政府志 /646
013092891 黑龙江树木志 /649
012898570 黑龙江省人大政协会议图志 2011 /646
008446182 黑龙江省大庆市地名录 /690
008445305 黑龙江省大兴安岭地区地名录 /720
009227298 黑龙江省大兴安岭地区呼中区地名志 /721
008661394 黑龙江省卫生防疫站志 1954-1985 /659
011564906 黑龙江省艺术史志集成资料汇编 /648
009310490 黑龙江省木兰县水利志 /667
008446121 黑龙江省木兰县地名录 /667
009382396 黑龙江省五金矿产机械进出口贸易志 /657
008445323 黑龙江省五常县地名录 /665
009814596 黑龙江省区域地质志 /649
009240682 黑龙江省友谊糖厂志 1952-1992 /685
011497749 黑龙江省中医研究院院志 /659
009853058 黑龙江省中药志 /649
008378571 黑龙江省化轻公司志 1962-1985 /653
008446115 黑龙江省方正县地名录 /665
009879591 黑龙江省火电一公司志 1959-1985 /656
011580083 [黑龙江省]火电三公司志 /660
012811426 黑龙江省计划生育志 地市篇

1986-2005/646

008445247 黑龙江省巴彦县地名录/666

008446118 黑龙江省双城县地名录/663

008445304 黑龙江省双鸭山市地名录/685

008445272 黑龙江省甘南县地名录/678

008446152 黑龙江省龙江县地名录/676

008445288 黑龙江省东宁县地名录/709

008445265 黑龙江省北安市地名录/711

011432709 黑龙江省北安监狱志 1948-2005/711

011804500 黑龙江省电力工业志 1986-2002/647

008378068 黑龙江省电力建设公司志 1949.5-1958.12/656

008445125 黑龙江省鸟类志/649

008446162 黑龙江省宁安县地名录/708

008379234 黑龙江省地质矿产局第一水文地质工程地质大队志 1956-1986/655

009685660 黑龙江省地震监测志/649

010140729 黑龙江省西林钢铁厂志 1966-1984/695

008383949 黑龙江省同江粮食志/701

008446151 黑龙江省延寿县地名录/668

008446167 黑龙江省伊春市地名录/694

008923480 黑龙江省庆安县地名录/717

008445260 黑龙江省齐齐哈尔市地名录/673

010290695 黑龙江省齐齐哈尔糖厂志/669

009411580 黑龙江省农业科学院水稻研究所志 1949-1999/700

008378069 黑龙江省农村金融志/647

009743741 黑龙江省农垦科学院志 1979-1988/653

010592492 黑龙江省农垦科学院志 1989-1999/653

013728795 黑龙江省农垦总局驻北京联络处志 1989-1998/647

008446161 黑龙江省孙吴县地名录/713

008378080 黑龙江省防空志/646

011762108 黑龙江省志/639

008377831 黑龙江省志人民代表大会志/639

010290631 黑龙江省志大事记 送审稿/639

011295506 黑龙江省志共产党志 1986-2000/639

009265750 黑龙江省志武警志/639

008445094 黑龙江省志第1卷 总述/639

008486587 黑龙江省志第2卷 大事记/639

008377843 黑龙江省志第3卷 地理志/639

008686722 黑龙江省志第4卷 地质矿产志/640

009310502 黑龙江省志第5卷 气象志 地震志/640

008661841 黑龙江省志第6卷 经济综志/640

006466639 黑龙江省志第7卷 农业志/640

008486585 黑龙江省志第8卷 土地志/640

006135393 黑龙江省志第9卷 水利志/640

005536256 黑龙江省志第10卷 畜牧志/640

007793012 黑龙江省志第11卷 水产志/640

008661844 黑龙江省志第12卷 林业志/640

007514053 黑龙江省志第13卷 农机志/640

004516421 黑龙江省志第14卷 国营农场志/640

005536257 黑龙江省志第15卷 煤炭志/640

003801175 黑龙江省志第16卷 石油工业志/640

008086720 黑龙江省志第17卷 电力工业志/641

004516422 黑龙江省志第18卷 铁路志/641

008488486 黑龙江省志第19卷 交通志/641

008191625 黑龙江省志第20卷 邮电志/641

007806614 黑龙江省志第21卷 冶金志/641

007588035 黑龙江省志第22卷 黄金志/641

008645984 黑龙江省志第23卷 机械工业志/641

008645989 黑龙江省志第24卷 电子工业志/641

008645897 黑龙江省志第25卷 化学工业志/641

008645990 黑龙江省志第26卷 轻工业志/641

006802894 黑龙江省志第27卷 烟草志 纺织志/641

008645879 黑龙江省志第28卷 手工业志/641

008645900 黑龙江省志第29卷 建设志/641

008645902 黑龙江省志第30卷 建材工业志/642

007792976 黑龙江省志第31卷 测绘志/642

007902340 黑龙江省志第32卷 金融志/642

003801408 黑龙江省志第33卷 财政志/642

008377838 黑龙江省志第34卷 对外经济贸易志/642

008380028 黑龙江省志第35卷 商业志/642

008645893 黑龙江省志第36卷 供销合作社志/642

008645889 黑龙江省志第37卷 乡镇企业志/642

008191622 黑龙江省志第38卷 粮食志/642

006135438 黑龙江省志第39卷 物资志/642

006466638 黑龙江省志第40卷 审计志 标准计量志/642

008191620 黑龙江省志第41卷 工商行政管理志/642

006871593 黑龙江省志第42卷 物价志/642

008645987 黑龙江省志第43卷 环境保护志/643

008645881 黑龙江省志第44卷 科学技术志/643

007728285 黑龙江省志第45卷 教育志/643

008645916 黑龙江省志第46卷 文学艺术志/643

007589130 黑龙江省志第47卷 卫生志/643

008445105 黑龙江省志第48卷 医药志/643

007931033 黑龙江省志第49卷 体育志/643

005794257 黑龙江省志第50卷 报业志/643

007515165 黑龙江省志第51卷 广播电视志/643

007806615 黑龙江省志第52卷 出版志/643

006135439 黑龙江省志第53卷 文物志/643

007728289 黑龙江省志第54卷 档案志/643

008445108 黑龙江省志第55卷 宗教志/643

008377850 黑龙江省志第56卷 民族志/644

007585917 黑龙江省志第57卷 人口志/644

008645975 黑龙江省志第58卷 方言民俗志/644

008645981 黑龙江省志第59卷 旅游志 侨务志/644

008645903 黑龙江省志第60卷 政权志/644

008486583 黑龙江省志第61卷 政协志/644

005794258 黑龙江省志第62卷 民政志/644

008645894 黑龙江省志第63卷 公安志/644

008445101 黑龙江省志第64卷 统计志/644

008486584 黑龙江省志第65卷 司法行政

志/644

008686730 黑龙江省志第66卷 军事志/644

006466637 黑龙江省志第67卷 人事编制志/644

007588034 黑龙江省志第68卷 劳动志/644

007902370 黑龙江省志第69卷 外事志/645

007792990 黑龙江省志第70卷 共产党志/645

008445097 黑龙江省志第71卷 民主党派 工商联志/645

008445102 黑龙江省志第72卷 工会志/645

008445112 黑龙江省志第73卷 共青团志/645

008191621 黑龙江省志第74卷 妇联志/645

008645882 黑龙江省志第75卷 科学文化团体志/645

008445114 黑龙江省志第76卷 人物志/645

008445064 黑龙江省志第77卷 出版图书期刊总目/645

008377874 黑龙江省志第78卷 地名录/645

008445322 黑龙江省克东县地名录/678

008445244 黑龙江省杜尔伯特蒙古族自治县地名录/693

011954224 黑龙江省两栖爬行动物志/649

008378076 黑龙江省医疗器械工业志/647

007832578 黑龙江省邮电工会志/646

008445119 黑龙江省邮政储汇局志/681

008446169 黑龙江省牡丹江市地名录/706

012505171 黑龙江省牡丹江监狱志 1969-2005/704

008661384 黑龙江省迎春机械厂史志 1949-1984/681

008446120 黑龙江省鸡东县地名录/682

008446159 黑龙江省青冈县地名录/717

011762071 黑龙江省林业卫生学校志/700

009560806 黑龙江省林业公安志 1949-2000/646

008446127 黑龙江省林甸县地名录/693

008446156 黑龙江省尚志县地名录/664

013957436 黑龙江省国土资源勘察规划院院志/653

008446126 黑龙江省明水县地名录/718

008446123 黑龙江省呼兰县地名录/662

009348710 黑龙江省佳木斯医药采购供应站志/700

008445276 黑龙江省依安县地名录/676

009241059 黑龙江省金属材料公司志 1950-1985/653

009553740 黑龙江省建设志/647

013926309 黑龙江省建筑设计院志 1954-1985/659

010730017 黑龙江省药用动物志/649

012871814 黑龙江省哈尔滨市巴彦县志 1986-2005/666

008445258 黑龙江省哈尔滨市地名录/658

010292247 黑龙江省哈尔滨糖厂志/656

008923486 黑龙江省拜泉县地名录/679

008446145 黑龙江省饶河县地名录/686

008377616 黑龙江省送变电工程公司志/656

008446132 黑龙江省逊克县地名录/713

011294615 黑龙江省统计学会志 1990.6-2000.10/645

008445282 黑龙江省泰来县地名录/677

008446139 黑龙江省桦川县地名录/702

008446129 黑龙江省铁力县地名录/697

008487292 黑龙江省铁力林业局志 1914.1-1985.12/696

008445206 黑龙江省铁骊火柴厂志/697

010109178 黑龙江省烟草志/647

009743845 黑龙江省烟草物资公司志/656

009743850 黑龙江省烟草卷烟销售公司志/657

009743842 黑龙江省烟草科学研究所志/707

009743810 黑龙江省烟草通志/647

008446135 黑龙江省海伦县地名录/716

008445299 黑龙江省海林县地名录/708

008445286 黑龙江省宾县地名录/666

008445328 黑龙江省通河县地名录/668

010292784 黑龙江省绥化一中校志/714

012252608 黑龙江省绥化市第一医院院志 1939-1999/714

008446133 黑龙江省绥化县地名录/714

008446107 黑龙江省绥棱县地名录/718

008446143 黑龙江省萝北县地名录/683

008445314 黑龙江省望奎县地名录/717

001718813 黑龙江省兽类志/649

008445269 黑龙江省密山县地名录/681

009675284 黑龙江省森林工业木材生产志/647

008383966 黑龙江省森林工业总局森林资源调查管理局志/653

011890829 黑龙江省森林工业教育志/648

012758950 黑龙江省森林与环境科学研究院志研究所时期 1962-2004/660

011954231 黑龙江省森林植物园园志 1958-2007/658

008445307 黑龙江省黑河市地名录/710

008446110 黑龙江省集贤县地名录/685

008445296 黑龙江省富裕县地名录/678

009240672 黑龙江省粮油食品进出口集团佳木斯公司志 1976-1993/700

008446141 黑龙江省肇东县地名录/716

008379331 黑龙江省肇东粮库志/715

008446158 黑龙江省肇州县地名录/692

008446165 黑龙江省德都县地名录/712

008446178 黑龙江省鹤岗市地名录/683

008446114 黑龙江省穆棱县地名录/709

011890837 黑龙江统计志 1986-2005/646

012049457 黑龙江旅游景区志/645

013728784 黑龙江检验检疫志/649

011564898 黑龙江检察志/646

011995744 黑龙江朝鲜民族出版社社志 1976-2001/706

009768587 黑龙江植物资源志/649

008913747 黑龙滩水库志/2544

012541985 黑林铺镇志/2746

011890846 黑旺铁矿志 1958-1985/1556

013129126 黑河市政协志/710

009743780 黑河市烟草志/710

007731479 黑河地区志/709

008661855 黑河地区财政志/710

009382408 黑河地区简志 1945-1949/709

011564892 黑河烟草志 1983-1998/710

008983448 黑河海关志 1909-1998/710

铺

008596055 铺门镇志/2325

犍

009106267 犍为报志 1991.12-2001.8/2527

008991927 犍为县人大志 1909-1998/2525

012999203 犍为县人口和计划生育志 1986-2005/2525

008991877 犍为县人民医院志 1985-2000/2529

008991947 犍为县人寿保险志 1949-1999/2527

009231546 犍为县工会志续编 1988-1999/2525

008991854 犍为县工商管理志 1986-1999/2526

008670096 犍为县大事记略/2524

008991842 犍为县卫生局志 1985-1999/2529

008991855 犍为县乡镇企业志 1986-1999/2526

009106223 犍为县中医院志 1949-1999/2529

008991826 犍为县水利志 1986-1999/2526

008991835 犍为县文体旅游志 1986-2000/2527

008991861 犍为县地方税务志 1994-2000/2527

009231672 犍为县自来水厂志续编 1992-1999/2526

008991839 犍为县交通志 1986-2000/2526

008991868 犍为县军事志续编 1986-1999/2526

008991934 犍为县农业志 1992-2000/2526

008991848 犍为县农机志 1986-2000/2530

008991884 犍为县农村信用合作社志 1938-1999/2527

014032886 犍为县农村信用合作社志 2000-2008/2527

012967953 [犍为县]纪检监察志 1951-1999/2525

004436158 犍为县志/2524

009511346 犍为县志 1986-2000/2524

009336976 犍为县财政志 1986-2000/2527

008991926 犍为县林业志 1986-2000/2526

008991864 犍为县国土志/2529

012967969 犍为县建材工业志 1985-2002/2526

009799350 犍为县政协志/2525

008991851 犍为县信访志 1979-1999/2525

009229943 犍为县敖家小学校志 1911-2000/2528

008991845 犍为县畜牧志 1987-1999/2526

012967976 犍为县教师进修学校志 1962-2002/2529

009231556 犍为县检察志续编 1986-1999/2525

009231587 犍为县塘坝初级中学校志 2000/2528

008991888 犍为县新城幼儿园志 1953-2000/2527

009336905 犍为县粮油志 1985-2000/2527

008991928 犍为县煤业志 1408-1999/2526

008991945 犍为县榨鼓中心小学校志/2528

009231547 犍为国税志 1986-1999/2527

009106261 犍为第二中学校志 1958-2000/2528

鹅

012898369 鹅岭乡志/1346

程

011979654 程家山乡志/290

011472203 程潮铁矿志/1893

策

012208392 策勒县地名图志/3189

009890533 策勒县志/3189

010146798 策勒县志征求意见稿/3189

傣

001717406 傣语简志/2722

011447171 傣剧志/2887

009388446 傣族风俗志/2723

012898324 傣族文化志/2723

傅

008971415 傅山村志/1458

013647463 傅山村志 2000-2010/1451

傈

008395426 傈僳语简志/2722

007445467 傈僳族风俗志/2723

堡

013859327 堡上村志/320

集

011497849 集宁市志/437

009411389 集团企事业单位部门志汇编/25

010143051 集安市志 1984-2003/619

009338210 集安县文物志/619

008445003 集安县地名志/620

004970728 集安县志/619

012758981 集安建设志/619

013092962 集体经济志 1979-1989/599

007010320 集贤县志/685

008382988 集贤县医药志/685

013957675 集美区侨联志/1229

010588457 集集镇志/3249

焦

008848200 焦山志/945

013508425 焦作工商行政管理志初稿/1734

012680274 焦作中医志/1737

010229484 焦作化工三厂志 1958-1985/1735

013684408 焦作化学工业志/1735

010229472 焦作丹河电厂志 1966-1983/1735

010229477 焦作电厂志 1902-1984/1735

012097588 焦作电厂志 1985-2004/1735

008427135 焦作市土地志/1734

008427128 焦作市土地志博爱卷/1742

010730597 焦作市山阳区志 1986-2000/1739

010229500 焦作市卫生志 1904-1985/1737

010730593 焦作市马村区志 1991-2000/1739

013440999 焦作市马村区政协志 1984.5-2006.5/1739

010730601 焦作市中站区志 1990-2000/1738

009959861 焦作市化工技工学校志 1979-2003/1737

010229503 焦作市文化志征求意见稿/1736

010151284 焦作市文物志/1737

011891869 焦作市行政服务中心建设志 2000.11-2004.6/1734

008421701 焦作市交通志/1736

011439826 焦作市纪检监察志 1950-2002/1734

007900256 焦作市志/1733

009743460 焦作市志 1987-2000/1733

010253993 焦作市志 1987-2000 评审稿/1733

008422387 焦作市冶金建材工业志/1736

009010154 焦作市制动器厂志 1964.10-1984.12/1736

010008572 焦作市郊区志/1739

012139408 焦作市实验中学校志 1954-2004/1736

009348677 焦作市建筑工程志/1735

011439850 焦作市政协志/1734

012719119 焦作市政协志 1949-2006/1734

012759014 焦作市统计志 1949-2000/1734

011310784 焦作市教育志 1898-1985/1736

009808485 焦作市铝厂志 1966-1985/1736

013335418 焦作市第二人民医院志 1965-1985/1737

013958685 焦作市第二人民医院续志 1986-2000/1737

012968091 焦作市第十二中学校志/1736

008422460 焦作市税务志 1898-1986/1736

010730590 焦作市解放区志 1986-2000/1738

012954930 焦作市解放区政协志 1984-2009/1738

008421959 焦作市解放区教育志 1912-1985/1738

010275875 焦作市解放区教育志 1912-1985 征求意见稿/1738

010229495 焦作市群英机械厂志 1961-1982/1736

010229490 焦作机械工业志 1904-1983/1735

011439823 焦作军事工业志 1945-1985/1735

013958683 焦作坚固水泥有限公司志 1958-2006/1735

009413027 焦作园林志/1738

013704377 焦作园林志 2003.9-2011.6/1738

007661156 焦作体育志 1902-1985/1737

009808445 焦作矿山机械厂志 1948-1982/1735

011320339 焦作矿业学院志/1738

012139364 焦作矿务局中央医院志 1986-2000/1737

012139361 焦作矿务局医院志 1948-1985/1737

012505249 焦作建工集团志 1949-2009/1735

009808449 焦作耐火材料一厂志 1953-1983/1735

010195490 焦作植物志/1737

008422398 焦作煤矿志 1898-1985/1735

皖

008830402 皖北资源植物志/1117

012899802 皖西风物志/1177

012266451 皖南医学院弋矶山医院院志 1988-2008/1131

012052484 皖南医学院第二附属医院宣城地区人民医院院志 1949-1999/1187

粤

009250866 粤北山区大型真菌志/2129

009864172 粤西有色稀有金属工业志 1950

-1985/2126

007662468 粤西农垦志/2204

循

008994410 循化撒拉族自治县志/3102

舒

013684649 舒兰车务段志 1934-1985/609

010143059 舒兰市志 1986-2002/609

010143062 舒兰市志 1986-2002 送审稿/609

010473837 舒兰县水利志/609

009334926 舒兰县文物志/609

011580091 舒兰县地名志/609

005696883 舒兰县志/609

011327711 舒兰矿物局志 1958-1985/609

008865082 舒城县工商行政管理志/1179

008663535 舒城县水利志/1180

009310007 舒城县文物志/1180

007291164 舒城县志/1179

013775253 舒城县志 1986-2004/1179

012722377 舒城县政协志/1179

013630044 舒城麻纺织厂厂志 1966-1985 /1179

畲

001920329 畲语简志/1106

002283739 畲族风俗志/1274

番

011431377 番禺人大志/2153

012636911 番禺市志 1992-2000/2153

013956861 番禺市环境保护志 1973-2000 /2155

008523639 番禺百年大事记 1900-1999 /2153

010779074 番禺百年卫生志/2155

006176140 番禺县人物志/2155

007682681 番禺县乡镇企业志/2154

009863727 番禺县文化志/2155

006176125 番禺县文物志/2155

006176127 番禺县书目志/2155

009310225 番禺县地名志/2155

009251862 番禺县交通志/2154

007969436 番禺县志/2153

006176181 番禺县物价志/2154

007682627 番禺县科技志/2155

006176133 番禺县商业志/2154

009251993 番禺县商业志续篇/2154

008665231 番禺县税务志/2154

009405825 番禺县粮食志/2154

008005970 番禺县镇村志/2153

010239111 番禺县糖业志/2154

007662834 番禺金融志/2154

011431388 番禺政协志/2153

009863723 番禺海关志/2154

013703323 番禺检察志/2154

鲁

009382170 鲁山县戏曲志/1706

009887505 鲁山县志征求意见稿/1706

009887483 鲁山县志第二稿/1706

010151367 鲁山商业志/1706

009334576 鲁化厂志 1966-2000/1473

012661562 鲁布革发电总厂厂志 1999-2005 /2767

009994968 鲁抗志/1518

009337943 鲁甸县人民医院院志/2804

008426712 鲁甸县工商行政管理志/2803

013898407 鲁甸县土地志/2803

008426717 鲁甸县卫生志/2804

009890595 鲁甸县少数民族志/2804

008426189 鲁甸县水利志/2803
008426716 鲁甸县交通志/2803
012051685 鲁甸县交通志 1978-2007/2804
011892139 鲁甸县农业志/2803
007819125 鲁甸县志/2803
011805581 鲁甸县财政志/2804
008426230 鲁甸县林业志/2803
008426208 鲁甸县畜牧志/2803
008426235 鲁甸县教育志/2804
008426214 鲁甸县检察志/2803
008426708 鲁甸县粮油志/2804
008420677 鲁班志/1402

颖

012252524 颖上人物志/1171
008488258 颖上县志/1171
012689887 颖上县志 1949-2009/1171
010880715 颖上县志 1989-2003/1171
012613031 颖上县政协志 1980-2009/1171

猴

012999138 猴桥镇志/2798

敦

013128880 敦化市人民代表大会志/634
010110056 敦化市水利志/634
011328490 敦化市地方税务志 1994-2003/634
010473849 敦化市农业机械公司志/634
007902386 敦化市志/633
013703230 敦化市志 1986-2000/633
012679293 敦化市劳动和社会保障志 1949-2008/634
012758794 敦化市医院院志 1947-2002/634
008923353 敦化县地名志/634
010250642 敦化县野生动物简志/634

013703228 敦化林业局志 1958-2008/634
012096652 敦煌人物志/3067
007377964 敦煌方言志/3067
012998915 敦煌地名志/3067
012132705 敦煌志/3067

童

011478688 童亭煤矿志/1146

善

013467155 善华寺志/3052
009252828 善卷镇志/840

普

013225560 普兰县志/2919
009472692 普兰店市土地志/510
013319966 普宁市志 1989-2004/2250
012722076 普宁市教育志 1989-2004/2251
008034195 普宁县工商行政管理志/2250
005747359 普宁县风俗志/2251
008405300 普宁县文物志/2251
008453773 普宁县志/2250
008380166 普宁县财政志/2250
007684085 普宁县物价志/2250
008379748 普宁县城乡建设志/2250
009251198 普宁县客家风俗志/2251
007662836 普宁县商业志/2250
001921259 普米语简志/2899
007951657 普米族风俗志/2899
008597958 普安县人物志/2688
008597957 普安县民族志/2687
008597962 普安县志 初稿/2687
009992277 普阳农场志 1996-2000/683
013705556 普陀卫生志/753
002616352 普陀区地名志/753
007477984 普陀区志/752

008822619 普陀区志 1987-1995/1084

011321149 普陀区志 1991-2003/752

008994856 普陀区教育志/752

013184548 普陀区检察志/752

009688841 普陀企业志/1085

010147410 普陀交通志/1085

008450925 普陀县地名志/1085

008143581 普陀县志/1084

008338055 普陀洛迦山志/1085

013629326 普定县工商行政管理志/2665

008598388 普定县志/2665

012639078 普定县财政志/2665

012639077 普定县粮食志 1914-1990/2665

013775125 普洱中学志/2814

013509219 普洱市卫生志 1949-2009/2815

012252300 普洱市民族志/2814

013659742 普洱市地方税务志/2814

012814085 普洱市劳动和社会保障志/2813

012722072 普洱市教育志 1978-2008/2814

013898935 普洱哈尼族彝族自治县土地志/2815

013184544 普洱哈尼族彝族自治县水利志/2816

007672168 普洱哈尼族彝族自治县地名志/2816

012836112 普洱哈尼族彝族自治县地税志/2816

007806954 普洱哈尼族彝族自治县志/2815

012542770 普洱哈尼族彝族自治县林业志/2815

013066912 普洱哈尼族彝族自治县国税志/2816

013131076 普洱哈尼族彝族自治县建设志/2816

013220498 普洱烟草志/2813

006795853 普格县志/2615

013723622 普格县志 1986-2006/2615

011067793 普格县医药志/2615

007599769 普通语言学人物志/3270

011805829 普通语言学人物志/3270

道

008196293 道外区志/660

012173821 道外区志 1991-2003/660

009686249 道县交通志/2090

008538730 道县志送评稿/2089

013221089 道县志 1978-2003/2089

008034108 道里区志/660

008012900 道孚县志/2604

012264133 道孚县志 1991-2005/2604

013771742 道真仡佬族苗族自治县水利电力志/2660

010251900 道真仡佬族苗族自治县民族志/2660

004970852 道真仡佬族苗族自治县志/2660

012967476 道真仡佬族苗族自治县志 1988-2007/2660

012714078 道真仡佬族苗族自治县财政志/2661

013924957 道真仡佬族苗族自治县国税志/2660

008541823 道真仡佬族苗族自治县供销合作社志/2660

012714076 道真仡佬族苗族自治县教育志/2660

013141118 道真仡佬族苗族自治县职业教育培训中心志/2660

013141114 道真仡佬族苗族自治县道真中学校志/2660

009190793 道街乡志/2792

遂

011584998 遂川县交通志/1350

008053807 遂川县志/1350

010576821 遂川县志 1991-2003/1350

008664346 遂川县邮电志/1351

011500659 遂川县林业志/1350

011295510 遂川县林业志 1995-2006/1350

007488638 遂平县志/1810

011442044 遂平县志 1986-2000/1810

009413833 遂平县环境保护志/1810

013321006 遂宁一中校志 1905-2005/2504

013131269 遂宁二中志/2504

013342594 遂宁广播电视志/2503

013131274 遂宁公安志 1900-2000/2501

012956020 遂宁市人大志/2501

013936407 遂宁市文化艺术志/2503

013131314 遂宁市机器厂厂志 1951-1990/2502

008672066 遂宁市交通志/2503

009232056 遂宁市军转志/2501

010730501 遂宁市志/2501

008672068 遂宁市邮电志 1903-1995/2503

008672064 遂宁市国土志/2502

013131302 遂宁市国家税务志 1840-2004/2503

013131282 遂宁市供销合作社志/2503

009340897 遂宁市金融志/2503

013822728 遂宁市河东新区志/2501

012969718 遂宁市建设志/2502

010962492 遂宁市烟草志/2502

013002619 遂宁地方税务志 1908-2002/2503

013131327 遂宁县水利电力志/2502

013131322 遂宁县电力公司志/2502

007905712 遂宁县志/2501

013131333 遂宁县总工会志 1922-1985/2501

013131272 遂宁纺织工业志 1840-2005/2502

009388381 遂宁图书发行志 1858-1987/2503

013131278 遂宁轻化工业志/2502

013959418 遂宁档案志 1935-2003/2503

012613871 遂昌县人大志/1103

009388733 遂昌县土地志/1104

009840513 遂昌县卫生志/1104

008450879 遂昌县地名志/1104

008450406 遂昌县交通志/1104

007818009 遂昌县志/1103

011477241 遂昌县林业志 1995-2005/1104

013185820 遂昌县金融志 1929-1990/1104

010252885 遂昌县城乡建设志/1103

013185824 遂昌政协志/1103

009335907 遂溪县志/2208

曾

008836255 曾口区志/2576

008975370 曾子志/1397

008816609 曾甘村志/2283

012878918 曾家小庄村志/1515

013072860 曾家乡志 1912-2009/2561

湛

011328655 湛江车站志 1956.1-2006.1/2205

010195251 湛江电力工业志 1926-2000/2204

010195281 湛江市地名志/2205

009391029 湛江市志/2204

013994256 湛江市志 1979-2000/2204

013866282 湛江市坡头区志/2206

008488292 湛江市建筑志/2206

009379635 湛江市轻工业志/2204

013961340 湛江市麻章区志/2206

009864195 湛江市商业志/2205

013824301 湛江市霞山区志/2206

010730757 湛江民间艺术志/2205

010468409 湛江地区气候志/2205

013148800 湛江交通志/2205

008453654 湛江金融志/2205

009864190 湛江卷烟厂志/2204

008453634 湛江烟草志/2205

008075752 湛江概览/2204

009310230 湛江糖果厂厂志/2204

港

011473035 港上镇志 1914-2000.9/856

008985250 港区镇志/897

012967557 港头镇志/854

012541544 港西村志/1438

013128936 港西镇志 1985-2004/787

009683387 港尾镇志/1258

湖

012072254 湖口乡志/3241

006497419 湖口县志/1320

008844370 湖口县邮电志/1320

009387100 湖口县金融志/1320

009190461 湖屯镇志/1540

010251360 湖北工商行政管理志/1817

013373970 湖北土地志/1817

008452458 湖北乡镇企业志/1817

009335304 湖北历代医林人物志/1822

010142766 湖北中医附院院志/1838

011432748 湖北中医学院名师名医志/1836

009382442 湖北中草药志/1824

006133856 湖北中草药志/1824

008665711 湖北水运志/1819

010280106 湖北水利水电职业技术学院志 1952-2003/1839

008839939 湖北水利志/1824

009348077 湖北气象志/1823

009252283 湖北公路运输志/1819

001718682 湖北风物志/1822

012139238 湖北文化艺术教育志/1820

010473834 湖北电力工业农电志/1818

013728909 湖北生态工程职业技术学院志 1952-2012/1835

009335299 湖北外事志 1858-1985/1816

011188812 湖北民间歌曲集成孝感地区分册/1905

011188814 湖北民间歌曲集成宜昌地区分册/1875

011188903 湖北民间歌曲集成郧阳地区分册/1865

008989969 湖北民俗志/1822

008989996 湖北对外贸易简志 1949-1985/1820

008379336 湖北地震志/1823

009252557 湖北农牧业志/1817

008990073 湖北农牧业志附录 1949-1993/1818

011188721 湖北戏曲音乐集成提琴戏曲音乐（续集）/1937

011320269 湖北医学院口腔医院志 1960-1990/1837

011762120 湖北财税职业学院志 1987-2007/1834

012139231 湖北利川长顺水电有限责任公司电力工业志 1978-2005/1946

009335138 湖北应城石膏矿志/1907

008990083 湖北汽车工业学院志 1972-1998/1866

002870296 湖北林业志/1817

010173047 湖北枣阳乡土志/1889

009382434 湖北制药厂厂志 1968-1988/1838

009252675 湖北物价志 1875-1985/1820

009839673 湖北金融志建行志/1820

012611059 湖北法院志/1817

012097424 湖北建设志/1817

011294239 湖北建设志城乡建设/1817

011066989 湖北建材学校人物志/1836

010468535 湖北茶叶贸易志/1820

008972096 湖北药材志/1824

012132776 湖北咸丰朝阳寺电业有限责任公司电力工业志 1967-2005/1949

008379631 湖北省十堰市地名志/1866

011954260 湖北省人民代表大会志 1922.1-2008.2/1816

008385584 湖北省大冶县地名录/1854

008380243 湖北省大悟县地名志/1911

008381135 湖北省广济县地名志/1929

008382970 湖北省天门县地名志/1956

008382693 湖北省云梦县地名志/1912

008380928 湖北省五峰县地名志/1884

009814612 湖北省区域地质志/1823

013316269 湖北省中山医院志 1951-2011/1837

011762150 湖北省水产供销志 1949-1985/1818

009252669 湖北省水利水电勘测设计院院志/1839

002986530 湖北省气候志/1823

012626273 湖北省气象志 1979-2000/1823

013045623 湖北省长途电信传输志 1884-2000/1819

008382928 湖北省公安县地名志/1921

013957630 湖北省丹江口市金融志/1867

010292649 湖北省计量志/1824

010201242 湖北省巴东县民政志/1947

008378834 湖北省巴东县地名志/1948

008381142 湖北省石首县地名志/1918

009252638 湖北省电力工业志/1818

013693882 湖北省电力工业志 1991-2002/1818

013957633 湖北省电力试验研究所志 1952-1990/1818

013183524 湖北省汉川发电厂志 1989-1998/1909

008379848 湖北省汉川县地名志/1910

013316265 湖北省发展改革志 1949-2009/1817

008378554 湖北省老河口市地名志/1889

012845997 湖北省地震志/1823

009675311 湖北省地震监测志/1823

013183521 湖北省光化水泥厂志 1969-1988/1818

008379863 湖北省光化县地名志/1822

008380890 湖北省当阳县地名志/1878

008378516 湖北省竹山县地名志/1870
008380843 湖北省竹溪县地名志/1871
011310499 湖北省交通志 水运篇 轮船运输 上册 1858-1949/1819
008378617 湖北省江陵县地名志/1924
008381119 湖北省安陆县地名志/1908
008452462 湖北省农业机械化志/1818
011294614 湖北省农业科学院志 1986-1999/1838
012611066 湖北省妇幼保健院志 1977-2004/1823
008382921 湖北省远安县地名志/1880
009790341 湖北省孝感县地名志/1905
008382933 湖北省均县地名志/1868
008600411 湖北省志/1813
008687491 湖北省志 工业志稿 冶金/1813
009241113 湖北省志 附录/1813
009241109 湖北省志 卷首/1813
009334941 湖北省志 经济综述 送审稿/1813
007342634 湖北省志 第1卷 大事记/1813
005709476 湖北省志 第2卷 体育/1813
007735754 湖北省志 第3卷 交通邮电/1813
007342645 湖北省志 第4卷 地质矿产/1813
007620771 湖北省志 第5卷 金融/1814
007620772 湖北省志 第6卷 贸易/1814
007620773 湖北省志 第7卷 新闻出版/1814
007620770 湖北省志 第8卷 民政/1814
007735752 湖北省志 第9卷 政权/1814
007735674 湖北省志 第10卷 经济综述/1814
007735753 湖北省志 第11卷 军事/1814
007735755 湖北省志 第12卷 农业/1814
007735751 湖北省志 第13卷 财政/1814
008028112 湖北省志 第14卷 教育/1814
008452443 湖北省志 第15卷 水利/1814

008452446 湖北省志 第16卷 地理/1814
008452439 湖北省志 第17卷 宗教/1814
008452450 湖北省志 第18卷 科学/1815
008452445 湖北省志 第19卷 文艺/1815
008452449 湖北省志 第20卷 司法/1815
008381116 湖北省志 第21卷 民族/1815
008659565 湖北省志 第22卷 文物名胜/1815
008845986 湖北省志 第23卷 政党社团/1815
008687509 湖北省志 第24卷 外事侨务/1815
008845042 湖北省志 第25卷 人物/1815
008687456 湖北省志 第26卷 城乡建设/1815
008687465 湖北省志 第27卷 工业/1815
008687497 湖北省志 第28卷 民俗方言/1815
008687477 湖北省志 第29卷 工业志稿 二轻/1815
008687486 湖北省志 第29卷 工业志稿 化工/1816
007916978 湖北省志 第29卷 工业志稿 石油/1815
008989989 湖北省志 第29卷 工业志稿 电力/1816
007620833 湖北省志 第29卷 工业志稿 机械/1816
007620970 湖北省志 第29卷 工业志稿 建材/1816
008687519 湖北省志 第30卷 卫生/1816
009334952 湖北省志 第31卷 经济综合管理/1816
002210705 湖北省志人物志稿/1816
008665691 湖北省报业志/1821
008377834 湖北省利川县地名志/1946
008665707 湖北省体育志/1821
009619317 湖北省体育志评审稿/1821
008380174 湖北省谷城县地名志/1891

008378524 湖北省应山县地名志/1942
008382632 湖北省应城县地名志/1907
008378619 湖北省沔阳县地名志/1953
009797117 湖北省沙市市饮食服务行业志/1819
013647637 湖北省沙市棉纺织厂厂志 1965-1985/1916
009961494 湖北省纺织工业志/1818
007677590 湖北省环境保护志/1824
011328229 湖北省武昌热电厂厂志 1946-1996/1842
010475757 湖北省青山热电厂志 1982-1995/1843
008379797 湖北省英山县地名志/1932
012898594 湖北省林业志 1980-2003/1818
008378529 湖北省枝江县地名志/1879
008025752 湖北省松滋县地名志/1920
008380922 湖北省罗田县地名志/1931
013507956 湖北省物资志/1817
009252644 湖北省供销合作社行业志土特产品 废旧物资卷 1950-1984/1820
013222228 湖北省供销合作社行业志茶叶卷/1820
008989992 湖北省供销合作社志/1819
009790348 湖北省金融志/1820
009382430 湖北省肿瘤医院志 1973-1998/1842
006046835 湖北省鱼病病原区系图志/1824
008378954 湖北省京山县地名志/1902
008378995 湖北省宜昌市地名志/1875
008381150 湖北省宜昌县地名志/1877
012540586 湖北省宜城县地名志/1890
008382922 湖北省宜都县地名志/1877
008379790 湖北省房县地名志/1872

011762134 湖北省建材学校志 1975-1990/1835
008378724 湖北省建始县地名志/1947
011474483 湖北省政协志 1983.4-2003.1/1816
008644686 湖北省荆门市地名志/1898
008381110 湖北省荆门县地名志/1898
009992447 湖北省荆州地区工商行政管理志/1912
008378841 湖北省咸丰县地名志/1949
012611069 湖北省临床检验中心志 1987-2007/1824
008380904 湖北省郧西县地名志/1869
008379851 湖北省郧县地名志/1869
008380898 湖北省钟祥县地名志/1901
008381130 湖北省秭归县地名志/1882
010290929 湖北省保险志/1820
008378758 湖北省保康县地名志/1892
008380886 湖北省洪湖县地名志/1918
009252575 湖北省测绘志 1840-1985/1822
012680083 湖北省测绘志 1979-2005/1823
008378975 湖北省宣恩县地名志/1948
008380894 湖北省神农架林区地名志/1957
013074843 湖北省档案志 1949-2000/1821
009961486 湖北省档案局(馆)志/1835
008381138 湖北省监利县地名志/1922
008385842 湖北省恩施县地名志/1945
010576595 湖北省烟草公司卷烟材料厂志/1829
010576599 湖北省烟草志/1818
010576597 湖北省烟草科研所志/1829
009961497 湖北省家畜家禽品种志/1824
008378526 湖北省浠水县地名志/1933

008381104 湖北省黄冈县地名志/1927

012251060 湖北省黄石市橡胶厂厂志 1958-1983/1851

008380845 湖北省黄梅县地名志/1936

012265038 湖北省鄂州市第二中学校志 1956-2006/1894

008378551 湖北省鄂城市地名志/1895

008379839 湖北省鄂城县地名志/1895

009961488 湖北省鄂城钢铁厂志 1957-1985/1895

008380888 湖北省麻城县地名志/1928

010596022 湖北省商业简志/1820

008381155 湖北省随州市地名志/1941

012505184 湖北省随县地名志/1943

008382624 湖北省新洲县地名志/1849

013861581 湖北省蕲春县水利志 1949-2008/1935

008381199 湖北省蕲春县地名志/1935

008380926 湖北省潜江县地名志/1955

008382965 湖北省襄阳县地名志/1887

008378767 湖北省襄樊市地名志/1886

010142798 湖北省襄樊市第四中学校志/1886

011188716 湖北说唱音乐集成/1821

010962602 湖北恩施药用植物志/1945

007342606 湖北通志/1816

009472517 湖北检验检疫商检志/1823

009241090 湖北检察志/1817

012139223 湖北检察志 1978-2000/1817

013092902 湖北超高压输变电公司志 1982-2006/1829

006325455 湖北植物志/1823

008992828 湖北植物志/1837

012758963 湖北税校校志 1986-1998/1835

012811490 湖北道路运输志 1990-2005/1819

009768589 湖北粮食志/1819

009790353 湖北锻压机床厂志/1818

010142613 湖北蔬菜品种志/1824

011762203 湖田镇志 1840-1985/1458

010230894 湖边镇志/1330

008450332 湖州人物志/1044

012872492 湖州市工会志 1990-2010/1042

008662449 湖州市工商企业志/1043

009995803 湖州市文化艺术志/1044

009393262 湖州市电力工业志 二十世纪的湖州电力/1043

008662452 湖州市电影志/1044

013129703 湖州市市政志/1044

008450329 湖州市名村志/1042

008486612 湖州市志/1042

013335385 湖州市志 1991-2005/1042

009348317 湖州市财政税务志/1044

009061003 湖州市体育志/1044

008662469 湖州市林业志/1043

009415116 湖州市金融志 1991-2000/1044

008662454 湖州市建设银行志/1044

009018427 湖州市城乡建设志/1043

013861595 湖州市城乡建设志 1994-2010/1043

009995727 湖州市教育志/1044

008450325 湖州发电厂志 1912-1990/1043

009341137 湖州丝绸志/1043

012097440 湖州师范学院志 1958-2008 1916-2008/1044

009046547 湖州交通志/1043

008450331 湖州农业经济志/1043

009415120 湖州粮食志/1043

013955847 湖汶镇志/839
012982277 湖岭片区志/1023
008531812 湖南九嶷水泥股份有限公司志/2084
013092912 湖南土种志/1975
012872486 湖南口岸志/1971
012541731 湖南乡志/1369
007689633 湖南乡镇简志/1968
012952147 湖南水稻研究志/1976
012758965 湖南长途电信线路志/1970
001737577 湖南风物志/1974
011762183 湖南四水流域图志/1969
011147553 湖南民间歌曲集 邵阳市分册/2032
011147547 湖南民间歌曲集 邵阳地区分册/2031
011147552 湖南民间歌曲集 岳阳地区分册/2041
011147554 湖南民间歌曲集 株洲市分册/1999
010061334 湖南民间歌曲集 涟源地区分册/2106
011147539 湖南民间歌曲集 常德地区分册/2055
011147549 湖南民间歌曲集 湘潭地区分册/2014
011147536 湖南民间歌曲集 衡阳市分册/2024
011147534 湖南民间歌曲集 衡阳地区分册/2024
009675400 湖南民航志/1970
013607245 湖南民族民间舞蹈集成 怀化地区资料卷/2095
011954278 湖南民族民间舞蹈集成 零陵地区资料卷/2085
012811492 湖南动物志 人体与动物寄生蠕虫/1975
013990676 湖南动物志 鸟纲 雀形目/1975
012811497 湖南动物志 蜘蛛类/1975
008018603 湖南地方志中的太平天国史料/1973
007643347 湖南地方剧种志丛书/1972
012173995 湖南地名志/1974
011328566 湖南共青团志/1969
013045625 湖南机床厂志/1980
009335588 湖南百年志 1900-1999/1968
012251105 湖南有色冶金劳动保护研究所志 1982-1997/1981
013926333 湖南有色金属研究所志 1986-1990/1987
013792271 湖南有色金属研究院志 1998-2003/1981
009744774 湖南师大附中百年校志/1984
012251078 湖南当代知名企业企业家图志/1969
008391997 湖南名人志/1973
009880341 湖南交通志 水运分册 内河轮船运输篇 讨论稿/1970
011954272 湖南军事人物志/1973
010778547 湖南农业志/1969
009839691 湖南农业科研志/1975
013183529 湖南农药厂志 1950-1999/2012
004567921 湖南妇女英烈志/1973
009675399 湖南抗日战争日志/1973
013752448 湖南财经高等专科学校志 1933-2006/1984
012898605 湖南佛教寺院志/1968
009174331 湖南近 150 年史事日志 1840-

1990/1973

006087463 湖南近百年大事纪述/1973

010198880 湖南冶金研究所志 1958-1980/1981

009312155 湖南改革开放图志/1969

013897322 湖南国防科技工业志 1978-2008/1969

009675421 湖南图书馆百年志略/1971

009383717 湖南鱼类志/1976

013597575 湖南宗教志/1968

009744784 湖南城专志 1978-2002/2069

006003119 湖南药物志/1975

009992740 湖南药物志/1975

013704255 湖南省人民医院志 1912-2012/1975

013792224 湖南省工业设备安装公司职工医院院志 1958-1990/2000

010475327 湖南省工会志人物志 1919-1989/1974

009385020 湖南省工会志大事记 1840-1989.12/1974

008453194 湖南省大庸县地名录/2063

013926328 湖南省马王堆疗养院志 1963-2013/1986

002523017 湖南省区域地质志/1975

013045636 湖南省内部审计志 1985-2010/1969

010576643 湖南省水文志/1974

012898612 湖南省水产科学研究所所志 1959-2009/1986

013647642 湖南省水利志/1970

011954285 湖南省气象志/1974

008453300 湖南省长沙市地名录/1985

008453271 湖南省长沙市南区志/1989

013792251 湖南省长沙市浏阳烟草志 1985-2004/1991

007685926 湖南省长沙市第一中学校志 1912-1987/1984

010577337 湖南省长沙市第一中学校志 1987-1992/1984

013728914 湖南省长沙市第十一中学百年校志 1906-2006/1984

010292221 湖南省长沙师范学校校志 1912-1992/1984

008453331 湖南省长沙县地名志/1994

012718947 湖南省公共图书馆事业志/1971

008453408 湖南省凤凰县地名录/2113

009992725 湖南省计划生育人物志/1974

008453281 湖南省双峰县地名录/2107

011311904 湖南省双峰县第一中学校志 1905-2005/2107

008453280 湖南省双牌县地名录/2089

008453425 湖南省古丈县地名录/2114

008383640 湖南省古丈县烟草志/2114

008453208 湖南省石门县地名录/2062

011580047 湖南省石化工会志/1969

009790371 湖南省石油化学工业志化学肥料工业篇 初稿/1970

008453592 [湖南省石油总公司零陵地区公司]石油志/2085

008453421 湖南省龙山县地名录/2115

008453284 湖南省平江县地名录/2049

008453286 湖南省东安县地名录/2089

008298324 湖南省电力工业志/1969

013693883 湖南省电力工业志 1991-2002/1969

012251092 湖南省电力安装工程公司公

司志 1958-2007/2022

009383685 湖南省电力试验研究所志 1956-1990/1981

012505202 湖南省电力试验研究所所志 1991-2000/1987

008453222 湖南省汉寿县地名志/2058

008453302 湖南省宁乡县地名录/1994

013820249 湖南省宁远县土壤志/2091

008453278 湖南省宁远县地名录/2091

008453328 湖南省永州市地名录/2085

008453319 湖南省永兴县地名录/2080

013335381 湖南省永顺民族师范学校志 1938-1989/2115

008453198 湖南省永顺县地名录/2115

008453363 湖南省耒阳县地名资料汇编/2026

010198778 湖南省动力机厂志 1953-1993/1981

008453410 湖南省吉首市地名录/2112

008383051 湖南省吉首民族师范学校志/2112

013222237 湖南省地球物理化学勘查院院志 1958-2008/1985

009511233 湖南省地震监测志/1974

009797362 湖南省机关事务志/1969

011474491 湖南省网岭监狱志 1984-2002/2006

008453282 湖南省华容县地名录/2047

008453400 湖南省会同县地名录/2100

008453260 湖南省江永县地名录/2090

008453293 湖南省江华瑶族自治县地名录/2093

008453325 湖南省汝城县地名录/2081

008453210 湖南省安乡县地名录/2058

008453316 湖南省安仁县地名录/2082

008453234 湖南省安化县地名录/2072

008453311 湖南省祁东县地名录/2030

008453276 湖南省祁阳县地名录/2088

010292661 湖南省农作物品种志/1976

013728926 湖南省农林工业勘察设计研究总院湖南省林业调查规划设计院院志 1957-2009/1986

011474486 湖南省赤山监狱志/2070

008586984 湖南省志/1959

010198878 湖南省志水利志第1篇 概述 初稿/1960

009880331 湖南省志水利志第3篇 湖区水利 第1章 湖区堤垸 二稿/1959

009869238 湖南省志医药卫生志第2篇 卫生防疫 初稿/1960

009869243 湖南省志医药卫生志第3篇 医疗事业第1章 中医 初稿/1960

007995588 湖南省志财政志/1959

011882510 湖南省志社会组织团体志 火柴工业协会篇/1959

011327393 湖南省志建筑志 送审稿/1959

010198858 湖南省志建筑材料工业志 水泥工业篇 初稿/1959

009839702 湖南省志卷末 纂修实录/1968

009839697 湖南省志卷首序 凡例 总目 总述/1960

010198877 湖南省志商业志 百货业 修改稿/1959

008600864 湖南省志第1卷 大事记/1960

009880122 湖南省志第1卷 共产党志 1978-2002/1960

010198836 湖南省志第2卷 出版志 1978-2002/1960

006101119 湖南省志第2卷 地理志/1960

009889511 湖南省志第3卷 林业志 1978-2002/1960

008377588 湖南省志第3卷 党派群团志 工会/1960

008377534 湖南省志第3卷 党派群团志 民主党派及工商联 国民党湖南地方组织/1960

008377593 湖南省志第3卷 党派群团志 共产党/1960

010151138 湖南省志第3卷 党派群团志 共青团/1961

009312142 湖南省志第3卷 党派群团志 妇女团体/1961

011312405 湖南省志第4卷 审计志 1978-2002/1961

007923166 湖南省志第4卷 政务志 人民代表大会/1961

007923167 湖南省志第4卷 政务志 人事/1961

008377780 湖南省志第4卷 政务志 外事/1961

008486609 湖南省志第4卷 政务志 民政/1961

009106119 湖南省志第4卷 政务志 侨务/1961

008377785 湖南省志第4卷 政务志 政治协商会议/1961

008688776 湖南省志第4卷 政务志 档案/1961

007923168 湖南省志第5卷 军事志/1961

011312406 湖南省志第5卷 物价志 1978-2002/1961

011312407 湖南省志第6卷 政府志 1978-2002/1961

008377600 湖南省志第6卷 政法志 公安/1962

008377605 湖南省志第6卷 政法志 司法行政/1962

009312136 湖南省志第6卷 政法志 武装警察/1962

008377540 湖南省志第6卷 政法志 检察/1962

011312398 湖南省志第7卷 财政志 1978-2002/1962

009879315 湖南省志第7卷 综合经济志 工商行政管理/1962

009879290 湖南省志第7卷 综合经济志 劳动/1962

009879269 湖南省志第7卷 综合经济志 国民经济计划/1962

006109951 湖南省志第7卷 综合经济志 物价/1962

009312133 湖南省志第7卷 综合经济志 统计/1962

009106116 湖南省志第7卷 综合经济志 海关/1962

009312138 湖南省志第7卷 综合经济志 商检/1962

007175011 湖南省志第8卷 农林水利志/1962

011312411 湖南省志第8卷 质量技术监督志 1978-2002/1963

009879564 湖南省志第9卷 工业矿产志 化学工业 建材工业/1963

009252790 湖南省志第9卷 工业矿产志 电力工业/1963

009879633 湖南省志第9卷 工业矿产志 电子工业/1963

009879614 湖南省志第9卷 工业矿产志 地质矿产/1963

009879590 湖南省志第9卷 工业矿产志 机械工业/1963

009879624 湖南省志第9卷 工业矿产志 冶金工业/1963

006767858 湖南省志第9卷 工业矿产志 轻工业 纺织工业/1963

009879636 湖南省志第9卷 工业矿产志 烟草业/1963

009879641 湖南省志第9卷 工业矿产志 煤炭工业/1963

011890870 湖南省志第9卷 工会志 1978-2002/1963

012003661 湖南省志第10卷 民政志 1978-2002/1963

009310522 湖南省志第10卷 交通志 水运/1964

008377761 湖南省志第10卷 交通志 公路/1964

008688480 湖南省志第10卷 交通志 民用航空/1964

008377548 湖南省志第10卷 交通志 铁路/1964

008377754 湖南省志第10卷 交通志 联合运输/1964

012003686 湖南省志第11卷 气象志 1978-2002/1964

007992132 湖南省志第11卷 邮电志/1964

012003613 湖南省志第12卷 工业综合志 1978-2002/1964

009312147 湖南省志第12卷 建设志 环境保护/1964

007385779 湖南省志第12卷 建设志 城乡建设/1964

010198843 湖南省志第12卷 建设志 城乡建设 送审稿/1964

009879165 湖南省志第12卷 建设志 测绘 建筑业/1964

010198813 湖南省志第12卷 测绘志 送审稿/1964

011312400 湖南省志第13卷 供销合作志 1978-2002/1965

006109952 湖南省志第13卷 贸易志/1965

008688384 湖南省志第14卷 对外经济贸易志 对外贸易 对外经济/1965

012003314 湖南省志第14卷 报业志 1978-2002/1965

012003699 湖南省志第15卷 司法行政志 1978-2002/1965

006101118 湖南省志第15卷 财政志/1965

012003647 湖南省志第16卷 国土资源志 1978-2002/1965

008688484 湖南省志第16卷 金融志/1965

011312399 湖南省志第17卷 出入境检验检疫志 1978-2002/1965

008486611 湖南省志第17卷 教育志/1965

011312410 湖南省志第18卷 广播影视志 1978-2002/1965

006101111 湖南省志第18卷 科学技术志/1965

008883713 湖南省志第19卷 文化志 文化事业/1966

009675418 湖南省志第19卷 文化志 文学艺术/1966

012680106 湖南省志第19卷 对外经贸志 1978-2002/1966

012680101 湖南省志第20卷 大事记 1978-

2002/1966

006101114 湖南省志第20卷 新闻出版志/1966

002986210 湖南省志第21卷 医药卫生志/1966

012680113 湖南省志第21卷 经济和社会发展计划志 1978-2002/1966

008532816 湖南省志第22卷 体育志/1966

012680130 湖南省志第22卷 税务志 1978-2002/1966

008688717 湖南省志第23卷 人口志/1966

012811499 湖南省志第23卷 银行志 1978-2002/1966

008377766 湖南省志第24卷 民族志/1966

012003667 湖南省志第24卷 农业志 1978-2002/1966

009310529 湖南省志第25卷 方言志/1967

012680143 湖南省志第25卷 烟草志 1978-2002/1967

012680137 湖南省志第26卷 外事侨务志 1978-2002/1967

009768611 湖南省志第26卷 民俗志/1967

012821904 湖南省志第27卷 环境保护志 1978-2002/1967

008688786 湖南省志第27卷 宗教志/1967

012003620 湖南省志第28卷 公安志 1978-2002/1967

007923176 湖南省志第28卷 文物志/1967

012680126 湖南省志第29卷 水利志 1978-2002/1967

009391870 湖南省志第29卷 著述志/1967

007923143 湖南省志第30卷 人物志/1967

012680108 湖南省志第30卷 检察志 1978-2002/1967

012680136 湖南省志第31卷 体育志 1978-2002/1967

013415148 湖南省志第32卷 军事志 1978-2002/1968

013792254 湖南省志第33卷 电信志 1978-2002/1968

013792265 湖南省志第34卷 医药志 1978-2002/1968

012680123 湖南省志第35卷 科学技术志 1978-2002/1968

013792258 湖南省志第36卷 教育志 1978-2002/1968

012003695 湖南省志第37卷 审判志 1978-2002/1968

010254016 湖南省志共产党志 1997-2001 送审稿/1959

010198808 湖南省志海关分志 1898-1990 征求意见稿/1959

008055980 湖南省志优稿选评/1968

013820254 湖南省芷江县土壤志 湖南省芷江县土壤普查统计表格/2102

008453346 湖南省芷江县地名录/2102

008453418 湖南省花垣县地名录/2114

010198791 湖南省劳动卫生职业病防治研究所志 1961.11-2001.11/1985

008532109 湖南省辰溪县地名录/2099

013728917 湖南省辰溪煤矿志/2099

008620231 湖南省攸县地名录/2007

008453215 湖南省冷水江市地名录/2106

011793410 湖南省沅江县水利志/2071

008453396 湖南省沅江县地名录/2071

008453510 湖南省沅陵县地名录/2099

008453354 湖南省汨罗县地名录/2043

012173999 湖南省怀化市第三中学志 1958

-2008/2095

008453507 湖南省怀化县地名录/2095

008453193 湖南省邵东县地名录/2034

010142829 湖南省邵东焦化厂志 1967-1981/2033

009383744 湖南省邵阳市中心医院志 1946-1995/2032

008950497 湖南省邵阳市电力志 1924-1985/2031

008453235 湖南省邵阳市地名录/2032

008453238 湖南省邵阳县地名录/2035

011762174 湖南省邵阳液压件厂厂志 1966-1990/2031

013772828 湖南省环境监测中心站站志 1975-2010/1987

008453262 湖南省武冈县地名录/2033

011804563 湖南省坪塘劳动教养管理所所志 1979-2002/1979

008453264 湖南省岳阳市地名录/2041

009441914 湖南省岳阳市第一中学志/2040

013647644 湖南省肿瘤医院 40 年院志 1972-2012/1986

008453402 湖南省泸溪县地名录/2113

008453318 湖南省宜章县地名录/2079

010577527 湖南省建筑工程集团总公司志 1952-2002/1981

013957639 湖南省建筑工程集团总公司志 1952-2012/1981

009383701 湖南省建筑志/1976

008453217 湖南省城步苗族自治县地名志/2037

013957637 湖南省茶陵县土壤志/2010

008453511 湖南省茶陵县地名录/2009

009686291 湖南省茶陵县环境保护志/2010

012049497 湖南省茶陵第一中学校志 1905-2005/2009

010198795 湖南省轻工志 日用陶瓷工业 修改稿/1969

008453367 湖南省临湘县地名志/2044

008528662 湖南省临澧县地名录/2059

010198788 湖南省钢铁冶金设计院志 1964-1981/1987

010198781 湖南省钢铁研究所所志 1973-1980/1981

012541725 湖南省科学技术情报事业志 1959-2009/1971

008453197 湖南省保靖县地名录/2114

012174014 湖南省送变电建设公司志 1949-1985/1981

012832064 湖南省送变电建设公司志 1986-2009/1981

008453196 湖南省娄底市地名录/2105

012191982 湖南省娄底市春元中学校志 1907-2007/2105

008190761 湖南省娄底地区工业志/2104

008615883 湖南省洪江市地名录/2096

008453226 湖南省洞口县地名志/2036

012718952 湖南省浏阳市工业经济志 1988-2002/1991

010475992 湖南省浏阳市大围山镇志 1922-2002/1990

013990677 湖南省浏阳市气象志 1956-2003/1992

012174009 湖南省浏阳市文家市镇志 1949-2002/1990

013820247 湖南省浏阳市永安镇志 1949-

2002/1990

011294815 湖南省浏阳市民政志 1875-2002/1991

012832062 湖南省浏阳市地税志 1994-2004/1992

012174005 湖南省浏阳市劳动和社会保障志 1988-2002/1991

013335380 湖南省浏阳市社港镇志 1949-2002/1990

009992729 湖南省浏阳市淳口镇志 1949-2002/1990

008453295 湖南省浏阳县地名资料汇编/1992

008453212 湖南省津市市地名录/2057

008377790 湖南省贺家山原种场志/2053

008453290 湖南省桂东县地名录/2081

009686277 湖南省桂阳县工商行政管理志/2077

008453288 湖南省桂阳县地名录/2078

008844149 湖南省桂阳县城乡建设志/2077

011565044 湖南省郴州市一中校志 1906-1996/2075

008453324 湖南省郴州市地名录/2075

008453579 湖南省郴州地区对外经济贸易志 1840-1988/2075

013092903 湖南省郴州地区税务志/2075

010198757 湖南省郴州碳素厂志 1958-1980/2074

008453296 湖南省郴县地名录/2075

008453359 湖南省株洲市地名录/2000

011432756 湖南省株洲市第二中学校志第 1 卷 1955-1995/1999

012265056 湖南省株洲市第二中学校志第 2 卷 1995-2000/1999

011580055 湖南省株洲市第四中学校志 1957-2007/1999

008453357 湖南省株洲县地名录/2006

008453257 湖南省桃江县地名录/2072

009797364 湖南省桃林铅锌矿志/2043

008453206 湖南省桃源县地名录/2061

008453321 湖南省资兴县地名录/2076

013897332 湖南省旅游志 1950-2011/1970

011310911 湖南省畜禽疫病志/1976

008453244 湖南省益阳市地名录/2069

010577440 湖南省益阳市冶金机械工业志初稿/2067

009383710 湖南省益阳地区电力志 1917-1983/2067

008453243 湖南省益阳县地名录/2069

012106232 湖南省烟草志/1970

010577291 湖南省烟草志送审稿/1970

012191977 湖南省涟源市第一中学校志 1946-1996/2106

008453342 湖南省涟源县地名录/2107

010142815 湖南省涟源钢铁厂田湖铁矿志 1958-1980/2106

010142820 湖南省涟源钢铁厂志 1956-1980/2106

005743470 湖南省家畜家禽品种志和品种图谱/1976

008453515 湖南省通道侗族自治县地名录/2104

008453258 湖南省桑植县地名录/2065

009116503 湖南省绥宁县地名录/2036

008453345 湖南省常宁县地名录/2028

008453191 湖南省常德市地名录/2055

008453190 湖南省常德县地名录/2055

010198760 湖南省第二人民医院湖南省脑科医院志 1950-2004/1986

012661212 湖南省第五工程公司志 1953-2008/1996

013045629 湖南省第四工程公司司志/1981

013129696 湖南省烹饪人物志/1974

008453348 湖南省麻阳县地名录/2100

009383705 湖南省商业专志 1840-1985/1970

008453303 湖南省望城县地名录/1990

012265049 湖南省寄生虫病防治研究所志 1950.6.1-2000.6.1/2041

008453378 湖南省隆回县地名录/2035

013222235 湖南省超高压输变电公司志 1952-2002/1980

008453272 湖南省道县地名录/2090

008453228 湖南省湘乡县地名录/2018

009383791 湖南省湘西土家族苗族自治州民族中学志 1936-1989/2111

009082291 湖南省湘西土家族苗族自治州政协志/2108

013316275 湖南省湘西自治州人民医院志 1952-2002/2111

008453233 湖南省湘阴县地名录/2048

008453298 湖南省湘潭市地名录/2014

012139244 湖南省湘潭市岳塘区湘钢一校校志 1958-2008/2015

010577528 湖南省湘潭地市电力志图纸/2012

010198801 湖南省湘潭地市电力志 1909-1982/2012

008453229 湖南省湘潭县地名录/2020

009818833 湖南省溆浦县公安志/2100

008453352 湖南省溆浦县地名录/2100

008453274 湖南省蓝山县地名录/2092

008453582 湖南省零陵地区电力志 1923-1989/2084

008453279 湖南省零陵县地名录/2086

010244292 湖南省零陵县科学技术志/2086

008531853 湖南省靖州苗族侗族自治县企事业系统组织史资料 1949.10-1996.12/2102

008453390 湖南省靖县地名录/2103

008453392 湖南省新化县地名录/2108

008453275 湖南省新田县地名录/2092

008453512 湖南省新宁县地名录/2037

008453192 湖南省新邵县地名录/2034

010142831 湖南省新晃汞矿志/2101

008453360 湖南省新晃侗族自治县地名录/2101

010523842 湖南省慈利县卫生志 1912-1987/2065

008453195 湖南省慈利县地名录/2065

009686300 湖南省慈利县血防志/2065

012956600 湖南省瑶岗仙钨矿志/2079

013092904 湖南省嘉禾县土壤志/2080

008532112 湖南省嘉禾县地名录/2080

008453387 湖南省黔阳县地名志/2096

008453308 湖南省衡山县地名录/2030

012251096 湖南省衡山县教育志/2029

008453309 湖南省衡东县地名录/2030

008453343 湖南省衡阳市地名录/2024

008453341 湖南省衡阳县地名录/2028

008453307 湖南省衡南县地名录/2029

008528668 湖南省澧县地名录/2059

010577410 湖南省澧县酒厂志/2058

010777034 湖南省澧县氮肥厂志/2058
008453337 湖南省鄞县地名录/2010
013897326 湖南省醴浏铁路路志 1959-1989 /2003
008453356 湖南省醴陵县地名录/2004
010577072 湖南省醴陵建设集团志(东富) 1972-2002/2002
011954268 湖南壶瓶山植物志/2063
011954290 湖南夏姓人物志/1973
010197253 湖南烈士公园园志/1985
010142835 湖南铁合金厂志 1958-1980 /2017
013092907 湖南铁道职业技术学院志 1951-2010/1999
013316281 湖南造漆厂志 1950-1989/1970
012105149 湖南教育名人名校志/1971
012049499 湖南望城一中风物志/1989
012811501 湖南植物志猕猴桃科-交让木科/1975
013129699 湖南税志国税篇 1994-2004/1971
010198879 湖南税志第1卷 1949-1994/1971
013129698 湖南税志第3卷 地税篇 1994-2004/1971
013415151 湖南湘阴第一中学校志/2048
010577524 湖南湘潭专区土壤志/2014
008531844 湖南新宁县卫生志 1738-1988/2037
012251100 湖南橡胶厂志 1949-1990/1981
010142811 湖南衡阳轧钢厂志 1958-1980/2022
013957636 湖南衡阳轧钢厂志 1981-1988/2022
008423402 湖塘乡志/1356
010146850 湖溪村志/1069

013222234 湖滨乡志/940
012505195 湖滨区地名志/1760

湘

013939472 湘乡人物志/2018
008538668 湘乡工业志/2017
008538674 湘乡工会志/2015
008538067 湘乡工商行政管理志/2016
008538669 湘乡乡镇企业志/2016
008538667 湘乡水利志/2017
007530769 湘乡水泥厂志 1958-1993/2017
008538070 湘乡公安志/2015
008538048 湘乡电业志/2017
009814638 湘乡外贸志/2018
008382678 湘乡市交通志/2017
013686402 湘乡市教育志/2018
008538035 湘乡民政志/2016
008538072 湘乡机构编制史/2015
008538069 湘乡军事志/2016
008538079 湘乡劳动人事志/2016
009699680 湘乡县交通志/2017
007426121 湘乡县志/2015
008538027 湘乡县志送审稿/2015
008538076 湘乡邮电志/2018
012899967 湘乡国税志 1990-2003/2018
008538665 湘乡物资志/2016
008538068 湘乡金融志/2018
008538671 湘乡法院志/2016
008538074 湘乡城乡建设志/2016
008538107 湘乡盐业志/2017
008538039 湘乡党派群团志/2016
008538044 湘乡检察志/2016
013939470 湘乡铝厂志 1988-1998/2017
008538046 湘乡商业志/2018

008538042 湘乡税务志/2018

008594687 湘乡粮食志/2017

009241125 湘中教育志/1971

011295923 湘东区志 1971-2002/1309

010199489 湘东化工机械厂志 1971-1990/2007

010199492 湘东铁矿志 1970-1980/1996

010199512 湘机创业志/1970

008848069 ［湘西土家族苗族自治州］人口志/2111

008835197 ［湘西土家族苗族自治州］人民代表大会志/2108

008835161 ［湘西土家族苗族自治州］卫生志/2111

008835179 ［湘西土家族苗族自治州］水利电力志/2110

008835193 ［湘西土家族苗族自治州］文化志/2110

008835758 ［湘西土家族苗族自治州］石油贸易志/2109

008835186 ［湘西土家族苗族自治州］汉语方言志/2111

008848151 ［湘西土家族苗族自治州］司法行政志/2109

008848007 ［湘西土家族苗族自治州］民政志/2109

008835184 ［湘西土家族苗族自治州］民族志/2111

009560846 湘西土家族苗族自治州交通志/2110

011955720 湘西土家族苗族自治州交通志 1981-2005/2110

008835167 ［湘西土家族苗族自治州］农业机具志/2111

012252797 ［湘西土家族苗族自治州］农业志/2109

008848059 ［湘西土家族苗族自治州］妇女团体志/2108

008857456 ［湘西土家族苗族自治州］志丛书/2108

008835163 ［湘西土家族苗族自治州］财政志/2110

008847994 ［湘西土家族苗族自治州］体育志/2111

008835166 ［湘西土家族苗族自治州］林业志/2109

008835743 ［湘西土家族苗族自治州］金融志/2110

008848011 ［湘西土家族苗族自治州］建筑志/2112

008848018 ［湘西土家族苗族自治州］城乡建设志/2109

008842812 ［湘西土家族苗族自治州］政务志/2108

008835171 ［湘西土家族苗族自治州］畜牧水产志/2109

008383034 ［湘西土家族苗族自治州］烟草志/2110

011998605 湘西土家族苗族自治州烟草志 1991-2000/2110

008199891 ［湘西土家族苗族自治州］检察志/2109

008848000 ［湘西土家族苗族自治州］税务志/2110

009413481 湘西州军事志/2109

008842879 湘西州志/2108

012316926 湘西州监察志 1989-2007/2109

012506335 湘西苗民革屯史志/2109

011909141 湘西苗疆志/2111

011793090 湘江区志/2015

008488202 湘阴县志/2047

009383799 湘阴县邮电志/2048

010778570 湘城镇志/881

011294786 湘钢一中校志 1960.8－2005.9/2014

011998595 湘钢志 1991-2000/2012

012767057 湘铝志/2017

011998590 湘潭气象志/2014

011068406 湘潭电厂志 1936-1986/2012

013865281 湘潭电业局志 1986-2005/2012

009797376 ［湘潭电机厂］工会志 1936－1993/2012

010280358 湘潭电机厂志 1936-1989/2012

010199654 湘潭市人民防空志 1987－2000/2011

009814643 湘潭市工会志/2011

009391833 湘潭市乡镇企业志/2012

011793116 湘潭市中心医院志 1900－2000/2014

011585103 湘潭市电影志初稿/2014

012723160 湘潭市地方税务志 1994.9－2009.8/2013

008531865 湘潭市交通志/2013

010008751 湘潭市交通志 1980-2002/2013

010199539 湘潭市交通志送审稿/2013

013072719 湘潭市军事志 1840-2005/2011

008470949 湘潭市志/2011

009889516 湘潭市志 中国共产党篇 评审稿/2011

010199658 湘潭市志 文化篇 送审稿/2011

009889514 湘潭市志 权力机关篇/2011

010199657 湘潭市志 教育篇 修订稿/2011

004470267 湘潭市物资志/2012

010577352 湘潭市郊区志/2014

013464178 湘潭市郊区财政志/2015

010239207 湘潭市郊区教育志 1873－1987/2015

013072717 湘潭市法院志 1840-1989/2011

010199655 湘潭市烟草志/2013

013865283 湘潭市烟草志 1992-2003/2013

010199652 湘潭市教育志/2013

008027870 湘潭市税务志 1840-1985/2013

013732428 湘潭地名志/2014

008382972 湘潭县二轻工业志/2019

008382966 湘潭县人大志 1911-1990/2019

012814420 湘潭县广播电视志 1932－2003/2020

008383018 湘潭县卫生志 1840-1988/2020

008383035 湘潭县水利志/2020

008383039 湘潭县交通志/2020

013757072 湘潭县交通志 1988-2008/2020

008383758 湘潭县农业志 1821-1989/2019

007848968 湘潭县志/2019

010199666 湘潭县志 第3卷 地理志 征求意见稿/2019

013604173 湘潭县志 第17卷 金融志/2019

010199675 湘潭县志 第21卷 政党 总纂初稿/2019

010199673 湘潭县志 第35卷 人物 总纂初稿/2019

008383032 湘潭县邮电志/2020

008383027 湘潭县教育志 1840-1986/2020

008383460 湘潭县税务志 1840-1988/2020

008383024 湘潭县粮食志 1840-1988/2019

010199516 湘潭环卫志/2014

010142854 湘潭钢铁厂志 1958-1980/2013

013321208 湘潭柴油机厂志 1956-2006/2012
010142858 湘潭锰矿志 1913-1980/2013
010275203 湘潭锰矿志 1981-1990/2013
009383780 湘衡盐矿志 1969-1999/2023

渣
009818496 渣津镇志/1317

渤
009313339 渤海油田志/82

湿
013185770 湿地高等植物图志/3276

温
011478721 温州九三志 1957-2007/1018
011584343 温州方言志/1021
009393271 温州市人民代表大会志/1018
009996073 温州市工业志/1020
009254093 温州市工商行政管理志/1019
008985579 温州市土地志/1019
010523135 温州市卫生志/1021
008662438 温州市公共交通志/1020
009996075 温州市公安志/1018
012877280 温州市龙湾区人民代表大会志/1022
012719265 温州市龙湾区永中街道志 1949-2007/1022
011475317 温州市龙湾区地名简志/1022
008446526 温州市电力工业志/1019
012638651 温州市电力工业志 1991-2006/1020
013096538 温州市民政志/1018
012175039 温州市对外经济贸易志/1020
013630182 温州市机械工业志/1020
011328093 温州市交通志/1020

009561908 温州市军事志/1019
013072580 温州市农村金融志/1021
008446523 温州市志/1018
011067726 温州市医药志 初稿/1021
008662437 温州市邮电志/1020
012175037 温州市财税志/1020
008051486 温州市环境保护志/1021
009415064 温州市林业志/1019
011310903 温州市物资志/1019
011328483 温州市质量技术监督志/1019
010278549 温州市城市建设志/1021
010280102 温州市政协志/1018
011478730 温州市科协志 1959-1989/1021
010779107 温州市盐业志/1020
008532061 温州市教育志/1021
012684883 温州市鹿城区水利志/1022
011328689 温州市鹿城区水利志/1022
011909069 温州市鹿城区志/1022
009349824 温州市商业志/1020
011478723 温州民革志/1018
011909066 温州发电厂志 1979-2005/1019
012638652 温州农工党志/1019
010118507 温州医药商业志/1020
012662382 温州律师志 1916-2008/1019
009157304 温州海关志/1020
013822927 温江区卫生志 1998-2005/2438
013899652 温江区和盛镇志 1982-2005/2437
009677877 温江区烟草志/2437
009840278 温江地区教育志/2437
008672102 温江县卫生志/2438
006795849 温江县志/2437
013899659 温江县教育志 1986-2005/2437
012970505 温江国税志 1986-2005/2437

012684878 温江政协志 1956.12-2006.6 /2437

012836469 温县公路段志 1956.6-2000.12 /1744

012175035 温县电业志/1744

007900146 温县志/1744

012613316 温县政协志/1744

013994007 温岭工商业联合会(商会)志/1091

008662202 温岭市土地志/1091

011909063 温岭市广播电视志/1092

012208297 温岭市卫生志/1092

009020628 温岭市水利志/1092

008865027 温岭市公安志/1091

008848195 温岭市电力工业志/1091

009996270 温岭市政协志/1091

012052034 温岭市政协志 1995.10.1-2007.1.22/1091

013145621 温岭市第一人民医院院志 1941-2011/1092

011312385 温岭市渔业志/1091

012766986 温岭师范学校校志 1935-2009 /1092

008450938 温岭县地名志/1092

007905716 温岭县志/1091

009881637 温岭县金融志 1821-1987/1092

009174495 温泉县志/3198

008994820 温宿县土地志/3182

007426129 温宿县志/3182

011479368 温宿县邮电志/3182

008543251 温宿县青年农场志/3182

009554445 温瑞灌区志/1019

009348403 温塘村志/1765

渭

008846069 渭二村志/1459

008453117 渭水水库志/1914

013321145 渭水流域志/1920

010778553 渭城文物志/2978

009045902 渭南市水利志/2983

009399134 渭南市军事志/2983

011909057 渭南市志/2983

008845156 渭南市临渭区水利志/2984

012140456 渭南市临渭区军事志 前209-2005/2984

008994031 渭南市烟草志/2983

008598470 渭南地区志/2983

011443964 渭南地区金融志/2983

011443965 渭南技术学院渭南工业学校志/2984

007900086 渭南县志/2983

008492905 渭南邮电志/2983

009392912 渭南科技志/2983

010110347 渭塘镇志/889

014052345 渭源县志 1986-2007/3075

滑

013772850 滑县人民医院院志 1952.5-2002.5/1716

007849000 滑县志/1716

013143962 滑县志 1988-2000/1716

011954306 滑县财政志/1716

012611117 滑县税务志/1716

揪

012954933 揪坡头镇志/2982

湟

009994878 湟中水利志/3099

007919018 湟中县志/3099

013688779	湟里镇志/873
012832081	湟源水务志/3100
007356327	湟源县志/3100

溆

007775311	溆浦县志/2100
009686571	溆浦县志交通志/2100

渝

009312788	渝水区志 1983-2003/1323

湾

008985782	湾里区志/1301

渡

009415137	渡口村志/174
009338328	渡村镇志/887

游

013343515	游仙区人口计划生育志/2482
012175203	游仙民政志 1993-2002/2482
013186047	游仙交通志/2482

湄

013129976	湄洲妈祖志/1232
013000464	湄潭县文物志/2659
005285267	湄潭县志/2659
013184384	湄潭县志 1978-2007/2659

滁

011313040	滁州水利志 1912-1987/1165
011327172	滁州市二轻工业局志/1164
011325328	滁州市人民印刷厂志/1164
012658274	滁州市水产志/1163
013314272	滁州市公安志/1163
010251094	滁州市文物志/1165
008830488	滁州市民族宗教志/1163
008451005	滁州市志/1163
013314278	滁州市国税志/1164
013179369	滁州市金融志 1912-1992/1164
013373424	滁州市南谯区志至2005/1165
013923954	滁州市教育志/1164
011325442	滁州市粮食志/1163
010251835	滁州交通志/1164
010278306	滁州邮电志/1164
012967428	滁州供电志 1986-2005/1163
011327104	滁县地区工商行政管理志/1163
010251352	滁县地区卫生志/1165
009683223	滁县地区公路志/1164
009115805	滁县地区机械电子工业志/1163
009115803	滁县地区交通志/1164
010469054	滁县地区农业志征求意见稿/1163
007990208	滁县地区志/1163
009783897	滁县地区体育志/1164
011757489	滁县地区林业志/1163
010251768	滁县地区金融志 1912-1987/1164
013680663	滁县地区税务志 1949-1992/1164
010138018	滁县农业志 1949-1985/1163
010251109	滁县税务志/1164

寒

013404417	寒岩天王寺志/1218
007486928	寒亭区志/1506
013683685	寒亭区医药志/1507
013704063	寒亭区政协志 1980-2010/1506

富

009346531	富川烟草志/2327
011804333	富川瑶族自治县土地志/2326

011497024 富川瑶族自治县水利电力志/2327
007910189 富川瑶族自治县志/2326
007491023 富平县志/2989
013925188 富平县志 1989-2005/2989
008992626 富宁县民族志/2860
008715842 富宁县志/2860
012831438 富宁县统战志 1931-2009/2860
012049304 富民县人民代表大会志/2752
012658453 富民县公安志 1906-2005/2752
010577326 富民县民族志/2752
013703345 富民县农业志/2752
012503935 富民县农村信用社志 1954-2007/2752
012264261 富民县纪检监察志 1951-2005/2752
008539797 富民县志/2752
013726995 富民县政协志/2752
013771896 富阳工会志/998
011472984 富阳广播电视志 1950-2005/999
009840450 富阳公安志/998
013626421 富阳史志要览 2005-2011/1000
013771904 富阳市水利志/1000
009388672 富阳市电力工业志 1917-1995/999
013751800 富阳市民政志/998
012998921 富阳市志 1991-2005/997
010278856 富阳市邮电志/999
008865067 富阳市金融志/999
012049311 富阳市政协志 1984-2006/998
013771910 富阳市职业高级中学校志/1000
010245189 富阳市新登镇中心小学校志 1903-2003/999

013703347 富阳县卫生志/1000
006384345 富阳县志/997
011310921 富阳县林业志/998
009126227 富阳县城乡建设志/998
010244272 富阳县教育志/999
010201661 富阳县粮食志 1460-1990/999
013925191 富阳审计志 1984-2003/998
008822419 富阳新登镇志/998
008093065 富阳镇志/998
013143678 富县人民代表大会志 1940-2009/2995
011943612 富县军事志 前330-2005/2995
007590094 富县志/2995
013987659 富县教育志/2995
012237629 富里乡志/3253
008377866 富拉尔基发电总厂志 1951-1983/675
007561109 富春江水电站志/999
011324958 富钟贺矿物志/2327
013681563 富顺二中校志 1903-1993/2457
013925189 富顺二中校志 1993-2006/2457
008427997 富顺县人民医院志/2457
008670025 富顺县人民政府志 送审稿/2456
008427945 富顺县卫生志/2457
008430427 富顺县交通志/2457
006755087 富顺县志/2456
013222024 富顺县志 1988-2005/2456
013860506 富顺县审计志 1984-2006/2457
008427983 富顺县税务志/2457
007902341 富裕县志/678
013687431 富强村志/1051
011882586 富锦市志 1986-2005/701
011329730 富锦市财政志 1945-1990/701

011329741 富锦市财政志 1991-2001/701
007902376 富锦县志/701
008445176 富锦粮食志/701
012831445 富源县人大志/2768
011757806 富源县大河镇教育志 1908-2005/2768
013956989 富源县水利志/2769
007501602 富源县志/2768
010962588 富源县志 1986-2000/2768
013956988 富源县财政志 1986-2010/2768
012658458 富源县金融志 2000/2768
012609835 富源县教育志/2768
011759020 富源县教育志 1978-2005/2768
012173769 富源县营上镇教育志 1880-2005/2768
012998925 富蕴县人大志/3221
009400345 富蕴县志/3221
011995629 富蕴县政协志 1950.10-2002.12/3221

裕

009190562 裕民县志/3219
008380832 裕固族风俗志/3059

禄

012661576 禄口街道志/822
010146965 禄口镇志/822
013461633 禄丰县工会志/2841
013319723 禄丰县民政志/2842
008716942 禄丰县志/2841
008992702 禄丰县志 1988-2000/2841
012873283 禄丰县政协志 1950-2002/2841
012766209 禄劝政协志/2757
010147003 禄劝彝族苗族自治县卫生志/2758

008837131 禄劝彝族苗族自治县水利电力志/2758
010475749 禄劝彝族苗族自治县气象志/2758
012766189 禄劝彝族苗族自治县农业志/2757
007590097 禄劝彝族苗族自治县志/2757
011534033 禄劝彝族苗族自治县志 1991-2000/2757
013461637 禄劝彝族苗族自治县供销合作社志 1952-1985/2757
011584565 禄劝彝族苗族自治县烟草志/2757
012766172 禄劝彝族苗族自治县教育志/2757

谢

011793140 谢氏史志平阳篇/1031
012899991 谢田村志/995
012636910 谢尔塔拉种牛场志 1955-2010/422
009310591 谢桥镇志/894
008985257 谢家集区志 1949-1990/1140
012545469 谢通门县志/2918

疏

008492741 疏附县志/3186
008866493 疏勒县志/3186

登

012998906 登封工会志/1666
009334826 登封水务志/1666
012609601 登封文化志/1667
009808407 登封文物志稿/1667
013403083 登封市人民医院院志 1951-2001/1668

011311050 登封市土地志/1666

009560785 登封市卫生志/1668

009082522 登封市公安志/1666

013141140 登封市军事志 约前30世纪-2005/1666

011943419 登封市志/1665

009082520 登封市财政志/1667

009560787 登封市政协志/1666

010778376 登封市教育志 1986-2002/1667

007772958 登封名胜文物志/1667

013681533 登封县交通志/1667

009412826 登封县志大事记 征求意见稿/1665

008987005 登封县志简编/1665

008426137 登封县烟草志/1666

008426240 登封县教育志/1667

012714084 登封国土资源志/1666

014028666 登封检察志/1666

009412810 登封煤炭志/1666

013090960 登封煤炭志/1666

婺

011909098 婺源县人民代表大会志 1933.2-2007.1/1383

007013623 婺源县志 第1卷/1383

010293982 婺源县志 第2卷 1987-2001/1383

008664388 婺源县邮电志/1384

008300247 婺源检察志 部门志 1955-1988/1384

十三画

瑞

011570194 瑞平灌区志/1021

008662686 瑞安市二轻工业志/1024

009804241 瑞安市人民代表大会志/1023

012639021 瑞安市人民医院院志 1937-2007/1025

010778522 瑞安市工商行政管理志 239-2005/1024

008662788 瑞安市土地志/1024

010009349 瑞安市广播电视志/1024

008846382 瑞安市水利志/1024

010473947 瑞安市公安志/1023

008450577 瑞安市地名志/1024

013144720 瑞安市华侨志/1023

008822663 瑞安市志/1023

008662790 瑞安市邮电志/1024

009442731 瑞安市财政税务志/1024

008830207 瑞安市金融志/1024

011311827 瑞安市实验小学校志 1902-2002/1024

013184639 瑞安市政协志 1956-2011/1023

008662694 瑞安市教育志/1024

013684469 瑞丽口岸动植物检疫简志 1982-1992/2889

008719426 瑞丽市志/2888

013822663 瑞丽市志 1978-2005/2888

012208158 瑞丽市政协志 1950-2004/2888

012877138 瑞丽农场志/2889

013731159 瑞丽农场志 1959-2010/2889

009388612 瑞丽教育志/2889

012614112　瑞昌市志 1990-2005/1315
009386215　瑞昌市邮电志/1315
013067048　瑞昌市供销合作社志/1316
008426040　瑞昌县人民代表大会志/1315
013684587　瑞昌县水利志征求意见稿/1316
007351318　瑞昌县志/1315
007482387　瑞昌县续志/1315
009386220　瑞昌政协志/1315
013342452　瑞金市人民医院志/1331
009994068　瑞金市电业志 1955-2002/1331
010778551　瑞金市志/1330
008428910　瑞金县工商行政管理志/1331
008429109　瑞金县水利志/1331
013755963　瑞金县交通志/1331
007482405　瑞金县志/1330
008429078　瑞金县劳动人事志/1331
008471104　瑞金邮电志/1331
013342450　瑞洪方志/1381
012237643　瑞穗乡志初稿/3253

鄢

007518746　鄢陵花卉志/1754
007900097　鄢陵县志/1754
012100641　鄢陵县志 1987-2000/1754
009382347　鄢陵县供销合作志/1754
007532046　鄢陵县教育志/1754

鼓

009000459　鼓楼区人大志/1212
012609867　鼓楼区人民法院院志 1956-2006/1212
009310565　鼓楼区文物志/818
009992974　鼓楼区志/818
008866668　鼓楼区志/1212
012250964　鼓楼区志/1677

009412845　鼓楼区志征求意见稿/1677

塘

011294273　塘东村志/1250
011908944　塘外续志/784
008906125　塘市镇志/897
008991954　塘坝乡志 1950-2000/2525
013072525　塘坑村志/1101
010011472　塘沽广播电视志 1956-2004/100
008593590　塘沽区土地管理志/99
007969470　塘沽区志/99
008298394　塘沽区房地产志/99
013706520　塘沽盐场志/100
007509018　塘栖镇志/992
013072534　塘桥志/898

鄞

012769469　鄞州水利志/1012
012545606　鄞州交通志/1011
010201690　鄞州政协志/1011
008985598　鄞县人民代表大会志/1011
010009721　鄞县水利志/1011
008830173　鄞县公安志/1011
008985594　鄞县文化广播志/1011
007809790　鄞县志/1011

勤

009338410　勤丰村志 1949-2000/870
009744125　勤得利农场志 1957-1983/701

蓝

008453593　蓝山县人民代表大会志/2091
007807097　蓝山县志/2091
012719193　蓝山县志 1990-2003/2091
009472561　蓝山县志林业志/2091
008538685　蓝山县志送评稿/2091
013820561　蓝山县志教育志/2092

009686491 蓝山县供销合作志/2091
009686479 蓝山县法院志/2091
009686497 蓝山县检察志/2091
009472557 蓝山县瑶族志/2092
008928884 蓝田县水利志/2949
012049501 蓝田县军事志前704-2005/2949
010201230 蓝田县农村信用合作社志/2949
007486925 蓝田县志/2949
013224550 蓝家庄村志/1439

蓟

009881541 蓟州风物志/102
008828128 蓟县土地管理志/102
007289951 蓟县志/102

蓬

013461822 蓬安县人大志/2541
007482407 蓬安县志/2541
012208098 蓬安县政协志1981-2005/2541
013686399 蓬莱师范建校五十五周年志稿1942-1997/1499
007587996 蓬莱县志/1499
009387158 蓬莱阁志/1499
012099701 蓬莱黄金志/1499
010243917 蓬莱镇志1986-2000/2507
010143126 蓬朗镇志/900
010008898 蓬朗镇志1989-2003/900
013793477 蓬溪县人大志/2504
013002334 蓬溪县人口与计划生育志1986-2005/2504
012969410 蓬溪县卫生志1986-2005/2505
008421980 蓬溪县交通志/2505
012969402 蓬溪县交通志1986-2005/2505
013002332 蓬溪县农机志/2505

013002329 蓬溪县农村信用合作社志1986-2006/2505
007809640 蓬溪县志/2504
013705550 蓬溪县志1986-2005/2504
013508833 蓬溪县邮电志/2505
012969398 蓬溪县国家税务志1984-2006/2505
011328573 蓬溪县政协志1986-2002/2505
012969406 蓬溪县粮食志1998-2005/2505

蒲

013508842 蒲山电厂志1999-2000/1770
009472772 蒲白矿务局志/2988
009962580 蒲州梆子志/325
006155438 蒲江县志/2449
009818355 蒲江县志1986-2000/2449
013093236 蒲江县志1986-2005/2449
009231855 蒲江县国土志/2449
009677858 蒲江县烟草志/2449
007514040 蒲圻志/1937
008377577 蒲圻县地名志/1938
012266022 蒲圻县财政志/1938
013144643 蒲县书画志/355
012266027 蒲县交通志/355
007482401 蒲县志/354
013144646 蒲县政协志/355
011477131 蒲岐镇志/1025
009333655 蒲松龄志/1403
013822152 蒲城县水利志/2988
011441190 蒲城县交通志/2989
011997481 蒲城县军事志前617-2005/2988
009005883 蒲城县志/2988
012899327 蒲城县志1991-2005/2988
009338017 蒲城县罕井镇地方志/2988

009190851 蒲缥镇志/2796

蒙

008452431 蒙山志/1563
012099669 蒙山县土地志/2308
007491026 蒙山县志/2308
010475743 蒙化志稿/2884
004477207 蒙古族风俗志第10卷/376
008717009 蒙自县志/2844
013863030 蒙自县金融志/2844
012680478 蒙自县爱国卫生运动志 1950-2007/2845
013730222 蒙阳中学校志 1944-2004/2441
010245186 蒙阳镇志/2568
011584673 蒙阴县人大志/1572
011499276 蒙阴县水利志/1572
013898429 蒙阴县电业志/1572
012203065 蒙阴县民政志/1572
008528140 蒙阴县地名志/1572
009334490 蒙阴县交通志/1572
008812642 蒙阴县志/1571
006555968 蒙城县志/1183
013774645 蒙城县志 1986-2003/1183

蓥

012175196 蓥华镇志/2472

颐

010255459 颐和园志/34

献

009796986 献县一中校志/228
008793905 献县水利志/228
008533634 献县地名资料汇编/229
009381107 献县交通志/228
012767044 献县护持寺村村志/228
008159175 献县志/228

楚

006862700 楚文化志/1836
008379732 楚剧志/1836
012191590 楚雄公路管理志/2834
010730752 楚雄市人民代表大会志/2836
014026674 楚雄市卫生志/2836
009867323 楚雄市水利志/2836
008718910 楚雄市志/2836
010243032 楚雄市林业志/2836
014026671 楚雄市供销合作社志 1952-2008/2836
011995396 楚雄市检察志 1941-2004/2836
012264050 楚雄交通规费征收稽查志/2834
013179373 楚雄州人事志 1988-2010/2832
010475345 楚雄州水利志/2833
012048807 楚雄州公安志/2832
010251795 楚雄州交通志/2834
011472243 楚雄州戏曲志/2835
013819213 楚雄州体育志/2835
013646939 楚雄州金融志/2834
008992647 楚雄州审判志/2833
008992645 楚雄州盐业志/2833
009388653 楚雄州烟草志/2833
011472228 楚雄州道路交通管理志/2834
013090927 楚雄州粮食志/2834
011320903 楚雄州粮食志 1988-2004/2834
011589801 楚雄卷烟厂志 1974-2007/2833
012679151 楚雄监狱志/2833
011589812 楚雄烟草志/2833
012995308 楚雄彝族自治州人口志/2832
013894439 楚雄彝族自治州人民医院院志 1991-2010/2835

013771706 楚雄彝族自治州卫生志/2835

010476477 楚雄彝族自治州乡镇企业志/2833

011579513 楚雄彝族自治州中医院志/2835

012689963 楚雄彝族自治州水利志 1991-2005/2835

011943202 楚雄彝族自治州文物志/2835

013819189 楚雄彝族自治州幼儿园志 1992-2012/2835

009000400 楚雄彝族自治州地方税务志/2834

011321133 楚雄彝族自治州地方税务志 2000-2005/2834

011293354 楚雄彝族自治州机关幼儿园园志 1952-1992/2835

013751593 楚雄彝族自治州妇女志 1991-2005/2832

007590144 楚雄彝族自治州志/2832

010243909 楚雄彝族自治州社会科学志/2832

008992642 楚雄彝族自治州政协志/2832

013626213 楚雄彝族自治州党派群团志/2832

008426851 楚雄彝族自治州教育志/2834

012048805 楚雄彝族自治州检察志/2833

槐

007523635 槐荫区志/1419

012265073 槐荫村志/339

榆

013072795 榆中县人事志 1949.8-2005.12/3043

011579855 榆中县水利志/3043

013866256 榆中县妇幼卫生志/3043

008838370 榆中县志/3042

010275942 榆中县邮电志/3043

013236293 榆中县财政志/3043

012956614 榆中县教育志/3043

013464238 榆中县税务志/3043

013464236 榆中县粮食志/3043

013939723 榆中法院志 1950.4-2011.4/3043

007466731 榆次市志/312

009962220 榆次市重点工程志 1991.1-1997.9/313

013236290 榆次市税务志/313

009312575 榆次供电志 1923-2002/312

011480439 榆次重点工程志 2001-2006/312

010278535 榆次站志/313

012956610 榆次站志/313

009995021 榆社县电力工业志 1958-2004/314

008470901 榆社县志/314

011321069 榆林人物志/3003

013323124 榆林工业学校校志/3003

009676079 榆林市军事志/3002

012238638 榆林市志 第1卷 商业卷/3002

012238666 榆林市志 第2卷 自然地理卷/3002

012238653 榆林市志 第3卷 治沙卷/3002

012238617 榆林市志 第4卷 大事记/3002

012613003 榆林市榆阳区军事志/3003

007493489 榆林地区志/3002

008793358 榆林地区审判志/3002

009995083 榆林地区烟草志/3003

011292806 榆林地区教育志/3003

009561643 榆林地区税务志/3003

005665478 榆林地方简志/3002

008929133 榆林县水利志 /3003
008672887 榆林邮电志 /3003
010686826 榆树川发电厂志 1967-1985 /593
012003040 榆树市乡镇志 /593
011809707 榆树市志 1989-2000 /593
010474391 榆树市金融志 /593
011444229 榆树台镇志 初稿 /593
010776977 榆树县水利志 /593
009310558 榆树县文物志 /593
009397311 榆树县地名志 /594
005696892 榆树县志 /593
009839906 榆树县志 初稿 /593
013510918 榆树县科技志 /593
013464234 榆树教育志 /593
010138252 榆堡镇志 征求意见稿 /67
013323120 榆家梁煤矿志 1999-2009 /3004

楼

013224661 楼子营村志 /342
011312471 楼东村志 /358
011534024 楼村志 /1730

碛

009840220 碛口志 /364

碑

009046136 碑林区志 /2946
008992818 碑林区志 初审稿 /2946

碌

013000432 碌曲人大志 /3084
010244192 碌曲县志 /3084

雷

008597975 雷山县卫生志 初稿 /2701
008597981 雷山县水利志 /2701
008541001 雷山县地名志 /2701
008597967 雷山县交通志 /2701
008597982 雷山县农业区划志 /2701
007913595 雷山县志 /2700
008597976 雷山县志金融志 讨论稿 /2700
008597980 雷山县档案志 /2701
012899033 雷山县旅游志 /2701
008597978 雷山县商业志 /2701
008597970 雷山县粮食志 /2700
008069150 雷波县志 /2618
008846157 雷锋志 /460

零

008384121 零陵地区工会志 /2084
010245063 零陵地区交通志 /2085
008197459 零陵地区志 /2082
008989954 零陵地区志 /2082
011762889 零陵地区志人大志 /2082
013821758 零陵地区志民族志 /2082
008538744 零陵地区志评审稿 /2082
012899112 零陵地区志供销合作社志 /2082
013821839 零陵地区志税务志 /2082
013990912 零陵地区志福田茶厂志 /2082
009442699 零陵地区志第 3 卷 计划志 /2082
009044822 零陵地区志第 5 卷 金融志 /2083
009044263 零陵地区志第 6 卷 科学技术志 /2083
009044826 零陵地区志第 7 卷 妇女志 /2083
008453589 零陵地区志第 8 卷 农业志 /2083
009044842 零陵地区志第 9 卷 卫生志 /2083
009044290 零陵地区志第 10 卷 公安志 /2083
009044846 零陵地区志第 11 卷 法院志 /2083
009044850 零陵地区志第 12 卷 环保

志/2083

009045152 零陵地区志 第 13 卷 检察志/2083

009045113 零陵地区志 第 14 卷 农机志/2083

009045092 零陵地区志 第 15 卷 人事志/2083

009045390 零陵地区志 第 16 卷 粮油志/2083

009045075 零陵地区志 第 17 卷 乡镇企业志/2083

009045066 零陵地区志 第 18 卷 军事志/2084

009045054 零陵地区志 第 19 卷 邮电志/2084

009045399 零陵地区志 第 20 卷 水利水电志/2084

008453581 零陵地区志 第 21 卷 医药志/2084

008594740 零陵地区志 第 22 卷 商业志/2084

008453587 零陵地区志 第 23 卷 畜牧水产志/2084

010245082 零陵地区纺织厂厂志 1966-1993/2084

010244265 零陵县二轻工业志 1840-1984/2086

010244288 零陵县民政志 1840-1984/2086

010244546 零陵县权力机关志/2086

008531824 零陵县交通志/2086

007509345 零陵县志/2086

012832485 零陵县医药卫生志/2086

013659593 零陵县金融志/2085

雾

012072291 雾峰乡志/3246

虞

009472606 虞山林场志/896

008846553 虞山镇志/895

013961227 虞城当代人物志/1789

007900109 虞城县志/1789

013797202 虞城县志 1986-2005/1789

睢

010278778 睢宁县工会志/861

009675558 睢宁县土地管理志/861

008569864 睢宁县水利志/861

007477997 睢宁县志/860

013706402 睢宁县李集中学校志 1952-2002/862

011477236 睢宁县金融志/862

012766881 睢宁县政协志/861

013510580 睢宁县教育志 1986-1995/862

010143132 睢宁县粮食志/862

013936406 睢宁煤矿志 1958-1985/861

013706405 睢阳区政协志 1997-2011/1786

008422503 睢县卫生志/1788

009382294 睢县曲艺志/1788

013686256 睢县交通志/1788

007289936 睢县志/1788

010730603 睢县志 1986-2000/1788

012662304 睢县政协志 1960-2004/1788

跨

009154170 跨塘镇志/880

路

008992676 路南县科技志/2756

009091764 路南政协志 1965-1988/2755

008992663 路南彝族自治县人大工作志/2755

008992655 路南彝族自治县工商志/2755

008992665 路南彝族自治县公安志/2755

008992671 路南彝族自治县农牧志/2756

008716965 路南彝族自治县志/2755

008992678 路南彝族自治县医院志/2757

009088952 路南彝族自治县供销合作社志 1952-1985/2756

008992674 路南彝族自治县金融志/2756

008992668 路南彝族自治县法院志/2755

008992656 路南彝族自治县教育志/2756

011327646 路南彝族自治县粮油志/2756

008450469 路桥区土地志/1090

008989944 路砦村志/1650

畹

008719472 畹町市志/2888

013959451 畹町市教育志/2889

013756861 畹町市教育志 1994-2007/2889

013731958 畹町农场志 1959-2010/2889

蜀

009688844 蜀阜志/1054

嵊

013959375 嵊州市土地志/1057

012638843 嵊州市中等职业技术学校校志 1979-2009/1058

009840508 嵊州市水利志/1057

013145410 嵊州市公安志 1986-2005/1056

012814202 嵊州市电力工业志 1919-2005/1057

013756069 嵊州市民政志/1057

009996183 嵊州市交通志/1057

011570297 嵊州市志 1986-2002/1056

013756067 嵊州市财政税务志 1986-2002/1057

011294781 嵊州市国土资源志/1057

013185757 嵊州市育英小学校志 1998-2008/1057

012638849 嵊州市逸夫小学校志 1998-2008/1057

012051915 嵊州桥梁图志 古桥/1058

013002495 嵊县中学校志 1915-1995/1058

008450493 嵊县地名志/1058

011442019 嵊县交通志 征求意见稿/1056

007378975 嵊县志/1056

012208207 嵊县教育志/1057

011442002 嵊泗县交通志/1086

004892877 嵊泗县志/1086

011805910 嵊泗县志 1986-2000/1086

013795522 嵊泗县政协志/1086

013145406 嵊泗海洋与渔业志/1086

嵩

013899601 嵩山少林寺塔沟武校志/1667

010730774 嵩山志/1667

009413830 嵩山旅游志/1667

010244036 嵩县人大志 1949-2004/1697

012766875 嵩县交通志/1697

003807961 嵩县志/1696

009889243 嵩县志 土特名产集 初稿/1696

011908912 嵩县志 1986-2000/1696

012766878 嵩县科技志 1986-2000/1697

013145449 嵩明县人民代表大会志 1950-2003/2754

013067284 嵩明县卫生志 1950-2010/2754

010239069 嵩明县水利志/2754

008053795 嵩明县志/2753

013462597 嵩明县供销合作社志 1952-1985 /2754

010201235 嵩明县法院志 1942-2000/2754

013379039 嵩明县政协志 1950-1999/2754

012766869 嵩明县教育志/2754

008719449 嵩明县情 1986-1995/2753

011805928 嵩明信用社志 1954-2004/2754

010242765 嵩明烟草志 1921-1992/2754

错

001921236 错那门巴语简志/2917

013726879 错那县志/2916

011995419 错那 隆子 加查 曲松县文物志/2916

锡

011955706 锡山市志 1986-2000/834

009379613 锡山钨锡矿志 1959-1985/2233

001920259 锡伯语简志/3213

008395448 锡伯族风俗志/3214

008385220 锡林郭勒日报志 1947-1990/444

012613288 锡林郭勒盟广播电视志/445

011909122 锡林郭勒盟卫生志/445

009313093 锡林郭勒盟水利志/444

008385190 锡林郭勒盟公路交通志/444

008196367 锡林郭勒盟志/443

012956553 锡林郭勒盟志人口和计划生育志/443

013865254 锡林郭勒盟志工商联志/443

013959591 锡林郭勒盟志公安志/443

013865263 锡林郭勒盟志文化体育新闻出版志/444

013865259 锡林郭勒盟志民族宗教志/443

014052430 锡林郭勒盟志地方税务志/443

013994105 锡林郭勒盟志扶贫开发志/443

013226538 锡林郭勒盟志环境保护志/443

013994104 锡林郭勒盟志法院志/443

013959589 锡林郭勒盟志残联志/443

013865261 锡林郭勒盟志统战志/443

013464173 锡林郭勒盟志财政志 1991-2007/443

009349649 锡林郭勒盟邮电志/444

012684981 锡林郭勒盟财政志/444

012662500 锡林郭勒盟国家税务志 1991-2000/444

011479282 锡林郭勒盟政协志 1955-2004/444

011909114 锡林郭勒盟科学技术志/445

009190273 锡林郭勒盟畜牧志/444

008377784 锡林郭勒盟商业志/444

011909121 锡林郭盟林业志/444

009398321 锡林浩特市公路交通志/445

008645364 锡林浩特市志/445

014052433 锡林浩特市政协志 1981-2008/445

009962618 锡矿山锑矿志 1897-1981/2106

锦

008985353 锦丰镇志/897

008537930 锦西水泥厂志 1939-1985/567

009154307 锦西化工机械厂志 1939-1985/567

009242719 锦州广播电视志 1939-1985/538

008846183 锦州风物志/539

013512164 锦州节能热电股份有限公司志 1992-2002/539

013508434 锦州市人民代表大会志 1949-1990/537

012661322 锦州市工会志/536

008536820 锦州市工商行政管理志/537
008537927 锦州市乡镇地名志/539
008536834 锦州市乡镇企业志/537
008537935 锦州市五金工业公司志 1949-1985/537
008829873 锦州市区地名录/539
013508432 锦州市化工材料公司志 1965-1985/537
009242727 锦州市风景名胜志/539
008537941 锦州市计划志 1948-1990/537
011566152 锦州市古塔区卫生志 1852-1985/540
011580215 锦州市动物疫病志 1949-1989/539
008536832 锦州市百货公司(站)志 1948-1985/538
014047445 锦州市兴城疗养院志 1954-1985/568
008869044 锦州市志/536
008536811 锦州市志第1卷 综合卷/536
008486675 锦州市志第2卷 经济建设卷/536
008536805 锦州市志第3卷 政治文化卷/536
011805347 锦州市志综合卷 1986-200 /536
008536835 锦州市财政志/538
013508433 锦州市环境污染志/539
008536826 锦州市物资志 1949-1985/537
013659389 锦州市保险志/538
013224452 锦州市税务志/538
009242728 锦州市粮食志 1991/538
010275863 锦州发电厂志 1977-1985/537
013224451 锦州国税志 1994-2008/538
012832426 锦州采油厂志 1991-2010/537
008537940 锦州法院志 1840-1985 送审稿/537

014047448 [锦州铁路第一中学校]校志 1948-1985/538
013224455 锦州税务志 1856-1994/538
012832198 锦州港志 1986-1999/538
011497914 锦州新闻志报纸部分 1909-1993/538
008038716 锦县志/540
013531083 锦屏工商行政管理志/2697
009336921 锦屏县工会志/2697
011954478 锦屏县汉侗苗语方言志/2698
010138305 锦屏县民族志征求意见稿/2698
007490454 锦屏县志/2697
013597590 锦屏县志 1991-2009/2697
010279120 锦屏县林业志/2698
013064782 锦屏县偶里乡志/2697
010278966 锦屏磷矿志 1919-1999/2698
009686972 锦溪镇志/899

筠

008430253 筠连县志/2551
012719141 筠连县志 1986-2005/2552
013932192 筠连县苗族志 1911-2005/2552
008991735 筠连县非公有制经济志/2552
009231728 筠连县政协志 1987.1-2000.12/2552

简

012967988 简阳市工商业联合会(商会)志 1903-2003/2585
013224428 简阳市志 1986-2005/2584
007987876 简阳市国土志/2585
013861796 简阳市政协志 1987.3-2005.12/2584
010273748 简阳市高级职业中学校志/2586

008670103 简阳县三岔区志/2584

010290976 简阳县水利电力志/2585

008430415 简阳县石板区志 1919-1985/2584

009818005 简阳县民政局志/2584

008430456 简阳县红塔区志/2584

008430463 简阳县红塔氮肥厂志 1976-1987/2585

008670320 简阳县志/2584

012954909 简阳县医药志 1919-1985/2585

011566089 简阳县城关区志/2584

008430453 简阳县总工会志 1925-1982/2584

009228497 简阳县贾家区志/2584

011310738 简阳县畜牧业志 1911-1985/2585

010275856 简阳县商业志 1903-1982/2585

012541884 简阳法院志 1986-2005/2585

013957729 简明汉阳区志/1841

衙

009319943 衙前镇志/988

微

013630151 微山县二轻工业志/1529

008487303 微山县计划生育志/1529

008487306 微山县交通志/1529

007969457 微山县志/1529

011909049 微山县志 1991-2005/1529

008487314 微山县志大事记资料/1529

008487301 微山县财政志/1530

012612856 微山县财政志 1986-2000/1530

014052342 微山县供销合作社志/1529

012175033 微山县金融志/1530

012956073 微山县法院志/1529

009700305 微山县政协志 1980-2003/1529

008487312 微山县税务志/1530

012814288 微山县税务志 1986-2000/1530

008487308 微山县粮食志/1530

012814283 微山湖志/1530

012140432 微水发电厂志 1943-1988/135

009959816 微水村志/134

遥

013686434 遥观乡志/874

013379373 遥观镇志/874

鹏

013898903 鹏化志/2316

腾

013226333 腾冲县人民代表大会志/2798

013991570 腾冲县人民医院志 1940-2009/2799

012662332 腾冲县工会志/2798

008539869 腾冲县卫生志/2799

008539813 腾冲县水利/2798

013863843 腾冲县民政志/2798

011066845 腾冲县交通志/2799

008421044 腾冲县志/2798

008539889 腾冲县供销社志 1952-1983/2799

009190785 腾冲县建设志/2798

010113106 腾冲县政协志/2798

008539868 腾冲县轻手工业志/2798

013936414 腾冲县界头乡教育志/2799

013822748 腾冲县烟草志/2799

008539882 腾冲县教育志/2799

008660283 腾冲县粮油志/2799

008539885 腾冲县粮油志稿/2799

012613859 腾桥地方志/1369

008537978 腾鳌镇志/519

詹

010244207 詹店镇志/1743
013940777 詹桥中学校志/2043

鲅

013779551 鲅鱼圈区政协志/544

鲍

012635568 鲍店煤矿志/1526
013751441 鲍店煤矿志 2006-2010/1526
009995699 鲍家村志/1011
012191371 鲍家寨村志/3099

颖

012256512 颖川堡车辆段志 1959-2000/3037

解

007657580 解放区志/1738
009700243 解家泽口村志/1449

廉

009332413 廉州中学志 1905-1990/2311
013375831 廉江市志 1979-2005/2206
008616599 廉江市财政志/2207
008616552 廉江县二轻工业志/2207
008616560 廉江县工商行政管理志/2206
008451938 廉江县水利志/2207
008385604 廉江县电力工业志/2207
007493536 廉江县志/2206
009145663 廉江县劳动志/2206
008616569 廉江县林业志/2206
008385599 廉江县供销社志/2207
007677617 廉江县粮食志/2207

靖

011439876 靖石乡志/1339

014047459 靖边县人民代表大会志 1953-2011/3005
012541967 靖边县军事志/3005
006555947 靖边县志/3005
013752698 靖边县教育志/3005
012613290 靖西县土地志/2323
009557586 靖西县当代人物简志/2323
008645231 靖西县志/2323
012265163 靖会电力提灌工程志/3046
008538786 靖州县人口志/2102
008538791 靖州县民政志/2102
013932180 靖州县军事志 225-2005/2102
008531602 靖州县农业机械志/2103
007793037 靖州县志/2102
012680305 靖州县志 1978-2005/2102
008531617 靖州县财政志/2103
008531623 靖州县财贸志/2103
008538784 靖州县畜牧水产志/2103
008538789 靖州县商业志/2103
008385593 靖州县税务志/2103
008531834 靖州苗族侗族自治县民族志/2103
008538773 靖州苗族侗族自治县城乡建设志/2102
008531837 靖州林业志/2103
010730148 靖江水利志/955
012661369 靖江公安志/954
012097660 靖江市工会志/954
012999267 靖江市工会志 1990-2009/954
013792610 靖江市土地志送审稿/954
009790032 靖江市邮电志/955
011328714 靖江市政协志/954
011566164 靖江司法志/954
013684425 靖江县交通志/954

004436221 靖江县志/954

012680295 靖江县法院志/954

013792611 靖江县税务志初稿 1940-1985/955

011497930 靖江审计志/954

009154294 靖江检察志/954

008444162 靖宇县地名志/623

011329318 靖宇县交通志 1949-2006/623

008731731 靖宇县志/623

010730482 靖宇县志 1986-2002/623

013659395 靖安县交通志资料汇编/1366

007295474 靖安县志/1366

012999261 靖安县志 1988-2007/1366

009687170 靖安县邮电志/1366

012899008 靖安县政协志 1981-1990/1366

013446289 靖安县粮食志/1366

008994258 靖远县志/3047

008846123 靖远矿务局志/3047

008848140 靖远法泉寺石窟志/3047

新

002988283 新干县志/1348

009889677 新干县志 1986-2000/1349

008425985 新干县医药卫生志/1349

011444057 新乡车站志 1904-1986/1723

009685619 新乡石油商业志/1724

008422774 新乡市一商志/1724

012175106 新乡市人民法院志/1721

013661505 新乡市土地志/1722

010735950 新乡市卫生志 1368-1985/1726

013939600 新乡市中心医院志 1986-2002/1726

012052460 新乡市水利志/1723

009413874 新乡市化纤纺织厂志 1918-1981 未定稿/1723

013464200 新乡市文化志/1725

013994195 新乡市北站区志 1987-2000/1727

009334851 新乡市北站区潞王坟乡堡上村志/1730

013939597 新乡市电子工业志 1956-1984/1723

010008611 新乡市电业局志 1986-2001/1723

012767134 新乡市田家炳高级中学校志（新乡市第三中学）1930-2010/1725

012900058 新乡市民族志 1780-1985 初稿/1726

008422760 新乡市曲艺志/1725

009334752 新乡市自来水公司志/1722

009159392 新乡市自来水公司志评审稿/1722

010777273 新乡市农业科学研究所志 1949-1999/1726

012506413 新乡市农业科学院志 1949-2009/1726

010109002 新乡市戏曲志/1725

012723233 新乡市红旗区志 1986-2000/1727

007587987 新乡市志/1721

011534072 新乡市志 1986-2000/1721

009959881 新乡市志新闻报刊志/1721

010250783 新乡市医药志/1726

012900062 新乡市针织厂志 1958-1984/1723

009814254 新乡市饮食行业志 1923-1983/1724

009959879 新乡市物资志 1949-1985/1722

013133848 新乡市金融志 1899-1982/1725
010108899 新乡市服务行业志/1724
007490996 新乡市郊区志/1728
012723241 新乡市郊区志 1986-2000/1728
012900068 新乡市宗教志 初稿/1721
013510791 新乡市房地产志/1722
013133842 新乡市建设银行志 1951-1982/1724
008424355 新乡市建筑工程志/1723
013604237 新乡市城市建设志 586-1985/1727
009814261 新乡市重工局职工大学校志 1971-1981 未定稿/1725
013823011 新乡市铁路高级中学校志 1954-2012/1725
012723224 新乡市第一中学校志 1940-2010/1725
012636856 新乡市第二十一中学(新乡县三中关堤中学)校志/1730
013728939 新乡市第三十中学校志 1991-2011/1725
010468990 新乡市博物馆志/1725
010468433 新乡市棉织厂志 1927-1981 未定稿/1723
013661504 新乡市税务志 1911-1985/1724
009413878 新乡市蔬菜行业志/1722
012613221 新乡市燃料化肥总厂厂志 1958-2000/1723
010250723 新乡地区中药厂志 1956-1982 初稿/1726
013686410 新乡地区公路志/1726
010250722 新乡地区制药厂志 1969-1982 讨论稿/1722
013604233 新乡地区供销合作社志 1949.10-1986.6/1724
009413865 新乡地区商业志/1724
010108892 新乡机床厂志 1947-1982 未定稿/1723
013510787 新乡当代英才志/1726
008421937 新乡交通志/1723
013686412 新乡县人民法院志/1730
009864624 新乡县水利志/1730
008257712 新乡县志/1730
013823004 新乡改革开放三十年图志/1721
012613219 新乡树脂厂志 1966-1995/1723
007986739 新乡铁路分局志 郑州铁路分局志分册 1902-1986/1724
012218666 新丰乡志/3241
013097832 新丰公安志/2167
008421417 新丰方言志/2167
008815665 新丰县志/2167
013706960 新丰县志 1979-2005/2167
013097836 新丰政协志 1980-2006/2167
011909173 新丰镇志/1036
013797076 新区小学校志 1985-1994/1869
013865441 新区小学校志 1995-2004/1869
012545525 新中国工商行政管理史志/3264
008823385 新中国五十年宜昌县大事记/1876
001691615 新中国第一志/1628
008379104 新化县地方电力志/2108
013939488 新化县军事志 1840-2005/2107
008192044 新化县志/2107
012237485 新化镇志 美丽的山林地大目降的历史/3251
013689614 新户镇志/1482

009015856 新巴尔虎左旗志/427

012613239 新巴尔虎左旗志 1997-2005/427

013145742 新巴尔虎左旗财政志/428

011955729 新巴尔虎左旗政协志/428

013010986 新巴尔虎右旗达赉东索木志/428

011328568 新巴尔虎右旗志/428

013379119 新巴尔虎右旗志 1991-2005/428

013010926 新巴尔虎右旗政协志/428

008864742 新龙支行行志/2605

007378042 新龙县志/2605

012723218 新龙县志 1988-2006/2605

011294835 新龙县政协志/2605

010468970 新平方言志/2790

010293957 新平电力工业志/2790

012956578 新平县妇联志/2789

008718428 新平县志/2788

012175101 新平彝族傣族自治县人口志/2789

013321257 新平彝族傣族自治县人民医院志/2790

012100582 新平彝族傣族自治县工会志/2789

012140831 新平彝族傣族自治县土地志/2789

013226618 新平彝族傣族自治县公安志/2789

009867365 新平彝族傣族自治县民族志/2790

013775989 新平彝族傣族自治县军事志 1388-2005/2789

012900050 新平彝族傣族自治县农业志/2789

012877317 新平彝族傣族自治县妇幼卫生志/2790

013510783 新平彝族傣族自治县邮电志/2790

009480329 新平彝族傣族自治县烟草志/2790

013661501 新平彝族傣族自治县检察志 1955-2005/2789

008596125 新田县志/2092

011998676 新田县志 1978-2003/2092

010199680 新田县志 1978-2003 评议稿/2092

006216217 新四军人物志/3271

008571394 新四军英烈志/3271

008571387 新四军征战日志/3264

010286154 新生鄂伦春族乡志/710

008380782 新乐市人民法院志 1950-1996/132

014052856 新乐市志 1993-2005/132

008379622 新乐县水利志/132

008533306 新乐县地名资料汇编/133

008383465 新乐县交通志/133

007930921 新乐县志/132

009863840 新市镇志/2151

009190526 新立村志/92

013939528 新宁县军事志 1840-2005 内部版/2037

011955741 新宁县志 1978-2004/2036

008531737 新宁县财政志 1840-1986/2037

008531581 新宁县教育志 1840-1985/2037

008531591 新宁县粮食志/2037

012140827 新民土地志/494

013097840 新民乡志 1948-2008/540

009337993 新民主主义革命时期中国共产党大理地方党史大事记 1919-1950.

3/2865
012900042 新民市卫生防疫站站志/494
012689849 新民市志 1986-1995/494
012900045 新民县水利志/495
004516545 新民县志/494
013343374 新民县教育志 1883-1985/494
008991942 新民初级中学校志 1970-2001/2529
009244422 新民规划志/495
008991944 新民镇中心小学校志/2528
008991938 新民镇志 1911-1999/2525
013757113 新发地村志/52
011809479 新台州气象志/1088
013865453 新圩志/1225
003097867 新寺志/783
012052458 新寺续志 1988-2003/784
007988983 新场区志/2707
009677062 新场镇志/766
007475849 新竹风物志/3254
006548148 新华区志/1702
011811205 新华区志/1727
012052435 新华书店菏泽店志 1949-2008/1602
008379713 新华发电厂志/689
013959619 新华村志/1842
008380143 新会县水利志/2200
007291160 新会县志/2200
007990300 新会县志续编/2200
012218614 新庄市志/3237
003033899 新庄志/3239
011955746 新庄村志/265
008830475 新庄孜煤矿志 1946-1991/1139
008828309 新庄煤矿志 1978-1997/3072
009335407 新庄镇志/1364

009382666 新州县水利志/1849
009382657 新州磷肥厂志 1971-1985/1833
007684094 新兴县卫生志/2260
013732485 ［新兴县］卫生志 1979-2000/2260
009839197 新兴县水利志/2259
013775994 新兴县公路志 1979-2004/2260
011329742 新兴县电力志/2259
013732482 新兴县外事侨务志 1979-2000/2259
013510797 ［新兴县］民政志 1979-2000/2259
013226636 新兴县地方志丛书税务志 1979-2000/2259
010195276 新兴县华侨志/2259
009864129 新兴县交通志/2259
008986844 新兴县军事志/2259
012689850 新兴县农业志/2259
007132468 新兴县志/2258
013723694 新兴县志 1979-2000/2258
013510794 新兴县财政志 1979-2000/2259
008986853 新兴县国土志/2260
012636852 ［新兴县］国土资源志/2259
008986845 新兴县金融志/2260
012767138 新兴县政协志/2258
010195279 新兴县总工会专志初稿/2258
007412387 新兴县统一战线工作志/2258
009864142 新兴县教育志/2260
008986851 新兴县粮食志/2259
009996585 新兴铸管志军钢志续集 1986-2000/163
012767140 新兴铸管集团志 2000-2010/18
011066366 新安电力集团志/1695
008424662 新安民间兴学志/1695

012613241 新安江开发志/1004
008446594 新安江水电站志/996
012814426 新安江水电站志 1989-2005/997
010238873 新安县卫生志 1932-1984/1696
003801295 新安县志/1695
012100557 新安县志 1986-2000/1695
013010919 新安县财政志/1695
008421812 新安县教育志/1695
012140792 新安煤矿志 1978-2008/1695
012956572 新安煤矿志 1996-2010/1695
010011594 新抚钢志 1958-1985/526
008672142 新坝乡志/2552
012970626 新芜区志/1131
012052433 新村村志/280
013148631 新时期荆门招生考试志/1898
003491338 新县志/1794
013630420 新县志 1986-2005/1794
008414606 新县教育志 1783-1994/1794
012819806 新邱区志 1990-2006/546
008299947 新余市卫生志/1323
008299944 新余市交通志/1322
007905762 新余市志/1321
010143344 新余市志商业志/1321
012003013 新余市邮电志/1322
008299930 新余市林业志/1322
008299948 新余市金融志/1322
013732488 新余市金融志 1983-2008/1323
008299956 新余市城乡建设志/1322
012252888 新余市政协志/1322
008299939 新余市教育志/1323
012545521 新余市教育志/1323
009059428 新余市情概要/1323
008299941 新余市税务志/1322
010143343 新余市渝水区政协志/1323

013226650 新余民盟志/1321
008299936 新余建筑志/1323
010292599 新余建筑志送审稿/1323
008299934 新余钢铁厂志 1958-1988/1322
008299931 新余烟草志/1322
012814435 新沂市人民医院志 1949-2009/856
011585128 新沂市工会志/855
012506421 新沂市农机志/856
012723251 新沂市志 1978-2008/854
012877318 新沂市政协志 1981-2005/855
009687102 新沂市粮食志/855
012100599 新沂民政志/855
008817584 新沂县志/854
012545487 新沟镇志/1921
011793285 新汶矿务局中心医院志 1948-1989/1537
012506408 新汶矿务局机电修配厂志/1537
011909897 新汶矿务局西港煤矿志 1970-1989/1536
010292242 新汶矿务局志 1840-1987/1536
011909895 新汶矿务局汶南煤矿志/1536
011793277 新汶矿务局张庄煤矿志 1922-1987/1536
011809342 新陂乡志/1339
013939595 新邵县军事志 1840-2005/2034
006555944 新邵县志/2034
013599608 新邵县志 1978-2005/2034
008538681 新邵县志送评稿/2034
008385212 新邵县财政志/2034
008385184 新邵林业志/2034
008034157 新青区志 1956-1985/695
012767129 新坡村志/2355

011809463 新林区地名志/720
007793046 新林区志 1967-1988/719
011909888 新林区志 1989-2005/719
011145141 新林民间文学集成/720
011479379 新矿集团地质勘探公司志/1539
009341152 新昌文物志/1059
012613237 新昌县人民代表大会志/1058
008380271 新昌县工业志/1059
009388742 新昌县工商联志/1058
013010945 新昌县土地志/1059
013010951 新昌县卫生志/1060
013010933 新昌县水利志/1059
008450588 新昌县地名志/1060
011444048 新昌县地名志/1060
011585116 新昌县交通志/1059
007010527 新昌县志/1058
013186070 新昌县财政税务志/1059
012899994 新昌县财税志/1059
013604196 新昌县知新中学校志/1059
013226604 新昌县统战志/1058
013010929 新昌县教育志/1059
013959618 新昌县商业志/1059
013604193 新昌县鼓山中学校志 1974.10-2010.12/1059
013226591 新昌县粮食志/1059
008216914 新昌镇志/1364
013010955 新固镇村志/162
007990218 新和县志/3183
007475339 新金门志/3258
007896665 新金县志/509
012613232 新店镇志/1231
012545524 新郑公安志/1663
008421894 新郑市水利志/1664

010152996 新郑市文物志/1664
013994202 新郑市民政志 1948-2008/1664
013959624 新郑市志 1986-2005/1663
007685396 新郑市环境志/1665
013689617 新郑市建设志/1665
010251762 新郑曲艺志/1664
010238876 新郑县卫生志/1664
007900159 新郑县志/1663
010109014 新郑县建设志/1664
007530776 新郑县教育志/1664
012316964 新郑卷烟厂志 1990-2009/1664
010252953 新郑房地产志/1664
011327613 新郑烟厂志 1949-1989/1664
013865432 新河村志/2746
008793908 新河县水利志/178
008533817 新河县地名资料汇编/178
008622929 新河县志/177
013797074 新泾乡志/751
009088981 新建村志/998
012545509 新建村志 2000-2007/998
013133836 新建县人民代表大会志 1949-2002/1302
004018809 新建县志/1302
010779197 新建县志 1985-2002/1302
011585120 新建县邮电志/1303
010143340 新建县政协志 1962-1992/1302
013097849 新线铁路运输处志 1950-1999/2094
009699776 新城子区志 1991-2000/493
013510760 新城子区志 2001-2006/493
009397288 新城子区教育志 1904-2000/493
011585118 新城区志/384
008488208 新城区志/2282
008994249 新城区志/2946

008598548 新城区志/2946
012970571 新城村志/265
008533368 新城县地名资料汇编/189
010152989 新城金矿志 1975-2005/1498
013630423 新星场志/2355
013994199 新修什邡县志人口志 初稿/2471
012851581 新修桃园县志/3240
013604175 新泉地方志/2048
013097843 新泉镇志/1272
012723270 新洲二中学校志 1931-2005/1849
012613212 新洲工商行政管理志 1949-2005/1848
010686806 新洲土壤志/1849
012636845 新洲区人大志 1951-2002/1848
012613205 新洲区人民法院志 1979-2005/1848
012636839 新洲区水务志/1848
012662647 新洲区志 1979-2005/1848
010962455 新洲区烟草志/1849
012175110 新洲县水利志/1849
009338193 新洲县文化志/1849
006776553 新洲县志/1848
008990396 新洲县志略/1848
009382660 新洲县供销社志/1849
009338187 新洲县金融志 1840-1985/1849
009864805 新洲县畜牧志 1882-1985/1848
003146868 新洲县教育志/1849
009252774 新洲县商业志 1882-1985/1849
002371420 新洲县简志/1848
013757128 新津民俗志/2450
013939499 新津县人民医院志/2450
013901004 新津县中医医院志 1982-2008/2450

010735910 新津县文化志/2450
014052853 新津县文化体育志 1984-2008/2450
013865435 新津县司法志 1981-2008/2449
007377995 新津县志/2449
013599604 新津县志 1986-2005/2449
013900943 新津县国土志/2449
013865440 新津县政协志 1985-2010/2449
009677881 新津县烟草志/2450
013321242 新津县税务志/2450
008841089 新绛方言志/332
012506394 新绛县人民代表大会志/332
008923650 新绛县地名录/332
008813868 新绛县志/332
013797025 新绛县教育志/332
009266163 新泰方言志/1539
011479385 新泰市人民医院志 1945-2004/1540
013757196 新泰市市中第一建筑工程公司志/1539
008928914 新泰市地名志/1539
013510786 新泰市自来水公司志/1538
006933787 新泰市志/1538
009190453 新泰市志 1986-2000/1538
009003105 新泰市邮电志/1539
013757154 新泰市林业志/1539
013186080 新泰市供电公司志 1933-2010/1539
013097845 新泰市政协志 1981-2011/1538
012218734 新埔镇志/3241
009677880 新都区烟草志/2436
011998664 新都区教育志续编/2436
010146780 新都县卫生志/2437
011444051 新都县水利志/2436

010238869 新都县供销合作志/2436
011998637 新都县教育志/2436
009388399 新都县商业志/2436
013994124 新都邮电志/2436
012208482 新桥村志/756
013226622 新桥镇志/775
012900051 新桥镇志/837
013939498 新晃县军事志 前276-2006/2101
010686945 新晃侗族自治县人民医院志/2101
008196336 新晃侗族自治县民族志/2101
008086728 新晃侗族自治县志/2101
009442045 新晃侗族自治县财政志/2101
012506402 新哨镇志/2848
009116005 新浦区志/913
013732479 新浦政协志/913
010110351 新海发电厂志/913
012956574 新浜镇志/775
008594603 新宾朝鲜族志/527
008034052 新宾满族自治县志/527
012237605 新埠乡志/3252
013797017 新埭镇志/1038
012237555 新营市志/3250
011329527 新盛村志/766
010230884 新野乡村志/1780
009560790 新野方言志/1780
010140311 新野县工业志 初稿/1780
013901007 新野县民族志/1780
011311858 新野县地方税务志 1994.9-2004.5/1780
004102708 新野县志/1780
010275859 新野县城乡建设志/1780
006395521 新野县教育志/1780
013379120 新野县教育志 初稿/1780

012718929 新密市一中校志 第2辑 1985-1997/1663
011311328 新密市土地志/1661
012052456 新密市五里店村志/1661
009814243 新密市中医院院志 1988-2002/1663
013939502 新密市水利志/1663
012767124 新密市市直第一初级中学校志 1986-2002/1662
009808375 新密市交通志/1661
007992177 新密市志 1986-1995/1661
011479383 新密市财政志/1662
012767117 新密市教师进修学校校志 1840-2000/1662
012767105 新密市第二高级中学校志 芳华春秋 1952-2003/1662
013321252 新密民俗志/1663
009391358 新密教育志/1662
010250751 新密煤矿志/1661
008422243 新韩江闻见录/2246
012970614 新棉镇志/2571
011479331 新惠中学校志/407
011311889 新集镇志/939
010230656 新港镇志/766
009234371 新湖总场志 1963-2000/3193
011793156 新登志/1632
008271670 新编大理风物志/2869
007457511 新编少林寺志/1668
008597795 新编文山风物志/2855
008597796 新编玉溪风物志/2775
009045550 新编北京白云观志/46
008271611 新编西双版纳风物志/2862
009174502 新编曲靖风物志/2762
008453129 新编江陵县志文存/1923

008597809 新编红河风物志/2844

008271740 新编丽江风物志/2811

009996620 新编灵泉志/1836

009337918 新编昆明风物志/2735

008271686 新编迪庆风物志/2902

009290030 新编陋巷志/1525

008597807 新编临沧风物志/2824

009337933 新编昭通风物志/2802

008597804 新编思茅风物志/2815

008597810 新编怒江风物志/2894

012545478 新编童亭煤矿志 1989-2009/1147

008271680 新编楚雄风物志/2835

013865429 新编慈溪市图志 1988-2008/1013

008597802 新编德宏风物志/2887

009254063 新塘羽绒志/976

007514046 新塘镇志/2157

008356476 新塍镇志/1036

010280443 新源县志/3211

011444078 新源县邮电志/3211

011479418 新源县统计志 1949-2000/3211

013321261 新滩盐场志 1941-2011/930

008987909 新蔡人物志/1811

013797015 新蔡县人口计生志/1810

009382311 新蔡县曲艺志/1810

007587993 新蔡县志/1810

013797009 新蔡县教育人物志 283-2008/1811

007508973 新蔡县教育志/1810

013660451 新蔡县教育体育志/1810

009856052 新碶镇志/1006

012175091 新疆工商税收志 1950-1989/3158

013732440 新疆土种志/3162

008845097 新疆无线通信志/3158

009411754 新疆屯河集团有限责任公司志 1983-1997/3191

012140795 新疆日报社志 1949-1990/3169

012545518 新疆日报社志 1991-2005/3169

011809345 新疆长途电信线务志 1955-1998/3158

007632849 新疆风物志/3161

013172531 新疆风物志/3161

009399989 新疆巴音郭楞风物志/3199

007506852 新疆石河子一四三团农场志/3219

009042769 新疆石河子红山嘴水力发电厂志 1959-1997/3225

013604202 新疆石油商业志/3158

009008732 新疆石油管理局钻井公司志/3167

011955736 新疆电力设计院志 1999-2007/3167

013345939 新疆电力设计院志 1999-2007/3167

008598600 新疆电力试验研究所志/3167

012506381 新疆电力科学研究院志 1996-2008/3166

013072724 新疆生产建设兵团人口和计划生育志/3155

007534718 新疆生产建设兵团工业志交通志/3158

009411706 新疆生产建设兵团土地志/3155

011571013 新疆生产建设兵团卫生志/3162

008380265 新疆生产建设兵团水利

志/3155

008598558 新疆生产建设兵团公安志/3155

008543118 新疆生产建设兵团文化艺术志征求意见稿/3159

012252863 新疆生产建设兵团文化志/3159

009105234 新疆生产建设兵团计划志/3156

008380262 新疆生产建设兵团北疆农业物资供应总站志/3158

008598557 新疆生产建设兵团外事志外贸志/3155

009245013 新疆生产建设兵团司法行政志/3156

009855911 新疆生产建设兵团共青团志/3155

009890558 新疆生产建设兵团农一师十五团简史/3227

009621940 新疆生产建设兵团农十二师头屯河农场志/3165

008838543 新疆生产建设兵团农十师一八一团志/3221

009408677 新疆生产建设兵团农十师一八七团志/3222

010146808 新疆生产建设兵团农十师一八三团志送审稿/3222

010146805 新疆生产建设兵团农十师一八五团志送审稿/3223

008994550 新疆生产建设兵团农十师一八六团志/3223

009105230 新疆生产建设兵团农十师大事记 1949.9-2001.12/3230

009996214 新疆生产建设兵团农十师青河农场志/3222

009042725 新疆生产建设兵团农八师暨石河子市电力工业志/3225

009784693 新疆生产建设兵团农五师电力工业志 1953-1997/3197

009348307 新疆生产建设兵团农业机械志/3162

012252814 新疆生产建设兵团农业志/3157

009411696 新疆生产建设兵团农业建设第十师一八八团志/3222

009010262 新疆生产建设兵团农业建设第十师农十师煤矿志/3230

008492746 新疆生产建设兵团农四师七十二团志/3211

009107144 新疆生产建设兵团农四师七十七团志/3212

009010265 新疆生产建设兵团农四师七十八团志/3212

009117617 新疆生产建设兵团农四师七十九团志/3213

009149415 新疆生产建设兵团农四师七十三团志/3211

009117773 新疆生产建设兵团农四师七十五团志/3212

009342969 新疆生产建设兵团农四师七十团志/3209

009117632 新疆生产建设兵团农四师六十二团志/3210

008994530 新疆生产建设兵团农四师六十七团志/3213

009117634 新疆生产建设兵团农四师六十八团志/3213

008994758 新疆生产建设兵团农四师六

十九团志/3213

009149413 新疆生产建设兵团农四师六十五团志/3210

009117638 新疆生产建设兵团农四师六十六团志/3210

010001285 新疆生产建设兵团农四师六十四团志/3210

009198596 新疆生产建设兵团农四师农科所志/3208

009117776 新疆生产建设兵团农四师良繁场志/3207

009117780 新疆生产建设兵团农四师拜什墩农场志/3209

009393058 新疆生产建设兵团农作物种子志/3163

008543108 新疆生产建设兵团志司法行政志 1984-1990 初稿/3156

013186075 新疆生产建设兵团劳动和社会保障志/3157

012052440 新疆生产建设兵团园艺志/3163

009392961 新疆生产建设兵团财务志/3159

008543115 新疆生产建设兵团武装志送审稿/3157

010201440 新疆生产建设兵团林业志/3157

013224443 新疆生产建设兵团审判志/3156

011479337 新疆生产建设兵团建设环保志/3164

009016979 新疆生产建设兵团哈密农场管理局志/3176

011909177 新疆生产建设兵团科技志/3159

011571010 新疆生产建设兵团统计志/3154

008994775 ［新疆生产建设兵团］党校教育中心志/3164

013994126 新疆生产建设兵团航空企业管理局新疆通用航空有限责任公司志 1983-2010/3225

009245023 新疆生产建设兵团高校教授志/3226

008381191 新疆生产建设兵团畜牧志/3155

008543123 新疆生产建设兵团教育志/3159

008543112 新疆生产建设兵团基本建设志送审稿/3156

013757120 新疆生产建设兵团勘测规划设计研究院史 1952-2012/3163

008543122 新疆生产建设兵团检察志/3156

009677940 新疆生产建设兵团检察志续/3156

012613230 新疆生产建设兵团商业志/3158

008994731 新疆生产建设兵团新闻志/3156

008381188 新疆生产建设兵团粮食志/3155

009062144 新疆主要饲用植物志/3161

009995574 新疆吐鲁番风物志/3175

009399994 新疆伊犁风物志/3207

008543223 新疆伊犁哈萨克自治州电力工业志 1909-1994/3206

012685005 新疆农业昆虫图志/3162

012546817 新疆农业科学院志 1986-2004 /3170

013510763 新疆农业科学院志略 1955-1985 /3170

012927577 新疆劳动教养志 1956-2002 /3156

011444054 新疆医科大学第二附属医院院志 1954-2004/3170

011066404 新疆兵团农八师工会新疆石河子市总工会志/3224

013148629 新疆兵团果树品种志/3163

009411762 新疆改革开放二十年志 1978-1998/3155

013732442 新疆国税志 1990-2005/3158

012636901 新疆昌吉回族自治州人民医院院志 1955-2005 修改稿/3191

012636896 新疆昌吉回族自治州石油公司志/3191

008598555 新疆昌吉回族自治州电力工业志 1937-1995/3191

013900942 新疆昌吉棉纺织厂志/3191

013660462 新疆和田草地植物志/3188

012723213 新疆侨联志/3156

011325524 新疆金融志/3159

009388426 新疆鱼类志/3162

014052852 新疆油田采石一厂志 1960-2011 /3173

008845788 新疆政协志/3155

010293984 新疆荒漠区主要植物原色图志/3161

012689845 新疆树木志/3163

009995567 新疆哈密风物志/3177

009160296 新疆蚤目志/3162

012100580 新疆畜牧科学院志 1955-1990/3170

007841243 新疆家畜家禽品种志/3163

009622025 新疆通志 物资管理志 送审稿/3145

010146813 新疆通志 供销合作社志 送审稿/3145

009480310 新疆通志第1卷 烟草志 1607-2000/3145

009399652 新疆通志第2卷 地质矿产志 1986-2000/3145

010293986 新疆通志第3卷 扶贫开发志/3145

012252885 新疆通志第4卷 电力工业志 1991-2002/3145

011909881 新疆通志第5卷 出版志 1990-2007/3146

012100579 新疆通志第6卷 商检志 1996-1999/3146

013464199 新疆通志第7卷 政协志 1995-2007/3146

009008740 新疆通志第9卷 地质矿产志/3146

009345303 新疆通志第10卷 气象志/3146

009025021 新疆通志第11卷 地震志/3146

013321241 新疆通志第12卷 地名志/3146

012100573 新疆通志第13卷 人口志/3146

008842772 新疆通志第14卷 共产党志/3146

009561820 新疆通志第15卷 政务志 人大/3147

010201454 新疆通志第15卷 政务志 政府/3147

009399641 新疆通志第16卷 人事志/3147

008488210 新疆通志第17卷 劳动志/3147

012140803 新疆通志第18卷 民主党派

志/3147

009561824 新疆通志第19卷 群团志 工会/3147

011429864 新疆通志第19卷 群众团体志 共青团/3147

011329529 新疆通志第19卷 群众团体志 妇联/3147

009341044 新疆通志第20卷 公安志/3147

007913598 新疆通志第21卷 检察志/3148

008599803 新疆通志第22卷 审判志/3148

008629258 新疆通志第23卷 司法行政志/3148

007425684 新疆通志第24卷 民政志/3148

008637190 新疆通志第25卷 外事志/3148

009345307 新疆通志第26卷 侨务志/3148

009881569 新疆通志第27卷 民族志/3148

008599800 新疆通志第28卷 军事志/3148

010730811 新疆通志第29卷 综合经济志/3148

007588002 新疆通志第30卷 农业志/3149

009345402 新疆通志第31卷 农牧机械化志/3149

008793235 新疆通志第33卷 瓜果志/3149

009345409 新疆通志第34卷 畜牧志/3149

009337957 新疆通志第35卷 林业志/3149

008637218 新疆通志第36卷 水利志/3149

008637229 新疆通志第37卷 生产建设兵团志/3149

008637266 新疆通志第38卷 电力工业志/3149

009345416 新疆通志第39卷 煤炭工业志/3149

008637223 新疆通志第40卷 石油工业志/3150

008492757 新疆通志第41卷 钢铁工业志/3150

009890573 新疆通志第42卷 有色金属工业志/3150

008793230 新疆通志第43卷 机械电子工业志/3150

009561816 新疆通志第44卷 建材工业志/3150

009345421 新疆通志第45卷 轻工业志/3150

008599754 新疆通志第46卷 纺织工业志/3150

008637260 新疆通志第47卷 化学工业志/3150

008599799 新疆通志第48卷 公路交通志/3151

008842777 新疆通志第49卷 铁道志/3151

008838558 新疆通志第50卷 民用航空志/3151

008637215 新疆通志第51卷 邮电志/3151

007588001 新疆通志第52卷 城乡建设志/3151

009881565 新疆通志第53卷 建筑工程志/3151

009345426 新疆通志第54卷 测绘志/3151

011066398 新疆通志第55卷 环境保护志/3151

009881567 新疆通志第56卷 旅游志/3151

008637262 新疆通志第57卷 财政志/3152

009345442 新疆通志第58卷 审计志/3152

007588003 新疆通志第59卷 金融志/3152

013226615 新疆通志第60卷 工商行政管理志/3152

008637217 新疆通志第61卷 商业志/3152

008701944 新疆通志第62卷 物资管理

志/3152

010730815 新疆通志第63卷 外贸志/3152

008432574 新疆通志第64卷 海关志/3152

008637220 新疆通志第65卷 商检志/3152

008668405 新疆通志第66卷 粮食志/3152

007588000 新疆通志第67卷 供销合作社志/3153

009349792 新疆通志第68卷 统计志/3153

009025022 新疆通志第70卷 标准计量志/3153

009881571 新疆通志第71卷 土地志/3153

008704477 新疆通志第72卷 科学技术志/3153

008845806 新疆通志第73卷 社会科学志/3153

010280149 新疆通志第74卷 教育志/3153

009349794 新疆通志第75卷 文化事业志/3153

008629261 新疆通志第76卷 语言文字志/3154

012613229 新疆通志第78卷 报业志/3154

009345460 新疆通志第79卷 广播电视志/3154

010731675 新疆通志第80卷 著述出版志/3154

010730825 新疆通志第81卷 文物志/3154

009345461 新疆通志第82卷 卫生志/3154

009082537 新疆通志第83卷 体育志/3154

010730807 新疆通志第85卷 人物志/3154

009341104 新疆梧桐化工厂志/3229

001737079 新疆啮齿动物志/3162

001737467 新疆甜瓜西瓜志/3163

009769260 新疆维吾尔自治区人民医院志 1934-2003/3169

011294758 新疆维吾尔自治区卫生防疫站志/3162

011809452 新疆维吾尔自治区乌恰县地名图志/3205

009400318 新疆维吾尔自治区乌鲁木齐电业局志 1953-1995/3167

012636858 新疆维吾尔自治区乌鲁木齐市地名图志/3169

008994780 新疆维吾尔自治区乌鲁木齐市总工会工会志 1950.5-1997.5/3164

012636881 新疆维吾尔自治区巴音郭楞蒙古自治州县(市)军事志/3198

012506384 新疆维吾尔自治区巴楚县地名图志/3187

012174908 新疆维吾尔自治区石河子市地名图志/3226

008528159 新疆维吾尔自治区电力工业志/3157

011809386 新疆维吾尔自治区电力工业志 1991-2002/3157

008994747 新疆维吾尔自治区电力安装公司志 1956-1990/3167

008543219 新疆维吾尔自治区电力设计院志 1958-1998/3170

011584731 新疆维吾尔自治区尼勒克县地名图志/3213

013010961 新疆维吾尔自治区吉木乃县地名图志/3223

012052443 新疆维吾尔自治区巩留县地名图志/3211

012100575 新疆维吾尔自治区地方病防治研究所志/3170

009962444 新疆维吾尔自治区地名录乙种本/3161

012636889 新疆维吾尔自治区地质矿产勘查开发局地球物理化学探矿大队队志 1958-2008/3191

012140819 新疆维吾尔自治区地质矿产勘查开发局测绘大队志 1956-2004/3167

013757125 新疆维吾尔自治区地质矿产勘查开发局第四地质大队队志 1957-2006/3221

009700487 新疆维吾尔自治区地震监测志/3161

011793175 新疆维吾尔自治区伊宁县地名图志/3210

011479366 新疆维吾尔自治区米泉县地名图志/3172

009041889 新疆维吾尔自治区红雁池发电厂志 1958-1996/3167

012208472 新疆维吾尔自治区克拉玛依市地名志/3173

009174489 新疆维吾尔自治区克拉玛依市地名图志/3173

011809443 新疆维吾尔自治区库尔勒市地名图志/3200

011809372 新疆维吾尔自治区阿克陶县地名图志/3204

012140811 新疆维吾尔自治区阿图什县地名图志/3204

012689847 新疆维吾尔自治区青河县地名图志/3223

011479346 新疆维吾尔自治区昌吉市地名图志/3192

012175090 新疆维吾尔自治区昌吉回族自治州地名图志/3191

012208467 新疆维吾尔自治区呼图壁县地名图志/3193

011809405 新疆维吾尔自治区和布克赛尔蒙古自治县地名图志/3220

012100560 新疆维吾尔自治区建工医院志 1957-2005/3169

011479353 新疆维吾尔自治区奎屯市地名图志/3209

011479348 新疆维吾尔自治区哈巴河县地名图志/3223

008442963 新疆维吾尔自治区送变电工程公司志 1959-1996/3167

012175096 新疆维吾尔自治区送变电工程公司志 1997-2006/3167

012052448 新疆维吾尔自治区洛浦县地名图志/3189

012052449 新疆维吾尔自治区特克斯县地名图志/3212

011312057 新疆维吾尔自治区塔城地区人民医院简志 1936-2006/3215

011809428 新疆维吾尔自治区喀什市地名图志/3185

008924770 新疆维吾尔自治区喀什地区地名图志/3185

012900037 新疆维吾尔自治区温泉县地名图志/3198

012506388 新疆维吾尔自治区温宿县地名图志/3182

009042822 新疆维吾尔自治区富蕴县地名图志/3221

009042813 新疆维吾尔自治区裕民县地名图志/3219

009414996 新疆维吾尔自治区察布查尔锡伯自治县地名图志/3214

009480322 新疆植物志/3161

009002176 新疆喀什风物志/3185

009001367 新疆喀什地区财政志/3185
013321227 新疆焦煤集团志/3157
008379319 新疆湖光纺织针织厂志/3199
008994737 新疆湖光糖厂志/3202
012837498 新疆精神卫生中心乌鲁木齐市第四人民医院院志 1985-2008/3170
013686409 新疆橡胶厂志/3157

| 数 |

012099925 数字行业民俗志/22
012099923 数字碑刻民俗志/34

| 慈 |

008383038 [慈利县公安局观音桥派出所]所志/2064
011472910 慈利县地名志/2065
006555910 慈利县志/2064
011943209 慈利县志 1978-2002/2064
012898275 慈利县法院志/2064
009383638 慈利县烟草志/2064
010577013 慈利县教育志/2065
008446550 慈溪卫生志/1014
009341129 慈溪水利志/1014
009312782 慈溪市人民代表大会志/1013
008532120 慈溪市公安志/1013
008446556 慈溪市电力工业志/1014
013771711 慈溪市民政志/1013
013402904 慈溪市供销合作社联合社志/1014
009149559 慈溪交通志/1014
011430455 慈溪农业志/1014
008450536 慈溪县地名志/1014
007905718 慈溪县志/1013
009198617 慈溪县志/1013
009818368 慈溪县志简本/1013

007953772 慈溪县志编修实录/1013
009700617 慈溪政协志/1013
009678906 慈溪盐政通志/1014
013987592 慈溪教育志/1014

| 煤 |

008427930 煤炭工业部重庆设计研究院志/2368
009890631 煤炭科学研究总院上海分院志/747

| 满 |

012099659 满归林业局志 1964-2004/427
012237613 满州乡志/3252
009018148 满城县土地志/190
008593761 满城县水利志/190
008533439 满城县地名资料汇编/190
008192121 满城县志/189
011475500 满城县检察志 1951-1991/190
008623220 满洲里市志/423
012813995 满洲里市志 1997-2005/423
012265370 满洲里市邮电志/423
012174778 满洲里边境经济合作区志/423
009675782 满洲里换装所志 1951-2001/423
009025983 满洲里站志 1901-2001/423
009675776 满洲里海关志 1949-1999/424
010475791 满洲里商检志/424
004693806 满族风俗志 第13卷/464

| 漷 |

010280367 漷湖良种繁育场志/878

| 漠 |

008794015 漠河县地名志/722
007902453 漠河县志/722
012614133 漠河县志 1991-2005/722

008794018 漠河县财政志/722

滇

012132638 滇池水利志/2738

011321113 滇桂地区蚱总科动物志/2725

013647287 滇商人物志/2723

溧

011499167 溧水交通志 1921-1985/827

013752750 溧水县人民医院志/827

011439935 溧水县土地管理志/827

013862807 溧水县水利志/827

011439931 溧水县电力工业志 1919-1991/827

011997304 溧水县电力工业志 1988-2002/827

009687013 溧水县民政志/827

013659576 溧水县多种经营志/827

007378989 溧水县志/827

013730175 溧水县志 1986-2005/827

011294256 溧水县供销合作社志 1950-1995/827

012505288 溧阳工商联(商会)志 1906-2006/878

010143119 溧阳市土地志/878

012968224 溧阳市电力工业志 1988-2002/878

013601783 溧阳县水利志/878

源

010777228 源汇区志送审稿/1756

008666788 源潭镇志/1779

滏

008593791 滏阳河灌区志/161

溪

009414655 溪口镇志/2555

012684975 溪东古井志/1014

009250160 溪头志/1161

012638875 溪江乡志/1990

滦

008533935 滦平县地名资料汇编/213

012505357 滦平县农业银行志/213

007930912 滦平县志/212

010476433 滦平县志 1991-2002/213

008629179 滦县土地志/149

009046115 滦县卫生志/149

008379121 滦县文化志/149

008380821 滦县地名志/149

008380822 滦县交通志/149

007477985 滦县志/149

010576631 滦县志 1986-2003/149

009622010 滦县志征求意见稿/149

014047679 滦县教育志 1886-1986/149

008379226 滦县税务志/149

009699417 滦河下游灌区志/145

008534183 滦河志/89

009959810 滦南县土地志/150

009380924 滦南县水利志/150

008533734 滦南县地名资料汇编/150

008486796 滦南县志/150

012813971 滦南县志 1979-2005/150

010572639 滦南县志送审稿/150

漓

011892020 漓铁志/1048

013762143 漓渚镇志/1051

滨

013646893 滨州人事志 1840-2009/1594

012809900 滨州水利志/1597

013333870 滨州文化志 1949-2009/1595

011810883 滨州市工商行政管理志送审稿/1597

008452170 滨州市小康村志/1596

009106685 滨州市乡镇办简志/1596

013955638 滨州市中级人民法院志 1950-2010/1594

013789844 滨州市军事志 1986-2005/1595

007478009 滨州市志/1596

013646899 滨州市劳动和社会保障志 1949.10-2009.12/1594

013789840 滨州市滨城区军事志 1840-2005/1596

013687129 滨州市滨城区志 1982-2007/1596

008844040 滨州地区人民医院志 1950-1999/1595

010009717 滨州地区文物志/1595

008189796 滨州地区志 第1卷/1594

009125975 滨州地区志 第2卷 1979-2000/1594

010686796 滨州地区林业志/1595

009105572 滨州地区教育志 1978-2000/1595

012191493 滨州职业学院院志 1956-2006/1596

013726791 滨州黄河志资料长编 1986-2005/1596

013726793 滨州简志/1594

014026391 滨岭矿业志 1972-2003/1460

013987338 滨河图志/3035

009114611 滨城区名村志/1596

013955639 滨城区财政志 1988-2010/1597

013308914 滨城区社会保险志/1597

012173685 滨城区政协志 1959-2008/1596

011312469 滨城区教育志/1597

012503647 滨南社区志 1997-2007/1594

013702901 滨海县人民医院志 1946-1996/930

013179327 滨海县水利志/930

008446209 滨海县志/930

008446213 滨海县邮电志/930

008446216 滨海县韩场煤矿志/930

滩

010146975 滩桥志/1923

塞

013659779 塞罕坝动物志 脊椎动物卷/215

窦

011312027 窦妪镇志 1939-2005/136

009336834 窦圌山志/2484

褚

012679157 褚家塘志/756

福

013128908 福山大樱桃志/1494

013404269 福山区水利志/1495

013143608 福山区电业志/1494

009393537 福山区地名志/1494

013128922 福山区农业志/1494

007900106 福山区志/1493

014028778 福山政协志 1983-2013/1494

013335222 福山铜矿志 1958-1985/1494

008446354 福山镇志 第10卷/892

012549950 福永志/2173

010108369 福永镇志/2172

013956867 福光中学校志 1868-2001/999

013373460 福全镇志/1051
010779018 福州人名志/1210
010194013 福州工会志/1204
008532523 福州马尾港图志/1214
012675072 福州开元寺志略/1212
012191814 福州中药商业志/1208
009082518 福州文化志/1208
011295982 福州方志史略/1204
009441459 福州方言志/1209
011321130 福州电力工业志 第4卷 1991-2002/1207
012810601 福州电力高级技工学校志 1990-2001/1211
012952014 福州电信志/1208
008254858 福州市人口志/1204
011293524 福州市人民防空志/1205
013897114 福州市工商行政管理志/1205
012872298 福州市土地志/1206
013897117 福州市卫生志/1211
009557515 福州市历史文化名城名镇名村志/1204
008532470 福州市化学工业志/1207
012831419 福州市公共交通公司志 1952-1995/1208
013404290 福州市公共交通集团有限责任公司志 1995-2005/1208
007535979 福州市仓山区建设志/1213
013506719 福州市外事志/1205
011431407 福州市台江区人民代表大会志/1213
013726984 福州市台江区志 1991-2005/1212
009839181 福州市台江建设志/1213
009510494 福州市地名志/1210

006885100 福州市地名录/1210
009557503 福州市地震志/1211
009742355 福州市名产志/1205
008302210 福州市志/1204
009378203 福州市志人物志/1204
009107180 福州市园林绿化志/1211
008527465 福州市物资志/1205
012096703 福州市郊区文物志/1215
013506718 福州市郊区台江镇志/1214
010194015 [福州市郊区]地名志/1215
008636645 福州市郊区志/1214
013404292 福州市郊区房地产志/1215
008034149 福州市郊区建设志/1215
009804587 福州市宗教志/1204
007493518 福州市建筑志/1207
007358333 福州市城乡建设志/1205
013703343 福州市政协志/1205
009106002 福州市政府志/1205
009378195 福州市科技志/1208
008532478 福州市党派志/1205
009851139 福州市教育志/1209
010576836 福州市教育志 1995-2005/1209
010194014 福州市检察志/1205
009378189 福州市盖山镇志/1213
009699296 福州市畲族志/1210
009385957 福州民政志/1205
007474479 福州交通志/1207
009804591 福州寿山石志/1209
008451059 福州金融志/1208
013528899 福州郊区教育志/1215
009804583 福州姓氏志/1210
011579799 福州档案志 1949.9-2006.12/1208
009024714 福州铁路分局志 1905-

1995/1207

008532531　［福州教育学院］院志 1960-1990/1209

007347933　福州港志/1208

011294630　福州温泉志/1210

008451047　福州新闻志 报业志/1208

013404280　福州粮食志/1208

012658441　福安市人民代表大会志/1275

013404249　福安市工会志/1275

009335534　福安市老区志/1275

008640101　福安市志/1274

009061473　福安市志 征求意见稿/1274

009061196　福安市志 送审稿/1274

009107193　福安市财政志/1275

012264236　福安市政协志 1991-2008/1275

012951982　福安民政志/1275

008664033　福安县地名录/1275

009335532　福安畲族志/1275

013860500　福贡县卫生志/2895

013404259　福贡县公安志/2895

009561839　福贡县地名志/2895

008539803　福贡县志/2895

011068503　福贡县志 送审稿/2895

013335034　福贡县财政税务志/2895

013528850　福贡县政协志 1951.8-2007.10/2895

012049288　福贡县教育志/2895

012951996　福建土种志/1203

012609810　福建广播电视大学志/1209

011295659　福建水口发电有限公司志 第3卷/1207

011890631　福建水运志/1201

013221129　福建水利电力学校志/1239

002396311　福建风物志/1203

012872287　福建东侨经济开发区志/1273

011804290　福建民革志/1200

009767779　福建出入境检验检疫志/1203

012995162　福建师范大学附属中学校志（含原英华中学 华南女中 陶淑女中）1881-2001/1209

011911561　福建苏氏闽东定居志/1274

012679317　福建连氏志/1202

009195142　福建县市方言志 12 种/1201

012810580　福建沙县人大志 1950.3-2006.12/1242

013894627　福建陈氏人物志/1202

009105993　福建昆虫志/1203

010576587　福建图书馆事业志 第2卷/1201

013506670　福建金融管理干部学院福建银行学校院(校)志 1978-2003/1209

004021546　福建鱼类志/1204

007287214　福建南平县志 图集/1262

005416328　福建药物志/1203

012831411　福建省三明市土地志/1237

011320332　福建省上杭县烟草志/1271

010138256　福建省卫生志/1203

012810595　福建省水土保持志/1204

011564553　福建省水利水电工程局史志/1245

008592513　福建省公路志/1201

009303530　福建省文史研究馆志/1210

011804321　福建省火电工程承包公司志 1984-2002/1206

013404264　福建省古田第一中学校志 1943-2003/1277

009378274　福建省石狮市政协志/1249

011294289　福建省石狮市教育志/1250

007905713　福建省龙岩地区志/1267

009173834 福建省龙岩地区烟草志/1268

012096693 福建省平潭县图书馆志/1224

012898391 福建省电力干部学校志 1982-2001/1211

008298309 福建省电力工业志/1200

013506675 福建省电力技工学校志/1209

013506708 福建省电力试验研究所志/1206

011995618 福建省电力试验研究院志 1991-2002/1211

013506704 福建省电力建设公司志/1206

012250927 福建省电力勘测设计院志/1211

012658446 福建省电力勘测设计院志 1990-2002/1211

010275916 福建省电子工业志/1200

013506712 福建省电网中心调度所志/1206

013751678 福建省宁化第二中学校志 1897-2011/1240

012096690 福建省宁德市民族中学志 1958-2008/1273

013528894 福建省宁德第一中学志 1940-2010/1273

008664215 福建省永定县医院志 1938-1998/1270

010290172 福建省永春县地名录/1255

003801294 福建省永春县志/1255

009804532 福建省地震监测志/1203

013128917 福建省机械科学研究院志/1207

010198882 福建省华安水力发电厂志/1261

009835678 福建省华侨志/1200

012139115 福建省交通规划设计院院志续集 1991.1-2003.12/1207

012264246 福建省农业科学院水稻研究所所志 1935-2005/1211

012264237 福建省农业科学院茶业研究所所志/1211

012049291 福建省防痨志/1203

007881713 福建省志/1191

009887077 福建省志体育志 送审稿/1191

007010463 福建省志第1卷 华侨志/1191

012971599 福建省志第1卷 环境保护志 2001-2005/1191

012883311 福建省志第2卷 公安志 1990-2005/1191

007010470 福建省志第2卷 测绘志/1191

013143603 福建省志第3卷 国土资源志 1991-2005/1191

007010472 福建省志第3卷 粮食志/1192

013183427 福建省志第4卷 气象志 1991-2005/1192

007010471 福建省志第4卷 电子工业志/1192

013183424 福建省志第5卷 工商行政管理志 1996-2005/1192

008413502 福建省志第5卷 教育志/1192

013183429 福建省志第6卷 人口和计划生育志 1991-2005/1192

007345753 福建省志第6卷 化学工业志/1192

007010544 福建省志第7卷 水产志/1192

013687429 福建省志第7卷 通信志 1991-2005/1192

007010540 福建省志第8卷 卫生志/1192

013686669 福建省志第8卷 农业志 1991-

2005/1192

013687427 福建省志第9卷 交通志1990-2005/1193

009854434 福建省志第9卷 军事志/1193

013726979 福建省志第10卷 财政志1989-2005/1193

007591344 福建省志第10卷 海关志/1193

007591346 福建省志第11卷 烟草志/1193

013751748 福建省志第11卷 税务志1989-2005/1193

013751792 福建省志第12卷 物价志1999-2005/1193

007010543 福建省志第12卷 供销合作社志/1193

013771894 福建省志第13卷 人民代表大会志1998-2008/1193

007591345 福建省志第13卷 林业志/1193

007591347 福建省志第14卷 邮电志/1194

013751729 福建省志第14卷 环境保护志2001-2005/1193

013751741 福建省志第15卷 金融志1999-2005/1194

007591343 福建省志第15卷 轻工业志/1194

007591342 福建省志第16卷 金融志/1194

013791185 福建省志第16卷 统计志1996-2005/1194

007591341 福建省志第17卷 气象志/1194

007010545 福建省志第18卷 体育志/1194

009117960 福建省志第19卷 旅游志/1194

009117963 福建省志第20卷 煤炭工业志/1194

008451037 福建省志第21卷 民政志/1194

009117952 福建省志第22卷 民俗志/1195

009117982 福建省志第23卷 档案志/1195

007010541 福建省志第24卷 财税志/1195

008413403 福建省志第25卷 科学技术志/1195

008413404 福建省志第26卷 畜牧志/1195

008365918 福建省志第27卷 人口志/1195

008365927 福建省志第28卷 医药志/1195

008366800 福建省志第29卷 地质矿产志/1195

008392005 福建省志第31卷 商业志/1195

008385267 福建省志第32卷 交通志/1195

008486350 福建省志第33卷 劳动志/1195

008451030 福建省志第34卷 公安志/1196

008385269 福建省志第35卷 电力工业志/1196

008451033 福建省志第36卷 方言志/1196

008482199 福建省志第37卷 纺织工业志/1196

008482192 福建省志第38卷 对外经贸志/1196

008482207 福建省志第39卷 共产党志/1196

008680215 福建省志第40卷 检察志/1196

008569805 福建省志第41卷 土地管理志/1196

008680241 福建省志第43卷 物价志/1196

008680243 福建省志第44卷 戏曲志/1196

008680208 福建省志第45卷 二轻工业志/1196

008680206 福建省志第46卷 大事记/1197

008680187 福建省志第47卷 建筑志/1197

008680231 福建省志第48卷 水利志/1197

008680228 福建省志第49卷 审判志/1197

008680234 福建省志第50卷 司法行政志/1197

008680222 福建省志第51卷 农业志/1197

008680198 福建省志第52卷 城乡建设志/1197

008846576 福建省志第53卷 计划志/1197

008680218 福建省志第54卷 民主党派志/1197

008680248 福建省志第55卷 政府志/1197

008986040 福建省志第56卷 船舶工业志/1197

008865106 福建省志第57卷 工商行政管理志/1198

008986038 福建省志第58卷 海洋志/1198

008865107 福建省志第59卷 审计志/1198

008865110 福建省志第60卷 统计志/1198

009024722 福建省志第61卷 新闻志/1198

009117956 福建省志第62卷 冶金工业志/1198

009198052 福建省志第63卷 生物志/1198

009000424 福建省志第64卷 工人运动志/1198

009024718 福建省志第65卷 政协志/1198

009009792 福建省志第66卷 技术监督志/1198

009250560 福建省志第67卷 铁路志/1198

008680193 福建省志第68卷 文物志/1199

009009789 福建省志第69卷 广播电视志/1199

009397887 福建省志第70卷 人物志/1199

009124473 福建省志第71卷 建设志 1991-1997/1199

009335501 福建省志第72卷 地理志/1199

009413288 福建省志第73卷 武夷山志/1199

009553661 福建省志第74卷 外事志/1199

009346485 福建省志第75卷 人民代表大会志/1199

011943565 福建省志第76卷 文化艺术志/1199

011472976 福建省志第77卷 闽台关系志/1199

009472041 福建省志第78卷 妇女运动志/1199

009472048 福建省志第79卷 环境保护志/1200

009472062 福建省志第80卷 社会科学志/1200

011329755 福建省志第81卷 佛教志/1200

009472031 福建省志第82卷 出版志/1200

010779034 福建省志第83卷 物资志/1200

013687430 福建省志第84卷 民航志/1200

008451947 福建省连江县烟草志/1221

008451925 福建省连江县检察志/1220

012191806 福建省冶金（控股）公司志 1958-2007/1207

008451128 福建省建阳市林业志/1265

012872290 福建省南平地区商业志/1263

008914184 福建省南安县地名录/1252

008913807 福建省泉州市地名录/1247

011294242 福建省泉州市体育志/1246

013335036 福建省闽侯县大湖乡志/1219

008923622 福建省闽清县地名录/1224

009650196 福建省莆田市烟草志/1232

008663654 福建省晋江县地名录/1251

013221126 福建省畜禽疫病志/1204

008914156 福建省海域地名志/1203

011804300 福建省第一电力建设公司志 1989-2002/1206

012810589 福建省第二电力建设公司志 1989-2002/1206

012951991 福建省第六建筑工程公司

志/1206

011757762 福建省厦门市同安县水利电力志/1230

013956930 福建省厦门市同安县林业志/1230

012191812 福建省福州电厂志/1206

009405819 福建省福州市机械冶金工业志/1206

008451049 福建省福州市体育志/1209

009124578 福建省福州市鼓楼区建设志/1212

009234386 福建省福州市鼓楼区教育志/1212

011066947 福建省福州第一中学校志/1209

012758807 福建省福清华侨中学校志 1955-2005/1217

010194003 福建省福清第一中学校志 1993-2004/1217

012636919 福建省漳浦县统计志/1259

011320307 福建省霞浦电子仪器厂志 1973-1993/1276

011579794 福建炼化志/1200

008451041 福建航道志/1201

013404260 福建海事局志 1999-2010/1212

011579785 福建船政学校校志 1866-1996/1205

007670460 福建植物志/1203

012714205 福建税务志 1949-1994/1201

012872296 福星村志/2870

009818069 福保村志/2742

012998918 福泉市信用合作志/2707

013897112 福泉县工商行政管理志/2707

007913515 福泉县志/2707

008365978 福客方言综志/3233

012264253 福莆仙人物志/1236

012951985 福海乡志/2745

009190743 福海县志/3222

011497016 福陵觉尔察氏传芳志/493

013791187 福清毛氏志/1217

012049298 福清电力工业志 1918-2005/1216

008452031 福清市军事志/1216

008034101 福清市志/1215

009378181 福清市财政志/1216

012049293 福清市财政志/1216

011473006 福清市规划建设志/1217

009405822 福清市建设志/1216

008452039 福清市城乡建设志/1216

008452042 福清市教师进修学校志/1217

012551544 福清市道教志/1216

008452045 福清交通志/1216

012952011 福清村志简史记/1215

008452035 福清县二轻工业志/1216

007505420 福清县志/1215

008452043 福清县金融志/1217

009378176 福清科技志/1217

013222019 福清音西村志/1215

009378169 福清教育志/1217

011293105 福清第三中学校志 1892-1992/1217

008663642 福鼎县地名录/1276

008451142 福鼎县志/1275

009319305 福鼎县志/1276

013726975 福鼎县政协志/1276

010280429 福鼎政协志续编 1991-2005/1276

013531139 福德村志/2742

群

012836160 群丰村志 /835

011499610 群众团体昆明地方组织志 /2728

叠

013702953 叠溪乡志 /2182

缙

009995839 缙云县人大志 /1102

012832211 缙云县工业志 /1103

013774273 缙云县方言志 /1103

008822677 缙云县志 /1102

012541928 缙云县供销社志 1949-2009 /1103

013926412 缙云县教育工会志 /1102

011319985 缙云县教育志 713-1985 /1103

013508480 缙云邮电志 /1103

008323341 缙云姓氏志 /1103

十四画

静

008814343 静乐县志 /341

008844733 静乐教育志 /341

009878621 静宁卫生志 /3065

011805448 静宁军事志 /3064

008453894 静宁县水利志 /3065

007905727 静宁县志 /3064

009472078 静宁县志 1986-2002 /3064

011328614 静宁县教育志 /3065

008846093 静宁财政志 /3065

012811636 静宁建筑集团第四分公司志 /3065

009189032 静宁税务志 /3065

013659397 静安区文化志 /751

012252457 静安区地名志 /752

007773548 静安区志 /751

008533104 静海县土地管理志 /102

013508495 静海县工业志 /102

007425714 静海县志 /102

008533160 静海县志兰本 /101

碧

013859384 碧江县卫生志 /2895

008714977 碧江县志 /2894

012132456 碧鸡镇志 /2727

008864811 碧流河水库志 /505

010731627 碧流河水库志 1996-2005 /505

012263952 碧落桥志 /1360

008446351 碧溪镇志 /891

012540853 碧溪镇志吴市卷 /891

瑶

013994228 瑶白村志 /2697

011329340 瑶族风俗志 /2274

012360302 瑶族志香碗 云南瑶族文化与民族认同 /2723

001921075 瑶族语言简志 /2273

嘉

010474452 嘉山交通志 /1166

009396839 嘉义市志 /3255

012530671 嘉义县方言志 /3250

003146861 嘉义县志 /3249

008383453 嘉禾县交通志/2080
007969243 嘉禾县志/2080
011328759 嘉禾县志 1989-2002/2080
008538676 嘉禾县志送评稿/2080
010135037 嘉兴市人民代表大会志 1949-2003/1034
009995812 嘉兴市水产志/1034
011804725 嘉兴市水利志/1036
008822376 嘉兴市文化志/1035
008446570 嘉兴市电力工业志 1910-1990/1035
012639002 嘉兴市电力工业志 1991-2005/1035
010009733 嘉兴市丝绸工业志 讨论稿/1035
011432890 嘉兴市志/1034
008640176 嘉兴市志/1034
008446566 嘉兴市财税志/1035
012208573 嘉兴市质量技术监督志/1034
013328707 嘉兴市政协志/1034
010278942 嘉兴市蚕桑志/1035
011566084 嘉兴市烟草志/1035
009688794 嘉兴市教育志/1035
013224427 嘉兴市第二医院百年志 1895-1995/1035
012872620 嘉兴发电厂志 1986-2006/1035
009962496 嘉兴丝绸志/1035
010118473 嘉兴学院志 1914-2004/1035
012967968 嘉阳集团(煤矿)志 1938-2005/2526
013957722 嘉鱼土壤志/1939
013957723 嘉鱼县卫生志/1939
008385589 嘉鱼县地名志/1939
006819847 嘉鱼县志/1938

012265102 嘉鱼县财政志/1938
012832119 嘉鱼县经济贸易志 1979-2005/1938
010293966 嘉鱼县烟草志/1938
011327183 嘉鱼县堤防志/1939
011996734 嘉定工商行政管理志 1993-2006/761
013752543 嘉定土地管理志/761
013144458 嘉定卫生志/762
012719109 嘉定六十年图志/759
009046542 嘉定文化志/762
009160225 嘉定地名志/762
010476509 嘉定县人民代表大会志 1949.10-1993.4/761
013990730 嘉定县人民代表大会志 嘉定县第2册 1954-1979/761
007984456 嘉定县工商行政管理志/761
009688454 嘉定县农业局志/762
009198622 嘉定县志/759
007824174 嘉定县财政志/762
013684387 嘉定县社队工业志/762
013684384 嘉定县供销合作商业志/762
012174039 嘉定县法院志 1911-1992/761
008143794 嘉定县畜牧水产局志/762
007824163 嘉定县教育志/762
011594607 嘉定县简志/760
011954369 嘉定财政志 1990-2005/762
008842892 嘉定住宅志/761
013752545 嘉定质量技术监督志/761
009046544 嘉定建设志/762
013045715 嘉定检察志/761
003105093 嘉荫县志/697
013092974 嘉绒藏族民俗志/2592
008453817 嘉峪关市文物志/3044

012872622 嘉峪关市民政志 1965-2007 /3044

008794146 嘉峪关市志 /3043

013684391 嘉峪关市政协志 1983-2003 /3043

013774294 嘉峪关市酒钢第三中学校史 1978-2008 /3044

010293839 嘉祥二中校志 1949-2004 /1532

012967961 嘉祥东关志 /1532

013774219 嘉祥县人民代表大会志 1954-2012 /1531

009799269 嘉祥县地名志 /1532

013774213 嘉祥县军事志 1840-2005 /1531

013774214 嘉祥县农业志 /1532

008267163 嘉祥县志 /1531

012613251 嘉祥县志 1991-2005 /1531

013415321 嘉祥县教育志 /1532

008429536 嘉陵江志 /2428

010118468 嘉绢志 1921-1988 /1034

009016057 嘉善县土地志 /1041

007590141 嘉善县志 /1040

赫

001921549 赫哲语简志 /701

007308724 赫哲族风俗志 /701

009310274 赫章县水利志 /2673

013728779 赫章县志 1996-2007 /2673

012658591 赫章县政协志 /2673

008541905 赫章县烟草志 /2673

綦

013093241 綦江中学校志 1910-2010 /2376

013093243 綦江中学校志 1927-1997 /2376

007905731 綦江县志 /2376

013863566 綦江齿轮厂厂志 1928-1990 /2376

聚

012139135 聚源乡志 /2438

蔡

009678900 蔡宅村志 /1069

012658191 蔡甸区民政志 1980-2000 /1844

013923885 蔡甸区交通志 1986-2006 /1845

011804110 蔡甸区志 1980-2000 /1844

010962442 蔡甸区烟草志 /1844

012809903 蔡甸区教育志 1980-2000 /1845

蔚

010278954 蔚县人民代表大会志 /204

013939358 蔚县土地志 /204

008533861 蔚县地名资料汇编 /204

008406604 蔚县志 /204

008487316 蔚县续志 /204

蓼

012613935 蓼兰镇志 /1448

榜

008830594 榜头镇志 /1235

榨

012506632 榨树沟志 /862

榕

008597950 榕江县志 /2700

013096256 榕江县政协志 1950-2007 /2700

008593263 榕城区志 /2249

碣

013064780 碣石文化志 /2229

磁

009554449 磁山村志 /162

008593759 磁县水利志 /167

009839230 磁县民政志/167
008533719 磁县地名资料汇编/168
008534587 磁县交通志/168
008593202 磁县志/167
013090931 磁县政协志/167
009082546 磁县教育志/168

嶂

012612934 嶂青村志/836

舞

013939431 舞阳坝街道志/1945
012662486 舞阳县公安交警志/1756
012252750 舞阳县地名志 北舞渡乡分册/1757
007563622 舞阳县志/1756
013010707 舞阳县志 1986-2005/1756
012767010 舞阳县教体志/1757
008415704 舞阳烟草志 1880-1987/1757
011585091 舞钢市人大志/1703
007477994 舞钢市志/1703
013226432 舞钢市志 1991-2000/1703
009002165 舞钢市邮电志/1704
013775949 舞钢市政协志 1983-2008/1703
011310768 舞钢志 1970-1983/1756
013865243 舞钢职工医院志/1704
009337787 舞雩中心小学校志 1905-2000/2528
008991952 舞雩中学校志 1969-2000/2529

管

012175668 管子志附晏子志/1397
009412861 管城回族区土地志/1654
013348365 管城回族区文物志/1654
010140393 管城回族区市政管理志 1991-2003/1653
012144898 管城回族区民政志/1653
009412853 管城回族区志 管城沿革/1652
012541554 管城回族区志 1991-2003/1652
009354550 管涔山志/341
011564600 管道二公司史志 1970-1996/843

鄱

013093223 鄱阳县人民医院志 1933-2008/1383
012836100 鄱阳县交通志/1382
012542768 鄱阳县志/1381

獐

010111956 獐子岛镇志/510

遮

013735630 遮放农场志 1956-2010/2888

廖

009378096 廖家湾村志/1140

彰

009836685 彰化市志/3246
010275923 彰武县人民代表大会志 1949-1989/547
008829234 彰武县大事记 1987-1996/547
008829248 彰武县公路交通志/547
008829251 彰武县文化志/547
009334805 彰武县文物志/547
008829812 彰武县地名志/547
005405548 彰武县志/546
008829245 彰武县财政志/547
011957293 彰武县高级中学志 1958-2008/547
011910283 彰武县教师进修学校志 1960-2005/547
013824307 彰武县教育志 1902-1989/547

011571283 彰武县教育志 1990-2003/547
011328701 彰武县第二初级中学校志 1968-2005/547

韶

010155160 韶山市交通志/2018
009145671 韶关工务段志/2162
009379599 韶关工商志/2162
013775237 韶关电力工业志/2161
008990694 韶关市人大志/2161
013863634 韶关市广播电视志/2162
012684690 韶关市中级人民法院志 1950.3-2000.3/2161
012877173 韶关市文化志/2162
008665178 韶关市地名志/2162
009046324 韶关市纪检志 1950-1987/2160
008834554 韶关市志/2160
013131219 韶关市志 1988-2000/2160
010278310 韶关市医药志/2161
013863637 韶关市邮电志/2162
012252493 韶关市武江区志/2163
008990713 韶关市林业志/2161
008990715 韶关市供销合作社志/2162
013795387 韶关市浈江区志/2162
008834566 韶关市教育志/2162
007532463 韶关烟草志/2161
009864106 韶关精选厂厂志 1958-1985/2161
010253976 韶钢志/2161

鄯

012051903 鄯善人物志/3175
011955368 鄯善风物志第2卷/3175
011955376 鄯善文物志第1卷/3175
008838519 鄯善县志/3175

精

008623350 精河县志/3197
012899002 精河金融志 1986-1995/3197

潢

012872548 潢川县文化志/1795
008421275 潢川县地名资料汇编/1796
007900119 潢川县志/1795
012139283 潢川县志 1987-2001/1795
011325452 潢川县教育志 初稿/1796

漕

009387346 漕河泾镇志/750
008408827 漕泾志/770

滹

010731637 滹沱河灌区水利志/337

漯

010730029 漯河水利志/2229
009413755 漯河市土地志/1755
012832537 漯河市公路志 干线公路 1988-2000/1756
008421334 漯河市志/1755
010250775 漯河市医药志 1907-1983/1756
010251851 漯河市金融志 1906-1990/1756
012203057 漯河市审计志 1986-2007/1755
013705180 漯河市高级中学校志 1948-2008/1756
011310985 漯河市烟草志 1858-1990/1755
011311836 漯河师范学校志 1953-2000/1756
010238847 漯舞地方铁路志 1959-1982 征求意见稿/1757

漳

009254018 漳卫南运河志/1580

007491000 漳平县志/1269
009683636 漳州二轻工业志/1257
008101460 漳州人事编制志/1256
008451089 漳州水利志/1257
013735542 漳州文化志/1258
013134010 漳州市人民代表大会志/1256
008914325 漳州市芗城区地名录/1258
008612592 漳州市志/1256
007659742 漳州市体育志/1258
013343584 漳州市物资管理志/1257
012141534 漳州市金融志/1257
008986206 漳州市科学技术志/1258
010293924 漳州市烟草志/1257
012256581 漳州市渔业志/1257
009683633 漳州市道路交通管理志/1257
009683641 漳州市粮食志/1257
009683639 漳州华侨志/1257
007659730 漳州交通志/1257
012878929 漳州法院志/1257
013464340 漳州房地产志/1257
012612939 漳州检察志/1257
011957297 漳村煤矿志 1958-2008/284
009804605 漳县志/3075
010731590 漳河水库志 1990-2000/1899
008453098 漳河水库移民志/1897
009106973 漳泽水库志/286
008378000 漳泽发电厂志 1976-1991/284
013901229 漳浦县古雷镇镇志/1259
008664085 漳浦县地名录/1259
013707194 漳浦县共青团志 1927-2011/1259
008451091 漳浦县志/1259
013630716 漳浦县供销志 1934-2007/1259
008380280 漳浦盐场志/1259

滴

009337785 滴水岩煤矿志 1964-2000/2526

漾

013133892 漾濞县血吸虫病防治工作史志 1964-1984/2883
012837577 漾濞检察志/2882
009890603 漾濞彝族自治县民族宗教志/2882
008837992 漾濞彝族自治县志/2882
011444197 漾濞彝族自治县财政志/2882
013823145 漾濞彝族自治县国税志 1950-2007/2882
012837612 漾濞彝族自治县金融志/2883
012767161 漾濞彝族自治县政协志/2882
013510881 漾濞彝族自治县教育志/2883

漵

008913692 漵浦镇志/1041

潍

012722941 潍坊工会志 1840-2008/1503
009105610 潍坊文化志/1505
013072568 潍坊市人民医院志 1881-1991/1505
013660381 潍坊市人民医院志 1991-2010/1505
011909055 潍坊市工商行政管理志/1504
009881289 潍坊市中医院志 1955-2005/1505
011570908 潍坊市文化志试写稿/1505
013795606 潍坊市军事志 前203-2005/1504
009784113 潍坊市农业机械化志讨论稿/1504
013510633 潍坊市农机志/1506
011570898 潍坊市农村金融志 1840-

1985/1504

013185967 潍坊市纪检监察志 1950-2011/1503

011890609 潍坊市坊子区地名志/1507

013756902 潍坊市坊子区军事志 1840-2005/1507

007585927 潍坊市志/1503

011320002 潍坊市纺织工业志 1840-1985/1504

012899808 潍坊市环境保护志/1506

013863894 潍坊市肿瘤医院(潍坊市第四人民医院)志 1992-2012 建院二十周年/1505

011570916 潍坊市政协志/1504

012638672 潍坊市药品检验所志/1505

013756903 潍坊市奎文区军事志 1840-2005/1506

013706861 潍坊市益都中心医院志 1882-2012/1505

011500582 潍坊市益都中心医院志 1892-1992/1505

011792962 潍坊市商业志/1504

013775915 潍坊市寒亭区军事志 1840-2005/1506

012266454 潍坊军事志/1504

012266457 潍坊邮政工会志/1503

010253278 潍坊供电志 1901-2002/1504

013863891 潍坊高新技术产业开发区志 1991-2011/1504

012052020 潍坊海洋化工高新技术产业开发区志 1995-2005/1504

012638670 潍坊税务志/1504

010290539 潍城区地名志/1506

007490423 潍城区志/1506

寨

012612968 寨内村志/1756

013661597 寨里村志/293

013630707 寨坪村志/294

赛

012266222 赛罕乌拉自然保护区志/385

察

008829096 察右中旗志/439

010730760 察布查尔锡伯自治县志/3213

012995280 察布查尔锡伯自治县邮电志/3213

012048759 察哈尔右翼中旗志 1997-2007/439

011321254 察哈尔右翼后旗志/439

012173687 察哈尔右翼后旗政协志 1984-2007/439

011294913 察哈尔右翼前旗志/439

010732078 察哈尔右翼前旗志送审稿/439

谭

012662319 谭家乡志/2945

肇

008445215 肇东市土地志/715

009411541 肇东市乡镇企业志 1950-1990/715

009411545 肇东市文化馆志/715

011809816 肇东市志 1982-2000/715

009411538 肇东县水利志/716

004436093 肇东县志/715

009839201 肇庆工商银行志/2212

008453700 肇庆土特产志/2212

008453704 肇庆水利志/2212

008453711 肇庆文物志/2213

010195289 肇庆电力工业志/2211

012837833 肇庆市大旺简志/2211

008437279 肇庆市历史大事记 远古-清代 /2211

008453708 肇庆市外事志/2211

009379644 肇庆市地名志/2213

008453697 肇庆市志/2211

008453696 肇庆市志/2213

008453732 肇庆市邮电志/2212

008453726 肇庆市财政志/2212

008453719 肇庆市物价志/2212

008453721 肇庆市法院志 1833-1992/2211

013707201 肇庆市城市规划建设志 至1995 /2213

011500839 肇庆市旅游志/2212

013707202 肇庆市鼎湖区志/2213

008453698 肇庆市税务志/2212

008379668 肇庆市端州区水利志/2213

009864271 肇庆市端州区曲艺志/2213

013707205 肇庆市端州区志/2213

008453715 肇庆地区电力工业志 1913-1986 /2211

008453728 肇庆有色金属工业志 1950-1985 /2212

009379648 肇庆有色金属公司金子窝锡矿志 1961-1985/2212

009379639 肇庆华侨志/2211

008453713 肇庆交通志/2212

009864215 肇庆农村金融志 1950-1992 /2213

008453723 肇庆环境保护志/2213

008453729 肇庆林业志/2211

008453720 肇庆教育志/2213

008453718 肇庆粮食志/2212

003807824 肇州县志/692

013134014 肇州县志 1986-2005/692

012903495 肇州县教育志 1905-2005/692

013776375 肇源县中医医院志 1979-2011 /693

013758774 肇源县电力志/692

012636653 肇源县志 1983-2005/692

009240751 肇源县教育志 1176-2000/692

谯

013933314 谯城教育志 2000-2009/1182

暨

009378624 暨南大学医学院第一附属医院广州华侨医院院志 1981-2001/2142

嫩

008385576 嫩江农垦志 1948-1985/712

005559177 嫩江县志/712

010109579 嫩江县志 1986-2000/712

013461810 嫩江县第二中学校志/712

翠

009511224 翠峦区(林业局)志/695

013961179 翠峦区(林业局)志 1986-2005 /695

009677898 翠屏区志 1986-2000/2549

008423906 翠微峰志/1338

熊

009244430 熊岳农专校志/544

012613986 熊背乡地名志/1706

十五画

耦

013958915 耦园志/884

璜

010008755 璜土镇志/836

010475838 璜泾镇志/903

撒

008395416 撒拉语简志/3093

006715104 撒拉族风俗志/3094

009996576 撒莲镇志/2463

增

007274899 增城方言志/2158

013689618 增城市军事志 1840-2005/2157

013464335 增城市供销合作社志/2157

013606516 增城县水利志/2157

007347866 增城县地名志/2158

007426164 增城县志/2157

012653368 增修烈屿乡志/3258

鞍

009242328 鞍山卫生学校志/517

008385380 '95鞍山水灾志/518

012871813 鞍山文化志 1988-2007/516

011578758 鞍山电业局志/515

011943016 鞍山电业局志 1986-2005/515

008536637 鞍山市人民代表大会志/513

012950334 鞍山市人民代表大会常务委员会志 1980.5-2010.5/513

009312396 鞍山市人民政府办公厅志 1945-2001/513

008379012 鞍山市人民政府志/513

009242177 鞍山市人事志 1948.2-1985.12/514

008536607 鞍山市工会志/513

008379090 鞍山市工商行政管理志/513

008536577 鞍山市土地志/514

008536730 鞍山市广播电视志/516

010279900 鞍山市广播电视学校校志 1905-2005/517

008536592 鞍山市卫生志/518

008536737 鞍山市乡镇企业志/514

008536574 鞍山市水利志/515

008536631 鞍山市公用事业志/514

013330352 鞍山市公路志/516

008536602 鞍山市文化志/516

009242187 鞍山市文物志/517

008536584 鞍山市石油化学工业志/515

008536766 鞍山市民政志/513

009198448 鞍山市民族志/517

008536616 鞍山市地方冶金工业志/515

008536596 鞍山市地名志/517

008829823 鞍山市地名录/517

009334673 鞍山市地名管理志/517

008536757 鞍山市地震志/517

008536619 鞍山市机械工业志/515

011067749 鞍山市戏曲志/517

003801444 鞍山市志 第1卷 大事记卷 1915-1985/511

007902367 鞍山市志 第2卷 农业卷/511

008720546 鞍山市志 第3卷 综合卷/511

007902373 鞍山市志 第4卷 城乡建设卷/511

006310950 鞍山市志 第5卷 社会卷/511

006311000 鞍山市志 第6卷 教育卷/511

006310986 鞍山市志第7卷 文化 卫生 体育卷/511
006311049 鞍山市志第8卷 科技卷/511
006310949 鞍山市志第9卷 党政群团卷/512
007902374 鞍山市志第10卷 财政金融卷/512
007924537 鞍山市志第11卷 政法卷/512
008081743 鞍山市志第12卷 军事卷/512
008379308 鞍山市志第13卷 鞍钢卷/512
008498493 鞍山市志第14卷 交通 邮电卷/512
008385327 鞍山市志第15卷 商业卷/512
008829261 鞍山市志第16卷 人物卷/512
008983566 鞍山市志第17卷 附录卷/512
013037827 鞍山市志综合卷 1986-2005/511
008536611 鞍山市劳动志/514
008536586 鞍山市财政志/516
008536778 鞍山市社科联志/512
008536770 鞍山市环境保护志/518
013702850 鞍山市环境监测中心站志 1974-1994/518
009242169 鞍山市金融志/516
010278712 鞍山市宗教志/512
013330346 鞍山市房产志/514
008536734 鞍山市建筑工程志/515
009242172 鞍山市经济保卫志 1905-1989/513
008536630 鞍山市城市建设志/514
013922766 鞍山市政协志/513
008536605 鞍山市科协志/517
008536575 鞍山市保险志/516
008536597 鞍山市档案志/516
009242185 鞍山市铁东区志/518
010474184 鞍山市铁西区志/518

012713849 鞍山市铁西区志 1986-2005/518
013726755 鞍山市教育人物志英模卷/517
009242150 鞍山市锅炉检验研究所志/518
008536614 鞍山市粮食志/516
010265790 鞍山发电厂志 1973-1984/515
009994106 鞍山矿山机械厂志 1940-1985/515
008536600 鞍山法院志/513
009242131 鞍山带钢厂志/514
009242069 鞍山钢铁公司钢铁研究所志/515
010265793 鞍山钢铁公司钢铁研究所志 1948-1985/515
009242139 鞍山钢铁公司档案志 1916-1989/516
009242037 [鞍山钢铁公司]氧气厂志 1937-1985/516
010265798 鞍山铁塔厂志 1953-1985/515
013751435 鞍山检察志/513
009242334 鞍拖厂志 1949-1984/515
013330212 鞍钢60年人物志 1948.12-2008.12/517
009242082 鞍钢志 1916-1985/514
013702846 鞍钢志 1986-2008/514
009242109 鞍钢矿山志/514
009994100 鞍钢科技志/514
009994105 鞍钢第一发电厂志 1991-2000/514

蕉

004018838 蕉岭县志/2228
013224446 蕉岭县志 1979-2000/2228
013443088 蕉城区关工委志 1990-

2010/1274

蕲

012051778 蕲县镇志/1173
013958929 蕲春土壤志/1935
013375417 蕲春县人大志 1949.12-2004.12 /1934
009472528 蕲春县广播电视志 1956-1996 /1934
009472532 蕲春县民政志 1987-2002/1934
013659760 蕲春县交通志/1934
007932053 蕲春县志/1934
013863568 蕲春县财政志/1934
009864768 蕲春县金融志 1889-1985/1934
009472542 蕲春县政协志 1981.1-2001.1 /1934
010008681 蕲春县烟草志/1934
009675367 蕲春县教育志/1935
013509227 蕲春县第一高级中学校志 /1935
007490819 蕲春县简志/1934
010777036 蕲春县粮食志/1934

横

012139194 横山县军事志 前823-2005/3005
007013609 横山县志/3005
012191950 横山桥公社志/873
013316258 横山桥镇志/862
011890844 横水镇志/1712
012191960 横县土地志/2285
012872470 横县水利电力志/2285
013728798 横县军事志 1389-2005/2285
007910010 横县县志/2285
010293907 横河镇志/764
013688759 横林镇志 1984-2007/873

013752440 横店镇志/1846
011329420 横河镇志/1013
010778953 横泾镇志/940
007359842 横峰县志/1380
010200259 横峰县邮电志/1380
009411587 横扇镇志/889
009387573 横断山区温泉志/2411
009414487 横塘镇志/886
013324576 横溪街道志/822

樊

013045503 樊口简志/1892

樟

012052590 樟木林志/3063
009687195 樟树市邮电志/1358
008429184 樟树市城乡建设环境保护志 /1359

磅

013220916 磅石村志/1438

噶

013860511 噶尔县志/2919

墨

009675998 墨子志/1397
012208477 墨玉县地名图志/3189
011805710 墨玉县志/3189
012832599 墨竹工卡县志/2914
012139564 墨江哈尼族自治县人民代表大会志/2816
012139555 墨江哈尼族自治县工会志 /2816
013753710 墨江哈尼族自治县土地志 /2817
012251471 墨江哈尼族自治县民族志 1950

-2005/2817

009046187 墨江哈尼族自治县志/2816

013093143 墨江哈尼族自治县志 1978-2005 /2816

012139559 墨江哈尼族自治县林业志 /2816

镇

010253057 镇山地名志/899

012545714 镇川志/3002

012690004 镇巴县军事志/3001

007883890 镇巴县志/3001

012956872 镇平玉雕志/1776

008380116 镇平县志/1776

011295860 镇平县志 1986-2000/1776

010279891 镇平县志 1986-2000 评议稿 /1776

013824328 镇平县教育志/1776

013824329 镇平县粮食志/1776

013630734 镇宁工会志/2665

013901260 镇宁布依族苗族自治县民族志/2665

013012659 镇宁布依族苗族自治县农村信用合作社志/2665

008992706 镇宁布依族苗族自治县志/2665

012951898 镇江工商行政管理志 丹阳卷 /942

012951888 镇江工商行政管理志 丹徒卷 /942

012951902 镇江工商行政管理志 句容卷 /942

012816182 镇江工商行政管理志 市直卷 /942

012951895 镇江工商行政管理志 扬中卷 /942

010239343 镇江四建志 1979-1990/944

008446304 镇江市工会志/942

012175546 镇江市工会志 1990-2009/942

013994281 镇江市土地志/943

009116214 镇江市广播电视志/945

013759074 镇江市卫生志/945

008842942 镇江市水利志/944

012208574 镇江市公安志/942

012816189 镇江市电力工业志 1988-2002 /944

011571300 镇江市自来水志 1912-1990/943

012506644 镇江市军事志/942

010239219 镇江市农业志/943

008488305 镇江市志/941

011585399 镇江市志人事志 讨论稿/941

012636618 镇江市财政志 1912-1985/944

012506641 镇江市财政志 1986-2005/944

010290956 镇江市果树志/946

013323146 镇江市物资志/943

008446311 镇江市金融志/944

012612912 镇江市京口区军事志 前538-2005/946

011571296 镇江市建筑工程公司志 1951-1985/944

011500851 镇江市烈士陵园志 1966-2006 /945

011500846 镇江市党校志/942

012816193 镇江市润州区军事志/946

008446308 镇江市教育志/945

008446302 镇江市第二建筑工程公司志 /944

013994280 镇江市第三人民医院简志 1954

-2008/945

004465785 镇江地方志资料选辑/945

009797406 镇江百年图志/942

011910288 镇江曲艺志/945

011445724 镇江华东电力设备制造厂志/943

009553904 镇江戏曲志/945

011793466 镇江医学院院志 1951-2000/945

009385271 镇江邮电志/944

011585405 镇江纸浆厂厂志 1958-1985/944

013630731 镇江矿山机械厂志 1951-1985/943

013735936 镇江建设志/943

013994283 镇江钛白粉总厂志 1948-1986/944

009472609 镇江保险志 1871-2003/944

013735775 镇江黄山水泥厂志 1972-1992/943

013994278 镇江黄山园艺良种场志/943

011571307 镇江液压件总厂志/944

013901258 镇安县交通志/3018

007809773 镇安县志/3017

013134023 镇远县工会志/2696

004102850 镇远县志/2696

013379577 镇远县青溪志/2696

012903504 镇抚寨村志/1715

013901261 镇沅县商业局志/2820

012769580 镇沅彝族哈尼族拉祜族自治县交通志/2820

012956913 镇沅彝族哈尼族拉祜族自治县农村信用合作联社志/2820

007807104 镇沅彝族哈尼族拉祜族自治县志/2819

013074820 镇沅彝族哈尼族拉祜族自治县邮电志/2820

013901262 镇沅彝族哈尼族拉祜族自治县教育志 1727-2008/2820

012141549 镇沅彝族哈尼族拉祜族自治县第二中学校志/2820

013098027 镇沅彝族哈尼族拉祜族自治县税务志 1727-2005/2820

012100914 镇坪县军事志 1476-2005/3012

009700373 镇坪县志/3012

012506638 镇城底煤矿志 1981-2006/267

007424768 镇原县志 前11世纪-1985/3073

011445744 镇原县现代人物志/3073

008450248 镇海发电厂志/1011

011500842 镇海发电厂志 1991-2005/1011

009335236 镇海县土地志/1010

010147423 镇海县水利志/1011

008985633 镇海县农业志暨镇海区 北仑区农业志/1010

008822766 镇海县志/1010

009510544 镇海楼史文图志/2141

012970779 镇赉县人大志/630

009335510 镇赉县文物志/630

008923457 镇赉县地名志/630

007491019 镇赉县志/630

013323150 镇康县民族志/2829

005559221 镇康县志/2829

013776384 镇康县教育志/2829

011320063 镇康县粮油志/2829

012690013 镇雄一中校志/2807

013379576 镇雄人物志/2807

011910298 镇雄县人民代表大会志/2806

009126175 镇雄县土地志/2806

013630735 镇雄县风物志/2807

003807780 镇雄县志/2806

009688760 镇雄县供销合作社志/2806

012061157 镇雄县政协志 1984.6-2007.12/2806

008423072 镇雄教育志/2807

011491186 镇湖镇志/881

靠

011325315 靠山公社志/614

稽

013092950 稽中校志 1932-2002/1049

稷

013335406 稷山水利志/332

012049534 稷山县人民代表大会志 1947.4-2004.4/331

013144455 稷山县卫生志/332

012758993 稷山县电力工业志/331

012898660 稷山县军事志 前629-2005/331

013415314 稷山县志 1991-2008/331

013730093 稷山县精神病院志 1972-2012/332

013752533 稷山国税志/331

009561555 稷山金融志/331

013415316 稷山信合志/331

013772950 稷山教育志/332

013531032 稷山粮食志/331

稻

013681523 稻田镇志/1509

007988925 稻城县志/2608

012540929 稻城县志 1991-2005/2608

黎

007488769 黎川县志/1370

013224577 黎川县志 1991-2004/1370

010143327 黎川县政协志/1370

009386145 黎川县教育志/1370

009441854 黎平人物志 文史特辑/2699

011954546 黎平县民政志 1912-2005/2699

009380820 黎平县民族志/2699

007913601 黎平县志/2699

011997289 黎平县志 1985-2005/2699

009413387 黎平县茅贡区志/2699

009380818 黎平县林业志/2699

009441857 黎平县供销合作志 1952-1985/2699

009441855 黎平县税务志/2699

009413356 黎平县德凤区志/2699

010143114 黎里镇志/889

013184298 黎城工业志/292

011296181 黎城县人大志/292

009397236 黎城县人民医院志/292

013958731 黎城县水利志/293

008906404 黎城县地名录/292

013184303 黎城县交通志/292

008486745 黎城县志/290

009889848 黎城县志 1991-2003/290

010143847 黎城县志 1991-2002 征求意见稿/290

010280427 黎城县城建环保志/293

014047516 黎城县教育志 1670-1985/292

009688280 黎城财政志/292

009414475 黎城林业志/292

011762841 黎城图志/292

013774475 黎城金融志/292

012505272 黎城政协志/292

010731640 黎侯镇志/291

003876358 黎语简志/2346

011805516 黎族药志/2347

儋

007792883 儋县志/2352

德

011312494 德化县人民代表大会志/1255

011294280 德化县人物志/1256

009683374 德化县文物志/1256

008914228 德化县地名录/1256

007347934 德化县交通志/1256

006542999 德化县志/1255

012096616 德化县姓氏志/1256

010197240 德化县政协志/1255

009683372 德化陶瓷志/1256

009312491 德令哈市志/3109

007850904 德庆县志/2218

013791125 德庆县志 1979-2000/2218

013179402 德庆县税务志/2218

012872230 德州人物志 1949-2008/1579

010476514 德州广播电视志/1579

012132623 德州公路志 1986-2003/1577

010577446 德州风物志/1579

008594540 德州方言志/1579

008452228 德州电子仪器厂厂志/1576

008452215 德州市一轻工业志/1576

013681530 德州市人民代表大会志 1946.6-1993.1/1574

009445124 德州市工业志/1577

008452221 德州市工会志/1574

008452231 德州市工商行政管理志/1574

011890532 德州市工商行政管理志/1574

008452230 德州市大事记 1840-1985 初稿/1573

008452239 德州市乡镇企业志/1575

008452193 德州市丰华街道办事处志/1573

013090956 德州市水利志 1986-2000/1576

008452224 德州市长庄乡志/1573

013314319 德州市文化艺术志 1840-1988/1578

008452291 德州市计划生育志/1574

008452210 德州市民政志 初稿/1574

011496985 德州市机械志 1902-1985/1576

010686835 德州市交通志 征求意见稿/1577

012636877 德州市军事志/1574

008844034 德州市军事志 1368-1988/1574

008452293 德州市农业志/1575

013987620 德州市农业科学研究院志 1961-2011/1580

008452302 德州市报纸志/1578

008532043 德州市报纸志 征求意见稿/1578

008452201 德州市劳动志 初稿/1574

013314320 德州市医药卫生志 1840-1985/1580

010244222 德州市医药志/1577

008844029 德州市财贸志/1578

008452299 德州市针织分志 草稿/1577

009688172 德州市体育志/1579

010200358 德州市纺织分志 1928-1985 征求意见稿/1576

009962088 德州市环卫志/1579

008452207 德州市林业志/1575

008452183 德州市物价志/1578

008452218 德州市物资志/1575

008452308 德州市供销联合社志 1948-1985/1578

012758768 德州市房产管理局志/1575

008452287 德州市建筑工程公司志/1576

008452187 德州市建筑材料工业志/1576

011293090 德州市盐店口街道办事处志/1573

010577449 德州市教育志 1840-1985/1579

011325409 德州市商业志 1912-1985/1578

008452204 德州市税务志/1578

008452202 德州市税务志初稿/1578

010112098 德州市粮食志/1578

009994929 德州市德城区政协志 1949.9-2000.12/1580

013314297 德州地区人民医院志/1579

009962086 德州地区木材公司志 1953-1985/1576

013221095 德州地区水利志/1576

012249812 德州地区气象志/1579

009961997 德州地区机电设备公司简志 1963-1983/1576

007482044 德州地区志/1573

010112093 德州地区物资志/1575

011496981 德州地区物资局禹城中转站志 1979-1985/1574

009962004 德州地区物资服务公司志/1575

012898342 德州地区供销合作社志/1577

009961999 德州地区金属材料公司志 1964-1985/1575

010200350 德州地区建筑材料公司志/1576

009962017 德州地区药材站志续篇/1578

012191736 德州地区科学技术志/1579

011496979 德州地区教育志/1579

010010039 德州地区黄河志 1855-1985/1580

012831358 德州地方税务志/1578

012249820 德州交通集团志/1577

010200355 德州农业生产资料采购供应站志/1577

009962084 德州技工学校志 1958-1998/1579

013506638 德州邮电志/1577

010290706 德州制药厂志 1971-1985/1577

009784022 德州物价志/1578

008452301 德州供销志征求意见稿/1577

013681529 德州卷烟厂厂志征求意见稿/1576

012249817 德州河东新城建设志/1575

010151032 德州建设志/1575

008067516 德江县民族志/2681

013702946 德江县农业志/2680

008666019 德江县志/2680

012679215 德江县志 1978-2005/2680

011496977 德江县财政志/2680

013681527 德兴市工商行政管理志/1376

012819767 德兴市志 1991-2006/1376

012714081 德兴市政协志/1376

014028655 德兴县交通志/1377

007482385 德兴县志/1376

008429438 德兴县政协志/1376

010200108 德兴邮电志/1377

008429152 德兴黄金工业志/1376

008429097 德兴铜矿志/1377

008429349 德兴铜矿科学技术志/1377

010110378 德安一中校志/1319

012809961 德安县人大志 1928-2008/1319

006924088 德安县志/1318

013090955 德安县城乡建设志 1949-2009/1319

012191730 德安县政协志 1984-2006/1319

013179406 德阳三农图志/2469

013403082 德阳工业志/2470

013726908 德阳卫生志 1983-2008/2470

012503888 德阳市市中区志 1985-1996/2470

008669998 德阳市军事志/2469

008736722 德阳市志/2469

011066952 德阳市志军事志 初稿/2469

014028661 德阳市邮电志 1983-1998/2470

014028658 德阳市体育志 1995-2006/2470

008428866 德阳市建筑志/2469

010476400 德阳市烟草志/2470

009414566 德阳市旌阳区军事志 1911-2000/2470

007482408 德阳县志/2469

014028656 德阳财贸志 1983-2007/2470

012249799 德阳国土志 1996-2006/2469

013221090 德宏电力工业志 1932-2006/2886

012191734 德宏州卫生志/2887

011328418 德宏州交通志/2886

008970884 德宏州志 经济卷/2885

008970893 德宏州志 综合卷/2885

011943244 德宏州财政志/2886

012264187 德宏州林业志/2886

013860377 德宏州物价志/2886

011579714 德宏州金融志/2886

010577250 德宏州教育志/2887

012679212 德宏州教育志 1978-2008/2887

013751624 德宏州傣族景颇族自治州医疗集团志 1954-2003/2887

011320295 德宏州粮食志/2886

013726905 德宏农垦志 1951-2010/2886

010576579 德宏法院志/2886

011589860 德宏烟草志/2886

013726901 德宏傣族景颇族自治州人民代表大会志 1950.4-1998.3/2885

011328449 德宏傣族景颇族自治州公路管理志/2888

012758764 德宏傣族景颇族自治州曲艺志/2887

013956885 德宏傣族景颇族自治州宗教志/2885

009688716 德宏傣族景颇族自治州政协志/2886

008669986 德昌县志/2613

012882675 德昌县志 1991-2006/2613

004191088 德昂语简志/2722

012096612 德城区新湖街道办事处志/1580

008539897 德钦县卫生志/2905

011067687 德钦县水利志/2904

008715654 德钦县志/2904

013141134 德钦县志 1978-2005/2904

012995350 德钦县第四中学校志 1969-2009/2904

012872229 德钦教育志/2904

012503877 德保县当代人物简志/2322

008539747 德保县志/2322

008426049 德胜关垦殖场志/1370

012758767 德胜志 2002-2006/2520

007682657 德都县工会志 1948-1985/712

007490532 德都县志/712

012658323 德都县粮食志/712

013282468 德格县寺院志/2606

008669989 德格县志/2606

012872226 德格县志 1989-2005/2606

009082426 德清县土地志/1045

010201656 德清县水利志/1046

008994803 德清县电力工业志 1918-1997 /1045
008450499 德清县地名志/1045
011431338 德清县交通志/1045
007266551 德清县志/1045
013647285 德清县城乡建设志/1045
012264189 德清县教育志/1045
010776969 德惠县水利志/594
008720725 德惠县志/594

磐

013822135 磐石市人民代表大会志/610
011294944 磐石市志 1991-2003/610
009061018 磐石市政协志 1949-2000/610
013822143 磐石市政协志 2001-2010/610
009335496 磐石县文物志/610
009992780 磐石县地名志/610
008600726 磐石县志/610
008530664 磐安电力工业志/1074
009996012 磐安县人民代表大会志/1074
008450477 磐安县土地志/1074
008450553 磐安县地名志/1075
009996007 磐安县交通志/1074
007477981 磐安县志/1074
012684555 磐安县志 1991-2005/1074
013705221 磐安县政协志/1074

滕

008429444 滕王阁志/1299
011500687 滕州广播电视志 1956-2006 /1473
011908963 滕州公安志/1472
012956039 滕州文化志/1473
011955655 滕州市卫生志 1985-2005/1473
008986883 滕州市水利志/1473
013756274 滕州市龙泉街道志 2001-2011 /1472
013775716 滕州市民政志 1912-2011/1472
013795584 滕州市军事志 1840-2005/1472
013959433 滕州市妇幼保健院院志 2004-2013/1473
009126030 滕州市建筑志/1472
011908971 滕州市城郊乡志/1472
012877254 滕州市政法志 1905-2009/1472
012662334 滕州市教育志 1840-1999/1473
009414457 滕州当代人物志/1473
009962166 滕县卫生志/1473
007289956 滕县志/1471
010275895 滕县商业志/1473

鲤

012680392 鲤山塔志/1330
011293498 鲤城区自然地理志 初稿/1249
008664242 鲤城区志/1248
013630803 鲤城区国有商业志 1978-2008 /1249
010200436 鲤城区政协志/1248
008601044 鲤城交通志/1249
009010088 鲤城镇志/1248

颜

008696167 颜真卿志/1403

遵

013323321 遵义水利水电勘测设计研究院志 1959-2004/2654
013512169 遵义市人民政府志 1997-2007 /2651
013798876 遵义市工业志 1998-2007/2652
013606731 遵义市公安志/2651
013512167 遵义市汇川区(经济技术开发

区）志/2654

013940921 遵义市地方税务志 1994-2007 /2653

008541247 遵义市交通志/2652

013902081 遵义市交通志 1990-2007/2652

008541251 遵义市军事志/2652

008488426 遵义市志/2651

013902072 遵义市国土资源志/2652

013134409 遵义市质量技术监督志/2652

013012754 遵义市金融志 1996-2007/2653

013661857 遵义市乳品公司志/2652

013606728 遵义市房产管理志/2652

010008306 遵义市城建志 1176-1989/2653

013996265 遵义市党史工作志 1981-2011 /2651

013686642 遵义市教育志/2653

013686645 遵义市税务志/2653

009227193 遵义地区文物志/2653

010253958 遵义地区志卷首/2650

006548220 遵义地区志/2649

009336332 遵义地区志人物志/2650

009046165 遵义地区志工业志/2649

009675206 遵义地区志广播电视志 报业志 /2649

009336327 遵义地区志乡镇企业志/2650

009332533 遵义地区志水利志/2650

009332522 遵义地区志公安志/2649

009675210 遵义地区志文化志 文学艺术志 /2650

009699359 遵义地区志司法行政志 对外贸易经济合作志/2650

009189709 遵义地区志民政志/2649

007930794 遵义地区志名产志/2650

009336329 遵义地区志军事志/2649

009336315 遵义地区志财政志 税务志/2649

008991081 遵义地区志武警志/2650

009336311 遵义地区志金融志/2649

009311107 遵义地区志经济管理志/2649

009511187 遵义地区志政权 政协志/2650

009699363 遵义地区志科学技术协会志 /2649

009310290 遵义地区志党派群团志/2649

009441853 遵义地区志检察志/2649

008541227 遵义地区志第1卷 民族志/2650

008541231 遵义地区志第2卷 林业志/2650

009443227 遵义地区志第3卷 行政建置志 自然地理志/2650

009443292 遵义地区志第4卷 交通志 邮电志 城乡建设环境保护志/2650

009408079 遵义地区志第5卷 概况 大事志 /2651

009332528 遵义地区志第6卷 商业志 供销志 粮食志 物资志 工商行政管理志/2651

009105257 遵义地区志第7卷 审判志/2651

009105261 遵义地区志第8卷 卫生志/2651

009124692 遵义地区志第9卷 名胜志/2651

009675209 遵义地区志第10卷 体育志 档案志/2651

009864534 遵义地区志第11卷 农业志 畜牧渔业志/2651

008991079 遵义地区烟草志/2652

007885971 遵义地区教育志/2653

008541250 遵义地区税务志/2652

013686634 遵义师范学校志/2653

013996266 遵义县山盆镇志/2655

014056748 遵义县毛石镇志 1600-2007 /2655

013606732 遵义县文物志/2656

010577396 遵义县交通志/2655
010278473 遵义县戏曲志/2656
004516544 遵义县志/2655
008541243 遵义县教育志/2656
008541240 遵义县商业志/2656
013902083 遵义县粮食志/2656
013996264 遵义高等级公路管理志/2652
008541257 遵义烟叶复烤厂志/2652
007910129 遵义新志/2653
008533309 遵化县地名资料汇编/148
007288718 遵化县志/148

潜

004516622 潜山县志/1155
012266039 潜山县财政志 1978-2002/1156
013144650 潜山县信合志/1156
008453180 潜江水利志/1954
012266036 潜江文化志 1906-2005/1954
013377008 潜江市志 1986-2005/1953
012266032 潜江市环境保护志/1955
010576613 潜江市烟草志/1954
013898954 潜江市烟草志资料长编/1954
012766393 潜江市教育志 1986-2005/1955
009797130 潜江交通志/1954
012877094 潜江交通志 1989-2005/1954
007378037 潜江县志/1953
013461876 潜江县金融志/1954

澎

007475858 澎湖县志/3253
008451368 澎湖县志教育志/3253

潮

008101490 潮州人物/2246
004704780 潮州人物志/2246
013402903 潮州电力工业志/2245

013751480 潮州市人大志/2245
008036597 潮州市民间音乐志/2245
008614815 潮州市地名志/2246
008036571 潮州市戏剧志/2246
007359827 潮州市志/2245
013771549 潮州市财政志/2245
013790280 潮州市枫溪区志 1996-2010/2245
007516522 潮州市商业志/2245
013819177 潮州市湘桥区志/2246
012237590 潮州镇志/2245
008036514 潮汕文物志/2179
012264011 潮汕生物资源志略/2179
006943878 潮汕自然地理/2179
013506618 潮汕孙氏志略/2179
012871872 潮阳电力志/2180
012132556 潮阳市华侨港澳台同胞志/2180
013597514 潮阳市志 1979-2003/2180
013528798 潮阳民政志/2180
007464921 潮阳县文物志/2181
008015389 潮阳县志/2180
013923916 潮阳县贵屿镇志/2180
013528800 潮阳县教育志/2180
012831214 潮阳潮南人物志/2180
013894223 潮泉镇志/1540
011430418 潮桥志 四稿/911
007415072 潮剧志/2178

潭

008069259 潭山镇志/1364
012237277 潭子乡志/3246

澳

013139932 澳门戏院志/3261

潘

012680553 潘山村志/987

012877068 潘家埠村志/1515

012680154 潘集区政协志 1984-2005/1140

潼

008835418 潼关县电力志/2987

005331657 潼关县志/2987

013706851 潼关县志 1990-2005/2987

010244227 潼南民政志/2386

013756399 潼南县人民代表大会志/2386

011500708 潼南县人民医院志/2388

010251356 潼南县工商业联合会志 1919-1985/2386

010251124 潼南县工商行政管理志/2386

010244241 潼南县卫生志/2388

013756403 潼南县文化体育志 1986-2010/2388

014052306 潼南县老干部志 1982-2010/2386

011068405 潼南县交通志/2387

011321393 潼南县安全生产监督管理志/2388

014052308 潼南县农业志/2387

014052307 潼南县农业银行志 1986-2008/2387

007428173 潼南县志/2385

013756859 潼南县志建设金融志/2386

010251131 潼南县劳动人事志/2386

010252460 潼南县邮电志/2387

010251122 潼南县财政志/2387

010252866 潼南县国土志/2387

010146880 潼南县国土志送审稿/2387

010469305 潼南县供销合作社志/2387

010251133 潼南县组织志 1928-1985/2386

013756396 潼南县城乡建设志/2386

013756356 潼南县残疾人联合会志 1959-2005/2386

013756354 潼南县蚕桑志/2388

014052304 潼南县畜牧志/2387

010251129 潼南县教育志 1912-1985/2388

010244239 潼南县商业志/2387

013756402 潼南县税务志/2387

013731980 潼南县新城志 1998-2011/2388

013756860 潼南政协志 1987.1-2008.1/2386

澜

013144511 澜沧拉祜族自治县人民代表大会志 1958.5-2007.2/2822

007818006 澜沧拉祜族自治县志/2821

013820570 澜沧拉祜族自治县志 1978-2005/2821

008426832 澜沧拉祜族自治县教育志/2822

澄

012713971 澄迈县人物志/2353

012048797 澄迈县志/2353

012264025 澄迈祖源志/2353

009889990 澄合矿务局志/2983

009677958 澄江风物志/2780

009388640 澄江方言志/2779

010293950 澄江电力工业志/2779

011295965 澄江志/838

012831243 澄江县人民检察院检察志 1955-2008/2779

010118398 澄江县文化志/2779

012141553 澄江县曲艺志/2780

009115255 澄江县志/2779

009388568　澄江县邮电志/2779
011890503　澄江县法院志/2779
013334547　澄江县烤烟志/2780
011564491　澄江县烟草志 1662-2005/2779
013334545　澄城人大志/2988
007900118　澄城县志/2988
009319906　澄城卷烟厂志/2988
012249764　澄海市公安志/2181
007682699　澄海市交通志/2181
013375754　澄海市志 1979-2003/2181
012096468　澄海市审判志/2181
011544098　澄海县文物志/2181
007908337　澄海县志/2181
011804162　澄海县金融志/2181
012951932　澄海县教育志 1964-1985/2181
009378319　澄海县税务志 1814-1986/2181
013314269　澄海财政志 1987-2000/2181
009241670　澄塘镇志/1363

额

006356703　额尔古纳右旗志/426
013726915　额尔古纳市志 1991-2005/426
011757648　额济纳旗人民代表大会志 1949-2003/451
008535823　额济纳旗志/451
013925181　额济纳旗志 1991-2010/451
008623327　额敏县志/3216

鹤

008822230　鹤山区志 1961-1987/1719
009863891　鹤山文化志/2203
013704219　鹤山华侨志/2203
013415118　鹤山志/1447
008470968　鹤山县志/2202
007479148　鹤山县教育志/2203

009158062　鹤山财政志/2203
013530962　鹤市镇志/2231
009992268　鹤立林业局志/702
011995735　鹤庆人物志/2882
009561843　鹤庆风物志/2882
013861517　鹤庆县工商税务志/2881
013129120　鹤庆县防治血吸虫病工作史志 1954-1979/2882
008414533　鹤庆县志/2881
013129124　鹤庆县邮电志/2881
012832046　鹤庆县政协志/2881
012611052　鹤庆县监察志/2881
011321373　鹤庆县塔冲村志/2881
011188712　鹤岗市曲艺音乐集成/682
005331466　鹤岗市志/682
009685658　鹤岗市城市建设志 1906-1985/682
009743779　鹤岗市烟草志/682
010469358　鹤岗戏曲志/683
008383877　鹤岗矿区工会志/682
009814590　鹤岗税务志 1905-1982/682
013926300　鹤城区军事志 前202-2005/2095
012611050　鹤城镇志/1101
008385292　鹤峰土家族自治县地名志/1951
009864759　鹤峰民族贸易志 1885-1985 初稿/1950
008869289　鹤峰交通警察志/1950
013957434　鹤峰苏区文化志 1929-1933/1950
011474445　鹤峰县电力工业志 1956-2005/1950
011328454　鹤峰县民族志/1950
004900367　鹤峰县志/1950

013704218 鹤峰县志 1986-2005/1950
010253919 鹤峰县烟草志/1950
009959849 鹤壁市人民代表大会志/1718
009413007 鹤壁市土地志/1718
010779120 鹤壁市山城区志 1986-2000/1719
012658596 鹤壁市电业局志/1719
008987748 鹤壁市交通志/1719
008424152 鹤壁市志/1718
011432702 鹤壁市志 1986-2000/1718
008822226 鹤壁市郊区志/1719
011295846 鹤壁市郊区志 1991-2001/1719
012967636 鹤壁供电志 2006-2010/1718

十六画

燕

012003023 燕山石化工会志 1973-2007/18
009988779 燕山石化志/18
013630502 燕山石化图志/18
013823134 燕子山矿志 1988-2011/270
010278456 燕化医院志 1971-1990/37
010138214 燕化建筑安装工程公司志 1969-1999/18
010252059 燕化研究院志 1971-1991/40
011313009 燕江街道志/1238
008793070 燕京大学人物志/32
010108716 燕赵人口勘察志 河北省第三次人口普查摄影集锦/112

薛

013133852 薛村村志/350
008034791 薛城区志/1469
010687028 薛城城乡建设志/1469
011319944 薛家乡志/874
012723338 薛肇村志/1744

融

010195466 融水中学校志/2293
010779163 融水苗族自治县土地志/2293
008816717 融水苗族自治县志/2292
009557583 融水苗族自治县邮电志/2293
012505540 融水苗族自治县教育志/2293
012140233 融水苗族自治县滚贝侗族乡志/2293
012639041 融安县土地志/2292
009683669 融安县卫生志/2292
009379934 融安县农机志/2292
007850908 融安县志/2292
009391042 融安县教育志 1895-1990/2292

霍

013183539 霍山县广播电视志/1181
008663548 霍山县水利志/1181
006795885 霍山县志/1181
013792418 霍山县志 1986-2005/1181
012999177 霍庄子镇志 1404-1994/95
008378051 霍州发电厂志/346
011497818 霍州教育志 1840-1985/346
013627958 霍县政协志/346
009173790 霍邱县工商行政管理志/1179
008663559 霍邱县水利志/1179
012174019 霍邱县公安志/1179

004018780 霍邱县志/1178

013955850 霍邱县志 1984—2004/1178

013627955 霍邱县政协志 1981—2005/1179

009839641 霍林河矿区指挥部志 1976—1990/408

008645369 霍林郭勒市志/410

012265086 霍林郭勒市志 1994—2006/411

013957664 霍林郭勒市政协志 1986—2005/411

008623343 霍城县志/3210

011432802 霍城县邮电志/3211

冀

013752538 冀中能源股份公司志 1978—2011/172

009042874 冀东油田志 1988—1997/143

008382979 冀州市邮电志/238

010239176 冀县水利志 初稿/238

008533438 冀县地名资料汇编/238

008217540 冀县志/238

黔

012684573 黔东南风物志/2694

011295987 黔东南方言志 黔东南苗族侗族地区汉语方言调查研究/2694

011328745 黔东南苗族侗族自治州地方税务志 1994.9—2004.12/2694

003801446 黔东南苗族侗族自治州志 人物志/2690

013184597 黔东南苗族侗族自治州志 公安 交通志/2689

003801447 黔东南苗族侗族自治州志 地理志/2689

005559190 黔东南苗族侗族自治州志 军事志/2690

007913599 黔东南苗族侗族自治州志 劳动人事志/2690

004900349 黔东南苗族侗族自治州志 邮电志/2690

006572924 黔东南苗族侗族自治州志 财政志 审计志/2689

012099724 黔东南苗族侗族自治州志 武警志/2690

004900386 黔东南苗族侗族自治州志 林业志/2690

009311075 黔东南苗族侗族自治州志 金融志续编 1988—2000/2689

007505375 黔东南苗族侗族自治州志 第1卷 供销合作志/2690

006573056 黔东南苗族侗族自治州志 第2卷 档案志/2690

006573055 黔东南苗族侗族自治州志 第3卷 公安志/2690

006573088 黔东南苗族侗族自治州志 第4卷 农业机具志/2690

007505417 黔东南苗族侗族自治州志 第5卷 名胜志 文物志/2691

007505374 黔东南苗族侗族自治州志 第6卷 科学技术志 科学普及志/2691

007850850 黔东南苗族侗族自治州志 第7卷 政协志/2691

007850849 黔东南苗族侗族自治州志 第8卷 交通志/2691

007850846 黔东南苗族侗族自治州志 第9卷 教育志/2691

007850847 黔东南苗族侗族自治州志 第10卷 重工业志 乡镇企业志/2691

007850851 黔东南苗族侗族自治州志 第11卷 工商行政管理志/2691

007850862 黔东南苗族侗族自治州志第12卷 农业志/2691

007850855 黔东南苗族侗族自治州志第13卷 税务志/2691

007851004 黔东南苗族侗族自治州志第14卷 对外经济贸易志/2691

008038803 黔东南苗族侗族自治州志第15卷 粮食志/2692

008188662 黔东南苗族侗族自治州志第16卷 经济综述/2692

008188669 黔东南苗族侗族自治州志第17卷 烟草志/2692

008421040 黔东南苗族侗族自治州志第19卷 物价志/2692

008421031 黔东南苗族侗族自治州志第20卷 卫生志/2692

008421050 黔东南苗族侗族自治州志第21卷 水利志/2692

008542030 黔东南苗族侗族自治州志第22卷 商业志/2692

008487014 黔东南苗族侗族自治州志第23卷 政党群团志/2692

013461896 黔东南苗族侗族自治州志第24卷 政权志 人民代表大会分册/2693

009332501 黔东南苗族侗族自治州志第24卷 政权志 政府分册/2692

009673819 黔东南苗族侗族自治州志第25卷 文化志/2693

009730582 黔东南苗族侗族自治州志第26卷 社会科学志/2693

008783554 黔东南苗族侗族自治州志第27卷 民政志/2693

009227184 黔东南苗族侗族自治州志第28卷 水利志/2693

006572923 黔东南苗族侗族自治州志第29卷 金融志/2693

008928981 黔东南苗族侗族自治州志第29卷 金融志续编1988-2000/2693

008783551 黔东南苗族侗族自治州志第30卷 民族志/2693

010297677 黔东南苗族侗族自治州志第31卷 技术监督志 统计志/2693

008783560 黔东南苗族侗族自治州志第32卷 轻纺工业志/2694

009989193 黔东南苗族侗族自治州志第33卷 城建环保志/2694

008783480 黔东南苗族侗族自治州志第34卷 司法志/2694

013794824 黔东南苗族侗族自治州林业志 1988-2010/2694

013659765 黔西县人民代表大会志/2671

011329677 黔西县民政志/2671

007913488 黔西县志/2671

012542778 黔西县志 1986-2007/2671

008991121 黔西县财政志/2671

013222981 黔西县政协志 1981-2007/2671

009118613 黔西县烟草志/2671

008447270 黔西县教育志/2671

013822175 黔西南布依族苗族自治州文化艺术志/2686

012614264 黔西南布依族苗族自治州军事志第24卷 1987-2005/2686

008768699 黔西南布依族苗族自治州志/2683

009839218 黔西南布依族苗族自治州志人口与计划生育志/2683

011998072 黔西南布依族苗族自治州志司法行政志/2683

001920903 黔西南布依族苗族自治州志第 1卷 文物志/2683

002987815 黔西南布依族苗族自治州志第 2卷 交通志/2683

002987816 黔西南布依族苗族自治州志第 3卷 军事志/2683

008598398 黔西南布依族苗族自治州志第 4卷 水利水电志/2683

008598401 黔西南布依族苗族自治州志第 5卷 轻纺工业志/2683

009002370 黔西南布依族苗族自治州志第 6卷 党派群团志/2683

009437297 黔西南布依族苗族自治州志第 7卷 武警志/2684

009046172 黔西南布依族苗族自治州志第 8卷 乡镇企业志/2684

009319526 黔西南布依族苗族自治州志第 9卷 人物志/2684

009319525 黔西南布依族苗族自治州志第 10卷 科学志/2684

010293977 黔西南布依族苗族自治州志第 11卷 工业经济志/2684

008784214 黔西南布依族苗族自治州志第 12卷 气候志/2684

008784217 黔西南布依族苗族自治州志第 13卷 民政志/2684

011499543 黔西南布依族苗族自治州志第 14卷 政权 政协志/2684

009864429 黔西南布依族苗族自治州志第 15卷 国民经济发展计划志/2684

011998057 黔西南布依族苗族自治州志第 16卷 林业志/2684

009511180 黔西南布依族苗族自治州志第 17卷 广播电视志/2685

011998065 黔西南布依族苗族自治州志第 18卷 商务志/2685

009879129 黔西南布依族苗族自治州志第 19卷 房产志/2685

012614256 黔西南布依族苗族自治州志第 20卷 卫生志/2685

012614247 黔西南布依族苗族自治州志第 21卷 邮电志/2685

012099734 黔西南布依族苗族自治州志第 22卷 农业畜牧渔业志/2686

012614261 黔西南布依族苗族自治州志第 23卷 体育旅游名胜志/2685

012766405 黔西南布依族苗族自治州志第 25卷 供销合作 物价志/2685

012766401 黔西南布依族苗族自治州志第 26卷 城乡建设志/2685

012639072 黔西南布依族苗族自治州志第 27卷 质量技术监督志/2685

012639068 黔西南布依族苗族自治州志第 28卷 人事劳动和社会保障志/2685

013958932 黔西南布依族苗族自治州统计志/2686

008542036 黔西南州教育志/2686

009818017 黔江土家族苗族自治县民政志/2379

009688863 黔江地区农业局志 1987-1997/2380

010572282 黔阳县文化志/2096

013958930 黔阳县民政志/2096

008378520 黔阳县交通志/2096

003324927 黔阳县志/2096

008767768 黔南布依族苗族自治州志/2702

011295527 黔南布依族苗族自治州志简编

本/2702

010008288 黔南布依族苗族自治州志第1卷 大事记/2702

008767980 黔南布依族苗族自治州志第2卷 地理卷/2702

008768114 黔南布依族苗族自治州志第3卷 文物名胜志/2702

008768126 黔南布依族苗族自治州志第4卷 民族志/2702

008768551 黔南布依族苗族自治州志第5卷 商业志/2702

008768555 黔南布依族苗族自治州志第6卷 交通志/2703

008768587 黔南布依族苗族自治州志第7卷 卫生志/2703

008768619 黔南布依族苗族自治州志第8卷 科学技术志/2703

008768642 黔南布依族苗族自治州志第9卷 气象志/2703

008783735 黔南布依族苗族自治州志第10-11卷 乡镇企业志 物资志/2703

009311134 黔南布依族苗族自治州志第12卷 工商志/2703

008783755 黔南布依族苗族自治州志第13卷 供销合作志/2703

008783602 黔南布依族苗族自治州志第14卷 邮电志/2703

008783756 黔南布依族苗族自治州志第15卷 农业志/2703

008598411 黔南布依族苗族自治州志第17卷 文化艺术志/2703

008598386 黔南布依族苗族自治州志第18卷 林业志/2704

009335783 黔南布依族苗族自治州志第19-21卷 对外经济贸易志 机械农机志 医药志/2704

008783778 黔南布依族苗族自治州志第22卷 粮食志/2704

008598409 黔南布依族苗族自治州志第23卷 司法行政志/2704

008598413 黔南布依族苗族自治州志第24卷 金融志/2704

008598402 黔南布依族苗族自治州志第25卷 烟草志/2704

008783802 黔南布依族苗族自治州志第26-27卷 劳动志民政志/2704

009311122 黔南布依族苗族自治州志第29-30卷 计划志 统计志/2704

009332511 黔南布依族苗族自治州志第31-32卷 轻纺工业志 重工业志/2704

008783804 黔南布依族苗族自治州志第33卷 土地管理志/2705

009335774 黔南布依族苗族自治州志第34卷 检察志/2705

011499533 黔南布依族苗族自治州志第35卷 武警志/2705

009335849 黔南布依族苗族自治州志第36卷 军事志/2705

008783820 黔南布依族苗族自治州志第37卷 水利电力志/2705

009010566 黔南布依族苗族自治州志第38卷 政协志/2705

009025818 黔南布依族苗族自治州志第39卷 财政志/2705

009335836 黔南布依族苗族自治州志第40卷 党群志/2705

009472113 黔南布依族苗族自治州志第44卷 城乡建设志/2705

009699354 黔南布依族苗族自治州志 第45卷 档案志 /2706

009675200 黔南布依族苗族自治州志 第46卷 审判志 /2706

008783828 黔南布依族苗族自治州志 第47卷 税务志 /2706

010108667 黔南布依族苗族自治州志 第48卷 审计志 /2706

011295605 黔南布依族苗族自治州志 第49卷 人事志 /2706

012836121 黔南布依族苗族自治州招商引资志 /2706

镜

008385388 镜泊湖发电厂志 1917-1985 /704

013932185 镜泊湖志 /706

013183717 镜湖区志 至2002 /1131

赞

010278970 赞皇县工业志 /139

012689970 赞皇县地名志 /139

008533791 赞皇县地名资料汇编 /139

008593596 赞皇县志 /139

013824298 赞皇县志 1991-2005 /139

013606511 赞皇县林业志 /139

013723714 赞皇县南关村志 /139

穆

013066430 穆棱市土地志 /708

009744011 穆棱卷烟厂志 /709

衡

012952099 衡山人物志 /2030

012718935 衡山文化志 /2029

013092895 衡山县卫生志 /2030

008143647 衡山县志 /2029

011580006 衡山县志 /2029

013647586 衡山县志 1978-2005 /2029

008520777 衡山县简志 /2029

012872476 衡水人物志 古代近现代卷 /238

012811438 衡水人物志 当代卷 /238

008377859 衡水市水利志 /237

008377841 衡水市电机厂志 1975.2-1994.6 /237

008533989 衡水市地名志 /238

012191965 衡水市防空志 /236

007491030 衡水市志 /236

012758959 衡水市邮电志 1991-1998 /237

011497753 衡水市教育志 1307-1990 /237

007971341 衡水地区水利志 /237

008601018 衡水地区公路运输史 /237

008377848 衡水地区机井志 /236

013861525 衡水地区报业新闻志 /237

008377851 衡水地区科学技术志 /237

010251896 衡水师范专科学校志 1978-1991 /238

008378938 衡水邮电志 /237

010252710 衡水金融志 /237

008380745 衡水建设银行志 /237

007587871 衡东县志 /2030

009961639 衡东县志 凡例 总述 大事记 送审稿 /2030

011580015 衡阳人口志 /2021

010197247 衡阳工会志 人物志 1922-1989 /2021

012832051 衡阳车辆段志 1949-2001 /2023

011067183 衡阳电力志 1906-1985 /2022

009383660 衡阳市工业志 /2023

011995749 衡阳市工业志 1978-2003 /2023

009335617 衡阳市工会志 /2021

008453520 衡阳市卫生志 /2024

013647587 衡阳市电信志 1978-2008/2023
008453528 衡阳市民政志/2021
008453525 衡阳市民政志续编/2021
011580017 衡阳市地名志/2024
010197249 衡阳市共青团志/2021
008304387 衡阳市交通志/2023
011954252 衡阳市交通志 1980-2005/2023
008610222 衡阳市志/2021
013092897 衡阳市志人口志/2021
009961641 衡阳市劳动志/2022
008453521 衡阳市邮电志/2023
013373964 衡阳市财政志/2023
008453526 衡阳市体育志 1840-1988/2024
008923297 衡阳市环卫志/2024
011580025 衡阳市金融志/2024
012173888 衡阳市金融志/2024
008189797 衡阳市郊区志/2025
011580021 衡阳市郊区续志/2024
008453524 衡阳市建设志/2022
012505177 衡阳市建筑志/2022
013507928 衡阳市政协志 1949.11－2011.6/2021
009383673 衡阳市科学技术志/2024
013728894 衡阳市烟草志 1996-2003/2022
013957440 衡阳市检察志 1949-2006/2022
013626662 衡阳市税务志资料长编/2024
011580007 衡阳纪检监察志 1950－2003/2021
013143921 衡阳县人物志/2028
008486589 衡阳县志/2028
012139200 衡阳县志 1978-2003/2028
008538749 衡阳县志送审稿/2028
013143916 衡阳县金融志/2028
014032669 衡阳县城乡建设志 1840－1988/2028
012811447 衡阳县政协志 1982-2009/2028
012898574 衡阳法院志/2022
010197245 衡阳钢管厂志 1958-1981/2022
008869581 衡阳铁路分局志 1950－1986/2023
010577243 衡阳烟草志/2022
014032668 衡南县人大志 1949.10－2012.3/2029
013728890 衡南县农机志/2029
004018882 衡南县志/2028
008538758 衡南县志送审稿/2028
013143887 衡南县金融志/2029
013093221 衡南县税务志/2029
008377845 衡钢志 1958-1991/236
012758957 衡钢志 1998-2007/2022

歙

010686938 歙县文物志/1161
007486939 歙县志/1161
012837452 歙县志至 2005/1161
012052406 歙县财政续志/1161
010193990 歙县供销合作社志/1161
012545423 歙县教育志/1161

鲶

008421957 鲶鱼山水库志/1795

獭

011442055 獭窟岛地志/1253

磨

013144604 磨黑盐矿志/2815

燃

012955911 燃灯寺村志/2961

濉

008914423 濉溪县工商行政管理志/1148

005701613 濉溪县志/1148

008528080 濉溪县志续编 1986-1996/1148

014052259 濉溪县金融志/1148

013706409 濉溪县政协志 1980.6 - 2010.1 /1148

潞

013958764 潞西市人民代表大会志/2888

013774596 潞西市人民代表大会志 1950- 2010/2888

013184362 潞西市水利志/2888

012542657 潞西市政协志 1952.3 - 2009.7 /2888

013601796 潞西县公安志 1950-1989/2888

007366611 潞西县志/2887

012968316 潞西县教育志/2888

012680454 潞安集团总医院院志 1959 - 2009/288

012251446 潞城人物志/287

013184353 潞城市人民代表大会志/287

008474921 潞城市志/287

009472756 潞城市教育志/287

014047675 潞城县教育志/287

澧

008452470 澧县交通志/2058

004516502 澧县志/2058

012661431 澧县志 1978-2002/2058

009686528 澧县标准计量志/2059

010253022 澧县检察志/2058

010731575 澧南垸志/2059

隰

013321195 隰县人民代表大会志/354

013775973 隰县人民法院志/354

011917981 隰县志/354

十七画

戴

012846135 戴云山志/1256

011472923 戴南镇志/953

012609565 戴家庄村志/1448

013751617 戴溪乡志/872

擦

012995276 擦罗彝族乡志/2570

藏

009560855 藏书镇志/886

007358320 藏药志/3095

007884686 藏语简志/2911

010576541 藏族志聆听乡音 云南藏族的生活与文化/2769

藁

013925260 藁城人口和计划生育志/131

011804360 藁城市土地志/131

009310328 藁城市邮电志/131

008533264 藁城县地名资料汇编/132

007057414 藁城县志/131

008983082 藁城教育志/132

磴
008660880 磴口县志 /434
009414019 磴口县邮电志 /434
009768307 磴槽煤矿志 /1667

霞
013145643 霞浦县人民代表大会志 /1276
008527739 霞浦县交通志 /1276
008599908 霞浦县志 /1276
008527760 霞浦县邮电志 /1276
008527784 霞浦县佛教志 /1276
008527772 霞浦县基督教志 /1276
007347927 霞浦县畲族志 /1277

曙
012051936 曙光农场志 1986-2000 /702
010252071 曙光医院志 1922-1994 /746
009840162 曙光采油厂志 1975-2005 /554

魏
012970503 魏庄志 /1472
013706864 魏县水利志 /170
008533991 魏县地名志 /171
009381085 魏县交通志 /171
009020852 魏县志 /170
012814294 魏县志 /170
008487317 魏县邮电志 /171
008383427 魏县财政志 /171
013000305 魏都建设志 /171
011882574 魏家屯镇志 /238
007678231 魏塘镇志 /1041

簇
009387499 簇桥乡志 /2431
010779173 簇桥志 /2431

繁
008450972 繁昌县工商行政管理志 /1133
007482426 繁昌县志 /1132
012679300 繁昌县志 1987-2006 /1132
013987640 繁昌县城乡建设志 1986 年前 /1133
013506656 繁峙县人民代表大会志 /340
008377401 繁峙县志 /340

徽
011996708 徽州人物志 /1160
011294262 徽州地区交通志 /1159
010291911 徽州地区林业志 /1159
004516446 徽州地区简志 /1158
013092929 徽县电力志 /3078
009346492 徽县志 /3078

爵
008822651 爵溪镇志 /1015

襄
008380275 襄阳人物志 /1886
013660416 襄阳市人民代表大会志 1950.6-2012.1 /1884
013959603 襄阳县土壤志 /1887
012175080 襄阳县(区)政协志 1999.1-2005.12 /1887
011068484 襄阳县文化志 /1886
005536207 襄阳县志 1989 /1884
009472553 襄阳县政协志 1980-1999 /1885
010962481 襄阳县烟草志 /1885
011479312 襄汾县人民代表大会志 /350
012052411 襄汾县农机志 /350
007290013 襄汾县志 /349
011313008 襄汾县志 /349
013510758 襄汾县志 /349

011312388 襄汾县财政志/350

013000650 襄汾县汾城镇南中黄村志 前2205-2010/350

012662531 襄汾县教育志 1804-1985/350

011909151 襄汾国税志/350

008864719 襄垣县军事志/288

008828662 襄垣县志/288

012052413 襄垣县教育志/288

010008732 襄城县人民代表大会志 1949-1999/1755

008994549 襄城县电业志/1755

007900162 襄城县志/1754

013096632 襄城县志 1988-2000/1755

012767060 襄城县邮电志/1755

011327197 襄城烟草志/1755

011955722 襄城烟草志 1998-2007/1755

009382640 襄樊文化艺术志/1886

009685860 襄樊电力工业志 1914-1995/1885

012140754 襄樊四中校志 1954-2004/1887

009382634 襄樊市中心医院志 1986-1998/1887

012316932 襄樊市长春高级中学校志 1999-2009/1886

006548249 襄樊市志/1884

009382631 襄樊市劳动志/1885

010195813 襄樊市房地产志 1886-1987/1885

010109742 襄樊市城市规划志/1887

011066999 襄樊市政协志 1956-1994/1885

012140742 襄樊市昭明小学校志 1903-2008/1886

009685779 襄樊市烟草志/1885

011793131 襄樊市粮食志 1885-1985/1886

007506733 襄樊交通志/1887

013865286 襄樊交通志 1986-2005/1885

012767064 襄樊纪检监察志 1950-2007/1884

010142796 襄樊报业志/1886

013732429 襄樊卷烟厂志/1887

008492792 襄樊铁路分局志 1958-1995/1887

012545460 襄樊高新技术产业开发区志 征求意见稿/1885

012662527 襄樊高新技术产业开发区志 1992-2009/1885

011909148 襄樊著述志/1887

濮

008820784 濮阳大事记 远古-1999/1745

013822159 濮阳市土地志/1745

013705554 濮阳市土地志 台前卷/1745

009382229 濮阳市土地志 范县卷/1748

008427146 濮阳市土地志 清丰卷/1747

008421335 濮阳市卫生志/1747

008820796 濮阳市区志/1745

012140208 濮阳市华龙区高级中学校志/1747

013753752 濮阳市军事志 前21世纪-2005/1745

012639081 濮阳市农牧志/1745

010140241 濮阳市戏曲志/1747

009808364 濮阳市志/1745

012505449 濮阳市国税志 1994-2007/1746

013002382 濮阳市郊区卫生防疫站站志/1749

013002400 濮阳市郊区卫生志/1749

011955262 濮阳市实验中学志 1988-

2008 /1746
009888887 濮阳市城市建设志 /1745
013375403 濮阳市科技志 /1746
013002407 濮阳市教育志 /1746
013508897 濮阳市第五中学校志 2001.9-2011.9 /1746
013002379 濮阳市第六中学志 1999-2009 /1746
008426120 濮阳市税务志 /1746
009391541 濮阳民俗志 /1747
009743677 濮阳县公安志 /1749
009251590 濮阳县文物志 /1749
009382236 濮阳县曲艺志 /1749
006497434 濮阳县志 /1749
011805823 濮阳县志 1980-2000 /1749
010008581 濮阳县志 1980-2000 评审稿 /1749

009799922 濮院镇志 /1040

翼

013133924 翼城广播电视志 /349
013133973 翼城卫生志 /349
012837639 翼城水利志 /348
013012576 翼城文化志 /349
013133932 翼城民政志 /348
013133933 翼城农业志 /348
013133930 翼城劳动保障志 1950-2010 /348
011585247 翼城县人民医院志 /349
012814484 翼城县人望村志 /348
011321082 翼城县志 /347
009561626 翼城县财政志 /348
012837641 翼城县建设志 /348
009387276 翼城县教育志 /349
009769138 翼城英模志 1949-2004 /349
012837627 翼城城乡建设志 /348

十八画

藕

009685800 藕池镇志 /1920
008614822 藕渠镇志 /893

藤

011320060 藤县工会志 /2307
008595877 藤县土地志 /2307
008487257 藤县志 /2307

瞿

011292259 瞿家湾志 /1918

黟

007347959 黟县志 /1162

鹰

013072769 鹰背乡志 1913-2009 /2561
009687497 鹰潭市人民代表大会志 /1324
009312390 鹰潭市人民政府志 /1324
008664374 鹰潭市计划志 /1324
011585251 鹰潭市交通志 /1325
011066902 鹰潭市产品志 /1325
009009717 鹰潭市志 /1324
010143353 鹰潭市财政志 /1325
013097888 鹰潭市驻鹰单位志 /1324
011793369 鹰潭市档案志 /1325
009061187 鹰潭市著作志 /1325

008664336 鹰潭邮电志/1325
012878871 鹰潭移动志/1325
013604576 鹰潭粮食志/1325

璧

009688871 璧山县交通志/2390
009228146 璧山县志/2389
013220971 璧山县志 1986-2005/2389

009688867 璧山县国土志/2390

彝

011585229 彝良县公安志/2807
008417011 彝良县志/2807
001770392 彝药志/2835
008440281 彝语简志/2722
007610949 彝族风俗志/2724

十九画

攀

011570165 攀西开发志 第1卷 综合卷/2458
012216380 攀西开发志 第2卷 凉山卷/2458
012216381 攀西开发志 第3卷 攀枝花卷/2459
011499476 攀枝花公交客运总公司志 1971-2000/2460
013002313 攀枝花市人民防空志 1969-2008/2458
008671489 攀枝花市工会志/2458
008671492 攀枝花市广播电视志/2460
011499488 攀枝花市卫生志/2461
009021814 攀枝花市少数民族志/2461
008671534 攀枝花市水利电力志/2460
013689051 攀枝花市水利农机志 1986-2010/2461
012208155 攀枝花市仁和区军事志 1973-2005/2462
013933253 攀枝花市文化志 1965-2005/2460
011499483 攀枝花市东区军事志 1973-2005/2462

009854380 攀枝花市东区志 1973-2000/2462
013958917 攀枝花市民政志 1965-2005/2458
013991274 攀枝花市地方税务局志 1994.9-2009/2460
012175069 攀枝花市西区军事志 1973-2005/2462
012680556 攀枝花市西区志 1973-2005/2462
008671504 攀枝花市交通志/2460
008899328 攀枝花市农牧志/2459
007809641 攀枝花市志/2458
012684551 攀枝花市志 1986-2005/2458
011477094 攀枝花市志军事志 1965-2005/2458
008898206 攀枝花市志丛书/2458
012208095 攀枝花市劳动和社会保障志 1965-2007/2459
013000722 攀枝花市财政志 1964-2004/2460
008671498 攀枝花市环境保护志 1965-

1985/2462

009472787 攀枝花市金融志/2460

011320817 攀枝花市审计志 1983-2002/2459

008671501 攀枝花市建筑志/2459

008671484 攀枝花市城市建设志/2459

008671507 攀枝花市科技志/2461

010476404 攀枝花市烟草志/2460

008667883 攀枝花市教育志/2461

012836067 攀枝花市教育志 1986-2005/2461

013375397 攀枝花市第七高级中学校校志/2461

013000704 攀枝花民盟志/2458

008671481 攀枝花矿务局志 1964-1990/2459

013629300 攀枝花学院志 1983-2005/2461

008671546 攀枝花盐业志/2460

008671460 攀矿志/2459

012722005 攀钢志 1986-2005/2459

008671457 攀钢志 1964-1985/2459

008670034 攀钢集团钢城企业总公司志/2459

鄑

008531861 鄑县交通志/2010

010879821 鄑县农业志/2010

005591347 鄑县志/2010

008594779 鄑县志评审稿/2010

006101069 鄑县林业志/2010

二十画

壤

008007369 壤塘县志/2598

醴

006088101 醴陵二轻工业志/2004

007884892 醴陵二轻工业志资料汇编/2004

006088109 醴陵人大志/2004

006088105 醴陵人口志/2004

007986732 醴陵工业志/2003

007971259 醴陵工商行政管理志/2002

006088089 醴陵工商银行志/2003

006088098 醴陵广播电视志/2003

006088108 醴陵卫生志/2005

007984245 醴陵气象志/2005

006088094 醴陵公安志/2002

012614008 醴陵风物志/2004

006071793 醴陵文化志/2003

013628040 醴陵市人口志 第四稿/2001

006088095 醴陵市水利水电志/2002

010577301 醴陵市交通志/2003

013932453 醴陵市军事志 1681-2005/2002

007850858 醴陵市志 第1卷/2001

009839705 醴陵市志 第2卷 1991-2002/2001

006071784 醴陵市教育志/2004

006088104 醴陵民政志/2002

007984246 醴陵农业机械志/2004

006088088 醴陵农业志/2002

006088090 醴陵农村金融志/2003

007986734 醴陵花炮志/2004

007986735 醴陵邮电志/2003

013958736 醴陵体育志/2004

007988922 醴陵环境保护志 1993/2005
006088103 醴陵林业志/2002
006088092 醴陵供销合作社志/2003
006088106 醴陵金融志/2004
006088100 醴陵法院志/2002
007984460 醴陵城乡建设志/2002
006088099 醴陵政协志/2001
006088102 醴陵盐业志 1991/2003
006088107 醴陵爱国卫生志/2005
006088110 醴陵陶瓷志/2003
011954556 醴陵检察志/2002
006088093 醴陵商业志/2004
006088091 醴陵税务志/2003

耀

007493559 耀华玻璃厂志/152
008386605 耀县志/2953

巍

012877272 巍山彝族回族自治县人民医院志/2885
013226389 巍山彝族回族自治县卫生志/2885
010577362 巍山彝族回族自治县水利志/2884
012877267 巍山彝族回族自治县民族宗教志/2884
011478718 巍山彝族回族自治县交通志 1978-2005/2885
010243658 巍山彝族回族自治县农业志/2884
006497415 巍山彝族回族自治县志/2884
013133781 巍山彝族回族自治县政协志/2884

013133779 巍山彝族回族自治县统计志初稿/2884
009388469 巍宝山志/2885

灌

009387558 灌口镇志/2438
012049396 灌云交通志/918
011321145 灌云县土地志/918
013792147 灌云县卫生志/919
009241648 灌云县水利志/918
013369900 灌云县民政志/918
008595002 灌云县志/918
012898423 灌云县邮电志 第42卷/919
012718828 灌阳县水利电力志/2302
007490997 灌阳县志/2301
012264278 灌阳侨务志/2301
007378008 灌县志/2438
013528917 灌县林业志/2439
011564603 灌县宗教志/2438
010201302 灌县城市建设志/2439
008670045 灌县都江堰水利志/2439
009387562 灌县教育志/2439
013369899 灌县税务志/2439
010143103 灌南县卫生志 1775-1986 初稿/919
009335646 灌南县水利志/919
008446260 灌南县电力工业志/919
008446263 灌南县交通志/919
010265838 灌南县戏曲志/919
007443542 灌南县志/919
008446268 灌南县邮电志/919
012096745 灌南县政协志 1981-2007/919

二十一画

霸

009412661 霸州人物志/231

008838800 霸州市土地志/231

010008334 霸州市志/231

008533924 霸县地名资料汇编/231

008486188 霸县志/231

露

013898411 露天煤业志 2001-2010/408

赣

009009720 赣文化通志/1288

013335253 赣东北供电局志 1988-2000/1327

011497721 赣州专家志/1329

011564594 赣州市工商行政管理志/1327

012758820 赣州市卫生防疫志/1329

008430350 赣州市民政志/1327

008636344 赣州市志/1327

012811278 赣州市金融志 1986-2000/1329

008831245 赣州市金融志 1991-1998/1329

013957003 赣州市商业志/1328

009385969 赣州市粮食志/1328

009866555 赣州地区戏曲志/1329

007508995 赣州地区志/1327

011564586 赣州地区国营九连山营林林场场志/1327

009385962 赣州地区金融志/1329

010577433 赣州地区粮食志/1327

009866580 赣州供电局志/1328

009385349 赣抚大堤志/1292

009385960 赣县工商行政管理志征求意见稿/1332

009880377 赣县老年人体育协会志/1332

007683914 赣县志/1332

012831499 赣县志 1986-2000/1332

008844406 赣县邮电志/1332

009010103 赣县政协志 1949-2000/1332

012173783 赣县钟氏志/1332

010962596 赣南日报社志/1329

008435593 赣南外事志/1327

009385943 赣南地质调查大队志 1980-1989/1329

010110387 赣南有色冶金志/1327

009115857 赣南名优特新产品志/1328

009385951 赣南建材志/1327

013143691 赣南党史人物志 1949-2005/1329

011564570 赣南造纸厂志 1949-1988/1328

010143139 赣南造纸厂志 1950-1986 第二稿/1328

009385955 赣南蔗糖志/1282

009009731 赣榆方言志/917

011995632 赣榆县人民医院院志/917

009348823 赣榆县土地志/916

009241654 赣榆县水利志/917

013897135 赣榆县军事志前523-2007/916

008817768 赣榆县志/916

008971423 赣榆县邮电志/917

013183446 赣榆县政协志/916

008426035 赣榆县教育志 1106-1990/917

012609839 赣榆县职业教育中心校志 2003

-2008/917
011954026 赣榆县粮食志/917
008569855 赣榆县煤矿志/916

| 蠡 |
010110181 蠡口镇志/880

009198368 蠡县土地志/196
008593740 蠡县水利志/196
008533437 蠡县地名资料汇编/196
008819697 蠡县志/196

二十二画

| 镶 |
008488200 镶黄旗志/447

| 麟 |
012051666 麟游县军事志 598-2005/2972
006795909 麟游县志/2971
008994003 麟游县供销合作社志/2972

二十四画

| 衢 |
009335273 衢州公安志/1075
008973564 衢州孔氏南宗家庙志/1077
013461914 衢州市人民医院衢州中心医院院志 1948-2007/1077
008450482 衢州市土地志/1075
012836152 衢州市计划生育协会志/1075
008662709 衢州市电力工业志/1076
008450565 衢州市地名志/1077
009149795 衢州市曲艺志/1076
012722174 衢州市交通志 1985-2007/1076
008450324 衢州市农村金融志/1076
008034096 衢州市志/1075
008662713 衢州市金融志/1076
008450320 衢州市建设志/1075
013342441 衢州市建筑业志/1076
009744975 衢州市政协志/1075

008845846 衢州市柯城区土地志/1077
009675554 衢州市科学技术志/1076
009840489 衢州市教育志/1076
009126428 衢州市群众文化志/1076
012614146 衢州明果禅寺志/1077
013958948 衢州法院志/1075
009996059 衢州柑桔志/1077
011892415 衢州检察志/1075
009117018 衢县土地志/1078
009335267 衢县民政志/1077
007908338 衢县志/1077
009009802 衢县志 1985-2001/1077
009744987 衢县林业志/1078
013066988 衢县姓氏志/1078

| 灞 |
009337936 灞桥区志/2947
008866277 灞桥区志送审稿/2947